노동법의 기본이론

Basic theory of labor

이상덕 지음

계명대학교 출판부

머리말

전태일 열사가 근로기준법책을 안고 산화한지 벌서 41년이 지났다.
그 동안 산업과 사람은 바뀌었는데 근로조건은 과연 열사가 원하신대로 충분히 향상이 된 것인지 궁금하다.

어둡고 괴로워라 밤이 길더니 삼천리 이 강산에 먼동이 튼다.
동포야 자리차고 일어서거라 산넘고 바다건너 태평양으로
아아 자유의 자유의 종이 울린다.

원수야 물러가라 현해탄 건너 한숨아 눈물아 너희도 함께
동포야 자리차고 만세 불러라 산넘고 시베리아 벌판 끝까지
아아 해방의 해방의 깃발 올려라.

– 해방가에서 –

70년대와 80년대의 노동법 수준과 비교해 볼때에 지금은 그래도 노동법의 수준은 몰라보게 달라졌다고 하겠다. 무엇보다도 우리가 원하던 ILO에 가입이 되었고 1953년 노동법 제정이후 줄곧 학계 · 노동계에서 삭제를 요구해 왔던 복수노조금지 조항이 근 50년 만에 폐지되고 기업 차원에서 복수노조가 2011년 7월 1일부로 전면적으로 시행되었다.

70년 80년대에 우리 근로자들이 피땀흘려 산업화를 이루어 내었다. 이제 앞으로의 경제도 우리 근로자의 손에 달렸다고 해도 과언이 아니다. 이 과정에서 노동법은 산업현장의 든든하고 믿음직한 기준이 되고 기둥이 되어야 한다고 생각한다.

어려운 여건 하에서도 이 책의 발행을 쾌히 승낙해 주신 계명대 출판부장 이하 모든 직원분들께 감사드린다.

2012년 7월 9일
성서 연구실에서
저자 약현(藥峴) 이상덕(李相德)씀

목 차

제 1 편 노동법 서론

제 2 편 근로기준법

제1장 서 론

제2장 근로관계의 성립

제 3 편 노동조합 및 노동관계조정법

제 1 편 노동법 서론

제1장 서 설

제2장 노동기본권

제1장 서 설

자본주의적 생산양식이 지배적인 사회의 부는 하나의 거대한 '상품 집적 ungeheure Warensammlung'1) 으로 나타나고, 하나하나의 상품은 이러한 부의 기본 형태로서 나타난다. 그러므로 우리의 연구는 상품의 분석으로부터 시작한다.

상품은 우선 외적 대상으로서, 그 속성을 통해 인간의 이러저러한 욕망을 충족시키는 물적 존재 Ding이다. 이 욕망의 본성은 「그것이 위장에서 나온 것이든 환상으로 생긴 것이든」 사태를 전혀 변화시키지 않는다.2) 또 그 물적 존재가 생활수단 Lebensmittel 「즉 향유의 대상」으로서 직접적으로 인간의 욕망을 충족시키는가 아니면 생산수단 Produktionsmittel으로서 그 욕망을 충족시키는가는 여기서는 문제가 되지 않는다.

철 · 종이 따위의 모든 유용물들은 각각 질과 양이라는 이중의 관점에서 고찰될 수 있다. 그러한 물적 존재들은 하나하나가 많은 속성들의 한 총체물이며, 따라서 갖가지 다른 방면으로 사용될 수 있다. 이 여러 방면들 곧 물적 존재의 다양한 사용법을 발견하는 것은 역사적인 행위이다.3) 이 유용물들의 양(量)에 대한 사회적 척도를 발견하는 일 역시 그러하다. 상품의 척도가 서로 다름은 부분적으로는 재야 할 대상의 서로 다른 본성으로부터 생겨나며, 부분적으로는 관습으로부터 나온다.

---

1) Karl Marx, 『Capital: A Critique of Ploitical Economy』, Lawrence & Wishart London, 1859, p.3.

2) "욕구 desire는 욕망want을 포함한다. 즉 그것은 신체적으로 배고픔이 당연하듯이, 당연한 마음의 갈망이다. …… 마음의 욕망을 충족시킨다는 점에서 볼 때 거의 대부분이 물적 존재는 가치를 지니고 있다."(바본 Nicholas Barbon 『새 화폐를 더 가볍게 주조하는 데 관한 논의 : 록크씨의 고찰에 대한 대답』, 런던, 1696, 2~3쪽).

3) "물적 존재들은 내재적인 효력(intrinsic vertue : 이것은 사용가치를 나타내는 바본의 독특한 용어이다)을 지니고 있다. 또 그것들은 쇠를 끌어당기는 자석처럼 어디서나 똑같은 효력을 갖고 있다."(같은 책, 6) 자석이 지니고 있는 쇠를 끌어당기는 속성은 그 속성을 매개로 자석의 극성이 발견된 뒤에야 비로소 이용되었다.

제1절 노동법의 의의

1. 노동법의 개념

(1) 개념의 다양성과 원인

노동법의 개념은 규율대상이나 영역, 독자성 등을 고려할 때 한 마디로 정의하기는 곤란하다. 따라서 노동법에 대한 개념은 학자들마다 약간씩 차이를 나타내며 달리 정하고 있다.[4] 즉, 근로관계나 종속노동관계를 규율하거나 노동법규의 영역에 속하는 법규를 연구대상으로 하는가, 아니면 노동법만이 지닌 인간노동 또는 상품으로서의 특수성에 착안하여 노동법의 개념을 파악할 것인가에 따라 노동법의 개념이 달라질 수 있다. 또한 노동법의 개념은 연구방법에 따라 개념 법학적 측면에서 시민법원리의 허구성에 대한 분석을 통하여 공법영역에서는 권력행사자의 자의(恣意)를 배제하고, 사법영역에서는 주관적 법해석을 배제하는 방법론의 입장에서 성문법규를 객관적으로 파악하기도 한다.[5]

또한, 규범 주의적 측면에서는 근로자들의 규범의식을 국가법으로 승인시키고 근로자들의 인권을 보장하는 데에서 출발하여 사회경제적 약자인 근로자들의 현실을 직시하여 생활관계를 규율하는 이면적 입법을 토대로 본다. 따라서 법해석이나 법적용은 구체적으로 법률의 실천과정에 대한 하나의 수단 내지는 전제로서 의미를 두고 있다. 이것은 개념법학적 방법론이 동일하게 법해석학을 중심으로 전개되면서도 법현실에 대한 관심이 없었던 것과는 대조적으로 규범주의적 방법론은 법현실과 무관한 법해석을 지양하고 구체적으로 타당한 법적해결을 추구하는 것을 말한다. 따라서 구체적인 사안에 대하여 근로자들이 정당하다고 생각하는 내용과 방향을 법현실로서 중요시하고 그에 근거를 두면서 근로자에게

---

4) 김형배 교수는 인식과학으로서의 노동법학과 노동법규의 총체를 중심으로 개념 고찰을 하고 있다. 따라서 노동법규의 규율대상으로서 노동법의 고유한 생활관계를 다루는 학문을 노동법으로 정의하고 있다(김형배, 『노동법』, 박영사, 2007, 3쪽).

5) 개념법학적 방법론은 실증주의에 의하여 실재하는 고유대상을 있는 그대로 인식하지 않고 법규정을 엄격한 형식이론에 의하여 해석함으로써 실천적 실효성을 상실하는 문제점이 있다고 본다. 따라서 이에 대한 비판으로 법사회학적 연구방법을 도입하여 근로자를 둘러싸고 전개되는 사회학적 사실을 중요시하는 새로운 법규범을 모색하게 된다(김형배, 전게서, 5~6쪽).

유리한 법적이론을 구성한다. 이 경우 규범의식은 전사회적으로 공유될 수 있어야 하며, 법질서의 전체와 합리적인 조화가 어느 정도 고려되어져야 한다.[6)]

(2) 개념적 정의와 한계성

노동법은 규율대상이나 연구방법, 이념 등에 따라 개념적 차이가 날 수 밖에 없으므로 독립된 구체적 실정법으로서 형식적으로 존재하는 것이 아니라, 개별법이 각각의 목적과 대상에 따라 입법적 규율을 하게 된다. 이러한 현상은 통일된 하나의 법체계에서 열거하여 공통된 법원리에 따라 해석하기 곤란한 경우에 특히 그러하다. 예컨대, 근로기준법은 근로관계가 형성되어 이미 경영체에 편입된 근로자를 보호하고자 하는 반면, 장애인이나 고령자의 고용을 촉진하기 위한 법률은 아직 근로관계가 형성되지 아니한 근로자를 법정책적으로 어떻게 보호할 것인가 하는 데에서 출발하기 때문에 법원리가 상이할 수밖에 없다.

따라서 노동법의 개념은 노동법 전체에 대한 해석방법이나 기본원리에 의한 접근이 때로는 부적절한 경우가 있다. 그러나 노동법의 공통된 법현상과 규율하고자 하는 각각의 보호 대상을 고려할 때 종속노동관계를 규율하는 법규의 총체 또는 자본주의 체제하의 노동을 규율하는 법규의 총체를 의미한다. 이는 통일적 노동법 개념을 위한 하나의 시도이다.

2. 노동법의 성격

(1) 강행성

노동법은 근로자와 사용자 사이의 근로계약관계에 개입하여 근로조건에 관한 강행법적 기준을 제시하고 사용자를 규율한다. 따라서 노동법보다 낮은 근로조건을 정하는 근로계약은 그 부분에 관하여 무효가 되고(강행적 효력), 무효가 된 부분은 동법이 정하는 최저기준에 따라 보충된다(보충적 효력). 노동법은 특히 사용자에게 여러 가지 의무를 부과하

---

6) 沼田稲次郎, 勞働法論序說, 1950, 242~248面.

고 이를 이행할 것을 강제하는 법규이다. 이러한 의무는 사용자에게 근로조건의 최저기준을 준수하게 하는 공법상의 의무를 말하며, 이를 위반할 때에는 벌칙이 가해진다. 노동법은 보호법규로서 강행성을 가지고 있기 때문에 사용자가 이를 위반할 수 없음은 물론이며, 근로자라도 노동법상의 권리를 포기할 수 없다. 노동법은 이러한 이행을 강제하기 위하여 감독기관을 통하여 법률에 정한 사항이나 근로계약, 취업규칙, 단체협약에 정한 사항을 준수 · 이행하도록 감독하고 있다.

(2) 공법과 사법의 혼합 · 교착

노동법은 국가가 사용자에게 법률에 따라 의무를 부과하고 이를 준수할 것을 강제하는 공법적 성격을 지닌다. 이것은 국가가 근로관계에 개입 · 간섭을 하는 것을 의미하며, 근로자의 불평등 · 불이익 등을 시정하고 근로조건의 유지 · 개선을 통하여 국민경제발전, 즉 전체사회의 공공복리를 도모하고자 하는 것이다. 이에 따라 근로자는 사용자에 대한 근로관계상 각종 권리를 설정하고 법률위반에 대하여 그 이행을 청구 내지 소구할 수 있는 권리를 가진다. 또한 사인간에는 계약자유의 원칙에 따라 권리 · 의무를 자유로이 창설할 수 있고, 취업규칙, 근로계약으로 근로조건에 관한 계약적 요소를 약정하는 사법적 성격을 지닌다. 따라서 노동법은 최저기준으로서 법정기준을 제시하고 사용자에게 이를 준수하도록 강제하는 동시에, 당사자의 자유의사에 따른 근로계약의 체결을 보장하는 면에서 공법적 성격과 사법적 성격이 혼합되어 있는 이중성을 띠게 된다.

(3) 노동의 상품성

1944년 필라델피아선언과 ILO헌장에서 인간의 노동은 상품이 아니라고 선언하고 있다. 이는 인간의 노동이 숙명적으로 인격과 결합되어 있기 때문에 매점 · 매석이 불가능하여 근로자를 숙명적인 존재로 만들고 있다. 그리하여 이 선언에서는 근로자의 인간으로서의 존엄을 위하여 근로자의 노동을 상품으로 취급하지 말 것을 요청하고 있다. 이러한 정신은 노동법 전반에 걸쳐 준수되어야 할 것이다.

(4) 집단적 자치

사용자와 근로자는 산업사회라는 부분사회에서 단체교섭, 단체협약 등을 통하여 자치를 실현하고 있다. 산업사회에서는 단체협약이야말로 최고의 질서요 마그나카르타라고 할 수 있다. 노사의 문제는 자율적으로 해결하는 것이 최고의 이상이다. 이러한 집단적 자치는 산업평화의 이념과도 직결된다. 국가는 노사의 집단적 자치가 실현될 수 있도록 이를 지원하고 북돋아 주어야 할 것이다. 그러나 노동조합의 자주관리 같은 것은 자본주의의 발달사로 불 때 우리에게는 맞지 않는 부적절한 방식이라 하겠다.

(5) 국제주의

요즈음은 경제현상의 거의 모든 것이 국제화 내지 글로벌화하고 있다. 그러나 노동이나 노동법은 그 태생부터 세계화, 국제화가 진행되었다고 하겠다. ILO는 노동법의 국제화를 촉진시켰으며, 최근 글로벌기업의 등장은 노사관계를 국제화 시키고 있다. 유엔의 국제사법재판소도 노동법의 국제화에 일익을 담당하고 있다.

3. 연구대상

(1) 연구대상의 의의

노동법이 어떠한 법률인가를 이해하기 위해서는 노동법의 연구대상을 올바르게 이해할 필요가 있다. 노동법은 일반 시민법과는 달리 근로자층의 궁핍화와 많은 실업자가 양산되는 현실에서 근로자는 노동력의 처분 이외에는 달리 생계수단을 지니지 못하고 있기 때문에 어떻게 하면 근로자들을 보호하고 생존권을 보장할 수 있는가 하는 인식을 토대로 출발한 학문이기 때문이다. 그러나 노동법의 개념을 일률적으로 정의하기가 곤란한 것과 마찬가지로 노동법이 규율하고자 하는 객체를 한마디로 설명하가 쉽지 않다. 왜냐하면 산업의 발전단계에 따라 각종 새로운 직종이 탄생되고 쇠퇴하는 과정에서 근로관계라든가 종속노동이라는 하나의 징표만으로 노동법의 모든 실체를 설명할 수 없기 때문이 다.[7] 따라

7) 이러한 이유로 최근에 논란의 대상이 되고 있는 비정규근로자나 하역근로자, 파견근로자에 대한 노동문

서 본서의 노동법은 이러한 문제점을 고려하여 노동법의 연구대상을 구분하여 설명하고자 한다.

(2) 근로관계

1) 직접적 근로관계　일반적으로 민법상의 계약원리의 적용은 장시간의 근로, 저임금 등으로 계약자유의 미명하에 근로자에게 불평등, 불이익을 주기 쉽다. 이것은 "합의하면 존중한다"는 민법상의 계약원리의 적용에서 발생하는 것이므로, 이러한 폐해를 시정하기 위하여 노동법은 일반 법률관계뿐만 아니라 근로관계를 규율대상으로 한다. 이때 근로관계는 근로계약이라는 명백한 요식행위에 따른 법률행위 이외에 이를 둘러싸고 문제되는 각종 권리와 의무 등의 사실관계도 보호대상으로 포함 한다. 그러나 현행 노동법에서의 대부분은 직접적 근로관계의 당사자를 규율하는 태도를 나타내고 있다. 이것은 1인의 동일 사업주를 중심으로 한 일대일의 양면적 당사자관계에서 법률관계를 파악하는 태도이다.

2) 간접적 근로관계　간접적 근로관계는 2인 이상의 사업주를 중심으로 하여 고용사업주와 사용사업주를 구분하고, 이들의 기능을 고용관계와 사용관계로 분열하는 것으로 근로자파견, 경비, 청소 등의 직종의 근로형태에서 나타난다. 또한 항만이나 철도소운송업, 냉동 창고 및 농수산물의 하역작업에 종사하는 하역근로자의 근로자공급형태에서 간접적 근로관계가 형성된다. 이러한 간접적 근로관계는 현행법의 체계로는 규율하는데 한계가 있다.[8] 특히 하역근로자는 특정의 사업주와 무관하게 근로를 제공하는 형태로서 직접적 근로관계가 형성되어 있지 아니하다고 하여 노동법적 보호를 받지 못하고 있다. 근로자파견의 경우에는 입법적으로 사실상 노무를 수령하는 상용사업주에 대하여 일정한 법적의무를 부과하고 있다. 그러나 외국과는 달리 하역근로자에 대하여 우리나라의 경우에는 전혀 입법이 마련되지 아니한 채, 관행적으로 노동조합의 클로즈드숍제를 전제로 작업권을 인정하거나 부분적으로 노동법을 적용하는데 그쳐 일관되게 근로자를 보호하지 못하고 있다.

제는 더 이상 기존의 전통적 개념 징표나 판단기준으로 설명할 수 없다.

8) 이상국, "한국의 하역근로자에 대한 문제점과 입법개선론," 한국비교노동법학회(2002년도 추계학술발표회), 248쪽.

(3) 종속노동관계

1) **종속노동의 개념** 노동법학의 선구자였던 독일의 로트마르(Lotmar)는 1902년에 근론계약론을 발간하면서 종속적 노동의 개념이 노동일반에 융화되어 있는 것으로 보았다.[9] 종속노동의 개념은 제1차 세계대전을 거치면서 노동운동이 비약적으로 발전함으로써 노동법의 핵심대상으로 정립되었다. 이때부터 근로자 개개인의 종속의식을 근로자전체의 사회문제로 인식하면서 사용자에 대한 종속으로부터 해방시키기 위한 종속적노동의 개념이 노동법학자에 의하여 자각되었다. 이에 따라 독일에서 종속적 노동에 대한 논의는 많은 학자들이 자본주의사회에 있어서 현실적으로 놓여져 있는 사회적, 경제적 지위라든가 상태를 직시하여 근로조건의 결정이나 사용자의 의식에 복종하지 않으면 안 될 특수한 상태를 고찰하여 근로자의 사용자에 대한 다양한 종속관계를 발견하여 이를 분석하려고 하였다. 이에 따라 종속노동에 대한 다양한 이론의 형성과 근거에 대한 비판이 제기되어 오고 있다.[10]

2) **경제적 종속설** 경제적 종속설은 경제적으로 약한 지위에 있는 근로자는 노동력을 처분하여 생계를 유지하여야 하는 방법이외에는 달리 생활수단이 없기 때문에 근로자는 사용자에게 종속된다는 견해이다. 이 견해를 주장하는 대표적인 독일의 법학자는 멜쉬바하(Melschbach)와 카스켈(Kaskel)이다. 경제적 종속설은 근로자가 경제적으로 열악한 지위에 있는 것이 계약의사의 비자율성 및 경제적 불평등성에 기인하는 것으로 보는 견해이다.[11] 경제적 종속의 원인은 임금과 노동의 관련성으로 근로자는 유상계약을 맺을 수밖에 없고, 노동력의 제공이 완성되기 까지 근로자는 임금을 청구할 수 없으므로 이러한 상태는 근로자의 지위를 불안하게 한다는 것이다. 그러나 경제적 종속설은 독자적인 본질을 나타내는 것이 아닌 상식적인 것으로서(Melschbach, Kaskel), 계약외적 요소 또는 법외적 요소라고 하는 비판을 받아 왔다.

3) **인격적 종속설** 인격적 종속설이란 근로자가 현실의 근로관계에 들어가서 근로를

---

9) 김려수, 『노동법』, 일지사, 1972, 99쪽.

10) 민법에서는 사용종속관계라는 용어를 사용하나, 노동법에서는 종속노동관계라는 표현을 하고 있다. 여기서 종속노동은 타인의 지휘·감독을 받는 것을 의미하며, 종속의 본질에 따라 타인결정설(Höniger), 조직적 종속설(Pothoff), 법률적 종속설(Sinzheime)이 있다.

11) 이학춘, 노동법해설, 대명출판사, 2001, 13쪽.

제공하게 되고, 사용자는 노동력을 처분하기 위하여 근로자를 지휘명령하게 되는데, 이때 근로자의 노동력은 근로자의 인격과 불가분의 관계에 있는 것이므로 노동력에 대한 지배는 곧 인격적 지배로 나타난다는 견해이다. 즉 보통의 재물을 급부하는 경우와는 달리 단순한 채권법적인 관계를 넘는 인격법적인 관계가 발생하게 된다. 이 견해를 주장하는 대표적인 학자는 후엑(Hueok)이다. 포트호프(Heinz Pottoff)에 의하면 「오늘날 제도상으로는 모든 법률적 종속을 폐지하고 모든 근로자에 정치적 권리를 부여 했지만, 사실상 근로자는 아직 사용자의 지배하에 있다. 즉, 근로자는 재산가치의 제공을 사용자에게 약속하는 것이 아니고, 그 자신(Sich selbst)의 제공을 약속하고 그의 인격(reine Person)의 제공을 약속하는 것이며, 더욱이 그 자신과 인격은 이 때 어느 정도 법률관계 가운데 들어가고 있는 것이다」라고 언급하고 있다. 이와 같이 포토프는 사용자가 근로자의 노동력 위에 직접적으로 처분권을 가진다고 하고 또한 사용자가 근로자의 인격 위에 권리를 취득한다고 본다.[12] 그러나 인격적 종속의 경우에도 일반적인 완전한 종속이 아닌 근로관계의 범위 내에서 노동력처분에 수반하는 인격의 종속을 의미하는 점에 유의해야 한다. 왜냐하면 근로자는 근로계약을 매개로 하여 사용자의 지배에 복종한다고 하는 채무를 부담하는 측면과 이와 같은 의무의 이행과정에 있어서 발생하는 지배복종의 측면을 지닌 이중성이 있기 때문이다.

4) **조직적 종속설** 대표적인 독일의 학자 진쯔하이머(Sinzheimer)는 「근로자가 사용자의 경영에 편입함으로써 발생하는 조직권에의 복종에 기인하여 종속적 노동이 발생한다」고 주장하였다. 그에 의하면 사용자는 그 지위에 고유한 권력이 구비되어 있고, 근로자는 사실상 근로를 하기만 하면 당연히 그 권력의 지배에 복종하게 되고, 이때의 권력은 반드시 근로계약에 의할 것을 전제로 하지 않으므로 근로계약의 유효성과는 별개로 사실상 근로를 제공하는 형태에 있으면 사용자의 지배하에 있게 된다고 한다.[13] 그러나 조직적 종속설은 그 근거를 사용자의 소유권에 기초를 두는 견해로서, 노동력의 처분과 노동력의 지배를 인정하게 되어 사용자의 자의적 처분이나 노동력을 혹사시키기 쉬우며, 근로계약

---

12) 김려수, 전게서, 102쪽에서는 포토프(Heinz Pottoff)가 그의 저서 「노동법의 본질과 목적(Wesen und Ziel des Arbertsrects, 1922)에서 노동의 관계는 일종의 지배복종관계이며, 그것은 한 시민이 다른 시민의 지배 복종관계하에 복종하는 관계이며, 또한 그 노동력 위에 다른 시민이 처분권을 가지는 관계이다」 라고 소개하고 있다.

13) 김려수, 전게서, 103~105쪽.

의 성질을 간과하고 있다는 비판을 받고 있다.[14)]

5) **법률적 종속설** 법률적 종속설은 종속성의 본질을 근로자가 사용자에게 구속되는 본질을 파악하는 견해로서 그 근거를 법률적 측면에서 찾고자 한다. 여기서 법률적 종속설은 근로자가 노무제공의 채무를 이행할 때 사용자의 명령과 감독을 받아야 하고 징계권에 복종하며 사용자가 노동력에 대하여 관리권과 처분권을 가진다는 견해이다. 이러한 견해는 노동법규에서 근로자가 사용자에게 근로를 제공하여야 하는 의무를 부담하고 있다는 점에 착안한 것이다. 그러나 이러한 견해는 노동법의 관점과 이념을 잘못 이해한 것이라는 비판을 받을 수밖에 없다. 왜냐하면 노동법은 상대적으로 사용자를 규제하여 근로자를 보호하기 위한 법이고 노동법에서 근로자에게 일정한 의무를 부과하는 규정은 거의 없으나, 채권법적 시각에서 계약상 의무의 상대방으로 파악하는 것에 불과하기 때문이다.[15)] 따라서 노동법은 근로자의 종속성을 법률적 측면에서 구속력을 받게 되는 원인이 무엇인가 하는 본질을 규명하는 것이지, 이러한 종속성의 당위성을 인정하고자 하는 이론이 아니라고 생각한다.

6) **계급적 종속설** 계급적 종속설은 노동법의 주체로서 근로자를 추상적 인격체(Person)가 아닌 일종의 계급적 존재로서 파악하고 계급성의 특징을 종속성의 본질로 보고자 한다. 따라서 계급적종속설은 근로관계를 투쟁관계로 인식하고 근로자를 피지배계급 또는 피착취자로 인식하고 사용자는 착취자로 규정하는 사회주의적 노동관념에서 출발한 이론이다. 이러한 견해는 일본의 沼田이라는 학자가 종속노동개념의 존재론적 실재성을 규명하기보다는 노동법의 전개를 상정하여 그 통일적 법리를 가능케 하기 위해 이데올로기의 기능을 강조한 이론이라 고 볼 수 있다.[16)]

7) **타인결정설** 타인결정설은 노동의 급부를 도급관계와 같은 자율노동과 시간급과 같은 종속노동으로 구분하고, 전자는 급부의 내용이 당사자간에 자유로운 의사에 의하여 결

---

14) 왜냐하면 근로관계의 출발점은 근로계약임에도 불구하고 단순히 소유권을 근거로 하는 조직관계에 근로자를 편입시키기 위한 통로적 수단으로 이해하기 때문이다.

15) 강희원 교수는 전근대법의 본질을 신분법, 근대법을 계약법, 현대법을 역할법이라고 하면서, 이러한 분석의 틀을 바탕으로 노동법의 발전단계를 종속노동의 전근대적 물권법, 종속노동의 근대법으로서의 채권법, 종속노동의 현대법으로서의 노동법으로 정리하고 있다(강희원, “노동법의 역사적 전개‘, 노동법학 제7호, 한국노동법학회, 1997, 158쪽 ; 이철수, “근로계약의 입법론적 · 해석론적 과제”, 한국노동법학회, 2002, 169쪽).

16) 이철수, “근로계약의 입법론적 · 해석론적 과제”, 한국노동법학회(2002년도 추계학술발표회), 168~169쪽.

정되나 후자는 사용자의 의사와 지시에 따라 일방적으로 결정된다는 이론이다. 이 경우 종속노동은 내용의 결정이 아닌 이행의 선택만을 강요당하게 된다고 본다.

제2절 노동법의 법원과 순위

1. 노동법의 법원

(1) 법원의 의의

노사간에 근로계약을 둘러싸고 개별적인 분쟁이 생겼을 경우 어떠한 기준을 적용하여 해결할 것인가가 문제이다. 이러한 경우에 기준으로 삼는 규범을 우리는 법원이라 한다. 법원은 법의 연원을 의미하는 것으로서 법의 존재형식 또는 법의 현상 또는 재판의 기준이 되는 규범이다.[17]

(2) 법 령

법률은 국회의원이나 대통령이 발의하여 국민의 대표기관인 국회의 의결을 거쳐 제정되는 중요한 법원이다.[18] 또한 고용노동부장관이 발의하여 국무회의 심의를 거쳐 대통령의 재가를 얻어 제정하거나 개정되는 시행령이 있다.[19] 이외에 입법기관인 국회를 거치지 않고 다른 국가기관 등에서 제정하여 법제처의 심의를 거쳐 고용노동부장관이 공포하는 법

17) 이영준, 『민법총칙』, 박영사, 1996. 18쪽.

18) 근로기준법과 관련된 개별적 근로관계법에는 남녀고용평등 및 일·가정양립지원에 관한 법률, 최저임금법, 산업재해보상보험법, 산업안전보건법 등이 있고 근로기준법의 특별법으로는 선원에 관계되는 선원법, 공무원에 관계되는 국가공무원법, 지방공무원법이 있다. 나아가 고용정책기본법, 직업안정법, 장애인고용촉진법 등 근로자에게 취업의 기회를 보장하고 고용의 안정을 확보하기 위한 고용보험법 등의 사회보험입법도 넓은 의미로 개별적 근로관계법의 영역에 속한다. 최상위법인 헌법도 근로기준법의 법원으로서 중요한 의미를 지닌다.

19) 명령은 법률을 보충하는 법규로서 위임명령과 집행명령이 있다. 위임명령은 법률에 의하여 위임된 사항을 정하는 명령이고, 집행명령은 법률의 규정을 집행하기 위하여 필요한 세칙을 정하는 명령이며, 그 제정권자는 대통령(대통령령), 국무총리(총리령), 각부장관(부령)이며, 이들 역시 법원이 된다.

규명령으로서 시행규칙 등이 있다.

(3) 행정해석

행정해석은 행정관청이 해석 · 운용에 관한 방침을 관계되는 하급 행정기관에 통첩의 형식으로 하달하는 것을 말하며, 해석예규라고도 한다. 행정해석은 법률 · 명령 등과는 달리 법적 구속력을 갖는 것은 아니나 실제 법령의 운용에 있어서는 일관된 업무수행이나 통일된 법해석을 위하여 중요한 의미를 지닌다. 특히 근로기준법의 분야에서는 고용노동부를 중심으로 행정해석이 내려지고 법규위반의 방지, 시정지시가 행해지고 있는 실정이다. 최근에는 학설, 판례가 성숙하고 안정적으로 해석이 행해지고 있어 제도의 실제적 운용에 있어 행정해석이 주도적 역할을 해 나가고 있다. 그러나 행정해석은 법원으로서의 성격은 부인되고 있다.

(4) 판 례

법원의 판결의 집적을 판례라고 한다. 판례는 성문법 국가에 있어서도 대단히 중요한 기능을 담당한다. 최근에 산업구조가 급변하는데 비하여 노동입법은 즉시 현실에 뒤따를 수 없어 법과 현실 간에 빈틈이 발생할 수밖에 없고, 이러한 틈을 잠정적으로 판례에 의하여 보충될 수밖에 없다. 특히 입법적으로 미비한 노동법에 있어서는 판례에 의한 질서형성이 기대된다. 예컨대, 경영상의 이유에 의한 해고는 그 동안 판례에 의하여 사실상 용인되어 오다 최근에 입법화된 것이다.

판례는 성문법주의국가인 우리나라에서는 원칙적으로 법원은 아니다. 다만 판례가 반복되어 법적 확신을 가지기에 이른 경우 법원으로 인정될 수 있다.

(5) 단체협약

단체협약은 노동조합과 사용자 또는 사용자단체와의 사이에서 이루어지는 집단적 합의형태의 계약문서이다. 단체협약에 대해 어떠한 법적 효력을 인정할 것인지에 대해서는 각 국가에 따라 다소 차이가 있다. 우리나라의 경우에는 노동조합 및 노동관계조정법 제33조에서 「단체협약에 정한 근로조건 기타 근로자의 대우에 관한 기준에 위반되는 근로계약의 부분은 무효로 한다. 이 경우 무효로 된 부분은 단체협약에 정한 기준에 따른다」고 하여 단체협약의 규범적 효력을 승인하고 있다. 단체협약중의 근로조건에 관한 부분은 규범적 성격을 갖는 것으로 법원성을 지닌다.

(6) 취업규칙

취업규칙은 근로자측의 의견을 청취한 후 사용자가 작성·변경하는 것으로 근로조건을 규정하는 동시에, 직장질서를 유지하기 위한 복무규정을 명시한 자치규범이다. 근로기준법 제97조는 「취업규칙에서 정한 기준에 미달하는 근로조건을 정한 근로계약은 그 부분에 관하여는 무효로 한다. 이 경우 무효로 된 부분은 취업규칙에 정한 기준에 따른다」라고 정하여 취업규칙의 강행적 효력과 보충적 효력을 인정하고 있다. 따라서 취업규칙도 법원성을 지닌다.

(7) 노동관행

단체협약이나 취업규칙 등에 있어서는 명확한 규정은 없으나, 노사간에 하나의 집단적 규범으로 인식되어온 행위를 노동관행이라고 한다. 근로관계[20]의 영역에서는 일상적인 변화와 안정에 대응하기 위해서 쌍방의 합의에 의해 일정의 행위를 승인하는 선례가 생기고, 경험에 의한 룰을 문서화하는 탄력성을 갖게 되는 반복적인 방법이 취해진다. 일방의 당사자가 노동관행의 준수를 거부하면 어떠한 법적 효력을 지니는가에 대하여 견해가 나누어지나, 다음과 같은 경우에는 법원성을 지닌다고 할 수 있다.

첫째, 단체협약이나 취업규칙의 문언상 관행이 구체적인 의미를 주는 해석의 기준으로 사용된다. 둘째, 관행이 당사자의 묵시의 합의에 따르고 근로계약의 내용에 반영되었다고 평가되는 경우가 생긴다. 셋째, 일정한 관행적 사실이 당사자의 규범적 의식에 투영되고 있는 경우에는 사실상 관습의 성립이 인정되고, 계약의 내용이 된다.[21] 판례는 「노사 당

20) 근로관계(노동관계)는 개별법적인 측면에서의 근로관계와 집단법적인 측면에서의 노사관계를 포함하는 것으로 이해된다. 이러한 의미에서의 근로자와 사용자의 관계도 노동당사자라고 사용할 수 있다.

21) 山口浩一郎, 『勞働慣行と破棄の法理』, 季刊勞働法 第1993號, 61面.

사자를 구속하는 법적 효력이 있는 노동관행의 성립의 요건으로서, ㉠ 사실행위가 장기간 반복 · 계속되는 것, ㉡ 그것이 쌍방의 명시적 의사에 어긋나지 않는 것, ㉢ 취업규칙 · 단체협약 등에 따라 근로조건을 정하는 권한을 가지는 관리자의 규범의식에 따라 지지되어야 한다」고 판시하고 있다.[22] 넷째, 직장규율에 관한 관행에 어긋나는 사용자의 자의적 처분이 권리남용에 해당된다. 또한, 위법한 관행을 사용자가 방치하거나 묵인해온 경우에 그 관행을 파기하고 새로운 조치를 취하기 위해서는, 근로자에게 주지시킬 필요가 있다.

(8) ILO의 조약

ILO는 1919년 창립된 이후, 국제노동기준의 설정 · 확립에 큰 역할을 하여 왔으나[23], 국제관습법(국제노동법)이라고 하여 모두 통상적인 법원으로 인정받지 못한다. 헌법 제6조 제1항은 「헌법에 의하여 체결된 조약 및 일반적으로 승인된 국제법규는 국내법과 같은 효력을 지닌다」라고 규정하고 있는 점에서, 특별한 입법적 조치를 기다리지 않고 국회의 비준을 받으면 법원이 된다. 즉, 국내법적인 효력을 갖기 위해서는 승인 · 추인 · 동의라는 절차를 거친 후에 국내 노동법원이 된다.

2. 노동법의 해석순위

(1) 상위규범 우선의 원칙

원칙적으로 규범형식의 상호간에는 상위규범이 하위규범에 우선하는 효력이 있으므로 하위규범의 내용이 상위규범에 모순 · 저촉되는 경우에는 무효가되어 근로관계에 적용될 수 없고, 상위규범에 정한 내용이 효력을 가진다(근기법 제97조 제1항). 예컨대, 단체협약에 "사용자는 퇴직근로자에게 근속연수 1년에 대하여 1개월분의 평균임금을 퇴직금으로 지급하여야 한다"고 규정하고 있는데, 취업규칙에는 "징계해고가 되는 근로자에 대하여는 퇴직금을 감액하여 지급한다"는 규정이 있다. 이러한 취업규칙의 규정은 상위규범인 위 단체협약의 내

22) 國鐵蒲田電車區事件, 東京地裁, 1988, 2. 24, 勞判 第512號, 22面.

23) ILO의 조약, 권고에 관하여는, ILO, International Labour Conventions and Recomendations(1919 ~1991, Vol. 1, 2), Geneva, p. 7.

용이나 법정 퇴직금에 관한 근로자퇴직급여보장법 제8조에 위반 저촉되므로 무효가 된다.

한편 단체협약은 그 상위규범인 근로자퇴직급여보장법 제8조에 저촉될 수 없으므로 사용자는 이에 따라 퇴직금을 지급하여야 한다. 또한 해고제한에 대하여 단체협약에 "단체협약에 정한 사유 이외에는 해고할 수 없다"고 규정하고 있다면, 취업규칙의 규정은 더 이상 적용될 수 없다.[24] 다만, 단체협약에 포괄적 제한규정이 없다면, 취업규칙에 새로운 징계사유를 규정하는 것 자체를 단체협약에 반하는 것이라고는 할 수 없으므로, 취업규칙의 효력에 아무런 영향이 없다.[25]

(2) 유리조건 우선의 원칙

상위규범과 하위규범이 충돌할 때 예외적으로 특정한 사항에 관하여 보다 하위규범이 근로자에게 유리한 조건을 규정하고 있다면 하위규범의 유리한 내용이 우선적으로 적용된다. 이것을 흔히 "유리한 조건 우선의 원칙"이라 한다. 단체협약에는 퇴직금의 산정방식에 관하여 "근속연수 1년에 대하여 1개월분의 평균임금을 곱하는 단수제 방식에 의하여 산출한다"고 규정하고 있으나, 취업규칙에는 "근속연수가 많아질수록 퇴직금 지급액은 누진률을 곱하는 누진제 방식에 의하여 산출한다"고 명시된 경우가 있다. 이때에는 단체협약에 비하여 취업규칙이 하위규범으로서 효력상 실효되어야 하나, 근로자에게 유리한 조건이 규정되어 있으므로 취업규칙에서 정하는 산정방식에 의하여야 한다. 다만, 유리한 조건 우선의 원칙은 상·하위규범이 모순·저촉되는 충돌관계에 있는 경우에 한하여 적용되는 것이므로, 취업규칙을 근로자의 과반수로 조직된 노동조합이 사용자와 체결한 단체협약에 의하여 불이익하게 변경함으로써 취업규칙과 단체협약의 규정내용에 차이가 생길 경우에는 적용되지 않는다. 이 원칙은 그 적용의 결과 부당노동행위가 성립하는 경우에는 적용되지 아니한다.

(3) 신규범 우선의 원칙

위계에 차이가 없는 동등한 순위의 규범들 상호간에는 어떠한 규범을 적용할 것인가 문

---

24) 대판 1993. 4. 27, 92다48697 ; 1994. 6. 14, 93다62126 ; 1995. 2. 14, 94누5069.

25) 대판 1993. 1. 15, 92누13035 ; 1993. 4. 27, 92다48697.

제될 수 있다. 같은 순위의 규범들 상호간에 시간적 선후관계가 있을 때에는 나중에 성립된, 즉 새롭게 성립된 규범이 우선적 효력을 가진다. 이를 신규범 우선의 원칙이라고 한다. 사용자가 새로이 취업규칙을 변경한 경우에 변경 전 내용보다 근로자에게 불리하다고 하더라도, 근로자 과반수 또는 노동조합의 동의를 얻는 등 적법한 변경절차를 밟아 유효하게 변경되었다면(근기법 제94조 제1항 단서), 변경 전 취업규칙은 소멸되고 새로이 변경된 취업규칙만이 적용된다.

(4) 특별규정 우선의 원칙

동등한 순위의 법령이 충돌되는 상호간에도 일반적인 법원칙에 따라 특별법이 우선하여 적용되는 것을 말한다. 산업별 또는 직종별로 조직된 노동조합의 연합단체가 사용자 단체와 일반적으로 효력이 미치는 단체협약을 체결하고 있다고 하더라도, 각 사업장에 조직된 단위노동조합이 사용자와 체결한 단체협약이 있을 경우에는 개별 사업장의 단체협약이 특별규범으로 우선하여 적용된다. 또한 하나의 사업장에서 취업규칙으로 징계에 관한 사항을 규정하고 보다 구체적 · 세부적으로 징계규정을 정한 경우에 취업규칙과 징계규정은 동일한 효력을 가지게 되나, 징계규정이 취업규칙보다 특별규정으로서 우선적으로 해석되어야 한다.

제2장 노동기본권

제1절 근로권

1. 서 설

(1) 헌법상의 의의

1) 헌법 제 32조 제1항은「모든 국민은 근로의 권리를 가진다」라고 선언하여 이른바 근로권(right to labor, Recht auf Arbeit, droit au travail)을 보장하고 있다. 여기서「근로의 권리」가 법률적으로 어떠한 내용과 성격을 가지는가 또는 모든 국민이나 근로자를 위한 권리이냐가 문제된다. 헌법의 명문에 의하면「모든 국민」의 권리라고 되어 있으므로, 성별이나 연령 · 학력 등의 제한 없이 근로의 권리를 가진다고 보아야 한다.

2) 또한「근로자」라 함은 일반적으로 사용자와 근로계약관계에 있는 자를 말하는데,「근로의 권리」는 현재 근로계약관계에 있지 않은 일반국민까지 그 주체로 한다. 헌법의 입법정신은 엄격한 의미에서는 근로관계에 있는 근로자만의 생존확보를 목적으로 하는 것이 아니고, 장차 근로계약관계를 예상하고 있는 자들도 그 보호의 대상으로 하기 때문이다. 따라서 근로의 권리는「모든 국민」을 위한 권리이되, 특히 근로대중의 기본권이라고 해야 한다. 또한 국가는 보다 적극적인 노동정책을 통하여 근로자들에게 근로의 기회를 제공해 주고 나아가 근로자들 스스로 자신들의 생존을 확보할 수 있도록 노동 3권을 보장해 주는 점으로 보아 근로의 권리와 노동 3권은 통일적으로 파악할 수 있다. 왜냐하면 근로의 기회가 없는 노동 3권이나 노동3권의 보장이 없는 근로의 기회는 별로 실효성이 없으며, 생

존권적 기본권으로서 불완전하기 때문이다.[26)]

(2) 근로권의 사상

1) **자연법사상과 노동의 자유** 본래 근로권의 사상은 근로의 의무와 함께 인간의 천부적인 자연권의 일종으로서 인간의 자연적인 속성으로 보는 자연법 사상에서 발단되었다. 여기에는 다분히 기독교의 영향이 있었다고 보지 않으면 아니된다.[27)] 즉, 일하는 것이 인간의 자연권이라고 하는 사상은 17·8세기의 자연법학의 개인주의적 사회관의 기초가 되어「모든 인간은 노동할 수 있으며, 노동하지 않으면 아니 된다」고 주장된 것이다. 이와 같은 사상이 자유주의와 결부되어 현재와 같은 근로권(Recht auf Arbeit)과 다른 근로할 권리(Recht zur Arbeit, droit de travailler), 즉「노동하는 자유」로 주장되기에 이른 것이다.

2) **노동공여와 근로권** 근로권(Recht auf Arbeit, droit au travail)에 관한 문제는 역사적으로 특히 독일과 프랑스를 중심으로 근로권이라고 하는 개념하에 논의되어 왔다. 이 근로권(노동권)이라는 말은 법률학상의 개념으로서는 주로 노동기회의 제공(노동의 공여)을 국가에게 요구하는 실업자의「공법상 권리」로서, 혹은 그것을 중심내용으로 하는 것으로 사용되어 왔다. 그러나 근로권의 문제는 법률의 영역에 한하지 않고 경제사상·사회정책·정치영역 등 여러 분야에서 논의되어 왔으며, 여기에서 근로권이라는 말이 대체로 노동의 공여를 권리로서 요구하는 사상을 표시하는 개념으로 사용되어 왔다.[28)]

---

26) 김형배,『노동법』, 박영사, 2007, 129쪽.

27) 근로의 의무에 대한 사상적 원천은 기독교의 창조사에서 그 뿌리를 찾을 수 있다.「너희는 엿새 동안은 일해야 하느니라」고 한 신의 명령 속에서 인간의 원초적인 근로의 속성을 엿 볼 수 있다. 또한 타락한 아담에게「너는 종신토록 수고하여야 그 소산을 먹느리라」고 한 하나님의 존엄할 명령은 평생 동안 땀 흘려 살아가야 할 인간의 운명을 말해주고 있다(창세기 제3장 제16절-19절).

28) 프랑스의 혁명기에 근로권에 대한 명시적인 주장은 없었던 것 같으나, 다만 근로권사상을 예시하는 듯한 모습으로 노동공여에 대한 논의가 활발히 전개된 점이 주목된다. 프랑스의「인간과 시민의 권리선언」에는 생존권적인 규정은 보이지 않고 있다. 그러나 인권선언의 성립과정 중에 등장한 최초안 중에는 노동공여에 관한 규정이 나타나고 있다. 예컨대 1789년 7월 27일의 타르제(Target)초안과 8월 12일의 쉬에스(Abbe' Sistes ; 1748-1836)의 헌법초안 및 1791년의 헌법 가운데에도 공적 구제에 관한 사항이 규정되어 있다. 또한 1793년 2월 15일의 지롱드 헌법초안 제24조에는「공적 구제는 신성한 채무이다. 그 범위와 적용에 관하여는 법률로 정한다」라고 규정하고 있다. 또한 동년 6월 24일의 몽떼뉴 헌법(1973년 헌법)은 그 제 21조에서 다음과 같이 규정하고 있다. 즉「공적 구제는 신성한 채무이다. 사회는 노동을 공여하는 것에 의해서, 혹은 노동할 수 없는 삶들에게 생활수단을 확보하는 것에 의해서 불행한 시민에 대하여 생계를 보장하지 않으면 안된다」. 이상과 같이 프랑스 대혁명기의 인권선언 최초

3) **근로권의 두 가지 개념** 이와 같은 사상으로서의 근로권은 반드시 국가에 대한 권리를 수반하는 것은 아니므로, 다음의 두 가지 개념과 구별할 필요가 있다. 첫째, 근로의 자유를 의미하는 근로할 권리(Recht zur Arbeit, droit de travailler)와의 구별이다. 이것은 역사적 관점에서 말하면 근로에 대한 전자본주의적 규칙(특히 동업조합적 규칙)의 타파라고 하는 과제를 담당해왔다는 점에서 근로권과 구별된다. 둘째, 근로에 의한 부조(assistance par le travail) 내지 빈민대책으로서의 노동공여와의 구별이다. 역사적으로 종종 빈민부조의 이환으로서 혹은 노역장이나 노동입식지 등에서 곤궁자에 대한 노동의 공여가 행해져 왔으나, 노동공여가 곤궁자에 대한 국가 등의 의무로 여겨졌던 경우에도 그에 대응하는 개인의 권리(의 관념)를 수반하지 않았다는 점에서 근로권과 구별된다.[29] 이와 같은 사상으로 근로권은 법개념으로서의 근로권, 나아가서 우리 헌법상의 근로권의 사상적 배경을 이루고 있다.

(3) 근로권의 유형

1) **최초의 근로권** 자본주의적 국가의 헌법으로서 최초로 근로권을 규정한 것은 바이마르헌법 제163조 제2항이다. 즉「모든 독일국민은 경제적 근로에 의하여 그 생활자료를 구할 수 있는 기회를 부여받는다. 적당한 근로의 기회를 부여받지 못한 자에 대하여는 필요한 생활비를 지급한다. 상세한 것은 특별한 법률로 정한다」고 규정하고 있다.[30]

2) **적극적 근로권** 이러한 근로권은 모든 국민에 대하여 근로의 기회를 보장한다는 점에서 매우 적극적인 권리관념이며, 사회 정책적 입장에서 매우 이상적이라 볼 수 있다. 그러나 이를 국가에 대한 국민의「구체적 권리」로 인정하고 국가는 이에 대응한 법률상의 의무로서 근로의 기회를 제공해야 한다는 것은 자본제사회에서 불가능한 것이다. 따라서 헌법 제 32조 1항의 권리는 구체적인 권리관념과 거리가 먼 하나의 추상적인 권리를 의미하는 것으로 해석된다.[31]

안 등에는 사회의 노동공여의무에 관한 규정이 많이 보인다. 특히 1793년 헌법 제21조의 규정은 근로권을 인정한 것으로 종종 평가되고 있다. 그런데 이 시기의 노동 공여 규정은 대부분 당시의 소위 빈민대책적인「공적 구제」의 원리로서의 의미가 있으며, 또한 그것은 종종 인권의 원리와 결합된 형태로 논의되었다는 점이 중요하다고 본다.

29) 內野正宰, "勞動權の歷史的展開", 國家學會雜誌, 東京大學法學部, 1981, 744-745面.

30) 石井,『勞動法總論』, 282面 ; 박상필, 전게서, 89-90面.

3) **추상적 근로권** 이러한 근로권은 근로의 기회를 갖지 못하는 경우에 국가에 대하여 근로의 기회를 제공하라고 요구하고, 이것이 불가능한 경우 상당한 생활비의 지급을 요구하는 권리로 보기 때문에 자본주의 사유재산제의 긍정을 전제로 하는 권리관념이라 할 수 있다.[32] 그러나 이 경우에도 근로권은 국민의 국가에 대한 구체적인 권리로 볼 수 없고, 다만 보충적 의미를 가지는 추상적 권리로 보아야 한다. 그러나 비록 추상적 권리라고 하더라도 근로권을 단순한 도덕적 · 윤리적인 성격으로서만 볼 수 없으며, 어디까지나 근로자의 완전고용을 목표로 하는 「노동입법의 방향」을 결정하고 지시하는 것이라고 보아야 한다.

2. 근로권의 법적 성질

(1) 자유권설

이 설은 근로권을 일하고자 하는 자로 하여금 자유로이 일할 수 있도록 하는 일종의 자유권으로 보는 견해이다. 따라서 과거의 봉건적인 신분적 종속이라든지 강제노동의 속박으로부터 해방되어 자기가 원하는 직장을 자기책임하에 선택할 수 있게 하는 권리라고 할 수 있다. 이러한 견해는 근로권을 특별한 권리로 인정하지 않고 일반적인 자유권과 동일하게 취급하는 것이 된다. 생각건대 근로권 내지는 생존권의 사상적 배경이나 그 연혁으로 보아 자유권설은 인정하기 어렵다.

(2) 생존권설

1) **입법방침규정설** 이 설은 프로그램규정설이라고도 하며, 국가는 국민 각자의 능력과 체력에 따라 노동을 할 수 있게 하고 근로의 양과 질에 대응하는 보수를 받아 인간다운 생활을 할 수 있는 의무를 지는데, 이러한 의무는 직접적으로 행정 · 사법을 구속하지 않고 입법자를 구속하는데 불과하다는 견해이다. 따라서 입법자가 근로권을 어떻게 입법할

31) 김형배, 전게서, 130쪽 ; 박상필, 전게서, 91쪽.

32) 石井照久교수는 첫째의미의 근로권을 「완전한 근로권」, 둘째의미의 근로권을 「한정적인 근로권」이라고 하고 있다(石井, 前揭書, 283面 이하).

것인가를 방침으로 제시하는 정도에 그치고, 국가에 대하여 직업을 요구하거나 실업수당을 요구하는 권리는 입법이 없는 한 허용될 수 없다고 본다.[33]

2) 직접적 효력 규정설

① 추상적 권리설 - 이 설은 근로의 권리를 노동법에 의하여 구체화될 수 있는 추상적 권리이며, 만약 근로의 권리를 실현하기 위한 법률이 제정된 경우, 그 법에 의한 해석적용의 준거가 될 수 있다고 보는 견해이다.[34] 따라서 추상적 권리로 보는 한 근로자들에게 근로의 기회를 현실적으로 부여하지 않았다하여 국가가 어떤 구체적인 책임을 부담하는 것이라고 볼 수 없다.[35]

② 구체적 권리설 - 이 설은 근로의 권리를 적극적 · 현실적으로 해석하여 국가가 국민에게 자주적인 근로의 기회를 제공할 뿐만 아니라, 만일 실업이 있을 때 근로자에게 직업을 알선하거나 최소한도 취업할 때까지 실업수당으로서 상당한 생활비를 지불해야 할 법적 의무를 진다는 견해이다.[36] 이 견해에 의하면, 국가가 필요한 입법이나 시책을 강구하지 아니한 경우에도 국가의 부작위에 의한 침해를 이유로 재판상 다툴 수 있는 구체적인 권리로 본다.

③ 소 결 - 근로자의 인간다운 생존확보를 위해서는 근로의 기회가 보장되지 못할 경우, 국가에 대한 생활비지급을 요구할 수 있도록 하는 구체적 권리설이 이론적으로 타당성이 있어 보인다. 따라서 근로의 권리를 확보하기 위한 헌법소원제도가 있기 때문에 구체적 권리설이 타당하다고 한다.[37] 그러나 현실적으로 그 실현이 불가능한 일이기 때문에 추상적 권리설을 취하고 있는 입장이 다수설이다. 헌법재판소의 결정에 의하면 -근로의 권리는 사회적 기본권으로서 국가에 대하여 직접 일자리(직장)를 청구하거나 일자리에 갈음하는 생계비의 지급청구권을 의미하는 것이 아니라, 고용증진을 위한 사회적 · 경제적 정책을 요구할 수 있는 권리에 그친다고 하여 입법방침규정설을 취하고 있다.

33) 김철수, 『헌법학개론』, 박영사, 2003, 775쪽.
34) 김철수, 전게서, 775쪽.
35) 김형배, 전게서, 131쪽.
36) 김철수, 전게서, 775쪽.
37) 김철수, 전게서, 776쪽 ; 권영성, 『헌법학원론』, 법문사, 2002, 619쪽.

(3) 검토의견

① 근로권사상의 세계적 조류는 근로자와 같은 경제적 약자로 하여금 인간다운 생존을 확보할 수 있도록 자유와 평등의 이념을 확대하여 경제적 민주주의 실현을 지향하는 것이다. 따라서 종래의 시민국가에서와 같은 소극적인 자유방임적 태도에서 벗어나 보다 적극적인 사회국가적 복지국가의 이념의 실현을 위하여 국가와 강력한 책임하에 적극적으로 근로의 기회를 보장하도록 노력해야 하므로 근로권을 20세기적 생존권으로 보는 견해가 타당하다.[38]

② 그러나 근로권 그 자체가 구체적인 권리는 아닌 것이며, 별도의 입법에 의하여 비로소 그 내용이 구체화된다고 보아야 한다. 헌법 제32조 제1항은 근로권은 국가에 대한 공법상의 권리로서 국가로 하여금 가능한 한 근로의 기회를 마련해 주도록 의무를 지우는 것이므로, 이로부터 직접 사법상의 권리인 취업권이 도출된다고 볼 수 없다.[39] 따라서 헌법 제32조 제1항은 입법의 방침을 규정한 하나의 추상적 권리를 규정한 것으로 볼 수 있다.

3. 근로의 권리와 의무

a) 헌법 제32조 제2항은 「모든 국민은 근로의 의무를 진다」고 하여 「근로의 의무」를 규정하고 있다. 이 근로의 의무는 근로의 권리와 같이 문자 그대로 형식적으로 해석할 수 없다. 사유재산제를 기초로 하는 자본주의체제에서는 근로의 의무를 국민의 구체적 의무로서 강제할 수 없음은 당연한 논리이다. 또한 법률상 근로의 의무는 그 전제로서 근로의 의사와 능력을 가지고 있는 자에게 반드시 근로의 기회를 제공할 수 있는 체제, 즉 완전한 근로권의 확립이 필요하다. 근로의 의무를 당연히 이행할 수 있는 사회조직, 환언하면 완전한 노동권이 보장되어 있는 사회조직이 아닌 이상 「근로의 의무」라는 선언에 대하여 법률적 의미를 부여할 수 없다.

b) 헌법 제32조 제1항 후단에서 「국가는 사회적 · 경제적 방법으로 근로자의 고용의 증진과 적정임금의 보장에 노력하여야 하며, 법률이 정하는 바에 의하여 최저임금을 시행하

---

38) 김치선, 전게서, 158쪽 ; 권영성, 전게서, 619쪽 ; 김철수, 전게서, 776쪽.

39) Hueck-Nipperdy, *GuundriB*, 5Afu1, S.98; 박상필, 전게서, 92-94쪽 ; 김철수, 전게서, 776쪽.

여야 한다」라고 하여 국가의 의무를 명시하고 있다. 따라서 국가의 정치적 책임과 아울러 법률적 의무를 완수하고자 직업안정법, 최저임금법, 고용보험법 또는 고용정책기본법 등 다양한 입법을 통하여 국민의 근로권에 최선의 노력을 다하고 있다.

4. 근로권의 내용

(1) 취업권

1) 취업권의 의의　취업권이란 근로의 의사와 능력이 있는 자가 국가에 대하여 근로의 기회를 요구할 수 있는 권리를 말한다. 이것은 근로의 의사와 능력은 있어도 취업할 기회를 갖지 못하여 현실적으로 실업 중에 있는 자가 국가에 대하여 취업할 기회를 부여해 달라고 요구하는 것이므로 엄밀한 의미에서 취업요구권이라고 보아야 한다. 그러나 아무리 취업의 기회를 요구한다고 해도 이를 국가가 당연히 받아들여야 할 법적 의무가 생기는 것은 아니며, 또한 사유재산제하에서는 그 요구를 모두 받아들인다는 것은 현실적으로 불가능하다. 어떻든 취업권이란 대체로 근로의 기회가 주어져서 취업을 하게 된 자가 안정된 상태에서 계속 취업을 유지하는 것도 포함하는 개념이다.

2) 취업권의 보장 범위　취업권의 보장은 실업중인 자가 일단 근로의 기회를 새로이 가지는 권리뿐만 아니라 취업 중에 근로자가 부당한 해고를 당하지 않으면서 최저한도의 생존을 위한 근로조건을 유지할 수 있는 권리까지도 포함한다.[40] 이와 같이 취업의 요구와 아울러 취업상태의 안정에까지 근로권을 확대해석하는 것이 과연 타당한가에 대하여는 논란의 여지가 있으나, 근로자의 인간다운 생존을 실질적으로 보장해야 한다는 생존권적 기본권의 입법정신으로 보아 큰 무리는 없을 것이다. 현행 근로기준법 제23조도 사용자의 부당한 해고를 제한하는 규정을 함으로써 헌법상 근로권의 조항과 합치하는 법리를 구성하고 있다.

40) 김치선, 전게서, 156쪽.

(2) 생활비청구권

생활비청구권이란「근로의 기회를 가질수 없는 경우에 국가에 대하여 이에 대체적으로 상당한 생활비의 지급을 요구할수 있는 권리」로서 국가가 국민의 취업권을 보장하지 못한 경우에 이에 대한 대체적 방법으로 생활비의 지급을 부담하는 것을 말한다. 이는 직업선택이 자유와 영업의 자유라는 측면에서 이율배반적인 것 같지만 재산권과 근로권의 현실적 조화를 기도하는 경제적 민주주의국가의 이념을 실현하고자 하는 취지와 부합된다.

(3) 근로권의 실질적 보장

현행 헌법은 근로권의 현실적인 보장을 위하여 적정임금의 보장에 관한 규정을 정하고 있다(헌법 제 32조 제1항 후단). 여기서 말하는 적정임금이란 최저임금과 약간 다른 개념이며, 실질적인 최저임금이라 할 수 있다. 또한 헌법은 근로조건에 관한 최저한도의 기준은 인간의 존엄성을 보장하도록 법률로 정하도록 하고 있고, 여자와 소년의 근로에 관한 특별보호규정(헌법 제32조 제4항)을 두고 있다. 이밖에 헌법 제32조 제6항은 신설 조항으로 국가유공자, 상이군경 및 전몰군경의 유족에게 우선적으로 근로의 기회를 부여하도록 규정하고 있다.

제2절 단결권

1. 단결권의 개념

a) 헌법은 근로자의 단결권을 보장함으로써 자주적인 노사관계의 형성과 노사간의 실질적 평등을 기대하고 있다. 여기서 단결권이라 함은 근로조건의 유지개선을 목적으로 사용자와 대등한 지위에서 교섭할 수 있는 단결체를 결성하고, 여기에 가입할 수 있는 권리를 말한다. 단결권은 단체교섭권 및 단체행동권과의 밀접한 상호관계를 가지면서 노동조합의

결성을 옹호하는 권리이다.

b) 이때 단결체의 보장과 활동은 노동조합의 결성에 의하여 구체화된다. 따라서 일시적 단체인 쟁의단은 노동쟁의와의 관계에서 하나의 통일체를 이루는데 불과하며, 단체교섭을 통하여 체결한 단체협약을 계속적으로 이행해야할 주체로 인정하기 곤란하다.[41] 여기서 단결이란 근로자들의 이익집단이 하나의 공동목적 달성을 위해 구성한 계속적 결합을 의미한다.[42]

c) 근로자는 노동조합이라는 단체를 배경으로 하여 사용자와 실질적인 대등관계를 확보할 수 있으며, 단체교섭을 통하여 그들의 근로조건의 유지개선과 권익의 증진을 도모할 수 있다. 노동3권의 핵심은 단체교섭권에 있으나, 단결권을 전제로 하지 않는 한 아무런 의미가 없다. 따라서 단결권은 바로 노동3권의 시원적 권리로 볼 수 있다.[43]

관련 판례 대판 1993. 6. 11 . 93다7457 : 대판 1992. 5 12. 90누9421
노동조합의 단결권과 폐업의 자유

사용자가 사업체를 폐업하고 근로자 전원을 해고하는 것은 노동조합의 단결권 등을 방해하기 위한 위장폐업이 아닌 한 원칙적으로 기업경영의 자유에 속하는 것으로서 유효하며, 노동조합의 위법한 쟁의행위와 조합원 상호간의 갈등으로 정상조업이 장기간 불가능하여 사원총회를 거쳐 적법한 절차에 따라 폐업하였으므로 그 폐업조치는 유효하다.

2. 단결권의 법적성질

(1) 노동기본권

단결권은 단체교섭권 및 단체행동권과 함께 근로자의 인간다운 생존을 확보하기 위한 노동기본권의 하나이다. 단결권의 보장은 근로자가 노동조합을 결성하고 이에 가입함에 있어서 국가나 사용자로부터 부당한 간섭이나 침해를 받지 않는다는 소극적인 자유권으로서의 의미에 그치지 않고, 근로자의 인간다운 생존확보를 위하여 국가가 보다 적극적으로

41) 김형배, 전게서, 148쪽.
42) Hugo Zinzheimer, *Grundzuge des Arbeitsrecht*, 2Aufl, 1927.
43) 안용교, "노동삼권의 구조", 건국대학술지, 제10집, 1969, 104쪽.

그러한 권리행사에 노력하고 협조해야 한다는 의미를 가진다.

(2) 공 · 사법

단결권은 국가와 사인과의 양자에 대한 하나의 공적 · 사적인 권리이다. 단결권은 일종의 소극적 권리, 즉 단결자유의 범위내에 있어서 국가권력으로부터의 자유로운 영역임을 내용으로 하는 권리이며, 모든 공권력에 대하여 사인에 향한 권리로서의 단결권은 독일민법 제 823조 제1항에서 말하는 「기타의 권리」이다. 즉 단결권을 침해받은 자는 침해자에 대하여 주관적인 과실의 유무를 묻지 않고 침해를 중지할 것을 요구하거나 고의 또는 과실이 있을 때에 손해배상을 청구할 수 있다.

3. 근로자개인의 단결권과 단결체의 단결권

(1) 근로자개인의 단결권

헌법 제33조 제1항은 근로자 개인만이 단결권의 주체인 것처럼 되어 있으나, 그 실제에 있어서 노동조합의 단결권까지 함께 보장하고 있다. 근로자 개인의 단결권이란 근로자가 노동조합을 조직할 수 있는 권리와 그가 원하는 기존 노동조합에 가입하고 그 조합에 머무를 수 있는 권리를 의미한다. 이와 같은 권리를 개별적 단결권(individuelle Koalitionsferiheit) 이라고 하고, 개인의 적극적 단결권(die positive Koalitionsfreiheit des einzelnen) 이라고도 한다.

(2) 단결체의 단결권

단결체로서 단결권이란 노동조합자체의 존립에 관한 권리와 그 활동에 관하여 필요한 보호를 받을 권리를 말한다. 이와 같이 단결 자체의 단결권을 인정하는 이유는 국가가 노동조합의 존립과 그 활동을 침해한다면 아무리 근로자 개인들의 단결권을 인정한다고 해도 단결권보장이 현실적으로 유명무실하게 되어 버리기 때문이다. 단결에의 자유가 근로자의 개인적 자유라고 한다면, 단결체의 자유(Freiheit der Koalition)는 집단적 자유라 할 수 있다.

(3) 단결권의 상호관계

단결체의 자유는 ① 단결존재의 자유, ② 단결계약의 자유 및 ③ 단결권력의 자유를 의미한다. 근로자 개인의 개별적 단결권과 노동조합이라는 단결자체의 단결권은 상호불가분의 관계에 있다. 근로자 개인의 단결권은 단결체를 당연히 예상치 않고는 무의미한 것이므로 단결체의 보호를 요청한다. 오히려 단결체는 근로자 개인의 단결권이 행사되고 있다는 사실을 표현하는 것에 불과하다. 따라서 개인의 단결권에 대한 침해는 동시에 단결자체에 대한 침해가 된다. 예컨대 조합원임을 이유로 해고 기타 불이익처분을 하는 것은 개인의 단결권에 대한 침해임과 동시에 단결자체의 존립을 위협하여 단결체의 단결권을 침해하게 된다[44].

관련 판례 대판 1979. 12. 11. 76누189
근로자의 단결권

근로자의 단결권은 노동조합의 조직에서부터 발현되는 것이라고 할 것이므로 근로자들이 노동조합을 설립하기 위하여 노동조합설립에 따르는 조합의 규약을 작성하고 대표자를 선정하고 노동조합설립신고서를 소관 관청에 제출 할 수 있는 정도로 조직체를 이룩하였다면 동 조직체는 그 구성원인 근로자들의 단결권의 결합체라고 할 수 있고, 이 단계에 이르러서는 노동조합설립에 관한 한 근로자의 단결권은 위 조직체를 통해서 통일된 상태에서 발현될 것이 기대되는 것이라고 봄이 합리적이라 할 것이다.

4. 소극적 단결권과 단결강제

(1) 조직근로자와 조직강제의 정당성

1) 헌법 제33조 제1항의 단결권이 「단결에의 자유」, 즉 적극적 단결권만을 보장하는 것인가 또는 「단결하지 아니할 자유」, 즉 「단결로부터의 자유」 또는 소극적 단결권까지도 포함하느냐의 견해가 대립되고 있다. 이러한 논의는 미조직근로자에 대한 단결에의 강제, 즉 조직강제를 인정할 것인가의 문제로서 다음과 같다. 첫째, 헌법이 근로자에 대해서만 일반적인 결사의 자유와 구별되는 단결권을 보장한 취지로 보아 적극적 단결권만 보장한

44) 이상덕, 이학춘, 이상국, 고준기, 『노동법(II)』, 대명출판사, 2003, 35쪽.

것으로 보아야 한다는 견해이다. 따라서 헌법상의 단결권보장에는 소극적 단결권은 포함되지 않고, 어느 정도의 단결을 강제하는 압력조치도 정당하다. 둘째, 소극적 단결권은 적극적 단결권과의 관계에서 조직화되거나 제도화되어 적극적 단결권과 동등하게 보호될 수 없다는 견해이다. 적극적 단결권 내지 단결자체의 단결권의 내용에 대한 적절한 행사를 위해서는 어느 정도의 단결강제가 개입되지 않을 수 없으나, 여기에 소극적 단결권을 양립시키는 것은 모순이라고 한다.

2) 일본의 경우에는 헌법에서 단결권의 보장을 선언한 취지는 적극적 단결권의 보장을 주목적으로 한 것이라 해석된다. 따라서 헌법은 단결권의 보장에는 많은 학자들이 소극적 단결권을 부인하고 있다.

3) 독일의 경우에는 바이마르헌법이나 기본법에서 단결권의 해석에 대해 크게 논쟁이 되어 왔다. 그러나 개인 근로자들의 권리는 단결체에 대한 선택의 자유와 가입의 자유가 모든 강제로부터 보호될 경우에만 보장될 수 있다고 보고, 소극적 단결권은 적극적 단결권의 다른 면이라며 인정한다. 그러나 우리나라와 일본의 학계에서는 소극적 단결권을 부정하는 견해가 다수설이다.

(2) 일반적 조직강제와 제한적 조직강제

1) 일반적 조직 강제 헌법 제33조 제1항의 단결권은 적극적 단결권, 즉 「단결하는 자유」만을 보호하는 것을 의미한다면 미조직근로자에 대한 단결강제 또는 조직강제의 문제를 헌법과의 관계에서 어떻게 해석해야 할 것인가? 이것은 클로즈드숍 내지 유니온숍 조항을 어떻게 해야 할 것인가의 문제와 일정한 관련을 갖는다. 그러나 단결강제는 특정한 노동조합에의 단결강제(제한적 조직조항)를 당연히 정당화하는 것이 아니고 자기가 좋아하는 노동조합에의 강제, 즉 일반적 조직 강제를 뜻하는 것이다. 따라서 단결강제를 인정한다고 해서 「단결선택의 자유」까지 부정하는 것은 아니다. 만일 제한적 조직조항에 의하여 근로자가 자기의사와 관계없이 특정노동조합에 강제적으로 가입하도록 한다면 결과적으로 적극적 단결권을 침해하게 된다.

2) 제한적 조직강제 조직강제의 유형에는 ① 협약당사자인 사용자가 고용할 근로자가 특정노동조합의 조합원이냐를 불문하는 일반적 조직강제조항(allgeemeine Organisationsklausel)

과 ② 협약당사자인 특정노동조합의 조합원일 것 또는 조합원이 될 것을 요구하는 제한적 조직강제조항(beschrankte Organisationsklasuel)이 있다. 특히 후자의 경우에는 조직강제가 단결선택의 자유를 침해하는 결과를 가져온다면 위헌의 소지가 있게 된다.

3) **유니온 숍과 조직강제의 한계** 유니온숍 조항은 단위기업 내에 사실상 제2노조가 없기 때문에 특정하지 않더라도 결과적으로 「특정노동조합」에 가입할 것을 고용조건으로 하는 제한적 조직 강제가 행해질 우려가 있다. 그러나 단결선택의 자유가 보장될 수 있는 복수노조가 존재하는 경우에는 유니온숍 조항이 허용될 수 있다.

(3) 기타 조직강제의 방법

이외에 조직강제의 방법은 ① 노동조합의 조합에 대한 통제권의 행사, ② 노동조합원이 아닌 일반근로자에게 노동조합이 쟁취한 유리한 근로조건을 적용하는 것을 이유로 노동조합의 재정적 부담을 하게 하는 연대금지급 조항, ③ 노동조합이 단체협약상의 이익을 전부 또는 일부를 사용자로 하여금 비조합원에게 부여하지 못하도록 하는 단체협약을 체결하는 단체협약배제조항 등 이 있다.

제3절 단체교섭권

1. 의 의

(1) 개념구별

단체교섭권은 근로자가 노동조합의 조직력을 배경으로 하여 근로조건의 유지 · 개선 그 밖에 근로자의 경제적 · 사회적 지위향상에 관계되는 사항에 관하여 사용자와 교섭하는 권리를 말한다. 단체교섭이란 본질적으로 고용에 대한 이해를 공통으로 하는 근로자들의 통일적 · 배타적인 교섭이며, 단체교섭권이란 단결권으로써 교섭에 응해줄 것을 청구할 수 있는 권리이다. 단결의 의의는 그 조직력을 배경으로 하여 사용자와 단체교섭을 전개함으로써 노동법의 본래의 목적을 달성할 수 있으며, 오로지 단체교섭권을 주축으로 하여 구체화될 수 있다.

(2) 실정법상의 보호

현행 노조법 제29조 제1항은 「노동조합의 대표자는 그 노동조합 또는 조합원을 위하여 사용자 또는 사용자단체와 교섭하고 단체 협약을 체결할 권한을 가진다」라고 규정하고 있고, 동법 제30조 제2항은 「노동조합과 사용자 또는 사용자단체는 정당한 이유없이 교섭 또는 협약의 체결을 거부하거나 해태할 수 없다」고 규정하고 있다. 더욱이 노조법 제81조 제3호에서 단체교섭거부를 부당노동행위의 한 유형으로 명시하여 금지하고 있다. 이에 따라 사용자는 노동조합의 교섭요구에 응해야할 의무를 지며, 노동조합은 사용자에게 단체교섭에 응할 것을 요구할 권리를 가진다. 이러한 단체교섭권에 대하여 국가는 그 자유를 제한 또는 금지해서는 아니 되며, 법령 또는 행정조치 또는 경찰권의 발동으로 제한 · 금지 또는 방해하게 되면 위헌행위로서 불법적인 행위가 된다. 우리나라는 단체교섭권을 헌법 이외에 실정법에서 별도로 보장하고 있으나, 해당 규정이 없는 국가에서는 단체교섭권이 단결권 속에 포함되어 있는 것으로 본다.

2. 단체교섭권의 성질

(1) 노동조합의 권리

1) 단체교섭권은 근로자 개인이 아닌 전체근로자의 문제를 그 교섭의 대상으로 한다. 따라서 단체교섭권은 근로자단체, 즉 노동조합에 대하여 인정된 권리로서 근로자 개인이 개별적으로 행사하지 못하며, 노동조합의 간부라 하더라도 사적으로 행사할 수 없다.

2) 단체교섭권은 반드시 노동조합이 아니더라도 근로자의 단결체로서의 형태를 갖춘 것이면 이들 단체에 대하여도 단체교섭권은 인정되어야 한다. 따라서 쟁의단과 같이 근로자의 일시적인 단체라 하더라도 그 대표자를 통하여 교섭하는 권리를 가진다고 보아야 한다. 그러나 단체교섭권을 인정한다 하더라도 사용자가 협약체결의무를 지는가에 대하여는 부정하는 것이 타당하다.

(2) 대사용자성의 권리

1) 단체교섭권은 직접적으로 사용자에 대한 관계에서 보장된 권리이다. 노동조합이 정당하고 합리적인 방법으로 단체교섭을 요구할 경우 사용자는 이에 응해야 하며, 정당한 이유 없이 단체교섭을 거부하거나 해태하면 부당노동행위가 된다. 그러나 사용자의 단체교섭응낙의무는 반드시 노동조합이 요구하는 내용을 수용하는 것을 의미하지 않는다. 또한 노동조합의 요구사항이 사용자의 지위에서 처리할 수 있는 성질이 아닌 경우에 사용자는 단체교섭을 거부하거나 중단할 수 있다.

2) 단체교섭권은 근로조건의 유지 · 개선에 국한할 필요는 없으며, 근로자들의 경제적 · 사회적 지위향상에 관한 사항도 그 대상이 된다. 그러나 사용자가 독점적으로 보유하고 있는 경영권(인사권포함)과 이윤취득권에 속하는 사항들은 단체교섭의 대상이 될 수 없다고 보는 입장이 있다. 그러나 본래 노동3권을 보장한 기본적 전제는 사용자의 재산권을 침해하지 않는 범위 내에서 노동력의 대가인 임금과 그 밖에 근로조건에 관해서 단체교섭을 허용한 것이라고 보기 때문에 이를 허용해야 할 것이다.

3) 근로자참여 및 협력증진에 관한 법률(이하 "근참법"이라 한다)은 헌법 제32조에 명시되어 있지 않기 때문에 근로자의 경영참가권에 대한 타당성은 현행법상으로 사용자의 재산권에 중대한 침해가 되지 않는 범위 내에서 용인되는 것이라고 보아 단체교섭권과 구별할 필요가 있다. 따라서 최근에 논란이 되고 있는 근로자의 경영참가는 현행법상 법적 근거가 없으므로 일정한 한계성을 지닐 수밖에 없다. 그러나 근참법에서 경영 및 인사에 관한 사항을 협의사항 또는 보고사항으로 하여 근로자의 의견을 청취하거나 정보를 제공하는 차원에서 부분적 참여를 용인하고 있다[45].

(3) 노동조합에 보편적으로 보장된 권리

단체교섭권은 모든 근로자의 단체, 즉 노동조합에 대하여 차별을 두지 않고 보편적으로 보장된 노동기본권이므로, 예컨대 유일교섭단체협정이 다른 조합의 헌법상의 단체교섭권을 제한하게 되면 위헌적인 협정으로 해석될 수 있다. 또한 단체교섭권은 노동기본권이므로 노동단체의 성격을 지니는 한 복수노조, 제3노조나 임시직 또는 전국단위의 비정규직

---

45) 이상덕외, 전게서, 40쪽 이하.

노조든지 상관없이 인정된다. 또한 법외노조라 하더라도 기본권보장의 취지에 비추어 헌법상의 기본권향유주체로서 단체교섭권이 허용되어야한다.

(4) 민사상 형사상 면책 받을 권리

1) 노조법 제3조에 의한 민사면책조항에 의하면 사용자는 단체교섭으로 손해를 입은 경우에 노동조합 또는 근로자를 상대로 손해배상청구를 할 수 없다. 또한 사용자는 정당한 쟁의행위로 인하여 손해를 받은 경우에도 노동조합이나 근로자에게 손해배상을 청구할 수 없다. 그러나 쟁의행위가 위법인 경우에 사용자는 민법상 채무불이행(민법 제390조) 또는 불법행위(민법 제750조)를 이유로 손해배상청구를 할 수 있다. 이 때 쟁의행위 전체가 목적이나 수단에서 위법성이 있으면 손해배상책임의 주체는 노동조합 자체이고, 전체 쟁의행위 중에 개개의 행위가 부당한 경우에는 그 해당 조합원인 근로자 개인이 주체가 된다.

2) 노조법 제4조는 노동조합이 단체교섭의 행위에 대해 형법 제20조에 의한 정당행위로 보아 면책규정을 두고 있다. 따라서 형법 제20조에 의하면 「법령에 의한 행위 기타 사회상규에 위반하지 아니하는 행위는 벌하지 아니한다」고 명시하고 있는바, 단체교섭에 관한 행위도 법령에 의한 면책사유에 해당한다고 보아야 한다.

관련 판례 대판 1991.5.24.91도324근로자의 단결권
형법상 위법성과 쟁의행위의 정당성

근로자의 쟁위행위는 그것이 정당할 때에 한하여 형법상 위법성이 부정되어 처벌되지 아니하고, 쟁의행위의 정당성은 첫째 그 주체가 단체교섭의 주체로 될 수 있는 자이어야 하고, 둘째 그 목적이 근로조건의 향상을 위한 노사간의 자치적 교섭을 조성하며, 셋째 사용자가 근로자의 근로조건 개선에 관한 구체적인 요구에 대하여 단체교섭을 거부하였을 때 개시하되 특별한 사정이 없는 한 조합원의 찬성결정 및 노동쟁의 발생신고를 거쳐야 하는 한편, 넷째 그 수단과 방법이 사용자의 재산권과 조화를 이루어야 할 것은 물론 폭력의 행사에 해당되지 아니하여야 한다는 조건을 모두 구비하여야 비로소 인정될 수 있다.

제4절 단체행동권

1. 의 의

(1) 단체행동권은 단결권의 목적활동인 단체교섭을 근로자가 유리하게 전개할 수 있도록 노동조합이라는 단결체에 보장한 집단적 행동에 관한 노동기본권의 하나이다. 단체행동권은 본질상 투쟁수단을 주로 하는 집단적 행동이므로 사법상 이해관계 당사자의 권익을 침해할 경우가 많다. 그럼에도 불구하고 헌법 또는 실정법에 의하여 단체행동권을 허용함으로서 법적 분쟁의 여지를 제거한 것이라 할 수 있다. 단체행동권은 그 성질상 사용자에게 압력을 가하여 노동조합의 요구조건에 응하도록 하는 투쟁수단이지만, 사업의 연계성으로 인하여 일반 공중에게까지 막대한 영향을 미치게 된다.

(2) 단체행동권의 일환으로 노동쟁의가 발생하면 최후의 쟁의행위를 하기 전에 그 분쟁을 해결할 수 있도록 노력하여야 하며, 이를 위해 실정법에서 공적조정제도와 사적 조정제도를 마련하고 있다. 이러한 각종 실력행사를 실정법에서 쟁의행위라는 법률용어를 사용하고 있다. 그러나 단체행동권이 모두 실정법상 쟁의행위를 의미하는 것이 아니라는 점에 유의해야 한다.

2. 법적성질

(1) 자유권설

이 설은 초기 자본주의시대에 위법행위 내지 범죄행위라고 하여 국가로부터 처벌 내지 제재를 받았던 단체행동권을 투쟁을 통해서 획득한 권리이기 때문에 자유권으로 보아야 한다는 견해이다. 따라서 단체행동권은 국가에 대하여 어떤 적극적인 청구를 할 수 있는 권리가 아니라 국가의 간섭이나 지배를 배제하는 것이므로 자유권이라고 보는 견해이다.

(2) 수익권설

이 설은 단체행동권이 근로자의 권리를 강화시켜 근로자의 지위를 사용자와 대등하도록 국가가 적극적으로 보호·구성할 것을 내용으로 하는 수익권이라는 견해이다. 이러한 견해는 국민의 기본권을 분류할 경우, 학자에 따라 그 분류방법과 종류가 각각 다르기 때문에 법적 성질이 다르게 나타나는 문제점이 있다. 원래 수익권이라는 개념은 엘리네크(Jellinek)에 의하면 적극적 지위에서 나온 권리로서, 학자에 따라 수익권을 더 세분하여 생존권적 기분과 청구권적 기본권 내지 권리보호청구권이라고 분류하거나, 이것을 모두 포괄하여 사용하는 견해도 있다. 이러한 견해에 의해 단체행동권을 생존권적 기본권의 의미로 파악하면 기본권분류의 방법과 종류가 달라서 수익권이라는 개념을 별도로 사용할 의미가 없어진다. 그러나 청구권으로 보면 그 본질이 국가내적권리로서 국가에 대한 청구(Forderungen an dem Staat)의 속성을 가지게 되어, 사후 구체적인 기본권이 단체행동권의 속성과 맞지 않게 된다.

(3) 생존권설

이 설은 국가에게 근로자가 단체행동권을 행사할 경우에 발생하는 장해를 제거할 뿐만 아니라 적극적으로 근로자의 권리행사를 보장해 주도록 노력할 의무가 있다고 보는 견해이다. 왜냐하면 근로자에게 아무리 근로의 권리를 보장한다고 하더라도 개인으로서 사업주에 대항하여 법적으로 보장된 권리를 모두 행사할 수 없기 때문이다. 따라서 단결권과 단체교섭권 및 단체행동권을 인정하여 사회적 강자인 사업주에게 대항함으로써 생존권을 보장하고자 한다.

(4) 자유권·생존권병존설

이 설은 단체행동권의 행사를 통하여 노사간 교섭력의 균등을 실현하며 노동의 자유를 회복하고, 사용자에 대하여 재산과 노동의 공정한 분배를 요구하는 동시에 그것의 양보를 강제하기 위한 권리라고 보는 견해이다. 따라서 단체행동권은 단순한 자유권이 아니라, 근로자의 생존권을 보장하는 성격을 갖는 것으로 본다.

(5) 검토의견

근로자가 노동운동을 통해서 단체행동권의 법률에 의한 보장을 득하기 위하여 시민법질서에 의한 제약이나 간섭을 배제하고 민사상의 면책을 득하기 까지 어떤 국가이든 오랜 시간이 소요되었고, 그 결과 연혁적으로 단체행동권은 자유권의 속성을 지니게 되었다. 그러나 오늘날에는 단체행동권의 보호를 방임적 성격이 아닌 적극적 권리로서 보장한 것으로 이해하고 있다. 따라서 헌법 제33조 1항의 단체행동권은 하나의 생존권으로서 보장한 것이라고 해석함이 타당하다[46].

3. 단체행동권의 보장과 한계

(1) 단체행동권의 보장과 범위

1) 보장의 의미　단체행동권의 보장은 실정법이 아닌 헌법 제33조에 명시된 생존권적 기본권의 성질과 기본이념에 비추어 해석함을 의미한다. 그러나 단체행동권은 현실적으로 노동조합이 주체가 되어 행사하기 때문에 구체적인 보장은 실정법에 위임하여 규율할 수 밖에 없다. 이때 노동조합의 각종 행위를 실정법의 시각에서 바라보면 그 정당성과 인정범위에 대하여 일정한 한계성을 지니게 된다. 따라서 노조법의 관점에서 보아 일탈행위가 곧 위법이라든가 정당하지 않다는 결론을 내리는 것은 자칫 헌법상의 단체행동권의 제정 의의를 몰각시키는 결과를 가져올 수 있다. 이러한 이유로 단체행동권의 보장을 어디까지로 볼 것인가 하는 논란의 여지가 남게 된다. 특히 사용자의 처리범위 내에 있지 아니한 정치파업이나 동정파업은 정당성의 판단이 중요한 문제가 된다.

2) 실정법상 쟁의권의 보장과 효력　실정법상 쟁의행위는 능동적인 쟁의수단이기 때문에 외부로부터의 침해보다 오히려 그 쟁의행위 자체가 어느 정도까지 정당성을 갖는가 하는 논란이 제기된다. 헌법에서 단체행동권을 보장하고 있는 이상 실정법에 의하여 근로자의 정당한 쟁의행위는 원칙적으로 민사상 또는 형사상의 책임이 면제된다(노조법 제3조 및 제4조).

---

46) 이상덕외, 전게서, 45쪽.

쟁의권보장의 실질적 의의는 이와 같은 면책규정에서 찾을 수 있다. 이러한 면책규정은 노조법에서 창설적으로 인정한 것이 아니고 헌법에서 단체행동권을 보장하고 있는 당연한 귀결로서 확인규정이라는 의미를 지닌다. 따라서 단체행동권의 보장취지에 따라 노동조합을 결성하지 않은 일시적 조직체로서 쟁의단이나, 법외노조라도 쟁의행위에 대하여 그 정당성이 인정되는 한 형사상 · 민사상의 면책을 인정해야 한다. 그러나 현실로 행하여지는 쟁의행위가 목적 · 태양 · 수단 등의 방법상 헌법에 보장한 단체행동권의 보장취지를 일탈할 경우에는 정당성을 상실한다.

(2) 단체행동권의 범위

1) **쟁의권** 단체행동권의 범위는 실정법에 의한 행위뿐만 아니라 헌법적 차원에서 보호할 가치가 있는 광범위한 행위를 의미한다. 따라서 실정법에 명시되지 아니한 행위라도 ① 노동3권과 밀접한 관련이 있거나 ② 노동조합의 본질적 행위나 부수적 행위, ③ 그 밖에 근로조건의 유지개선을 위하여 기대되는 행위가 모두 규율대상이 된다. 단체행동권에서 본질적인 내용이 되는 범위는 노동조합이 단체교섭을 유리하게 전개하기 위하여 쟁의행위를 할 수 있는 권리이다. 이 경우 쟁의행위의 범위는 노조법 제2조 제6호에 명시된 규정에 따라 동맹파업 · 태업 · 직장패쇄 기타 노동관계당사자가 그 주장을 관찰할 목적으로 행하는 행위와 이에 대항하는 행위로서 업무의 정상적 운영을 저해하는 행위를 포함한다.

2) **조합활동권** 조합활동권이라 함은 근로자단체의 존재와 기능에 필요한 집단적 활동을 의미한다. 일반적으로 조합활동에는 ① 일상적인 조직 · 선전활동으로 조합원에 대한 교육 · 홍보활동, 임원선출 · 조합비징수 등의 활동, ② 사용자가 제공한 조합사무소와 게시판과 같은 시설물의 이용, ③ 쟁의행위 중 또는 쟁의상태에서 홍보물의 부착과 배포, 리본이나 완장착용, 집회개최 및 연설 등이 포함된다. 다만, 조합의 활동은 취업규칙이나 단체협약에 별도의 허용규정이 있거나 관행 또는 사용자의 승낙이 있는 경우 이외에는 근무시간 외에 행하여져야 하며, 그 활동에 필요한 최소한도 내에서 사업장의 일부를 이용 · 점거하는 데 그쳐야 한다.

(3) 단체행동권의 한계

1) **최소제한의 원칙** 단체행동권이 헌법상 기본권으로서 보장되고 있다 하더라도 단체행동의 성격상 국민경제나 일반 공중에게 미치는 영향이 크기 때문에 모든 행위를 정당한 것으로 볼 수 없다. 따라서 단체행동권은 근로자들의 생존권실현을 위한 마지막 실력행사의 일환이므로 헌법의 이념과 조화를 이루되, 최소한의 범위 내로 제한되어야한다.

2) **목적에 의한 한계** 단체행동권의 행사는 어디까지나 노사쌍방이 대등한 입장에서 근로자의 근로조건을 유지 · 개선 또는 경제적 · 사회적 지위의 향상을 위한 단체교섭을 하는 목적행위에 한하여 정당성이 인정된다. 이 때 대사용자관계에서 사용자가 법률적 또는 사실적으로 처리할 수 있는 상황에서만 정당성이 있는 것으로 해석해야 한다.

3) **수단 및 양태에 의한 한계** 단체행동권은 인명을 해하거나 폭력 등을 행사하는 방법으로 행사되어서는 아니 된다. 단체행동권의 행사는 수단이나 태양의 측면에서 정당성이 있어야 하는 제약을 받는다. 또한 헌법상 노동기본권과 함께 재산권을 보장하고 있는 취지에 비추어 보장되고 있는 이상 정당한 쟁의행위로 인한 업무의 정지나 폐지 등으로 인하여 경제적 손실이 발생하더라도 사용자는 이를 용인 · 감수하여야 한다.

4) **업무의 성격에 따른 한계** 공무원은 법률로 인정된 자를 제외하고는 단체행동권을 가질 수 없다(헌법 제33조 제2항). 이와 같이 현행 헌법 제33조가 단체행동권의 행사에 대해서만 법률의 유보를 두는 논거는 첫째 국민 전체의 봉사자, 둘째 공무원처우개선을 위한 법률상 · 예산상의 제약, 셋째 직무의 공공성을 들 수 있다. 그러나 첫째 및 둘째의 논거는 모든 공무원의 노동3권 전부를 제한할 수 있는 충분한 이유가 될 수 없으므로, 직무의 공공성이나 공무원의 직종 및 직급의 성질과 내용에 따라 공공성의 정도를 구체화하는 것이 바람직하다. 따라서 국민생활 전체의 이익보장이라는 취지에서 기본권중 단체행동권의 제한에 대한 합헌성의 판단은 ① 합리성이 인정되는 필요 · 최소한도의 제약일 것, ② 직무의 공공성이 강한 것으로 그 정치 · 폐지가 국민생활에 중대한 장애를 가져오는 것을 피하기 위하여 불가피한 제약일 것, ③ 제약위반에 과해지는 불이익이 필요한도를 벗어날 수 없고 특히 형사제재는 필요불가결한 경우에 한정될 것, ④ 제한에 상당하는 대상조치가 강구되어 있을 것 등의 여러 가지 점을 고려하여야 한다.

5) 사업의 성격에 따른 한계

a) 사업의 성격상 법률이 정하는 주요방위산업체에 종사하는 근로자의 단체행동권은 법률이 정하는 바에 의하여 이를 제한하거나 금지할 수 있다(헌법제33조 제3항). 노조법 제41조 제2항에 의하면 「방위사업법」에 의하여 지정된 주요방위산업체에 종사하는 근로자 중 전력, 용수 및 주로 방산물자를 생산하는 업무에 종사하는 자는 쟁의행위를 할 수 없으며 주로 방산물자를 생산하는 업무에 종사하는 자의 범위는 대통령령으로 정한다」고 규정하고 있다. 공익사업은 노조법 제71조 제1항에서 「공중의 일상생활과 밀접한 관련이 있거나 국민경제에 미치는 영향이 큰 사업으로서 ① 정기노선 여객운수사업 및 항공운수사업 ② 수도사업, 전기사업, 가스사업, 석유정제사업 및 석유공급사업 ③ 공중위생사업, 의료사업 및 혈액공급사업 ④ 은행 및 조폐사업 ⑤ 방송 및 통신사업을 말한다」라고 규정하고, 단체행동권의 행사와 관련하여 노조법 제51조에 의한 우선적 취급이나 노조법 제54조에 의한 조정기간의 장기화 등 특별한 취급을 받게 한다.

b) 또한 노조법 제72조(특별조정위원회) 및 제73조(특별조정위원회위원장), 제76조(긴급조정의 결정), 제77조(긴급조정시의 쟁의행위의 중지), 제78조(중앙노동위원회의 조정), 제79조(중앙노동위원회의 중재회부결정권), 제80조(중앙노동위원회의 중재)에 의한 적용을 받는다. 또한 노조법 제71조 제2항에 의하여 「이 법에서 "필수공익사업"이라 함은 제1항의 공익사업으로서 그 업무의 정지 또는 폐지가 공중의 일상생활을 현저히 위태롭게 하거나 국민경제를 현저히 저해하고 그 업무의 대체가 용이하지 아니한 ① 철도사업, 도시철도사업 및 항공운수사업 ② 수도사업, 전기사업, 가스사업, 석유정제사업 및 석유공급사업 ③ 병원사업 및 혈액공급사업 ④ 한국은행사업 ⑤ 통신사업을 말한다」고 규정하고 있다.

관련 판례 대판 1990.5.15 90도 357
쟁의권과 조합활동권의 보장범위

근로자가 노동조합을 조직하거나 가입했을 때에는 단체행동권으로서 쟁의권과 조합활동권이 있음은 노동조합법 제2조가 "노동조합의 단체교섭 기타의 행위로 제1조에 게기한 목적을 달성하기 위하여 한 정당한 행위" 전반에 대하여 형사면책을 할 것을 확인하고 특별히 쟁의행위로서 정당한 것이라고 한정하지 않고 있음에 의해서도 분명할 뿐만 아니라 실제상으로는 쟁의권과 단체교섭 이외의 단체의 행동(정형적으로는 삐라 첨부나 배포, 완장착용, 집회, 머리띠, 연설 등의 활동)을 일정한 범위 내에서 보장할 필요성이 있기 때문에 이를 인정하여야한다.

관련 판례 대판 1990 . 5 .15 90도 357
단체행동권의 제한과 범위

헌법 제33조 제1항에 의하여 이른바 노동3권은 사용자와 근로자간의 실질적인 대등성을 단체적 노사관계의 확립을 통하여 가능하도록 하기 위하여 시민법상의 자유주의적 법원칙을 수정하는 신시대적 시책으로서 등장된 생존권적 기본권들이므로 이 노동3권은 다 같이 존중·보호되어야 하고, 그 사이에 비중의 차등을 들 수 없는 권리들임에는 틀림없지만 근로조건의 향상을 위한다는 생존권의 존재목적에 비추어볼 때 위 노동3권 가운데에서도 단체교섭권이 가장 중핵적 권리이므로, 노동자에게 단체교섭권이 정당하게 확보되어 있기만 한다면 그것을 보장하는 권리로서의 단체행동권이 제한된다 해도 필요한 최소한도내에서, 어쩔 수 없는 것으로 사회관념상 상당한 대상조치가 마련되어 있다고 보여질 때에는 권리의 본질적인 내용을 침해하는 것으로 볼 수 없다고 할 것이다.

관련 판례 대판 1992. 4. 28 90 헌바 24 내지 34:36 내지 42:44내지 46:92헌바(병합)
공무원의 노동3권 제한의 근거

국가공무원법 제66조 제1항이 노동 3권이 보장되는 공무원의 범위를 사실상 노무에 종사하는 공무원에 한정하고 있는 것은 노동3권의 향유주체가 될 수 있는 공무원의 범위를 정하도록 하기 위하여 헌법 제33조 제2항이 입법권자에게 부여하고 있는 형식적 재량권의 범위를 벗어난 것이라고 볼수 없고, 위법률조항이 규정하고 있는 "노동운동"의 개념은 그 근거가 되고 있는 헌법 제33조 제2항의 취지에 비추어 근로자의 근로조건의 향상을 위한 단결권·단체교섭권·단체행동권 등 이른바 노동3권을 기초로 하여 이에 직접 관련된 행위를 의미하는 것으로 좁게 해석하는 것이 상당하므로, 법률에 대한 일반적인 명확성의 원칙은 물론 적법절차나 죄형법접정주의 원칙에서 요구되는 것 보다 엄격한 의미의 명확성의 원칙에 의한 판단기준에도 위배된다고 할 수 없으며, 위 법률조항이 사실상 노무에 종사하는 공무원에 대해서만 노동3권을 보호하고 그 이외의 공무원들에 대하여 노동3권의 행사를 제한함으로써 일반근로자 또는 사실상 노무에 종사하는 공무원의 경우와 달리 취급하는 것은 헌법 제33조 제2항에 근거를 두고 있을 뿐 아니라 합리적인 이유가 있다 할 것이므로 헌법상 평등의 원칙에 위반되는 것은 아니다.

제 2 편 근로기준법

제1장 서 론

제1절 서 설

1. 근로기준법의 의의

(1) 노동보호법

초기 자본주의 단계에 있어서 개별적인 근로조건의 보호는 국가의 자혜적인 성격을 벗어나지 못하였다. 그러나 자본주의 발전이 산업자본주의가 전개되면서 산업혁명 후 발생한 노동문제는 근로자입장에서 주체적 실천에 의해서 극복되어야 할 성질을 지니게 되었다. 국가로서도 노동문제가 노동력 자체의 마멸을 수반하거나 자본주의 체제의 유지에 심각한 도전을 초래하는 한, 이를 개선하기 위한 사회적·정치적인 대응이 필요하게 되었다.[47)]

이에 따라 노동보호법의 발전은 각 국가마다 상당한 격차를 갖고 등장하게 된다.[48)] 우

47) 이러한 배경에서 용인된 것이 근대적 노동보호법으로서의 공장법이다. 공장법은 영국에서는 1802년 공장법, 미국에서는 1833년 개정법, 프랑스에서는 1841년, 독일에서는 1878년 공업조례령의 개정에서 처음으로 보이기 시작하는데 근로계약의 자유를 자녀·연소자에 한해서 국가의 감독에 의해서 규제하는 방식을 취하고 있다. 그 규제는 근로시간의 제한 및 야간근로의 규제를 내용으로 하고 있는데, 점차 성년 근로자의 근로시간 단축운동과 결합하여 일반화하게 된다. 임금에 관한 규제는 공장법에는 포함되어 있지 않지만 1909년 영국에서 특정산업에 심의회 방식으로 최저임금제를 도입한 이래 각국 노동운동에서 입법상의 중요한 과제로 된다.

48) 노동보호법이라는 용어는 구속으로부터의 자유, 상대적 약자의 보호라는 의미로서 소극적 의미의 해석이라고 생각되고, 근로기준보장법은 노사대등관계, 근로조건의 강행적 기준을 토대로 한 적극적 의미의 법률로 해석된다.

리나라는 일제하의 민족주의의 입장에서 노동운동이 시작되었으나, 해방 후 미군정시대에는 근로조건에 관한 법령으로서 아동노동법규(1946. 9. 18 공포), 최고노동시간에 관한 법령(1946. 11. 7 공포) 등 개별적 단행법률이 제정되었다. 그리고 1953년에 비로소 근로조건의 전반에 관한 통일된 형태의 근로기준법이 제정되었다.

(2) 근로기준보장법

개별적 근로관계법은 근로자의 인간다운 삶을 실현하기 위하여 근로관계의 내용이 되는 근로조건의 최저기준을 정한 법률이다. 따라서 근로기준법은 근로계약관계에 의하여 근로자 개인과 사용자 사이에서 전개되는 법률관계를 규율하는 법이다.[49] 전통적 분류방식에서 탈피하여 근로기준법은 적극적으로 근로조건의 기준을 제시하고 이를 보장하기 위한 입법으로 해석한다. 최근에는 지식 · 정보 · 기술이 급속히 발달함에 따라 근로의 형태가 다양해지고 노동시장이 유연화됨에 따라서 기존의 보호법규로서는 현실의 변화에 탄력적으로 적응하지 못한다는 비판을 받게 되었다.[50] 따라서 근로기준법은 근로관계의 존속 및 종료에 이르기까지 근로자의 인간다운 생활을 보장하고자 근로조건의 기준을 정하고 있는 근로기준보장법이라고 정의한다.

2. 근로기준법의 목적

헌법은 제32조 제3항에서 "근로조건의 기준은 인간의 존엄성을 보장하도록 법률로 정한다"고 함으로써 위임입법의 근거를 명시하고 있다. 이에 따라

제정된 근로기준법은 근로조건을 정함으로서 근로자의 기본적 생활을 보장 · 향상시키는 것을 목적으로 한다(근기법 제1조). 근로조건은 근로기준법의 강행성을 고려하여 구체적으로 명시된 사항에 한정하여야 한다는 견해(협의설)과 동법 제1조나 제2조 및 제3조의 "근로조건"은 헌법상 규정된 근로자의 인간다운 생활을 보장하는 것으로 좀더 포괄적인 의미를

---

49) 대판 1992, 6. 23, 91다19210.

50) 이철수, "전환기의 노사관계와 노동법", 노동법연구 제8호, 도서출판 관악사, 1999, 22~23쪽. 김형배, "한국노동법의 개정방향과 재구성", 인권과 정의 제223호, 대한변호사협회, 15쪽.

내포하고 있다는 견해(광의설)로 나누어진다.[51] 근로자의 기본적 생활의 보장 · 향상이란 근로자의 인간으로서의 건강하고 문화적인 생활의 보장 · 향상을 의미하는 것이며, 근로자 본인뿐만 아니라 그 표준가족의 생활도 고려하여 기본적 생활의 정도를 판단하여야 한다.[52] 따라서 근로기준법은 사회적 세력관계에 있어서 지배적 지위에 있는 사용자가 그의 힘을 남용하여 근로조건을 일방적으로 결정 또는 실시하는 것을 예방하고, 성립 및 존속 · 종료와 관련하여 근로자를 보호하는 것을 목적으로 한다.[53] 근로기준법은 이러한 근로자의 기본적인 생활을 보장 · 향상시키는 결과에 의하여 국민경제의 발전을 도모하고 있다.

제2절 근로기준법의 기본이념

1. 서 설

기본이념이란 근로기준법의 입법과 해석에서 기본이 되는 정신을 말하며, 법률적용에서 반드시 관철되어야 할 기본원칙이라고 할 수 있다.[54] 헌법 제34조 제1항에서는 "모든 국민은 인간다운 생활을 할 권리를 가진다"고 하여 모든 국민의 생존권을 보장하고 있다. 헌법 제32조 제3항에서는 "근로조건의 기준은 인간의 존엄성을 보장하도록 법률로 정한다"고 하여 근로조건의 설정은 인간의 존엄성을 바탕으로 하고 있다. 이에 따라 근로조건을 정함에 있어서나 근로조건을 확대 · 적용하는 경우에 그 해석이나 적용의 기준으로서 기본이념의 중요성이 매우 크다.

51) 김광욱, 『근로기준법』, 이화문화사, 1996, 53쪽.
52) 박상필, 『근로기준법해설』, 대왕사, 1986, 47쪽.
53) 김형배, 『근로기준법』, 박영사 2001, 3쪽.
54) 이병태, 『근로기준법해설』, 한국노동교육원, 1996. 21쪽.

2. 노사대등결정의 원칙

(1) 의 의

근로기준법 제4조에서는 「근로조건은 근로자와 사용자가 동등한 지위에서 자유의사에 의하여 결정하여야 한다」고 규정하고 있다. 이것은 형식적인 의미뿐만 아니라 실질적인 의미에서도 노사간에 동등한 입장에서 자유의사에 의거하여 근로조건을 결정한다 함을 의미한다. 이 대등결정의 원칙은 근대노동법의 기본원리를 설명한 것이다.

(2) 동등한 지위의 의미

본래 사용자는 경제력이 강하고 사회적 세력도 우월한 것이 통례이고, 근로자는 이에 대항할 만한 힘을 가지고 있지 않다.55) 노사가 근로조건을 결정함에 있어서 사실상 동등한 지위를 기대하기란 곤란한 것임에도 불구하고 근로기준법은 근로조건결정상의 대등관계를 규정하고 있다. 이것은 노동법의 중요이념을 헌법상 평등의 원칙(헌법 제11조)에 합치시킨 것이라고 할 것이다.

(3) 자유의사의 의미

근로조건의 결정에 있어서 자유의사에 의하여야 한다는 것은 근로관계 당사자가 강압적으로 불리한 근로조건을 감수하는 것을 허용할 수 없다는 취지를 선언한 것이다. 이것은 근로자가 자신의 의사에 반하는 근로를 강요당하는 것으로 근로자의 무지는 제외되나 강박에 의한 근로는 이에 해당된다.

관련 판례 대판 1997. 7. 26. 77다355
기존의 근로조건의 내용을 변경하는 결정의 효력

기존 근로조건의 내용을 근로자에게 불이익하게 변경하는 것은 위의 근로기준법의 보

55) 사용자와 근로자가 사회적 · 경제적인 지위나 실력을 떠나서 서로의 인격과 의사를 존중해야 한다는 것은 쉽지 않다. 이러한 이유로 단결력을 바탕으로 조직된 노동조합의 세력이 노사 대등의 지위를 보강해 주는 기능을 하고 있다.

호법으로서의 정신과 기득권보호의 원칙 및 근로조건은 근로자와 사용자가 동등한 지위에서 자유의사에 의해 결정되어야 한다는 근로기준법 제3조의 규정상 허용될 수 없다 할 것이다.

3. 균등처우의 원칙

(1) 의 의

근로기준법 제6조에서는 「사용자는 근로자에 대하여 남녀의 성을 이유로 차별적 대우를 하지 못하고, 국적, 신앙 또는 사회적 신분을 이유로 근로조건에 대한 차별적 처우를 하지 못 한다」고 규정하고 있다. 이 규정을 균등처우의 원칙이라고 하며, 헌법 제11조의 평등권을 근로관계에 반영하여 구체화 한 것이다.

(2) 근로조건에 대한 차별적 처우

근로조건이라 함은 사용자와 근로자 사이의 근로관계에서 임금 · 근로시간 · 해고 기타 근로자의 대우에 관하여 정한 조건을 말한다.[56] 해고조건은 근로조건에 포함되며 실제적으로 근로기준법 제6조는 해고의 효력을 다투는 사건에서 자주 원용된다. 한편, 고용(채용)이 근로조건에 해당하는가에 대하여는 다툼이 있으나 부정설이 통설 · 판례이다. 근로기준법 제6조는 채용이전의 문제로서 근로관계가 형성되어 있지 아니하므로 사업주의 지배 · 관리하에 있지 아니하며 또한 사용자에게 채용의 자유가 있기 때문에 배제되어야 한다.[57]

(3) 금지되는 차별사유

사회적 신분이란 선천적인 것이든, 후천적인 것이든지(예: 수형자, 파산자), 자기의 의사로 벗어날 수 없는 사회적인 분류를 말한다. 그러나 근로관계에 있어서 차별이 금지되는 것은 성별, 국적, 신앙 또는 사회적 신분을 이유로 하는 경우이다.

---

56) 대판 1992. 6. 23, 91다19210.

57) 그러나 남녀고용평등과 일 · 가정 양립지원에 관한 법률 제6조는 모집 · 채용에 관한 남녀의 차별을 금지하고, 채용 시부터 사용자를 규율하는 입법태도를 나타내고 있다. 여기서 차별적 처우라 함은 특정 또는 일정한 그룹의 근로자를 다른 근로자와 구별해서 상이한 취급을 하는 것을 말한다.

1) **남녀의 차별** 남녀의 차별적 대우란 합리적인 이유 없이 남성 또는 여성이라는 이유만으로 부당하게 차별대우하는 것을 의미하는 것으로[58] 차별이란 사업주가 근로자에게 성별, 혼인, 가족 안에서의 지위, 임신 또는 출산 등의 사유로 합리적인 이유 없이 채용 또는 근로의 조건을 다르게 하거나 그 밖의 불리한 조치를 하는 경우를 말한다[59].

2) **국적에 의한 차별** 국적에 의한 차별이란 국가의 소속원이라는 자격을 이유로 외국인을 특별히 불리하게 대우하거나 유리하게 대우하는 경우를 말한다. 국적에는 인종을 포함한다.

3) **신앙에 의한 차별** 신앙이란 종교적인 신앙만을 가리키는 것이 아니라, 정치적인 신념 · 신조, 기타 여러 가지 사상 · 신조까지 포함되며, 특정한 신념을 이유로 차별대우를 하는 것은 금지된다. 그러나 종교적 사업을 목적으로 하는 규제는 차별대우에 해당되지 않는다.

4) **사회적 신분** 사회적 신분이란 생래적 신분 또는 사회에서 차지하는 계속적 지위를 가리키는 것으로 귀화인, 전과자, 파산자 등이 여기에 해당한다. 따라서 근로자의 학력, 능력, 경험, 담당직무 등 달리 대우할만한 기준에 의하여 차별을 두는 것은 정당하다. 판례는 사회적 신분 내지 신분이란 사람이 태어나면서부터 생래적으로 가지고 있는 지위 또는 후천적으로 가지게 된 지위로서 피할 수 없는 것을 가리키는 것이고, 노조의 선출직간부라는 일시적 지위가 이 같은 '사회적 신분'에 해당하는 것은 아니다라고 한다.[60][61]

(4) 차별대우의 내용

1) **차별적 임금** 동일가치의 노동에 대하여 여자라는 이유로 임금에 차이를 두는 것은 근로기준법 제6조에 위반된다.[62] 남녀별임금표의 설정, 여자의 연공급의 삭감, 주택수당 · 가족수당의 남자에 한 한 지급, 남녀간 월급제를 구분하는 경우도 본 조에 위반된다. 그러나 당해 근로자 사이에 기술, 노력, 책임, 작업조건, 연령, 근속연수, 경력, 부양가족, 직무

---

58) 대판 1996.6.23, 91다19210.

59) 남녀평등 및 일·가정양립지원에 관한 법률 제2조.

60) 서울민지판 1994. 9. 16, 94가합40258.

61) 대판 1997. 7. 8, 96다56269.

62) 남녀고용평등과 일 · 가정양립지원에 관한 법률 제6조의2는 동일노동 동일임금원칙을 규정하고 있다.

내용, 능률 등의 합리적인 기준에 유래하는 임금의 차이는 이에 해당되지 않는다. 차별적 임금이란 상대적으로 유리하게 취급하는 예컨대, 여자의 조기퇴직에 대한 퇴직금의 우대 조치도 본 조 위반이다.

2) **차별적 퇴직 · 해고 · 정년** 여성의 결혼, 임신, 출산을 퇴직 또는 해고사유로 하는 근로계약 · 취업규칙은 본 조에 위반된다. 또한 남녀고용평등 및 일 · 가정 양립지원에 관한 법률 제8조 제1항 · 제2항은 이를 금지하고 있다. 여성이라는 이유로 정년연령에 남성과 차별하는 것[63], 특정 직종의 정년을 합리적인 이유 없이 다른 직종의 정년과 차이를 두는 것도 본 조에 위반된다. 여자근로자의 체력적인 한계나 능률을 고려하는 합리적인 근거가 없는 한 성별을 이유로 차별대우하는 것은 금지된다.

3) **근로조건의 차별과 합리성** 남녀를 달리 취급하여 대우하여야 할 합리적 이유가 있는 경우에는 차별대우에 해당되지 않는다. 단체협약이 기능직과 고용직에 한하여 일정한 금액의 임금을 인상하고, 일반직을 그 인상된 부분의 지급대상에서 제외하고 있는 규정은 기능직과 고용직의 그 동안의 불이익을 전보하여 주기 위한 조치로서 합리성이 있으므로 근로기준법 제5조에 위반하여 근로자를 차별하는 것이 된다고 할 수 없다.[64] 따라서 남자 55세, 여자 53세로 정년을 달리 정하고 있더라도 단체협약이나 취업규칙에서 성별을 구분하고 남녀의 특성에 따라 작업을 구분해야 할 필요성이 있어 근로조건을 구분하는 것은 차별적 처우의 이유가 될 수 있다.[65]

4) **직위별 계급정년제** 한 직급 또는 직위에서 일정한 기간 내에 상위 직급에 오르지 못한 경우에 이를 이유로 근로자를 퇴직케 하는 계급정년제는 해고로 보아야 하므로 근로기준법 제23조에 의거 정당한 사유에 해당되지 않는다. 따라서 일정한 기간(과장 12년, 부장 15년)내에 상위직급에 진급하지 못한 사유만을 이유로 해고하는 것은 위법이다.[66]

(5) 근로기준법 제6조의 위반효과

사용자가 균등처우원칙에 위반되는 차별적 취급을 하면 벌칙에 따라 처벌되는 외에 그

63) 대판 1988. 12. 27, 85다카657.

64) 대판 1991. 7. 12, 90다카17009.

65) 대판 1993. 4. 9, 92누15765.

66) 1992. 9. 17, 근기 01254-0884.

취급이 법률행위(예컨대 해고, 배치전환, 징계처분)라면 강행법규위반으로서 무효로 된다. 따라서 승급, 승진, 상여금 등에 있어서의 고과차별, 복지후생시설 이용상의 차별이 정당한 이유 없이 행해진 경우에는 본 조 위반이 된다. 근로기준법 제6조 위반은 현실적으로 차별적 처우가 행해진 경우에만 성립된다.

관련 판례 대판 1996.8.23. 94누 13589

직종에 따른 여성의 정년차별

근로기준법 제5조에서 말하는 남녀의 차별적 대우란 합리적 이유 없이 남성 또는 여성이라는 이유만으로 부당하게 차별대우하는 것을 의미한다. 그러므로 일반직 직원의 정년을 58세로 규정하면서 전화교환직렬 직원만은 정년을 53세로 규정하여 5년간의 정년차등을 둔 것은, 교환직렬에서의 인력의 잉여 정도, 연령별 인원구성, 정년 차이의 정도 차등정년을 실시함에 있어서 노사간의 협의를 거친 점, 신규채용을 하지 못한 기간, 현재의 정년에 대한 교환직렬 직원들의 의견 등에 비추어 보아 사회통념상 합리성이 없다고 단정하기는 어렵다.

관련 판례 대판 1988. 12. 27. 85다카657

여성근로자에 차별적인 조기퇴직제의 효력

근로기준법 제5조에서 말하는 남녀간의 차별적인 대우란 합리적인 이유 없이 남성 또는 여성이라는 이유만으로 부당하게 차별대우하는 것을 의미한다고 할 것이므로 교환직렬직종의 정년을 43세로 정하고 있는 한국전기통신공사의 취업규칙인 인사규정 제36조 제1항 단서의 규정내용이 합리적인 이유 없이 여성근로자들로 하여금 조기 퇴직하도록 부당하게 낮은 정년을 정한 것이라면 이는 위 근로기준법 소정의 남녀차별금지규정에 해당되어 무효라고 보아야 한다.

관련 판례 대판 2000. 9. 29. 2000도3051

파견근로자의 범위와 외국인근로자의 차별대우

파견근로자보호등에관한법률은 파견근로자의 고용안정과 복지증진에 이바지하고 인력수급을 원활하게 함을 목적으로 하는 법률임이 명백하고, 근로자의 지위는 근로기준법 제5조에서 명시하고 있듯이 국적을 불문하고 차별적 대우를 받지 않게 되어 있으며, 근로자파견사업에 대하여 노동부장관의 허가를 받도록 하고 있는 입법취지 역시 무분별한 근로자파견으로 인해서 근로자가 입게 될 피해 등을 막기 위하여 정부가 파견사업주를 감독하고자 하는 것으로서 그 주된 목적이 근로자를 보호하기 위한 것이므로, 외국 국적의 근로자라고 하여 파견근로자보호등에관한법률이 적용되는 파견근로자의 범위에서 제외된다고 할 수 없다.

관련 판례 대판 2002.7.26. 2002다19292
부부사원중 1인에게 사직강요

피고회사의 중간관리자들이 계속, 반복적으로 행한 퇴직권유 또는 종용행위는 원고들에 대하여 우월적인 지위에 있는 피고회사의 강요행위라고 인식될 것이어서, 사직서를 제출한 대가로 별도의 이득도 얻지 못한 원고들이 1998.8.31자로 퇴직을 원하는 내용의 사직서를 제출함으로써 표명한 사직의사는 피고의 강요에 의하여 어쩔 수 없이 이루어진 것으로서 내심의 효과의사 없는 비진의 표시라 할 것이고 따라서 이는 의원면직의 외형만을 갖추고 있을 뿐 실질적으로는 피고회사에 의한 해고에 해당하고, 나아가 원고들을 해고할 만한 정당한 사유가 있고 정당한 징계절차를 밟아 해고하였다거나 근로기준법 제31조에 따른 정리해고의 요건을 갖추었다는 점에 관하여 피고로부터 아무런 주장, 입증이 없으므로 부당해고이다.

4. 강제근로의 금지

(1) 의 의

근로기준법 제7조에서는 「사용자는 폭행, 협박, 감금 및 그 밖에 정신상 또는 신체상의 자유를 부당하게 구속하는 수단으로써 근로자의 자유의사에 어긋나는 근로를 강요하지 못한다」고 규정하고 있다. 헌법 제12조 제1항에서도 모든 국민에 대하여 법률과 적법한 절차에 의하지 아니하고는 여하한 강제노역에도 응하지 않을 기본적 권리를 보장하고 있다. 이것은 근로자의 인격을 존중하고, 자유의사에 반한 강제근로를 근절시키려는데 취지가 있다.

(2) 강제근로의 수단

폭행(형법 제260조)·협박(형법 제283조)·감금(형법 제276조)은 형법에서 규정하고 있는 개념으로 이해된다. 그러나 근로기준법에 의한 폭행·협박·감금은 강제근로의 수단으로 예시된 것에 불과하므로 형법상 개념보다 넓게 해석되며, 형법상 범죄가 되는 구성요건과는 반드시 일치하지 않는다. 또한 근로관계에서 폭행·협박·감금 등의 수단으로 근로자의 자유의사에 반하는 근로가 강요되었는지의 여부가 문제된다.

작업 중 출입문을 폐쇄하거나 근로자의 중요한 생활용품을 일방적으로 보관하는 것도 강제의 수단에 해당된다. 기타 정신상 또는 신체상의 자유를 부당하게 구속하는 수단이란 사회통념상 부당한 것으로 인정되는 방법에 의하여 근로자에게 근로를 강요하는 일체의 경우를 가리킨다. 여기에는 근로자의 정신상의 작용 또는 신체의 행동을 방해하는 상태를 발생케 하는 모든 수단이 포함된다. 계약불이행에 대한 위약금(근기법 제20조)이나 손해배상금의 예정(근기법 제27조), 전차금상계(근기법 제21조), 사용자관리하의 강제저금(근기법 제22조) 등으로 인하여 근로자의 자유의사가 구속된 경우에는 본 조 위반이 된다.

(3) 위탁교육비의 상환과 사표수리의 지연

근로자의 지원과 선발기준에 의하여 해외에 위탁교육을 시키고 일정한 의무재직기간을 교육비용의 상환조건으로 정한 기업체의 규정은 근로자의 자유의사에 반하는 근로를 강요하는 것이 아니다. 또한 사용자가 사표수리를 지연·거부하는 것만으로는 본 조의 위반에 해당되지 않는다.

관련 판례 대판 1992. 2. 25. 91다26232
위탁교육비의 상환과 의무재직기간의 강제근로 여부

기업체에서 비용을 부담, 지출하여 직원을 해외에 파견하여 위탁교육을 시키고 이를 이수한 직원이 교육 수료일자로부터 일정한 의무재직기간이상 근무하지 아니할 때에는 기업체가 부담한 해당 교육비용의 전부 또는 일부를 상환하도록 한 기업체의 규정 등이 근로기준법 제7조가 금지하는 정신 또는 신체상의 자유를 부당하게 구속하는 수단으로써 근로자의 자유의사에 반하는 근로를 강요하는 것이 아니다.

(4) 근로기준법 제7조의 위반효과

본 조 위반은 5년 이하의 징역 또는 3,000만원 이하의 벌금에 처한다(근기법 제107조).

5. 중간착취의 배제

(1) 의 의

근로기준법 제9조에서는 「누구든지 법률에 따르지 아니하고는 영리로 다른 사람의 취업에 개입하거나 중간인으로서 이익을 취득하지 못한다」라고 규정하고 있다. 이것은 근로자 수입에 대한 불법적이고 부당한 중간착취를 금지함에 그 목적이 있다. 중간착취란 다른 사람의 취업을 소개하거나 알선하는 조건으로 소개료 · 중개료 · 수수료 · 구전 등의 명목으로 이익을 취득하거나 또는 취업 후에 중개인 · 작업반장 · 감독자 등의 지위를 이용하여 근로자의 임금의 일부를 착취하는 행위를 가리킨다.

(2) 중간착취의 성립요건

1) 영리의 목적　중간착취란 영리를 목적으로 개입 또는 중개행위를 하는 것을 금지하려는 것이므로 우연적이고 1회 적인 위반행위라고 볼 것인가는 견해가 나뉘어진다.[67] 생각건대, 중간착취의 횟수보다는 그 배경, 금액의 다과, 의사표시의 유무 등에 의하여 판단하여야 한다. 본 조의 적용대상자는 모든 근로자와 사생활상의 일반사회인이다. 따라서 취업의 알선을 영리로 할 수 있는 자는 법률에 의하여 제한된다. 이를 위반하여 「누구든지 법률에 의하지 아니하고」 영리를 목적으로 다른 사람의 취업에 개입하는 행위를 하는 자는 처벌을 받게 된다. 여기에서 「누구든지」라고 함은 개인, 단체를 불문한다.

2) 이익의 취득　이익이라 함은 수수료 · 보상금 · 금전 이외의 재물 등 어떠한 명칭이든 불문하며, 유형적 또는 무형적인 것이든지 상관없다. 따라서 사용자로부터 이익을 얻은 경우에 한하지 않고 근로자 또는 제3자로부터 이익을 얻는 경우를 포함하여 영리행위와 인과관계가 있으면 중간착취에 해당된다. 또한 임금을 일괄 수령하여 일부분을 착복하는 것도 본 조 위반이다.

3) 다른 사람의 취업에 개입하여　취업이라 함은 근로관계에 들어감을 의미하며, 「다른

67) 영리를 목적으로 하는 것을 어떻게 판단하느냐에 대하여는 매우 어려운 문제이며 이에 대하여는 우연적이고 1회적인 것은 제도적 악폐를 조성하지 않으므로 동조 위반이 아니라는 견해(김형배, 전게서, 83면)와 단 1회의 행위라도 반복 · 계속하여 이익을 얻을 의사로 한 것이면 동조에 위반된다는 견해(박상필, 노동법, 대왕사, 159면)가 있다.

사람의 취업에 개입한다」함은 근로관계의 당사자, 즉 근로자와 사용자의 중간에 제3자가 개입하여 알선 또는 소개 등으로 근로관계의 개시에 대하여 인과관계를 가지는 행위를 함을 의미한다. 예컨대, 법률에 의하지 않은 직업소개를 하고 중개료를 받거나 허가 없이 근로자의 모집 또는 근로자공급 등의 행위를 하는 것을 말한다.

(3) 개입행위와 인과관계

알선 또는 소개행위는 근로관계에 관하여 어떤 인과관계가 관여되는 것으로, 근로계약의 성립에 중개역할을 하는 것만을 의미하지 않는다. 근로관계의 존속에 개입하는 것은 일반적으로 근로자의 모집에 관여한 자나 근로자를 감독하는 지위에 있는 자가 당해 근로자의 취업기간 중에 임금의 일부를 착복·횡령하는 경우를 의미한다.

(4) 적용제외

다른 사람의 근로관계의 개시나 존속에 개입하는 것이 중간착취에 해당하지 않는 경우는 법률에 의하여 허용된 경우이며, 이는 "직업안정법"의 규정에 의한 경우를 의미한다. 특히 직업소개와 관련하여 일정한 법정자격에 해당하는 자만이 유료직업소개를 할 수 있는 자격이 있으며, 국내 유료직업소개사업을 하고자 하는 자는 시·도지사의 허가를, 국외 유료직업소개사업을 하고자 하는 자는 고용노동부장관의 허가를 받아야 한다(직안법 제19조).

(5) 근로기준법 제9조의 위반효과

본 조 위반의 경우에는 5년 이하의 징역 또는 3,000만원 이하의 벌금에 처한다(근기법 제107조).

관련 판례 대판 2007.8.23. 2007도3192
영리로 타인의 취업에 개입했는지 여부

취업의 대가로 돈을 지급받기로 약속하거나 이를 요구하였다고 볼 만한 증거가 없고 그러한 정황도 보이지 아니하며, 가까운 친인척간에 취업에 관한 도움을 부탁하는 것은 우리사회에서 통상 있는 일인데 그에 대하여 대가를 바라거나 경제적 이익을 얻고자 의도하였다는 것은 오히려 이례적인 점 등을 종합해보면, 피고인이 조카의 입사추천과 관련하여 단순히 돈을 건네받았다는 것만으로 그것이'영리로'한 것이라고 볼 수는 없다고 할 것이다.

관련 판례 대판 2008.9.25. 2006도7660
중간착취의 배제를 인정

S자동차 회사의 간부였던 피고인이 2003년 8월부터 약 1년 6개월동안 협력업체에 근무한 적이 있어 알게 된 J로부터 취업부탁을 받게 되자 "○○○만원을 주면 취업시켜 주겠다"는 취지로 말하여 취업청탁 명목으로 금품을 교부받는 등 친인척이 아닌 제3자로부터 7차에 걸쳐 금품을 교부받은 S자동차사건을 살펴보면 법원은 회사의 노동조합 간부로 상당기간 근무하였기 때문에 회사의 취업자 선정에 관하여 사실상 영향력을 미칠 수 있는 지위에 있는 피고인이 구직자들로부터 그 회사에 취업할 수 있도록 알선해 달라는 부탁을 받고 이를 승낙하면서 그 대가로 금원을 교부받은 피고인의 행위가 구 근로기준법 제8조에서 금지하는 행위에 해당한다고 판단한 것은 정당하다며 제9조'중간착취의 배제'를 인정하였다.

6. 공민권행사에 대한 보장

(1) 의 의

근로기준법 제10조에서는 「사용자는 근로자가 근로시간 중에 선거권, 그 밖의 공민권(公民權) 행사 또는 공(公)의 직무를 집행하기 위하여 필요한 시간을 청구하면 거부하지 못한다. 다만, 그 권리 행사나 공(公)의 직무를 수행하는 데에 지장이 없으면 청구한 시간을 변경할 수 있다」고 규정하고 있다. 이것은 근로자의 공민권행사 또는 공의 직무를 위하여 근무시간 중에 직장을 일시적으로 떠날 수 있도록 보장하는데 그 취지가 있다. 근로자도 역시 국민의 1인으로서 사용자와 동일하게 선거권 또는 기타 공민권을 행사할 수 있으며 공적 직무를 집행할 수 있는 권리도 가지고 있다. 이러한 이유로 직장을 이탈하는 것은 계약위반이 되지 않는다.

(2) 공민권의 행사

공민권행사에 있어서 「선거권 그 밖의 공민권」이라고 함은 주로 국민투표권, 선거권 및 피선거권 등 국민의 참정권을 의미한다. 입후보자 자신의 선거운동이나 공직선거를 위한 투표인명부 열람, 투표, 입후보 공직 당선 후의 직무수행, 공직선거에 관한 소송의 수행 등이 포함된다. 공민권의 행사 대상은 국민으로서 참정권의 일환으로 행사하는 권리인가를 기준으로 판단하여야 한다. 사법상의 채권 · 채무에 관한 소송은 공민권의 행사라고 볼 수 없으나, 공직선거법상의 선거 또는 당선에 관한 소송은 공민권의 행사라고 보아야 한다. 부당노동행위 구제절차의 당사자가 사건조사를 위하여 관할 노동위원회의 요구에 따라 출석하는 시간은 공권이 아닌 사권의 성격이 강한 것으로 보아 공의 직무로 볼 수 없다.[68]

(3) 공의 직무

「공의 직무」라 함은 법령에 근거를 두고 직무 자체가 공적인 성격을 가지는 것을 말한다. 국회의원, 노동위원회의 위원 등이 회의에 참석하는 행위, 재판절차에서의 증인, 선거관리위원, 선거법상의 입회인 등의 업무수행, 감정인으로 법원에 출석하는 행위, 예비군훈련에 참가하는 행위, 주민등록증을 갱신하기 위해 동사무소 등에 들리는 행위 등은 모두 공의 직무에 해당된다.[69] 근로자가 지방의회의원으로 당선된 이후 관계법령에 의해 정기회의나 임시회의에 참석하는 시간, 기타 상임위원회 위원으로 활동하는 시간 등은 공의 직무 범위에 포함된다.[70] 그러나 사적인 성격이 강하거나 근로시간외의 수행이 가능한 경우 또는 공의 직무집행에 직접적인 지장을 초래치 아니한다고 인정되는 시간은 주지 않아도 된다. 공의 직무집행은 법률상 인정된 권리이므로 징계해고 등의 처분을 하는 것은 허용되지 아니한다.[71]

(4) 필요한 시간의 범위

사용자는 근로시간중이라도 공민권의 행사와 공의 직무집행을 위하여 청구한 필요시간을 거부하지 못한다. 그러나 그 권리행사 또는 공의 직무집행에 지장이 없으면 그 청구한

68) 1991. 7. 12, 근기 01254-10093.
69) 1983. 12. 12, 근기 1451-30552.
70) 1991. 6. 28, 근기 01254-9404.
71) 서울민지판 1993. 1. 19, 91가합19495.

시간을 다른 시간으로 변경할 수 있다. 여기에서 「필요한 시간」이란 근로자가 청구한 시간 혹은 사용자가 획일적으로 정한 시간을 의미하는 것인가의 논란이 있으나, 사회통념에 의하여 판단해야 한다. 사용자는 근로자가 필요한 시간을 청구하는 경우에 이를 거부할 수 없으나, 공민권의 행사 또는 공의 직무의 집행에 지장이 없으면 청구하는 시간을 변경하는 것은 허용된다. 이 경우 "시간"의 변경은 공민권의 행사 또는 공의 직무의 집행에 지장을 주지 않으면 "날"의 변경도 가능하다고 해석된다.

(5) 공민권행사와 임금보장

공민권행사와 공의 직무집행시간중의 임금지급은 당사자간의 아무런 약정이 없는 한 원칙적으로 사용자는 임금지급의무가 면제된다. 따라서 공민권행사 등을 위한 시간을 유급으로 처리할 의무는 없다. 다만, '투표인명부의 열람과 투표를 위하여 필요한 시간'과 예비군 또는 민방위대원으로 '동원되거나 훈련을 받은 시간'은 관련법규로 보아 유급이 된다고 해석된다.

관련 판례

대판 1989. 5. 9. 89도1801

일당 도급제근로자의 공민권행사와 임금지급

타인을 사용하는 자는 그가 고용하는 자가 예비군대원으로 동원되거나 훈련을 받는 때에는 그 기간을 휴무로 하거나 그 동원이나 훈련을 이유로 불이익한 처우를 하여서는 아니 된다는 향토예비군설치법 제10조, 또 타인을 고용하는 자가 그가 고용하는 자가 민방위대원으로 동원되거나 훈련을 받을 때에는 그 기간을 휴무로 하거나 이를 이유로 불이익한 처우를 하여서는 아니 된다는 민방위기본법 제23조, 그리고 근로기준법 제9조 본문의 규정취지를 미루어 볼 때, 회사와 운전자들간에 체결된 근로계약의 내용, 임금지급방법, 근로형태 등 원심이 적법하게 확정한 사실관계로 미루어 볼 때, 지급형태가 일당도급제라고 하더라도 사용자는 향토예비군훈련이나 민방위훈련으로 인하여 일을 하지 못한 피고용자에 대하여 최소한의 임금을 지급하여야 할 것인데, 그 최소한의 임금은 일당으로 간주되는 금액 중 기본급으로 책정된 금액으로 보는 것이 상당하다.

제3절 근로기준법의 적용범위

1. 조직적 · 장소적 적용범위

(1) 사업 또는 사업장의 개념

1) 작업의 일체성　근로기준법 제11조 1항은 「상시 5명 이상의 근로자를 사용하는 모든 사업 또는 사업장에 적용한다」고 규정하고 있다. 여기서 사업 또는 사업장은 적용단위로서 법률의 일반적 적용과 해석상의 논란의 여지를 줄이기 위하여 명확한 개념의 정립이 필요하다. 이러한 적용단위는 일정한 장소에서 서로 유기적인 조직하에 계속적으로 행하여지는 작업의 일체를 의미한다. 이때 개별적 근로자의 업무분할은 인정되지 않는다. 그러나 반드시 경영상 일체를 이루는 지점 · 공장 등을 포함한 전 사업을 지칭하는 것은 아니다.[72)]

2) 사업의 목적과 계속성　사업이라는 개념은 업으로서의 계속성을 띤 조직으로서의 유기적 일체성과 근로기준법의 적용에 따른 효율적 운용을 도모하기 위한 단위성을 의미하는 개념적 징표라고 생각한다. 하나의 사업이냐 아니냐는 주로 장소적 관념에 의하여 결정되어야 할 것이나, 동일 장소에 있더라도 현저하게 근로의 양태를 달리하는 부문이 존재하는 경우 그 부문이 주된 부문과의 연관에 있어서 명확하게 구별되고 또한 주된 부문과 따로 떼어서 적용하는 것이 타당한 경우에는 독자의 사업으로 판단한다.

또한 장소적으로 분산되어 있는 사업은 각각 하나의 사업으로 취급하는 것을 원칙으로 하되, 출장소, 지소 등 현저하게 규모가 작고 인사 · 회계상 독립성이 없는 경우에는 직근 상위기구와 일괄해서 하나의 사업으로 취급하여야 한다.[73)] 사업은 업으로서 계속적으로 행하여지는 한 영리를 목적으로 하지 않는 국가 또는 지방 자치단체가 행하는 사업,[74)] 국영기업체와 공익사업체, 정부투자기관[75)] 이외에 사회사업단체나[76)] 종교단체[77)] 등이 행하

---

72) 행정해석 1999, 11. 22, 근기 68207-685.
73) 1987. 5. 11 근기 32002-7520 ; 日本 勞働省 1958. 1. 13 基發 90.
74) 대판 1979. 10. 30, 79다1561 ; 대판 1979. 4. 24, 78다852.
75) 대판 1990. 3. 13, 89다카24780.
76) 대판 1996. 9. 10, 96가다90373; 대판 1990. 3. 13, 89다카24780.

는 사업도 모두 적용대상이 된다. 따라서 사업이 1회적이거나 사업기간이 임시적이거나[78] 계절사업이냐를[79] 불문한다.

3) **사업장의 장소적 개념** 사업장은 사업과 밀접한 관련을 맺고 작업이 이루어지는 노무급부의 장소를 말한다. 이것은 토지, 건물, 기계, 원료 등의 물적인 요소와 권리(특허권 등), 정신적 요소(경험, 발명, 지적능력 등), 인간 노동력의 요소로 구성되어 있다.[80] 사업장은 물적 요소와 인적요소가 복합적으로 결합된 노동력 요소에 의하여 작업이 이루어지는 장소적 개념이므로, 하나의 사업장이냐 여부는 일련의 작업이 이루어지는 유기적 장소인가의 여부에 따라 판단하여야 한다. 이러한 사업장은 반드시 행정구역이 아닌 시간적·공간적으로 동일권내에서 이루어지고 업무의 효율성 측면에서 상호 밀접한 관련을 가지고 작업이 이루어지는 장소를 의미한다.

사업장의 판단은 불특정 장소에서 작업이 이루어지는 경우에 최후의 공작물이 완성되는 장소로 보아야 하며, 순회공연사업과 같은 경우 최초의 사업허가를 얻은 장소를 기준으로 하여야 한다. 다만, 국외사업의 경우와 같이 작업이 국외에서 이루어지나, 국내에 있는 사용자에게 인사·회계상 책임이 있으면 사업장 개념의 공간적 범위가 확장된다. 따라서 건설회사가 해외건설현장에 국내 근로자를 고용하여 파견을 보낸 때에는 국내의 사용자에게 근로관계에 의한 법적 책임을 물을 수 있다.[81]

(2) 일반적 적용의 한계

1) **내·외국사업에 대한 적용범위** 외국인회사가 우리나라에서 한국인 근로자를 고용하여 사용자의 지위를 가지는 한, 자연인이나 법인을 불문하고 근로기준상의 규정 및 의무를 준수·이행하여야 한다. 한국인 회사가 외국인을 근로자로 고용하여 근로시키는 경우에도 마찬가지이다. 그러나 근로기준법도 국내법으로서 국내에서만 적용되며, 통치권이 미치지

---

77) 대판 1992. 2. 14, 91누8098.

78) 대판 1994. 10. 25, 94다21979.

79) 대판 1987 .4. 14, 87도153.

80) 일반적으로 우리나라의 대부분의 학설은 사업이라는 개념을 이러한 측면에서 엄격하게 사업장과 구별하고 있지 않다.

81) 근기 68207-1002, 1999. 12. 31; 행정해석 1980. 9. 4, 법무 811-22540.

못하는 국외의 사업에 대해서는 적용되지 않는다. 따라서 한국인이 경영하는 외국에 소재한 기업체에는 속지주의 원칙에 따라 근로기준법이 적용되지 않는다.[82] 국내에 본사가 있고 외국에 있는 출장소 · 지점에 근무하는 한국인 근로자에게는 근로기준법이 적용된다.

2) **공무원 및 공기업에의 적용** 공무원은 공무원연금법 · 공무원보수규정 · 수당규정 등에 특별한 규정이 없거나,[83] 기타 공기업에 근무하는 근로자의 경우 적용을 배제하는 입법적 규정이 없는 한 근로기준법이 적용된다. 그러나 이러한 법률들이 근로기준법의 특별법으로 인정되기 위해서는 입법목적, 규제사항 등의 근로조건 결정에 관한 것이어야 한다.[84]

관련 판례 대판 1999. 8. 20, 98다765
유기적 일체성을 지닌 의료원과 동일한 사업성의 인정

학교법인 산하의 사립 대학교와 그 부속의료원 · 병원이 하나의 직제규정에 의하여 조직되고 회계와 인사 등에 있어서도 동일한 총장 및 이사회의 지시 내지 결의에 의하여 유기적으로 일체를 이루면서 운영되어 온 경우, 그 부속의료원 · 병원은 사립 대학교에 소속된 하나의 기구에 불과하다 할 것이므로 결국 사립 대학교와 그 부속의료원 · 병원은 동일한 사업이라 할 것이고, 노동조합이 따로 설립되어 활동하고 있다거나 단체협약이 독립적으로 체결되어 왔다고 하여 이와 달리 볼 것은 아니다.

2. 인적적용범위

(1) 상시인원에 의한 적용

1) **상시 5명 이상의 근로자** 상시 5명이라 함은 근로자수가 때때로 5인 미만이 되더라도 사회통념에 의하여 객관적으로 판단하여 상태적으로 상시 5명 이상인 것을 말한다.[85]

---

82) 국제법질서에 있어서 각국의 법령은 그 영역내의 모든 사람에게 적용될 수 있을 뿐이고 다른 국가의 영역 내에서 적용 · 집행될 수 없다는 속지주의 법리가 일반적으로 승인되고 있으므로 국가간의 조약이나 협약에 의하여 속인주의를 인정하는 특별한 규정이 없는 한 우리나라의 근로기준법은 국외에 소재하는 사업 또는 사업장에 적용될 수 없다.

83) 대판 1987. 2. 24, 86다카1355 ; 대판 1996. 4. 23, 94다446 ; 대판 1996. 6. 28, 95다24074.

84) 김형배, 전게서, 45쪽.

85) 대판 1995. 3. 14, 93다4228 ; 대판 2000. 3. 14, 99도1243 ; 근기 68207-3601, 2000. 11. 16.

여기서 근로자라 함은 상용근로자 뿐만 아니라 그때그때 필요에 따라 사용하는 일용근로자도 포함된다.[86] 국가 또는 지방자치단체가 일용직원, 잡급직원을 채용한 경우에 상시근로자수를 산정함에 있어서는 잡급직원의 인원수만을 기준으로 하는 것이 아니라 그 잡급직원이 근무하는 행정조직단위를 기준으로 하므로 다른 공무원의 수를 합한 전체 인원수에 따라 근로기준법의 적용여부를 판단하여야 한다.[87] 이 경우 단시간근로자를 사용하는 경우에는 단순히 근로자수에 합산할 것이 아니라, 근로조건의 비례원칙에 따라 정규근로자와 비교하여 가동노동력을 합산하는 방법으로 상시인원수를 산정함이 타당하다.[88]

근로기준법 제11조 제1항 단서는「동거의 친족만을 사용하는 사업 또는 사업장과 가사사용인에 대하여는 적용하지 아니한다」고 규정하고 있으며, 동조 제2항은「상시 4명 이하의 근로자를 사용하는 사업 또는 사업장에는 대통령령으로 이 법의 일부를 적용할 수 있다」고 규정하고 있다.[89] 상시근로자수를 판단함에 있어서 기산점은 사업을 개시한 날을 기준으로 하되, 당해 월의 말일을 기준으로 연인원을 파악하여야 한다. 따라서 사업을 개시한 이후에 특정 월의 말일 현재 근로자수가 5인 미만이라도 상태적으로 보아 근로자수를 판단하여야 한다.

2) 동거의 친족　동거의 친족만을 사용하는 사업은 종속적 근로관계를 인정할 수 없고, 친족 상호간에 누가 사용자이고 근로자인지를 형식적으로 구별하기 곤란하기 때문에 근로기준법의 적용을 제외한다. 그러나 대부분의 근로자가 친족이라 하더라도 민법 제777조에 의한 친족관계의 범위(8촌 이내의 혈족, 4촌 이내의 인척, 배우자)에 있는 자라도 친족이 아닌 근로자가 단 1명이라도 있으면 이들 모두를 합하며 5명 이상의 사업 또는 사업장으로 보아 근로기준법의 적용을 받는 다.[90] 동거라 함은 세대를 같이 하고 상시 생활을

---

86) 대판 1987. 4. 14, 87도153; 대판 1987. 7. 21, 87다카831; 하갑래, 근로기준법, 61쪽 ; 김광욱, 근로기준법, 32쪽.

87) 대판 1987. 6. 9, 85다카2473 ; 대판 1992. 4. 14, 91다45653.

88) 따라서 1일 4시간씩 근무하는 단시간근로자를 2인을 사용하는 때에는 상시근로자수가 2인이 아니라 정규근로자와 비교하여 정규근로자의 근로시간과 비례하여 동일직종·동일업무에 종사하는 한 동일한 노동력으로 상시근로자수를 산정하여야 한다.

89) 상시근로자수의 판단을 위한 산식은 다음과 같다.

$$\text{상시근로자수} = \frac{\text{일정사업기간내의 고용근로자 연인원수}}{\text{일정사업기간내의 사업장 가동일수}}$$

90) 법무 811-19400, 1978. 9. 7.

같이 하고 있는 것을 말하며, 동일가옥에 살고 있다고 하는 것보다는 좁은 개념이다.

3) 가사사용인　가사사용인이란 일반 가정의 가정부·파출부 등 가사에 종사하는 자를 말한다. 가사사용인의 근로는 주로 개인의 사생활과 관련되어 있고 근로시간이나 임금에 관한 규제를 통하여 국가적 감독행정이 미치기 어렵기 때문에 근로기준법의 적용을 배제한다. 가사사용인의 여부는 가정의 사생활에 관한 것인가의 여부를 기준으로 하여 근로의 장소·종류, 본래의 업무가 어느 면에 속하느냐에 따라 판단해야 한다. 회사에서 고용한 사람이라 하더라도 사장의 가정(주택)에서 가사노동에 종사하는 한 근로기준법의 적용이 배제되는 가사사용인이라고 보아야 한다.[91]

4) 상시 4명 이하의 근로자　근로기준법은 상시 5명 이상의 근로자를 사용하는 경우에 전면적으로 적용되나,[92] 상시 4명 이하의 근로자를 사용하는 사업 또는 사업장에 대해서는 대통령령이 정하는 바에 따라 이 법의 일부 규정을 적용할 수 있다(근기법 제11조 제2항).

(2) 특별법에 의한 적용제한

1) 국가공무원 및 지방공무원　근로기준법과 이 법에 따른 대통령령은 국가, 특별시·광역시·도, 시·군·구, 읍·면·동, 그 밖에 이에 준하는 것에 대하여도 적용된다(근기법 제12조). 다만, 국가공무원 및 지방공무원 이외에 공무원 이외에 단순한 노무에 종사하는 공무원(국가공무원법 제2조 3항·4항)에게는 국가공무원 및 고용원 등의 규정과 저촉되지 않는 범위 내에서 근로기준법이 적용된다.

2) 사립학교교원　사립학교교원은 교육공무원이 아닌 근로기준법상의 근로자이며, 사립학교법에 특별히 근로기준법의 적용을 배제한다는 규정이 없는 한 근로기준법의 적용대상이 된다[93]. 다만, 사립학교교원의 자격·임면·복무·신분보장 및 징계에 관해서는 특별규정(사립학교법 제4장 제52조 이하 참조)이 적용될 것이므로 그러한 범위 내에서 근로기준법의 적용이 배제된다. 따라서 근로관계는 본질적으로 사법상의 고용계약관계라고 할

---

91) 박상필, 전게서, 130쪽.

92) 근로기준법의 적용범위가 상시 10인 이상의 근로자를 사용하는 사업장(1987. 12. 31 개정, 시행령 제1조)에서 상시 5인 이상의 근로자를 사용하는 사업장(1989. 3. 29 개정, 법 제10조 제1항 본문)으로 확대됨에 따라 일부적용을 받게 되는 사업장의 범위가 4인 이하의 사업장으로 조정되었다.

93) 근기 01254-9246, 1991. 6. 27; 근기 01254-8422, 1990. 6. 4.

것이므로, 사립학교 사무직원의 보수, 복무 등 근로조건에 관한 사항 중 사립학교교원연금법에서 정하고 있는 퇴직급여 등을 제외한 사항은 근로기준법의 적용을 받는다.[94]

3) **선 원**　선원의 직무, 임금 및 근로시간, 재해보상 등 선원근로관계를 규율하기 위하여 근로기준법의 특별법으로서 선원법이 제정되어 있다. 선원법의 적용대상은 대한민국의 선박, 대한민국의 국적을 취득할 것을 조건으로 용선한 외국선박과 국내항 사이만을 항해하는 외국선박에 승무하는 선원과 그 선박의 소유주이다.[95] 선원법은 대한민국국적의 선박과 국내선박 이외의 대통령령으로 정하는 선박에 승선한 선장, 해원, 예비선원 등에 대하여 적용할 수 있도록 하고 있다. 근로기준법의 적용대상이 되는 선박의 범위는 ① 총톤수 5톤 미만의 선박, ② 호수 · 강 또는 항내만을 항해하는 선박, ③ 총톤수 25톤 미만으로 해양수산부령이 정하는 선박을 말한다. 따라서 선박에 승무하는 자가 아닌 근로자나 육상근로자는 근로기준법의 적용대상이 된다.[96]

관련 판례　헌재 1999. 9. 16. 98헌마310 전원재판부

상시근로자수와 헌법상 평등원칙의 위반여부

근로기준법의 전면적인 적용대상을 5인 이상의 근로자를 사용하는 사업장에 한정하고 있는 근로기준법 제10조 제1항 본문이 평등원칙에 위반되는지 여부 및 위 법률조항이 헌법 제32조 제3항에 위반되는지 여부에 대하여 헌재는 '상시 사용 근로자수 5인'이라는 기준을 분수령으로 하여 근로기준법의 전면적용 여부를 달리한 것은, 근로기준법의 확대적용을 위한 지속적인 노력을 기울이는 과정에서, 한편으로 영세사업장의 열악한 현실을 고려하고, 다른 한편으로 국가의 근로감독능력의 한계를 아울러 고려하면서 근로기준법의 법규범성을 실질적으로 관철하기 위한 입법정책적 결정으로서 거기에는 나름대로의 합리적 이유가 있다고 할 것이므로 평등원칙에 위배된다고 할 수 없다. 또한 헌법 제32조 제3항은 "근로조건의 기준은 인간의 존엄성을 보장하도록 법률로 정한다"고 규정하고 있는바, 인간의 존엄에 상응하는 근로조건의 기준이 무엇인지를 구체적으로 정하는 것은 일차적으로 입법자의 형성의 자유에 속한다고 할 것이고, '상시 사용 근로자수 5인'이라는 기준에 따라 근로기준법의 전면적용 여부를 달리한 것에는 합리적 이유가 있다고 인정되고, 그 기준이 인간의 존엄성을 전혀 보장할 수 없을 정도라고 볼 수 없으므로 위 헌법조항에 위반된다고 할 수 없다.

---

94) 대판 1997. 7. 22, 96다38995.

95) 선원법은 선박근로의 특수성을 고려하여 적용사업의 범위, 선원, 선주, 임금의 규정 등을 명시하고 있다.

96) 근기 55112-504, 1993. 3. 30.

제4절 근로기준법의 적용대상

1. 근로자

(1) 근로자의 개념

근로자의 개념은 구체적으로 노동법의 입법목적에 따라 달리 정하고 있다(근기법 제2조 제1호, 노조법 제2조 제1호). 그러나 일반적으로는 사용자의 사용종속하에 근로를 제공하고 이에 대한 대가를 받아 생활하는 자를 근로자로 본다. 근로기준법상의 근로자 개념은 개별적 근로관계의 특성을 반영한 개념적 징표를 나타낸다. 이법에 의하면 「근로자라 함은 직업의 종류와 관계없이 임금을 목적으로 사업 또는 사업장에 근로를 제공하는 자"라고 명시하고 있다(근기법 제2조 제1항 제1호). 사업 또는 사업장에 근로를 제공한다는 의미는 근로관계를 전제로 하므로 실업중의 근로자는 근로자의 개념에 포함되지 않는다.[97)]

(2) 근로자의 요건

1) **직업의 종류와 관계없음** 이것은 근로의 종류, 근로자의 지위, 형태내지 성질을 묻거나 육체노동 또는 정신노동이거나 그 행하여지고 있는 근로의 성질을 불문한다는 의미이다. 또한 육체노동에 종사하는 블루칼라(blue collar)는 물론이고, 정신노동에 종사하는 화이트칼라(white collar)와 서비스업에 종사하는 그레이칼라(grey collar)를 모두 포함하는 개념이다.

2) **임금을 목적으로 하여야 함** 임금은 사용종속관계에 놓여 있는 자가 그 상대방으로부터 노무제공의 대상으로 부여되는 이익뿐만 아니라 그러한 이익이 있다고 인정되는 것이 있으면 충분하다. 임금을 목적으로 하지 않는 근로의 제공 또는 임금이 아닌 봉사료(팁)만을 목적으로 근로하는 때에는 근로자의 개념 속에 포함되지 않는다. 그러나 음식숙

---

97) 근로기준법상의 근로자의 개념과 달리 노동조합및노동관계조정법(이하 "노조법"이라 한다) 은 실업 중인 근로자를 포함한다. 이 법에 의한 근로자는 직업의 종류를 불문하고 임금, 급료 기타 이에 준하는 보수를 받고 사용자의 지휘명령 하에 근로를 제공하는 자를 말한다.

박업 등에서 근로의 대상으로 일정한 영업시설의 사용이 인정되고 있다면 그 시설의 이용에서 오는 이익도 역시 임금이므로 봉사료만으로 생활하는 자도 근로자라고 보아야 한다.

3) 사업이나 사업장에 근로를 제공하는 자　근로자는 산업재해보상보험법의 적용을 받는 사업이나 사업장에 근로를 제공하는 자이다. 「근로를 제공하는 자」라 함은 적용사업에 "종사하고 있는 자"를 말하며, 종사하고 있다는 것은 사업주의 지휘와 명령을 받아 그 감독 하에서 근로를 하고 있다는 뜻이다. 이는 종속노동관계 또는 사용종속관계라 하는 개념적 징표에 의하여 근로자성을 판단하는 것을 의미한다.

(3) 근로자성의 판단

1) 근로자성의 판단기준　임직원 · 부장 · 과장뿐만 아니라, 사원, 고용원, 임시직, 일용근로자 또는 아르바이트 혹은 파트타이머이거나 명칭여하에 관계없이 당해 사업 또는 사업장에서 근로를 제공하고 임금을 받는 사람이면 모두 근로자로 근로기준법의 보호대상이 된다. 이 경우 계약의 형식이 민법상 고용계약인지 또는 도급계약인지에 관계없이 그 실질면에서 근로자성을 판단하여야 한다.[98] 이러한 근로자는 타인의 지휘 · 명령하에 근로를 제공하는 자로서 정신적이든 육체적이든 근로의 종류에 불문한다. 이러한 판단기준은 1차적으로 법률이 정한 요건에 의하되, 법률규정상 개념이 불명확한 경우에는 실질적 내지 사실상의 종속노동관계의 여부에 의하여 판단할 수 있다.[99] 또한 민법상의 고용과 구별하여 지휘명령관계 내지 종속노동관계의 존부, 근로제공관계의 계속성과 사용자에의 종속성이 중요한 판단기준이 된다.[100]

최근의 학설[101]과 판례에 의한 구체적 기준은 ① 근로제공의 장소와 시간의 타인결정성, ② 노무제공과정에서의 지시구속성, ③ 노무제공의 일신전속성, ④ 경영체에의 편입, ⑤ 다른 근로자와의 협업, ⑥ 비품 · 원자재 · 작업도구 · 재료 · 시설의 이용 및 소유관계,

---

98) 대판 2001. 4. 13, 2000도4901.

99) 김형배, 『노동법』, 박영사, 2007, 292쪽.

100) 대판 1991. 12. 13, 91다24520 ; 대판 1992. 4. 14, 91다45653 ; 대판 1995. 12. 22, 95누2050 ; 대판 1996. 4. 26, 95다20438 ; 대판 1997. 11. 28, 97다7998 ; 대판 2000. 1. 28, 98두9219.

101) 김형배, "근로기준법상의 근로자와 사용자의 개념", 노동법연구, 90쪽 ; 박상필, 전게서, 135쪽 ; 근기 01254-6463 ; 1988. 4. 25, 근기 01254-12276 1990. 9. 3, ; MünchKomm/Söllner, Rn. 131ff. zu § 611 BGB ; 官野, 『勞動法』, 70面 ; 日本 大冢印刷事件 東京地板, 1973. 2. 6 등 참고.

⑦ 사용자의 생산계획에의 복종, ⑧ 근로계약 체결시 근로조건 결정과정에서의 불리한 지위, ⑨ 보수의 근로대가로서의 성격 그리고 부수적으로 세법상의 조치(근로소득세 원천징수) 등이 고려되어야 한다. 그러나 이러한 판단기준들이 모두 구비되는 경우에만 근로관계의 존재 내지 근로자의 지위가 인정되는 것은 아니므로 사안에 따라 종합적으로 고려하여 판단하여야 한다.[102] 따라서 전체적으로 보아 임금을 목적으로 종속적 관계에서 사용자에게 근로를 제공하였다고 인정되는 이상, 근로자에 관한 여러 징표 중 근로조건에 관한 일부의 사정이 결여되었다고 하여 그러한 사유만으로 근로기준법상의 근로자가 아니라고 할 수는 없다.[103]

2) **근로자에 해당하는 자** 근로자 범위의 판단은 근로기준법의 보호를 받을 수 있는 적격자인가를 판가름하는 중요한 문제이다. 이하에서는 일반적으로 판단하기 어려운 점을 감안하여 유사업무의 수행자를 구체적 사례를 통하여 살펴보고자 한다.

① 일용근로자 - 일용근로자라 함은 근로계약의 형식에 있어서는 1일 단위의 유기 계약으로 고용되어 당일의 종료에 의하여 근로계약이 종료되는 근로자를 말한다. 일급을 받는 일용근로자도 근로계약이 묵시적으로 갱신되고, 근로관계가 계속되는 경우에는 그 명칭과 계약의 형식과는 관계없이 근로자에 해당된다. 다만, 근로기간에 따라 3개월 이내인 경우에는 근로기준법 제35조에 의하여 해고예고의 규정이 적용되지 않는다.

② 114안내 재택근무요원 - 114업무를 재택근무로 아웃소싱하고, 재택근무에 필요한 시설 및 장비 · 물품을 제공하고 일정한 근무시간대를 지정하여 재택근무를 하면서 ㉠ 지휘명령을 하지 않으나 기본임금을 매 시간급으로 산정하여 지급하고, 심야시간대에 50%의 가산금을 지급하는 점, ㉡ 귀책사유로 근무를 하지 못하거나 예정된 업무를 처리하지 못한 시간은 임금을 지급하지 않는 점, ㉢ 재택근무자에게 월정급여에 공간사용료, 전기사용료, 통신요금을 지급하는 점, ㉣ 근무시간대는 임의적으로 변경할 수 없는 점, ㉤ 주6일간 재택근무를 하며, 1일 5시간 원칙으로 근무시간을 정해 근무하는 점으로 보아 근로기준법상의 근로자로 봄이 타당하다.[104]

③ 방송국전속합창단 - 텔레비전 방송국 등에 전속되어 교향악단 · 합창단 · 무용단의 단

---

102) 대판 1999. 2. 9, 97다56235 ; 대판 2000. 3. 23, 99다58433.
103) 대판 1999. 2. 9, 97다56235 ; 대판 2001. 2. 9, 2000다57498.
104) 근기 68207-1940, 2000. 6. 27.

원의 경우, 일정한 조건에 의하여 근로(출연)를 제공하는 의무를 부담하고 그 대상으로 임금을 받고 있는 한 사용종속성이 인정되므로 근로자에 해당된다. 이 점에 있어서 탤런트나 가수에 대해서도 동일하게 해석하여야 한다.

④ 애니메이터 - 당해 만화영화 제작업체에서 근무하던 직원의 근로자성이 인정되는 요소로서 ① 칼라팀장이 면접을 통해 근로자를 채용하고 있으나 업무수행에 있어 회사의 지휘·감독을 받고, 근로자들은 임의로 작업일정을 조정한다거나 팀장의 지휘·감독을 거부할 수 없고 출퇴근시간이 일정하게 정해져 있으며 성수기 때에는 팀장의 지시에 따라 연장근로를 실시하고 ② 작업도구는 회사에서 구입하여 제공하며 급여형태가 완전성과급제로서 기본급여가 없으며 근로소득세가 아닌 사업소득세를 납부하고 있는 점을 종합해보면 일부 근로자성이 부인될 수 있는 요소도 있으나, 근로자성이 인정되는 요소가 월등히 많고, 애니메이터가 회사와 사용종속관계에 있는 칼라팀장의 실질적인 지휘감독하에 업무를 수행하면서, 그 대가로 실적급제 형태의 임금을 받고 있는 것으로 판단되므로 근로기준법상의 근로자로 볼 수 있다.[105]

⑤ 접객업소의 종업원 - 식당 등의 접객업소의 종업원이 근로자임에는 틀림없으나, 여관의 숙박업의 종업원 등이 사업주로부터 직접적으로 임금을 받지 않고 손님으로부터 팁만을 목적으로 종사하는 자는 영업시설의 이용 그 자체가 이익이라 할 수 있으므로 근로자에 해당된다.

⑥ 시립상임합창단원 - 시립합창단원이 위촉 및 해촉 등 지방공무원법상의 제규정을 적용받지 아니하고 별도의 조례·규칙·운영규정 등을 적용하고 지방자치단체장의 지휘·감독 하에 공연활동을 하면서 일정금액을 보수명목으로 받고 있다면 근로자로 봄이 타당하다.[106]

⑦ 신문사 광고외근사원 - 신문사 광고외근사원에 대하여 행정해석[107]은 신문사와 위임에 유사한 계약관계에 있어 회사의 직접 지휘감독을 받고 있다고 보기 어려우며, 취업시간 및 장소에 대한 제한이 불명확하여 근로자로 취급되기 어렵다는 원칙을 밝히고 있다. 그러나 대법원[108]은 「회사로부터 지급되는 고정급보다 활동과 능력에 따라 좌우되는 수

---

105) 근기 68207-2214, 2000. 7. 24.

106) 근기 68207-2125, 1999. 8. 30.

107) 법무 811-30812, 1980. 11. 26.

당[109]에 의존하며 승급제도가 없고 급·호봉이 없으며 근로시간과 장소에 대한 구속이나 광고유치 활동에 관하여 구체적인 지시를 받지 않는 광고외근원이라고 할지라도 근로기준법상 근로자에 해당한다」고 판시하고 있다.

⑧ 특정한 노무만을 제공하는 수급인 - 도급계약에 의한 수급인은 일반적으로 사업주로 인정된다. 민법 제664조에 의하면, 「도급은 당사자 일방이 어느 일을 완성할 것을 약정하고 상대방이 그 일의 결과에 대하여 보수를 지급할 것을 약정」하는 것이므로 근로의 제공 그 자체를 계약의 내용으로 하는 고용계약 또는 근로계약과는 다르다. 따라서 수급인이 직접 근로에 종사하는 일이 있더라도 근로자라 할 수 없다. 그러나 도급계약의 형식을 갖추고 있더라도 계약의 내용이 수급인에 대하여 특정한 노무제공만을 목적으로 하고, 이에 대하여 능률급 내지 성과급을 지급하는 경우에는 사용종속관계가 인정되므로 근로자에 해당된다.[110]

⑨ 수련의 또는 전공의 - 의사면허를 소지하고 시립병원에서 공개채용시험에 합격한 후 일정기간 동안 수련의로 채용되어 병원측의 지휘·감독 아래 근로계약에 정한 출퇴근시간의 제약을 받고 고정급 및 제수당과 일정급의 상여금을 근로의 대가로 받는다면 다른 법에 특단의 규정이 없는 한 수련의라는 근로기준법 제14조에 규정한 "근로자"에 해당된다.[111] 따라서 수련의는 그 교과과정에서 정한 환자진료 등 수련을 거치는 피교육자적인 지위와 함께 병원에서 정한 진료계획에 따라 근로를 제공하고 그 대가로 임금을 받는 근로자로서의 지위를 아울러 가지고 있다.[112] 한편 전공의가 지방공무원법이 정한 공무원 자격과 임용절차에 의하여 임용된 공무원이 아니라거나, 병원에서 전공의에 대하여 수련기간 중 마지막 6개월간은 실제 근무를 하지 않고 자율적으로 시험공부를 하도록 하였다고 하더라도 마찬가지이다.[113]

3) 근로자에 해당되지 않는 자 종전과 달리 최근에는 다양한 형태의 직업이 출현하면서 종전의 개념적 징표에 의하여 근로자성을 판단하는 데 한계점이 나타나고 있다. 따라

108) 대판 1988. 11. 8, 87다카683.
109) 사업장에서는 "리베이트"라고 부르기도 한다.
110) 대판 1991. 10. 25, 91도1685.
111) 근기 1455-1424, 1981. 5. 8.
112) 대판 1989. 7. 11, 88다카21296.
113) 대판 1998. 4. 24, 97다57672.

서 법인의 대표자나 사업주와 유사한 기능을 하거나 사업성을 가미한 형태의 근로자의 출현은 근로자성을 판단하는데 혼란을 가져오고 있다. 이러한 이유는 노동력을 제공할 수 있는 기회가 과거보다 많을 뿐만 아니라 업무수행자의 능력이나 직업적 특성에 따라 노동력의 제공방법, 근로의 대가성을 평가하는 방법이 다르고 소득의 원천이나 수준이 달라지기 때문이다. 오늘날 근로자성을 판단하는 기준은 종전과 달라 사용종속성이나 지휘감독권만을 위주로 근로자를 판단하는 데는 한계성을 나타내고 있으므로 보다 구체적인 근로자성의 보강요소들이 필요한 실정이다.

① 법인 · 단체 · 조합의 대표자 - 법인 · 단체 · 조합 등의 대표자 또는 업무집행권을 가진 자는 사업주와의 관계에 있어서 사용종속성이 인정될 수 없으므로 근로자라 할 수 없다. 그러나 법인의 이사로서 대표권 또는 업무집행권을 가지지 않는 자가 공장장 · 부장 등의 직무를 담당하는 경우에는 그 한도 내에서 사용종속성이 인정되어 근로자로서의 보호를 받는다. 법인의 이사가 근로자인가의 여부는 법인의 정관에 등재되어 있는가, 이윤의 배당이 있는 자인가, 업무집행권으로서 대내적 · 대외적으로 의결권 · 집행권 · 처분권을 지니는가에 의하여 판단하여야 한다.

② 보험모집인 - 행정해석에 따르면 보험회사와 위임에 유사한 계약관계에 있어 회사의 직접적 지휘감독을 받지 않으며, 취업시간 및 장소에 대한 제한이 없는 등의 이유로 임금에 의한 노무지휘관계에 있는 근로자로 취급되기 어렵다.[114] 그러나 ㉠ 회사에의 출근의무가 부과되고 있으며, ㉡ 매일 근무상황을 보고 받고, ㉢ 계약권유의 장소나 상대방에 대하여 개별적 · 구체적인 지시를 받거나, ㉣ 매월 고정급을 받으며, ㉤ 회사에 대한 손해나 성적불량으로 인해 일반사원과 동일한 제재를 받는 등 그 실태에 있어 노무제공에 대한 구체적 지휘감독이 행하여지는 경우라면 근로자로 판단되나, ㉥ 건강보험 가입관계만으로는 근로자 여부의 판단기준이 되지 못한다.[115] 대법원도 생명보험회사의 외무원에 대하여 사용종속관계가 부인되므로 근로기준법상 근로자로 볼 수 없다고 판시하고 있다.[116]

③ 학생신분의 실습생 - 학업의 과정에서 실습에 종사하는 학생의 경우에는 비록 실습비를 지급받는다 하더라도 근로자로 볼 수 없다고 한다[117]. 하지만 사업주와 근로계약을

114) 대판 2000. 1. 28. 98두9219.

115) 법무 811-2351, 1981. 1. 23.

116) 대판 1990. 5. 22, 88다카28112.

맺고 사업주의 지휘·감독하에 근로를 제공하고 그 대가로서 임금을 지급받고 있다면 근로자로 보아야 할 것이다. 판례는 사업주와 실습생 사이의 채용에 관한 계약내용, 작업의 성질과 내용, 보수의 여부 등 그 근로의 실질관계에 의하여 근로기준법 제2조 제1항 제1호의 규정에 의한 사용종속관계가 인정되는 경우 그 실습생은 근로기준법의 적용을 받는 근로자에 해당한다고 판시하고 있다[118]

④ 차량임대형태의 택시운전자 - 여객자동차운수사업법 제22조(운송사업자의 준수사항)에 의거 운송사업자는 운수종사자가 이용자로부터 수령한 운임 또는 요금의 전액을 당해 운수종사자로부터 납부 받도록 되어 있고, 같은 법 제28조(운수종사자의 준수사항) 제2항에 운수종사자는 운송수입금 전액을 운송사업자에게 납부하고 임금을 지급 받도록 되어 있다. 또한 같은 법 제13조(명의이용 금지 등) 제1항에는 운송사업자는 다른 운송사업자 또는 운송사업자가 아닌 자로 하여금 유상 또는 무상으로 그 사업용자동차의 전부 또는 일부를 사용하여 여객자동차운송사업을 경영할 수 없다고 명시되어 있다.

따라서 회사측에 월 사납금(임차료)형태로 일정금액을 지불하고 차량을 임차하여 운행하였으며, 개인이 차량수리, 차량연료비 등 전체적인 차량관리를 하였고, 회사측으로부터 출·퇴근 등 근무시간, 차량배차, 근무장소 등 운행에도 지휘·감독을 받지 아니하였을 뿐 아니라 근로의 대가인 임금을 받은 사실이 없고 차량운송수입금을 개인의 수익으로 하는 등 실질적으로는 개인이 사업을 하였으므로 근로기준법상의 사용종속관계가 인정되지 아니므로 근로자로 볼 수 없다.[119]

관련 판례

대판 2006.12.7, 2004다 29736

근기법상 근로자성 판단기준

근로기준법상의 근로자에 해당하는지 여부는 계약의 형식이 고용계약인지 도급계약인지보다 그 실질에 있어 근로자가 사업 또는 사업장에 임금을 목적으로 종속적인 관계에서 사용자에게 근로를 제공하였는지 여부에 따라 판단하여야 하고, 위에서 말하는 종속적인 관계가 있는지 여부는 업무 내용을 사용자가 정하고 취업규칙 또는 복무(인사)규정

117) 2002.5.4. 근기68207-1833.

118) 대판 1987.06.09, 86다카2920.

119) 대판 1999. 11. 12, 97누19946 ; 대판 2000. 1. 18, 99다48986 ; 대판 2000. 9. 8, 2000다22591 ; 근기68207-3965, 2000. 12. 21.

등의 적용을 받으며 업무 수행 과정에서 사용자가 상당한 지휘 · 감독을 하는지, 사용자가 근무시간과 근무장소를 지정하고 근로자가 이에 구속을 받는지, 노무제공자가 스스로 비품 · 원자재나 작업도구 등을 소유하거나 제3자를 고용하여 업무를 대행하게 하는 등 독립하여 자신의 계산으로 사업을 영위할 수 있는지, 노무제공을 통한 이윤의 창출과 손실의 초래 등 위험을 스스로 안고 있는지와, 보수의 성격이 근로 자체의 대상적 성격인지, 기본급이나 고정급이 정하여졌는지 및 근로소득세의 원천징수 여부 등 보수에 관한 사항 근로 제공 관계의 계속성과 사용자에 대한 전속성의 유무와 그 정도, 사회보장제도에 관한 법령에서 근로자로서 지위를 인정받는지 등의 경제적 · 사회적 여러 조건을 종합하여 판단하여야 한다. 다만, 기본급이나 고정급이 정하여졌는지, 근로소득세를 원천징수하였는지, 사회보장제도에 관하여 근로자로 인정받는지 등의 사정은 사용자가 경제적으로 우월한 지위를 이용하여 임의로 정할 여지가 크다는 점에서, 그러한 점들이 인정되지 않는다는 것만으로 근로자성을 쉽게 부정하여서는 안 된다.

관련 판례 대판 2003.9.26, 2002다64681

임원의 근로자성

근로기준법의 적용을 받는 근로자에 해당하는지 여부는 계약의 형식에 관계없이 그 실질에 있어서 임금을 목적으로 종속적 관계에서 사용자에게 근로를 제공하였는지 여부에 따라 판단하여야 할 것이므로, 회사의 이사 또는 감사 등 임원이라고 하더라도 그 지위 또는 명칭이 형식적 · 명목적인 것이고 실제로는 매일 출근하여 업무집행권을 갖는 대표이사나 사용자의 지휘 · 감독 아래 일정한 근로를 제공하면서 그 대가로 보수를 받는 관계에 있다거나 또는 회사로부터 위임받는 사무를 처리하는 외에 대표이사 등의 지휘 · 감독 아래 일정한 노무를 담당하고 그 대가로 일정한 보수를 지급받아 왔다면 그러한 임원은 근로기준법상의 근로자에 해당한다.

관련 판례 대판 1995.9.15, 94누 12067

불법체류 외국인의 근로자성

취업자격 없는 외국인이 구 출입관리법상의 고용제한 규정을 위반하여 근로계약을 체결하였다 하더라도 그것만으로 그 근로계약이 당연히 무효라고는 할 수 없고, 취업자격은 외국인이 대한민국 내에서 법률적으로 취업활동을 가능케 하는 것이므로 이미 형성된 근로관계가 아닌 한 취업자격 없는 외국인과의 근로관계는 정지되고, 당사자는 언제든지 그와 같은 취업 자격이 없음을 이유로 근로계약을 해지할 수 있다. 외국인이 취업 자격이 아닌 산업연수 체류 자격으로 입국하여 구 산업재해보상보험법(1994. 12.22. 법률 제4826호로 전문 개정되기 전의 것)의 적용대상이 되는 사업장인 회사와 고용계약을 체결

하고 근로를 제공하다가 작업 도중 부상을 입었을 경우, 비록 그 외국인이 구 출입국관리법상의 취업 자격을 갖고 있지 않다고 하더라도 그 고용계약이 당연히 무효라고 할 수 없고, 위 부상 당시 그 외국인은 사용 종속관계에서 근로를 제공하고 임금을 받아 온 자로서 근로기준법 소정의 근로자였다 할 것이므로 구 산업재해보상보험법상의 요양급여를 받을 수 있는 대상에 해당한다.

관련 판례 2011.3.24 대법 2010두10754

영상취재요원은 근로기준법상 근로자에 해당

참가인들이 정해진 기본급이나 고정급을 지급받은 것은 아니고 원고로부터 근로소득세를 원천징수당하지 아니하였으며 원고가 참가인들에 대하여 취업규칙 등의 규정을 적용하지 않은 사정이 있다고 하더라도, 이러한 사정들은 최근에 급격하게 증가하고 있는 비정규직 근로자들에게 일반적으로 나타나는 현상으로 볼 수 있을 뿐 아니라 사용자인 원고가 경제적으로 우월한 지위에서 사실상 임의로 정할 수 있는 사정들에 불과하다고 여겨지는 점 등을 종합하여 보면 비록 참가인들이 6mm 카메라를 직접 소유하고 있고 원고로부터 명시적인 출·퇴근시간 등의 근태관리를 받지 않았으며 참가인들에 관하여 4대보험이 가입되어 있지 않다고 하더라도, 참가인들은 원고와의 근로관계에 있어 임금을 목적으로 종속적인 관계에서 원고에게 근로를 제공한 근로자에 해당한다.

2. 사용자

(1) 사용자의 개념

근로기준법 제2조 제1항 제2호는 「사용자라 함은 사업주 또는 사업경영담당자 그 밖에 근로자에 관한 사항에 대하여 사업주를 위하여 행위 하는 자」라고 규정하고 있다. 따라서 사용자는 근로관계의 당사자로서 임금·급료 등의 지급의무를 부담하며, 근로자에 대하여 지시권을 가지는 자를 말한다. 사용자의 개념은 상대적인 성격을 띠고 권리의무관계에 따라 하나의 사업 또는 사업장에 여러 명이 존재하는 것으로 해석될 수 있어 논란의 여지가 많다.

근로기준법 제2조 제1항 제2호에서는 사용자 개념에 대한 핵심적 징표를 예시하지 않고 다만, 사용자의 개념이 상대적 성격을 띠고 있는 점을 감안하여 유형적 분류를 하는데 그치고 있다. 따라서 사용자 개념의 본질적 징표를 규명함으로서 그 책임의 귀속주체를 명확히 할 필요가 있다. 사용자와 근로자의 구별을 위해서는 근로에 관한 타인결정성(fremde Bestimmtheit)이나 지휘감독권 내지 지시권(Weisungsrecht)의 귀속여부가 그 핵심적 징표가 된다. 일반적 개념에 의하면 사용자는 지휘명령권을 가지고 노동력을 수령하며, 근로관계상의 각종의무를 준수해야 하는 자라고 한다. 이와 같이 법률에 의하여 사용자의 개념을 규정한 것은 근로관계에 있는 근로자의 보호를 위하여 근로조건을 준수할 사용자의 범위를 명확하게 하기 위한 것이다.[120]

(2) 사용자의 유형

1) **사업주** 사업주라 함은 그 사업의 경영의 주체를 말한다. 개인기업에 있어서는 그 기업의 기업주인 개인을 말하고, 회사 그 밖의 법인조직인 경우에는 법인 자체를 말한다. 사업주는 사업경영의 주체로서 손익이 귀속되는 주체냐 아니냐에 따라 판단한다.[121] 근로기준법상 사업경영의 최고 경영자로서 근로관계상의 각종의무를 이행하여야 할 책임이 귀속되는 자라고 보아야 한다. 이와 같은 사업주에는 개인, 조합, 공익법인, 회사, 재단 등이 있다.

2) **사업경영담당자** 사업경영담당자라 함은 사업경영일반에 관하여 책임을 지는 자로서 사업주로부터 사업경영의 전부 또는 일부에 대하여 포괄적 위임을 받고 대외적으로 사업을 대표하거나 대리하는 자를 말한다.[122] 구체적으로는 주식회사의 대표이사, 합명회사 및 합자회사의 업무집행사원, 유한회사의 이사, 정리회사의 공동관리인, 그리고 지배인(상법 제10조) 등이 이에 해당한다. 또한 개인기업주가 미성년자 또는 금치산자인 경우에는 그 법정대리인 또는 후견인도 사업경영담당자에 해당한다. 다만, 주식회사의 이사는 대표이사와는 달리 업무집행에 관하여 회사를 대표하거나 대리하는 지위에 있는 것이 아니라 이사회의 구성원으로서 업무집행에 관한 의사결정에 참여하는 것에 불과하므로, 여기서 말하는 사업경영담당자에는 해당하지 않음에 유의하여야 한 다.[123]

3) **사업주를 위하여 행위하는 자** 사업주를 위하여 행위 하는 자는 근로자에 관한 사

120) 김형배, 전게서, 295쪽.
121) 박상필, 전게서, 104쪽.
122) 김형배, 전게서, 294쪽 ; 대판 1988. 11. 22, 88도1162.
123) 김지형, 『근로기준법 해설』, 청림출판, 2000. 140쪽.

항에 대하여 사업주로부터 일정한 권한과 책임을 위임받아 인사 · 급여 · 후생 · 노무 관리 등 근로조건을 결정하거나 구체적인 지휘 · 감독을 할 수 있는 자를 말한다. 이때 일정한 권한과 책임을 가지고 행위 하는 자인가는 부장 또는 과장이라는 형식적 직위에 의할 것이 아니라, 구체적 직무권한에 의하여 판단하여야 한다.[124] 따라서 건설회사의 현장소장에 지나지 아니하더라도 자신의 책임 하에 근로자들을 선발 · 고용하고 작업을 지시 · 감독하면서 회사로부터 임금명목의 돈을 받아 이를 지급하는 업무를 행하여 왔다면 근로자에 관한 사항에 대하여 사업주를 위하여 행위 하는 자로 보아야 한다.[125]

(3) 사용자성의 판단

1) 사용자성의 판단기준 근로기준법은 사용자의 유형을 명시하고 있을 뿐 사업주 이외의 사업 경영담당자는 어떠한 자이며 기타 근로자에 관한 사항에 대하여 사업주를 위하여 행위하는 자는 구체적으로 누구인가를 밝히지 않고 있다. 따라서 어떠한 자가 사용자의 범위에 속하는 가에 따라 근로관계상 의무의 이행자 또는 권리의 주체자가 될 수 있다. 그러므로 다음과 같은 개념적 징표에 의하여 사용자성을 구별할 필요가 있다.

첫째, 노무지휘권을 행사하는 지위에 있는 가에 의하여 판단할 수 있다. 특히 중간관리자의 경우에는 사업주와의 관계에서 사용자와 근로자의 속성을 동시에 지니고 있어 상대적 개념으로 판단하여야 한다. 사용자성은 이러한 특성을 나타내는 징표에 의하여 판단할 수밖에 없다. 사용자성의 판단은 직급 또는 직위에 따라 상대성을 갖는 측면과 원수급인의 사용자책임 또는 직상수급인의 연대책임에 의하여 수평적으로 확대되거나 축소되는 경향을 고려하여야 한다.

둘째, 인사 · 경영권과 업무집행권을 가지고 있는가에 의하여 판단할 수 있다. 근로자의 근로조건에 관한 결정권 이외에 채용, 배치전환의 인사이동에 관한 사항이 포괄적으로 인사권에 해당된다. 또한 경영정책의 수립, 경영조직체의 개편 · 조직변경 · 운영, 인적 · 물적 시설 및 자금에 관한 사항, 생산 · 판매 등에 관한 사항이 일반적으로 경영권에 관한 사항이다. 이러한 인사 · 경영권을 가지고 대내적으로 독자적인 업무집행권을 행사하는 자는

---

124) 김광욱, 전게서, 131쪽.

125) 대판 1983. 11. 8, 83도2505.

사용자성을 지닌다고 할 것이다.

2) 사용자 범위의 구체적 판단

① 전무이사, 부사장 등 법인의 임원 - 임원은 대내외적으로 업무집행권이나 대표성을 지니고, 일반 사업주와 같이 경영상의 위험책임을 지고 위임사항의 범위 내에서 자율적으로 판단하는 지위에 있는 자이다. 따라서 법인사업의 경영담당자는 법인의 대표이사를 포함한 이사·감사가 되는 것으로 이들은 회사의 업무집행권 또는 대표권을 가진 자로서 회사로부터 사무처리의 위임을 받아 행위를 하는 근로기준법상 사용자에 해당된다.[126] 그러나 법인의 임원이라 할지라도 회사사무에 관하여 대내외 관계에 있어 독자적인 업무집행 권한이 없는 경우에는 근로기준법상 제규정의 준수의무자로서의 사용자의 지위에 있다고 할 수 없다.[127] 또한 부사장이라 칭하고 있다 하더라도 단지 대표이사를 보좌함에 불과하고 회사경영에 참여하거나 근로자를 채용하는 지위에 있지 아니한 경우에는 회사경영담당자 또는 근로자에 관한 사항에 대하여 회사를 위하여 행위하는 자라고 볼 수 없으므로 이 경우에도 사용자의 지위에 있다고 할 수 없다.[128]

② 대표이사가 아닌 실제경영자 - 형식상 대표이사가 아니라고 하더라도 직위·직책·명칭에 관계없이 회사의 실권자이며 실제경영자로서 그 책임과 권한을 행사하는 경우에는 근로기준법의 준수의무자로서 사용자에 해당한 다.[129]

③ 정리회사의 공동관리인 - 정리회사의 공동 관리인으로서 동 회사의 근로자에 관한 사항에 대하여 실질적으로 회사를 위하여 직무를 집행해 온 사실이 인정되는 경우에는 근로기준법상 소정의 사용자에 해당된다.[130]

④ 보전관리인과 법정관리인 - 법원의 회사재산 보전결정처분기간 즉, 회사정리절차 개시결정이 있기 전까지 보전관리인이 관리하던 기간의 체불에 대해서는, 별도 특약이 없는 한, 원칙적으로 보전관리인이 근로기준법상 사용자 지위를 갖는 것으로 판단된다.[131] 회

126) 대판 1978. 2. 14, 77다3673 ; 근기 01254-17997, 1986. 11. 7.
127) 대판 1983. 10. 11, 83도2272.
128) 대판 1978. 1. 31, 77도3528.
129) 대판 1989. 4. 25, 87도2129.
130) 대판 1984. 4. 10, 83도1850.
131) 근기 68207-3209, 2000. 10. 17.

사정리절차가 개시결정된 이후에 있어서 회사의 대표업무집행과 재산관리 및 처분권 등 일체의 권한은 법정관리인에게 전속된다(會社整理法 제53조).[132] 종전의 사업주가 대표이사라는 직함을 가지고 사실상 회사운영에 관여해 왔다고 하더라도 그 정리절차 개시결정 이후에 발생하는 사항에 대해서는 준수의무자 또는 이행책임자로서의 근로기준법상의 사용자에 해당되지 아니하며, 그렇다고 하여 정리회사의 대표이사가 회사정리절차의 개시결정에 의하여 관리인의 지휘·감독하에 임금을 목적으로 근로를 제공하는 근로자의 지위에 서게 되는 것도 아니다.[133]

⑤ 학교법인이 경영하는 병원의 원장 - 학교법인이 경영하는 병원의 원장도 그 법인의 피용자이지만, 그 병원의 간호원들을 병원장이 자신의 책임하에 직접 채용하여 그의 지휘·감독 아래 근무하게 하였다면 병원장의 경우에도 간호원들에 대한 관계에 있어서는 사업주인 법인을 위하여 행위하는 자로서 근로기준법상 소정의 사용자에 해당한다.[134]

⑥ 사립학교 교장 - 사립학교 교장이 비록 그 학교 일반직원에 대한 임면권을 가지고 있지 않더라도 위 직원들을 학교에 근무시키면서 학교운영의 일환으로써 그 업무를 지시·감독하고 학교예산에서 자신의 명의로 직원들의 봉급을 매월 지급하여 학교예산을 학교장이 편성하여 지급하게끔 되어 있다면, 교장은 위 일반직원들에 대한 관계에 있어서는 직원들에 관한 사항에 대하여 사업주인 학교법인을 위하여 행위하는 자로서 근로기준법상 소정의 사용자에 해당한다.[135]

⑦ 아파트 자치회장 - 아파트 자치회가 아파트의 유지보수 및 경비 등의 관리책임을 직접 담당하면서 경비원 등 근로자를 직접 고용하고 지휘·명령하고 있다면 그것이 비영리사업이라 하더라도 아파트 자치회장은 사용자에 해당된다.[136]

---

132) 회사정리법 제53조는 "정리절차 개시의 결정이 있은 때에는 회사사업의 경영과 재산의 관리 및 처분을 하는 권리는 (법정)관리인에게 전속한다"고 규정하고 있으며, 같은 법 제96조는 "회사의 재산에 관한 소에 있어서는 관리인이 원고 또는 피고가 된다"고 규정하고, 같은 법 제39조의3은 "제53조, 제96조 …의 규정은 보전관리인에 대해서도 이를 준용한다"고 규정하고 있다.

133) 대판 1994. 9. 23, 93누12770.

134) 대판 1980. 11. 11, 80도1070.

135) 대판 1986. 7. 8, 86도722.

136) 대판 1997. 9. 26, 96다14838 ; 대판 2000.1.18, 99도2910; 법무 811-5562, 1980. 3. 7.

(4) 사용자 개념의 확대

근로자에 대하여는 형식상 근로계약상의 사용자, 즉 고용주가 아닌 제삼자는 근로기준법상 사용자로서의 책임을 지지 않는다. 다만 예외적으로 근로자가 근로계약을 체결한 사업 또는 사업장이 아닌 다른 사업장의 사업주에게도 사용자성을 확대 적용하는 경우가 있는데 이를 사용자 개념의 확장이라고 부른다[137]. 도급사업에 있어서 하수인급이 직상수급인의 귀책사유로 근로자에게 임금을 지급하지 못한 때에는 임금지급에 대하여 하수인급과 그의 직상수급인의 연대 책임을 인정하고 있으며(근기법 제44조), 사업이 수차의 도급에 의하여 행해지는 경우 근로자의 재해 보상에 대한 원수급인의 사용자책임을 인정하고 있다(근기법 제90조). 또한 파견중인 근로자의 파견근로에 관하여는 근로계약을 체결한 파견사업주뿐만 아니라 사용사업주도 근로기준법상의 사용자로 인정된다(파견법 제34조). 판례는 ① 모기업이 자회사에 대하여 주식소유, 임원파견, 업무도급 등의 방법에 의하여 자회사의 경영을 지배하는 경우에는 자회사의 근로자에 대하여 모기업 사업주가 사용자로서의 지위를 갖게 되며[138] ② 위장도급의 경우 이를 직접 고용으로 판시한 바 있다[139].

관련 판례 대판 1997.11.11. 선고 97도813
사용자 정의 규정의 취지

구 근로기준법(1997.3.13. 법률 제5309호로 제정되기 전의 것) 제15조 소정의 '사용자'라 함은 사업주 또는 사업경영담당자 기타 근로자에 관한 사항에 대하여 사업주를 위하여 행위하는 자를 말한다고 규정하고 있고, 여기에서 사업경영담당자라 함은 사업경영 일반에 관하여 책임을 지는 자로서 사업주로부터 사업경영의 전부 또는 일부에 대하여 포괄적인 위임을 받고 대외적으로 사업을 대표하거나 대리하는 자를 말하는바, 구 근로기준법이 같은 법 각 조항에 대한 준수의무자로서의 사용자를 사업주에 한정하지 아니하고 사업경영담당자 등으로 확대한 이유가 노동현장에 있어서 근로기준법의 각 조항에 대한 실효성을 확보하기 위한 정책적 배려에 있는 만큼, 사업경영담당자란 원칙적으로 사업경영 일반에 관하여 권한을 가지고 책임을 부담하는 자로서 관계 법규에 의하여 제도적으로 근로기준법의 각 조항을 이행할 권한과 책임이 부여되었다면 이에 해당한다고 할

137) 임종률, 『노동법』, 박영사, 324쪽.
138) 대판 2002. 11. 26. 2002도649.
139) 대판 2003. 9. 23. 2003두3420.

것이고, 반드시 현실적으로 그러한 권한을 행사하여야만 하는 것은 아니다.

관련 판례 대판 2002.11.26, 2002도649
소사장 법인 근로자들에 대한 사용자성

기존기업이 경영합리화라는 명목으로 소사장 법인을 설립한 후 그 소속 근로자들에게 직접 임금을 지급하고, 인사 및 노무관리에도 구체적이고 직접적인 관리·감독을 하여 온 경우, 기존기업의 대표이사가 소사장 법인 소속 근로자들에 대한 관계에서도 사용자의 지위에 있다.

관련 판례 대판 2008.7.10. 선고 2005다75088
묵시적인 근로계약관계 성립

용인기업은 형식적으로는 피고 회사와 도급계약을 체결하고 소속 근로자들인 원고들로부터 노무를 제공받아 자신의 사업을 수행한 것과 같은 외관을 갖추었다고 하더라도, 실질적으로는 업무수행의 독자성이나, 사업경영의 독립성을 갖추지 못한 채, 피고 회사의 일개 사업부로서 기능하거나, 노무대행기관의 역할을 수행하였을 뿐이고, 오히려 피고 회사가 원고들로부터 종속적인 관계에서 근로를 제공받고, 임금을 포함한 제반 근로조건을 정하였다고 봄이 상당하므로 원고들과 피고 회사 사이에는 직접 피고 회사가 원고들을 채용한 것과 같은 묵시적인 근로계약관계가 성립되어 있었다고 보는 것이 옳다.

제2장 근로관계의 성립

제1절 채용내용과 시용기간

1. 채용내정

(1) 채용내정의 의의

채용내정이라 함은 사용자가 공개시험이나 추천 등을 통하여 채용예정자를 미리 선정하거나 확정하고 졸업 후 정식사원으로 채용할 것을 합의하는 것을 말한다.[140] 회사가 공개시험이나 추천 등을 통하여 졸업예정자를 모집하고 졸업을 조건으로 입사시험에 합격시킨 다음 수습사원으로서 근로 또는 연수를 받는 동안 수습사원은 졸업시까지 어떠한 법적 지위를 갖게 되는가에 대한 문제를 채용내정이라 한다.[141] 졸업예정자를 공모하여 합격시킨 다음 수습사원으로서 취업케 하는 목적으로는 우수인재확보라는 사업체 사이의 경쟁적 여건에서 비롯된다. 채용내정을 통하여 우수한 근로자를 신속하게 확보하는 동시에 재심사, 재선발의 기회로 이용한다. 채용내정을 어떠한 성격의 것으로 파악하고 비합리적 요소의 배제에 노력하느냐의 문제가 제기된다.

(2) 채용내정의 법적 성질

채용내정자의 법률상의 지위 또는 보호에 관한 명문의 법률상의 규정이 없기 때문에 채

140) 박홍규, 『노동법론』, 삼영사, 1998, 279쪽.
141) 김형배, 『근로기준법』, 박영사, 2001, 111쪽 ; 김수복, 『근로기준법』, 중앙경제사, 1997, 181쪽.

용내정의 법적 성질을 어떻게 파악할 것인가 하는 점이 문제가 된다.[142] 또한 채용내정자를 근로기준법상의 근로자로 보호할 수 있는가, 아니면 사용자가 일방적으로 채용내정을 취소할 수 있는가 하는 문제가 제기된다. 특히 계약해제를 엄격히 하고, 채용내정의 취소에 관해서 어느 정도의 법적 제한이 가해지는가의 문제는 채용내정의 법적 성격을 어떻게 파악하는가에 따라 달라진다.

1) 근로계약체결과정설　이 설은 특별한 사정이 없는 한 채용내정에서 본 채용까지의 일련의 절차 전체가 근로계약 체결의 과정이라고 보는 견해이다. 이 견해는 초기의 학설로서 채용내정을 위한 과정에 불과하여 사실행위에 불과하므로 법률상의 의미는 없다고 한다.[143] 이 견해에 따르면 채용내정을 근로계약의 체결과정 중 일부의 절차에 불과하다고 보아 취소의 의사표시는 근로자와 사용자의 어느 쪽도 구속하지 않게 된다. 따라서 채용의 의사표시가 확정·완성되지 아니한 상태이므로 채용내정의 취소는 경우에 따라서는 기대권 침해의 불법행위책임 또는 신뢰이익훼손의 계약책임(손해배상)을 추궁할 수 있는데 불과하다. 이러한 견해는 채용내정자의 입장이 지나치게 불안정하고, 법적 구속력이 불명확하다는 비판을 받고 있다.[144]

2) 예약설　이 설은 채용내정을 일정한 조건(졸업)을 충족할 때 근로계약을 체결하기로 하는 예약으로 보는 견해이다. 이러한 예약의 파기나 예약불이행은 손해배상책임이 발생할 뿐, 근로계약체결의 소구(訴求)는 할 수 없다.[145] 따라서 채용내정을 예약이라고 해석한다면, 근로관계의 특질상 그 불이행의 법적 효과를 손해배상에 그치게 하는 것으로 실질상의 의의는 근로계약체결과 거의 같다. 이러한 견해는 채용절차가 완료될 때까지 본계약과 구분하고 있으므로 개념적으로는 명확하나, 내정단계에서 근로자를 보호하는데 법적 구속력이 약하고 요물계약과는 달리 당사자의 의사만으로 본계약이 성립되는 경우 입증이 어렵다는 비판을 받게 된다.

3) 채용내정계약설　이 설은 채용내정을 일정한 시기에 노사쌍방의 의사표시가 없더라

---

142) 김선수, "채용내정자의 법적 지위", 『노동법연구』, 서울대법학연구회 편, 1998. 제8호, 도서출판 관악사, 201쪽.

143) 김선수, 전게논문, 202쪽.

144) 하경효, "채용내정자와 시용근로자의 법적 지위", 우제이명구박사화갑기념논문집간행위원회, 『현대법학의 이론(III)』, 1996, 718쪽.

145) 김선수, 전게논문. 203쪽; 俊藤清, "採用內定者の 法的 地位", 『季刊勞働法』 제53호, 1964, 138面.

도 근로계약이 성립된다고 보는 견해로서, 일종의 특수한 무명계약이라고 본다. 이 계약은 예약과 본계약의 중간에 위치하는 성질의 제3의 계약으로 시용근로계약을 인정하여, 내정의 법구조를 규명하고자 하는 견해이다. 그러나 채용내정이라는 명목만을 내세워 당사자의 의사표시 없이 별개의 계약이 성립된다는 것은 이해할 수 없고 너무 의제적일 뿐만 아니라, 법적 성질이 불명확하다는 비판을 면하기 어렵다.

4) 근로계약성립설 이 설은 채용내정에 있어서 근로계약의 성립시기에 대해 졸업예정자가 채용시험에 응시하는 것을 청약으로, 사용자에 의한 채용내정통지를 승낙으로 봄으로써, 근로계약은 채용내정통지를 발송한 때에 성립한다고 보는 견해이다. 이 견해는 졸업 등의 사유를 들어 근로계약의 정지조건으로 하여 졸업을 하지 못하는 시점을 기준으로 장래의 효력을 소멸시키는 정지조건부계약설, 졸업을 못하는 등의 일정한 사유가 발생하면 근로계약의 체결시점인 과거로 소급하여 효력을 소멸시키는 취지의 해제조건부계약설과 근로계약을 이행할 수 없는 사유를 해제조건으로 하여 효력발생을 유보한 해약권유보부계약설로 나눈다.146) 이러한 입장은 채용내정에 있어서는 그 과정의 어느 단계에서 근로계약이 성립하고, 다만 졸업하는 것이 정지조건 또는 해제조건이 되는데 불과하다.

5) 검토의견 초기에 채용내정문제는 채용과정의 절차에 관한 사실행위로 보는데 불과하였으나, 점차 채용내정자의 보호라는 규범적 관점이 강조됨에 따라 법적 구속력을 인정하게 되었다. 이러한 학설의 주장은 근로계약의 성립시기와 관련하여 졸업을 하지 못하는 경우에 학생과 근로자의 신분을 동시에 갖게 되는 애매한 상태에 있는 자에 대하여 어떻게 법적 보호를 할 것인가를 이해하는데 그 의미가 있게 된다. 따라서 사용자에 의한 채용내정의 취소는 근로자에게 취업의 기회를 상실시키는 결과를 초래하므로, 채용내정자에게 귀책사유가 없는 한 채용내정통지에 의하여 근로계약이 성립된다고147) 보아 해약권유

146) 정지조건부계약설은 근로계약의 성립은 인정하지만 채용내정에 의하여 졸업이라는 일정한 조건을 충족하여야 본계약의 효력이 발생한다고 본다. 따라서 졸업까지 근로계약의 효력발생은 정지된다는 견해이다. 해제조건부계약설은 채용내정에 의하여 근로계약이 성립되지만 졸업을 하지 못할 것을 해제조건으로 하는 견해이다. 그러나 졸업시기만을 이유로 해제조건을 정하는 것은 채용내정의 실태에 비추어 부합되지 않는다는 비판이 있다. 해약권유보부계약설은 채용내정에 의하여 근로계약이 성립하지만 계약의 이행시기를 어긴다거나 졸업을 하지 못하든가 또는 근무를 할 수 없는 상병상태에 놓이게 되는 등의 사유를 해약원인으로 하는 견해이다.

147) 이에 대하여 일본의 학자 毛塚勝利는 근로계약의 효력발생시기를 기준으로 구분하는 효력시기부 해약권유보부계약설을 주장하고 있는 반면, 宣谷一郎에 의한 취업시기부 해약권유보부계약설이 주장되고

보부계약설이 타당하다고 본다.

(3) 근로관계의 성립과 법률관계

1) **근로관계의 성립시기** 구체적으로 근로계약의 효력은 약정된 주된 채무(노무제공의무와 임금지급의무)가 이행상태에 들어갈 때에 성립하는 것이므로 채용내정 시부터 취업개시 전까지는 고유한 의미의 근로관계가 존재한다고 볼 수는 없다.[148] 따라서 근로관계의 효력발생시기는 채용내정에 의하여 정하여진 취업개시일이라고 해야 한다. 그러나 근로계약이 체결되면 졸업시까지 피내정자에게는 일정한 법적 지위가 주어진다.

2) **채용내정과 근로조건의 명시** 채용내정을 근로계약의 성립이라고 해석하면, 근로기준법상의 근로조건 명시의무(근기법 제24조)는 채용내정단계에서도 이행되어야 하는 것이 아닌가라는 문제가 생긴다. 미해결의 문제이기는 하나 그 의무의 취지에서 볼 때에는 이를 긍정할 수밖에 없다고 생각한다.

3) **근로기준법의 제한적 적용** 채용내정은 채용내정시부터 취업 전까지의 기간에는 현실적으로 근로관계가 존재하지 않기 때문에 당해 기간 중의 내정자의 지위에 있는 자에 대하여도 노동법의 보호를 받을 수 없을 것인가 하는 법적 문제가 제기된다. 즉 채용자는 채용내정자에 대하여 채용내정에 의하여 성립된 계약을 단순히 민법상의 고용계약의 해제 또는 해지에 관하여 소멸시킬 수 있는 것인가, 아니면 근로기준법 제23조(해고 등의 제한) 및 제26조(해고의 예고)의 적용에 의하여 일정한 제한을 받는가 하는 문제가 발생한다.[149] 채용내정에 의하여 근로계약이 체결되었다 하더라도 내정기간중인 연수견습기간에는 완전한 효력을 가진 근로관계의 성립시기를 「졸업」 이후로 정하고 있기 때문에 근로기준법이 제한적으로 적용된다고 보아야 한다.

있다. 후자의 견해는 채용내정의 통지에 의하여 근로계약의 효력은 즉시 발생하고 취업시기에 대해서만 시기가 붙어 있다는 것으로 국내의 학자는 박홍규 교수 및 하경효 교수 등이 이러한 견해를 취하고 있다.

148) 근로관계의 형성에 대한 법적성질은 계약설과 편입설로 구분된다. 단순히 계약체결에 의하여 형성된다는 견해가 계약설의 입장인 반면 근로계약 이외에 근로자가 실제로 노무를 제공하기 위하여 경영체내로 편입된 경우에 근로관계가 형성된다는 편입설이 있다. 후자의 견해가 타당하다고 생각한다.

149) 김수복, 『근로기준법』, 중앙경제사, 1997, 96쪽.

(4) 채용내정의 취소와 적법성

1) **채용내정취소의 가능성** 채용내정의 법적 성격에 대하여 견해의 대립이 있으나 사용자의 일방적인 의사표시로 인한 취소가 허용되지 않으며, 채용내정에 있어서 취소사유가 열거되어 있는 경우에도 합리적인 상당이유는 필요하다고 하는 제약이 가해진다.[150) 채용내용의 취소사유는 당해 근로자를 채용하기로 내정할 당시에는 알 수 없었고 기대할 수도 없던 사실로서, 해약권 유보의 취지, 목적에 비추어 합리적이고 사회통념상 상당하다고 인정되는 경우에 한한다. 채용내정의 취소사유는 기업 측의 사유와 피내정자 측의 사유로 나눌 수 있는데, 전자는 경영부진으로 인한 근로자 감축의 필요성이 있는데 인원정리를 위한 해고의 경우와 마찬가지로 합리성이 있어야 한다. 후자는 건강상태의 악화나, 요양을 요하는 질병이 발생하거나 학업성적의 저하 또는 형사사건에 관련된 기소로 인하여 구류되었다는 등 채용내정시보다 노동력의 질적 저하사유가 생긴 경우이다.

2) **채용내정취소의 적법성** 채용내정에 대한 법률구성에 있어서 채용내정취소의 적법성은 구체적으로 채용내정(결정)통지서나 서약서에 기재된 취소사유에 의해 판단된다. 즉, 취소사유의 기재는 광범위하고 막연한 표현을 하는 경우가 많은데, 해약권 유보의 취지·목적에 비추어 객관적이고, 합리적이며 사회통념상 타당하다고 인정되어야 한다. 따라서 취소사유의 기재가 부분적이고 불충분한 경우에도 사회통념상 타당한 사유가 있으면 적법성이 인정된다. 따라서 "제출서류에 대한 허위기재"라는 취소사유로 되어 있더라도 허위기재의 내용·정도가 경미한 것으로써 근로자로서의 부적격성 또는 신뢰성을 비교형량하여 타당성이 있으면 채용내정을 취소할 수 없다.

(5) 채용내정취소의 효과

1) **해고제한의 법리적용** 피내정자에 대해서 사용자에 의한 채용내정의 해제행위에 관하여 근로기준법 제23조의 해고규정의 적용여부가 채용내정의 취소와 관련하여 논의되고 있다. 채용내정에 의하여 근로자가 취득하는 이익은 졸업 후 취업할 수 있는 직장을 얻는다는 기대이익이며, 이 기대이익의 내용은 졸업예정자가 졸업 후 그의 생활을 영위할 수 있는 근로의 기회를 확보하는 것을 말한다. 채용내정 중에 있는 자는 졸업일 이전의 기간

150) 日本 最高裁 1979. 7. 20.

중에 현실적인 근로관계가 성립되는 것은 아니라 하더라도 채용내정의 취소는 직장의 상실이라는 효과를 가져오는 것으로 보아, 해고제한에 관한 근로기준법 제23조 및 제26조의 규정을 적용할 것인가 논란의 여지가 있다. 그러나 근로기준법의 해고에 관한 규정들은 채용내정자의 졸업 이전이라 하더라도 적용되어야 한다.

2) 자의적인 내정취소와 손해배상의 법리 사용자의 자의적인 내정취소에 의해 채무불이행책임 또는 불법행위책임을 구성하는 경우에는 근로자의 손해배상청구가 가능하다. 만약 근로자가 졸업일 이후에 이행기가 도래하여 정상적으로 취업을 개시하게 되면 구체적 근로관계가 성립되므로 민법 및 노동법의 모든 규정들이 적용된다. 채용내정자가 졸업일 이후에 현실적인 근로를 제공함에도 불구하고 사용자가 정당한 이유 없이 이를 거부하는 경우에 사용자는 채권자귀책사유로 인한 이행불능에 해당되어(민법 제538조 제1항), 임금전액을 배상해야 한다. 왜냐하면 졸업일 후의 이행기부터 근로자는 취업청구권을 가지기 때문이다. 사용자의 귀책사유로 인하여 일시휴업을 한 경우에는 근로기준법 제38조에 의하여 근로자는 평균임금의 100분의 70 이상의 휴업수당을 청구할 수 있다[151]. 한편, 근로자는 채용내정이 되어 있다하더라도 보다 나은 직업을 선택할 수 있는 자유가 있으므로, 적어도 1월의 사전통고(민법 제660조)로 자유로이 채용내정을 취소할 수 있다. 이러한 경우에 채용내정자가 지나치게 신의칙에 반하는 행위를 한 경우에만 예외적으로 계약위반책임 또는 불법행위책임을 물을 수 있다.

관련 판례 대판 2000.11.28, 2000다51476
채용내정의 법적성질

채용내정시부터 정식발령일까지 사이에는 사용자에게 근로계약의 해약권이 유보된다고 할 것이어서 채용내정자들에 대해서는 법 제24조 제3항이 적용되지 않는다고 보아야 한다고 하여 경영상 이유에 의한 해고의 요건을 다소 완화하여 적용하고 있다.

151) 김형배, 『근로기준법』, 114쪽.

2. 시용기간

(1) 시용기간의 의의

1) 시용기간의 개념 시용기간이라 함은 근로자를 현실적으로 취업시킨 후에도 적성·능력 등을 고려하여 적격성을 평가하기 위한 일정한 근무기간을 시험적으로 정하고 본채용을 유보하는 제도를 말한다. 이것은 근로자를 사업체에 최종적으로 편입시키는데 신중을 기하며 입사한 근로자를 정규사원으로 임명하지 않고 일정기간 동안의 근무상황 등을 고려하여 이를 평가한 후 본채용을 하고자 하는 시험적 채용기간을 의미한다. 이것은 일반적으로 채용시험에서는 정확하게 파악할 수 없는 업무능력, 성실성 등 다양한 근로자로서의 적격성을 평가하기 위한 사전적·임시적 근로계약의 기간을 의미하며, 이러한 기간중의 계약을 시용계약이라고 한다.

2) 시용기간과 수습기간과의 구별 시용기간은 본채용을 전제로 하여 근로자가 실제 가지고 있는 직업능력, 적격성을 평가하기 위한 기간이라는 점에서 근로자의 직업능력의 습득 및 배양을 위한 수습·견습기간[152]과는 개념적으로 구별된다. 시용기간은 근로의 특성에 따라 근로자를 정식으로 고용하기 전에 그 업무수행능력 및 적성을 파악 평가하기 위한 것이므로 사용자가 적성평가의 기준을 보다 엄격히 하여 해고 및 채용여부에 관한 재량권을 갖는 것은 사회통념상 합리성을 심히 일탈하지 않는 한 허용된다. 근로기준법시행령 제16조에서는 "수습사용 중의 근로자"를 "수습사용한 날로부터 3월 이내 인 자"라고 명시하고 있다. 이 경우 수습기간은 시용기간의 의미로 해석된다. 취업규칙에서 "수습기간은 3개월로 한다"고 규정한 후 본 채용을 유보한 채 근로자를 사용하여 근로자의 적격성을 평가하고자 하는 경우에는 사실관계에 따라 시용기간의 여부를 판단하여야 한다.[153]

(2) 시용계약의 법적 성질

시용계약이 근로자의 업무능력 등을 고려한 적격성을 평가하기 위한 것이라 하더라도 그 형태는 매우 다양하여 법적 성질을 규명하는데 견해가 통일되어 있지 않다. 결국은 취

152) 서울고판 1986. 6. 2, 86나516.
153) 대판 1991. 11. 26, 90다4914.

업규칙상의 규정내용, 기업 내에서의 처우 및 관행 등에 따라 종합적으로 판단하여야 한다. 시용계약의 법적 성질에 관한 견해는 다음과 같다.

1) **특별계약설** 이 설은 시용기간은 근로계약과는 별개의 실험을 목적으로 한 근로계약과 유사한 무명의 특별계약이며, 해고에 관하여는 근로기준법 제23조를 유추하여 권리남용이론이 적용되는 것이라고 한다.

2) **조건설** 이 설은 시용채용과 동시에 본채용계약이 성립하고 있으나 ㈎ 근로자로서 적격하다고 판단되면 비로소 본채용으로 한다는 정지조건설, ㈏ 근로자로서 부적격하다고 판단되지 않으면 그대로 본채용계약은 존속하며 부적격하다고 판단되면 비로소 본채용이 되지 않는다는 해제조건설이 있다.

3) **해지권 유보설** 이 설은 처음부터 본채용계약은 성립하고 있으나 다만, 시용기간 중은 근로자의 부적격성을 이유로 근로계약을 해지 할 수 있다는 견해로서 고지약관설(告知約款說)이라고도 한다. 따라서 근로계약을 해지할 수 있는 해지권이 유보되고 있다는 입장이며, 이때 해지권은 형성권의 일종으로 본다. 판례[154]의 대부분은 이 해지권유보설을 취하고 있다.

4) **검토의견** 시용기간은 본채용의 성립을 전제로 하면서 적격성 평가에 따라 계약을 취소하는 것이 아니라, 유효한 계약으로 성립된 경우에도 해지할 수 있다고 보는 견해가 타당하다. 따라서 해지권유보설이 타당하다.

(3) 적격성 평가기준

1) **의 의** 사용자에 의한 부적격 평가는 당해 근로자의 직장의 상실을 의미하므로 그 평가기준이 무엇이며, 평가기준으로서 객관성과 공정성이 있는가를 고찰할 필요가 있다. 적격성 평가는 사용자의 주관적 기준에 의할 것이 아니라 근로기준법 제23조의 「정당한 이유」를 객관적 기준으로 볼 수 있느냐가 문제된다. 그러나 이러한 적격성 평가에 수반하여 근로기준법 제23조를 적용한다면 일반적인 정식 근로계약과 별 차이가 없게 되므로 별도로 시용기간을 인정할 필요가 없지 않느냐 하는 의문을 제기한다.

---

154) 대판 1991. 5. 31, 90가합18673.

2) 부적격 평가에 관한 학설

① 해고기준준용설 - 이 설은 시용근로자에 대하여 시용기간 중에도 적격성을 평가할 수 있고 적격성 평가에 의하여 근로자의 직장상실을 가져올 수도 있으므로 해고의 효과와 별 차이가 없는바, 아직 정식채용을 하지 않은 상태라 하더라도 법률에서 달리 적격성 평가기준을 정하지 않았다면 근로기준법 제23조의 해고기준을 준용하여 사용자의 자의적 평가를 규제하여 근로자를 보호하여야 한다는 견해이다.

② 권리남용설 - 이것은 시용기간 중에 있는 시용근로자를 향후 근로자로 채용하여도 되는지를 적격성 평가에 의하여 결정할 필요가 있기 때문에, 근로기준법 제23조를 평가기준으로 할 것이 아니라 권리남용에 의하여야 한다는 견해이다. 권리남용의 여부는 객관적·합리적으로 판단해야 한다. 따라서 사용자가 부적격 사유를 제시하지 않거나 또는 사용자가 제시한 부적격 사유가 근로계약의 유지·존속과는 전혀 관계없는 사유일 때에는 사용자의 기간만료의 주장은 권리남용으로 판단해야 한다.

③ 판례의 태도 - 시용제도의 목적에 비추어 볼 때 정식채용여부는 통상의 근로자에 대한 해고와 동일한 기준에 따라야 한다고는 볼 수 없을 것이므로 합리적 이유가 존재하면 근로자의 정식채용을 거절할 수 있다.[155] 문제는 시용기간만료시의 본채용의 거부는 어떤 사유가 존재할 때 인정되는가 하는 것이다. 판례[156]는 「시용기간중에 있는 근로자를 해고하거나 시용기간만료시 본계약의 체결을 거부하는 것은 사용자에게 유보된 해약권의 행사로서 당해 근로자의 자질, 인품, 성실성 등 업무의 적격성을 관찰·판단하려는 시용제도의 취지·목적에 비추어 볼 때 보통의 해고보다는 넓게 인정되나, 이 경우에도 합리적인 이유가 존재하여 사회통념상 상당하다고 인정되어야 할 것」이라고 판시하고 있다.

(4) 시용기간의 장단과 권리남용

1) 적격성 평가기간의 적정성　시용기간은 근로자의 적격성 판단에 필요한 최소한 기간이어야 하며, 합리적 기간의 범위 내에서 당사자의 합의에 따라 결정되어야 한다. 지나치게 장기간의 기간을 정한 시용기간은 근로자의 지위를 불안정하게 할 우려가 있으므로

---

155) 대판 1994. 1. 11, 92다44695.

156) 대판 1992. 8. 18, 92다15710 : 대판 2001. 2. 23, 99두10889.

무효라고 보아야 한다. 또한 정식근로계약의 체결을 회피하기 위한 수단으로 반복적으로 연장 · 갱신하는 경우에는 특별한 사유가 없는 한 권리남용으로 보아야 한다. 따라서 시용기간은 근로자의 적격성 판단에 필요한 최소한의 기간이어야 한다.157)

2) **수습기간의 준용** 근로기준법시행령 제16조에서 수습사용한 날로부터 3개월 이내로 정하고 있으나. 이 규정은 정식채용 된 자의 수습자에 대한 해고예외의 적용을 배제하기 위한 조항이나 이를 준용함이 타당하다. 왜냐하면 시용근로자에 대하여도 적격성을 평가하여 본채용을 거부하는 것이라면 해고예고를 할 필요가 없을 뿐만 아니라, 동시에 시용기간을 지나치게 연장하거나 반복하는 것을 규제할 수 있기 때문이다.

(5) 본채용의 거부와 해고의 법리

1) **근로조건의 부분적용과 법률효과** 시용근로자에 대하여는 해고의 규정 이외에 대부분의 근로조건에 관한 근로기준법의 보호를 받을 수 있다. 이러한 법률상의 보호는 정식근로자로서 보호하는 것이 아니라 근로의 제공이라는 사실상의 근로관계에 따른 법률효과에 불과하다. 따라서 정식근로자와는 달리 해고 등의 일체의 법률적 보호가 이루어지지 못하고 부분적으로 법률이 적용되는데 불과하다.

2) **시용기간의 만료시의 법률효과** 특별계약설에 의하면 시용기간 만료시에는 권리남용이라고 판단되지 않는 한 일단 본채용의 계약이 유효하게 성립된 것으로 보게 되나, 그 반대의 사실이 입증되면 본채용을 해제할 수 있다. 조건설 중 해제조건설에 의한다면 본채용을 하지 않는다는 적극적인 인정이 없으면 본채용이 성립된 것으로 의제되고, 정지조건설을 취한다면 특별한 조치가 취하여지지 않으면 적격으로 판단하였다고 추정할 수 있다. 또한 해지권 유보설에 의하면 부적격성을 일정기간내에 고지하지 않으면 본채용이 성립된 것으로 간주된다.158)

관련 판례

대판 2006.2.24. 선고 2002다62432
본채용 거부의 요건

157) 김형배, 전게서, 241쪽.

158) 대판 1991. 5. 31, 90가합18673 ; 대판 1999. 11. 12, 99다30473.

시용기간 중에 있는 근로자를 해고하거나 시용기간 만료시 본계약의 체결을 거부하는 것은 사용자에게 유보된 해약권의 행사로서, 당해 근로자의 업무능력, 자질, 인품, 성실성 등 업무적격성을 관찰 · 판단하려는 시용제도의 취지 · 목적에 비추어 볼 때 보통의 해고보다는 넓게 인정되나, 이 경우에도 객관적으로 합리적인 이유가 존재하여 사회통념상 상당하다고 인정되어야 한다.

제2절 근로계약의 체결과 법적 규제

1. 근로계약의 의의

근로계약이라 함은 근로자가 사용자에게 근로를 제공하고 사용자는 이에 대하여 임금을 지급함을 목적으로 체결된 계약을 말한다. 이는 민법상의 노무도급계약과는 달리 근로자와 사용자 사이에 부종적으로 체결된 근로조건하에서 근로자가 사용자의 지휘 · 명령에 따라 근로를 제공하는 관계가 유지되어야 한다.[159] 고용계약이 노무의 제공과 보수의 지급이라는 내용을 전제로 한 채무적 쌍무계약으로서 대등한 당사자의 자유의사에 의하여 체결되는 평등한 인격자간의 사적자치원리에 의한 계약의 자유가 성립되는데 반하여, 근로계약은 일정한 제한을 하고 있다.

왜냐하면 사용자가 경제적으로 우위를 점하고 있는 상황에서는 사실상 계약내용을 일방적으로 정할 수 있고, 그것이 상대방인 근로자에게는 타인결정에 의한 계약관계의 형성과 유지를 초래하기 때문이다.[160] 따라서 계약형식은 민법상의 고용계약에 한정되지 않고 도급계약, 위임계약의 형식을 취한다 하더라도 계약형식에 구애되지 않고 그 계약 당사자간에 근로제공에 관해 실질적인 사용종속관계에 있는지의 여부가 요건의 판단기준이 된다.[161]

159) 대판 1987. 2. 10, 86다카1949.
160) 김형배, 『근로기준법』, 96쪽.
161) 대판 1991. 7. 26, 90다20251.

관련 판례 대판 2001. 4. 13. 2000도4901
고용계약과 근로계약의 동일성

계약의 형식이 민법상의 고용계약인지 또는 도급계약인지에 관계없이 그 실질면에서 근로자가 사업 또는 사업장에 임금을 목적으로 종속적인 관계에서 사용자에게 근로를 제공하였는지 여부를 종합적으로 고려하여 판단하여야 한다. 직업안정법(1997. 12. 13. 법률 제5453호로 개정되기 전의 것) 제19조 제1항은, 국내유료직업소개사업을 하고자 하는 자는 시·도지사의 허가를 받아야 한다고 규정하고, 같은 법 제4조 제2호는, '직업소개'라 함은 구인 또는 구직의 신청을 받아 구인자와 구직자 간에 고용계약의 성립을 알선하는 것을 말한다고 규정하고 있는바, 여기에서 말하는 '고용계약'이나 근로기준법상의 근로계약은 모두 노무제공의 종속성을 전제로 하는 점에서 다를 바 없고, 직업안정법은 근로자의 직업안정을 도모하는 데 그 목적을 두고 있음에 비추어 보면, 직업안정법상 고용계약도 근로기준법상 근로계약과 그 의미가 같다고 보아야 한다.

2. 근로계약의 법적 성질

(1) 노동법적 계약

근로계약은 채권계약으로서 당사자의 합의에 의해서만 성립하는 낙성계약이며, 근로자는 노동력을 제공하고 이에 대해 사용자가 임금을 지급함으로써 상호 당사자가 의무를 지는 쌍무계약이다. 동시에 근로계약의 형식은 서면계약 이외에 구두계약도 가능하므로 반드시 요식성을 갖출 필요는 없다. 이와 같이 근로계약에 대하여도 민법상의 계약이론이 적용되나, 근로조건을 본질로 하고 사용자에 대하여 노동력을 제공하는 수단이외에는 달리 경제적 수단이 없다는 특성을 고려하여 계약의 내용과 준수여부를 국가가 감독하는 사회입법의 규제를 받는 노동법상의 계약이다.

(2) 특별계약

근로계약은 물건이나 권리의 변동 자체를 목적으로 하여 물권적 합의와 공시를 통해 성립하는 것이 아니라, 근로자는 노동력의 제공을 약정하고 사용자는 이에 대한 임금지급을 약정함으로써 양당사자에게 각각 권리·의무를 발생케 하는 계약이다. 그러나 민법상의 계약보다는 보다 실제로 근로조건의 이행을 담보하고 우선적으로 보호하는 특성을 지닌 근로기준법에 기초한 특별계약이라고 할 수 있다.

(3) 대가적 노무계약

근로자는 임금을 목적으로 근로를 제공하고 사용자는 노동력을 이용하기 위해서 임금을 지급하는 것이므로 임금지급과 근로제공은 서로 대가적 견련관계에 있는 유상계약이다.

(4) 이중구조계약

근로계약의 체결에 의하여 근로자신분을 취득하고 일정기간 동안 존속된다는 측면(신분계약)과, 이를 기초로 한 노동력을 매매하는 측면(채권계약)의 이중적 구조를 띤 근로계약관계가 형성된다. 이때 일시적으로 노동력을 제공한 일이 없으면, 예컨대 결근 · 휴직 혹은 파업 등의 경우는 당연히 그 측면이 정지되나, 이는 일시적 노동력의 부제공상태에 불과하고 그 신분에 아무런 변화는 없다. 이와 같이 근로계약은 고정적, 지위설정적 부분과 유동적 · 교환적 부분으로 구성되어 있으며, 이러한 두 측면을 근로계약의 이중구조라 부르고 있다. 근로계약의 이중구조는 근로관계의 중첩성을 의미하게 되며 근로계약의 체결 · 이행 · 해지까지 투영되어 근로관계를 규율하는 특질을 지닌다.

3. 근로계약 체결과 법적 규제

(1) 근로계약의 기간

1) 의 의 구근로기준법 제16조에 「근로계약은 기간의 정함이 없는 것과 일정한 사업의 완료에 필요한 기간을 정한 것 외에는 그 기간은 1년을 초과하지 못한다」고 규정하고 있었으나 2007년 6월 30일로 효력을 상실하였다. 그리하여 근로계약기간의 1년 단위 규제는 더 이상 하지 않게 되었다. 업계의 다양한 계약기간의 필요성에 응하기 위한 것이라고 해석된다.[162)]

---

162) 법무 811-38313, 1980. 10. 31.

2) 기간의 정함이 없는 근로계약

① 근로자의 계약해지권 - 근로기간의 정함이 없는 근로계약은 근로자가 언제든지 해지할 수 있으므로 근로자의 자유가 구속될 우려가 없다. 이러한 계약은 사실상 일정기간 이상 계속하여 사용할 것을 금지할 필요가 없다. 민법 제660조 제1항에 의하면 「고용기간의 약정이 없는 때에는 당사자는 언제든지 계약해지의 통고를 할 수 있다」고 규정하고 있다. 기간의 정함이 없는 근로계약에서 근로자가 임의로 사직서를 제출한 경우, 사용자가 이를 수리하지 않는다고 할지라도 민법 제660조 제2항의 규정에 의하여 사용자가 해지의 통고를 받은 날로부터 1월이 경과하거나, 동조 제3항의 규정에 의하여 사용자가 해지의 통고를 받은 임금지급기간 후의 1기를 경과함으로써 해지의 효력이 발생한다.[163] 따라서 근로자는 사용자에게 계약해지의 통고를 하고 근로계약을 해지할 수 있다.

② 계약해지권의 제한 - 민법 제660조와는 달리 사용자는 근로기준법 제23조에 의한 정당한 사유가 있어야만 근로계약을 해지할 수 있으므로 사용자의 해고예고절차를 거친 해고통보만으로 적법하게 계약이 종료되는 것은 아니다.[164] 또한 일정한 기간을 정한 근로계약의 경우에는 근로기준법 제26조에 의한 해고의 예고나 해고예고수당의 지급이 없이도 근로계약이 소멸된다.[165]

3) 기간의 정함이 있는 근로계약

① 정년제와의 관계 - 정년퇴직제는 특별히 퇴직신고가 없는 한 정년까지 계속되는 것이므로, 유기근로계약으로는 해석되지 않는다. 왜냐하면 근로계약의 계속 중에 근로자는 퇴직의 자유를 가지며, 그것이 근로기준법의 원리에 저촉되지는 않기 때문이다. 정년퇴직이나 정년해고는 정년에 이르기까지의 근로자의 퇴직의 자유를 제한한 것이 아니며 기간을 정하지 않은 근로계약에 있어서의 계약의 완료사유 즉, 계약기간의 최대한도를 정한 것이라고 볼 수 있다.

② 특정기간만 근무한다는 계약 - 이 경우에는 그 존속기간의 시간적 측정이 객관적으로 명확한 것이 아닐 뿐만 아니라 존속기간의 만료여부가 회사의 주관적인 사정에 의존하

---

163) 근기 1455-10936 ; 1970. 11. 20 ; 법무 811-4834, 1979. 2. 26 ; 법무 811- 11181, 1981. 4. 10.
164) 대판 1990. 10. 10, 89도1882.
165) 대판 1965. 7. 27, 65다970 ; 대판 1989. 10. 24, 89다카160.

는 것이기 때문에 존속기간의 약정이 있는 근로계약으로 볼 수 없으므로 위법이다.[166)]

4) 1년 이하의 단기 근로계약

① 1년을 초과하는 기간 - 기간의 약정이 있는 근로계약은 원칙적으로 1년을 초과하여 체결할 수 있다(근기법 제16조 2007년 6월 30일 실효). 기간이 1년 이내인 계약은 이를 변경하더라도 부당하게 근로자의 인신을 구속하는 것이라고 볼 수 없으므로 인정된다.

② 자동갱신계약 - 당사자 쌍방에게 이의가 없으면 다시 동일 내용의 근로계약을 체결하는 절차를 생략하여 근로계약은 당연히 갱신된다는 것을 미리 약속하여 두는 자동갱신계약은 금지되지 않는다.

③ 묵시의 갱신 - 1년의 근로계약기간이 종료된 후 근로자가 계속하여 노무를 제공하고, 사용자도 이에 대하여 이의를 제기하지 않은 경우에는 민법 제662조 제1항에 의하여 묵시의 갱신이 있는 것으로 간주되어 1년이 경과된 이후로는 기간의 약정이 없는 근로계약이 체결된 것으로 해석된다.

④ 1년 단위의 근로계약과 반복 · 갱신 - 일정한 기간을 정해 채용된 근로자라고 할지라도 장시간에 걸쳐서 그 기간의 갱신이 반복되어 그 정한 기간이 단지 형식에 불과하게 된 경우에는 사실상 기간의 정함이 없는 근로자의 경우와 다를 바가 없게 된다. 이 경우에 사용자가 정당한 사유 없이 갱신계약의 체결을 거절하는 것은 해고와 마찬가지이므로 무효이다.[167)] 민법 제662조에 의하면 고용기간이 만료된 후 노무자가 계속하여 노무를 제공하는 경우에 사용자가 상당한 기간내에 이의를 하지 아니한 때에는 앞의 근로계약과 동일한 조건으로 고용한 것으로 보고 있다.

판례[168)]는 “해외취업의 연장계약기간은 특단의 사정이 없는 한 당초의 해외취업계약기간과 동일한기간인 1년으로 연장되었다고 보아야 할 것”이라고 하여 묵시의 갱신을 인정하고 있다. 따라서 갱신된 근로계약의 기간은 기간이 없는 계약이 아니라 종전의 계약과 동일한 기간이라고 해석된다.[169)]

---

166) 서울민지판 1990. 2. 21, 88가합21171.

167) 대판 1994. 1. 11, 93다17843.

168) 대판 1986. 2. 25, 85다카2096.

169) 이러한 의미에서 갱신(更新)이란 용어는 계약기간이 만료되었을 때 그 기간을 연장하는 일이라는 법률 용어를 나타낸다.

5) 장기 근로계약

① 일정한 사업완료에 필요한 기간 - 근로계약기간은 일정한 사업완료에 필요한 기간을 정한 경우에는 장기근로계약을 체결할 수 있다(근기법 제23조). 예컨대, 건설공사에 있어서 3년간의 공사기간을 필요로 하는 때에는 당해 기간동안 근로계약을 체결할 수 있다. 일정한 사업완료에 필요한 기간이라 함은 당해 사업이 유기적 사업의 성질을 가지는 것이 객관적으로 명백한 경우에 그 사업의 완성까지를 말하며, 준공 및 하자보수기간을 포함한다고 해석된다.

② 공사의 완료 및 근로계약기간의 확정 - 근로계약의 기간은 객관적으로 명확해야 하며, "공사가 완료될 때까지"라고 추상적으로 규정한 계약의 효력은 인정할 수 없다. 옥외의 토목공사와 같이 날씨에 좌우되는 사업은 구체적인 공사완료일을 확정할 수는 없으나, 공사의 진행과정과 함께 어느 정도 추측할 수 있는 한 불확정한 계약기간을 정하는 것은 위법이다. 왜냐하면 근로계약기간이 장기간에 걸치고, 인신구속 내지 강제근로의 염려가 있다고 사회통념상 판단되기 때문이다.

(2) 근로조건의 명시

1) **근로조건명시의 의의** 사용자는 근로계약을 체결할 때에 근로자에게 임금, 소정근로시간, 제55조에 따른 휴일, 제60조에 따른 연차 유급휴가, 그 밖에 대통령령으로 정하는 근로조건을 명시하여야 한다.(근기법 제17조). 왜냐하면 근로자가 처음부터 근로조건의 내용을 모른다는 것은 계약자유의 원칙에 근본적으로 어긋날 뿐 아니라 근로조건의 미확정상태에서 불리한 취업을 강제 당할 위험이 있기 때문이다. 근로기준법 제24조는 전근대적인 노동관행을 배제하기 위하여 근로계약 체결시에 근로조건을 명시함으로써 근로자의 자유의사에 의하여 계약의 선택여부를 결정할 수 있도록 함을 목적으로 규정한 것이다. 직업안정법 제10조는 「구인자가 직업안정기관의 장에게 구인신청을 할 때에는 근로자가 취직할 업무의 내용과 근로조건을 명시하여야 하며 직업안정기관의 장은 이를 구직자에게 명시하여야 한다」고 규정하고 있다.

2) **근로조건명시의 시기** 채용내정의 법적 성질은 채용내정의 시기가 계약의 성립시기라 할 수 있으므로 채용내정시에 근로조건을 명시하여야 한다. 근로계약의 변경 또는 갱

신의 경우에도 새로운 계약의 체결에 준한다고 인정되는 정도의 중대한 변경을 해야 하는 경우에는 명시의무가 있다. 선원법 제29조에 있어서는 근로계약의 체결시 뿐만 아니라 변경시에 있어서도 근로조건을 명시하여야 한다.

3) 명시하여야 할 근로조건의 범위

① 사용자의 명시의무사항 - 사용자가 근로계약의 체결시에 근로자에게 명시해야할 사항은 임금, 소정근로시간, 휴일, 연차유급휴가 그 밖의 근로조건이다. 그 밖의 근로조건은 근로기준법시행령 제8조에서 ㉠ 취업의 장소와 종사하여야 할 업무에 관한 사항 ㉡ 법 제93조 제1호 내지 제11호에서 규정한 사항 ㉢ 사업장의 부속 기숙사에 근로자를 기숙하게 하는 경우는 기숙사 규칙에서 정한 사항을 말한다고 규정하고 있다.

② 근로조건의 의미 - 근로조건이라 함은 사용자와 근로자 사이의 근로관계에서 임금·근로시간·후생·해고 기타 근로자 대우에 관하여 정한 조건을 말한다.[170] 그러나 직제규정에서 별표로 규정한 정원표는 근로관계를 직접 규율하는 내용이 아니라 근로자들의 적정한 운용과 배치를 위한 기준으로 삼기 위하여 각 부서별·직급별로 배치할 정원의 기준을 일단 정해둔 것에 불과하며 이는 근로조건에 해당하지 않는다.[171]

③ 명시의 정도 - 근로자가 쉽게 이해할 수 있도록 상세하게 그리고 구체적으로 명시하여야 한다. 예컨대, 「취업의 장소와 종사하여야 할 업무」에 대해서는 고용 직후의 장소 및 업무뿐만 아니라, 장차 전근 또는 배치전환이 예상되는 경우에는 전근의 범위와 배치전환의 범위까지도 명시되어야 한다.

④ 명시의 방법 - 근로조건을 명시하여야 하는 방법에 대하여도 명문의 규정이 없다. 명시방법은 구두에 의하든지 또는 문서에 의하든지 상관이 없다. 그러나 사용자가 명시의무를 이행함에 대하여 다툼의 여지가 있으므로 문서 또는 게시의 방법에 의하여 명시하는 것이 타당하다. 상시 10인 이상의 근로자를 사용하는 사업장에 있어서는 취업규칙의 작성의무가 있으므로 근로계약에 명시되지 않은 사항에 관해서는 취업규칙에 명시하는 것으로 충분하다. 그러나 취업규칙이 방대한 경우에는 그 요지를 정리한 문서로써 명시하는 것이 바람직하다.

---

170) 대판 1992. 6. 23, 91다19210.
171) 대판 1992. 6. 23, 91다19210.

4) 근로조건명시의 효력

① 근로조건의 명시가 없는 경우 - 사용자에 의한 근로조건의 명시의무는 근로자가 계약체결상의 불이익과 직장선택의 위험을 방지하고자 하는 것으로, 근로기준법 제14조의 「주지의무」와 동일한 취지에서 설정된 것이다. 그러므로 근로계약의 체결에 있어서 근로조건이 명시되지 않았다 하더라도 처벌의 대상이 될 뿐이며 그 계약 자체는 유효하게 성립한다.

② 근로조건의 명시가 있는 경우 - 적절한 방법으로 근로조건이 명시되고, 이에 따라 근로자가 자유로이 근로계약을 체결하였다면 그 내용대로 근로계약은 성립하게 된다. 이때 근로자가 실제로 그 내용을 몰랐다 하더라도 근로계약의 무효를 주장할 수도 없고 그 적용을 거부할 수도 없다.[172)]

5) **근로기준법 제17조의 위반효과** 사용자가 본조에 위반하여 명시하여야 할 근로조건을 명시하지 않은 경우에는 500만원 이하의 벌금형에 처하게 된다(근기법 제114조). 이 규정은 불리한 근로조건하에서 근로를 강요당하는 폐단을 없애기 위한 단속규정이므로 사용자가 이에 위반하더라도 근로계약 자체는 유효하게 성립하며, 근로조건을 명시하지 않았다는 사용자의 부작위만이 처벌의 대상이 된다.

(3) 근로조건 위반에 대한 근로자의 구제

1) **명시된 근로조건이 사실과 다른 경우** 근로기준법 제17조에 의하여 명시된 근로조건이 사실과 서로 다른 경우에 근로자는 근로조건 위반에 의한 손해의 배상을 청구할 수 있으며 또는 즉시 근로계약을 해제할 수 있다(근기법 제19조). 근로계약이 해제되었을 경우에는 사용자는 취업을 목적으로 거주를 변경하는 근로자에게 귀향여비를 지급하여야 한다. 이것은 유리한 조건으로 근로자를 유인했으나 사실과 달리 불리한 근로조건으로 인정되는 경우 사용자에게 배상책임과 귀향여비의 부담책임을 부과하여 불법적인 행위를 근절하기 위한 것이다. 이 경우 근로자는 계약의 즉시해지권 또는 손해배상청구권을 행사하는 이외에 거주를 변경하는 경우에는 사용자에게 귀향여비를 청구할 수 있다. 여기서 명시된 근로조건이라 함은 근로기준법 제17조에 의하여 체결당시에 사용자가 명시한 임금, 소정근로시

---

172) 대판 1992. 1. 21, 91누5204.

간, 휴일, 연차유급휴가 그 밖의 근로조건을 말한다.[173] 따라서 근로조건위반에 관한 손해배상청구는 근로기준법상의 모든 근로조건에 대하여 허용되는 것은 아니며 「근로계약체결시」에 명시된 사항이 사실과 다른 경우에만 한정된다.[174]

2) 근로자의 구제제도

① 노동위원회의 구제명령 - 근로자가 노동위원회에 손해배상청구를 하려면 사용자가 근로계약체결시 근로자에 대하여 명시한 근로조건을 위반하여 근로자에게 손해를 입힌 사실을 전제로 하여야 하고, 그 밖에 사용자가 근로기준법의 다른 규정사항이나 확정된 구제명령에 위반하여 근로자에게 손해를 입히더라도 이 법에 의한 손해배상청구를 할 수는 없다.

이 경우 신청사건에 대한 의결은 노동위원회의 공익위원만이 행한다(노위법 제15조 제3항). 또한 근로자는 일반법원에 민사소송의 절차에 의한 손해배상청구를 할 수 있다. 그러나 민사소송에 의한 구제는 소송비용 · 소송수행의 복잡성 · 구제시기의 지연 등 소송경제상 어려움이 많다. 이러한 이유로 준사법적 기능을 담당하는 노동위원회에 근로자가 간이 · 신속하게 손해배상의 청구를 신청할 수 있도록 한 것이다. 노동위원회는 구제명령을 받은 후 이행기한까지 구제명령을 이행하지 아니한 사용자에게 2천만원 이하의 이행강제금을 부과한다(근기법 제33조 제1항).

판례[175]는 「근로자가 그에 대한 해고가 근로기준법 제19조 제1항에 위반되어 무효인 것을 전제로 하여 사용자에 대하여 임금상당의 손해배상을 청구하는 것은 동법 제19조 소정의 근로조건 위반에 인한 손해배상청구라고 할 수 없다. 이 경우 소정의 근로조건이란 사용자가 근로계약 체결시에 근로자에 대하여 명시한 임금, 소정근로시간, 휴일, 연차유급휴가 기타의 근로조건(근기법 제17조)을 말하는 것이므로 근로기준법의 규정사항을 위반한 것이 곧 위 제19조 소정의 근로조건의 위반이 된다고는 할 수 없다」고 한다.

② 계약의 즉시해제권 - 명시된 근로조건이 사실과 다른 경우에 근로자는 근로계약을 즉시 해제할 수 있는 권리를 가진다(근기법 제19조 제1항). 즉시 근로계약을 해제할 수 있다는 것은

---

173) 대판 1984. 9. 11, 84누448.

174) 대판 1983. 4. 12, 82누507 ; 대판 1984. 9. 11, 84누448.

175) 대판 1989. 2. 28, 87누496.

민법 제544조와 제660조의 요건을 갖추지 않더라도 즉시 계약을 해제할 수 있다는 것이다. 여기서 본조의 「해제」는 민법상의 해제, 즉 계약의 효력을 소급적으로 소멸시켜 처음부터 계약이 체결되지 않았다는 것과 동일한 법률효과를 발생하는 것이 아니라, 계속적 근로관계를 그때부터 장래에 향하여 소멸시키는 효력을 가지는 해지를 뜻한다고 보아야 할 것이다.

(4) 단시간근로자의 근로조건

1) 의 의 단시간근로자라 함은 1주간의 소정근로시간이 당해 사업장의 동종업무에 종사하는 통상근로자의 1주간의 소정근로시간에 비하여 짧은 자를 말한다(근기법 제18조). 이것은 근로형태의 다양화와 근로시간의 변경에 대하여 소정근로시간이 짧은 자를 효율적으로 보호하고자 마련한 규정이다. 이러한 단시간근로자는 하루의 근무시간 중 통상인의 2분의 1 정도라든가 4주간을 평균하여 1주간의 소정근무시간이 15시간 미만인 경우 등이 이에 해당된다. 이 경우 단시간근로자의 근로조건은 어떻게 정하여야 하며, 휴일 · 휴가는 어떻게 부여해야 하는가 논란이 제기될 수 있다.

2) **단시간근로자의 근로조건** 단시간근로자의 근로조건은 당해 사업장의 동종업무에 종사하는 통상근로자의 근로조건을 기준으로 하여 산정한 비율에 따라 결정되어야 한다(근기법 제18조 제1항). 이 경우 근로조건을 결정함에 있어서 기준이 되는 사항 기타 필요한 사항은 대통령령에 의한다(동조 제2항). 따라서 단시간근로자의 근로조건은 통상근로자의 근로조건에 비례하여 연차휴가나 휴일, 생리휴가나 산전 · 후 휴가 등을 주어야 한다.

그러나 1주간의 소정근로시간이 현저히 짧은 단시간근로자로서 대통령령이 정하는 자에 대하여는 이 법의 일부규정을 대통령령이 정하는 바에 따라 적용하지 아니할 수 있다(동조 제3항). 1주간의 소정근로시간이 현저히 짧은 단시간근로자로서 대통령령이 정하는 자라 함은 4주간(4주간 미만으로 근무하는 경우에는 그 주간)을 평균하여 1주간의 소정근로시간이 15시간 미만인 근로자를 말한다(동조 제3항). 이러한 단시간근로자에 대하여는 근로기준법 제55조(휴일), 제60조(연차유급휴가)를 적용하지 않는다.

관련 판례 대판 2002. 2. 8. 2001다46365

일용기간의 갱신과 기간의 정함이 없는 근로자

근로계약기간을 정한 경우에 있어서 근로계약 당사자 사이의 근로관계는 특별한 사정이 없는 한 그 기간이 만료함에 따라 사용자의 해고 등 별도의 조처를 기다릴 것이 없이 당연히 종료되고, 다만 단기의 근로계약이 장기간에 걸쳐서 반복하여 갱신됨으로써 그 정한 기간이 단지 형식에 불과하게 된 예외적인 경우에 한하여 채용된 근로자일지라도 사실상 정함이 없는 근로자와 다를 바가 없게 되어 사용자가 정당한 사유 없이 갱신계약의 체결을 거절하는 것은 해고와 마찬가지로 무효로 된다고 할 것이다(대판 1998. 1. 23, 97다42489). 이 사건 당시까지 피고가 연구원의 재임용을 거부한 사례가 없었고, 원고가 7년 6개월 동안 4회에 걸쳐 임용기간을 갱신하여 근무하여 왔다는 사정만으로 임용계약기간이 형식적인 것이라고 할 수 없고, 원고가 사실상 임용기간의 정함이 없는 근로자의 지위에 있다거나 묵시적으로 재임용계약이 체결되었다고 볼 수 없다.

관련 판례 대판 1995. 7. 11. 95다9280

장기간 반복적인 근로계약의 갱신과 효력

기간을 정하여 채용된 근로자라고 할지라도 장기간에 걸쳐서 그 기간의 갱신이 반복되어 그 정한 기간이 단지 형식에 불과하게 된 경우에는 사실상 기간의 정함이 없는 근로자의 경우와 다를 바가 없게 되나, 그와 같은 사정이 인정되지 않는 일반적인 경우에는 기간의 정함이 있는 근로계약은 기간의 만료에 의하여 당연히 종료함이 원칙이다.

관련 판례 대판 1998. 1. 28. 97다42489

재임용계약의 갱신과 외국인의 반복적 근로계약의 효력

기간을 정한 근로계약이 규정에 의하여 1년을 단위로 계약을 체결하고 계약기간이 만료되기 30일 전 임용계약을 갱신체결하지 않는 경우 계약기간의 만료에 의하여 당연히 퇴직하도록 규정하고 있고, 실제 임용계약서에도 계약갱신을 위하여서는 임용기간 만료 전에 별도의 갱신절차를 거치도록 명시되어 있으며, 1년 간 계약기간이 종료할 때마다 그 즉시 1년 분 퇴직금을 지급함으로써 그 때마다 종전의 근로관계를 정산하여 온 점과 근로자가 외국인으로서 행정당국으로부터 단기간의 체류허가를 받아 국내에 거주하면서 재임용계약이 체결될 때마다 그에 맞추어 체류기간의 연장허가를 받아 온 점들에 비추어 볼 때, 근로자와 사용자 사이의 임용계약이 반복되어 갱신되었고 그 동안 재계약 신청을 거부당한 강사가 없으며, 임용계약서에 기존의 근로자가 기간만료 전 2개월 전까지 재계약 신청을 하면 자동으로 임용계약이 갱신된다는 조항이 포함되어 있다는 사정만으로는 사실상 기간의 정함이 없는 근로자의 지위에 있었다고 보기 어렵다.

관련 판례 2011.4.14 대법 2007두1729
부당한 근로계약의 갱신 거절

기간을 정하여 근로계약을 체결한 근로자의 경우 그 기간이 만료됨으로써 근로자로서의 신분관계는 당연히 종료되고 근로계약을 갱신하지 못하면 갱신거절의 의사표시가 없어도 그 근로자는 당연 퇴직되는 것이 원칙이다. 그러나 근로계약, 취업규칙, 단체협약 등에서 기간만료에도 불구하고 일정한 요건이 충족되면 당해 근로계약이 갱신된다는 취지의 규정을 두고 있거나, 그러한 규정이 없더라도 근로계약의 내용과 근로계약이 이루어지게 된 동기 및 경위, 계약 갱신의 기준 등 갱신에 관한 요건이나 절차의 설정 여부 및 그 실태, 근로자가 수행하는 업무의 내용 등 당해 근로관계를 둘러싼 여러 사정을 종합하여 볼 때 근로계약 당사자 사이에 일정한 요건이 충족되면 근로계약이 갱신된다는 신뢰관계가 형성되어 있어 근로자에게 그에 따라 근로계약이 갱신될 수 있으리라는 정당한 기대권이 인정되는 경우에는 사용자가 이에 위반하여 부당하게 근로계약의 갱신을 거절하는 것은 부당해고와 마찬가지로 아무런 효력이 없고, 이 경우 기간만료 후의 근로관계는 종전의 근로계약이 갱신된 것과 동일하다고 할 것이다.

제3절 근로계약 체결상의 보호

1. 위약예정의 금지

(1) 의 의

근로기준법 제20조는 「사용자는 근로계약 불이행에 대한 위약금 또는 손해배상액을 예정하는 계약을 체결하지 못한다」고 규정하고 있다. 근로계약에서 위약금 또는 손해배상액을 정하는 것은 근로자의 자유의사를 부당하게 구속함으로써 강제근로에 종사하게 할 염려가 있으므로, 이를 방지하는 동시에 근로자의 자유로운 직업선택을 보호하기 위한 것이다. 사용자는 근로자와의 근로계약의 체결시 뿐만 아니라 근로계약의 불이행을 이유로 위약금 또는 손해배상액을 예정하는 것도 금지된다. 이 경우 계약의 체결은 각서 또는 합의서, 약정서 등 형식을 불문한다.

(2) 위약예정금지의 내용

1) **위약금을 약정하는 계약** 위약금은 채무불이행의 경우에 채무자가 채권자에게 지불할 것을 미리 약정하는 금액으로서 계약에 부수하여 정하는 것이므로 그 금액과 성질은 일정하지 않다. 민법 제398조 제4항에서 제1항은 채무불이행에 관한 손해배상액을 예정할 수 있다고 명시하고, 위약금의 약정은 손해배상액의 예정으로 추정하고 있다. 민법은 계약자유의 원칙에 따라 손해배상액의 예정이나 위약금의 약정을 인정하고 있다.

그러나 근로기준법에서는 강제근로나 신분구속의 염려가 있기 때문에 금지하고 있다. 위약금은 채무이행의 확보, 즉 계약기간중에 임의로 퇴직하여 노무를 일방적으로 제공하지 않는 경우에 이를 방지할 목적으로 약정하는 것이다. 근로자가 근로제공의무를 일방적으로 이행하지 않는 경우에는 근로자 본인이나 신원보증인의 의무로서 노무불이행에 대한 채무불이행책임을 물을 수 있으나, 손해발생의 유무와는 관계없이 일정금액을 위약금으로 청구하는 것은 허용되지 않는다.

2) **손해배상액을 예정하는 계약** 손해배상액의 예정이라 함은 채무불이행의 경우에 배상하여야 할 손해액을 실제 손해와는 관계없이 미리 정함을 말한다. 이러한 계약이 체결되면 채권자(사용자)는 채무불이행의 사실만을 증명하면 손해의 발생과 그 손해액을 입증하지 않더라도 예정액을 청구할 수 있다. 따라서 채무자(근로자)는 실제로 손해가 전혀 발생하지 않았다든가 또는 손해액이 예정액보다 훨씬 소액이라는 것을 입증하더라도 손해책임을 면할 수 없게 되며, 채권자의 입장에서도 실제로 발생한 손해액이 예정액보다 다액임을 입증하더라도 예정액 이상의 금액을 청구할 수 없다.

이것은 채무불이행으로 인하여 손해가 발생한 경우에 손해의 정확한 입증과 산정절차를 생략하는 목적으로 사용되는 것이나, 근로관계에서 인정하는 경우에는 여러 가지 문제점이 발생할 수 있다. 그러나 근로자의 채무불이행으로 인한 손해배상의 금액을 예정하지 않고, 위법 · 부당하게 사용자에게 손해를 입힌 경우에는 불법행위를 구성하므로 현실적으로 발생한 손해를 배상하여야 한다.[176]

3) **교육훈련비용의 상환의무** 교육훈련비반환약정은 사업주가 근로자를 교육 · 훈련시키면서 소요되는 비용을 대여하는 형식을 취하면서 한편 훈련종료후 일정기간 계속근무를

---

176) 대판 1978. 2. 28, 77다2479.

한 때에는 그 반환의무를 면제하되, 그러하지 아니한 경우에는 이를 반환하여야 한다는 내용의 약정을 체결하는 것을 말한다.[177] 이러한 반환약정은 교육훈련비용의 반환의무라는 경제적 압력을 통하여 헌법 제15조가 보장하는 근로자의 직업선택의 자유 내지 퇴직의 자유를 제한하게 되므로 근로기준법 제6조 강제근로의 금지와 관련하여 정당성여부가 논란이 된다.[178]

① 금전소비대차계약설 - 이것은 특별한 해외파견교육에 있어 회사가 비용을 부담해 주고, 의무재직기간을 설정하여 그 기간동안 재직하지 않는 경우에는 그 비용의 전부 또는 일부를 상환하도록 하는 경우에, 이를 금전소비대차계약으로 파악하고 의무재직기간은 상환의무의 면제기간으로 해석하는 견해이다.[179] 따라서 필요한 해외파견훈련비를 대여하고 이를 상환할 의무를 지는 근로자가 그 상환방법으로 약정기간 동안 사용자에게 근무하면 그 상환의무가 면제되고 그렇지 않을 경우에는 그 전부 또는 일부를 상환하도록 한 약정은 위약예정에 위반한다고 볼 수 없다.[180]

② 면제특약부 소비대차계약설 - 이 때 의무재직기간을 준수하지 않은 자에게서 상환하여야 할 비용의 범위는 해외파견연수에 소요된 경비의 전부 또는 일부로서 약정 내용에 따르게 되나, 동 약정을 근로계약과 별개로 성립하는 면제특약부 소비대차계약으로 보는 견해이다.[181] 이 경우에도 유학기간 중 이미 지급된 봉급(임금)은 상환되어야 할 경비에 포함시켜서는 안 될 것이다.[182]

③ 검토의견 - 교육훈련비의 반환약정이 근로기준법 제20조의 취지에 반하는 가에 대하여는 ① 근로자에 대해 일정기간의 근속의무기간만으로 판단할 수 없고, ② 근로관계의 계속을 부당하게 강요하는 불합리성이 있는가 또는 ③ 소비대차의 성격으로 반환방법을

177) 최영호, "교육훈련비 반환약정과 근로기준법 제27조", 노동법연구(2001, 제10호), 83쪽.

178) 그러나 대법원은 반환약정의 법적 성질을 경비반환채무의 면제기간으로 보아야 한다고 판시하고, 그 근거로는 ① 교육훈련의 실시가 회사의 법적 의무가 아닌 점, ② 교육훈련을 통하여 승진과 보수인상 등의 혜택을 얻을 수 있고, 자신의 상품가치가 높아지는 등의 이점이 있어 교육명령을 선호하는 점, ③ 기업체에서 비용을 부담하여 사원을 해외에 파견하여 연수시키는 목적은 사원의 기술을 기업체를 위하여 활용하고자 하는 데 있다는 점을 들고 있다(최영호, 전게논문, 90쪽).

179) 대판 1974. 1. 29, 72다2565.

180) 대판 1980. 7. 8, 80다590.

181) 최영호, 전게논문, 89쪽.

182) 1990. 3. 16, 근기 01254-3825 ; 대판 1996. 12. 20, 95다52222.

정하거나 퇴직의 자유를 보장하고 있는가, ④ 아니면 대여금상환기간과 근속의무기간이 합리적인가 등을 종합적으로 고려할 필요가 있다.

(3) 근로기준법 제20조의 위반

본조에 위반하여 근로계약의 불이행에 대하여 위약금을 정하거나 또는 손해배상액을 예정하는 계약을 체결한 자는 500만원 이하의 벌금에 처한다(근기법 제114조 제1호). 즉 본조는 위약금 또는 미리 약정된 손해배상액을 현실적으로 징수하였을 때에 그 위반이 성립되는 것이 아니라, 그와 같은 계약을 체결하였을 때에 그 위반이 성립된다. 이와 같은 경우에 사용자는 위약금 또는 손해배상의 예정액을 청구할 수 없으며, 실제로 손해를 입은 경우에는 그 사실을 입증하여 그 한도 내에서만 손해배상을 청구할 수 있다.

관련 판례 대판 1996.12.6. 선고 95다24944,24951
위약예정금지와 연수비 반환약정

사용자가 근로계약의 불이행에 대하여 위약금 또는 손해배상을 예정하는 계약을 체결하는 것은 강행규정인 근로기준법 제24조에 위반되어 무효라 할 것인바, 기업체에서 비용을 부담 지출하여 직원에 대하여 위탁교육훈련을 시키면서 일정 임금을 지급하고 이를 이수한 직원이 교육 수료일자부터 일정한 의무재직기간 이상 근무하지 아니할 때에는 기업체가 지급한 임금이나 해당 교육비용의 전부 또는 일부를 근로자로 하여금 상환하도록 한 부분은 근로기준법 제24조에서 금지된 위약금 또는 손해배상을 예정하는 계약이 아니므로 유효하지만, 임금 반환을 약정한 부분은 기업체가 근로자에게 근로의 대상으로 지급한 임금을 채무불이행을 이유로 반환하기로 하는 약정으로서 실질적으로는 위약금 또는 손해배상을 예정하는 계약이므로 근로기준법 제 24조에 위반되어 무효이다.

2. 전차금상계의 금지

(1) 의 의

근로기준법 제21조에 의하면 「사용자는 전차금 그 밖에 근로할 것을 조건으로 하는 전대채권과 임금을 상계하지 못한다」고 규정하고 있다. 전차금상계의 금지제도는 금전대차관계와 근로관계를 완전히 분리함으로써 금전대차에 기인하여 발생하는 근로자의 신분적 구속의 폐습을 방지하기 위한 것이다. 전차금은 근로자를 특정한 사용자에게 장기간 예속시켜 신분적 구속을 하게 되고 불리한 근로조건을 강요하게 되는 방법으로 악용되고 있으므로 근로기준법 제21조는 이와 같은 폐해를 방지하자는 데 그 목적이 있다.

(2) 전차금

전차금이라 함은 근로계약의 체결시 또는 그 후에 근로를 제공할 것을 조건으로 하여 사용자로부터 차용하여 장차의 임금으로 변제할 것을 약정하는 금전을 말한다. 복지차원의 융자금을 분할하여 단체협약에 의하여 임금에서 공제하는 것은 본조 위반이라 할 수 없다. 임금을 가불하는 경우에는 전차금으로 대여하는 것이 아니라 임금을 지급일전에 가불하는 것이므로 본조에 저촉되지 않는다. 전차금제도에 의하여 이를 변제할 때까지 근로를 강제하고 근로자가 퇴직의 의사표시를 하였음에도 불구하고 전차금을 모두 반환하라고 위협함으로써 사실상 근로를 강제하는 경우에는, 근로기준법 제6조의 강제근로의 금지에 위반하는 행위라고 해석된다.

(3) 근로할 것을 조건으로 하는 전대채권

전대채권은 전차금 이외에 근로자 또는 그 친권자 등에게 미리 일정한 조건을 전제로 대여하는 금전으로서 전차금과 동일한 목적을 가지는 것을 말한다. 이 때 사용자가 대여하는 전대채권은 일반적 채권을 금지하는 것이 아니고 근로할 것을 조건으로 하는 금전을 규제하고자 하는 것이다. 이러한 전대채권은 근로자가 변제를 하기 위하여 근로가 강제되거나 퇴직의 자유 등을 박탈하게 되므로 신분적인 구속을 수반하게 되어 금지하고 있다.

(4) 임금과의 상계금지

상계라 함은 채권자와 채무자가 서로 동종의 채권채무를 가지는 경우 서로 현실적으로 청구 또는 집행하고 이행하는 불편과 불공평을 해소하여 그 채권과 채무를 대등액에 있어서 소멸케 하는 일방적 의사표시를 말한다. 전차금 또는 전대채권의 채무자는 개별 근로자이며 변제의 불이행책임을 지는 자는 근로자 본인이다. 따라서 개별 근로자의 의사에 반하여 노동조합이 채무액을 사용자로 하여금 임금에서 공제하도록 한 단체협약은 그 부분이 무효가 된 다.[183] 그러나 본조는 근로자의 자유의사에 의한 상계를 금지하고 있지는 않다. 근로자 자녀를 위한 학자대여금, 주택구입을 위한 대금 등이 일정기간 후에 임금에서 상계되더라도 본조 위반은 아니다. 따라서 근로자로부터 일정액의 항공여비를 임금에서 공제하도록 동의하였다면 이는 민법상 채권·채무청산에 관한 방법을 약정한 것이므로 근로기준법과 무관하여 상계가 가능하다.[184]

(5) 근로기준법 제21조의 위반

근로조건을 전제로 한 전차금과 임금의 상계를 내용으로 하는 계약은 위법이므로 벌칙이 적용된다. 이 경우 전차금을 대여하는 계약이 존재하더라도 상계의 의사표시는 강행법규 위반으로서 사법상 무효가 되지만, 근로자의 임금채권은 그대로 남게 된다. 따라서 소정의 임금전액을 지급하여야 하며, 이에 위반한 때에는 근로기준법 제43조의 위반이 된다. 전차금상계의 위반성은 계약체결만으로 판단할 것이 아니라 객관적·실질적으로 사용자의 일방에 의하여 상계조치가 이루어지는 시점부터 법규위반성을 판단하여야 한다.

관련 판례 대판 1994. 3. 16. 93마1822
전차금상쇄금지와 임금채권압류 및 전부명령

임금의 전액지급의 원칙에 비추어 사용자가 근로자의 급료나 퇴직금 등 임금채권을 수동채권으로 하여 사용자의 근로자에 대한 다른 채권으로 상계할 수 없지만, 그렇다고 하여 사용자가 근로자에 대한 채무명의의 집행을 위하여 근로자의 자신에 대한 임금채권 중 2분의 1 상당액에 관하여 압류 및 전부명령을 받는 것까지 금지하는 취지는 아니고, 같은 법 제25조(현행 제21조)는 사용자가 전차금 기타 근로할 것을 조건으로 하는 전대채권과 임금을 서로 상계하지 못한다는 취지를 규정한 데 불과하므로 이를 근거로 하여 위와 같은 사용자의 임금채권에 관한 압류 및 전부명령이 허용되지 않는다고 풀이할 수도 없다.

---

183) 근기 01254-9703, 1987. 6. 16.

184) 해지 01254-1790, 1987. 2. 5 ; 대판 1995. 12. 21, 94다26721 ; 대판 1999. 7. 13, 99도2168.

3. 강제저금의 금지

(1) 의 의

근로기준법 제22조에는 「① 사용자가 근로계약에 덧붙여 강제저축 또는 저축금의 관리를 규정하는 계약을 체결하지 못한다. ② 사용자가 근로자의 위탁으로 근로자의 저축금을 관리하는 경우에는 저축의 종류·기간 및 금융기관을 근로자가 결정하고, 근로자 본인의 이름으로 저축할 것과 근로자가 저축증서 등 관련 자료의 열람 또는 반환을 요구할 때에는 즉시 이에 따를 것을 지켜야 한다」고 규정하여 강제저금 등을 금지하고 있다.

사용자가 근로계약에 덧붙여 강제저금계약 또는 저축금의 관리계약 등을 체결하는 것을 금지하고 임의저축의 경우에 엄격한 요건으로 허용하고자 하는 것이다. 왜냐하면 임금의 전부 또는 일부를 강제적으로 저축하도록 하여 근로자가 자유롭게 직장을 떠날 수 없도록 하는 신분적 구속의 수단으로 이용될 뿐만 아니라, 저축금이 기업의 경영자금으로 유용됨으로써 기업도산으로 인한 반환불능의 위험성이 있는 각종의 사회적 폐단을 가져올 가능성이 있기 때문이다.

(2) 강제저금의 금지

1) **근로계약에 덧붙여** 「근로계약에 덧붙여」라는 의미는 근로계약의 체결 또는 존속의 조건을 말한다. 취업조건으로 저축계약을 강요하거나 취업 후 저축계약을 하지 않으면 해고 한다 등 근로관계의 존속의 전제가 되는 경우가 이에 해당된다. 임의저축을 한 경우에도 저축을 계속하지 않는다든가 또는 그 환불을 청구한다면 해고한다고 하는 경우에도 "근로계약에 덧붙여"에 해당된다.

2) **제3자와의 저축계약강제** 강제저축의 계약이라 함은 사용자 자신이 근로자와 계약하는 것은 물론 근로자에 대하여 사용자 이외의 제3자, 즉 은행, 우체국, 단자회사 등과 저축계약을 하도록 하는 것도 포함된다. 그러나 근로자가 자발적으로 저축을 할 의사가 있는 경우에 사용자가 자기의 거래은행에 저축하도록 권유하여 특정은행과 계약하는 경우에는 근로기준법 제22조에 저촉되지 않는다.

3) **특정금융기관에의 퇴직금적립제도** 중소기업 등에서 행하여지고 있는 퇴직금적립제

도는 일반적으로 사용자 이외의 제3자인 상점연합회 등이 근로자가 매월 받아야 하는 임금의 일부를 적립한 것과 사용자가 적립한 것을 재원으로 하고 있다. 이와 같은 퇴직금적립제도에 가입할 것을 근로계약에 덧붙여 행한다면 역시 강제저금에 해당된다.

(3) 저축금의 관리를 규정하는 계약금지

「저축금의 관리를 규정하는 계약」에는 사용자 자신이 직접 근로자의 예금을 받아 스스로 관리하는 소위 "사내예금"은 물론, 사용자가 근로자의 임금을 다시 개개의 근로자의 명의로 은행 기타 금융기관에 예금하여 그 통장과 인감을 보관한다든지 예금인출에 대하여 금지 · 제한하는 경우를 말하는 것으로 이는 강행법규에 위반된다.

(4) 근로자의 위탁에 의한 저축금 관리계약

1) 근로자의 위탁에 의한 저축금의 관리　근로기준법 제22조 제2항의 「사용자가 근로자의 위탁으로 근로자의 저축을 관리하는 경우」라고 함은 근로계약에 덧붙이지 않고 근로자의 임의에 의한 저축금을 위탁받아 관리하는 계약을 말한다. 근로자가 그의 자유의사에 의하여 저금을 하고 그 관리를 사용자에게 위탁하는 경우에는 이를 금지할 이유가 없지만, 이것을 그대로 방치하여 둔다면 사실상 강제저금으로서 작용할 우려가 있기 때문에 이를 규제할 필요가 있다.

2) 허용되는 임의저축의 요건　근로자의 위탁으로 저축이 허용되는 임의저축의 요건으로, ① 저축의 종류 · 기간 및 금융기관을 근로자가 결정하고, 근로자 본인의 이름으로 저축할 것(근기법 제22조 제2항 제1호), ② 근로자가 저축증서 등 관련자료의 열람 또는 반환을 요구할 때에는 즉시 이에 따를 것(동항 제2호)의 사항을 사용자는 준수하여야 한다.

(5) 근로기준법 제22조의 위반

근로기준법 제22조 제1항에 위반하여 사용자가 강제저축을 시킨 경우에는 2년 이하의 징역 또는 1,000만원 이하의 벌금을 받는다(근기법 제110조 제1호). 동법 제22조 제2항의 규정에 의하여 인가를 받은 보관과 반환방법에 위반한 자는 500만원 이하의 벌금에 처한다(근기법 제114조 제1호). 고용노동부장관의 인가를 받지 않고, 근로자의 위탁을 받아 근로자의 저축금을 관리하는 경우에는 벌칙규정이 없으나, 이 경우에는 근로기준법 제22조 제1항의 근로계약에 덧붙이는 저축금의 관리계약에 준하여 처벌받아야 한다.

제4절 근로계약상 권리와 의무

1. 서 설

근로계약의 체결당사자는 기본적으로 근로를 제공하는 의무(근로의무)와 임금을 지불하는 의무를 진다. 이와 같은 계약은 상호간에 대가적 견련관계를 가지는 유상의 쌍무계약이며, 채권 채무의 관계를 발생시키는 채권계약이다. 그러나 근로자의 근로의무는 매매나 임대차와 같이 유형의 특정 물건을, 즉 주는 채무와는 달리 일정의 태도나 행위를 하는 채무라는 특성을 지닌다. 한편 사용자에 의한 노동력의 처분이나 지배는 근로의 제공을 근로자의 인격과 분리할 수 없는 일신전속성으로 인하여 자칫 인격의 불합리한 지배로 나타나게 될 우려가 있다. 이러한 이유로 근로자의 인격적 지배에 대하여는 특별한 배려가 요청되고, 근로계약의 계속적 성격, 복수의 근로자의 협동관계, 기업조직 하에서 다수의 근로관계와 결합하고 전개되는 조직적 성격을 고려할 필요가 있다. 그러나 매매와 같은 재화의 교환을 목적으로 하는 계약관계와는 다른 특질을 갖고 있기 때문에 권리 · 의무의 고찰이 필요하게 된다.

2. 근로자의 권리와 의무

(1) 근로자의 권리

1) 취업청구권의 의의 취업청구권은[185] 근로계약 관계가 존속하고 있음에도 불구하고 사용자가 근로자의 근로제공을 거부하는 경우에 근로자를 현실적으로 취업시킬 것을 요구

할 수 있는 권리이다. 즉 취업청구권의 문제는 근로자의 노동력을 사용자의 처분에 맡긴 경우 임금청구권과는 별도로 취업청구권까지 가질 수 있느냐 하는 것이다. 노동위원회의 부당해고 구제결정 또는 법원의 해고무효 확인판결의 의미가 원상회복을 의도한다고 하더라도 근로관계의 회복을 위한 사용자의 사후조치가 재량에 맡겨져 있다면[186] 근로자에게는 당연히 현실적인 취업을 주장하고 이를 사용자에게 강제하기 위한 취업청구권이 인정되어야 한다.[187] 이 외에 사용자가 부당노동행위의 의사를 갖고 징계의 일환으로 근로자를 재택대기명령을 하거나 직장폐쇄와 불취업시키는 문제가 제기될 수 있다.[188]

2) 취업청구권의 법적 근거

① 배려의무설 - 이 견해는 신의칙을 근거로 한 사용자의 배려의무에서 근로자의 근로계약상 취업청구권을 인정하려는 입장이다.[189] 취업청구권에 대한 학설상의 논의는 1955년 독일연방법원의 판례이후 근로관계를 인격적 공동체관계로 파악하거나, 헌법상의 인격권 보호에서 직접적으로 취업청구권의 인정근거를 찾는 점에 대한 비판의 소리가 높아짐에 따라 그 한계를 극복하고 새로운 근거를 제시하려는 노력의 일환으로 출발하였다.[190]

② 원칙적 부정설 - 이 설은 근로자의 근로제공의무를 일반적으로 인정하면서 근로자의 인격권으로부터 도출되는 취업청구권을 사용자가 따로 인정한다는 것은 불가하다고 보고, 다만 명시적 또는 묵시적 합의가 있는 경우에 한하여 인정하여야 한다는 견해이다. 묵시적 합의는 사용자가 근로자를 취업시키지 아니하면 그것 자체가 근로자에게 불이익을 주

---

185) 학자에 따라서는 취업청구권(김소영, 정진경, 박홍규), 취로청구권(문무기)이라고 부르기도 한다. 일본의 학자는 소서국지가 취로청구권이라고 부르고 있다.

186) 서울고판 1994. 12. 23, 서울고판 민사 제15부 94나35291.

187) 우리나라에서는 아직 근로자의 취업청구권에 대한 논의가 활발하지는 않지만 실제로 사업장에서 취업거부가 현실적으로 발생되고 있다는 점에서 앞으로 문제가 될 가능성이 충분하다.

188) 김소영 "근로자의 취업청구권", 『한국노동연구제 5 집』, 1994, 132쪽.

189) 문무기, "부당해고의 구제와 취로청구권",『노동법 연구』제5호, 335쪽 ; 김소영, 전게서, 133쪽 ; 이홍재, "부당해고구제수단에 있어서의 몇가지 문제",『노동법 연구』제2권, 까치, 1992, 59~63쪽.

190) 이러한 취업청구권이 일반적으로 인정되기 시작한 것은 1955년 11월 10일 독일연방법원의 판결이 계기가 되었다. 이 판례는 취업청구권을 인정하는 근거로서 첫째, 이른바 인격법적 공동체관계로서 특징지워지는 근로관계의 법적 성질에 기초한 사용자의 의무 둘째, 기본법상 보호되는 인권, 셋째, 근로자의 인간으로서의 존엄성 존중 및 그 실현으로서의 직업상 활동의 보장 등을 제시하고 다만 근로자의 취업에 의한 이익과 그에 반대되는 사용자의 이익을 비교형량하여 일정한 제한을 가할 수 있는 것으로 하고 있다.

는 근로관계가 이에 해당하며, 외과수련의사나 배우, 자격요건에 필요한 기능습득중인 자 등을 그 예로 들 수 있다.[191]

③ 원칙적 긍정설 - 이 설은 취업청구권의 법적근거를 추상적으로 민법상의 신의칙에 근거한 사용자의 배려의무에서 찾기보다는 구체적으로 근로계약의 특수성 내지 근로자체의 의의와 본질에서 찾아야 한다는 견해이다. 즉, 근로자는 스스로의 근로를 통하여 생활에 필요한 사항들을 얻고 있으며 임금이외의 위와 같은 본질적 이익은 구체적인 취업을 통하여 얻어지는 것이므로, 이러한 근로계약의 특수성에서 비롯되는 근로의 본질적 이익을 향유하기 위한 권리로서 취업청구권이 인정된다.[192]

④ 절충설 - 이 설은 근로자의 취업청구권을 원칙적으로 부정하고, 다만 근로계약에 특별한 합의가 있거나 근로자의 취업이 당해 근로자에게 특별한 이익이 있다는 것이 묵시적 합의로서 전제되어 있는 경우에만 취업청구권을 인정하는 견해이다.[193] 따라서 원칙적으로 부정하되, 예외적으로 인정하는 견해이며 통설이다.[194]

⑤ 검토의견 - 채권법상의 다수설은 채권자에게 채무자의 이해에 협력해야 할 의무 내지 수령의무가 있다고 보고 채권자지체책임은 채권자의 협력의무의 불이행책임으로서 계약해제권과 손해배상책임을 인정한다.[195] 이러한 견해에 따르면 근로계약도 채권계약의 일종으로서 사용자는 근로의 수령의무를 부담하고 근로자는 사용자에 대하여 취업청구권을 갖게 된다. 그러나 매매·도급 등 주로 물건의 인도를 목적으로 하는 계약에서 채권자의 수령지체가 있는 경우에 채무자에게 계약해제권과 손해배상청구권을 인정하기 위하

---

191) 김형배, 노동법연구, 박영사, 1991. 265~266쪽.

192) 문무기, 전게논문, 342~343면에 의하면, ① 민법의 일반원칙인 채권자 일반의 수령의무를 긍정하는 한 취업거부는 근로자의 존엄성과 인격권을 침해하는 것이므로 취업청구권이 인정되어야 한다는 견해(박홍규, 노동법론, 372~272쪽), ② 사용자의 부당한 취업거부는 노동재산권과 노동인격권을 포함한 노동의 보람을 통하여 자유로운 삶을 향유할 수 있는 권리인 "노동향유권"을 침해하는 것이고 취업청구권의 관념은 노동향유권인 개념에 포섭된다고 하는 견해(이홍재, 해고제한에 관한 연구, 199~200쪽), ③ 근로자의 취업청구권은 근로자의 인격권의 실현이라는 헌법상의 가치 질서에 비추어 그 당위성이 인정되며, 구체적인 법적 근거는 이러한 인간의 존엄성과 가치를 보장하고 있는 우리 헌법 제10조의 기본이념을 대전제로 하면서 근로관계의 채권관계로서의 본질에 비추어 사용자의 부수적 의무로서의 신의칙에서 구해야 한다는 견해(김소영, 전게논문, 141~143쪽)가 있다.

193) 문무기, 전게논문, 336쪽.

194) 관야화부, 『노동법』, 1993, 62쪽; 유기이랑, "노동계약と취업청구권", 현대노동법강좌10, 1982. 37쪽.

195) 김증한, 『채권총론』, 1981, 66쪽.

여 구성된 수령의무이론을 근로자의 취업을 구하는 권리에까지 적용하는 것은 무리이다.[196)]

취업청구권은 근로관계의 특성상 본질적으로 요청되는 권리인 만큼 사용자는 정당한 이유 없이 이를 제한하거나 박탈할 수 없다. 나아가 그 인정범위에 있어서도 근로계약 당사자 사이의 특약이나 견습공, 연구원, 배우, 수련의 등과 같이 근로로 인하여 임금획득 외에 근로자의 능력이나 기술의 습득, 유지, 향상 등 별도의 이익이 있는 자에 한정할 필요는 없다.[197)] 따라서 원칙적 긍정설에 찬동한다.

3) 취업청구권의 효과

① 손해배상책임과 강제이행 - 근로자는 사용자의 책임 있는 사유로 취업하지 못할 경우에는 사용자의 채무불이행책임에 의한 손해배상청구권을 갖는다. 근로자를 취업시킬 의무가 계약상의 주된 의무인 경우에는 근로의 제공이 계속행위적 성격을 갖고 있어 사용자의 의무가 이행불능이 되므로 이로 인한 손해배상책임을 부담하여야 한다. 반면에 부수적 의무로서 취업시킬 의무가 인정되는 경우에는 사용자가 자신의 책임 있는 사유로 취업시키지 못한다면 사용자는 적극적 채권침해에 기한 손해배상책임을 부담해야 한다. 또한 사용자의 취업거부가 근로자의 인격권의 중대한 침해를 가져왔을 경우에는 불법행위에 기한 손해배상책임을 부담하여야 한다.[198)]

채무불이행책임에 의한 손해배상의 범위는 임금뿐만 아니라 기타의 재산상의 손실까지 포함하며, 정신적 손해도 인정된다는 것이 다수의 견해[199)]이다. 가장 적절한 근로자의 구제는 업무에 직접 종사할 수 있도록 사용자에 대하여 이행청구권을 행사하는 것이다. 사용자의 취업거부에 대한 구제방법으로는 금전배상에 의한 손해배상의 방법 이외에 현실적인 강제이행의 방법, 즉 직접강제, 대체집행, 간접강제가 있다. 이 중 사용자의 취업의무의 이행과 같이 대체집행이 허용되지 않는 '하는 채무'에 대해서는 간접강제만이 허용될 뿐이다 (민법 제389조 제2항 후단). 따라서 실질적으로 사용자에게 원상회복을 강제적으로 실현시킬 방법은 없고, 결국 손해배상책임에 한정된다는 한계가 있다.

---

196) 대판 1996. 4. 23, 95다6823.

197) 문무기, 전게논문, 348~349쪽.

198) 김소영, 전게논문, 143쪽.

199) 곽윤직, 채권총론, 박영사, 2000, 138쪽.

② 징계처분과 취업청구권 - 징계처분이라 함은 일반적으로 근로자의 기업질서 위반 등의 비위행위에 대하여 가해지는 징계벌로서 불이익의 제재처분을 의미한다. 따라서 징계처분을 위해서는 취업규칙 및 단체협약 등에 근거한 정당한 사유가 있어야 하며 비위행위와 징계양정의 적정성이 있어야 하고 절차적 정당성 등이 갖추어져야 한다.[200] 그런데 대기발령, 정직, 출근정지 등이 정당한 징계처분일 경우에는 취업청구권과는 직접적 관련이 없을 것이나, 부당한 징계처분에 대하여 경영상의 이유를 들어 임금을 지급하면서 취업을 거부할 경우에는 취업청구권의 효과가 문제될 수 있다.[201]

③ 쟁의행위와 취업청구권 - 파업시 근로자의 근로계약관계는 일시적으로 정지[202]되므로 사용자는 노무수령의무를 지지 아니한다. 그러나 파업에 참가하지 않는 근로자의 근로관계는 존속하는 것이므로 근로희망자는 원칙적으로 취업청구권이 있고 노무수령의무가 있다.[203] 따라서 조업이 가능한 경우에 근로희망자의 근로제공이 있음에도 불구하고 사용자가 노무로 수령을 거부한 경우에는 채무불이행책임을 면할 수 없다. 부분파업에 있더라도 조업이 가능하다면 이와 동일하다. 그러나 사용자가 정당하게 직장폐쇄를 하면 수령지체의 책임을 지지 않는다.[204]

④ 부당노동행위와 취업청구권 - 부당노동행위(노조법 제81조)에 의해 근로자에게 대기명령 등을 내려 취업을 거부하는 경우에 취업청구권이 발생된다. 이것이 개별적 근로관계에서 비롯된 것인 때에는 징계처분의 성격으로 판단해야 하겠지만, 부당노동행위의 성격을 지닌 경우에는 노동관계조정법의 취지에 따라 판단해야 한다.

(2) 근로자의 의무

1) 근로제공의무 근로제공의무는 근로계약에 있어서 사용자의 지휘명령에 따르고 근

200) 김형배, 전게서, 394~400쪽 ; 이상국, "징계권 남용의 법리에 대한 연구", 단국대법학석사학위논문, 1994, 80~92쪽, "징계권 행사에 관한 법적 고찰", 한국비교노동법학회, 제10회 춘계학술발표문(2002. 5. 11), 28쪽.

201) 대판 2000. 2. 25, 99두6934 ; 대판 2000. 3. 10, 98주4146; 대판 2000. 6. 23, 99두235.

202) 김형배, 전게서, 574쪽.

203) 근로와 노동이 동일하듯이 일반적으로 노무제공이나 근로제공을 특별히 구별할 의미가 없으므로, "노무"라는 용어를 혼용하여 사용하여도 무방하다고 생각한다. 특별히 구분하고자 한다면 민법이론상 "노무"라는 용어를 사용하는데 비하여 노동법은 "근로"라는 용어를 사용하는데 불과하다.

204) 김소영, "근로자의 취업청구권", 145쪽.

로를 제공하여야 하는 근로자의 가장 본질적인 의무이다. 근로제공의무의 구체적 내용 및 그 범위를 사용자가 정하는 데에서 출발한다. 이러한 사항은 보통 단체협약, 취업규칙 등으로 정해지지만, 사용자가 근로계약에 기초하여 기대하는 포괄적 사항도 근로제공의무에 해당한다. 근로자의 노동력을 처분하는 권한으로는 인사권(노동력의 확보 및 배치권) 및 노무지휘권(근로의 이행과정에서의 지휘명령권), 징계권 등에 의하여 구체화된다. 연차유급휴가, 산전 · 산후의 휴가, 육아휴직, 공민권 행사를 위한 조퇴라든지 병으로 인한 결근, 경조휴가 등 법령 내지 취업규칙 등에 근거하고 근로의무가 면제되는 사유를 정하거나, 근로자가 이유 없는 결근, 지각, 조퇴, 직장이탈을 하는 경우에는 근로제공의무위반이 되는 사유를 정한다.

2) **직무전념의무** 근로자는 사용자의 지휘명령에 따라 해당 직무에 있어서 통상 요구되는 주의를 기울이는 근로를 해야 할 의무를 진다. 직무전념의무란 근무시간에 직무상의 주의력에 집중하여 효율적 직무수행을 위한 행위에 전념하고 다른 행위를 하여서는 아니 된다는 것을 의미한다.[205] 근로자는 근무시간 중에는 원칙적으로 직무상 요구되는 행위이외에 다른 근로자의 행위를 방해하거나 농담을 하는 행위, 음란물 게재, 잡담, 컴퓨터게임, 인터넷을 이용한 사적인 행위나 도박 등의 행위를 하여서는 아니 된다. 그러나 직무전념의무는 근로자가 전인격적으로 직무에 헌신해야 하는 것을 의미하지 않으므로 해당 직무의 수행에 필요한 정도의 정신의 집중이 이루어지고 있으면 충분하다.

3) **연수회 · 강습회에의 참가** 사용자는 근로자에게 어떠한 범위의 연수회나 강습회에의 참가를 명령할 수 있다. 따라서 근로자는 이것이 업무수행에 필요한 기술 · 기능의 습득에 필요한 것이고, 노동력의 질을 높이기 위한 것인 경우에는 수강의무를 진다. 그러나 오로지 인격도야를 목적으로 한 교양교육이나,[206] 사상교육 및 조합활동에 관계하는 교육 등은 이에 포함되지 않는다.[207]

4) **겸업 및 이중취직의 금지** 근로자의 겸업이나 이중취직은 금지된다. 이는 본래의 근로제공이 곤란하게 되고 경영상 지장을 초래할 우려가 있고, 기업의 신용 · 평판의 하락

---

205) 日本 電報電話局事件 · 最高裁3小判, 1977. 12. 13, 民集 31卷 7號 974面.

206) 動勞靜岡地本 事件 · 靜岡地裁 1973. 6. 29, 勞民集 24卷 3號 374面 ; 同事件, 東京 高裁 1977. 1. 26, 勞判269號 44面.

207) 三井美具勞組事件, 幌地岩見沢地裁, 1952. 7. 29, 勞民集 3卷 4號 357面.

또는 기업비밀의 누설을 방지하려는 데에 취지가 있다.

5) **경업피지의무** 근로자의 경업피지의무는 그것을 특별히 금하는 특약이 있거나 법률의 규정이 있어야 한다. 특약은 기업이익의 보호와 근로자의 전직 및 재취직의 자유 사이에 균형을 고려하고, 불이익의 감수에 대한 충분한 보수의 인정 등 합리적 사유가 있어야 한다.[208] 따라서 일반적 지식·기능에 불과함에도 이를 이유로 한 경업의 금지는 단순한 경쟁의 제한으로서 공서 양속에 위반한다고 보아야 한다. 그러나 해당 사용자만이 갖는 특수한 지식은 영업상의 비밀로서 보호할 가치가 있다. 경업의 제한내용은 합리적 범위를 확정하되, 제한의 기간·장소적 범위·제한의 대상이 되는 직종의 범위·대가의 유무 등을 고려하여야 한다. 또한 기업의 이익과 근로자의 불이익 및 사회적 이익(독점집중의 두려움, 소비자의 이익)의 3가지 관점도 신중하게 고려되어야 한다.

관련 판례 대판 1996. 4. 23. 95다6823
복직거부로 인한 정신적 고통과 위자료청구

사용자는 특별한 사정이 없는 한 근로자와의 사이에 근로계약의 체결을 통하여 자신의 업무지휘권·업무명령권의 행사와 조화를 이루는 범위 내에서 근로자가 근로제공을 통하여 참다운 인격의 발전을 도모함으로써 자신의 인격을 실현시킬 수 있도록 배려하여야 할 신의칙상의 의무를 부담한다. 따라서 원고들의 해고처분이 무효라는 판결이 선고되어 확정되었음에도 피고는 원고들에게 그 판결에서 지급을 명한 금원만을 지급하고 있을 뿐 원고들의 복직요구에도 불구하고 복직시키지 아니한 채 특별한 사정이 없음에도 불구하고 근로제공을 거부하면서 현실의 업무에 종사시키지 아니하는 것은 원고들의 인격적 법익을 침해하는 것이 되어, 이로 인하여 원고들이 정신적 고통을 받았을 것임이 경험칙에 비추어 명백하다.

관련 판례 대판 2000. 6. 23. 98다54960
배차지시의 거부와 업무수행명령의 위반

자동차운송사업을 영위하는 사업체에 있어서 사용자가 운전사에 대하여 행하는 배차행위 또는 배차 지시는 통상적인 업무수행명령에 속한다 할 것이므로, 근로자인 운전사는 특별한 사정이 없는 한 이러한 사용자의 배차 지시에 따라야 할 것이고, 이를 거부하는

208) 山口俊夫, 『勞動者의 競業避止義務』, 423面 ; 俊藤淸, 『轉職의 自由와 企業秘密의 防圍』, 57面 ; 西村健一郞, 安枝英訷 『勞働基準法』, 青林書院, 1996, 174~179面.

것은 근로계약에 따른 근로자의 본질적이고 기본적인 의무인 근로제공의무를 이행하지 않는 것으로서, 이는 채무불이행이 될 뿐 아니라 일반적으로 해고사유가 된다.

관련 판례 서울중앙지법 2008.3.19. 2007카합3903
사용자와 근로자 사이의 경업금지의무

사용자와 근로자 사이에 경업금지약정이 존재한다고 하더라도, 그와 같은 약정이 헌법상 보장된 근로자의 직업선택의 자유와 근로권 등을 과도하게 제한하거나 자유로운 경쟁을 지나치게 제한하는 경우에는 민법 제103조에 정한 선량한 풍속 기타 사회질서에 반하는 법률행위로서 무효라고 보아야 하며, 이와 같은 경업금지약정의 유효성 판단은 보호할 가치있는 사용자의 이익, 근로자의 퇴직 전 지위, 경업제한의 기간 · 지역 및 대상 직종, 근로자에 대한 대상(代償)의 제공 유무, 근로자의 퇴직 경위, 공공의 이익 및 기타 사정 등을 종합적으로 고려하여야 하며, 여기에서 말하는 보호할 가치있는 사용자의 이익은「부정경쟁방지 및 영업비밀보호에 관한 법률」제2조 제2호 소정의'영업비밀'뿐만 아니라, 그 정도에 이르지 아니하였더라도 당해 사용자만이 가지고 있는 지식 또는 정보로서 근로자와 사이에 이를 제3자에게 누설하지 않기로 약정한 것이라면 이에 해당된다고 할 것이므로, 담수 및 발전 사업 분야에서 수십년간 축적한 기술을 바탕으로 세계 각국에서 관련 공사를 수주 · 시행해온 D사가 이 분야의 업무수행자들과 근무기간 계속 중'퇴사 후 일정 기간 동안 대한민국을 포함한 세계 어떤 국가, 지역에서도 위 회사와 동종업체 혹은 경쟁업체로 전직하지 않는다'는 취지의 경업금지약정을 체결하고, 이후 이들이 퇴사하여 새로이 위 사업 분야에 진출한 경쟁업체인 S사로 전직하자 경업금지 가처분을 신청한 경업금지약정은 선량한 풍속 기타 사회질서에 반하지 않는 것으로 유효하다.

관련 판례 대판 1990.12.7. 선고 90다카23912
근로자의 진실고지의무

기업이 근로자를 고용함에 있어서 학력이나 경력 등을 기재한 이력서의 제출을 요구하는 것은 단순히 근로자의 근로능력을 평가하기 위하여서만이 아니라, 노사간의 신뢰의 형성과 기업질서의 유지를 위하여는 근로자의 지능과 상식, 경험, 기능, 교육정도, 정직성 및 직장에 대한 정착성과 적응성 등을 모두 고려한 전인격적인 판단을 거쳐 고용여부를 결정할 필요가 있기 때문에 그와 같은 판단의 자료로 삼기 위한 것이라고 할 터인데 이와 같은 목적으로 제출이 요구되는 이력서에 허위의 경력을 기재한다는 것은 그 자체가 그 근로자의 정직성에 대한 중요한 부정적인 요소가 됨은 물론, 기업이 고용하려고 하는 근로자들에 대한 전인격적인 판단을 그르치게 하는 것이므로 근로자가 채용될 때 제출한 이력서에 허위의 경력 등을 기재한 행위를 징계해고사유의 하나로 삼은 취업규칙은 그와 같은 허위사항의 기재가 작성자의 착오로 인한 것이라거나 그 내용이 극히 사소하여 그 것을 징계해고사유로 삼는 것이 사회통념상 타당하지 않다는 등의 특별한 사정이 있는 경우까지 적용하지 않는 한 정당한 해고사유를 규정한 것으로 유효하다.

3. 사용자의 권리와 의무

(1) 사용자의 권리

1) 사용자의 인사권　인사권은 근로자의 채용, 배치, 이동, 인사고과, 승진, 승격, 휴직, 해고 등 경영조직에서의 근로자의 지위의 변동이나 처우에 관계하는 사용자의 결정권을 말한다. 이와 같은 인사권의 행사는 해고의 예고나 균등처우 등 법규제와 단체협약 및 취업규칙의 규제를 받고 있다. 그러나 인사권은 효율적인 노동력활용을 위하여 지휘·관리·감독을 위한 직제기구나 제도 내지 기구의 존재를 편성하고 집행을 한다. 사용자의 인사권에는 근로자의 직위를 하위부터 상위로 격상하는 승격(昇格)과 역으로 상위부터 하위에 격하하는 강격(降格)을 포함하며, 누구를 언제 어떻게 승격하거나 파견하든지에 관한 사용자의 재량권이 인정된다.[209]

2) 지휘명령권 · 업무명령권　지휘명령권은 단체협약, 취업규칙 근로계약 등을 전제로 하고, 그 합리적 범위 내에서 행사할 수 있는 것에 지나지 않는다.[210] 한편, 판례에 따르면 「취업 규칙이 근로자에 대해 일정한 사항에 따라 사용자의 업무명령에 복종해야 하는 취지를 정한 때에는, 그러한 취업규칙의 규정내용이 합리적인 것이나 의미에 있어서 해당 근로계약의 내용이 된다」고 하고 있다.[211] 이것은 근로계약, 취업규칙, 단체협약의 포괄적인 합의(규정)를 근거로 하여 사용자에게 지휘명령권의 광범위한 역할을 승인하고, 사용자에게 포괄적으로 강대한 권한을 인정하는 결과를 가져오게 되나, 합리적 한정해석을 하여야 한다는 주장도 유력하다.[212]

---

209) 최근의 경우로는 사회보험 진료보수 지불기금 사건 · 東京地裁 1990. 7. 4, 勞判565号 7面 參照

210) 土田道夫, 『勞務指揮權과 그 限界』, 爭點新版　172面.

211) 電電公社帶廣局事件, 最高裁1小判 1986. 3. 13 勞判 470호, 6面.

212) 土田道夫, 『勞動契約における 勞務指揮權の 意義と 構造』, (1)~(8)法協105券 6号 · 10号.

(2) 사용자의 의무

1) 임금지급의무　임금은 근로계약체결시에 계약당사자가 명시적으로 약정하여야 할 중요한 사항중의 하나이다(근기법 제17조). 근로계약체결시에 임금의 구성항목, 계산방법 및 지불방법에 관한 사항에 대하여는 대통령령으로 정하는 방법에 따라 명시하여야 한다고 규정하고 있다(근기법 제17조 단서). 이 경우 임금의 구성항목 · 계산방법 및 지불방법에 관한 사항을 서면으로 명시하여야 한다(시행령 제8조). 임금액에 관한 당사자의 약정이 있더라도 그것이 취업규칙 · 단체협약 또는 최저임금법의 기준보다 낮을 때에는 임금액에 대한 약정은 무효로 되며, 그 부분은 취업규칙이나 단체협약 또는 최저임금법에 정한 기준으로 대체된다(근기법 제97조 ; 노조법 제33조 ; 최임법 제6조 제3항). 임금의 형태에 관하여는 임금이 근로제공시간에 따라 산정되는 시간급과 제공된 근로의 결과를 기초로 산정되는 업적급으로 나눌 수 있으며, 또한 임금지급형태와 관련해서는 현금급여와 현물급여[213]로 나누어 볼 수 있다.

2) 안전보호의무

① 의의와 성질 - 안전보호의무는 근로계약상의 본질적 의무로서 근로관계가 근로자의 인적인 근로제공과 관련되어 있다는 점에서 폭 넓게 인정되고 있다[214]. 노동력의 일신전속성으로 인해 근로자가 근로제공의 의무를 이행하기 위해서는 자신의 생명 · 신체 · 건강까지도 사용자의 지배하에 두지 않으면 안된다. 따라서 사용자는 자신의 지배하에 놓여지는 근로자의 생명 · 신체 · 건강에 대하여 신의칙상 적절한 보호조치를 강구할 것이 요청되는데, 이러한 사용자의 의무를 안전보호의무라 한다.[215]

② 안전보호의무의 내용 - 안전배려의무는 근로자의 생명 · 신체 · 건강을 침해해서는 안된다고 하는 소극적 의무만을 뜻하는 것이 아니라, 오히려 예상되는 생산시설의 위험으로

---

213) 現物給與란 노동의 대상으로 지급되는 現金 이외의 給與를 통칭하는 것으로 통상적으로 주택 · 연료 · 생활용품 등이 이에 속한다. 現物給與는 truck- system과 직접 관련되는 것이므로 法令 또는 團體協約에 특별한 규정이 있는 경우에 허용된다.

214) 이상덕, 『산업안전보건법』, 대명출판사, 2011.

215) Münch Komm/Söllner, Grundriß, S. 268 ; 일본 최고재3소판 1975. 2. 2, 민집 29권 2호 143쪽 ; 일본 최고재3소판 1984. 4. 10, 노동판례 429호 12쪽. Dütz교수는 안전배려의무를 보호의무(Schutzpflicht)로 파악하고 근로계약과 독일민법 제617조 이하의 규정으로부터 발생되는 것으로 이해한다. 그러나 보호의무도 배려의무의 틀속에서 파악한다(Dütz, ArbR, Rn. 174ff. 또한 Söllner, Grundriß, S. 268 참고).

부터 근로자를 안전하게 보호하기 위해 적절한 조치를 강구해야 하는 적극적인 내용도 포함한다(독민법 제617조 이하 참조). 안전배려의무의 내용에 대한 일률적인 기준은 없으나, 당사자의 약정이나 취업규칙 및 단체협약 등에 의하여 결정되며 이러한 약정이 없는 경우에는 개별적 근로관계의 내용과 관련하여 거래통념상 타당한 범위 내에서 인정되어야 한다.[216]

③ 안전보호의무의 위반 - 사용자는 그의 귀책사유로 안전배려의무를 위반한 경우 채무불이행책임을 져야 한다(민법 제390조). 따라서 근로자는 첫째, 사용자의 안전배려의무위반으로 손해가 발생한 경우 손해배상을 청구할 수 있으며, 둘째, 사용자에게 적절한 조치를 강구할 것을 요구하거나, 셋째, 안전배려의무에 위반하는 행위를 중지할 것을 청구할 수도 있고, 넷째, 그 침해가 현저하게 노무급부를 계속하여 제공하기 곤란한 경우에는 근로관계를 즉시 해지할 수 있다.[217] 사용자가 약정된 안전배려의무를 이행하지 않은 것을 이유로 하는 근로자의 근로제공거부는 정당하며, 이에 따라 사용자는 일종의 수령지체 책임을 면치 못한다.[218] 안전배려의무에 대해서는 노동보호법 내에 여러 규정들이 있다. 이와 같은 사용자의 법률상의 의무는 동시에 근로계약상의 의무로 인정될 수 있다(근기법 제76조 이하, 제15조).[219] 법률에 규정된 안전배려의무를 위반한 때에는 사용자는 근로계약상의 책임과는 별도로 벌칙이 과해진다(;신안법 제44조).

3) **노무수령의무** 민법상 쌍무계약에서 수령의무가 부정되는 점을 근거로 노무수령의무를 부정하는 견해가 있으나, 근로자는 근로를 제공함으로써 임금을 받는 이외에도 근로제공 그 자체에 특별한 이익이 있으므로 특별한 사정이 없는 이상 사용자의 노무수령의무는 인정되어야 한다.[220]

---

216) 안전배려의무의 내용을 구체적으로 결정하는 데 있어서는 사용자의 지불능력이 고려되어야 한다. 사용자의 지불능력을 고려한다는 것은 안전배려의무의 범위를 제한·축소하는 결과를 초래할 수도 있다. 그러나 오늘날 대부분의 국가는 근로보호입법으로 근로자의 안전과 보건에 관한 규정을 두어 사용자의 의무를 확대하고 있으므로 사용자의 지불능력은 큰 의미가 없다.

217) MünchKomm/Söllner, Rn. 39 zu § 611 BGB ; MünchHandbArbR/ Blome- yer, Bd. 1, Rn. 44ff. zu § 94.

218) 입증책임의 문제와 관련해서 근로자는 사용자의 계약위반으로 인한 손해가 발생하였다는 사실을 입증하는 것으로 충분하며, 이에 대하여 사용자는 그 손해의 발생이 그의 과실에 의한 것이 아니라는 것 또는 불가항력적인 상황에서 발생된 것임을 입증하여야 한다.

219) Söllner, Grundriβ, S. 268.

220) 대판 1993. 10. 12, 92다43586.

관련 판례 대판 1989.8.8. 선고 88다카33190

사업주로서의 주의의무 위반

사업주로서는 근로자의 생명 및 건강 등을 업무상 질병 등 산업재해의 위험으로부터 안전하게 보호하여야 할 주의의무를 부담하는 바, 소음성난청은 업무상 질병의 하나로 법정되어 있고 실제로도 그 발병율이 높았던 점에 비추어 굴진광부들이 청력손실이 인신장해를 입을 위험의 개연성이 상당히 높았다면 사업주로서는 이러한 위험발생의 예견가능성이 있었고, 산업안전보건법령 소정의 조치를 취함으로써 그 위험의 회피가능성도 있었다 할 것이므로 그와 같은 산업재해예방을 위하여 필요한 주의의무를 다하지 못한 사용자는 근로자의 질환에 대하여 근로기준법이나 산업재해보상보험법 등에 의하여 보상을 받을 수 있음은 별론으로 하고 사업주로서의 불법행위법상의 책임을 면할 수 없다.

제3장 임 금

제1절 임금의 의의

1. 임금의 개념

(1) 임금에 관한 정의

근로기준법 제2조 제1항 제5호는 "임금이라 함은 사용자가 근로의 대가로 근로자에게 임금, 봉급 그 밖에 어떠한 명칭으로든지 지급하는 일체의 금품을 말한다"라고 규정하고 있다. 따라서 ① 사용자가 근로자에게 지급하는 금품으로서 ② 근로의 대가인 것은 ③ 그 명칭을 불문하고 모두 임금이라 할 수 있다.[221] 임금에 관한 ILO의 규정에서 협약 제95호 「임금보호에 관한 협약」제1조는 "본 협약에서 임금이라 함은 명칭 또는 산정방법을 불문하고 화폐단위로 표현할 수 있고 쌍방의 합의나 국내법령으로 결정된 보수 또는 소득으로서 수행된 노동이나 수행될 노동 또는 제공된 용역이나 제공될 용역에 대하여 사용자가 문서 또는 구두의 근로계약에 의거하여 지급하는 것을 말한다"고 정의하고 있다. 또한 협약 제100호 「동일가치 근로에 대한 남녀근로자의 동일보수에 관한 협약」제1조 ㈎항에서 "보수(remuneration)라 함은 근로자의 고용으로부터 발생하는 금전 또는 현물 여부를 불문하고 사용자가 직접 또는 간접적으로 근로자에게 지급하는 통상임금, 기본급이나 최저임금 또는 봉급 기타 모든 추가적 보수를 포함한다"라고 규정하고 있다.[222]

221) 대판 1999. 09. 03, 98다34393.
222) 대판 1999. 9. 3, 98다34393.

(2) 임금보호의 필요성

임금은 근로자가 생존권을 유지하기 위한 유일한 재원이며, 화폐로서 교환가치를 가지고 있는 금품이다. 또한 임금은 사용자가 근로자를 고용하여 지휘명령을 할 수 있는 매개체인 동시에 기업의 생산원가를 구성하는 중요한 요소이고 근로계약의 당사자인 근로자에게 근로의 제공에 대한 반대급부로서 지급되는 금품이다. 임금은 복잡한 임금체계나 명목의 다양성으로 인하여 근로의 대상성이 달리 평가되고 제대로 받을 수 없거나, 불합리하게 공제당하는 경우가 있다. 또한 근로를 제공하는 과정에서 근로자의 귀책사유에 따라 임금액을 감액하는 경우가 있고 기업의 부도 등에 의하여 임금을 지급받을 수 없는 위험성이 있다. 이러한 문제점을 예방하고 임금보전의 실효성을 확보하기 위해서는 임금에 대한 입법적 보호가 필요하게 되었다.

관련 판례 대판 1999.9.3. 98다34393
임금의 의미

임금이라 함은 사용자가 근로의 대가로 근로자에게 지급하는 일체의 금원으로서, 근로자에게 계속적 · 정기적으로 지급되고 그 지급에 관하여 단체협약, 취업규칙 등에 의하여 사용자에게 지급의무가 지워져 있다면, 그 명칭 여하를 불문하고 모두 그에 포함된다.

2. 임금의 요건

(1) 사용자가 근로자에게 지급하는 금품

이것은 사용자가 근로자를 지휘 · 명령하며 노동력을 처분한 대가로서 지급하는 금품을 의미한다. 사용자가 근로자를 지휘명령하기 위한 수단은 일정한 장소의 제공, 시간의 지정, 특정한 급부행위의 요구, 시설물을 이용한 영리행위의 허용, 특별히 제공되는 서비스의 제공, 작업시설 및 재료의 제공, 전문지식이나 정보의 제공 등 다양한 형태로 사업의 목적을 향해 이루어진다. 임금성을 판단하는 징표는 "널리 사용자가 근로자에게 지급하는 것 중에서 근로자가 이른바 사용종속관계하에서 행하는 근로에 대하여 그의 보수로서 지급되는 것"이라고 할 수 있다.[223] 따라서 호텔, 식당 등의 접객업소에 종사하는 근로자에

게 손님이 직접적으로 지급하는 팁은 임금이 아니다.[224]

(2) 근로의 대가

근로의 대상이란 근로자가 자신의 정신적 · 육체적 노동을 제공한 인격노동의 대가를 의미한다. 근로의 대가는 단순한 교환가치를 띤 물질의 거래관계와는 달리 독특한 특성을 지닌다.[225] 이때 근로의 대상으로서 임금은 일반거래관계와 같이 엄격한 교환관계가 아니라 견련관계로서의 성격을 지닌다. 판례는, 지급되는 금품의 성격이 근로의 대상인지 또는 의례적 · 호의적인데 불과한 것인지 여부를 판단하는 일단의 기준으로서, 그 지급이 명시적이든 묵시적이든 근로계약의 내용으로서 의무적으로 지급되는 것인가의 여부에 따라 결정되어야 한다고 하는 계약해석론을 제시하고 있다.[226] 따라서 근로의 대상성은 근로계약 또는 취업규칙에 그 지급이 명시되어 있는가에 따라 형식적으로 판단하는 것이 아니라 당해 사업장의 임금실태, 임금지급관행 등의 실태적 측면도 아울러 고려하여 실제적으로 판단하여야 한다.

출 · 퇴근 교통비가 급여규정에 명시되어 있지 않더라도 정기적 · 제도적으로 지급되어 왔고 전직원에게 직급에 따라 일률적으로 지급되어 왔다면 근로의 대상성이 있으므로 근로기준법상의 임금에 해당된다.[227] 근로의 대상성이 무엇인가를 아직까지 학설상 발견할 수 없으나, 근로자의 노동력을 평가하고 이와 밀접한 보수를 지급하기 위한 기준이나 제도로서의 징표라고 생각한다. 따라서 노동력평가기준이나 보수제도가 임금액과 임금형태를 결정하는 구성요소나 노동력의 질이나 양과 관련된 징표라고 할 수 있을 것이나.

---

223) 문원주, 『주석 실무근로기준법』, 법문사, 1993, 104~105쪽 : 박상필, 『축조근로기준법』, 대왕사, 1986, 116쪽 참조.

224) 법무 810-4419, 1969. 4. 21.

225) 인간의 노동력은 일반상품과는 다른 특성을 지닌다는 의미에서 인격노동이라고 할 수 있다. 이러한 특성은 첫째, 노동의 저장은 실업을 의미한다거나, 교환가치가 하락한다는 것 등을 들 수 있고 둘째, 노무의 제공과정에서 지배종속관계는 인신적 지배 또는 구속력의 형태가 나타날 수 있다는 점이다.

226) 대판 1976. 1. 27, 74다1580.

227) 대판 1992. 4. 28, 91다37522.

(3) 어떠한 명칭으로든지

명칭 여하를 불문하고 지급되는 금품이기 때문에 반드시 '임금'이어야 하는 것은 아니다. 따라서 그 명칭이 급료, 봉급, 기본급, 보수, 노임 등은 물론이고 급여, 수당, 장려금, 연봉 등 어떠한 명칭으로 지급되는 것이냐를 불문한다. 그러므로 근로기준법 제2조 제1항 제5호에서 "임금, 봉급 ……"이라고 한 것은 통상적으로 쓰이는 용어를 예시한 데에 불과하다.[228] 사용자가 근로자에게 지급하는 임금은 노동력의 제공형태, 임금체계, 임금형태, 임금평가방식 등에 따라 다양하게 불린다. 예컨대, 건설공사의 근로자에게 지급되는 임금은 노임이라고 하는가 하면 임금구성요소에 따라 기본급, 본봉 등으로 분류하는 명칭을 사용하기도 한다. 특히 산업의 발달에 따른 새로운 근로형태가 출현하는데, 이러한 과정에서 항공운수업 종사자의 승무수당이나 컴퓨터 종사자에 대한 전산수당, 통신수당 등 다양한 명칭의 임금이 창설되기도 한다.[229]

관련 판례 대판 2005.9.9. 선고 2004다41217
상여금이 임금으로 인정되기 위한 요건

상여금이 계속적·정기적으로 지급되고 그 지급액이 확정되어 있다면 이는 근로의 대가로 지급되는 임금의 성질을 가지나 그 지급사유의 발생이 불확정이고 일시적으로 지급되는 것은 임금이라고 볼 수 없다.

제2절 임금의 법적 성질

1. 노동대가설

이 설은 근로계약을 민법상의 고용계약과 같이 근로와 임금의 교환계약으로 보고 근로

---

228) 박상필, 『한국노동법』, 대왕사, 1988, 219쪽.
229) 대판 1998. 4. 24, 97다54727.

제공의 대가로 임금의 지급이 행해진다고 파악하는 견해이다. 즉, 근로자의 구체적 근로가 현실적으로 행해질 때 비로소 근로계약상의 사용자와의 합의를 근거로 임금청구권이 근로자측에게 있다고 본다. 민법 제656조에 의한 임금후불의 원칙이나 근로기준법 제2조 제1항 제5호에 의한 '근로의 대가'라는 표현은 이러한 견해를 뒷받침 해주고 있다.

이 이론은 민법학자들이 주로 주장하여 온 것이나, 많은 노동법학자들도 아직 이 입장에 동조하고 있다. 이에 대한 논거는 민법상의 쌍무유상계약의 성격이 근로계약에 승계된 것이라고 한다.[230] 즉, 민법에서 발전하여 노동법에 의하여 각종의 수정이 가해진 결과 고용계약의 '노무' 대 '보수'라고 하는 쌍무유상계약으로서의 기본적 성격은, 근로계약에 있어서 '근로' 대 '임금'으로서 승계된다. 따라서 근로계약의 이행으로서 구체적 근로가 있을 때 비로소 임금청구권이 발생하는 것이고, 노동력을 사용자에게 맡기는 것은 계약이행의 과정으로 취해진 것에 지나지 않는다고 해석함이 상당하다. 이러한 입장에 따르면 구체적인 노동과 직접관계가 없는 부분의 휴업수당 · 가족수당 · 물가수당을 어떻게 설명할 것인가의 한계점에 부딪히게 된다.

2. 노동력대가설

이 설은 임금을 구체적 근로의 대가로 보지 않고 근로자가 자신의 노동력을 일정시간 사용자의 처분에 맡기는 것에 대한 대가로 보는 견해이다. 이 입장은 소위 종속근로의 특질에서 그 근거를 구한다. 즉 근로계약상의 근로는 근로자가 스스로의 자주적 판단에서 이를 행하는 것이 아니고, 노동력의 사용권 내지 처분권을 사용자에 맡겨 사용자의 지휘명령에 기초하여 구체적 근로를 제공한다고 하는 실체를 의미한다. 이러한 종속노동성에 착안한다면 근로계약의 구조도 구체적 근로 그 자체의 제공을 약속한 것이 아니고 일정한 조건하에 노동력의 처분권한을 사용자에게 주는 계약으로 파악하는 것이다.

이 학설은 노동대가설의 대안으로 다수의 학자가 주장하였으며[231] 판례에도 지대한 영

---

230) 이학춘외, 『노동법(1)』, 대명출판사, 2004, 95쪽.

231) 片岡昇, 『團結と勞働契約の硏究』, 有斐閣, 1969, 225面 ; 本多淳亮, 『賃金 · 退職金 · 年金, 勞働法實務大系 13』, 總合勞働硏究所, 1976, 28面 ; 山本吉人, "賃金の法的 性格", 現代勞働法講座 11, 1983, 14~16面.

향을 미쳤을 뿐만 아니라 임금이분설의 이론적 토대가 되었다. 이 견해에 의하면 근로계약이란 근로자가 그 노동력을 일정시간 사용자의 처분에 위임하고 노동력의 대가로서 임금을 근로자에 지급할 것을 약정함으로써 성립하는 계약이므로 임금청구권은 근로자가 사용자의 지배권내, 즉 직장편입에 의하여 발생한다고 한다.[232)]

3. 임금이분설

이 설은 임금에는 두 가지 부분, 즉 구체적 근로와 직접 결부되어 있는 부분(교환적 임금)과 그렇지 않은 부분(보장적 임금)으로 구성되어 있다고 보는 견해이다. 임금이분설은 근로계약의 이중구조론에 기초하여 임금청구권을 설명하는 견해이다. 이 입장에 의하면 근로계약은 일정한 기업에 있어서의 근로자의 지위를 취득할 목적으로 사용자와 근로자간에 체결된 계약(일종의 신분적 계약)으로 이는 근로계약에 있어서 소위 고정적 부분을 이루고, 다른 한편으로는 근로계약은 근로자의 노동의 제공에 대하여 사용자가 그 대가로서 임금의 지급을 약정하는 계약(단순한 채권계약)으로서 이는 근로계약에 있어서 소위 변동적 부분을 이룬다고 주장한다.[233)]

이러한 이론은 임금의 법적 성격을 이원적으로 파악할 수 있는 이론적 토대를 제공한다.[234)] 대법원 판례는 파업기간중의 임금삭감의 문제와 관련해 임금이분설을 취하고 있다.[235)] 이때 교환적 부분과 보장적 부분의 구별은 당해 임금의 명목에 불구하고 단체협약

232) 札幌地裁室蘭支院, 1964. 4. 8. 判決.

233) 奉付光郎, "懲戒解雇に對する法律問題", 季刊勞動法, 제18호, 13面 ; 이러한 입장에서 근로계약의 二重構造性을 주창하였고 근로관계는 특별한 채권관계로서의 성질을 가진다고 한다.

234) 最高裁, 1965. 2. 5. 판결. 명치생명사건에서 최고재판소가 처음으로 임금이분설을 채택한 이후로 하급심에서도 이 입장에 따르는 판결이 속출해 왔다. 동 사건은 근무시간의 정함은 있지만 실제상으로 이를 거의 문제시하지 않고 근무하는, 생명보험회사의 외근사원이라고 하는 이른바 특수한 근로자의 급여에 관하여 파업기간중의 임금삭감에 관한 것인데, 最高裁는 다음의 세 가지 논점을 적시하고 있다. ① 근무시간의 장단에 관계없이 완성된 업무의 양(量)에 비례하여 지불되는 급여는 삭감할 수 없다. ② 파업에 의하여 삭감할 수 있는 의미에 있어서의 고정급이란 단체협약 등에 별단의 정함이 없는 한 구속된 근무시간에 응하여 지불되는 임금으로서의 성격을 가지는 것을 필요로 하고 단순히 지급금액이 상당기간 고정되어 있다는 것만으로 족하지 않다. ③ 근로의 대가로서 지급되는 것이 아니고……생활보조비의 성질을 가지는 급여는 '당연히' 삭감할 수 없다.

235) 대판 1992. 3. 27, 91다36307.

이나 취업규칙 등의 규정에 결근, 지각, 조퇴 등으로 근로를 제공하지 아니함에 의하여 당해 임금의 감액을 정하고 있는지의 여부, 또는 위와 같은 규정이 없더라도 종래부터의 관행이 어떠하였는지 등을 살펴 판단하여야 한다.[236)]

4. 검토의견

노동력대가설은 「상품으로서의 노동력」의 의미를 살려 기존의 허구성을 지적한 점에서는 그 공로가 크다고 할 것이지만 기존 법구조하의 자율적이고 독자적인 규범내용과 모순이 없도록 조화적으로 해석하는 데는 미흡한 면이 없지 않다는 비판을 받고 있다. 임금이분설에 대한 대법원 판례는 모든 임금은 근로의 대가로서 「근로자가 사용자의 지휘를 받으며 근로를 제공하는 것에 대한 보수를 의미하므로 현실의 근로제공을 전제로 하지 않고 단순히 근로자로서의 지위에 기하여 발생한다는 이른바 생활보장적 임금이란 있을 수 없다」며 기존의 판결을 전원합의체 판결에 의하여 파기하였다.[237)] 그러나 임금이분설의 입장이 타당하다고 본다.

제3절 평균임금과 통상임금

1. 평균임금

근로기준법 제2조 제1항 제6호에 의하면 「평균임금이라 함은 이를 산정하여야 할 사유가 발생한 날 이전 3월간에 그 근로자에 지급된 임금의 총액을 그 기간의 총일수로 제한 금액을 말한다」고 규정하고 있다. 평균임금은 실제상의 임금이 아니라 임금계산을 위한 단위개념에 불과하며, 근로자의 생활보호라는 관점에서 근로자에게 평상시 지불되고 있던

---

236) 이철수, 『임금에 관한 법리』, 한국노동연구원, 1993, 20쪽.
237) 대판 1995. 12. 21, 94다26721.

임금의 평균액을 사실 그대로 반영하여 산정하는데 그 취지가 있다. 예컨대 그 기간 중에 휴업하였거나 또는 그 기간이 수습기간중일 경우에는 평균임금이 통상의 생활임금과는 현격한 차이가 발생할 수도 있다. 이러한 경우에 대비하여 동법 시행령에서는 별도의 규정을 마련해 놓고 있다(시행령 제2조 내지 제6조 참조).

관련 판례 대판 1999. 2. 9. 97다56235

평균임금 산정의 기초가 되는 임금의 범위

평균임금 산정의 기초가 되는 임금 총액에는 사용자가 근로의 대상(對償)으로 근로자에게 지급하는 금품으로서, 근로자에게 계속적·정기적으로 지급되고 단체협약, 취업규칙, 급여규정, 근로계약, 노동관행 등에 의하여 사용자에게 그 지급의무가 지워져 있는 것은 그 명칭 여하를 불문하고 모두 포함되고, 반면 사용자 이외의 자가 지급한 금품이나 근로의 대상으로서 지급되는 것이 아니라 근로자가 특수한 근무조건이나 환경에서 직무를 수행함으로 말미암아 추가로 소요되는 비용을 변상하기 위하여 지급되는 실비변상적 금원 또는 사용자가 지급의무 없이 은혜적으로 지급하는 금원 등은 평균임금 산정의 기초가 되는 임금 총액에 포함되지 아니한다.

관련 판례 대판 1999.11.12. 선고 98다49357

퇴직전 평균임금이 통상의 경우보다 현저히 달라진 경우의 퇴직금의 산정방법

평균임금은 근로자의 통상의 생활임금을 사실대로 산정하는 것을 그 기본원리로 하는 것으로서 평균임금의 계산에 산입되는'그 사유가 발생한 날 이전 3월간에 그 근로자에 대하여 지급된 임금의 총액'이 특별한 사유로 인하여 통상의 경우보다 현저하게 적거나 많을 경우에는 이를 그대로 평균임금 산정의 기초로 삼을 수 없고, 이러한 평균임금을 그 산정의 기초로 하는 퇴직금 제도는 직급, 호봉 등에 따른 근로자의 통상의 생활을 종전과 같이 보장하려는 데 그 취지가 있다고 할 것이므로, 퇴직급여가 특수하고 우연한 사정에 의하여 통상의 경우보다 현저하게 많거나 적은 금액으로 되는 것은 그 제도의 근본취지에 어긋난다 할 것이고, 따라서 퇴직금 산정의 기초인 평균임금이 특별한 사유로 인하여 통상의 경우보다 현저하게 적거나 많을 경우에는 구 근로기준법시행령 제5조에 의하여 노동부장관이 정하는 바에 따라 평균임금을 산정하여야 할 것인데, 아직까지 그 기준이나 방법 등을 정한 바가 없으므로, 평균임금의 기본원리와 퇴직금 제도의 취지에 비추어 근로자의 통상의 생활임금을 사실대로 반영하는 방법으로 그 평균임금을 산정하여야 한다.

관련 판례

대판 1999. 5. 28. 99다2881

포괄임금제에 의한 임금지급계약의 효력

사용자는 근로계약을 체결함에 있어서 근로자에 대하여 기본임금을 결정하고 이를 기초로 제수당을 가산하여 지급함이 원칙이라 할 것이나 근로시간, 근로형태와 업무의 성질 등을 참작하여 계산의 편의와 직원의 근무의욕을 고취하는 뜻에서 기본임금을 미리 산정하지 아니한 채 제 수당을 합한 금액을 월급여액이나 일당임금으로 정하거나 매월 일정액을 제 수당으로 지급하는 내용의 이른바 포괄임금제에 의한 임금지급계약을 체결한 경우에 그것이 근로자에게 불이익이 없고 제반 사정에 비추어 정당하다고 인정될 때에는 이를 무효라고 할 수 없다.

관련 판례

대판 2002.8.23. 선고 2002다4399

사납금 초과 수입금의 발생여부와 금액범위

운송회사의 근로자들이 총운송수입금을 전부 운송회사에 납부하는 경우에는 근로자들이 사납금 초과 수입금을 개인 자신에게 직접 귀속시킨 경우와 달리, 운송회사로서는 사납금 초과 수입금의 발생 여부와 금액 범위를 명확히 확인 · 특정할 수 있어 사납금 초과 수입금을 관리하고 지배할 수 있다고 보아야 할 것이고, 운송회사가 추후에 근로자들로부터 납부받은 사납금 초과 수입금 상당의 금원을 근로자들에게 지급하였다고 하여 달리 볼 것이 아니라 할 것이므로 운송회사가 근로자들로부터 납부받은 사납금 초과 수입금은 퇴직금 산정의 기초가 되는 평균임금에 포함되는 것으로 보아야 한다.

관련 판례

대판 2009.10.15.2007두72519

통상의 경우보다 현지하게 많은 경우, 평균임금의 산정 방법

근로자가 의도적으로 현저하게 평균임금을 높이기 위한 행위를 함으로써「근로기준법」에 의하여 그 평균임금을 산정하는 것이 부적당한 경우에 해당하게 된 때에는 근로자가 그러한 의도적인 행위를 하지 않았더라면 산정될 수 있는 평균임금 상당액을 기준으로 하여 퇴직금을 산정하여야 한다. 이러한 경우 근로자에게 지급된 임금이 여러 항목으로 구성되어 있어 그러한 임금항목들 가운데 근로자의 의도적인 행위로 현저하게 많이 지급된 것과 그와 관계없이 지급된 임금항목이 혼재되어 있다면, 그중 근로자의 의도적인 행위로 현저하게 많이 지급된 임금항목에 대해서는 그러한 의도적인 행위를 하기 직전 3개월 동안의 임금을 기준으로 하여 「근로기준법」이 정하는 방식에 따라 평균임금을 선정하여야 할 것이지만, 그와 무관한 임금항목에 대해서는 근로기준법에 정한 원칙적인 산정 방식에 따라 퇴직이전 3개월 동안의 임금을 기준으로 평균임금을 산정하여야 할 것이다.

나아가 근로자의 의도적인 행위로 현저하게 많이 지급된 임금항목에 대하여 위와 같이 그러한 의도적인 행위를 하기 직전 3개월 동안의 임금을 기준으로 하더라도, 만약 근로자가 이처럼 퇴직직전까지 의도적인 행위를 한 기간 동안에 동일한 임금항목에 관하여 근로자가 소속한 사업 또는 사업장에서 동일한 직종의 근로자에게 지급된 임금수준이 변동되었다고 인정할 수 있는 경우에는 특별한 사정이 없는 한 이를 평균임금의 산정에 반영하는 것이 근로자의 퇴직 당시 통상의 생활임금을 사실대로 반영할 수 있는 보다 합리적이고 타당한 방법이다.

2. 통상임금

근로기준법시행령 제6조 제1항에 의하면 「통상임금이라 함은 근로자에게 정기적 · 일률적으로 소정 근로 또는 총근로에 대하여 지급하기로 정하여진 시간급금액, 일급금액, 주급금액, 월급금액 또는 도급금액을 말한다」고 규정하고 있다. 판례는 통상임금에 관하여"정기적 · 일률적으로 소정 근로의 양 및 질에 대하여 지급하기로 된 임금으로서 실제 근무일수나 실제 수령한 임금에 구애됨이 없이 고정적이고 평균적으로 지급되는 일반임금"이라고 정의하면서,[238] 일반적으로 「통상근로의 질이나 양에 무관하게 지급된 임금, 실제 근무여부 또는 근무실적에 따라 지급액이 변동되는 임금, 소정근로시간에 대한 대상으로 볼 수 없는 임금(상여금 등 1개월 이상을 단위로 지급되는 임금)은 통상임금의 산정범위에서 제외되어야 한다」고 하고 있다.[239]

통상임금은 근로기준법상 중요한 도구개념일 뿐만 아니라 실제로 근로자의 경제적 지위에 미치는 영향이 지대하기 때문에 이를 둘러싼 노사간의 이해대립이 심각하다. 이때 주로 문제가 되는 것은 통상임금의 범위와 산정방법에 관한 것이다. 전자는 현행 우리나라의 임금체계가 복잡하기 때문에 여러 임금항목 중 어떤 것이 통상임금에 포함되는지에 관한 문제이고, 후자는 통상임금에 속하는 임금을 어떻게 기본최소단위로 환산하는가에 관한 문제이다.

---

238) 대판 1978. 10. 10, 78다1372.

239) 대판 1990. 11. 9, 90다카6498.

관련 판례 대판 2007.6.17. 선고 2006다13070
통상임금의 의의

소정 근로 또는 총 근로의 대상(對償)으로 근로자에게 지급되는 금품으로서 그것이 정기적 · 일률적으로 지급되는 것이면 원칙적으로 모두 통상임금에 속하는 임금이라 할 것이나, 근로기준법의 입법 취지와 통상임금의 기능 및 필요성에 비추어 볼 때 어떤 임금이 통상임금에 해당하려면 그것이 정기적 · 일률적으로 지급되는 고정적인 임금에 속하여야 하므로, 정기적 · 일률적으로 지급되는 것이 아니거나 실제의 근무성적에 따라 지급 여부 및 지급액이 달라지는 것과 같이 고정적인 임금이 아닌 것은 통상임금에 해당하지 아니한다고 할 것인데, 여기서'일률적'으로 지급되는 것이라 함은 '모든 근로자'에게 지급되는 것뿐만 아니라'일정한 조건 또는 기준에 달한 모든 근로자'에게 지급되는 것도 포함되고, 여기서 말하는 '일정한 조건'이란'고정적이고 평균적인 임금'을 산출하려는 통상임금의 개념에 비추어 볼 때'고정적인 조건'이어야 한다.

제4절 퇴 직 금

1. 퇴직금의 의의

근로자퇴직급여보장법 제8조 제1항에 의하면「퇴직금제도를 설정하고자 하는 사용자는 계속근로기간 1년에 대하여 30일분 이상의 평균임금을 퇴직금으로서 퇴직하는 근로자에게 지급할 수 있는 제도를 설정하여야 한다」고 규정하고 있다. 여기서 퇴직금이라 함은 계속적인 근로관계의 종료를 사유로 하여 사용자가 퇴직하는 근로자에 대하여 지급하는 금전급부를 말한다. 퇴직금제도에는 보통 퇴직후 일정기간 또는 당해 퇴직 근로자가 사망할 때까지 정기적으로 지급하는 퇴직연금과 퇴직할 때 전액을 일괄하여 한 번에 지급하는 퇴직일시금이 있다.[240] 원래 퇴직금제도는 노사의 자율적인 결정에 따라 단체협약 등을 통

240) 우리나라의 경우 공무원과 군인은 각각 공무원연금법과 군인연금법의 적용을 받고 있는데 20년 미만의 재직자에 대하여는 퇴직일시금이 지급되고 있으며, 20년 이상의 장기재직자에 대하여는 본인의 희망에 따라 퇴직연금과 퇴직일시금을 선택할 수 있도록 함을 원칙으로 하고 있다. 그리고 사립학교의 교원에 대하여 적용되는 사립학교교원연금법에서도 공무원연금법에 준하여 퇴직금을 지급하고 있다.

해서 규율되어야 함이 원칙이지만, 우리나라는 근로자가 퇴직후에 사회복지의 혜택을 받지 못하는 경우가 대부분이므로 근로자의 생존권을 보장하기 위하여 퇴직금제도를 법제화한 것이다.[241]

사용자가 퇴직급여제도의 종류를 선택하거나 선택한 퇴직급여제도를 다른 종류의 퇴직급여제도로 변경하고자 하는 경우에는 당해 사업에 근로자의 과반수로 조직된 노동조합이 있는 경우에는 그 노동조합, 근로자의 과반수로 조직된 노동조합이 없는 경우에는 근로자의 과반수(근로자대표)의 동의를 얻어야 한다(근로자퇴직급여보장법 제4조 제3항).

2. 퇴직금의 법적 성질

(1) 생활보장설

이 학설은 근로자의 퇴직으로 인해 생길 경제적 위험을 덜어주고 노후에 대한 걱정 없이 생활할 수 있도록 근로자의 퇴직후 생활을 보장하는 금품이 퇴직금이라는 견해이다.[242] 그러나 이 설은 근로자의 연령, 가족사항, 퇴직후의 생계를 위한 대책 등의 여러 요소가 퇴직금제도의 현실적인 산정기준이 되지 못하는 이유를 설명할 방법이 없게 되며, 퇴직시에 있어서의 임금, 근로시간, 퇴직사유 등에 의하여 금액의 차이가 일반화되어 있는 현실과 퇴직금의 본질을 충분히 설명하지 못한다.

(2) 공로보상설

이 학설은 퇴직할 때까지의 일정기간 동안 회사의 수익이나 발전에 도움을 준 근로자의 업적 및 기업에의 공헌도를 평가하여 그 공적·공로에 대한 보상으로서 퇴직시 지급하는 금액이라는 견해이다. 이 사고방식은 기업발전에의 기여도 등을 평가하여 그에 보답하는

근로기준법은 종전에는 퇴직시에 퇴직일시금을 지급하는 제도를 채택하고 있었으나, 1997. 3. 13 근로기준법을 새로이 제정하면서 퇴직연금보험제도를 도입하였다.

241) 선진국에서는 실업보험, 노령보험 등의 사회보험제도 또는 연금제도의 발달로 인하여 퇴직금제도가 그에 흡수되었거나 그를 보완하는 제도로 발전하여 오늘날에는 외국의 입법례에서 퇴직금제도를 찾아보기가 힘들다.

242) 김형배, 『근로기준법』, 301쪽.

것으로 장기간의 근속, 장기적인 성실근무, 생산성의 향상기여 등 수익성 획득에의 기여와 성과의 배분 등을 보상하는 것이라는 입장이다. 따라서 퇴직금을 사용자의 자연채무로 보게되어 근로자가 징계해고를 당한 경우에 퇴직금지급을 설명할 수가 없는 난점이 있으며, 퇴직금이 근로조건의 하나로서 근로자에게 권리화되어 있고 법률에 의하여 법제화되어 있는 현행 근로기준법에서는 이 설은 더 이상 주장될 여지가 없다.

(3) 임금후불설

이 학설은 근로자가 재직중에 지급될 임금이 근로의 대가로서 충분치 못하여, 근로자에게 그때그때 지급해야 할 임금의 일부를 사용자에게 축적하여 둔 것을 근로계약이 종료되는 퇴직시에 그 미지급분을 퇴직금의 명목으로 퇴직하는 근로자에게 지급하는 금품이라는 견해로 근로자측의 대표적인 주장으로 원용되고 있다. 퇴직금은 사회보장적 성격과 공로보상적인 성질이 포함되어 있다 하더라도 근로기준법상 사업주와 근로자의 관계에 있어서는 근로의 대가인 임금적 성격을 띤 것[243]으로서 근로제공에 대한 미지급임금이 축적되어 그 재원이 된 것으로 보아서 본질적으로 후불임금적인 성질을 갖는다.[244] 따라서 퇴직금은 근로계약이 존속하는 한 사용자의 퇴직금 지급의무는 발생할 여지가 없고 계약이 종료되는 때에 비로소 지불의무가 생기는 이른바 「후불적 임금」이라고 하여, 판례는[245] 임금후불설의 입장을 취하고 있다. 한편, 통설[246]도 같은 견해를 취하고 있다.

(4) 검토의견

오늘날의 퇴직금은 사용자의 시혜적 · 공로보상적 성격에서 탈피하여 근로계약 · 취업규칙 · 단체협약 특히 근로기준법에 이를 명문화하고 있으며 근로의 대상으로서의 임금과 같은 것이다. 다만, 이 퇴직금이라고 하는 후불임금은 주급이나 일급과 같은 형태로 지급되

---

243) 대판 1969. 12. 30, 67다1597.

244) 대판 1975. 7. 22, 74다1840.

245) 대판 1973. 10. 10, 73다278 ; 대판 1975. 7. 22, 74다1840 ; 대판 1976. 9. 28, 75다1768.

246) 김형배, 『근로기준법』, 박영사, 2001, 301쪽 ; 김수복, 『근로기준법』, 중앙경제사, 2000, 434쪽 ; 김지형, 『근로기준법해설』, 청림출판, 2000, 278쪽 ; 이상윤, 『근로기준법』, 법문사, 1999, 756쪽 ; 하갑래, 『근로기준법』, 중앙경제사, 2002, 581쪽.

는 임금이 아니라 근로자의 해고, 퇴직, 사망 등으로 인하여 근로계약이 종료되고 난 후에 이행청구권이 발생하는 임금으로서 근로계약의 종료시를 불확정기한으로 하는 기한부 채권이라고 본다.[247] 생각건대, 근로자퇴직급여보장법 제8조의 입법취지는 퇴직후의 근로자의 생활보장을 법률적으로 강력하게 보호하는 데 있고, 퇴직금의 기능을 사회보장적 기능의 주 실행수단으로 볼 때 퇴직금은 사회보장설에 입각하여 설명되어질 수 있다.[248] 그러나 퇴직금은 근로자들이 1년 이상 계속근로를 한 경우에 대하여 장기근속에 따른 미지급 임금(노동력의 손실에 따른 보전분을 위하여 적립된 금액)을 축적하여 둔 것이라고 할 수 있으므로 근로자에게 지급이 강제된 후불임금이라고 보아야 한다.

관련 판례 대판 1988. 6. 87다카2268
임원의 퇴직금의 법적 성격과 시효

회사의 규정에 의하여 이사 등 임원에게 퇴직금을 지급하는 경우에는 근로기준법소정의 퇴직금이 아니라 재직 중의 직무집행에 대한 대가로 지급되는 보수의 일종이라고 할 것이므로, 이사 등 임원의 퇴직금청구권에는 근로기준법 제41조 소정의 임금채권의 시효에 관한 규정이 적용되지 아니하고 일반채권의 시효규정이 적용된다.

3. 퇴직금지급의 요건

(1) 퇴직금의 발생

1) **퇴직의 사유** 퇴직이라 함은 근로자 본인의 임의퇴직인 사직과 의원사직[249] 및 근로계약기간의 만료로 인한 자동퇴직, 명예퇴직, 사용자의 사정으로 인한 해고 등 여하한 경우로든지 퇴직하는 모든 경우가 포함된다.[250] 즉, 근로기준법 제34조의 입법취지가 퇴

---

247) 박상필, 한국노동법, 대왕사, 394쪽.

248) 이철원, "퇴직금제도에 관한 연구", 노동법의 제문제, 가산 김치선 박사화갑 론문집, 244쪽 : 우리나라의 실제 임금이 근로자들의 충분한 생계비에도 못 미치는 저임금이 많고 또한 평생고용을 전제로 한 연공서열형 임금체계인 관계로 일정한 연령에 도달할 때까지는 제공된 노동력의 가치나 또는 공정임금 이하의 임금이 지불될 것이기 때문에 지불되지 않고 축적되어 온 부분의 임금이 바로 퇴직금이라고 볼 수도 있다.

249) 대판 1976. 5. 25, 75다1201.

250) 대판 1974. 4. 11, 71다1032.

직 후의 근로자의 생활보장을 하는 것이라고 생각하면 퇴직금의 지급은 어떠한 형태의 퇴직인가를 불문하고 사용자에게는 퇴직금지급의무가 생긴다.[251] 따라서 법인의 이름으로 기업을 경영하는 사업자가 법인의 물적 기반인 기업시설전체가 법원에 의한 경매로 타인에게 양도됨으로써 근로자가 직장을 잃게 되었을 경우에는, 비록 사용자가 법인의무의 폐업처분이나 그것을 전제로 한 해고처분을 한 일이 없더라도 특별한 사정이 없는 한 당해 근로관계는 합의퇴직으로 종료되었다고 보아야 한다. 근로자가 사망한 경우 퇴직금은 민법의 일반원칙에 따라 재산상속인이 권리자가 된다고 해석하며, 단체협약이나 취업규칙 등에 특별한 규정이 있는 경우는 그 규정에 의하면 될 것이다.[252]

2) 징계해고와 퇴직금 근로자가 징계해고 된 경우 취업규칙상 퇴직금을 지급하지 않는다거나 감액하여 지급한다는 등의 규정을 둔 경우 이것이 적법한 것이냐 하는 점이 문제가 된다. 판례는 근로기준법 제34조, 근로자퇴직급여보장법 제8조가 퇴직사유를 불문한다고 보고 징계해고된 자에게 퇴직금을 지불하지 않는다는 회사의 내부규정은 근로기준법 제34조, 근로자퇴직급여보장법 제8조의 강행규정에 위반되어 무효[253]라는 입장을 취하고 있다. 퇴직금제도의 법적 성격이 공로보상이 아니라 후불임금이라는 점을 고려할 때 징계해고의 사유만으로서 장기간 근로한 자의 퇴직금이 전액 몰수당한다는 것은 부당하다. 따라서 근로자퇴직급여보장법 제8조에 근로기준법 제26조의 해고예고수당제도와 같은 제외규정을 두지 않은 것 등을 볼 때 징계해고된 자에게도 퇴직금을 지급하여야 한다는 판례의 입장은 정당하다.[254]

3) 퇴직금의 발생시기 근로계약의 기간이 정하여져 있는 경우에는 그 기간이 도래함으로써 근로관계가 종료되기 때문에 퇴직금에 관한 발생시기는 그 기간의 만료시로 볼 수 있다. 그리고 근로계약의 기간이 정하여져 있지 않은 경우의 퇴직금에 관한 발생시기는 사용자가 당해 근로자의 퇴직에 관한 의사표시인 사직서를 수리한 때부터라고 본다. 그러나 사용자가 근로자의 퇴직에 관한 의사표시인 사직서를 수리하지 않은 경우에는 당사자

---

251) 이철원, 전게논문, 246쪽.

252) 대판 1993. 10. 26, 92다54210.

253) 대판 1967. 2. 7, 65다1837 ; 서울고판 1965. 7. 21, 65나259.

254) 기업의 취업규칙 등에는 형벌이나 고의 과실 등으로 징계면직자에 대하여 퇴직금의 액을 감하도록 되어 있는 경우가 많다. 이러한 규정은 근로자퇴직급여보장법 제8조의 위반이라고 본다.

간에 계약해지의 효력발생시기 등에 관하여 별단의 약정한 바가 없다면, 사용자가 그 근로자의 퇴직에 관한 의사표시를 통고받은 날부터 당해 근로자의 임금이 정해진 기간(일급, 주급, 월급 등)의 다음 기간이 경과하면 퇴직금이 발생한다.[255] 퇴직금 지급의무를 탈피하기 위한 수단으로 일정한 근로계약기간마다 입사와 퇴사를 반복갱신하거나, 근로자의 비자발적 의사에 의한 퇴직처리후 재입사시켜 근로한 경우에는 계속적인 근속연수로 해석한다.

(2) 1년 이상의 계속근무연수

1) 계속근로연수의 의미 근로자퇴직급여보장법 제8조의 규정에 의한 퇴직금을 청구하기 위해서는 적어도 근로연수가 1년 이상이어야 한다. 여기서 근속연수가 1년 이상이라는 의미는 근로관계의 중단이 없이 계속하여 전체적으로 계산하여 1년 이상이어야 한다는 것이다.[256]

2) 기업의 동일성과 계속근로연수 기업의 합병, 영업양도, 조직변경 등의 경우에 이전의 회사에서 근무한 자에 대한 나중의 회사에서의 근속연수는 통산하여야 한다. 왜냐하면 현대의 기업은 물적 시설과 인적 시설(근로자)로 이루어진 유기적 조직체이며 기업 또는 영업의 양도는 유기적 조직체가 일체로 이전되는 경우가 보통이고 반대의 특약이 없는 한 노사간의 근로관계도 그대로 이전된다는 합의가 있는 것으로 보아야 하기 때문이다.[257] 이 경우 퇴직금지급의무는 영업양수인이나 합병회사가 부담하여야 한다.[258]

따라서 기업체의 변경에 불구하고 기업 그 자체가 동일성이 지속되는 한, 기업의 소유자 내지 경영주가 교체된 것에 불과한 때에는 퇴직금의 산정에 있어서 근속연수계산은 별단의 사유가 없는 한 계속근로로 통산하여 취급하여야 한다. 그러나 노사합의에 의하여 근로자들이 기업 양도전 소속기업에서 퇴직하고 퇴직금을 수령후 새로 설립되는 기업에 신규로 입사하며, 근로계약을 체결하였다면 근속연수가 단절된다.[259]

---

255) 문원주, 『주석실무 근로기준법(전정판)』, 법원사, 306쪽 ; 법무 811-4834 ; 근기 1455- 10936, 1970. 11. 20.

256) 대판 1996. 5. 17, 96다 576 ; 대판 1969. 2. 4, 68 다 2104.

257) 한승헌, "근로연수에 따르는 문제점", 경영과 노동, 1972. 4. 13~15쪽.

258) 법무법 811-11942, 1978. 12. 8 : 이규창, "퇴직금제도의 현황과 문제점", (현대노사, 1984.4), 64쪽.

259) 법무 811-8144, 1980. 4. 4.

3) **휴직기간의 통산** 근로기준법 제23조 제1항은 「사용자는 근로자에 대하여 정당한 이유 없이 해고, 휴직, 정직, 감봉 기타 징벌을 하지 못 한다」라고 규정하고 있는데, 휴직기간을 근무연수에 산입할 수 있는지 여부의 판단은 휴직처분의 정당성에 의하여야 한다. 즉, 휴직의 원인이 사용자와 근로자의 귀책사유중 어느 면에 있는가에 따라 그 해석이 달라진다.[260] 사용자의 귀책사유로 인한 휴직인 경우에는 당연히 근속연수에 산입하여야 할 것이므로 당해 근로자에 대하여 근로기준법 제45조에 의한 평균임금의 100분의 70이상을 지급할 의무가 있다. 근로자가 업무상재해를 당하여 요양 중에 있는 휴업기간도 같은 의미에서 근속연수에 산입하여야 한다.[261] 이때 휴업은 사용자의 관리상 내지 경영상의 책임이 있는 사유로 넓게 해석하여야 한다. 사용자의 관리 및 경영상의 책임범위에 속하는 사유로 자금, 자재 기타 기업시설 등의 관계에서 생긴 경영상 장애를 의미한다. 그러나 근로자의 귀책사유로 인한 휴직은 근로계약 또는 취업규칙 등에 의하되, 근속연수에서 제외하고 있다.

4) **일용직 · 임시직근로자의 계속근로연수** 일용직이나 임시직 근로자들이 사실상 계속해서 근로한 경우에는 그 고용형식의 여하에 불구하고 근로기준법 제34조, 근로자퇴직급여보장법 제8조의 계속근로로 보아야 하며, 이에 대하여 퇴직금을 지급하여야 한다. 즉 1일, 1월 또는 1년 등으로 기간을 정하여 근로계약을 체결하였다 하더라도 사실상 근로계약의 단절이 없이 동일 사업장에 계속 근무하였다면 계약의 명시적 또는 묵시적 갱신 또는 계약기간의 연장으로 보아야 할 것이고 근속연수는 최초 입사시부터 기산하여야 한다.[262] 일용근로자로 근무하다가 정규사원으로 임용되거나, 일단 일용직이나 잡급직을 사임하고 신규직원으로 발령되어 공백 기간 없이 계속 근무한 경우에는 이전 직종의 전기간은 계속근로에 해당한다.

(3) 1년 미만의 단수처리

퇴직금은 1년 이상의 계속근로를 전제로 하나 근로자퇴직급여보장법 제4조 제1항은 「계

---

260) 김춘근, "근속년수 계산과 퇴직금 계산에 따르는 문제점", 경영과 노동(1972.3), 18쪽.
261) 근기 01254-5206, 1987. 3. 31.
262) 법무법 811-12625, 1980. 5. 27.

속근로기간이 1년 미만인 근로자, 4주간을 평균하여 1주간의 소정근로시간이 15시간 미만인 근로자에 대하여는 그러하지 아니하다」고 규정하고 있다. 판례는 "근로연수가 1년 이상인 경우에 1년 미만의 근로기간에도 그 기간에 비례하여 1년당 30일분 이상의 비율로 퇴직금을 산정 지급하여야 한다"고 판시하고 있다.[263)]

관련 판례 대판 2001. 2. 9. 2000다21512

퇴직금의 산정기준과 퇴직금지급청구권의 발생시기

고용계약에 의하여 지방자치단체의 잡급직원 등으로 근무하다가 퇴직하고 그 다음날 지방공무원법에 의한 고용직 공무원으로 임용된 경우에 양자는 신분상 관계가 판이하여 그 고용관계가 계속된 것으로 볼 수 없으므로 잡급직으로서의 고용관계는 그 퇴직한 날 종료된 것으로 보아야 하며, 잡급직 등으로 근무한 기간 동안의 퇴직금은 그 퇴직할 당시의 임금을 기준으로 산정하여야 하고 퇴직금지급청구권은 잡급직에서 퇴직한 날 발생한다.

관련 판례 대판 1994. 1. 25 92다23834

기업양도시 퇴직금의 산정사유와 계속근로의 인정요건

어떤 사업이 다른 경영주체에 양도되면서 물적 시설을 이전함과 아울러 그 양도되는 사업에 근무하던 근로자들의 소속도 변경시킨 경우에는 원칙적으로 해당 근로자들의 근로관계가 양수하는 경영주체에게 승계되어 그 계속성이 유지된다고 할 것이어서 근로자가 사업을 양수한 기업에서 퇴직하면 그 기업은 합산한 계속근로연수에 상응하는 퇴직금을 지급할 의무가 있다고 할 것이고, 이러한 법리는 사업을 양도한 경영주체가 국가인 경우라 하여 달라지지 않는다.

관련 판례 대판 2001. 4. 24. 99다9370

퇴직금의 착오로 인한 중간정산과 부당이득의 반환

사용자가 근로자에 대하여 중간퇴직처리를 하면서 퇴직금을 지급하였으나 그 퇴직처리가 무효로 된 경우 이는 착오로 인하여 변제기에 있지 아니한 채무를 변제한 경우에 해당한다고 할 수 없으므로, 이미 지급한 퇴직금에 대한 지급일 다음날부터 최종 퇴직시까지의 연 5푼의 비율에 의한 법정이자 상당액은 부당이득에 해당하지 않는다.

---

263) 대판 1987. 9. 22, 86다카1651.

관련 판례 대판 2001. 2. 23. 2001도204
퇴직금을 지급할 수 없는 불가피한 사정과 위반범죄의 책임조각사유

사용자가 기업이 불황이라는 사유만을 이유로 하여 임금이나 퇴직금을 지급하지 않거나 체불하는 것은 근로기준법이 허용하지 않는 바이나, 사용자가 모든 성의와 노력을 다했어도 임금의 체불이나 미불을 방지할 수 없었다는 것이 사회통념상 긍정할 정도가 되어 사용자에게 더 이상의 적법행위를 기대할 수 없다거나, 사용자가 퇴직금 지급을 위하여 최선의 노력을 다하였으나 경영부진으로 인한 자금사정 등으로 도저히 지급기일 내에 퇴직금을 지급할 수 없었다는 등의 불가피한 사정이 인정되는 경우에는 그러한 사유는 근로기준법 제36조, 제42조 각 위반범죄의 책임조각사유로 된다.

제 5 절　임금의 지급

1. 원칙적 임금지급방법

(1) 의 의

임금은 원칙적으로 근로의 제공이 있는 다음에 지급되는 후불적 성격을 띤다. 그럼에도 불구하고 근로기준법은 근로자의 임금생활상의 어려움을 감안하여 임금의 지급방법과 비상시 지불임금에 관한 조건을 작성하여 명시하는 등의 임금보호제도를 마련하고 있다. 근로기준법 제43조는「① 임금은 통화로써 직접 근로자에게 그 전액을 지급하여야 한다. 단, 법령 또는 단체협약에 특별한 규정이 있는 경우에는 임금의 일부를 공제하거나 또는 통화 이외의 것으로 지급할 수 있다. ② 임금은 매월 1회 이상 일정한 날짜를 정하여 지급하여야 한다. 다만 임시로 지급되는 임금·수당 그 밖에 이에 준하는 것 또는 대통령령이 정하는 임금에 대하여 그러하지 아니하다」고 규정하고 있다. 이것은 임금지급방법의 일반원칙을 명시한 것으로서 통화지급의 원칙, 직접지급의 원칙, 전액지급의 원칙 및 매월 1회 이상 정기일지급의 원칙을 규정하고 있다. 근로자의 유일한 생계수단인 임금액을 확실하고 신속하게 근로자가 직접 수령할 수 있도록 임금지급방법에 관하여 규정하고 있는 것이다.

(2) 직접불의 원칙

1) 의 의　직접불의 원칙이라 함은 임금을 반드시 직접 근로자에게 지급하지 않으면 아니된다는 것을 말한다. 임금의 착취 기타 전근대적 부조리를 배제하고 근로자의 생활을 안정시키기 위하여 근로자에 의한 임금의 수령을 확실히 하기 위한 것으로 예외는 인정되지 않는다(근기법 제43조 제1항 단서). 직접불의 원칙은 직업중개인 등에 의한 임금의 대리수령으로 인한 중간착취의 폐단을 없애고, 소위 킥백 페이(kick back pay)의 폐습을 방지하며 친권자 · 후견인 등의 대리수령에 의한 중간착취 등의 구습을 배제하고자 하는데 있다. 이 원칙은 근로기준법 제68조의 「미성년자의 임금청구권」과 함께 민법의 위임 · 대리의 제규정에 대한 특별규정으로 설정된 것이다.

2) 임금의 대리수령금지　사용자가 근로자의 임금을 친권자 기타 법정대리인이나 또는 위임을 받은 임의대리인에게 지급하는 것은 근로기준법 제43조 위반이 되며 위임 · 대리 등의 법률행위는 무효가 된다. 따라서 임금청구권자가 미성년자라 하더라도 법정대리인이 임금을 대리수령할 수 없으므로 미성년자에게 직접 지급하여야 한다. 한정치산자의 경우에는 법정대리인에 의한 근로계약의 체결과 임금청구가 가능하다는 것이 민법의 통설적 견해이나, 이에는 찬동할 수 없다. 왜냐하면 한정치산자와 미성년자의 행위능력이 동일하다고 보는 한 미성년자를 특히 보호하는데 비하여, 한정치산자를 차별할만한 이유가 없기 때문이다.[264]

또한 복수의 근로자로부터 위임을 받은 자에 대하여 일괄하여 임금을 지급하는 것도 근로기준법 제43조 위반이 되며, 노동조합의 간부에게 지급할 수 없다. 대리수령자가 근로자 본인에게 임금을 인도한 경우에는 「변제받을 권한이 없는 자에 대한 변제는 채권자가 이익을 받은 한도에서 효력이 있다」고 하는 민법 제472조의 규정이 적용되므로 사용자는 근로자에게 다시 임금을 지급할 의무가 없다. 대리인이 사용자로부터 수령한 임금을 근로자에게 인도하지 않고 이를 착복한 경우에는 대리인에 대한 임금지불은 민법 제460조에 의한 「채무내용에 좇은 현실제공」이라 할 수 없으므로 사용자는 근로자에게 임금을 지급하

---

264) 통설의 견해에 의하게 되면 후견인이 근로계약체결 및 임금청구권을 대리하는 결과가 된다고 한다. 따라서 미성년자와 달리 한정치산자의 경우에 그 보호를 포기할 이유가 없다고 보아 근로기준법 제67조 · 제68조의 규정을 유추적용하는 것이 타당하다는 입장을 취하고 있다(곽윤직, 『민법총칙』, 박영사, 2000, 143쪽).

여야 한다.

3) **임금의 압류와 양도** 사용자가 근로자에게 지급해야 될 임금이 국세징수법에 의한 압류처분 및 민사소송법에 의해 임금압류될 경우가 있다. 이때 행정관청이 국세징수법 제33조 및 동법시행령 제37조에 의하여 임금을 압류처분한 경우에 사용자가 일괄공제하여 당해 행정관청에 납부하는 것은 본조의 직접불원칙에 위반된다고 할 수 없다. 민사소송법 제579조에 의한 임금압류의 경우에도 동일하게 해석하여야 할 것이다. 임금채권을 제3자에게 양도를 한 경우에 어떻게 되는가. 근로기준법에서는 임금을 근로자에게 직접 지급하여야 한다고만 규정하고 있을 뿐, 임금채권의 양도에 관하여는 금지규정이 없기 때문에 학설과 판례가 대립되고 있다.

대법원판례에 의하면[265] 「근로기준법 제43조의 입법취지는 임금채권의 양도를 금지한 것이라고는 할 수 없다」고 한다. 그러나 최근 대법원판례[266]는 임금채권을 양수한 양수인이라고 할지라도 스스로 사용자에 대하여 임금의 지급을 청구할 수는 없다고 한다. 따라서 근로자가 제3자에 대한 채무의 변제를 사용자에게 위임한 경우라도 사용자가 제3자에게 직접 지급하는 것은 직접불원칙에 반한다. 근로기준법 제43조 제1항에서 임금직접지급의 원칙을 규정하는 한편, 동법 제109조에서 그에 위반하는 자는 처벌을 받도록 하는 규정을 두어 그 이행을 강제하고 있는 취지가 임금이 확실하게 근로자 본인의 수중에 들어가게 하는데 있다. 근로자가 그 임금채권을 양도한 경우라 할지라도 그 임금의 지급에 관하여는 같은 원칙이 적용되어 사용자는 직접 근로자에게 임금을 지급하지 아니하면 아니된다. 다만, 선원법에는 해상근로의 특수성에 입각하여 직접불의 원칙에 대한 예외규정이 있을 뿐이다(선원법 제48조 제3항).[267]

(3) 전액불의 원칙

1) **의 의** 전액불의 원칙이라 함은 임금을 직접 근로자에게 그 「전액」을 지급하여야 한다는 것을 말한다. 이 원칙은 임금의 일부에 대한 지급을 유보함으로써 전차금·위약금

---

265) 대판 1959. 12. 27, 58민상814.

266) 대판 1988. 12. 13, 87다카2803.

267) 대판 1988. 12. 13, 97다가2803.

과의 상계 또는 저축강제를 금지하고 나아가서는 근로자의 인신구속의 수단으로 이용할 수 없도록 함과 동시에 구매조합 또는 공제조합 등에 대한 근로자의 채무를 사용자가 공제하는 것을 금지하려는 것으로서 직접불의 원칙과 함께 근로의 대가를 모두 근로자에게 귀속시키고자 하는데 그 취지가 있다.

2) **임금의 공제** 임금은 전액을 근로자에게 지급해야 하며 임금의 일부공제는 법령 또는 단체협약에 특별한 규정이 있는 경우에 한 한다(근기법 제43조 제1항 단서).여기서 공제라 함은 이미 이행기가 도래한 임금채권 즉, 임금지급일에 지급하여야 할 것이 확정되어 있는 임금의 일부를 공제하여 지급하는 것을 말한다. 회사내의 소비조합에서의 구매대금 등을 단체협약에 의하여 임금에서 공제할 것을 약정하는 경우와 조합비를 사용자로 하여금 공제케 하는 조합비 공제가 여기에 해당된다. 다만, 단체협약내의 조합비 공제조항은 당연히 개개 조합원을 구속할 수 없으며,[268] 그 조항이 효력을 가지려면 대개 조합원의 합의가 있거나 또는 조합규약내의 조합비공제규정에 대한 조합원의 승인이 있어야 한다.[269]

사용자는 근로자에 대한 채권 또는 채무불이행 또는 불법행위로 인한 손해배상채권으로써 임금채권에 대하여 상계할 수 없다. 그리고 퇴직금채권과 불법행위로 인한 채권을 상계할 수 없다.[270] 이때 사용자와 근로자 사이의 합의에 의한 상계도 인정될 수 없다. 그러나 계산의 착오 등으로 임금이 초과되었을 때 그 행사의 시기가 초과지급된 시기와 임금의 정산, 조정의 실질을 잃지 않을 만큼 합리적으로 밀접되어 있고 금액과 방법이 미리 예고되는 등 근로자의 경제생활의 안정을 해할 염려가 없는 경우나 근로자가 퇴직한 후에 그 재직중 지급되지 아니한 임금이나 퇴직금을 청구할 경우에는 사용자가 초과 지급된 임금의 부당이득반환청구권을 자동채권으로하여 상계할 수 있다.[271]

지각 · 조퇴 · 결근 등 근로자의 귀책사유로 임금의 일부를 감액하는 경우(근기법 제93조)에 감액된 금액을 공제하는 것은 근로기준법 제43조에 위반되지 않느냐의 여부에 대하여 견해

268) 1990. 5. 18, 임금 32240-7142.

269) 대판 1976. 9. 28, 75다1768.

270) 대판 1976. 9. 28, 75다1 ; 대판 1996. 10. 25, 96다5346.

271) 대판 1993. 12. 28, 93다38529 ; 대판 1995. 11. 10, 94다54566 ; 대판 1996. 2. 9, 95다19501.

의 대립이 있다. 감급제재(근기법 제93조)의 경우에는 근로자에게 임금채권 자체가 발생함에도 제재적 수단으로 임금의 지급을 감액하는 것으로 근로기준법 제43조의 예외규정이라고 생각된다.[272]

그러나 실근로의 불제공에 따른 근로시간에 비례하여 임금액의 일부를 지급하지 않는 것은 그 한도의 금액에 한해서 임금채권 자체가 발생하지 않기 때문에 근로기준법 제98조가 적용되지 않는다. 임금의 일부가 이미 가불로서 지불된 경우에는 가불금을 공제한 잔액이 지급하여야 할 임금총액이므로 근로기준법 제43조에 위반되지 않는다. 파업기간은 집단적으로 노무제공을 거부하는 기간이므로 그 사실관계에 따라 근로관계의 주된 권리·의무가 정지되므로 파업참가근로자에게는 임금채권이 발생하지 않으므로 사용자는 근로일수에 대한 임금만을 지급하면 된다. 따라서 사용자는 쟁의행위에 참가하여 근로를 제공하지 아니한 근로자에 대하여는 그 기간중의 임금을 지급할 의무가 없다(노조법 제44조).[273]

(4) 통화불의 원칙

통화불의 원칙이라 함은 임금은 법령 또는 단체협약에 특별한 규정이 있는 경우를 제외하고는 강제통용력이 있는 화폐로 지급되어야 하는 것을 말한다(근기법 제43조 제1항). 통화불의 원칙은 화폐경제가 지배하는 사회에서 가장 유리한 교환수단인 통화로서 임금을 지급하도록 하며, 근로자에게 불이익한 현물급여 소위 트럭 시스템(Truck system)을 원칙적으로 금지하기 위한 것이다. 통화 이외의 것이라 함은 회사제품 등의 유형의 물건에 한정하지 아니하고 통근정기승차권이라든지 주택제공의 무형의 이익을 포함한다. 통화라 함은 강제통용력이 있는 화폐를 말하며, 은행권과 주화를 말한다. 통화불의 원칙은 현물급여에 의한 실질적인 임금인하를 방지하는데 그 취지가 있다는 입장에서 보증수표에 의한 지급을 긍정하는 견해[274]와 통화불의 원칙에 대하여 현물급여만을 금지하는 취지가 아니라고 하는 입장에서 수표에 의한 지급을 부정하는 견해로 나뉘어진다. 그러나 회사발행의 수표는 부도

272) 이상국, "징계권행사에 관한 법적고찰", 한국비교노동법학회 제10회 춘계학술발표논문(2002. 5. 11), 52쪽.

273) 대판 1993. 7. 27, 92다42743 ; 대판 1999. 7. 13, 99도2168.

274) 김형배, 근로기준법, 박영사, 2001, 275쪽.

의 위험이 있어 임금지불수단으로 적절하지 못하므로 근로기준법 제43조 위반이라고 본다. 다만, 부도의 위험이 없는 보증수표에 의한 임금의 지급은 통화불의 원칙에 위배되지 않는다.

(5) 월 1회 이상 지불의 원칙

월 1회 이상 정기지불의 원칙이라 함은 임금은 매월 1회 이상 일정한 날짜를 정하여 지급되는 것을 말한다(근기법 제43조 제2항). 임금의 지급이 장기간에 걸치거나 부정기적으로 행하여지면 근로자의 생활이 불안정하게 되기 때문이다. 그러므로 적어도 매월 1회 이상 지급하도록 하고, 또한 지급일이 일정하지 않으면 근로자의 생활상의 계획을 세울 수가 없기 때문에 일정일에 지급하도록 한 것이다. 「매월 1회 이상」이라 함은 매월 1일부터 말일까지 적어도 1회 이상은 임금을 지급하여야 한다는 의미이다.

(6) 정기일지불의 원칙

정기일지불의 원칙이라 함은 임금은 특정된 지급기일에 지급되는 것을 요구하는 원칙이다. 특정한 지급기일이라 함은 25일과 같이 지불일을 명확히 정하지 않으면 안되며, 그 날짜가 주기적으로 도래하는 것이어야 한다. 예를 들면 월급은 「월의 말일」, 주급은 토요일로 정한 경우에 이 원칙에 반하지 않으나, 「매월 제3주 토요일」등으로 지급기일을 정하는 것은 지급기일이 특정되어 있지 않기 때문에 정기일지불의 원칙에 위반된다. 정기일지불의 원칙에 예외가 인정되는 경우로서 임시로 지급되는 임금, 수당 기타 이에 준하는 것과 대통령령으로서 정하는 임금 등은 이 원칙의 적용을 받지 않는다(근기법 제43조 제2항 단서). 임시로 지급되는 임금, 수당은 ① 1월을 초과하는 기간의 출근성적에 의하여 지급하는 정근수당, ② 1월을 초과하는 일정기간의 계속근로에 대하여 지급되는 근속수당, ③ 1월을 초과하는 기간에 걸친 사유에 의하여 산정되는 장려금 · 능률수당 · 상여금, ④ 그 밖에 부정기적으로 지급되는 제수당 등이다(시행령 제23조). 경영부진으로 인하여 정기불을 하지 못할 때에 사용자가 사회통념상 최선의 노력을 했음에도 불구하고 임금지체가 발생했을 경우에는 기대가능성을 결여한 것으로서 책임조각이론에 의해 형벌을 과할 수 없다.[275] 이와 반대로 사용자의

275) 대판 1985. 10. 8, 85도1262.

책임을 물을 수 있는 경우에는 사후에 임금의 일부 또는 전부를 지급한 경우라도 죄책을 면할 수 없다.[276] 기업의 경영난 또는 기타의 이유로 임금이 체불되는 경우에는 사용자의 채무불이행이 되므로 별단의 합의가 없는 한, 사용자는 지연이자 연 5푼(민법 제379조)을 추가로 당연히 지급하여야 한다.

(7) 근로기준법 제43조의 위반효과

직접불의 원칙에 위반하여 근로자의 대리인 등에 임금을 지불한 경우에 사용자는 근로기준법 제43조 위반으로 책임을 져야 한다. 즉, 3년 이하의 징역 또는 2,000만원 이하의 벌금형에 처하게 된다(근기법 제109조). 이 경우의 죄수에 대해서는 근로기준법 제43조가 개개 근로자의 임금확보를 위한 것이므로 근로자 1인에 대하여 1죄가 성립하게 되어, 예를 들면 10인에 대한 위반행위가 10죄는 된다. 따라서 10인에 대한 직접불위반시의 벌금은 2억원이 상한액이 된다. 임금체불의 경우에 사용자가 개개의 근로자 또는 노동조합의 동의내지 승낙을 얻었다 해서 책임을 면할 수는 없다.

관련 판례 대판 1996. 3. 22, 95다2630
직접불의 원칙의 취지

근로기준법 제36조 제1항(현행법 제43조)에서 임금직접지급의 원칙을 규정하는 한편 동법 제109조에서 그에 위반하는 자는 처벌을 하도록 하는 규정을 두어 그 이행을 강제하고 있는 취지는 임금이 확실하게 근로자 본인의 수중에 들어가게 하여 그의 자유로운 처분에 맡기고 나아가 근로자의 생활을 보호하고자 하는데 있다.

2. 임금의 비상시 지불

(1) 의 의

사용자는 근로기준법 제45조의 규정에 의하여 임금을 일정 기일에 지급하지 않으면 안되며 근로자는 사용자와의 별단의 특약이 없는 한 지급기일 전에 임금을 청구할 수 없는

276) 대판 1985. 10. 8, 85도1566.

것이 원칙이다. 그러나 근로자에게 긴박한 사정이 있는 경우에 임금의 비상시 지급청구를 인정하여 지급기일전이라도 이미 제공한 근로에 대한 임금을 지급하도록 규정하고 있다. 임금의 비상시 지급은 근로자의 생존을 보호해야 할 필요성이 있기 때문에, 근로기준법 제45조는 「근로자가 출산 · 질병 · 재해 기타 대통령령으로써 정한 비상한 경우의 비용에 충당하기 위하여 청구하는 경우에는 지급기일전이라도 이미 제공한 근로에 대한 임금을 지급하여야 한다」고 규정하고 있다.

(2) 청구요건

1) 출산 · 질병 · 재해 등의 비상시 근로기준법 시행령 제25조에서 비상시라 함은 근로자 또는 그의 수입에 의하여 생계를 유지하는 자가 ① 출산하거나 질병 또는 재해를 입었을 경우(동조 제1항),② 혼인 또는 사망한 경우(동조 제2항), ③ 부득이한 사정으로 인하여 1주일 이상 귀향하게 되는 경우(동조 제3항)를 말한다. 「근로자의 수입에 의하여 생계를 유지하는 자」라 함은 근로자가 부양의무를 지고 있는 친족에 한정하는 것이 아니라, 동거인이라도 무방하다고 해석된다. 또한 친족이라 하더라도 독립하여 생계를 유지하고 있는 자는 포함되지 아니한다. 질병은 업무상의 부상 · 질병은 물론, 업무와 관계없는 사상병의 경우까지도 포함된다고 해석되며, 재해는 화재 · 홍수 · 기타 천재 · 지변 · 사변 등을 모두 포함한다.

2) 비상시 지급의 청구와 지급기일 근로자의 비상시 지급청구가 있는 경우에 사용자는 며칠 내로 임금을 지급해야 하는가에 대해서는 명문의 규정이 없다. 입법상 불비라고 할 것이다. 그러나 임금에 대한 근로자의 비상시 지급청구에 대하여 사용자는 지체없이 이를 지급해야 한다.

3) 청구의 대상으로서의 임금 근로기준법 제45조에 의하여 근로자가 지급기일전에 청구할 수 있고, 또한 사용자가 청구에 응하여 지급해야 하는 임금은 「이미 제공한 근로에 대한 임금」에 한정된다. 기왕의 근로에 대한 임금이라 함은 이미 급부된 근로에 대한 임금을 말하는 것이므로 장래의 근로에 대한 대가는 이에 포함되지 않는다. 단체협약 또는 취업규칙에서 특약을 정하지 않는 한 사용자는 아직 근로의 제공이 없는 기간에 대한 임금지급의 의무는 없다.

(3) 근로기준법 제45조의 위반효과

근로기준법 제45조의 위반행위에 대하여 사용자는 1천만원 이하의 벌금형에 과해진다(근기법 제113조). 사용자가 비상시 지급에 불응하므로 인하여 근로자의 재해가 확산되어 손해가 발생한 경우에는 손해배상을 청구할 수 있다고 해석된다.

제4장 근로시간

제1절 서 설

1. 근로시간의 의의

근로기준법 제50조 제1항은 「1주간의 근로시간은 휴게시간을 제회하고 40시간을 초과할 수 없다」고 하고 동조 제2항에서 「1일의 근로시간은 휴게시간을 제외하고 8시간을 초과할 수 없다」고 규정한 것 이외에는 근로시간의 정의규정을 찾아볼 수 없다. 그럼에도 불구하고 근로시간의 보호가 근로조건보호에서 중시되는 것은 근로시간이 근로자의 생활과 사업운영에 미치는 영향이 너무나 크기 때문이다. 근로시간의 장단은 근로자의 건강·문화적 생활을 위해서 뿐만 아니라 사용자의 사업상 양질의 노동력 확보, 생산능률향상을 위해서도 하나의 중요한 계기가 된다.[277] 뿐만 아니라 근로시간은 근로자의 수입, 여가, 복지 그리고 산업안전에 까지 많은 영향을 미친다.[278]

근로기준법에서 근로시간의 규제는 근로시간의 기준을 정하는 데서부터 비롯한다.[279] 그 기준이 정해짐으로써 근로시간의 상한과 연장 및 변형이 정해지기 때문이다.

근로시간은 근로자가 법령·단체협약·취업규칙 또는 근로계약 등에 따라 근로하여야 할 시간이거나, 실제로 근로한 시간을 말한다.[280] 그러나 근로시간은 임금산정이나 유급

277) 김치선, "8시간 노동제와 노동력 보호", 고시연구(1981. 5), 97쪽 ; 이병태·김창호·김상규, 『노선버스 운전기사의 취업환경과 운행시간분석』, 전국자동차 노동조합연맹, 1981, 63쪽.

278) ILO, Conditions of Work and the Working Environment(Geneva, 1983), p 9.

279) Günter Schaub, Arbeitstrechts-Handbuch, 5. Auf.(C. H. Beck) S. 914.

휴가 등을 결정하는 경우에 있어서 반드시 실제로 일한 시간만을 의미하지 않는다. 따라서 근로시간개념을 명백히 하는 것은 용이한 일이 아니라고 본다. 근로시간에 관한 ILO 제32호 협약 제2조를 보면, 「본 협약의 목적상 근로시간이란 용어는 사용되는 자가 사용자의 지휘 명령하에 있는 시간대를 말한다. 그것은 사용되는 자가 사용자의 지휘명령하에 있지 않는 휴식시간을 포함하지 않는다」고 규정하고 있다. 휴식시간을 근로시간에 포함시키지 않는 ILO의 태도는 우리 근기법과 맥을 같이 하고 있다. 이에 의하면 사용자의 지휘명령(at the disposal of the employer)의 유무가 근로시간과 근로시간이 아닌 시간을 구별하는 기준이 된다.[281] 따라서 근로시간이라 함은 실근로시간일 뿐만 아니라 근로자의 노동력이 사용자의 지휘감독하에 있는 시간이라고 볼 수 있다.[282] 이러한 근로시간은 ① 법률에 의하여 정해지는 것, ② 법률에 의하여 사용자에게 의무지워진 행위의 결과, 행위에 요하는 근로시간, ③ 취업규칙 · 단체협약 · 관행에 의하여 정해진 근로시간 등으로 나누어 볼 수 있다.[283]

제 2 절 기준근로시간제

1. 기준근로시간의 의의

(1) 1일의 의미

근로기준법 제50조 제2항에서 「1일의 근로시간은 휴게시간을 제하고 8시간을 초과할

280) G. Schaub, a. a. O., S. 915.

281) 이때 근로시간성을 판단하는 기준으로서 "사용자의 지휘 · 명령"은 지휘 · 감독과 동일한 의미로서 근로자가 사용자에게 근로를 제공함에 있어, 사용자가 근로의 내용 · 시간 및 장소 등을 지정하고, 이를 위반한 경우 일정한 제재 또는 불이익을 가하여 근로자가 사용자에게 종속되는 상태를 말한다(이병태, 근로기준법해설, 한국노동교육원, 1996, 243쪽).

282) 김형배, 『근로기준법』, 박영사, 2001, 346쪽 ; 이병태, "근동시간의 변형운용에 따르는 문제", 노사문제 사례연구집 제4집, 산경문화사, 1978, 124쪽 ; 外尾健一, "基準內勤勞", 勞動法大系, 有斐閣, 1974, 115面 ; 菅野和夫等, "セミナー 勤勞時間法의 焦點", ヅュリスト No. 844, 有斐閣, (1985. 9), 102~115面.

283) 渡邊章, "セミナー 勤勞時間法의 焦點, 勤勞時間の 起算點 · 終了點", ヅュリスト No. 843. 110面.

수 없다」고 규정하고 있다. 1일 8시간이라는 의미는 역일의 1일, 즉 오전 0시부터 오후 12시까지를 의미하는가에 관한 의문이 제기된다. 원칙적으로 역일에 따라 계산해야 할 것이나,[284] 계속근로가 2일에 걸칠 경우에는 역일을 달리하더라도, 하나의 근로로 보아 1일 근로시간을 판단해야 한다. 2개의 역일에 걸친 1일 근무에 대해서는 시업시각이 속하는 날의 근로로서, 당해 1일의 근로로 해석한다.[285]

(2) 8시간의 의미

근로기준법 제50조 제2항은 1일에 8시간, 제1항은 1주일 40시간을 기준으로 할 것을 규정하고 있다. 이때 1일에 「8시간」을 기준으로 정한 것에 어떤 과학적 근거를 제시하기도 한다.[286] 1일 근로시간을 제한하여 몇 시간으로 한정한다는 것은 사실상 업무의 종류, 강도에 따라 달리해야 할 것이다. 농림업, 수산업 등에 대해서는 업무의 특성을 고려하여 1일 8시간의 근로원칙을 배제시키고 있다(근기법 제63조 참조). 한편 표준근로시간의 예외로서 산업안전보건법은 유해·위험한 작업의 특성을 고려하여 1일 6시간, 1주 34시간을 기준으로 하고 있다(산안법 제46조).

(3) 1주일 40시간의 의미

근로기준법 제50조 제1항에서 정한 「1주일」이라함은 일반적으로 7일간, 일요일부터 토요일까지를 뜻한다. 그러나 주휴 1일제를 채택하고 있는 우리 근로기준법 제55조를 고려한다면, 여기서의 1주일의 근로일은 7일간[287]이 아니라 6일간으로 되는 셈이다.[288] 근로

284) 김형배, 전게서, 374쪽 ; 김치선, 『노동법강의』, 박영사,, 1988. 229쪽 ; 문원주, 『실무근로기준법』, 법원사, 1985, 404쪽 ; 박상필, 『축조근로기준법해설』, 대왕사, 1985, 262쪽 ;심태식, 『축조근로기준법해설』, 법문사, 1979, 164면 ; 한용식, 172~173쪽.

285) 日本 勞働省 1967. 12. 27, 基收 弟5675号.

286) 생활주기, 근로생활에 있어서의 시간효과에 관하여 Katzell(1950)의 작업전선에 관하여 이론전개를 하고 있는 것은 小木和孝, " 勞働生活の中の勤勞時間", 勞働科學叢書 59, 勞働科學研究所, 1981이 있다.

287) 김치선, 전게서, 229쪽 ; 김형배, 전게서, 375쪽 ; 심태식, 『노동법개론』, 법문사, 1982, 359쪽 ; 김형배, 『노동법연구』, 박영사, 1991, 122쪽.

288) 최근 노사정위원회에서 근로시간의 단축이 쟁점사항으로 되고 있다. 주 5일근로제를 대상으로 노사간에 의견이 대립되고 있으나, 1주 5일 근로제를 실시하는 경우에는 기준근로시간이 주당 40시간으로 단축될 것이다.

기준법상 1주일 40시간의 원칙은 기준근로시간을 의미하므로, 주휴 1일에 해당하는 1일은 실제로 제외되기 때문이다(근기법 제55조)

.다만, 1주간의 주기를 파악하는 문제는 월요일부터 토요일까지의 근로일이나 주휴 1일에 해당하는 일요일로 포함하는 것으로 볼 것인가 한 것이다. 생각건대 교대제 근로시간을 인정하는 경우에는 고정된 1주 기간을 정하는 것이 어렵다고 보며, 현실에도 적합하지 않다고 본다. 특히 교대제근로의 경우에는 개인에 따라 근로형태를 고려할 때 주휴일이 반드시 일요일일 필요는 없기 때문이다.

관련 판례 대판 1991. 1. 15. 90다카25734
기준근로시간과 약정근로시간

기준근로시간의 제한범위 내에서 사용자와 근로자가 근로시간에 관하여 약정을 한 경우에는 그 약정의 근로시간이 근로기준법 제42조 제1항 본문 등의 기준근로시간에 우선하여 시간급통상임금 산정의 기초가 되어야 한다.

2. 유해 · 위험작업의 기준근로시간

(1) 의 의

산업안전보건법 제46조는 「유해 또는 위험한 작업으로서 대통령령이 정하는 작업에 종사하는 근로자에 대하여는 1일 6시간, 1주 34시간을 초과하여 근로하게 하여서는 아니된다」고 규정하고 있다. 이는 근로기준법 제50조에 규정된 1일 8시간, 1주 40시간제의 원칙에 대한 예외규정으로, 종전에는 근로기준법 제43조에 규정되었던 것을 재해예방측면에서 산업안전보건법이 동법 제46조를 흡수하여 규정하였다.[289] 산업안전보건법시행령 제32조의 8은 이 기준 근로시간의 적용을 받는 유해 · 위험작업에 해당하는 작업으로 「잠함 · 잠수작업 등 고기압하에서 행하는 작업」만을 규정하고(동 조 제1항), 동조 제3항에서는 「유해 · 위험예방조치 외에 작업과 휴식의 적정한 배분 기타 근로시간과 관련된 근로조건의 개선을 통하여 근로자의 건강보호를 위한 조치를 하여야 한다」고 규정하고 있을 뿐이다.

289) 산업안전보건법 부칙 제6조.

(2) 유해 · 위험작업과 입출사항시간

유해 · 위험작업에 있어서는 「1일에 6시간, 1주에 34시간」을 기준으로 한다. 1일 6시간의 작업시간이라 함은 휴식시간을 제외한 실근로시간을 뜻한다. 이 때 갱내근로를 하는 경우 입 · 출갱에 소요되는 시간은 근로시간에 포함되는가에 대하여 논란이 제기된다.

판례는 개정전의 근로기준법 제43조가 갱내근로를 일반근로의 경우보다 2시간을 단축하여 6시간으로 규정한 것은 갱내근로 자체의 유해 · 위험성과 더불어 각 작업장마다 입갱 및 출갱 소요시간이 상이할 수밖에 없다는 점을 감안한 것이라고 해석하여, 동법 시행령 제27조 2항의 규정은 위 규정의 취지를 따른 것으로 입갱 및 출갱에 요하는 시간은 갱내근로의 근로시간에서 제외되는 것으로 보아야 한다고 한다.[290)]

그러나 갱내근로에 있어서 입 · 출갱시간에 소요되는 시간을 근로시간에서 제외한다는 규정의 취지는 그러한 입 · 출갱시간을 유해 · 위험작업의 법정기준근로시간(1일6시간)에서 제외시킬 수 있다는 의미에 지나지 않으며, 그 시간을 「별도의 일반 근로시간」으로 구분하여 취급하는 것을 배제하는 것은 아니다.[291)] 입 · 출갱에 소요되는 시간은 갱내채탄작업에 필수불가결한 준비 및 정리시간이며 사용자의 지휘 · 감독 아래에서 근로를 제공하는 근로시간이라는 점에 의심의 여지가 없다.[292)] 따라서 법원은 입 · 출갱이 문제된 구체적 사안과 관련해서 입 · 출갱시간이 갱내작업과 유기적으로 관련된 것으로 법률상 그 시간을 근로시간으로 보는 것이 타당한 것인가를 판단해야 할 것이지, 이미 삭제된 근로기준법 시행령 제27조 2항의 규정을 추상적으로 해석하여 판결할 것은 아니라고 생각한다.

---

290) 대판 1992. 2. 25, 91다18125 ; 대판 1992. 3. 10, 91다11391.

291) 서울민지판 1991. 4. 4, 89가합53137.

292) 또한 日本 勞働基準法 제38조 2항 본문은 「갱내근로에 관해서는 근로자가 갱구에 들어간 시각부터 갱구를 나온 시각까지의 시간을 휴식시간을 포함해 근로시간으로 본다」고 규정하고 있다. 이 규정은 갱내근로의 특수성에 비추어 갱구계산제를 취하고 있다고 이해된다(菅野, 勞基法, 233面). 입법론적으로 볼 때, 휴식시간 여부가 불분명한 경우도 있고 갱내에서는 진정한 의미의 「휴게」가 이루어질 수 없는 경우가 많으므로 일본과 같이 근로시간에 갱내에서의 휴게시간을 포함하는 것이 타당하다고 생각된다.

3. 여성과 연소근로자의 근로시간

(1) 연소근로자의 근로시간과 그 예외

1) 기준근로시간　근로기준법 제69조는 「15세 이상 18세 미만자의 근로시간은 1일에 7시간, 1주에 40시간을 초과하지 못한다. 다만, 당사자 사이의 합의에 의하여 1일 1시간, 1주일에 6시간을 한도로 연장할 수 있다」고 규정하고 있다. 연소근로자에 대한 근로시간을 제한하는 취지는 이들이 신체적으로나 도덕적으로 성인근로자와는 구별되어야 할 뿐만 아니라, 나아가서는 미성숙한 노동력을 보호하기 위한 것이다. 헌법 제32조 제4항과 제5항은 여자와 연소근로자에 대한 특별보호를 규정하고 있다. 연소근로자에 대하여는 근로기준법 제59조(근로시간 및 휴게의 특례)의 규정은 적용될 수 없다. 1일 7시간이라 함은 실근로시간(근기법 제50조 제2항)을 말하며, 연장근로(근기법 제53조)·야간근로 및 휴일근로(근기법 제55조, 제56조)에 대하여는 할증임금을 지급해야 한다. 제55조의 규정에 위반하는 경우에는 2년 이하의 징역 또는 1,000만원 이하의 벌금형에 처한다(법 제110조).

2) 기준근로시간의 예외　연소근로자의 근로시간에 관한 규정에 대하여도 제59조의 예외가 적용됨을 주의해야 한다.[293]

(2) 산후여성에 대한 기준근로시간의 예외

근로기준법 제71조는 「사용자는 산후 1년이 경과되지 아니한 여성에 대하여는 단체협약이 있는 경우라도 1일 2시간, 1주일에 6시간, 1년에 150시간을 초과하는 시간외근로를 시키지 못한다」고 규정하고 있다(근기법 제71조). 이것은 여자의 건강과 모성보호를 위한 것이며, 이에 위반하는 경우에는 2년 이하의 징역 또는 1,000만원 이하의 벌금형에 처한다(근기법 제110조 제1호).

---

293) 반대 : 심태식, 전게서, 198쪽.

(3) 여성과 18세 미만자의 근로제한

사용자는 18세 이상의 여성을 오후 10시부터 오전 6시까지의 사이 및 휴일에 근로시키고자 하는 경우에는 당해 근로자의 동의를 얻어야 한다(근기법 제70조 제1항)

.사용자는 임산부와 18세 미만자를 오후 10시부터 오전 6까지의 사이 및 휴일에 근로시키지 못한다. 다만, 18세미만자의 동의가 있는 경우나 산후 1년이 지나지 아니한 여성의 동의가 있는 경우, 임신 중의 여성이 명시적으로 청구하는 경우로서 고용노동부장관의 인가를 얻은 경우에는 그러하지 아니하다(동조 제2항). 이 경우 사용자는 고용노동부장관의 인가를 얻기 이전에 근로자의 건강 및 모성보호를 위하여 그 시행여부와 방법 등에 관하여 당해 사업 또는 사업장의 근로자대표와 성실하게 협의하여야 한다(동조 제3항). 이것은 임신 중의 여성근로자를 보호하고 성장기에 있는 연소근로자를 보호하기 위한 규정이다. 왜냐하면 야간근로 및 휴일근로는 인간의 일상적인 생활리듬에 역행하여 육체적 피로의 축적으로 인해 건강을 악화시키거나 정상적 신체의 발달에 지장을 초래하기 쉽기 때문이다.

제3절 유연적 근로시간제

1. 탄력적 근로시간제

(1) 의 의

탄력적 근로시간제(Averaging Week System)라 함은 어떤 근로일의 근로시간을 연장시키는 대신에 다른 근로일의 근로시간을 단축시킴으로써 일정기간의 평균근로시간을 기준근로시간내로 맞추는 변형근로시간제[294]를 말한다. 이것은 엄격히 기준근로시간을 정하여 둔 근로시간에 대한 제한을 일정 주기의 근로시간의 평균치로써 합리화 내지 완화시키려

294) 安枝英訊, "變形勤勞時間制 · 交替制", 現代勞働法講座 11卷, 日本 勞働法學會編, 總合勞動硏究所, 1983, 144面.

는 제도라고 할 수 있다.[295] 이 경우에 일·주 또는 월 단위 근로시간의 합계가 달라짐은 물론이다. 어떤 기간은 기준근로시간보다 초과할 때도 있고, 반대로 단축될 때도 있다. 이 때 기준근로시간 보다 장시간으로 일하는 근로자가 더욱 건강이나 문화생활에 지장을 받게됨은 물론이다. 이것은 근로자의 인간다운 생활을 부정하는 것이라고 볼 수 있다.[296]

근로기준법 제51조 제1항은「사용자는 취업규칙에서 정하는 바에 따라 2주 이내의 일정한 단위기간을 평균하여 1주간의 근로시간이 제50조 제1항의 근로시간을 초과하지 아니하는 범위내에서 특정한 주에 제50조 제1항의 근로시간을, 특정한 날에 제50조 제2항의 근로시간을 초과하여 근로하게 할 수 있다. 다만 특정한 주의 근로시간은 48시간을 초과할 수 없다」고 규정하여, 단위기간의 평균치를 산정하도록 하고 근로시간의 상한선을 제한하고 있다. 탄력적 근로시간제는 근로시간을 유연화하여 노사가 사업장실태에 맞는 다양한 형태의 근로시간제를 선택할 수 있도록 하자는데 그 취지가 있다. 탄력적 근로시간제를 도입하면 사용자는 사업체의 주기적인 수주량변동 및 사업체의 특성에 따라 근로시간을 효율적으로 배분함으로써 기업의 경쟁력을 높일수 있고, 근로자는 근로시간을 줄이고 휴무일을 늘림으로써 여가활용이나 자기계발기회를 확대시킬 수 있게 된다. 외국의 입법례를 보면, 법률로 혹은 협약으로 탄력적 근로시간제를 실시하고 있다.

(2) 탄력적 근로시간제의 요건

1) 2주간 이내의 단위기간을 평균 근로기준법 제51조 제1항은「사용자는 취업규칙에서 정하는 바에 따라 2주 이내의 일정한 단위기간을 평균하여 1주간의 근로시간이 제50조 제1항의 근로시간을 초과하지 아니하는 범위에서 특정한 주에 제50조 제1항의 근로시간을, 특정한 날에 제50조 제2항의 근로시간을 초과할 수 있다. 다만, 특정한 주의 근로시간은 48시간을 초과할 수 없다.」라고 규정하여, 단위기간의 평균치를 산정하도록 하고 근로시간의 상한선을 제한하고 있다. 2주단위의 탄력적 근로시간제를 도입하면 첫째주에는 월요일부터 토요일까지 8시간 근무하고, 둘째주에는 월요일부터 금요일까지 8시간 근무하며 토요일은 휴무하는 근로형태를 채택하므로써 노사간 합의에 의하여 1주에 10시간 연장근

295) 김치선, 전게서, 229쪽 ; 김형배, 전게서, 378면 ; 박상필,『한국노동법』, 대왕사, 1981, 421쪽.
296) 青木宗也, 前揭書, 19面.

로를 할 수 있다. 이때 2주간의 연장근로시간은 총88시간이나 특정주에 40시간을 초과하여 근로하더라도 48시간만 넘지 않으면 연장근로수당을 지급할 필요가 없게 된다(근기법 제51조 제1항 단서). 2주 단위 탄력적 근로시간제는 특정주에 최장 48시간까지 가능하나, 특정일에 대하여는 1일 최장근로시간의 한도가 정하여져 있지 아니하다. 따라서 특정일에 24시간도 탄력적 근로가 가능하게 되어 지나친 근로시간의 확대로 인한 피해가 우려되므로 입법적 개선이 요구된다. 근로기준법 제51조 제1항의 「2주간」이라는 주기를 문자 그대로 해석한다면, 4주간을 연속으로 하는 것이 아니라, 2주간의 단위로 운영하는 것으로 보아야 한다. 탄력적 근로시간제의 1주기를 가능한 한 짧은 것으로 제한하여 최고기간을 억제하고 있다.[297] 이때 「2주간을 평균하여」라는 의미에 관하여 특정의 2주간을 평균하면 무방한가, 아니면 어느 2주간에 대해서도 평균해야 하는가에 관해서는 의문이 제기된다.[298] 생각건대 탄력적 근로시간제를 당사자의 합의로 정할 때 처음부터 2주간의 초산주를 정해둔 경우에는 쉽게 이 문제가 해결될 것이다. 만일 그렇지 못할 경우에는 실제로 탄력적 근로를 시작한 날부터 기산하여 주기별로 산정하여야 한다.

2) 3개월단위의 서면합의와 신고 근로기준법 제51조 제2항에 의하면 「사용자는 근로자대표와의 서면합의에 따라 ① 대상근로자의 범위, ② 단위기간(3개월이내의 일정한 기간으로 정하여야 한다), ③ 단위기간의 근로일과 근로일별 근로시간, ④ 그 밖에 대통령령이 정하는 사항을 정한 때에는 3개월이내의 단위기간을 평균하여 1주간의 근로시간이 제50조 제1항의 근로시간을 초과하지 아니하는 범위에서 특정한 주에 제50조 제1항의 근로시간을, 특정한 날에 제50조 제2항의 근로시간을 초과하여 근로하게 할 수 있다. 다만, 특정한 주의 근로시간은 52시간을, 특정한 날의 근로시간은 12시간을 초과할 수 없다」고 규정하고 있다. 탄력적 근로시간은 사용자가 일방적으로 자기의 편의만을 위하여 정할 수 없다. 따라서 사용자는 근로자대표와 서면으로 합의가 있는 경우에만 1일 8시간, 1주 40시간의 기준근로시간의 원칙을 변형할 수 있다(근기법 제51조 제2항). 이 규정은 장기간의 탄력근로로 인한 과로 등의 문제점이 발생하므로 노사합의를 전제로 엄격히 운영할 필요가 있다. 따라서

297) 安枝英訊, "變形勤勞時間制 · 交替制", 現代勞働法講座 11卷, 總合勞動硏究所, 1983, 148面 ; 日本 勞働省 勞働基準局, 前揭書, 341面 ; 萩澤淸彦 "八時間勤勞制" 新勞働法講座7卷, 有斐閣, 1969, 264面.

298) 安枝英訊, 前揭論文, 148~149面.

사용자가 근로자대표와 반드시 서면합의를 하면 3개월단위 탄력적 근로시간제가 가능하도록 제한할 필요가 있다. 이때 서면합의의 대상은 사업장 전체나 작업공정의 대부분에 종사하는 근로자가 초과하여 근무하는 경우이다. 그러나 업무단위 또는 부분적으로 적용하고자 할 때에는 당해 근로자와 서면합의를 할 수 있다. 합의라 함은 의사표시의 합치를 말하며, 계약이나 협약의 형식을 취함이 보통일 것이다. 합의 형식에 대해서 법으로 아무런 제한규정을 두지 않고 있지만 문서에 의하되,[299] 사용자는 탄력적 근로시간제를 채택할 경우에 반드시 취업규칙에 그 내용을 명시하고 (근기법 제51조 제1항) 취업규칙 작성의무가 없는 사용자는 취업규칙에 준하는 것으로 할 수 있다. 따라서 서면합의는 당사자간의 합의를 신중히 하고, 증거를 분명히 한다는 점에서 볼 때 계약서 · 협약서등 문서에 의해서 탄력적 근로시간의 합의를 함이 바람직하다.

3) **특정한 날, 특정한 주의 지정이 있을 것** 사용자는 탄력적 근로시간제를 채택하는 경우에 특정한 날에 대하여 8시간, 특정한 주에 대하여 40시간을 초과하여 근로를 시킬 수 있다(근기법 제51조 제1항). 여기서 특정한 날 또는 특정한 주라 함은 기준근로시간을 일시적으로 변경하여 운영할 수 있는 일자나 주기를 말한다. 이때 특정일과 특정주를 동시에 지정할 수 있는지에 대하여 불분명하나, 양자를 동시에 지정하거나 선택하는 것이 모두 가능하다고 본다. 왜냐하면 특정주 주기만을 정할 수 있도록 허락한다면, 1일 근로시간의 운영은 1주간 내에서는 사용자가 매우 자유로이 활용이 가능한 반면에 근로자에게는 매우 불리한 경우가 생길 수 있기 때문이다.[300]

그러나 초자공업이나 건설 · 토목 · 항만사업처럼 기후의 영향을 받는 업종일 경우에는 탄력적 근로의 특정일을 지정하기에 어려움이 있다. 근로기준법 제51조 제2항은 「특정일」 또는 「특정주」의 근로시간을 구체적으로 정할 것을 요구하고 있지만, 실제에 있어서 특정하기가 곤란한 경우가 많아 탄력적 운영이 필요하게 된다. 현행 근로기준법 제51조 제2항의 적절한 운용으로 문제해결을 하는 방법도 있다. 특히 1일 근로시간의 최장한도와 1주간의 근로시간의 최장한도를 정하는 일이 필요할 것으로 생각한다.[301]

---

299) 김치선, 전게서, 229쪽 ; 박상필, 전게서, 422쪽 ; 심태식, 전게서, 361쪽.
300) 이에 관한 우리나라 고용노동부의 행정해석은 아직 없다.
301) 윤성천, "4주단위 변형근로시간제에 대한 검토" 고시연구(1981. 5), 188쪽.

4) 기존 임금수준의 보전방안 근로기준법 제51조제4항에 의하면 「사용자가 특정한 날 특정한 주에 초과근로시킬 경우에는 당해 근로자의 기존의 임금수준이 저하되지 아니하도록 임금보전방안을 강구하여야 한다」고 명시하고 있다. 탄력적 근로시간은 특정한 날이나 특정한 주에 근로시간을 연장하고 나중에 근로시간을 축소하여 조정함에 따라 연장근로수당을 지급하지 않게 된다. 그러나 탄력적 근로시간제를 실시함에 있어서 근로시간의 변형에 따른 임금수준을 저하시킬 우려가 있다. 이러한 이유로 고용노동부장관은 근로기준법 제51조 제4항의 규정에 의하여 필요한 경우에는 사용자에게 그 보전방안의 내용을 제출하도록 명하거나 이를 직접 확인할 수 있도록 하고 있다(시행령 제28조 제2항).

(3) 탄력적 근로시간제의 적용제외

1) 15세 이상 18세 미만 근로자 근로기준법 제51조제3항에 의하면 「제1항 및 제2항의 규정은 15세 이상 18세 미만의 근로자와 임신중인 여자 근로자에 대하여는 이를 적용하지 아니한다」고 명시하고 있다. 연소근로자는 성인근로자에 비하여 신체적 · 정신적으로 아직 성장기에 있고 의사능력이 성인에 비하여 다소 떨어지므로 건전한 미래 노동력을 확보한다는 취지에서 탄력적 근로를 금지하는 것이다. 일반적으로 근로계약은 성년근로자 이외에 연소자도 계약당사자로 인정하고 있으나, 탄력적 근로시간제에는 서면합의를 위한 상대방으로 인정하지 않는 것이 타당하다. 따라서 연소자와 서면합의를 하거나 취업규칙에 의하여 연소자를 탄력적 근로를 시키는 것은 본조 위반이 된다.

2) 임신중인 여성근로자 임신중의 여성근로자는 신체적 · 정신적으로 대단히 중요한 시기에 있게 된다. 따라서 모체의 보호와 태아의 순조로운 발육을 위해서는 육체적 · 정신적 피로를 회복시키고 급격한 노동환경의 변화를 방지하고 경이한 업무를 통한 적극적인 모성보호가 필요하다. 따라서 탄력적 근로시간제는 임신중인 여성근로자에게는 적용될 수 없다.

(4) 탄력적 근로시간제의 효과

탄력적 근로시간제의 실시에 따른 효과는 형사적인 측면과 경제적인 측면에서 살펴볼 수 있다. 전자의 경우를 살펴보면, 근로기준법 제50조 1항의 근로시간 제한의 대원칙에 저축되더라도 탄력적 근로시간제의 요건을 갖추면, 1일 8시간, 1주 40시간을 초과하여도 벌칙의 적용을 받지 않게 된다. 후자의 경우에는 탄력적 근로시간 실시의 경우 1일 8시간, 1주 40시간을 초과하였을 때 연장근로수당에 해당되는지, 가산임금을 지급하여야 되는지에 대해 법률상 규정이 불분명하여 의문이 제기될 수 있다. 이러한 문제는 근로기준법 제56조의 해석여하와 관련되는 것으로 가산임금지급을 긍정하는 견해[302]와 이에 대해 부정하는 견해[303]로 나뉘어 진다. 탄력적근로시간제는 선택적 근로시간제와 같은 정산기간을 명시하지 않았고, 사용자에 의해 임금수준이 저하될 우려가 있기 때문에, 이러한 문제를 해결하기 위하여서는 오히려 기준시간을 초과하는 일에 가산임금을 지급하고 기준시간에 미달하는 일에 임금을 감급하는 긍정설의 견해[304]가 타당하다.

2. 선택적 근로시간제

(1) 의 의

근로기준법 제52조에 의하면 「사용자는 취업규칙에 따라 업무의 시작 및 종료시각을 근로자의 결정에 맡기기로 한 근로자에 대하여 근로자대표와의 서면합의에 따라 일정한 사항을 정하면 1월이내의 정산기간을 평균하여 1주간의 근로시간이 제50조 제1항의 근로시간을 초과하지 아니하는 범위에서 1주간에 제50조 제1항의 근로시간을, 1일에 제50조 제2항의 근로시간을 초과하여 근로하게 할 수 있다」고 규정하고 있다.[305]

선택석 근로시간제(Flexitime System)는 독일에서 1967년에 발생하였으며,[306] 유럽에 있어서 주 5일 40시간 근로제가 정착한 1970년부터 급속히 보급된 것이며, 그 도입의 계기

---

302) 박상필, 축조 근로기준법해설, 대왕사, 1985, 269쪽 ; 심태식, 전게서, 362쪽.

303) 김치선, 전게서, 362쪽 ; 김형배, 전게서, 378쪽 ; 윤성천, 전게논문, 191쪽.

304) 윤성천, 전게논문, 191쪽.

305) 영문표기상 Flexitime System에 해당된다. 근로자가 근로시간을 완전하게는 아니지만, 어느 정도로 선택할 수 있다는 점에 착안하여, 선택적 근로시간 또는 유동적 근로시간으로 번역할 수 있다. 현행 근로기준법 제51조는 선택적 근로시간제라고 명시하고 있다.

306) 1967년 서독의 Messerschmidt research and development facility(out side Munich)에서 개발되었으며 원래는 공장출입로의 러시아워 교통혼잡을 줄이기 위한 목적으로 도입된 제도이다(Reynolds, op.cit., p. 125). 그 후 이 제도는 급속히 발전하여 1979년 서독 White collar의 5~10%, 독일어 사용지역의 Swiss에서는 40%가 이 제도를 채택하고 있다.

는 통근문제 · 계획적 결근방지 · 노동력의 정착 등 여러 가지를 들 수 있다.[307] 이 제도는 근로자의 소외를 가져오는 기존근로조직을 변형하여 근로자의 신체적 특성과 업무시간의 조화를 통하여 근무의 충실을 기함과 동시에 효율적인 근로시간의 배치에 의한 불필요한 연장근로를 규제하고 획일적 관리방식을 개선함으로써 경영합리화를 도모하고자 하는 데 그 취지가 있다.

이에 따라 근로자는 본인의 신체적 특성 및 업무효율성 등을 감안하여 스스로 근로시간의 자기결정성을 갖도록 하여 업무수행의 자율성을 보장할 필요가 있게 된다. 자율적인 업무수행은 주 또는 월의 총근로시간수를 계약하고, 근로자는 이 범위 내에서 각 근로일의 근로시간수를 자기의 의사에 의해서 결정할 수 있다는 것이며, 1일의 근로시간대를 근로자가 반드시 근무해야 하는 시간대(core time)와 근로자가 언제 출근 또는 퇴근해도 좋은 시간대(flexible time)를 나누어 둠으로써 근로자는 자율적으로 근로시간의 조정을 하고, 기업은 작업능률의 향상, 시간외근로시간의 감소 등을 가능케 하는 근로시간의 선택을 의미한다.[308]

선택적 근로시간제(flexitime system)라는 용어는 광범위하고 융통성이 있는 근로계약에 사용되고 있다.

(2) 선택적 근로시간제의 형태

선택적 근로시간제에는 3가지 기본형태가 있다. 이것은 근로자 개인에게 허용되는 근로시간선택의 정도에 따르는 구별형태이다.

1) 최소한의 허용형태 이 형태(the least elastic)는 사용자가 근로자에게 기점시간의 범위(a range of starting times)를 단순히 허용하는 것을 말한다.[309] 근로자가 오전 7시 30분과 오전 9시 사이의 어느 15분에 시작할 수 있다든가 그 근로자의 1일 8시간 근로가 오후 4시 30분과 오후 6시 사이의 상응하는 15분에 끝나도록 하는 근로시간형태이다.

2) 중간형태 이 형태는 근로자가 그 자신의 시간표를 계획하지만, 한 번 선택해서 승

307) 安枝英訊, 前揭論文, 151面.

308) 日本 勞働省 勞働基準局, 勞働基準法(上), 343面.

309) Reynolds, op. Cit., p. 125.

인되면 이 시간표는 기업의 특정근로시간중에 편입되어져야 하는 것을 말한다.[310]

3) **최대한 허용형태**　이 형태는 근로자가 사전에 감독기관의 승인없이 매일 그들의 시간표를 변경할 수 있는 것을 말한다.[311] 이러한 형태를 취할 때 사용자는 코아 타임이나 근로시간대에서만 규제가 가능하다. 그러나 탄력적시간대만 두고 핵심시간대(core time)를 두지 않는 경우에는 일정한 정산기간(accounting period)을 1주 내지 1개월 두고 그 기간만큼 의무적으로 일하도록 하고, 그에 대한 부족근로시간(debit time : 借時間)과 잉여근로시간(credit time : 貸時間)을 정산하여 이를 다음주 또는 다음달로 이월하는 경우도 있다.

(3) 선택적 근로제의 요건

근로기준법 제52조는 선택적 근로시간제의 요건으로 취업규칙 및 서면합의로 일정한 사항을 정하는 것을 사용자의 의무로 하고 있다. 먼저, 사용자는 취업규칙 또는 그에 준하는 것에 따라 「업무의 시작 및 종료시각을 그 근로자에게 맡기는 것」을 정하지 않으면 아니 된다. 다음에 사용자는 근로자대표와 ① 대상근로자의 범위(15세 이상 18세 미만자는 제외한다), ② 정산기간[312](1개월 이내의 일정한 기간으로 정하여야 한다), ③ 정산기간에서의 총 근로시간[313], ④ 근로자가 근로해야 할 시간대[314]를 정하는 경우에는 그 시작 및 종료시각, ⑤ 근로자가 그 결정에 따라 근로할 수 있는 시간대를 정하는 경우에는 그 시작 및 종료시각, ⑥ 그 밖에 대통령령이 정하는 사항을 서면합의에 따라 정하지 않으면 아니 된다.

근로기준법 제52조 제6호에서 대통령령이 정하는 사항이라 함은 표준근로시간을 말하며, 유급휴가 등의 계산기준으로 사용자와 근로자대표가 합의하여 정한 1일의 근로시간을 말한다(시행령 제29조).

---

310) Ibid.

311) Ibid.

312) 계약근로시간을 정하기 위한 기간이고, 1개월 이상이 아니면 안된다. 또, 서면합의 또는 취업규칙으로 계산일을 정하지 않으면 안된다.

313) 1개월 이내의 계약근로시간 예를 들면 주 40시간제를 지켜야 하는 사업장의 경우, 31일의 월 소정근로시간의 상한은 40시간×(31÷7)=177.1이 된다.

314) 코아타임(core time)이라고 불리우며, 근로자에게 선택의 여지가 없는 시간대를 말한다.

(4) 운용상의 법률문제

1) 대차제도 대차제도의 문제는 계약근로시간 이상 또는 이하를 근로했다고 하여 차기이후에서의 근로시간을 조정하는 것의 인정여부를 말한다. 여기에 관한 견해로서, 첫째, 제1설은 근로시간의 대차를 일체 인정하지 않고 통합하여 기간마다 임금의 지불에 따라 산정하지 않으면 아니 된다고 하는 설,[315] 둘째, 제2설은 법정 계약근로시간 이내이면 대시간 · 차시간에 의한 근로시간의 산정을 긍정하는 설,[316] 셋째, 제3설은 근로자가 일정기간 동안에 약정근로시간을 넘어 근로한 사용자에 대한 대시간과 차시간을 만들고, 이것을 상계하는 방법은 근로기준법 제50조의 위반이 되지만, 한편 사용자가 임금을 감하지 않고 전액을 지급하고, 차기에 있어서 과불시간을 근로자가 대시간을 만들고 법정시간 내로 상쇄하는 것은 허락된다고 하는 설이[317] 있다. 근로시간의 대차제는 그것 자체가 임금액의 계산에 있어서 유효한 근로계약의 규칙이 된다고 생각할 수 있기 때문에 제2설이 타당하다.

2) 지각 · 조퇴 선택적 근로시간제하에서의 지각 · 조퇴의 취급에 관하여는 코아타임의 시간대에서만 가능하다. 그러나 지각 · 조퇴를 했다고 해도 그 기간의 종료시점에 있어서 계약근로시간이 근로되면 노무제공의 채무불이행은 생기지 않으므로, 사용자는 임금을 감할 수 없다. 이 경우, 사용자로서는 징계처분 또는 승진 · 상여를 위한 인사고과에서의 마이너스 사정에 따라서 대응하게 된다. 또한, 노사합의는 선택적 근로시간제를 근로기준법상 적법이라고 하는 효과를 갖는 것에 지나지 않는다. 이러한 제도하에서 효율적인 선택적 근로가 자율적으로 이루어재게 하기 위해서는 취업규칙으로 상세한 규정을 정할 필요가 있다. 사용자는 선택적 근로시간제의 적용대상이 되는 근로자에게 코아타임(core time)에 회의 등에의 출석을 명령하는 것은 가능하지만, 변동시간(flexible time)에는 일정의 시각까지의 출근이나 뒤에 남음을 명령할 수 없다. 회의나 연수회의 개최, 출장 등 일정시각에 처리해야 하는 업무에 관하여는 근로자의 동의를 얻어야 한다.

---

315) 渡辺章, 賃金 · 勤勞時間, 190面.

316) 下井 · 勞働基準法 189面.

317) 日本 勞働省 勞働基準局, 勞働基準法, 全訂新版(上) 386面.

(5) 선택적 근로시간제와 탄력적 근로시간제의 차이

근로기준법상으로 선택적 근로시간제와 유사한 탄력적 근로시간제가 별도로 명시되어 있는데, 상호간에 어떠한 관계에 있는지를 검토해볼 필요가 있다.

첫째, 탄력적 근로시간제는 사용자와 근로자와의 합의로 1일 8시간, 1주 40시간의 원칙에 대한 근로시간의 길이를 조정하는 근로시간제라고 한다면, 선택적 근로시간제는 근로시간대에 대한 당사자간의 합의로 핵심근로시간 이외에 기준 근로시간의 배치를 조정하는 근로시간제로서 차이가 있다. 또한 근로기준법상의 탄력적 근로시간제가 사용자의 필요에 의하여 성립되는 반면에 선택적 근로시간제는 주로 근로자의 필요에 의해 성립된다는 점에서 우리는 차이점을 찾아볼 수 있다.

둘째, 탄력적 근로시간제 실시의 요건으로서 특정한 날, 특정한 주를 정해두고 있는데, 선택적 근로시간제에서의 「특정」의 내용과 상충시 어떻게 해결할 것인가가 문제된다. 핵심시간대의 경우 외에, 선택적 근로시간제의 경우에 근로자는 근로시간을 자유롭게 자기결정을 할 수 있으므로 1일 8시간, 1주 40시간을 초과하는 일이나 주를 미리 정해 둔다는 것, 즉 특정해 둔다는 것은 선택적 근로시간제의 성질과 상충된다. 생각건대, 근로기준법 제51조 제2항의 「특정한 날」「특정한 주」의 의미를 「근로자가 선택하는 일, 주」를 포함하는 것으로 완화해서 해석한다면,[318] 여기서의 상충문제는 해결될 것이다.

셋째, 근로기준법상 탄력적 근로시간제의 최장주기가 2주로 되어있기 때문에 선택적 근로시간제가 2주를 초과하는 주 또는 월의 계약으로 성립되어 있는 경우에, 현행법으로 이러한 주기의 문제를 수령하는 데에 어려움이 있다.[319] 예컨대, 1개월중 14일의 110시간으로 선택적 근로시간제를 채택하였을 경우에 1일부터 15일까지 2주간이나, 16일부터 30일까지의 2주간의 총근로시간 평균이 1주 40시간을 넘었다면 근로기준법 제50조의 위반으로 벌칙사유가 된다. 이 경우 사법상 효력은 근로기준법 제50조의 위반으로 전부 무효가 아니고 일부 무효로 되므로, 그 달의 1일, 2일 또는 29일, 30일의 2일간에 있어서, 1일 8시간을 초과 근로한 시간에 대하여 가산임금지불 문제가 발생하게 된다.[320]

---

318) 安枝英訊, 前揭論文, 152면 參照.

319) 上揭論文.

320) 민법 제137조 단서와 관련하여 보는 경우, 이 문제를 전부무효가 아니라, 일부무효로 보아야 할 것이다.

(6) 선택적 근로시간제의 법적 효과

1) **가산임금지급의 면책** 선택적 근로시간제에 있어서, 임시로 일주일의 근로시간이 근로기준법 제50조 제1항의 1주 40시간 또는 1일의 근로시간이 제50조 제2항의 1일 8시간을 넘는 경우라도 서면합의를 체결하거나, 할증임금을 지불할 필요가 없다. 그러나, 선택적 근로시간제에서 약정근로시간의 상한을 넘으면, 법정 연장근로가 되기 때문에 노사협정의 체결이나 할증임금의 지불이 필요해진다. 시간외 근로에 있어서 여성근로자에 대한 금지 또는 제약은 약정근로시간의 상한을 넘지 못하도록 하고 있다.

2) **근로시간의 자율규제** 선택적 근로시간제는 노사당사자간의 합의에 의하여 일정한 시간대를 중심으로 가변적으로 근로시간의 배치를 변형하여 운영하는 것을 의미한다. 이 때에는 주로 근로자의 필요에 의하여 출 · 퇴근시각이 선택되므로 근로자가 자유로이 근로시간을 결정할 수 있게 된다. 따라서 근로자 스스로 근로시간을 선택하여 책임을 지게 되는 이상 사용자에 의한 특정시간대의 업무명령이 상대적으로 제한을 받을 수밖에 없다.

3. 재량근로시간제

(1) 의 의

근로기준법 제58조 제1항은 근로시간계산의 특례조항으로 「근로자가 출장 이나 그 밖의 사유로 근로시간의 전부 또는 일부를 사업장 밖에서 근로하며 근로시간을 산정하기 어려운 때에는 소정근로시간을 근로한 것으로 본다. 다만, 당해 업무를 수행하기 위하여 통상적으로 소정근로시간을 초과하며 근로할 필요가 있는 경우에는 그 업무의 수행에 통상 필요한 시간을 근로한 것으로 본다」고 규정하고 있다. 따라서 재량근로시간제는 근로자가 출장 기타의 사유로 근로시간의 전부 또는 일부를 사업장 밖에서 근로하여 근로시간을 산정하기 어려운 때에 소정근로시간을 근로한 것으로 간주하는 것을 말한다.

재량근로는 업무의 성질상, 그 수행방법을 대폭적으로 해당업무에 종사하는 근로자의 재량에 맡길 필요가 있기 때문에 해당업무수행상의 시간배분의 결정 등에 관해 사용자가 구체적으로 지시 · 감독하기가 곤란한데에서 착안한 제도이다. 따라서 국내외의 원거리에 빈번하게 출장을 간다거나 차량운전 종사원이 택시운전을 하는 경우, 화물을 운송하는 경우 등이 재량근로의 형태를 띤다고 보아야 한다. 이때 적절한 업무수행상태를 수시 또는 정기적으로 사용자에게 보고할 수 있도록 하는 통신시설의 발달은 사용자의 지휘·명령권을 뒷받침하는 작업수단이 되는 것이다. 그럼에도 불구하고 이러한 재량근로시간제는 사업장밖에서 근로가 이루어지는 경우 근로시간의 명확한 산정이 어렵거나 업무의 성질에 비추어 업무수행방법을 근로자의 재량에 위임할 필요가 있을 때, 당사자합의에 의하여 업무를 효율적으로 수행하고자 하는데 그 취지가 있다.

(2) 재량근로시간제의 요건

1) 출장 기타의 사유에 의한 업무 근로자가 출장 기타의 사유로 근로시간의 전부 또는 일부를 사업장 밖에서 근로하여 근로시간을 산정하기 어려운 때에는 소정근로시간을 근로한 것으로 본다. 다만, 당해 업무를 수행하기 위하여 통상적으로 소정근로시간을 초과하여 근로할 필요가 있는 경우에는 그 업무의 수행에 통상 필요한 시간을 근로한 것으로 본다(근기법 제58조 제1항). 출장의 형태는 영업사원이 판매의 목적으로 지방도시를 순회한다거나 1일 혹은 수주일동안 관리직 사원이 지방의 각 지점을 영업점검, 회계감사 등의 목적으로 출장을 가는 등 그 형태가 사업 또는 업무의 특성에 따라 천차만별이다.

출장은 사용자의 지시에 따라 비교적 단시일 내에 그치는 것이 일반적이나 파견의 형태로 장기간에 걸쳐 이루어지는 경우도 있다. 이때의 출장 또는 파견업무의 성격을 논하기에 앞서 현실정과 관련하여 일률적으로 1일 8시간 원칙을 고수하는 것이 불합리한 경우가 많다. 출장업무의 성격, 난이도, 현지상황, 교통사정 등 예측하지 못한 상황 등으로 일률적으로 근로시간을 평가하고 업무수행방법에 대해 지시를 내리기가 곤란하기 때문이다.

재택근무를 하는 경우에도 근로자가 자택에서 스스로 휴게시간을 선택하고 작업의 강도와 방법을 조정하고, 근무시간을 달리할 수 있으므로 명확한 근로시간의 산정이 곤란하다. 이러한 경우에는 사용자와 근로자간에 근로대상의 업무, 업무의 수행방법, 시간배분 등을 근로자의 재량에 맡긴다는 서면합의서를 작성하여 운영함으로써 근로시간에 대한 객관적 평가기준을 마련하여야 한다.

2) 서면합의내용과 대상업무 재량근로를 위해서는 당해 업무에 대하여 근로자대표와의 서면합의가 있을 때에는 그 합의에서 정하는 시간을 그 업무의 수행에 통상 필요한 시

간으로 본다(근기법 제58조 제2항). 업무의 성질에 비추어 업무수행방법을 근로자의 재량에 위임할 필요가 있는 업무로서 대통령령이 정하는 업무는 사용자가 근로자대표와 서면합의로 정한 시간을 근로한 것으로 본다. 이 경우 서면합의의 내용에는 ① 대상업무 ② 사용자가 업무의 수행수단 및 시간배분 등에 관하여 근로자에게 구체적인 지시를 하지 아니한다는 내용 ③ 근로시간의 산정은 그 서면합의로 정하는 바에 따른다는 내용이 포함되어야 한다(근기법 제58조 제3항).

근로기준법 제58조 제3항에서 대통령령이 정하는 재량근로의 대상업무는 ① 신상품 또는 신기술의 연구개발이나 인문사회과학 및 자연과학에 관한 연구업무, ② 정보처리시스템의 설계 또는 분석업무, ③ 신문·방송 또는 출판사업에 있어서 기사의 취재·편성 또는 편집업무, ④ 의복·실내장식·공업제품·광고 등의 디자인·고안업무, ⑤ 방송프로·영화 등의 제작사업에 있어서 프로듀서나 감독업무, ⑥ 기타 고용노동부장관이 정하는 업무를 말한다(시행령 제31조).

(3) 재량근로시간제의 효과

1) 근로시간산정의 곤란성 해결　근로자가 출장에 의하여 근로를 제공하는 경우 사용자가 이를 직접적으로 감독하기가 곤란하다. 또한 출장업무는 반드시 일정한 장소에서 이루어지지 아니하고 장소를 빈번하게 옮겨 다닌다거나 현지 사정에 따라 다양하게 업무수행방법이 바뀌어져야 하는 경우가 있다. 출장업무는 그러한 업무를 수행하는 근로자의 자질·경험·판단력 등의 개인적 속성에 의하여 좌우되므로 이를 효율적으로 수행할 수 있도록 업무수행자에게 재량권이 부여되어야 한다. 그렇지 않은 경우 단순한 의사 전달자로서 출장업무를 실패할 수 있기 때문이다.

당해 업무를 수행하기 위하여 통상적으로 소정근로시간을 초과하여 근로할 필요가 있을 경우에는 그 업무의 수행에 통상 필요한 시간을 근로한 것으로 본다(동조 제1항 단서). 통상근무시간의 간주는 1일 8시간이 원칙이나 사용자가 미리 별도의 지시를 하였을 때에는 이에 따라 계산을 하여야 하므로 근로기준법 제58조의 적용이 배제된다.

2) 업무의 성질별 재량성 부여　신기술의 연구·개발업무, 독창적인 창작이 요구되는

업무, 장인에 의한 예술품의 제작업무 등은 성질상 근로의 제공형태가 다양하여 일률적으로 1일 8시간 원칙을 고수하기가 곤란하다. 따라서 ① 신상품 · 신기술의 연구개발 또는 인문과학 · 자연과학에 관한 연구의 업무 ② 정보처리시스템의 분석 ③ 설계의 업무 ④ 신문 · 출판의 사업에서의 기사의 취재 · 편집 등의 업무 ⑤ 의복 · 실내장식 · 공업제품 · 광고 등의 디자인의 고안 업무 ⑥ 방송프로그램 · 영화 등의 제작 사업에서의 프로듀서 또는 디렉터의 업무 ⑦ 기타 고용노동부장관이 지정하는 업무가 여기에 해당된다.

관련 판례 대판 1997. 07. 22. 96다38995
격일제 교대근로와 시간외 · 야간 · 휴일근로수당

근로시간은 휴게시간을 제외하고 1일에 8시간을 초과할 수 없다고 규정한 같은 법 제42조 제1항이나 사용자는 근로자에 대하여 1주일에 평균 1회 이상의 유급휴일을 주어야 한다고 규정한 같은 법 제45조 및 하오 10시부터 상오 6시까지는 야간근로에 해당한다고 규정한 같은 법 제46조는 매일 연속적으로 근로를 제공하는 경우에 한하지 않고, 1일 24시간 격일제로 근무하는 이른바 교대제 근무에도 적용되므로, 격일제 근무의 경우에는 시간외 근로시간수나 야간근로시간수를 절반으로 나누어 계산하여야 한다거나 휴일이 근로일에 해당하여도 휴일근로수당을 별도로 지급할 필요가 없다는 취지의 주장은 이유 없다.

4. 단시간근로제

(1) 의 의

1) **단시간근로제의 개념** 단시간근로제(Part Time System)는 고용의 형태가 상용 · 임시 · 일용의 여하에 관계없이 1일, 1주 또는 1개월의 근로시간이 당해 사업장의 일반근로자보다 현저히 짧은 계약내용으로 취업하는 것을 말한다. 단시간근로자란 「1주간의 소정근로시간이 당해 사업장의 동종업무에 종사하는 통상근로자의 1주간의 소정근로시간에 비하여 짧은 근로자」를 말한다(근로기준법 제18조참조). 단시간근로는 1주 또는 1일의 소정근로일 또는 소정근로시간이 해당 사업장의 동종업무에 종사하는 통상근로자의 소정근로일 또는 소정근로시간에 비하여 상당한 정도로 짧은 근로를 하는 것을 말하며, 시간제근로(part time)라고도 한다.

단시간근로제는 입법취지는 통상적 근로자와 근로시간의 차이에 비하여 여타의 근로조건을 어떻게 비례하여 규율하거나 어떠한 근로조건을 배제할 것인가 하는 것을 합리적으로 정하여 단시간근로제를 활성화하는데 있다. 이 경우 단시간근로 여부는 어떻게 판단할 것인가는 해석론에 의하여야 할 것이 다.[321] 이에 비하여 근로기준법시행령 제9조 제1항은 단시간근로자의 근로조건을 결정할 때에 기준이 되는 사항이나 그 밖에 필요한 사항은 시행령 별표2에 규정하고 있다.

2) **단시간근로제의 특징**　단시간근로제의 형태에 대해 각국의 노동법제는 단시간근로라는 것, 계속적인 근로에 종사하는 것, 자발적으로 종사하는 것 등을 특징으로 들고 있는데,[322] 이에 대하여 살펴보면, 다음과 같다.

첫째, 계속적인 상용고용계약이고, 파트타임근로자도 일정기간 또는 기간의 정함이 없이 계속고용이 보장되는 상용근로자이다. 다만 소정근로시간이 길고 짧음에 따라 통상근로자와 구별된다. 둘째, 종속적인 근로를 제공하며 임금을 목적으로 근로를 제공한다. 셋째, 근무시간이 실질적으로 상당히 짧다. 따라서 일시적인 경제적 이유나 기술상의 이유에 의한 조업단축이나 부분적인 실업의 경우처럼, 모든 근로자가 상당히 짧은 근로시간의 근로를 제공하는 사업장은 적용(해당)되지 않는다.[323] 따라서 정의에서 구체적인 시간제한을 나타내는 경향이 있다. 또한 임시 사용근로자, 계절적 업무에 종사하는 자, 파견근로자 등[324]이 문제가 된다. 이들은 연중에 걸쳐서 일하는 시간이 짧은 것이 보통이다. 그러나 고용기간동안 소정근로시간이 상당히 짧지 않다면 일반적인 의미에서 파트타임 근로자가 아니다. 변형적인 근로시간계획(flexible working schedule)의 꾸준한 증가경향으로 파트타임근로자에 대한 개념의 모호성이 중대되고 있기 때문이다.[325] 이것은 특히 소정근로시

---

321) 日本은 "단시간근로자란 1주간의 소정근로시간이 동일 사업소에 고용되는 통상근로자(당해 사업소에 고용되는 근로자에 있어서는 노동성령에서 정하는 경우를 제외하고 당해 통상근로자)의 1주간의 소정근로시간에 비해 짧은 근로자를 말한다"고 정의하고 있다(1993. 6. 10, 단시간근로자의고용관리의개선등에관한법률 제2조). 프랑스는 법정 또는 단체협약상 근로시간의 8할 미만인 근로자를 파트타임근로자로 규정하고 있다. 獨逸의 고용촉진법(1985)에서 규정하고 있는 단시간근로자의 개념은 "소정근로시간이 당해 사업장의 일반 근로자의 소정근로시간보다 짧은 자"이다.

322) 平野毅, "バートタイマをめぐる法律問題", 青木宗也, 還歷 記念論文集, 評論社, 1984, 145面.

323) ILO International Labour Review, 129, 1990. pp.23-24.

324) 이상국, 『근로자파견의 법률지식』, 청림출판사, 1998」참조.

325) ILO Working time issue in industrialized country, Documents considered at the tripartits symposium on working time issues countries, Geneva 17- 25, 1988(Geneva, 1989).

간이 통상근로자보다 실질적으로 짧으면서도 임금이나 다른 근로조건의 혜택은 통상근로자와 같은 새로운 근로시간 조정의 경우가 이에 해당된다.

(2) 단시간근로자의 근로조건 비례의 원칙

단시간근로자의 근로조건은 당해 사업장의 동종업무에 종사하는 통상근로자의 근로시간을 기준으로 산정한 비율에 따라 결정되어야 한다(근기법 제18조 제1항). 이것은 "근로조건 비례의 원칙"을 명시한 것이다. 단시간근로자가 사업장에서 근로를 제공하는 경우 통상근로자의 월 소정근로일수 및 소정근로시간과 비례하여 임금, 휴일, 연·월차휴가, 퇴직금 등을 지급하여야 한다. 그러나 4주 동안을 평균하여 1주 동안의 소정근로시간이 15시간 미만인 근로자에 대하여는 휴일(근기법 제55조)과 연차휴가(근기법 제60조)를 적용하지 아니한다(근기법 제18조 제4항).

(3) 단시간근로자의 근로조건결정기준

1) **근로계약의 체결** 사용자가 단시간근로자를 고용할 경우에는 임금·근로시간 기타의 근로조건을 명확히 기재한 근로계약서를 작성하여 근로자에게 교부하여야 한다. 단시간근로자의 근로계약서에는 계약기간, 근로일, 근로시간의 시작·종료시각, 시간급임금 기타 고용노동부장관이 정하는 사항이 명시되어야 한다.

2) **임금의 계산** 단시간근로자의 임금산정 단위는 시간급을 원칙으로 하며, 시간급임금을 일급통상임금으로 산정할 경우에는 1일 소정근로시간수에 시간급임금을 그 기간에 곱하여 산정한다. 단시간근로자의 1일 소정근로시간수는 4주간의 소정근로시간을 그 기간의 총일수로 나눈 시간수로 한다.

3) **초과근로·휴일근로** 사용자는 단시간근로자에 대하여 소정근로일이 아닌 날에 근로시키거나 소정근로를 초과하여 근로시키고자 할 경우에는 근로계약서·취업규칙 등에 그 내용 및 정도를 명시하여야 하며, 초과근로에 대하여 가산임금을 지급하기로 한 경우에는 그 지급률을 명시하여야 한다. 사용자는 근로자와의 합의가 있는 경우에 한하여 초과근로를 시킬 수 있다. 단시간근로자는 통상근로자에 비해 소정근로시간이 짧거나 소정휴일이 많은 것을 특색으로 하므로, 시간외·휴일근무의무의 발생요건을 어떻게 해석하는

가가 중요한 문제이다. 단시간근로자의 시간외 · 휴일근무의무에 대해서는 단시간근자의 근로계약의 실제적 성격을 고려할 필요가 있다. 즉, 단시간근로자는 소정근로시간과 근로일수가 통상근로자보다 적고, 근로시간의 길이 · 시간대 · 근로일수를 자기의 생활과 행동계획에 맞게 선정한다는 점이 단시간근로계약의 기본적 성격을 형성한다. 따라서 단시간근로자에 대해서는 일반근로자 이상으로 그 생활설계를 존중해야 할 것이며, 시간외 · 휴일근로의무의 범위도 이러한 점을 고려하여 정하는 것이 바람직하다. 사용자는 단시간근로자에 대하여 소정근로시간 또는 소정근로일을 초과하여 근로시키고자 할 때에는 사전에 근로계약서, 취업규칙 등에 그 내용 및 정도를 명시하여야 한다. 그렇지 않을 경우에는 사용자는 단시간근로자가 명시된 내용에 반하는 근로요구에 불응하더라도 이를 이유로 불이익한 처우를 할 수 없다. 그러나 시간외 · 휴일근로가 긴급히 필요한 경우에는 단시간근로자에게 신의칙상 근로의무가 발생한다고 보아야 한다.

4) **휴 일**　사용자는 단시간근로자에 대하여 근로기준법 제55조에 의한 매주 유급휴일을 주어야 한다. 이 경우 단시간근로자가 1일 6시간씩 A사업장에서 3일, B사업장에서 3일 근무할 경우 나중에 근로계약을 체결한 B사업장의 사용자에게 근로기준법 제55조가 적용되어 휴일부여의무를 부담할 것인가 하는 의문이 제기된다. 주당 근로일수를 통산해야 하는 제약이 없는 이상 주 최장근로시간의 범위 내에서 B사용자가 당해 단시간근로자를 4일 사용하는 것은 제한받지 않으며, 근로기준법 제55조에서 통산하는 것은 하나의 동일 사업장내의 근로시간에 한하므로 휴일에 이를 준용하는 것은 인정될 수 없다. 주당 근로시간이 15시간미만으로 현저히 짧은 단시간근로자는 휴일을 부여할 필요가 없다.

단시간근로자의 유급휴가는 통상근로자의 연차휴가일수×(단시간근로자의 소정근로시간÷통상근로자의 소정근로시간)×8시간이다. 사용자는 여성인 단시간근로자에 대하여 근로기준법 제73조의 규정에 의한 생리휴가 및 동법 제74조의 규정에 의한 산전후휴가를 주어야 한다. 사용자가 근로기준법 제55조, 제60조 및 제74조에 의하여 지급하여야 하는 임금은 시간급임금으로 산정한 일급통상임금을 기준으로 한다.

6) **퇴직금**　단시간근로자가 1년 이상 근로한 경우에는 통상근로자의 퇴직금액에 비례하여 일정액의 퇴직금을 청구할 수 있다. 이 경우 사용자는 단시간근로자의 근로시간을 통상근로자와 비교하여 퇴직금의 지급비율을 정하여야 한다. 단시간근로자의 퇴직금 지급

에 관하여는 취업규칙에 정하여 시행할 수 있다. 그러나 극히 짧은 단시간근로자로서 통상근로자의 근로시간에 비하여 주당 평균 15시간 미만인자에 대하여는 퇴직금을 지급하지 아니하여도 무방하다. 따라서 1일 2시간씩 1주 14시간(일요일 포함) 근로하거나, 1주일에 4시간씩 3일 또는 1일 7시간씩 2일 근로를 하는 근로계약을 체결한 후 1년간에 걸쳐 근로를 제공한 근로자라도 퇴직금청구권이 발생하지 않는다.

(4) 취업규칙의 작성 및 변경

근로기준법상 상시 10인 이상의 근로자를 고용하는 사용자는 취업규칙을 작상하여 고용노동부장관에게 신고하여야 한다(근기법 제93조). 따라서 단시간근로자를 포함하여 상시 사용하는 근로자가 10인 이상이면 사용자는 반드시 취업규칙을 작성해야 한다. 통상근로자의 취업규칙만 있고 단시간근로자의 취업규칙이 따로 정해져 있지 않을 때 전자의 취업규칙이 후자에게 당연히 적용되는 것인지가 문제된다. 현실적으로 통상근로자와 거의 같은 근로로서 취업하고 있는 임시적인 근로자의 성격을 가진 단시간근로자가 늘어나고 있는 경향에 비추어 볼 때 취업규칙이 이들에 대해 적용될 것이 요청된다.

단시간근로자에게 적용되는 취업규칙은 첫째, 일반근로자의 취업규칙과 동일하거나 둘째, 취업규칙 중에서 단시간근로자에 대한 특별규정을 정하는 것 셋째, 별도의 취업규칙을 제정하는 것으로 분류될 수 있다. 단시간근로자에게 적용될 별도의 취업규칙을 작성치 아니한 경우에는 통상근로자에게 적용되는 취업규칙이 적용된다.

사용자는 단시간근로자에 적용되는 취업규칙을 통상근로자에게 적용되는 취업규칙과 별도로 작성할 수 있다. 단시간근로자에 적용될 별도의 취업규칙이 작성되지 아니한 경우에는 통상근로자에게 적용되는 취업규칙이 적용된다. 다만 취업규칙에서 단시간근로자에 대하여 적용이 배제되는 규정을 두거나 달리 적용한다는 규정을 둔 경우에는 이에 따른다. 단시간근로자에게 적용되는 취업규칙을 작성 또는 변경하는 경우에는 근로기준법 제18조 제1항의 취지에 반하는 내용이 포함되어서는 아니 된다.

제4절 연장근로

1. 의 의

근로기준법 제50조는 1일 8시간, 1주 40시간의 기준근로시간제를 규정하고 있다. 그러나 이 규정에 대한 특별규정으로서 기준근로시간을 단축하거나 또는 연장하는 예외를 인정하고 있다. 한편, 유해위험작업, 연소자 근로에 대하여는 근로기준법 제50조의 기준근로시간보다 단축된 시간을 정하고 있다. 일반적으로 당사자간의 합의 또는 고용노동부장관의 승인를 얻은 경우[326]에 대하여는 기준근로시간보다 연장된 시간외근로[327]를 허용하고 있다.

광의의 시간외근로에는 법내 연장근로가 포함되는 것으로 보는 것이 일반적이다. 그러나 협의의 시간외근로는 근로기준법 소정의 기준근로시간을 초과하는 근로를 의미한다. 법내연장근로라 함은 근로기준법이 정한 기준근로시간보다 더 단축된 근로시간제를 단체협약 또는 관례 등으로 채택한 경우, 법정기준근로시간의 범위내에서 사업장 소정의 기준근로시간을 초과하는 근로를 의미한다.[328] 시간외근로의 제도적 의미는 본래 인명이나 공익을 보호하기 위한 긴급사태를 처리하려고 하거나,[329] 혹은 일시적으로 일어나는 불규칙의 분주한 업무를 처리하려 하는데 있다.[330]

이러한 시간외근로가 항상화되어 임시성·긴급성에 배치되는 결과를 초래하게 되는 문제가 있다.[331] 시간외근로는 근로자의 수면시간, 식사시간을 불규칙하게 함으로써, 건강에

326) 근기법 제53조 3항 단서의 경우에는 고용노동부장관의 사후승인을 조건으로 시간외 근로를 허용하고 있다.

327) 근로기준법에서는 시간외 근로와 연장시간근로가 혼용되고 있다.

328) 한용식, 전게서, 180쪽.

329) 예컨대, 화재 등의 재해 기타 피할 수 없는 급박한 사태로 인하여 사람들의 신체나 생명에 상해를 주는 경우 또는 사회공상에게 불이익을 주는 경우에 이를 막기 위하여 연장근로가 필요하다(시간외 근로의 긴급성).

330) 外尾健一, "基準內 勤務 · 基準外 勤務" 勞動法大系 5, 有斐閣, 1974, 135面.

331) 그 폐해로서 ①피로도를 높이고, 작업능률을 저하시킨다. ② 질병률을 높히고, 질병에 의한 휴업률을 높인다. ③ 산업재해의 도수율, 강도율을 함께 높인다. ④ 근로시간 이외의 생활시간에 생리적, 사회

악영향을[332] 줄뿐만 아니라 사용자에게도 근로자의 피로에 기인한 생산능률저하 등 불이익을 준다. 따라서 연장근로에 대하여는 법적 제한을 할 필요가 있다. 이러한 제한에는 여러 방법이 있는데,[333] 1일 또는 1주 최고근로시간을 제한하는 방법과 초과근로 그 시간 자체를 억제하는 방법의 2가지 유형이 있다. 일반적으로 전자로서는 1일에 9~10시간이 많고, 후자로서는 1일에 1-2시간이 많은 것이 일반적이다.[334]

2. 합의에 의한 연장근로

(1) 의 의

근로기준법 제53조 제1항은 「당사자간에 합의하면 1주간에 12시간을 한도로 제50조의 근로시간을 연장할 수 있다」고 규정하고 있다.[335] 이것이 이른바 합의에 의한 연장근로로서 1일 8시간, 1주 40시간원칙에 대한 예외적인 시간외 근로시간을 의미한다. 이 규정에 의하여 일주일에 40 + 12 = 52 시간의 근로를 할 수 있게 된다. 다른 한편 근로기준법 제69조 단서에도 15세 이상 18세 미만자는 "당사자간의 합의에 의하여 1일에 1시간, 1주일 6시간 이내의 한도로 연장할 수 있다"고 규정하고 있다. 이하에서는 주로 근로기준법 제53조를 중심으로 하여 시간외 근로를 살펴보고자 한다.

석, 문화석 생활을 압박한나는 점을 들 수 있다(齊藤一, 『勞働時間 · 休憩 · 交替制』, 勞働科學 研究所, 1969).

332) 遠藤幸男, "殘業とその 問題について", 勞働科學叢書 59, 前揭書, 95~96面.

333) 시간외 근로의 제한에 대해서는 ILO 제116호권고(1962년)나 제1호협약(1919년)에서 찾을 수 있다.

334) 초과근로시간에 대해 벨기에는 1일 2시간, 연간 13주에 대해서 각주 10시간, 소련이나 체코에서는 노사협정을 전제로 하여 2일 연속으로서 4시간, 연간 120시간으로 제한하고 있다. 스웨덴은 근로보호국의 허가를 받도록 하고, 또 주6시간, 4주간에 24시간을 넘어서는 아니 되고, 또한 연간 150시간으로 제한하고 있다.

335) 독일의 근로시간령 제4조 2항, 3항에서 시간외 근로를 허용하지만, 원칙적으로 1일 2시간을 넘지 못하게 하고, 시간외 근로의 일이 연30일을 초과하지 못한다. 그리고 근로시간의 연장은 단체협약이나 근로감독관의 승인을 얻어서 할 수 있다. 독일의 근로시간령 제4조 3항의 규정을 보면 다음과 같다. "Die tägliche Arbeitszeit darf bei Anwendung der Verschriften der Absätze 1 und 2 Zehn Stunden täglich nicht überschreiten. Das Gewerbeaufsichtsamt kann eine Überschreitung dieser Grenze zulassen".(Reinhard Richardi, a.a.O., S. 145).

(2) 합의의 당사자

시간외근로의 당사자는 첫째, 개별 근로자가 된다. 사업 중에 노동조합이 설립되어 있지 않거나, 노동조합이 설립되어 있어도 이에 가입하지 않은 근로자는 개별적으로 시간외근로를 위한 합의당사자가 된다. 그러나 입법론으로 볼 때, 개별근로자가 사회 · 경제적으로 열세의 지위에 있으면서 지위상 강자인 사용자가 근로자에게 시간외근로를 요구할 때 이를 거부할 수 있겠느냐 하는 문제점이 있다. 이러한 문제의 해결방안은 일본 노동기준법 제36조와 같이 과반수로 조직한 노동조합이 없는 경우 근로자의 과반수를 대표하는 자를 합의의 당사자로 법정해 두는 것이 필요하다.

둘째, 노동조합이 당사자로 될 수 있다. 근로자들은 노동조합을 통하여 근로시간 · 임금 등의 근로조건 향상을 위하여 단체교섭을 요구할 수 있고, 시간외근로에 관한 합의 당사자가 될 수 있다.[336] 우리 근로기준법에는 명문규정이 없으므로 해석상 논의의 여지가 있으나, 근로자의 과반수이상으로 조직되지 않은 노동조합도 당사자가 될 수 있다고 생각한다. 다만, 이 경우에는 시간외근로에 관한 합의의 효력이 당해 노동조합원에게만 미칠 것이다. 셋째, 사용자 측의 당사자는 사용자 또는 사용자 단체이다. 여기서 사용자라 함은 근로계약에 의하여 근로자들을 채용한 계약상의 당사자라고 볼 것이다. 사용자단체라 함은 노사문제에 관하여 그 구성원인 사용자에 대하여 조정과 규제의 권한을 가진 사용자의 단체를 말한다.

(3) 합의의 형식과 내용

근로기준법 제53조 제1항은 당사자간의 「합의」를 연장근로의 법적요건으로 규정하고 있다. 합의라 함은 당사자간의 의사의 합치를 의미한다. 개별 근로자와 사용자간의 합의는 계약의 형식을 취하겠지만, 반드시 문서로 해야 한다. 법문상 요식행위를 요구하고 있지 않지만 장래의 계약상의 분쟁을 방지한다는 점이나 신중을 기한다는 점에서 본다면, 그렇게 해석함이 타당하다.[337] 취업규칙이나 단체협약에 의한 합의형식을 취하는 것도 가능하

336) 우리 근로기준법은 「당사자간」의 합의라고만 규정하고 있지만, 日本의 勞動基準法은 노동조합의 경우에, 「근로자의 과반수로서 조직한 노동조합」이 합의의 당사자로 될 것을 요구한다(勞動基準法 제36조 참조).

337) 김치선, 전게서, 229쪽 ; 박상필, 축조근로기준법 해설, 226쪽 ; 심태식, 수조근로기준법 해설, 165쪽 ;

다. 어떤 형식으로든지, 근로자의 개별적 동의를 얻도록 하는 적정절차를 거치도록 하는 것이 합당하다.[338] 근로기준법에는 합의내용에 관한 아무런 규제도 없다. 입법론으로는 연장근로를 시킬 필요한 구체적 사유, 업무의 종류, 연장근로시간수 등에 관한 합의내용을 갖추도록 할 필요가 있다.[339] 당사자간의 합의가 있으면 연장근로를 할 수 있지만, 1주일에 12시간 한도로 근로시간을 연장할 수 있다(근기법 제53조 제1항). 따라서 탄력적 근로시간에 관한 근로기준법 제51조 제2항 단서에서 「특정한 날의 근로시간은 12시간을 초과할 수 없다」고 한 규정을 근로기준법 제53조에 적용하자는 견해는 타당하지 않다.

(4) 고용노동부장관의 인가

근로기준법 제53조 제1항의 당사자간의 합의에 의한 근로시간의 연장실시는 당사자간의 합의만 있으면 족하고, 그 이상 행정관청에의 신고 등 절차가 필요하지 않다. 다만, 사용자는 특별한 사정이 있는 경우에 고용노동부장관의 인가와 근로자의 동의를 요구하고 있다. 다만, 사태가 급박하여 고용노동부장관의인가를 받을 시간이 없는 경우에는 사후에 지체 없이 승인을 얻어야 한다(법 제53조 제3항). 이 경우 고용노동부장관은 근로시간의 연장이 부적당하다고 인정할 경우에는 그 후 연장시간에 상당하는 휴게 또는 휴일을 줄 것을 명할 수 있다(동 조 제4항). 여기서 「특별한 사정이 있는 경우」라 함은 통상적인 사업운영상 예상할 수 없어서 미리 그 대책을 강구하기 어려운 사태로서, 사업 또는 사업장에서의 자연재해, 재난관리법상의 재난 또는 이에 준하는 사고가 발생하여 이의 수습을 위하여 연장근로가 불가피한 경우를 말한다(시행규칙 제9조 제2항). 그러나 단순한 업무의 증가나 통상적으로 예상할 수 있는 부분적인 기계고장은 이에 해당되지 않는다.

한용식, 근로기준법 해설, 180쪽.

338) 이것은 후술하는 합의의 민사적 효력과 관련하여 고려되어야 할 문제이다.

339) 日本 勞基法 施行規則 第16條는 "사용자는 법 제36조의 협정을 하는 경우에는 시간외 또는 휴일근로를 시킬 필요가 있는 구체적사유, 업무의 종류, 근로자의 수 및 연장시간 또는 근로시킬 휴일에 대해서 협정하지 않으면 안된다"고 규정하고 있다.

(5) 합의의 효력

1) 형사면책적 효력 사용자가 근로자에게 당사자간의 합의하에서 연장근로를 시켰다면, 근로기준법상 벌칙의 적용을 받지 않는다.[340] 여기서 형사면책적 효력이 발생하는 것은 근로기준법 제53조의 요건을 갖추었기 때문이다. 형사면책적 효력이 미치는 범위는 어디까지나 「합의」된 내용에 따라야 한다. 예컨대, 합의내용을 초과하여 연장근로를 시키거나 합의의 당사자가 아닌 근로자에게 근로를 시키면,[341] 면책적 효력이 발생하지 않고 벌칙의 적용을 받게 된다. 1일 최장 근로시간를 12시간으로 합의를 하였음에도 이를 위반하거나, 1주 12시간을 초과하여 연장근로를 시키면 면책적 효력은 발생하지 않는다.

합의내용이 1주 6시간의 연장근로라면, 1주 6시간을 초과하는 연장근로가 위법하게 됨은 말할 것도 없다.[342] 탄력적 근로시간제에서 연장근로[343]를 살펴보면, 특정일의 연장시간이 1일 8시간, 1주 40시간이내라고 하더라도 단체협약 등으로 정한 특정한 날 또는 특정한 주의 근로시간을 초과한다면 법위반으로 보아야 하나, 이에 대하여 직접적인 벌칙조항이 없어 입법상의 하자라고 본다. 다만, 특별한 사정이 있는 경우에는 근로기준법 제53조 제3항 단서의 위반으로 벌칙(500만원이하의 벌금)이 적용될 수 있다(근기법 제114조 제1호).

2) 민사적 효력 근로자는 사용자에게 근로계약에 따라 근로를 제공할 의무가 있음은 물론이다. 그런데 근로자가 사용자에게 시간외근로를 제공할 의무는 무엇에 근거하여 발생하는가 하는 의문이 제기된다. 생각건대, 근로기준법 제52조에 있어서 「당사자간의 합의」를 넓게 해석하여 개개 근로자와 사용자간의 합의뿐만 아니라, 집단적 노사관계에서의 합의까지를 포함시켜서 해석한다고 할 때 단체협약이나 취업규칙의 규범적 효력에 의하여[344] 연장근로의 의무가 발생한다고 본다.[345] 그러나 단체협약 기타 집단적 노사관계에

---

340) 日本에서도 異論이 없다. 片山工業事件 岡山地裁, 1965. 5. 31, 勞民集 16卷 3號, 418面 이하 참조.

341) 노동조합 및 노동관계조정법 제35조의 단체협약의 일반적 구속력에 의하는 경우도 있을 것이다.

342) 山本吉人, 勞働時間制의 法理論, 92面.

343) 예컨대 1일 7시간 변형근로로 특정일의 소정근로시간을 정한 경우에 실제 근로시간이 그 7시간을 초과하면 시간외 근로로 되어야 할 것이다.

344) 日立製作所事件, 東京地裁 1969. 10. 2, 勞民集 22卷 1號 28面 以下 ; 全日本 檢水協會事件, 名古屋地判, 1968. 10. 21, 勞民集 19卷 5號 1316面 ; 同 名古屋, 高判, 1971. 4. 10, 勞民集 22卷 2號, 453面.

345) 西日本新聞事件 · 福岡高判 1965. 11. 1, 勞民集 16卷 6號 819面 ; 日本鋼管事件 · 橫兵地川崎支判

서 연장근로에 관한 합의를 하였을 때, 형사면책적 효력은 발생하여도 연장근로의무가 개개근로자에게 당연히 발생하지 않는 것으로 본다.

그 이유로서 첫째, 당사자의 선임절차, 자격, 집단적 의사형성의 절차 등에 대해 근로기준법 제53조 제1항에 명확한 규정을 두지 않았는데도 불구하고, 단체협약체결 등으로 곧 연장근로의무를 근로자에게 부과시키는 것은 근로자 보호에 있어서 미흡하고, 둘째, 단체협약체결 등으로 사용자에게 연장근로의 명령권한까지 인정한다고 하면, 본래 일시적 필요에 의하여 잠정적으로 인정해야 할 연장근로가 항상화할 염려가 있으며,[346] 셋째, 연장근로는 기존의 근로계약보다 불리한 근로조건인 경우가 일반적이므로 유리한 조건우선의 원칙에 따른다면, 단체협약의 체결만으로 개개 근로자에게 연장근로의무가 발생한다고 볼 수 없다는 것을 들 수 있다.

관련 판례 대판 1995. 02. 10. 94다19228
연장근로에 관한 "당사자간의 합의"의 의미와 방식

8시간 근로제에 따른 기준근로시간을 정하면서 아울러 그 예외의 하나로 당사자간의 합의에 의한 연장근로(시간외근로)를 허용하고 있는바, 여기서 당사자간의 합의라 함은 원칙적으로 사용자와 근로자와의 개별적 합의를 의미한다 할 것이고, 이와 같은 개별 근로자와의 연장근로에 관한 합의는 연장근로를 할 때마다 그때그때 할 필요는 없고 근로계약 등으로 미리 이를 약정하는 것도 가능하다.

관련 판례 대판 1993. 12. 21. 93누5796
연장근로의 "합의"의 방식

8시간근로제에 따른 기준근로시간을 규정하면서 아울러 8시간근로제에 대한 예외의 하나로 당사자의 합의에 의한 연장근로를 허용하고 있는바, 여기서 당사자간의 합의라 함은 원칙적으로 사용자와 근로자와의 개별적 합의를 의미하고, 개별근로자의 연장근로에 관한 합의권을 박탈하거나 제한하지 아니하는 범위에서는 단체협약에 의한 합의도 가능하다.

1970. 12. 28, 勞民集 21卷 6號, 1762面 ; 靜內郵便局事件 · 札幌地判 1975. 2. 25, 勞民集 26卷 1號, 26面.

346) 長淵滿男, "時間外勤勞 · 休日勤勞" 勞動法 9 爭點, 有斐閣. 1979, 245面.

3. 법내 연장근로

(1) 의 의

법내 연장근로라 함은 근로기준법이 정하고 있는 기준근로시간의 범위 내에서 사업장 소정의 근로시간을 초과하는 근로[347]를 말한다. 근로기준법제50조 제2항에 명시된 1일 8시간의 근로시간원칙은 최저기준이므로, 사업장에 따라 1일 6시간으로 근로계약을 체결할 수 있다. 이 경우에 법정기준근로시간 테두리 내에서 1일 6시간을 초과해서 1일 8시간까지 근로시키는 경우가 법내 연장근로이다. 근로자는 1일 6시간의 계약상의 기준근로시간을 초과했을 때 법내 연장근로에 대한 대우를 받아야 함은 당연하다. 그러나 사용자는 근로기준법 제50조에 입각하여, 1일 8시간까지의 연장근로를 특약이 없는 한 강요할 수 없다. 이때 법내 연장근로에 대하여 별도의 특약이 없는 한 근로기준법 제53조의 연장근로로 보지 않는다.[348]

(2) 법내 연장근로의무의 발생근거

법내 연장근로는 근로기준법상의 기준근로시간의 테두리 내에서의 근로라는 성격을 지니나, 그 의무의 발생근거에 대하여 견해가 나뉘어 질 수 있다. 긍정설에 따르면, 법내 연장근로의무는 당사자간의 취업규칙, 단체협약 등에 의해서 발생한다고 주장한다. 이 견해에 의하면 법내 연장근로는 「그때마다」의 합의에 의해서 근로의무가 생긴다고 보게 되고,[349] 근로기준법의 규제가 미치지 않는다고 보나, 단체협약·취업규칙 등의 정함이 있으면 근로자의 연장근로의무를 원칙으로 긍정한다.[350]

그러나 청약설 또는 개별 합의설에 의하면,[351] 법내 연장근로에 관하여 단체협약, 취업

---

347) 한용식, 전게서, 180쪽 참고 ; 長淵滿男, 前揭論文, 247面 참고.

348) 대판 1991. 6. 28, 90다카14758.

349) 横井芳弘, "勞働者의 法定外勞動たついて" 勞働判例 186號, 21面 참조 ; 長淵滿男, 前揭論文, 247面.

350) 한용식, 전게서, 180쪽 ; 1981. 6. 22, 근기 1455-19474 ; 青木宗也, "法內 超週勤勞と 殘業義務" 勞働判例 175號, 47面 참조.

351) 시간외 근로의무에 대하여 합의구속설과 합의설로 나뉘어진다. 합의구속설은 단체협약이나 취업규칙의 규범적 효력을 근거로 하고 있다. 반면 합의설은 당사자의 개별합의를 존중하는 개별 동의설 또는 청약설과 시간외근로의 일시·기간·장소·업무의 내용, 연장시간의 한도를 구체적으로 명시하여 협

규칙 등에 의해서 근로의무가 생기는 것을 인정하는 것은 논지가 일관하는 것이 아니라는 비판을 면하지 못한다. 그 밖의 학설에서는 법정 연장근로에 관한 소수설과 논리적으로 모순되지는 않는다. 생각건대, 법내 연장근로라고 하더라도, 연장근로를 시키려면 사용자는 개별 근로자에게 동의를 구하여야 할 것이다. 근로자의 자유로운 의사에 의해서 근로를 해야 한다는 것은 어떠한 경우에라도 존중되어야 하기 때문이다.

관련 판례 대판 2000. 3. 14. 99다14402

초과근무수당의 계속적, 정기적 지급의 개연성과 일실수입의 산정

망인이 사고 이전의 수년 동안 매월 상당한 정도의 시간외근무 및 휴일근무를 하고 그에 상응한 초과근무수당을 계속적, 정기적을 지급받아 왔다면, 다른 특별한 사유가 없는 한 망인의 이 사건 사고 이후 정년에 이를 때까지도 계속 종전과 같은 수준의 초과근무를 하고 그에 상응한 초과근무수당을 계속적, 정기적으로 지급받았을 상당한 개연성이 있다고 판단되므로, 향후 기대되는 평균적 초과근무수당을 포함하여 망인의 일실수입을 산정하여야 한다.

4. 선택적 근로제의 연장근로

근로기준법 제53조 제2항은 「당사자간에 합의하면 1주간에 12시간을 한도로 제51조의 근로시간을 연장할 수 있으며 제52조제2호의 정산기간을 평균하여 1주일에 12시간을 초과하지 아니하는 범위에서 제52조의 근로시간을 연장할 수 있다」고 규정하고 있다. 선택적 근로는 업무수행시간의 결정을 근로자의 의사에 맡겨 자율적으로 근로시간의 배치를 할 수 있도록 한 것으로 1일 근로시간은 기준근로시간과 동일하다. 따라서 1일 8시간을 초과하여 근로를 하게 되면 연장근로에 해당하게 된다. 선택적 근로를 도입한 후에 연장근로를 하는 경우에도 1주간에 12시간의 한도 내에서 연장근로를 할 수 있다. 그러나 선택적 근로시간제의 경우에도 근로기준법 제52조 제2호에 의하여 정산기간을 평균하여 1주일간에 12시간을 초과하지 못하도록 하고 있다.

정을 체결하는 것을 조건으로 하는 근로계약구속설 혹은 특정설 등으로 나뉘어진다. : 青木宗也, 勞働時間法9 硏究, 199面 ; 七十七銀行事件 · 仙臺地判 1970. 6. 29, 民勞集 21卷 3號 689面 ; 廣島西郵便局事件 · 黃島地判, 1970. 7. 21, 勞判 108號, 35面.

제5장 휴게·휴일·휴가

제1절 휴게와 휴일

1. 휴게시간의 의의

(1) 휴게시간의 개념

근로기준법 제54조는 「① 사용자는 근로시간이 4시간인 경우에는 30분이상, 8시간인 경우에는 1시간 이상의 휴게시간을 근로시간 도중에 주어야 한다. ② 휴게시간은 근로자가 자유롭게 이용할 수 있다」고 규정하고 있다. 휴게시간이라 함은 근로시간의 중단을 말하며, 근로계약상 근로자가 근로시간중에 사용자의 지휘·감독으로부터 벗어나 근로의무에서 이탈하여 자유로이 이용할 수 있는 시간을 말한다.[352] 휴게시간 중에는 사용자로부터 작업에 관한 지휘감독의 속박으로부터 완전히 벗어나게 되는 것이며, 이에 따라 휴게시간은 동법 제53조 제1항에서 규정한 바와 같이 근로시간에 포함시키지 않고 있다. 그러나 휴게시간은 근로할 의무가 없는 시간이긴 하지만 작업의 시작으로부터 종료시까지 제한된 시간 중 일부이므로 다음 작업의 계속을 위하여 어느 정도의 범위 내에서 사용자의 제약을 받는 것은 부득이한 것으로 위법이라 할 수 없다.[353]

근로자의 휴게시간은 자유롭게 이용할 수 있는 시간으로서 작업으로부터 이탈하는 시간

352) 대판 1992. 4. 14, 91다20548.

353) 휴게시간은 자유로이 이용하는 것이 원칙이나 외출을 어느 정도 제한하거나 휴게시간의 이용장소와 이용방법을 지정·변경한다는 측면에서 의미하는 구속성을 띠므로 "구속시간"의 범위 내에 있다고 한다.

에 대한 권리이다. 따라서 휴게시간은 실제로 작업에 종사하고 있지 않지만 사용자의 지휘감독권으로부터 완전히 이탈한 상태가 아닌 시간, 즉 후속되는 근로를 대기하고 있는 시간인 대기시간과 구별된다. 전화의 수수, 물품이나 작업진행 등의 감시의무가 부여되고 있는 시간 등은 휴게시간이 아니다. 근로시간이 장시간 계속됨으로써 야기되는 근로자의 심신의 피로를 회복시키기 위하여 근로시간의 도중에 휴게시간을 주도록 규정한 것이다.

관련 판례 대판 1992. 7. 28. 92다14007
단속적 작업과 휴게시간의 판단

단속적 작업에서 근로자가 서로 교대로 작업을 하면서 침실 등에서 쉬거나 잠자는 시간이 부여되어 있고, 실제로 자거나 쉬는 시간을 그때마다 정확히 파악할 수 없어서 사용자가 그들에게 하루 4시간씩 휴식시간을 부여하였다면 그 4시간은 근로시간이라고 볼 수 없다.

2. 자유이용의 원칙

(1) 의 의

근로기준법 제54조 제2항에 의하면 「휴게시간은 근로자가 자유롭게 이용할 수 있다」고 규정하고 있다. 휴게시간은 근로자의 권리로서 인정되고 사용자의 지휘감독으로부터 완전히 이탈하는 자유로운 시간이며 근로자는 이 시간을 자유로이 사용할 수 있기 때문이다. 휴게시간을 자유시간으로 명문화하고 있는 것은 사용자의 지휘아래 품질관리활동의 소집단활동, 체조, 행사참가 등 휴게시간제도의 취지에 배치되는 시간을 강요할 수 없도록 하는 데 있다고 해석된다. 휴게시간 자유이용의 원칙은 휴게와 대기시간을 구분하는 경우에 하나의 기준이 될 수 있고 휴게시간 중의 노동조합활동을 검토하는 경우에는 중요한 의미를 가질 수 있다.

(2) 휴게시간 자유이용의 한계

휴게시간은 근로자가 자유로이 이용할 수 있는 시간이기는 하지만 구속시간 중의 하나이므로 근로자의 절대적인 자유가 보장되는 것은 아니며 사용자로부터 일정한 구속을 받는다. 휴게시간 중 작업장을 이탈하는 것을 원칙적으로 근로자의 자유이지만 사업장의 규율유지상 불필요한 외출을 사용자가 제한할 수 있다. 휴게시간 후에는 다시 근로를 해야 하므로 음주 등을 금지하는 것도 위법이 아니다. 근로자의 활동이 다른 근로자의 휴게를 방해하여 그 후의 작업능률 등에 영향을 주는 행위로서 휴게시간 중 소란을 피우는 행위 등을 금지하는 것도 자유이용을 방해하는 것이라고 볼 수 없다.

(3) 휴게시간 중의 노동조합활동

휴게시간 중에 조합활동의 일환으로서 유인물을 배포하는 행위는 시설관리상의 목적을 해치지 않는 한 정당하다. 즉, 기업시설내의 조합활동이 업무상의 지장을 초래하는 경우에 시설이용의 금지조치를 취하는 것, 시설이용에 대하여 신고제나 허가제로 하는 것은 위법이라고 할 수 없다. 그러나 근로자가 휴게시간을 활용해 유인물을 배포한 행위로써 다른 근로자들의 휴게를 방해하거나 구체적으로 직장질서를 문란하게 한 경우에는 통제가 가능하다.[354)]

(4) 휴게시간의 부여방법

근로기준법 제54조는 휴게를 사업장의 전체근로자가 동시에, 일제히 쉴 수 있도록 주어야 한다고는 규정하고 있지 않다. 따라서 사용자가 업무의 효율성과 근로형태, 근로시간의 배치 등을 감안하여 휴게시간의 부여방법을 정할 수 있다. 그러나 동일사업장의 근로자가 각각 휴게를 갖는다면 휴게의 효과가 상실될 것이고 사용자의 감독에도 지장이 발생할 것이므로 휴게는 일제히 주는 것이 바람직하다. 또한 근무시간에 따라 시간대별로 50분 근로하고 10분의 휴게시간을 부여하는 방법을 취하는 경우 그 적법성에 논란이 있을 수 있다. 육체적 · 정신적 피로를 감안하여 충분한 시간을 부여하는 것이 바람직하다.

---

354) 대판 1991. 11. 12, 91누4146.

3. 휴일의 의의

휴일이라 함은 근로자가 사용자의 지휘명령으로부터 완전히 벗어난 날을 말한다. 근로기준법 제55조는 「사용자는 근로자에게 1주일에 평균 1회 이상의 유급휴일을 주어야 한다」고 규정하고 있다. 이때 휴일은 근로기준법시행령 제30조에서 규정하고 있듯이 「일주일의 소정의 근로일수를 개근한 자에 대하여 주는 유급휴일」이며, 1주일에 평균 1회 이상 주어야 하므로 "주휴일"이라고 한다. 근로기준법에서 정하고 있는 유급휴일은 이 날밖에 없다. 휴일제도의 입법취지는 근로자의 근로로 인한 피로회복과 건강확보 및 여가의 이용을 통한 사회적·문화적 생활을 가능하게 하기 위한 생활시간의 확보라는 점에서 중요하다. 휴일은 근로자의 건강하고 문화적인 사회생활을 영위할 권리를 구체화하기 위한 필수적인 조건의 하나라고 할 수 있다.

오늘날 7일중 1일의 휴식을 갖는다는 것은 주단위 휴일제도가 국제적으로 보편화되어 있다. 이러한 주휴제의 연혁은 기독교의 안식일(일요휴일)의 관습에서 유래되었는데 ILO 조약에 의하여 「공업적 기업에 있어서 주휴제의 적용에 관한 협약」(제14호 협약, 1921년), 「상업 및 사무소에 있어서 주휴에 관한 협약」(제106호 협약, 1957년)에서 주휴제가 채택됨으로써 7일의 기간중 적어도 한 번은 계속 24시간의 휴식을 주어야 한다는 원칙이 확립되었다. 각국의 입법례를 볼 때에 우리나라의 근로기준법이 주휴제를 유급으로 하고 있는 것은 매우 진보적인 것이고 근로기준법의 특색의 하나이다. ILO조약 또는 각국의 입법례는 무급휴일제를 채택하고 있다.

관련 판례 대판 1996. 11. 26. 95누17571
교대제 근무시 비번일과 결근일의 대체로 인한 휴일의 불인정

교대근무자를 4개조로 나누어 시행하는 4조 3교대제의 근무형태에 있어서 근무 1일 비번 1일을 2주 동안 반복하는 교대제 근무기간 중의 비번일은 전날의 근무일에 정상적인 근무가 이루어진 경우에 인정되는 휴일일 뿐 전날의 정상적인 근무 여부와는 상관없이 인정되는 휴일이라 할 수는 없다.

관련 판례 대판 1991. 5.14.90다14089
휴일 근로의 의미

근로기준법 제46조에 따라 휴일근로수당으로 통상임금의 100분의 50 이상을 가산하여 지급하여야 하는"휴일근로"는, 동조가"제45조의 규정에 의한 휴일근로"라고 규정하지 아니하고"휴일근로"라고만 규정하고 있는 점, 연장시간근로 및 야간근로와 함께 휴일근로를 규정하고 있는 점 등의 취지로 미루어 볼 때, 단순히 제45조 소정의 주휴일제도의 원칙을 유지하기 위한 것만이 아니라, 주휴일이 아닌 법정공휴일이라도 사용자의 필요에 따라 부득이 근로를 하게 된 경우에는, 근로자가 근로할 의무가 있는 날에 근로를 한 경우보다는 더큰 대가가 지급되어야 보상된다는 점을 고려한 것이라고 해석되므로, 제45조 소정의 주휴일 근로뿐만 아니라 단체협약이나 취업규칙에 의하여 휴일로 정하여진 법정공휴일 등의 근로도 가리키는 것이라고 보는 것이 상당하다

4. 주휴제의 원칙

(1) 주 1회 이상의 유급휴일

유급휴일이란 「소정의 근로일수를 개근한 자에 대하여 주는」 임금이 보장되는 휴일이다(시행령 제30조). 그러므로 주휴일의 요건은 "1주 동안의 소정 근로일수의 개근"이라고 할 수 있겠으나, 행정해석에서는 이 요건이 "유급"휴일의 요건이 되는 것이고, 만약 결근일수가 있는 근로자에 대해서는 "무급"으로 주휴일을 주어야 한다고 하고 있다.[355] 그러나 위의 요건을 충족시키지 못하였더라도 주휴일을 유급으로 준다는 단체협약 등을 체결하는 것은 노사자율의 원칙상 무방할 것이다.[356] 주 1회의 유급휴일을 가질 수 있는 자는 1주간의 소정근로일수를 개근한 자에 한한다. 따라서 근로자가 주단위 소정 근로일수를 개근하지 못한 근로자는 근로기준법 제54조에 의한 임금청구권도 발생하지 않는다. 주 4일제 또는 주 5일제 근로의 경우에 소정의 일수를 채우면 개근한 것이 된다.

격일제 근로에 있어서도 동일하게 해석되어야 한다. 따라서 근로자에 대하여 1주일에 평균 1회 이상의 유급휴일을 주어야 한다는 근로기준법 제54조의 규정은 매일 연속적으로 근로를 제공하는 경우에 한하지 않고, 24시간 근로와 24시간 휴무(비번)을 되풀이하는 이

355) 1987. 1. 23, 근기 01254-1103.
356) 1987. 10. 23, 근기 01254-16858.

른바 격일제근무의 경우에도 적용된다.[357] 근로기준법 제55조는 매일 연속적으로 근로를 제공하는 경우에 한하지 않고, 2일 근무 1일 휴무(비번)를 되풀이하는 이른바 교대제근무에도 적용된다.[358] 1주일 평균 1회 이상의 휴일이라 함은 1주일에 1일 이상을 의미하고 24시간의 역일(오전 0시부터 오후 12시까지)을 의미하는 것이지만, 3교대 작업을 하는 경우에는 계속 24시간의 휴식을 주면 1일의 휴일이 된다. "1회 이상"이란 적어도 1일의 유급휴일을 주어야 한다는 의미이며, 여기서의 1일은 역일상의 1일로서 오전 0시부터 오후 12시까지의 24시간을 의미하는 것이 원칙이겠으나, 교대제근무의 경우에 그 편성상 예외적으로 계속 24시간의 휴식을 주는 경우에는 주휴일로 해석된다.[359]

(2) 휴일의 대체

휴일은 단체협약이나 취업규칙으로 정하는 것이 보통인데, 휴일을 어느 날에 주어야 하느냐에 대해서는 근로기준법은 특별히 휴일의 특정을 요구하고 있지는 않다. 따라서 휴일은 반드시 일요일이어야 할 필요는 없다. 휴일의 대체라 함은 미리 휴일로 특정되어 있는 날에 근로를 시키고, 대신 근로가 예정된 다른 날을 휴일로 하는 것을 말한다. 근로기준법 제55조는 1주일에 평균 1회 이상의 유급휴일을 줄 것을 요구할 뿐이며 어느 날에 주어야 하느냐에 대하여는 규정하고 있지 않다. 휴일의 대체의 경우에는 휴일 자체가 변경되어 버리기 때문에 휴일에 근로시켜도 휴일근로로 되지 않는다. 그러므로 사용자는 휴일의 대체로 인한 근로에 대하여는 근로기준법 제56조의 가산임금을 지불할 필요가 없게 된다.

행정해석[360]은 「이와 같이 대체한 경우라면 그 날의 근무한 데 대한 소정의 임금만을 지급하면 되는 것」이라고 한다. 따라서 대체한 휴일을 이미 부여받은 자가 이후 위에 갈음되는 근로일에 근로하지 않았다면 1일의 결근이 될 것이다.[361] 취업규칙이나 단체협약에서 특별한 사정이 있는 경우 다른 날로 휴일을 변경할 수 있다고 하는 규정을 두고 이에 따라 휴일을 변경하였을 경우에는 당해 휴일에 근로를 시킬 수 있다. 휴일의 대체는

---

357) 대판 1989. 11. 28, 89다카1145.

358) 대판 1991. 7. 26, 90다카11636.

359) 1987. 3. 6, 근기 01254-3655 ; 1987. 2. 25, 근기 01254-3068.

360) 1970. 7. 6, 법무 811-16173.

361) 1982. 8. 18, 근기 01254-22853.

사용자에 의해 악용될 가능성이 많기 때문에 근로자보호의 견지에서 그 절차에 엄격한 조건을 설정할 필요가 있을 것이다.

예정된 휴일을 변경하고자 할 때에는 취업규칙이나 단체협약에 규정하거나 또는 근로자의 동의를 얻어 실시해야 할 것이다. 지정된 휴일을 단체협약, 취업규칙, 근로자의 동의에 따라 근로자가 대체된 휴일이 언제인지 미리 알 수 있도록 구체적으로 지정하여야 할 것이다.[362] 주휴일을 다른 날로 대체하는 경우에는 적어도 24시간 이전에 전근로자에게 주지시켜야 할 것이다.[363] 따라서 취업규칙으로 휴일을 대체할 수 있는 구체적 사유와 대체한 날을 규정해 두는 것이 바람직하고 또 휴일을 대체하기 전에 미리 대체할 날을 특정하여 행하여야 하고 대체실시일의 전일보다 이전에 또 대체일 후 일정기간내의 특정의 대체일을 미리 지정한 뒤에 대체하여야 할 것이다.

관련 판례 대판 2000. 9. 22. 99다7367

휴일대체근무와 야간 · 휴일근로수당 등의 지급

일반적으로 숙직업무의 내용이 본래의 정상적인 업무가 연장된 경우는 물론이고 그 내용과 질이 통상의 근로와 마찬가지로 평가되는 경우에는 그러한 초과근무에 대하여는 야간 · 휴일근로수당 등을 지급하여야 한다. 지방공무원법 등 상위 법령의 위임을 받은 조례 또는 단체협약 등에서 특정된 휴일을 근로일로 하고 대신 통상의 근로일을 휴일로 교체할 수 있도록 하는 규정을 두거나 그렇지 않더라도 근로자의 동의를 얻은 경우, 미리 근로자에게 교체할 휴일을 특정하여 고지하면 달리 보아야 할 사정이 없는 한 이는 적법한 휴일대체가 되어, 원래의 휴일은 통상의 근로일이 되고 그 날의 근로는 휴일근로가 아닌 통상근로가 되므로 사용자는 근로자에게 휴일근로수당을 지급할 의무를 지지 않는다.

5. 휴일근로

(1) 휴일근로의 의의

근로기준법상의 휴일근로라 함은 주 1회의 유급휴일에 근로시키는 것이므로 그 이외의 공휴일이나 국경일에 하는 근로는 휴일근로로 취급하지 않아도 근로기준법 위반이 아니

362) 1990. 7. 10, 근기 01254-9675.
363) 1978. 4. 8, 법무 811-18759.

다. 유급휴일의 근로에 대해서는 근로기준 제56조는 휴일근로를 당연히 전제하고 있으므로 당사자간의 합의에 의하여(법 제53조 제1항 단서)또는법 제56조의 규정이 적용된다. 휴일근로에 대한 가산임금의 지급의무를 규정한 근로기준법 고용노동부장관의 인가와 본인의 동의를 조건으로(법 제53조 제3항 및 제69조) 사용자는 휴일근로를 시킬 수 있다고 보아야 할 것이다. 휴일근로에 대하여는 통상임금의 5할의 가산임금이 지급되어야 한다(법 제56조). 휴일근로의 범위에는 근로기준법 제55조 소정의 주휴일근로 뿐만 아니라 단체협약이나 취업규칙에 의하여 정하여진 법정공휴일 등의 근로를 가리키는 것이라고 보는 것이 상당하다.[364] 월급근로자는 그 달의 근로일수와는 관계없이 고정급이 지급되고 있으므로 특별한 규정이 없는 한 주휴일의 근로에 대한 임금은 당연히 월급에 포함되어 있다고 보는 견해가 있으나, 이에는 찬동할 수 없다. 왜냐하면 주휴일의 근로는 기존의 근로조건의 변경이며 그 부분에 대해서는 근로기준법이 적용되어야 하기 때문이다. 즉, 주휴일의 근로시간에 해당하는 소정의 통상임금과 가산임금이 별도로 지급되어야 할 것이다.

(2) 유급휴일과 무급휴일

휴일근로에는 유급휴일과 무급휴일이 있다. 근로기준법 제55조에 규정된 법정유급휴일 이외의 공휴일, 국경일 또는 회사 창립기념일 등은 취업규칙이나 단체협약이 정하는 바에 따라 유급휴일 또는 무급휴일이 될 수 있다. 유급휴일에 근로하는 경우에는 유급으로서 당연히 지급되는 임금(100%)과 당해일에 근로한 임금(100%)에 가산임금(50%)을 합한 임금(250%)을 지급해야 한다. 무급휴일은 근로기준법 제56조의 휴일에 해당하므로, 통상임금을 기준으로 하는 가산임금(150%)만 지급하면 된다. 근로기준법에 의한 유급휴일과 기타 유급휴일 등이 중복되었을 경우 단체협약·취업규칙 등에 별단의 규정이 없는 한 하나로 인정하면 될 것이다.[365]

364) 대판 1991. 5. 14, 90다카1408.

365) 1989. 5. 10, 해지 01254-6845 ; 1988. 8. 1, 근기 01254-11628 ; 1987. 3. 3, 근기 01254-3396.

(3) 휴일과 휴가의 중복

휴가와 휴일이 중복되는 경우에 어떻게 처리할 것인가의 문제가 있다. 행정해석[366]은 “유급휴가기간중이 주휴일 또는 공휴일을 휴가일수에 포함할 것인가는 그 휴일이 유급휴일인 경우에는 휴가일수에서 제외하고 무급휴일인 경우에는 포함하여 휴가일수를 계산하는 것이 타당할 것이며, 휴가기간 도중에 출근하였다 하더라도 근로기준법 제56조의 휴일근로로는 볼 수 없다”고 한다.

(4) 휴일근로의 거부

근로자가 관행화된 휴일근로를 할 경우에 어떻게 처리할 것인가의 문제가 있다. 판례[367]는 “노사간에 체결된 단체협약에 작업상 부득이한 사정이 있거나 생산계획상 차질이 있는 등 업무상 필요가 있을 때에는 사용자인 회사가 휴일근로를 시킬 수 있도록 정하여져 있어서, 회사가 이에 따라 관행적으로 휴일근로를 시켜왔음에도 불구하고, 근로자들이 자신들의 주장을 관철할 목적으로 정당한 이유도 없이 집단적으로 회사가 지시한 휴일근로를 거부한 것은, 회사업무의 정상적인 운영을 저해하는 것으로서 노동조합및노동관계조정법 제2조 제6호 소정의 쟁의행위에 해당한다고 할 것이다”라고 한다.

(5) 휴일근로와 소정근로시간

1) 의 의　소정근로시간이라 함은 법정 기준 근로시간 범위 내에서 노사간 정한 근로를 제공하여야 할 근로시간을 말한다. 근로기준법 제2조 제1항 제7호는 “소정(소정)근로시간”이란 제50조, 제69조 본문 또는 「산업안전보건법」 제46조에 따른 근로시간의 범위에서 근로자와 사용자 사이에 정한 근로시간을 말한다.

근로기준법 제43조가 1989. 3. 29삭제되었고 대신 산업안전보건법 제46조에 같은 내용의 규정이 신설됨으로써 새로이 적용되고 있고, 본 시행령에서 규정한 “월의 소정근로시간”개념이 1주 40시간으로 변경됨에 따라 월소정근로일수에 1일의 소정근로시간을 곱하여 산출할 수 없고 평균적 개념으로 산출하게 되었기 때문이다. 소정근로시간은 근로자가 근

366) 1988. 3. 8, 근기 01254-3488.

367) 대판 1991. 7. 9, 91도1051.

로를 제공하여야 할 시간을 일, 주, 월단위로 노사간 정한 근로시간으로써 연장, 야간, 휴일근로수당, 주휴수당, 연차유급휴가수당, 휴업수당 등과 해고예고수당, 연장, 휴일근로에 대한 임금의 결정, 출근일수에 따른 휴일의 부여방법으로 활용되고 있다.

2) **법정 월소정근로시간** 법정 월소정근로시간은 종전에는 근로기준법 제50조 본문의 1주 40시간에 대하여 주휴는 근로를 제공하지 않는 날이고 실제 1주간 근로하는 날은 6일이므로 6일간의 기준근로시간 40시간을 6일로 나누어 민법상의 1월의 일수 30일을 곱하여 산출함으로써 월 220시간으로 보아왔으나, 법원의 판례가 계속하여 월소정근로시간을 6일간분 40시간과 주휴일을 통상 8시간으로 보고 이를 합한 시간수 즉 48시간을 7일로 나누어 여기에 1년인 365일을 12월로 나눈 숫자를 곱하여 산출함으로써 노사간 소정근로시간에 다툼이 있어 왔다. 시간급 통상수당을 산정하기 위한 월 소정근로시간수는 근로기준법 제50조 제1항에 의하면 주근로시간(유급휴일 해당시간 제외)이 40시간이므로 여기에다 유급휴일 해당시간수(1일 8시간)를 더하고 이를 7로 나누어 1일 근로시간수를 계산하고, 이 1일근로시간에 월 소정근로일수 365/12를 곱하여 계산함이 타당하다.

이에 따르면 월의 소정근로시간수는 (40+8)÷7×365÷12=208.6시간이 되나 계산의 편의상 209시간으로 본다.[368] 대법원이 평균개념으로 본 이유는 1년 12달중 30일간인 달이 4개, 31일인 달이 7개 28일 또는 29일인 달이 1개이고 1년 365일을 12로 나누어도 30.31일이 되어 민법에서 근거도 없이 1월의 일수를 통상 30일로 보는 것은 현실적으로 옳지 않다고 보는 시각에서다. 대법원의 시각이 전적으로 옳다고 해석된다.[369]

3) **유형별 소정근로시간의 산출방법**

① 주 6일(5일 8시간, 1일 4시간) 근로하기로 하고, 1일은 유급휴일인 경우

주 : [8시간× 5일+4시간] + 8시간 = 52시간
(근로제공의무시간) (유급처리시간)
월 : $\dfrac{52\text{시간}}{7\text{일}} \times \dfrac{365\text{일}}{12\text{일}}$ = 225.9시간 ≒ 226시간

토요일 8시간을 근무하기로 하고, 초과근로 4시간에 대하여는 별도 연장근로수당을 지

368) 울산지판 1993. 7. 9, 93가소145.

369) 대판 1992. 2. 11, 91다12202 ; 대판 1990. 12. 26, 90다카12493.

급하는 경우도 위와 같다.

② 주 5일 (8시간)을 근로하기로 하고 2일은 유급휴일로 처리하는 경우

> 주 : 〔8시간× 5일〕 + 〔8시간× 2일〕 = 56시간
>
> 월 : $\frac{56시간}{7일} \times \frac{365일}{12일}$ = 243.3시간 ≒ 243시간

③ 주 6일(5일 8시간, 1일 4시간)근로하기로 하고, 1일 4시간 근로일을 8시간 근로로 유급처리하는 경우

> 주 : 〔8시간× 5일〕 + 〔8시간× 2일〕 = 56시간
>
> 월 : $\frac{56시간}{7일} \times \frac{365일}{12일}$ ≒ 243시간

근로제공없이 유급처리한 4시간에 대하여는 유급휴일과 같이 취급하여 소정근로시간에 포함한다.

④ 주 5일을 근로하기로 하고 1일은 유급휴일, 1일은 무급휴일로 처리하는 경우

> 주 : 〔8시간× 5일〕 + 8시간 = 48시간
>
> 월 : $\frac{48}{6} \times \frac{365-52}{12}$ = 208.66 ≒ 209시간

개별사업장의 적용에 있어서는 그 사업장의 취업규칙 · 단체협약 기타 노사합의 등에 따라 구체적인 내용이 위의 예시와 다를 수가 있으므로 개별적으로 판단하여야 하는 것이고, 유형별 예시 시간 범위 내에서 노사가 정한 경우에는 그 정한 시간이 당해 사업장의 소정근로시간이 된다. 월소정근로시간일수를 노사당사자간 약정에 의해 365일을 12월로 나눈 일수로 정한 경우에는 당해 일수를 월소정근로일수로 하여 월소정근로시간을 산정한다.

주5일 8시간, 1일 4시간을 근로하기로 하고 1일을 유급휴일을 부여하는 일반사업장에서 월소정근로시간을 220시간으로 하여 왔을 경우 이는 226시간 범위내이고 노사간 정함이 있는 경우이므로 220시간이 그대로 유효하다고 고용노동부 지침은 해석하고 있다. 따라서

근로기준법 제67조(연소자의 근로시간)와 산업안전보건법 제46조(유해, 위험작업에 종사하는 자의 근로시간)에 해당하는 근로자의 월소정근로시간수 산정은 다음 예시와 같다.

⑤ 13세이상 18세미만자의 월소정근로시간(노사간 별도 정함이 없는 경우)

> 주 : [7시간× 6일+7시간] = 49시간
>
> 월 : $\frac{49}{7} \times \frac{365}{12}$ = 212.9 ≒ 213시간

⑥ 유해, 위험작업종사자(잠함, 잠수작업근로자)의 월소정근로시간(노사간 별도 정함이 없고, 5일 6시간, 1일 4시간인 경우

> 주 : [6시간× 5일+4시간× 1일] + 6시간 = 40시간
>
> 월 : $\frac{40}{7} \times \frac{365}{12}$ = 173.8 ≒ 174시간

관련 판례 대판 1998. 04. 24. 97다28421

유급휴일에 대한 임금과 월급에서의 공제

근로자에 대한 임금을 월급으로 지급할 경우 그 월급에는 구 근로기준법 제45조 소정의 유급휴일에 대한 임금도 포함된다고 할 것이고, 그와 같은 유급휴일에 대한 임금은 원래 소정 근로일수를 개근한 근로자에 대하여만 지급되는 것으로서 정기적, 일률적으로 지급되는 고정적인 임금이라고 할 수 없어 통상임금에는 해당되지 않는다고 할 것이어서 통상임금을 산정함에 있어서는 매월 지급받는 월 기본급과 고정수당을 합산한 월급에서 이와 같은 유급휴일에 대한 임금을 공제하여야 한다.

관련 판례 대판 1995. 04. 07. 94다27342

통상적인 격주휴일제에 의한 휴일근로의 집단적 거부와 쟁의행위

임시노사협의회에서 레미콘차량 및 덤프트럭 운전기사 등 대부분의 근로자들에 대하여 정휴제를 원칙으로 하되 매월 1, 3주째 일요일은 정기휴일로 하고, 매월 2, 4, 5주째 일요일은 회사가 필요한 인원을 지정하여 근무하도록 하는 내용으로 합의가 이루어진 이래 그와 같은 내용의 격휴제가 관행적으로 시행되어 온 경우, 이와 같이 종래 통상적으로 실

시되어 오던 휴일근무를 근로자들이 집단적으로 거부하였다면 이는 회사업무의 정상적인 운영을 저해하는 쟁의행위에 해당한다.

관련 판례 대판 1995. 06. 29. 94다18553
동절기 단축근무시간과 휴일 및 휴가의 산정기초

근로기준법 제46조에 따른 시간외 근로수당이나 휴일근로수당 및 제47조에 따른 월차휴가근로수당을 산정함에 있어서는 실제로 근로한 시간을 기초로 하여야 할 것이므로, 동절기에 토요일을 제외한 평일의 근무시간이 7시간인데도 휴일근로수당 및 월차휴가근로수당을 산정함에 있어 8시간 근무한 것으로 보고 시간급 통상임금에 8시간을 곱하여 위 각 수당을 산정한 것은 위법하다.

제2절 휴 가

1. 보상휴가제

(1) 의 의

근로기준법 제57조는 「사용자는 근로자대표와의 서면합의에 따라 제56조에 따른 연장근로·야간근로 및 휴일근로에 대하여 임금을 지급하는 것을 갈음하여 휴가를 줄 수 있다」고 규정하고 있다. 이 규정은 이미 제공한 근로에 대한 보상을 금전적 보상이 아닌 근로시간으로 대체하여 지급함으로써 사용자에 대한 경제적 부담을 완화하고 근로자의 휴가를 촉진하여 건전한 노동력을 확보하고자 하는 것이다.

(2) 보상휴가와 근로시간

보상휴가를 실시하는 경우에 연장근로, 야간근로 또는 휴일근로는 법정근로시간을 초과할 수 없다. 따라서 보상휴가를 실시한다는 이유만으로 일반근로자의 주40시간제와 12시간의 연장근로를 포함한 52시간을 초과하여 근로시키는 것은 위법이다.

(3) 실시방법

보상휴가제의 실시는 근로자대표와의 서면합의를 전제로 하므로 단체협약이나 취업규칙 또는 별도의 협정이나 특약으로 작성하여도 무방하다.

2. 연차유급휴가

(1) 연차유급휴가의 의의

1) 개 념

① 사용자는 1년간 8할 이상 출근한 근로자에게 15일의 유급휴가를 주어야 한다.

② 사용자는 계속하여 근로한 기간이 1년 미만인 근로자에게 1개월 개근 시 1일의 유급휴가를 주어야 한다.

③ 사용자는 근로자의 최초 1년 간의 근로에 대하여 유급휴가를 주는 경우에는 제2항에 따른 휴가를 포함하여 15일로 하고, 근로자가 제2항에 따른 휴가를 이미 사용한 경우에는 그 사용한 휴가 일수를 15일에서 뺀다.

④ 사용자는 3년 이상 계속하여 근로한 근로자에게는 제1항에 따른 휴가에 최초 1년을 초과하는 계속 근로 연수 매 2년에 대하여 1일을 가산한 유급휴가를 주어야 한다. 이 경우 가산휴가를 포함한 총 휴가 일수는 25일을 한도로 한다(법 제60조제1항 제2항·제3항·제4항). 연차유급휴가는 1년간 계속근로한 근로자가 유급으로 받는 휴가를 말한다. 휴가라고 함은 근로의무가 있는 근로일에 대하여 근로자가 사용자로부터 근로의무의 면제를 얻은 날을 말한다. 연차유급휴가제도의 취지는 근로자에게 매년 일정 일수의 계속적인 휴가를 줌으로써 근로자의 심신의 피로를 회복하고 건강을 유지하며 노동력의 유지 · 배양과 문화적이고 인간다운 생활을 보장하기 위한 것이다.

2) 법적 성질

① 청구권설 - 이 학설에 의하면 휴가청구권은 근로자가 사용자에 대하여 휴가를 줄 것을 급부행위로서 청구하는 권리인 동시에 근로의무의 면제를 요구하는 부작위청구권이라고 한다. 그러나 근로자가 취업상태로부터 해방되는 상태가 발생하기 위해서는 근로자의

청구에 대응하는 사용자의 승낙이 필요하다고 한다. 다만 사용자의 승낙은 임의적인 것이 아니라 근로기준법 제60조 5항 단서에 해당하는 사유가 없는 한, 근로자가 청구한 시기에 휴가를 주어야 하는 구속을 받는다고 한다.

② 형성권설 - 이 학설에 의하면 근로기준법 제60조 제5항 본문의 「청구」라 함은 사용자의 급부행위를 청구하는 청구권을 의미하는 것이 아니라 취업으로부터의 해방의 개시시점을 근로자가 일방적으로 결정하는 것을 말하는 것이므로, 동조 제1항 및 제2항에서 정한 요건이 갖추어지면 휴가의 청구와 동시에 취업으로부터 해방될 수 있는 법적 상태가 발생된다고 한다. 따라서 이 「청구」의 법적 성질은 형성권적인 것이며, 다만 동조 제5항 단서의 규정에 의한 사용자의 이의신청에 의하여 휴가청구권행사에 의한 형성적 효력의 발생을 소극적으로 저지할 수 있다고 한다.

③ 시기지정권설 - 이 학설에 의하면 근로기준법 제60조 제1항 및 제2항의 요건이 갖추어지면 사용자는 일정일수의 휴가를 부여해야 할 의무를 부담하는 것인데, 동조 제5항은 이와 같은 의무의 이행시기에 관해서 규정한 것이라고 하며, 여기서 「청구」라 함은 휴가 시기의 「지정」을 의미한다고 한다. 그러나 「시기」는 계절과 같이 장기적인 기간도 포함하는 것으로 풀이되어야 하므로 시기의 지정은 반드시 구체적 시기의 특정을 의미하는 것은 아니라고 한다. 근로자가 구체적 시기를 지정하지 않는 경우에는 휴가의 개시 및 종기의 결정은 사용자에게 넘어간다고 한다. 이 학설은 우리나라에서는 수용되기 어려운 견해이다. 왜냐하면 우리 근로기준법 제60조 5항은 일본의 노동기준법(제39조 제3항)과는 달리 명문으로 「시기」라는 표현을 사용하고 있기 때문이다. 그러나 이 학설이 근로자에게 지정권을 부여하고 있음을 주장하는 점에서는 참고할 가치가 있다.

④ 종류채권설 - 이 학설은 근로기준법 제60조 제5항에서 말하는 「청구」에 대하여 형성권이니 청구권이니 논하는 것은 권리 그 자체의 본질에까지 논쟁을 확대시키는 것이므로 적당치 못하며 근로자가 유급휴가를 받을 권리는 일종의 종류채권이라고 한다. 그리고 「청구」란 이 종류채권을 특정하기 위한, 즉 근로의무를 면제할 근로일을 특정하기 위한 지정의사의 표현이라고 설명한다.

⑤ 이분설 - 이 학설은 연차유급휴가권과 시기지정권을 구별하고 근로기준법 제60조 제1항 및 제2항에 의하여 발생하는 연차유급휴가권을 선택채권으로서의 청구권이며, 동조

제5항의 시기지정권은 선택권으로서의 형성권이라고 한다. 그리하여 시기지정권에 의하여 휴가의 시기가 지정되면 선택채권은 구체적인 채권으로 변하고 근로자는 근로로부터 해방되며 휴가수당청구권을 취득한다. 이 이외에 연차유급휴가권과 연차유급휴가청구권을 구별하여 전자는 사용자의 공법상·사법상의 휴가부여의무의 반사적 효과로서의 청구권과 면책권의 총합이며, 후자는 휴가시기와 임금에 관한 청구권이라고 보는 견해도 있다.

(2) 1년간 8할 이상 출근

연차유급휴가의 사용권은 1년간 8할 이상을 출근한 자에게 주어야 한다. 여기서 8할 이상의 출근이라고 하는 것은 1년의 총일수에서 휴일을 제한 일수, 즉 전근로일에 8할 이상을 출근한 것을 말한다. 기준이 되는 소정의 근로일은 법령·단체협약·취업규칙에 의하여 주휴일·공민권 행사를 위한 휴일·국경일·생리휴가 등은 물론이고 단체협약이나 취업규칙 등에서 정한 근로의무가 없는 휴일은 유급, 무급을 불문하고 이를 제외하여 소정의 근로일수를 결정하여야 한다. 근로자의 업무상의 부상 또는 질병으로 휴업한 기간과 산전·산후에 휴업한 기간은 이를 출근한 것으로 본다. 다만, 출근율 산정대상기간 전부가 업무상 부상·질병기간이라면 근로자의 휴가청구권은 발생하지 않을 것이다.

이는 업무상재해로 인하여 1주 미만의 기간을 휴업한 경우, 1주간 또는 1개월간을 개근한 자에 한하여 보장되는 주휴의 적용에 있어서도 제60조 제6항을 준용하여 이러한 휴업기간은 이를 출근한 것으로 간주하여야 하므로 월간 또는 연간 일부만을 휴업하였을 경우에는 이를 출근한 것으로 취급하여 해당 휴가를 부여하여야 할 것이다. 다만, 월간 또는 연간 총일수를 근로기준법 제78조의 요양으로 휴업한 경우에는 휴가발생 대상 기간동안 소정근로일수 자체가 없어 동법 제60조에 의한 휴가는 사실상 그 의미를 상실하게 되므로 이때에는 휴가가 발생되지 않는다.[370]

여기서 1년간이라 함은 1년간의 소정근로일을 의미한다고 보아야 할 것인바, 남녀고용평등과 일·가정양립지원에 관한 법률 제18조의 2에 의해 사업주가 허용한 배우자출산휴가기간은 법에 의해 출근한 것으로 보는 산전후 휴가와는 달리 근로계약이 존속하는 상태에서 근로제공의무가 정지되는 기간이라 할 것이므로 연차휴가권 발생의 요건으로서 8할

370) 1979. 7. 3, 법무 811-15804 ; 1981. 11. 3, 근기 1455-33018 참조.

이상 출근여부를 따지는 1년간의 소정근로일을 확정함에 있어 배우자출산휴가기간은 이를 제외하여야 한다.[371]

휴업에 있어서는 사용자의 귀책사유로 인한 휴업이든, 노사 어느 면에도 책임이 없는 불가항력으로 인한 휴업이든 근로일에 제외한다고 해석된다. 파업기간을 근로일에 산입하느냐의 문제다. 파업 및 그 밖의 정당한 쟁의행위로 인하여 근로의 제공이 없었다 하더라도 이 기간은 단체행동권의 구체적인 행사기간이며 따라서 근로자의 근무평정의 대상기간으로 볼 수 없으므로 근로일에서 제외되어야 할 것이다. 불법파업기간은 결근일로 취급된다. 사용자에 의한 직장폐쇄의 기간도 휴업과 동일하게 근로일에서 제외된다.

(3) 계속근로연수와 휴가일수

1) **기초일수** 1년간 8할 이상 출근한 근로자에게는 15일의 유급휴가권이 발생한다. 15일은 연차유급휴가의 기초일수이며 이 기초일수의 분할에 대하여 명문규정이 없으므로 단체협약·취업규칙 등에서 적극적으로 결정할 수 있다. 그러나 분할을 인정하는 경우에는 그 최저단위는 「1근로일」을 단위로 하여야 하며 오전·오후라든가 시간단위로 분할하는 것은 허용되지 아니한다.

2) **계속근로연수와 휴일가산** 사용자는 3년 이상 계속하여 근로한 근로자에게는 제1항에 따른 휴가에 최초 1년을 초과하는 계속 근로 연수 매 2년에 대하여 1일을 가산한 유급휴가를 주어야 한다. 이 경우 가산휴가를 포함한 총 휴가 일수는 25일을 한도로 한다.

근로기준법 제60조 제4항은 3년 이상 계속근로한 자에게는 최초 1년을 초과하는 계속 근로 연수 매 2년에 대하여 "제1항의 휴가에 1일 가산"하도록 규정하고 있는 데 제1항은 8할 이상 출근자만을 대상으로 하고 있다. 따라서 8할 미만 출근자의 경우에는 가산의 전제가 되는 휴가 자체가 발생하지 않는 것이므로 가산휴가도 발생하지 않는다.[372] 계속근로 2년째 이후에도 휴가청구권발생의 요건으로서 8할 이상의 출근을 필요로 하기 때문에 8할 이상을 출근하지 않는 당해연도에는 휴가권이 발생하지 않는다. 근로기준법 제60조 제4항에 의한 휴가일수가산은 전년도에 8할 이상 출근하였으면 족한 것이며, 그 전년도

371) 1992. 3. 23, 부소 01254-116.

372) 1989. 1. 28, 근기 01254-1488.

이전의 8할 이상 출근여부는 관계되지 아니한다. 즉, 가령 10년 계속근로한 자는 3년을 초과하는 계속연수는 7년이므로(당해연도에 8할 이상 출근한 자라면) 18일의 연자유급휴가를 받을 수 있는 것이며 이전 7년 간에 매년마다 8할 이상 출근여부는 전혀 관계되지 아니한다.[373] 그러므로 제1년도에 8할 이상 출근하여 15일의 휴가권을 얻은 자가 제2년도에 8할미만을 출근하여 휴가권을 얻지 못할 경우에도 제3년도에 8할 이상 출근한 경우에는 16일의 유급휴가권이 발생한다.

3) **연차유급휴가수당** 유급휴가의 총일수에 대하여는 단체협약 또는 취업규칙 등에서 정한 통상임금 또는 평균임금중 어느 하나를 선택적으로 지급하여야 한다. 휴가일수가 25일을 초과하는 경우에는 그 초과일수에 대하여 통상임금을 지급하고 유급휴가를 주지 않을 수 있다. 연차유급휴가수당은 유급휴가를 주기 전 또는 직후의 임금지불일에 지급하여야 한다(시행령 제33조). 근로기준법상 연차휴가는 소정근로일수를 개근한 자에게 누적된 피로를 회복하여 노동력을 재생산할 수 있도록 휴가를 부여하는데 목적이 있으므로 부당해고기간중 연차휴가를 받지 못한 데 대해 민사상 손해배상청구 대상이 되는 문제는 별론으로 하고 동기간중 연차휴가를 가지 못함에 따른 임금청구권은 발생하지 않는다.[374]

근로자가 1년간 8할 이상 출근하여 휴가청구권이 발생하면 사용자는 근로자가 휴가를 1년간 사용할 수 있도록 하여야 하며, 휴가청구권이 소멸되지 않은 상태에서 휴가를 매수하는 계약은 연차유급휴가권의 행사를 사실상 못하게 하므로 무효이다. 그러나 단체협약·취업규칙 등에 의하여 법정일수 이상의 연차유급휴가를 부여하고 있는 경우나 퇴직자가 사용할 여유가 없는 경우의 휴가일수매수는 당사자간에 합의가 있는 한 가능하다. 연차휴가를 1년간 사용치 못하여 휴가청구권이 소멸하더라도 임금청구권은 소멸하지 않는데 이를 「연차유급휴가수당」이라고 한다.[375] 연차유급휴가수당에 대해서는 법에 직접 규정되어 있지 않으며, 판례·행정해석 등은 사용하지 못한 일수에 해당하는 통상임금을 지급하면 되고 가산임금을 지급할 의무는 없는 것으로 보고 있다.[376]

---

373) 1979. 12. 6, 법무 811-28675.

374) 1990. 11. 23, 근기 01254-16241.

375) 연차유급휴가수당을 별도로 지급하여야 하는 사유는 휴가일에 계속하여 근로를 함으로써 휴가권을 행사하지 못한 경우와 퇴직 등에 의하여 휴가권을 행사할 여유가 없는 경우이다. 이때에는 통상임금으로 휴가일수에 갈음하여 지급한다.

376) 1990. 12. 26 선고, 90다카12493.

(4) 사용자의 시기변경권

근로자가 청구한 시기에 연차유급휴가를 주는 것이 사업운영에 막대한 지장이 있는 경우에는 사용자가 그 시기를 변경할 수 있다. 이것을 사용자의 시기변경권이라고 한다. 사용자는 근로자의 청구가 있는 시기에 연차유급휴가를 부여하여야 하나, 「사업운영에 막대한 지장」이 있는 경우에는 시기변경권을 행사할 수 있다. 막대한 지장의 여부는 기업의 규모, 유급휴가청구권자가 담당하는 업무의 성질, 작업의 바쁜 정도, 대행자의 배치난이도, 같은 시기에 휴가를 청구하는 자의 수 등을 고려하여 제도의 취지에 반하지 않게 합리적으로 판단하되, 그 개연성이 인정되는 사정만으로 족하나, 근로자가 입게 되는 불이익이 최소한에 그치도록 합리적인 기간내에서 시기변경권을 행사하여야 할 것이다.

그 시기를 변경할 수 있다는 것은 사용자가 그 시기를 변경하여 이를 특정할 수 있다고 해석할 수 없으며 근로자가 지정하는 시기와 다른 시기를 제시하여 다시 근로자가 이를 청구할 수 있다는 의미다. 사용자가 시기변경권을 행사하였음에도 불구하고 근로자가 일방적으로 연차휴가를 사용한 경우에 사용자는 그 근로자에 대해 결근처리할 수 있다.[377] 근로자가 결근일을 연차휴가 사용일로 대체해 줄 것을 청구한 경우 이를 인정해야 할 법적 의무는 없다. 그러나 사용자가 일단 대체사용을 인정한 이상 그 날은 정식 연차휴가일로 보아야 함으로 그 날의 결근을 징계사유로 삼을 수 없다. 또한 특별한 근거규정 없이 근로자의 의사에 반해서 일방적으로 근로자의 결근일을 연차휴가로 대체시키는 것은 근로자의 장래의 연차유급휴가권 행사를 침해하는 것이 되므로 위법이다.

(5) 연차유급휴가의 소멸과 사용촉진

1) 연차유급휴가의 소멸 연차유급휴가는 1년간 행사하지 아니한 때에는 소멸한다. 근로자의 청구시기는 근로자가 그 휴가를 청구할 지위를 얻게 된 뒤, 즉 1년간의 근로를 마친 다음날로부터 1년 이내에 근로자가 이를 희망 또는 지정하는 시기에 주어야 한다.[378] 사용자의 귀책사유로 근로자가 유급휴가를 사용하지 못한 경우에는 1년 이후에도 유급휴가를 청구할 수 있다. 사용자의 귀책사유로 인하여 연차유급휴가권을 행사할 수 없는 기간

377) 1968. 8. 14, 기준 1455.9-7666.

378) 대판 1972. 1. 28, 71다1758.

만큼 연장된다. 근로자가 휴가시기를 지정하여 청구하였음에도 불구하고 휴가를 주지 않았다든지 또는 사용자의 귀책사유로 인한 휴업 등으로 말미암아 사실상 휴가청구를 할 수 없는 경우 등은 모두 포함된다. 근로자가 연차유급휴가를 사용하지 아니하고 1년의 기간이 경과한 때에는 근로자의 유급휴가청구권은 소멸된다.

2) 연차휴가의 사용촉진 사용자가 제60조제1항 · 제3항 및 제4항에 따른 유급휴가의 사용을 촉진하기 위하여 다음 각 호의 조치를 하였음에도 불구하고 근로자가 휴가를 사용하지 아니하여 제60조제7항 본문에 따라 소멸된 경우에는 사용자는 그 사용하지 아니한 휴가에 대하여 보상할 의무가 없고, 제60조제7항 단서에 따른 사용자의 귀책사유에 해당하지 아니하는 것으로 본다(근기법 제61조).

1. 제60조제7항 본문에 따른 기간이 끝나기 3개월 전을 기준으로 10일 이내에 사용자가 근로자별로 사용하지 아니한 휴가 일수를 알려주고, 근로자가 그 사용 시기를 정하여 사용자에게 통보하도록 서면으로 촉구할 것
2. 제1호에 따른 촉구에도 불구하고 근로자가 촉구를 받은 때부터 10일 이내에 사용하지 아니한 휴가의 전부 또는 일부의 사용 시기를 정하여 사용자에게 통보하지 아니하면 제60조제7항 본문에 따른 기간이 끝나기 2개월 전까지 사용자가 사용하지 아니한 휴가의 사용 시기를 정하여 근로자에게 서면으로 통보할 것

3) 미사용휴가와 수당청구권 유급휴가를 사용하지 아니하고 계속근로한 근로자에게 그 휴가일수에 해당하는 임금청구권도 함께 상실되느냐 하는 문제가 발생한다. 원래 유급휴가제도는 근로를 하지 않고 임금을 지급하면서 휴가를 주는 제도이므로 휴가청구권이 소멸했다고 해서 휴가기간중의 임금청구권까지도 당연히 소멸한 것으로 볼 수는 없다. 또한 연차유급휴가권이 소멸되기 전에 근로자가 퇴직한 경우에는 휴가일수에 해당하는 임금청구권은 퇴직과 동시에 당연히 소멸되지 않는다. 근로자가 휴가를 이용하지 아니하고 계속 근무한 경우에는 근로자는 사용자에 대하여 그 휴가일수에 해당하는 임금을 더 청구할 수 있다고 보는 것이 상당하다.

연차휴가를 사용치 못한데 대한 임금지급청구권은 근로자가 퇴직하였다하여 소멸하지 않으며 근로자가 해임되기 이전에 연차휴가청구권을 행사하지 아니하였다하여 발생하지 아니하는 것이라고도 말할 수 없다.[379] 즉, 퇴직 · 해고의 경우에도 연차휴가근로수당청구

권이 소멸하지 않는 것으로 1일이라도 휴가를 갈 수 있었던 날이 있었다면 그에 상응하는 수당을 지급할 사용자의 의무가 발생한다.[380] 연차휴가근로수당청구권은 휴가청구권이 소멸한 첫날에 발생하며 소멸시효는 3년이다.[381]

(6) 근로기준법 제60조의 위반효과

사용자가 근로기준법 제60조 제1항,제2항, 제4항 제5항에 위반하는 경우에는 2년 이하의 징역, 1,000만원 이하의 벌금에 처한다(법조 제110 제1호). 즉, 사용자가 1년간 8할 이상 출근한 근로자에 대하여 15일의 유급휴가를 주지 않는 경우에는 벌칙이 적용된다. 또한 연차유급휴가를 근로자의 청구가 있는 시기에 주지 않거나 연차유급휴가수당을 취업규칙이나 기타의 정한 바에 따라 통상임금 또는 평균임금으로 지급하지 않는 경우에는 본조 위반이 된다. 다만, 시기변경권을 행사한 경우에는 예외이다.

관련 판례 대판 1996. 6. 11. 95누6649
연차휴가제도의 취지

연차유급휴가는 장기간 근로에 따른 피로의 회복을 통한 휴양의 기회를 제공하고 문화적 생활의 향상을 기하기 위하여 근로자에게 부여되는 것이다.

관련 판례 대판 1991. 11. 12. 91다14826
연차휴가청구권의 성질과 지급요건

근로기준법이 규정하는 연차휴가수당은 근로자가 1년간을 계속 근로한 경우 개근 또는 9할 이상 출근하였을 때에 비로소 지급받을 수 있는 것으로서 다른 특별한 정함이 없는 이상 연차휴가는 1년 간의 근로에 대한 대가라 할 것이고, 그 연차휴가수당도 개근 또는 9할 이상을 출근한 1년 간의 근로를 마침으로써 확정되는 것이므로 1년 미만의 근로에 대하여는 연차휴가를 주거나 연차휴가수당을 지급할 수 없는 것이다.

---

379) 대법 1972. 1. 17 선고, 71다1713.
380) 1989. 6. 7, 해지 01254-8357.
381) 1987. 4. 28, 근기 01254-6801.

관련 판례 대판 1992. 4. 14. 91다5587
평균임금산정과 연차휴가근로수당

근로기준법 제48조 (현행법 제60조) 소정의 연차유급휴가제도는 사용자가 1년 간 개근하거나 9할 이상 출근한 근로자에 대하여 다음해 1년 사이에 근로자의 청구가있는 시기에 주어야 하는 유급휴가를 말하는 것이므로 근로자가 퇴직하기 전해에 개근하거나 9할 이상 출근함으로써 받을 것으로 확정된 연차유급휴가를사용하지 아니한 채 퇴직함으로 말미암아 그 기간에 대한 연차유급휴가근로수당 지급청구권이 발생하였다 하더라도 이는 위와 같은 연차유급휴가를 받게된 원인이 된 '퇴직하기 전 해 1년 간'의 근로의 대상으로 지급되는 것이지, 연차유급휴가를 청구할 수 있게 된 '퇴직하는 그 해'의 근로에 대한 대가로 지급되는 것이라고는 볼 수 없기 때문에 연차유급휴가를 받게 된 원인이 된'퇴직하기 전 해 1년 간'의 일부가 퇴직한 날 이전 3개월 간에 포함되지 않는 한 연차유급휴가근로수당은 퇴직금의 산출기준이 되는 평균임금에 포함시킬수 없다.

관련 판례 대판 2000. 11. 28. 99도317
연차유급휴가의 사용과 부작위의무 위반죄의 성립요건

근로자의 연차유급휴가권은 구 근로기준법(1996. 12. 31. 법률 제5245호로 개정되기 전의 것) 제48조 제1항의 요건을 갖추면 당연히 성립하고, 다만 근로자가 시기를 지정하여 그 청구를 하면 사용자의 적법한 시기변경권의 행사를 해제조건으로 그 권리가 구체적으로 실현되는 것으로, 사용자가 휴가를 부여한다고 하는 적극적 작위가 요구되는 것은 아니어서, 위 조항 위반죄의 구성요건의 기본은 사용자가 근로자의 연차유급휴가권의 행사를 방해하지 않는다고 하는 부작위 의무에 위반한 행위가 되는 것이므로, 위 죄는 근로자가 연차유급휴가에 대하여 시기를 지정하여 그 청구를 하였음에도 불구하고 사용자가 적법한 시기변경권을 행사하지도 아니한 채 근로자의 연차유급휴가를 방해한 경우에 성립함은 물론이고, 사용자가 근로자의 연차유급휴가 자체를 인정하지 아니하여 그 시기지정권의 행사를 사전에 방해하는 것이라고 평가할 수 있을 정도에 이르면 근로자가 시기지정권을 행사하지 아니하고 그 청구를 한 경우에도 마찬가지로 성립한다.

제6장 여성과 연소자의 보호

제1절 여성과 연소자의 공통보호

1. 유해 · 위험사업에의 사용금지

(1) 의 의

근로기준법 제65조는 「① 사용자는 임신중이거나 산후1년이 지나지 아니한 여성(이하 "임산부"라 한다)과 18세 미만자는 도덕상 또는 보건상 유해, 위험한 사업에 사용하지 못한다. ② 사용자는 임산부가 아닌 18세 이상의 여성을 제1항에 따른 보건상 유해 · 위험한 사업중 임신 또는 출산에 관한 기능에 유해 · 위험한 사업에 사용하지 못한다. ③ 제1항 및 제2항에 따른 금지직종은 대통령령으로 정한다」고 규정하고 있다. 이 규정은 성년남자와 비교하여 생리학적으로 차이가 많은 여성과 위생학적으로 저항력이 약하고 위해를 충분히 제거하지 못하는 발육과정에 있는 연소자에 대하여 도덕상 또는 보건상 유해 · 위험하다고 인정되는 업무에 취업하는 것을 금지한 규정이다. 금지직종은 외국의 경우와 같이 본조에 개괄적으로 규정하고 세부적인 사항은 대통령령에 맡기고 있다.

국제노동기구에서는 1919년 제1회 총회에서 모성의 기능과 아동의 신체발육에 있어서 생길 수 있는 위해를 염려하여 「연중독에 대한 부인과 아동의 보호에 관한 권고」(제4호)를 결정하였고, 또 1921년 제3회 총회에서 「페인트칠에 있어서의 백연의 사용에 관한 협약」(제13호)을 결정하였다. 또 1967년 제5회 총회에서 「1인의 근로자가 운반할 수 있는 화물의 최대중량에 관한 협약」(제127호)이 채택되고 있는데, 그 제7조에서 여성과 연소근로자의 중량물운반에 관하여 제한하지 않으면 안되는 경우가 규정되고 있다.

외국의 입법례로서는 미국의 공정근로기준법(1949년 개정법) 제3조에서 16세 이상 18세 미만의 연소자에 대하여 폭발물 또는 폭발물을 포함하는 물품을 제조하는 사무소의 업무, 자동차의 운전수와 조수의 업무, 탄광의 지하사무소 혹은 수리공장의 근무를 제외한 탄광의 일체의 업무, 벌목과 기계조작에 의한 제재의 업무, 동력목공기계의 조작의 업무, 방사선물질에 쪼이는 업무, 동력권상기의 조작업무 기타 유해위험업무에 대하여 취업제한을 하고 있는 이외에 영국 · 독일 · 프랑스 · 캐나다 · 일본 등 제국가에 있어서도 여성과 연소자에 대하여 그 범위의 광협의 차이는 있으나, 유해 · 위험업무에의 취업제한을 규정하고 있다.

(2) 유해 · 위험한 사업

1) 임신중의 여성　임신중의 여성근로자에 대한 유해 · 위험한 업무의 금지직종은 다음과 같다(시행령 제40조).

① 「산업안전기준에 관한 규칙」 제59조와 제60조에서 규정한 둥근톱으로서 지름 25센티미터 이상, 같은 규칙 제61조와 제62조에서 규정하는 띠톱으로서 풀리(Pulley)의 지름 75센티미터 이상의 기계를 사용하여 목재를 가공하는 업무

② 「산업안전기준에 관한 규칙」 제5편제3장과 제4장에 따른 정전작업, 활선작업 및 활선 근접작업

③ 「산업안전기준에 관한 규칙」 제6편제2장제3절에서 규정한 통나무비계의 설치 또는 해체업무와 제6편제5장에 따른 건물 해체작업(지상에서 작업을 보조하는 업무를 제외한다)

④ 「산업안전기준에 관한 규칙」 제6편제3장제3절에서 규정하는 터널작업, 같은 규칙 제439조에 따른 추락위험이 있는 장소에서의 작업, 같은 규칙 제452조에 따른 붕괴 또는 낙하의 위험이 있는 장소에서의 작업

⑤ 「산업보건기준에 관한 규칙」 제58조제4호에 따른 진동작업

⑥ 「산업보건기준에 관한 규칙」 제69조제2호 및 제3호에 따른 고압작업 및 잠수작업

⑦ 「산업보건기준에 관한 규칙」 제108조에 따른 고열작업이나 한랭작업

⑧ 「원자력법」 제97조에 따른 방사선 작업 종사자 등의 피폭선량이 선량한도를 초과하는 원자력 및 방사선 관련 업무

⑨ 납, 수은, 크롬, 비소, 황린, 불소(불화수소산), 염소(산), 시안화수소(시안산), 2-브로모프로판, 아닐린, 수산화칼륨, 페놀, 에틸렌글리콜모노메틸에테르, 에틸렌글리콜모노에틸에테르, 에틸렌글리콜모노에틸에테르 아세테이트, 염화비닐, 벤젠 등 유해물질을 취급하는 업무

⑩ 사이토메갈로바이러스(Cytomegalovirus) · B형 간염 바이러스 등 병원체로 인하여 오염될 우려가 짙은 업무. 다만, 의사 · 간호사 · 방사선기사 등으로서 면허증을 소지한 자 또는 양성 중에 있는 자를 제외한다.

⑪ 신체를 심하게 펴거나 굽힌다든지 또는 지속적으로 쭈그려야 하거나 앞으로 구부린 채 있어야 하는 업무

⑫ 연속작업에 있어서는 5킬로그램 이상, 단속작업에 있어서는 10킬로그램 이상의 중량물을 취급하는 업무

⑬ 그 밖에 고용노동부장관이 「산업재해보상보험법」 제8조에 따른 산업재해보상보험및예방심의위원회(이하 "산업재해보상보험및예방심의위원회"라 한다. 이하 이 표에서 같다)의 심의를 거쳐 지정하여 고시하는 업무

2) **산후 1년이 지나지 아니한 여성** 출산후 1년이 지나지 아니한 여성근로자는 1년 미만의 영아를 양육하고 있는 특성을 고려하여 정하는 금지직종의 범위는 다음과 같다(근기법 시행령 제40조).

① 납, 비소를 취급하는 업무. 다만, 모유 수유를 하지 아니하는 여성으로서 본인이 취업 의사를 사업주에게 서면으로 제출한 경우에는 그러하지 아니한다.

② 2-브로모프로판을 취급하거나 노출될 수 있는 업무

③ 그 밖에 고용노동부장관이 산업재해보상보험및예방심의위원회의 심의를 거쳐 지정하여 고시하는 업무

3) **임산부가 아닌 18세 이상인 여자** 18세 이상이더라도 임산부가 아닌 여성근로자의 금지직종의 범위는 다음과 같다(근기법 시행령 제40조). 여성근로자의 금지직종을 종전에 비해 상대적으로 완화한 것이다.

① 2-브로모프로판을 취급하거나 노출될 수 있는 업무. 다만, 의학적으로 임신할 가능성이 전혀 없는 여성인 경우에는 그러하지 아니하다.

② 그 밖에 고용노동부장관이 산업재해보상보험및예방심의위원회의 심의를 거쳐 지정하여 고시하는 업무

4) 18세 미만인 자　18세 미만자는 성장기에 있는 특성을 고려하여 근로자로 사용하는 경우 건강상 및 도덕상 유해위험한 업무에 대한 금지직종의 범위는 다음과 같다(근기법 시행령 제40조).

①「산업보건기준에 관한 규칙」제69조제2호 및 제3호에 따른 고압작업 및 잠수작업

②「건설기계관리법」,「도로교통법」등에서 18세 미만인 자에 대하여 운전 · 조종면허 취득을 제한하고 있는 직종 또는 업종의 운전 · 조종업무

③「청소년보호법」등 다른 법률에서 18세 미만 청소년의 고용이나 출입을 금지하고 있는 직종이나 업종

④ 교도소 또는 정신병원에서의 업무

⑤ 소각 또는 도살의 업무

⑥ 유류를 취급하는 업무(주유업무는 제외한다)

⑦ 2-브로모프로판을 취급하거나 노출될 수 있는 업무

⑧ 그 밖에 고용노동부장관이 산업재해보상보험 및 예방심의위원회의 심의를 거쳐 지정하여 고시하는 업무

(3) 근로기준법 제65조의 위반효과

사용자가 본조에 위반하여 임신중이거나 산후 1년이 경과되지 아니한 여성과 18세 미만자를 유해 · 위험업무에 사용하는 경우에는 3년 이하의 징역 또는 2,000만원 이하의 벌금에 처한다(법 제109조). 판례에서는 "직업선택의 자유는 국민의 기본권으로서 헌법에서 보장되어 있을 뿐만 아니라 근로기준법 제63조 및 아동복지법 제18호 제4호의 규정들을 보면 미성년자의 주점에의 취업이 일반적으로 금지되어 있다고는 해석되지 않으므로 주점을 경영하는 영업자가 그 주점에 미성년자를 종업원으로 채용하여 접객토록 한 소위는 미성년자보호법 제4조 제2항에 해당하는 범칙행위가 아니다"라고 하고 있다.[382] 즉, 본조에서 18세

미만자의 취업이 금지되는 직종 중 제56호에서 “주석에서 접대하는 업무”만을 규정하고 있을 뿐 일반적으로 유흥업소 전반에 취업하는 것이 금지되는 것은 아니라는 것이다. 이러한 판례의 견해는 취업의 기회를 부당하게 박탈할 수 없다는 점에 이해가 되지만, 과연 본조가 취지로 하는 18세 미만자의 도덕상 · 보건상의 복지를 고려하였는지에 대하여서는 의문이 아니라 할 수 없다.

2. 야간 · 휴일근로의 금지

(1) 의 의

근로기준법 제70조 본문에서는「① 사용자는 18세 이상의 여성을 오후 10시부터 오전 6시까지의 시간 및 휴일에 근로시키려면 그 근로자의 동의를 얻어야 한다 ② 사용자는 임산부와 18세 미만자를 오후 10시부터 오전 6시까지의 시간 및 휴일에 근로시키지 못한다. 다만, 다음 각호의 어느 하나에 해당하는 경우로서 고용노동부장관의 인가를 받으면 그러하지 아니하다」라고 규정하고 있다. 이 규정의 제도적 의미는 야간작업으로 인한 근로자의 생활리듬파괴를 방지하고 여성의 건강과 다음 세대의 건강을 보호하려는 모성보호와 성생활 기타 가정생활의 보호에 있다. 야업시간을 우리 근로기준법은 오후 10시부터 오전 6시까지로 제한하고 있다.

(2) 근로자의 동의와 고용노동부장관의 인가

근로기준법 제70조에 위반하면 근로기준법 제110조 제1호에 의한 처벌이 가능하다는 점을 고려한다면, 야업 및 휴일근로는 여성근로자의 동의가 있거나 고용노동부장관의 인가를 얻어야 가능하다(법 제70조 제2항 단서). 여기서 인가라고 하는 의미는, 일정한 법률행위를 국가가 동의하는 형식으로 요건을 보충하여 주면 그 효력이 완성되는 것을 말한다. 이러한 제도는 여성에 대한 엄격한 야업근로금지에서 오는 근로시간운영의 경직성을 완화시키려는

382) 대판 82.9.14, 82도701 ; 미성년자보호법 제4조 제2항은 미성년자를 유흥업소에 출입시킬 수 없다는 것이지 고용하는 것을 금지하는 것은 아니다.

제도라고 볼 수 있다.

고용노동부장관의 인가를 얻어 야간근로 및 휴일근로가 가능한 경우로는 첫째, 18세 미만자의 동의가 있는 경우 둘째, 산후 1년이 경과되지 아니한 여성의 동의가 있는 경우 셋째, 임신 중의 여성이 명시적으로 청구하는 경우를 말한다(법 제70조 제2항 단서). 사용자는 고용노동부장관의 인가를 얻기 이전에 근로자의 건강 및 모성보호를 위하여 그 시행여부와 방법 등에 관하여 당해 사업 또는 사업장의 근로자대표와 성실하게 협의하여야 한다(법 제70조 제3항).

여성근로자는 야업근로를 원하는데도 불구하고 고용노동부장관이 이를 인가하지 않는 경우에 야업근로가 역시 금지되는가, 그리고 이에 위반하였을 때 근로기준법 제113조 제1호에 의한 처벌을 받게 되는가가 문제된다.

생각건대, 근로기준법 제70조 규정의 설정을 어떻게 보느냐에 따라 결론이 달라질 것이다. 마땅히 이 규정은 강행규정으로 보아야 할 것이다. 이 규정의 법적 취지가 여성근로자와 18세 미만의 근로자 개인 보호와 동시에 다음 세대의 노동력 보호를 위한 모성보호에도 있다는 점, 그리고 시간외근로, 변형근로의 제도외에 다시 본조를 규정한 것은 당사자의 합의라는 절차보다 고용노동부장관의 인가라는 행정적 통제절차를 두어 연소자와 더불어 여성근로자의 근로시간을 더욱 두텁게 보호하려는 점 등을 그 이유로 들 수 있다.

(3) 근로기준법 제70조의 위반효과

여성근로자가 야간근로를 개인적으로 원하는 경우일지라도 고용노동부장관의 인가가 없으면 여자의 야간근로는 금지되고, 이에 위반하면 사용자는 처벌을 면치 못한다. 물론 야간근로에 대하여 통상임금의 100분의 50이상의 가산임금을 지급하여야 한다(법 제56조 참조).

3. 갱내근로의 금지

(1) 의 의

근로기준법 제72조에 의하면, 「사용자는 여성과 18세 미만자를 갱내에서 근로시키지 못한다. 다만, 보건 · 의료, 보도 · 취재 등 대통령령이 정하는 업무를 수행하기 위하여 일시적으로 필요한 경우에는 그러하지 아니하다」라고 규정하고 있다. 갱내근로는 특수한 작업환경으로 인하여 연소자와 여자에게 적합하지 않기 때문에 이를 전면적으로 금지하고 있다. 그러므로 여성과 연소자에 대해서는 사무적인 근로이든 경미한 근로이든 갱내에 있어서의 취업은 전혀 인정되지 않는다. 그러나 보건·의료 등 일시적으로 필요한 경우에는 갱내근로의 금지조항을 적용할 필요가 없도록 융통성를 부여하고 있다. ILO에 있어서도 「탄광에 있어서의 갱내작업의 최저취업연령에 관한 권고」(제96호, 1953년), 「모든 종류의 광산내의 지하작업에 있어서의 여자의 고용에 관한 협약」(제45호, 1939년)에 이어, 「광산의 지하작업에 있어서의 최저취업연령에 관한 협약」(제123호, 1965년)이 채택되어 여성과 연소자의 갱내근로금지의 원칙이 확립되어 있다.

(2) 「갱내」의 범위

근로기준법 제70조에서 규정하고 있는 「갱내」의 범위에 관해서는 다음과 같이 해석해야 할 것이다.[383] 광산에 있어서는 일반적으로 지하에 있는 광물의 시굴 또는 채굴하는 장소 및 지표에 나오지 않고 그 장소에 도달하기 위하여 만들어진 지하도를 말한다. 그러나 처음부터 지표에 관통되도록 만들어지고 또한 공도와 동일한 정도의 안전·위생이 보장되어 있으며 또한 갱내근로자 이외의 자의 통행이 가능한 지하통로는 근로기준법상의 갱이 아니다.[384] 본래는 지하에 있는 광물을 시굴 또는 채굴하는 장소에 도달하기 위하여 만들어진 통로가 우연히 지표에 관통되었거나 또는 지세로 인하여 부분적으로 지표에 나타난 경우에는 이것이 공도와 동일한 정도의 안전·위생이 보장되어 있고 동시에 갱내근로자 이외의 자의 통행이 가능한 통로로 변화하지 않는 한 근로기준법상의 갱으로 보아야 한다. 그리고 광산, 이외의 장소, 예를 들면 건설 중의 「터널」의 내부가 「갱」에 해당하는가 하는 문제도 위의 같은 해석에 준하여 판단하여야 한다.[385]

383) 일본 노동성 1950. 8 .11, 기발 732호 ; 김형배, 『근로기준법』, 1993, 박영사, 427쪽.
384) 김형배, 『근로기준법』, 1993, 428쪽.
385) 김형배, 『근로기준법』, 428쪽.

(3) 근로기준법 제72조의 위반효과

사용자가 여성 또는 18세 미만자에게 갱내근로를 시킨 경우에는 3년 이하의 징역 또는 2,000만원 이하의 벌금형이 과해진다(법 109조 제).

제 2 절　특별보호

1. 여성근로자 보호에 관한 논의

(1) 특별보호 필요설

이 설은 일반근로자와 구별하여 여성근로자들을 보다 더 특별한 보호를 해야 한다는 견해이다. 즉, 여성은 남자에 비하여 신체적 · 정신적인 능력 기타 사회적 기능이 다르며 또한 모성이라는 점에서 남자에 비하여 가정적 역할이 다르다.[386] 사업장에서 일하는 많은 여성들은 가정의 책임도 지고 있다. 그들은 식생활을 담당해야 하고, 노인과 연소자들을 부양해야 하고 자신의 몸단장에도 시간을 사용하여야 한다. 대부분의 여성근로자는 가정생활이나 개인생활에 많은 시간을 사용하고, 더욱이 근로 중에도 이와 같은 일에 신경을 쓰는 일이 많다. 결국 휴식의 불충분이 여성근로자를 피로하게 만드는 주요한 원인이 된다.[387] 남녀 특성의 차이를 해소함으로써, 양성의 물질적인 평등을 도모할 수 있어야 한다.[388] 신체적으로 연약한 여성들을 보호하지 않으면, 그들은 육체적 파멸을 당하게 되고, 도덕적 타락에 빠질 우려가 있다.[389] 여성근로자 개인 보호는 물론, 다음세대 노동력 보전과 여자의 도덕적 · 신체적 건강의 확보도 도모해야 한다. 이러한 논거에 의하여 여성근로

---

386) 박상필, 『한국노동법』, 대왕사, 434쪽 ; 조석연, 법학박사학위논문, 154쪽.

387) Baetjer, A. M., *Women in Industry, Their Health and Efficiency* (Philadelphia, 1946), pp. 15～16

388) 青木宗也, 前掲書, 41面 ; 西川達雄, "婦人勤勞者의 保護" 新勞働法講座 8, 98面 ; 秋田成就, "女子勤勞者의 差別的 取扱", 勞働基準法, 303～304面.

389) 김치선, 전게서, 235쪽 ; 박상필, 『축조근로기준법해설』, 대왕사, 320쪽 ; 한용식, 『근로기준법』, 법문사, 226쪽.

자를 특별보호하려는 것이 오늘날의 다수설이다.

(2) 특별보호 불필요설

다수설에 반대하는 근자의 소수설은 여성근로자들을 성인남자 근로자보다 더 특별한 보호를 하여줄 필요가 없다는 견해이다. 이 설은 다음과 같은 논거에 입각하고 있다. 미국에서는 여성근로자에 대한 특별보호가 주 및 연방헌법의 평등조항에 위반한다고 한다. 1964년의 연방공민권법 제7편에서 고용상의 남녀차별금지가 규정된 이래, 동규정에 대한 각주의 여성근로보호법의 유효성이 연방최고재판소나 각주의 입법, 사법, 행정기관에 있어서 부정되고, 법의 개폐가 급속히 진전되었다. 예컨대, 1964년에는 40주와 콜롬비아 주에 존재하던 여성의 최고 근로시간법이 1975년에는 일리노이, 오하이오의 2주에 남아 있을 뿐이다.[390)]

(3) 검토의견

오늘날에는 근로시간의 단축 등 근로조건의 향상, 법규제의 강화, 과학기술의 진보에 의한 작업의 변화, 여성의 능력의 향상, 생활양식의 변화 등에 의해 현재는 합리적 이유가 없게 되었다고 생각되는 것도 있고 특별조치를 존속시키면 여성보호라기보다는 여성의 직업선택의 폭을 좁히게 되고, 그 자체가 차별로 될 가능성도 있게 된다. 남녀평등을 철저히 실현하기 위해서는 가능한 한 남녀가 동일한 기반에서 서서 취업할 수 있도록 함이 필요하다. 따라서 여성에 대한 특별조치는 모성기능 등, 남녀의 생리적 제기능의 차이에서 행하는 규제는 최소한 필요한 것에 한하고, 그 이외의 특별조치에 대해서는 기본적으로는 해소를 도모해야 할 것이다.[391)]

---

390) 木村愛子, "アイイリカにおげる 女子勞働保護法の 改廢とその諸背景", 日本勞働法學會誌, 季刊勞働法 第52號, 25面 이하 ; U. S. Dep. of Labor, State Labor Laws in Transition ; From protection to Equal Status for Women, 1976, p.12.

391) 島田信義, "女子の 保護と平等", 勞働法の 爭點, 有斐閣, 1979. 273面 ; 青木宗也, 前揭書, 42~44면 參照 ; 日本의 東京南工會議所도 1970년 10월 「勞働基準法에 관한 意見」을 勞働省에 제출하였는 바, 女子勤勞者 特別保護說에 반대하고 있다. 論據는 ① 女子의 就業機會擴大 ② 女子의 社會的地位 및 體位의 向上의 현실에 두고 있다 ; 大協雅子, 男女雇傭平等法 をめぐる諸問題", 青木宗也, 還曆記念論文集, 345~364面.

2. 연소근로자의 특별보호

근로자보호를 위한 입법은 연소자와 여성근로자의 보호에서 비롯하였음은 선진국의 노동법에서 주지된 사실이다. 영국의 공장법이나 이를 본받은 일본의 공장법에서 그 대표적인 예를 찾을 수 있다. 우리나라의 노동법 가운데는 공장법이라는 법률이 없다. 이것은 노동법의 발전단계에서 근로기준법이라는 포괄적인 계수법으로 연소자나 여성근로자의 근로보호를 할 수 있다고 보았기 때문이다. 연소근로자를 특별히 보호하여야 할 이유로 ① 신체적으로 아직 성장단계에 있다는 점, 정신적으로 미성숙단계에 있다는 점, ② 아직 기본교육을 받아야 할 연령에 있다는 점, ③ 도의적 문제에 대한 판단능력이 부족하다는 점등의 개인적 이유뿐만 아니라 유순한 여성근로자를 일반적인 근로조건으로 사용하려는 사용자로부터 보호하여야 하고 다음세대의 노동력 육성 등의 사회적 국가적 이유를 들 수 있다.

헌법 제30조 제1항은 이와 같은 연소근로자보호의 필요성에 입각하여 「여자와 소년의 근로는 특별한 보호를 받는다」라고 규정하고 있다. 이에 근거하여 근로기준법, 아동복지법 등에서 연소근로자의 근로를 보호하고 있다. 근로기준법에는 최저연령 15세규정(법 제64조), 도덕상 또는 보건상 유해위험사업에의 사용금지(동법 제65조), 연소자 증명서의 사업장에의 비치의무(동법 제66조), 친권자 등의 미성년자대리인으로서의 근로계약금지(동법 제67조), 미성년자의 임금청구권 인정(동법 제68조)을 비롯하여 근로시간단축(동법 제69조), 야간근로제한(동법 제70조), 시간외근로제한(동법 제70조 단서) 등 많은 규정들은 연소근로자 보호에 관한 규정이다. 근로기준법 제66조를 제외하고는 위의 규정에 위반하면 모두 처벌하도록 규정하고 있다. 여기서 연소자의 근로시간 보호를 중심으로 살펴보고자 한다.

제7장 취업규칙

제1절 취업규칙의 의의

취업규칙(Betriebordnung)이라 함은 사업장에서 근로자가 취업상 준수하여야 할 규율과 임금, 근로시간 등의 근로조건에 관한 구체적인 사항을 정한 규칙율을 총칭하는 것이다.[392] 이러한 취업규칙은 산업혁명 후 공장제생산이 본격화함에 따라 자연발생적으로 생긴 것으로 생성 초기의 취업규칙은 근로조건을 주된 내용으로 하는 오늘날의 그것과는 달리 복무규율과 제재를 주된 내용으로 하고 있다. 따라서 당시의 취업규칙은 그 명칭이 어떠하였든 간에 사업장에 일정한 질서를 확보하고 취업의 개시, 종료 등에 있어서 근로자들의 행동을 획일화시키기 위한 복무규율의 필요 및 임금 기타 근로조건의 통일적인 정립의 필요를 충족시키기 위한 것이었다.[393] 그러나 취업규칙은 반드시 성문화된다고 할 수 없고 성문화되지 않는 경우에는 근로자가 알지도 못하는 규정에 의하여 제재를 받게 되거나, 또는 취업규칙에 명백히 규정하여 두었더라면 당연 요구할 수 있는 사항을 근로자가 사용자에게 요구하지도 못하고 간과해 버리거나, 자칫하면 사용자가 자의적으로 근로자를 규율하는 등 성문화되지 않은 취업규칙은 근로자에게 가혹한 것이 되기 일쑤였다.[394] 이러한 상황에서는 근로자의 행동준칙 그 자체가 애매한데다가 위반시 제재까지 가해지므로

392) 박상필, 『축조 근로기준법해설』, 대왕사, 1985, 480쪽 : 문원주, 『주석 실무근로기준법(전정판)』, 법원사, 1981, 651쪽 : 古西信夫, "就業規則論 の展望", 勞働基準法の課題と展望(青大宗也先 生還歷記念論文集), 日本評論社, 1984, 190面.

393) 사용자의 이러한 의도는 노동보호법의 규제 아래에서 취업규칙을 제정하는 오늘날에도 마찬가지일 것이다.

394) 문원주, 전게서, 654쪽.

근로자가 안심하고 노동에 종사할 수 없게 된 탓으로 생산능률의 향상을 기대할 수 없었으며, 게다가 그러한 애매한 행동준칙 및 제재에 대하여 근로자들이 저항을 하게 되면서 취업규칙은 점차 성문화되고 그 내용도 정비되어 갔다.[395] 그 후 경제구조의 발전에 따라 기업이 복잡화, 대규모화함에 따라 복무규율뿐만 아니라 개개 근로계약의 내용이 되고 있는 임금, 근로시간 등의 근로조건까지도 획일화, 통일적으로 취급하는 것이 기업측으로부터 요청되어 취업규칙에는 점차 근로조건에 관한 규정들이 많이 포함되게 되었다.[396] 이러한 사용자측의 요청에 부응하여 취업규칙은 차츰 근로조건의 명확화 및 결정의 주된 수단으로 기능하게 되어[397] 오늘날에는 이러한 근로조건 결정의 기능이 더 중요한 것으로 되었으며, 마침내는 취업규칙은 「정형화된 근로계약 조항의 체계」라는 의미를 가지게 되어 근로조건을 결정하여야 할 근로계약은 단순히 직업을 얻는다는 계약에 불과하고, 근로조건은 단체협약이나 취업규칙에 의하여 획일적으로 결정됨으로써 근로계약의 부종계약화 현상까지 나타나게 되었다.

관련 판례 대판 1997. 12. 29. 77다1378
취업규칙의 의의와 규범성

취업규칙은 사용자가 기업경영권에 기하여 사업장에서의 근로자의 복무규율이나 근로조건의 기준을 획일적·통일적으로 정립하기 위하여 작성하는 것으로서 이는 근로기준법이 종속적 노동관계의 현실에 입각하여 실질적으로 불평등한 근로자의 지위를 보호 강화하여 그들의 기본적 생활을 보장 향상시키려는 목적의 일환으로 그 작성을 강제하고 이에 법규범성을 부과한 것이라 할 것이다.

---

395) 한용식, 『근로기준법』, 박영사, 1979, 291~292쪽.

396) 사회있는 곳에는 사회통제로서의 규율이 필요한 것은 사실이지만 이 규율의 필요성이 취업규칙작성의 이유는 아니다. 왜냐하면 취업규칙의 기능 중에는 사업장에서의 근로자집단의 질서형성기능뿐만 아니라 통일된 근로조건의 형성기능과 그 근로조건의 정형적 처리라는 합리적 작용도 포함되어 있기 때문이다. 이에 관하여 林迪廣, "世界の就業規則", 法律文化社, 1964, 42面 참조.

397) 특히 근로의 개성이 점차 상실되어 가는 오늘날에 와서는 근로계약의 내용을 개별적으로 결정할 필요성이 더욱 없어져 가고 있다.

제2절 취업규칙의 법적 성질

1. 개 설

취업규칙이 사용자에 의하여 일방적으로 작성되었음에도 취업규칙 그 자체로서 근로자에 대하여 구속력을 갖는 법적 규범으로 인정될 수 있는가의 여부와 만일 법적 규범으로 승인되어 근로자에 대하여 구속력을 갖는다면 그 근거는 과연 무엇인가에 대하여는 학설이 대립되어 있다.[398] 즉 첫째, 근로기준법은 근로조건의 결정에 관하여 노사대등결정의 원칙을 이상으로 하고 그 수단으로서 노동조합법에 의하여 단결권, 단체교섭권 및 단체행동권을 부여한 반면에 다른 한편으로는 취업규칙에 대한 사용자의 일방적 제정·변경을 용인하는 모순된 태도를 취하고 있고, 둘째 근대시민법은 국가제정법과 계약이외에는 당사자를 구속하는 법규범을 인정하지 않고 있는데 취업규칙은 사실상 사회규범으로서 당사자를 구속하고 있어 그것이 법규범인가 하는 법본질론적인 의문이 떠오르며, 셋째 취업규칙은 사용자가 일방적으로 작성할 수 있는 반면 국가의 철저한 행정적 감독을 통하여 내용의 정당성 확보를 함으로써 노동보호적 역할을 하는 양면적 성격을 지니고 있고, 넷째 취업규칙의 내용중에는 근로조건에 관한 규정과 작업준칙에 관한 규정과 같이 서로 그 성질 및 효력이 다른 규정들이 혼재하고 있어 그 성질의 통일적 규명이 어렵다는 점 등이다.[399] 결국 취업규칙의 법적성질에 관한 논쟁은 취업규칙제도에 내포되어 있는 이러한 모순과 결함을 어떻게 합리적으로 설명하고 메꾸어 나갈 것인가 하는 문제를 해결하려는

398) 김형배, 전게서, 박영사, 2007, 243쪽 : 김영문, 전게논문, 10~12쪽 : 峰村光郎·恒藤武二, 『勞動法講義』, 1970, 220面 : 한용식, 전게서, 295쪽 : 현천욱, 전게논문, 8쪽 : 김창탁, 전게논문, 88쪽.

399) 金永文은 이러한 점 外에도 "자주적 노동조합주의가 보편화되고 no contract, nowork의 규범의식이 뿌리깊은 나라에서는 단체협약이 노사관계의 common rule이므로 취업규칙에 의한 근로조건의 규제, 따라서 취업규칙의 법적 성질을 논하는 것 자체가 의미가 없지만, 노사의 규범의식이 성숙치 못하고 노동조합주의가 발전 도상에 있는 우리나라에서는 취업규칙이 단체협약과 함께 개별기업에 있어서 교차·중첩하여 노사관계를 규율하고 있으며 규율대상과 기능도 혼재하여 독일, 프랑스의 경우처럼 명확하게 구성되어 있지 않다는 점과 노동법의 시민법에 대한 특수성을 둘러싸고 모든 법적 현상에 대해 시민법원리를 존중하는 입장과 노동법의 특수성을 고려하여 근로자보호라는 정책적 요청을 고집하는 입장과 법리논에 있어서 자유법학적 기반 위에서 새로운 법체계를 구성하려는 입장의 Ideology적 상이성 등을 지적"하고 있다(김영문, 전게논문, 11~12쪽).

노력이었다고 할 수 있다. 이와 같은 취업규칙의 법적 성질에 관한 논쟁은 그 결론에 따라 취업규칙과 관련된 법률의 해석과 판단의 기준이 달라지기 때문에 충분한 논의의 실익이 있다.[400] 예를 들면 ① 근로기준법상의 의견청취의무 · 신고의무 · 주지의무를 위하여 작성된 취업규칙의 효력 ② 근로자집단의 동의없이 일방적으로 불이익하게 변경된 취업규칙의 효력 및 ③ 취업규칙에 위반한 징계의 효력 등이 그것이다.

관련 판례 대판 1980. 9. 9. 77다2030
취업규칙상의 권리와 의무의 효력

다수근로자가 고용된 기업의 경우에는 근로기준법이 정한 취업규칙이 제정되어 근로의 내용, 조건과 기업의 질서유지를 위한 각종 고용상의 권리 의무를 정하게 되며, 이때 취업규칙에 의하여 발생하는 구체적 권리와 의무는 법령이나 당해 사업장에 적용되는 단체협약에 반하지 아니하는 한 정당한 것으로 준수되어야 한다.

2. 법적성질에 관한 학설

이하에서는 각 학설의 내용 및 주장하는 논거와 이들 학설들이 지니고 있는 문제점들을 살펴보기로 한다.[401]

(1) 계약설

계약설은 시민법원리에 기초하여 근로자에게 독립의 또는 자유로운 인격이 부여되고 있는 이상 경영질서유지의 요청, 즉 취업규칙제정의 필요성이 객관적으로 내재한다고 할지라도 그의 구속력을 법적으로 승인하기 위해서는 어디까지나 근로자의 자유로운 계약의사에 기초하지 않으면 안된다는 것이다. 따라서 소유권과 계약에 기초하여 사회적으로 기능

400) 김영문, 전게논문, 18~20쪽 ; 현천욱, 전게논문, 9쪽.

401) 김형배, 『근로기준법』, 박영사, 1986, 107쪽 이하 : 한용식, 전게서, 295쪽 이하 : 문원주, 전게서, 655쪽 이하 : 박상필. 전게서, 483쪽 이하 : 현천욱, 전게논문, 9쪽 이하 : 김영문, 전게논문, 89쪽 이하 : 川崎武夫, "就業規則の法的性質"(新勞働法講座 弟8卷), 有斐閣, 1973, 247面 이하 : 林迪廣, 前揭書, 3面 이하 : 本多淳亮, 勞働契約 · 就業規則論, 一粒社, 1981, 170面 이하 : 有泉亨, 勞働基準法, 有斐閣, 1981, 186~195面 : 中山和久, 就業規則の作成ど運用, 總合勞働研究所, 1970, 127面 .

하는 어떠한 특정 사회규범이 현실적으로 행하여진다고 할지라도 그것은 사실규범에 불과하고 그것이 법규범이 되기 위해서는 근대시민법원리에 의하여 검증되지 않으면 안된다. 근로계약의 내용이 되는 사항 -근로조건-은 근로자의 명시 또는 묵시의 합의 없이는 근로자에 대하여 법적 구속력을 갖지 않는다.[402)]

1) 순수계약설

① 논 거 - 이 설은 사용자가 일방적으로 작성한 취업규칙 자체는 계약의 청약 또는 계약의 초안에 불과하고, 근로자가 명시 또는 명시의 동의를 함으로써 근로계약의 내용이 되고 구속력을 가지는 것이라고 한다. 이때 근로자의 동의를 어느 경우에 인정할 것인지에 관하여는 여러 주장이 있다. 첫째, 사용자 밑에 고용된 근로자에게 있어서 취업규칙은 근로계약의 중요한 요소이며 근로자가 근로계약에 들어오기 이전의 취업규칙은 사용자가 그 조건 아래에서 근로자와 근로계약을 체결할 뜻을 표시한 사용자의 일방적 의사표시이고,[403)] 개개의 근로자는 경영에 편입(Eintritt in die Fabrik) 됨으로써 취업규칙의 적용에 대하여 동의의 의사표시를 하는 것이므로, 즉 「편입된다」고 하는 행위에 의하여 동의의 의사표시가 표시된다고 해석되기 때문에 명시적 의사표시는 요건이 아니라고 하는 설,[404)] 둘째, 취업규칙은 계약의 초안으로서 그것이 법적 구속력을 갖는 것은 근로자의 취업에 의하는데[405)] 근로자는 당해 기업에 취업규칙이 제정되어 있다는 것을 알고 고용되면 그 취업규칙에 구속될 것을 승인한 것이 되고 근로자가 그 내용에 대하여 알고 있을 필요는 없다고 하는 설[406)] 셋째, 시민법적 계약의 자유는 일반적으로 경제적 강제를 수반하는 것으로서 취업규칙은 그러한 사회적 관계를 나타내는 것이고 사실에 지나지 않는 것이지만 당사자의 합의에 의하여 법적의미를 취득하므로 취업규칙이 근로자에게 제시된다면 근로자가 그 내용을 알지 못하여도 시민법적 계약원리에 의하여 계약내용이 되고 제시되지 않은 경우에는 법적의미를 갖지 않는다고 하는 설[407)] 등이 그것이다.

---

402) 有泉亨, 前揭書, 188面.

403) Ernst Neukamp, Der Entwrf der neuesten Gewerbeordnung, 1891(Zeit Schrift für die gesamte Staatswissenschaft), 47Bd., S.28.

404) E. Neukamp, 전게논문, p.52 ; 일종의 부합계약설이라 할 수 있다.

405) Blankenstein, Die Rechtskraft der Arbeitordnungern, 1989, pp. 121-123, (Archiv. für öffenfliches Recht, 13Bd.)

406) Blankenstein, 전게논문, p. 127.

② 비 판 - 이 설에 대하여는 다음과 같은 비판들이 가해지고 있다. 첫째, 근로자가 취업규칙의 내용을 현실적으로 알지 못하였거나 또는 그에 대하여 반대한 경우에도 합의가 있었던 것으로 생각해야 하기 때문에 너무 의제적이다.408) 취업규칙의 경우 사용자가 정형화한 근로조건에 대해서 근로자가 묵시의 동의를 하였다고는 보기 어려움에도 취업규칙이 당사자를 구속하는 근거를 합의에서 구해야 하기 때문에 사용자에 의한 취업규칙의 일방적 변경시에도 묵시적 합의가 존재한다고 의제해야 한다. 이러한 해석상의 무리는 취업규칙이 집단적, 추상적, 일반적 규정이고 실제적으로 노사관계에서 반복되는 경험적 행위규칙성을 갖기 때문이다. 이러한 속성이 구속력의 근거와 관련하여 고려되지 않고 비현실적이고 불충분한 토대 위에서 주장되기 때문에 의제적 이론구성이 불가피하였다고 할 수 있다. 둘째, 취업규칙은 집단성에 관련되어 있기 때문에 그 해석에 있어서도 당사자의 구체적·개별적 합의보다는 집단적 현상이 고려되어야만 함에도 순수한 계약설은 이러한 고려없이 해석론에 있어서도 법률행위이론을 취하게 된다.409)

2) 사실규범설

① 논 거 - 이 설은 취업규칙은 사용자가 일방적으로 작성한 근로계약의 사실상의 기준에 불과한 것이기 때문에 이러한 사용자의 일방적 결정에 법규범성을 인정하는 것은 근로관계가 노사의 자유의사를 매개로하여 성립하는 것을 전제로 하는 계약개념에 배치되므로 취업규칙은 사실상의 규범에 불과할 뿐 법규범성을 지니고 있지 않다고 한다.410)

② 비 판 - 사실인 규범설은 취업규칙이 사용자의 일방적 결정에 의하여 작성, 시행된다는 사실적인 지배관계를 반영함으로써 계약설의 의제를 극복하려는 점에 주목할만한 가치가 있으나 다음과 같은 비판을 받고 있다. 첫째, 취업규칙에 대한 법적규제의 의미, 예컨대 현행 근로기준법 제97조가 「취업규칙에 정한 기준에 미달하는 근로조건을 정한 근로계약은 무효」라고 하고, 「무효로 된 부분은 취업규칙이 정한 기준에 의한다」라고 하여 취업규칙에 법적 의미를 부여한 이유를 설명하지 못한다.411) 둘째, 취업규칙을 하나의 사실

407) 三宅正男, 就業規則, 法律學体係, 法學理論編, 1952, 76面.

408) 김형배, 『근로기준법』, 박영사, 1986, 108쪽 : 박상필, 한국노동법, 대왕사, 1981, 462~463쪽 : 김영문, 전게논문 131쪽.

409) 김영문, 전게논문, 132~133쪽.

410) 吾妻光俊, 新訂 勞働法, 1972, 294面 : "勞働協約と就業規則", 法曹時報 2券 1號, 1950, 36面.

411) 심태식, 전게서, 391쪽 : 川崎武夫, 前掲論文, 257面 : 沼田稻次郎, "就業規則の法的性質", 勞働法 4號,

상의 규범에 지나지 않는다고 하여 취업규칙현상을 사용자의 우위라고 하는 사실상의 힘을 배경으로하여 행해지고 있는 하나의 사실현상으로 귀결짓게 되면 취업규칙은 단순한 사실상의 규범에 그치게 된다. 이러한 경우에는 재판상 취업규칙을 둘러 싼 노사관계가 문제가 되어도 법원에 의해서 취업규칙이 법적 효력을 갖는 것으로 받아들여지지 않고 전적으로 법적 가치판단의 권외에 방치되는 결과가 된다.[412] 이는 취업규칙 자체의 법적의미를 회피하는 것과 같다.

3) 사실관습설

① 논 거 - 이 설은 사용자에 의하여 일방적으로 작성된 취업규칙은 사용자의 우월한 경제적 지위를 토대로 하면서 근로계약 체결상의 편의를 도모하기 위하여 다수의 근로관계의 공통적 내용으로 작용하는 것이므로 사실상 법규범과 같은 역할을 하는 것이나 법규범으로 평가받을 가치는 없다고 전제한다. 따라서 법률적으로는 법규범이 아닌 취업규칙이 각 개의 근로계약의 내용으로 수용되기 위해서는 어떠한 형태로든지 근로자의 동의를 전제하지 않으면 안된다. 다만 개개 근로자로부터 일일이 구체적으로 동의를 구한다는 것은 어려우므로 근로자는 취업규칙 그 자체에 대하여 반대 의사표시가 없는 한 취업규칙의 내용이 근로계약의 내용이 되는 것을 승인한 것이라고 볼 수 있다.

② 비 판 - 사실인 관습설에 대하여는 대립적 관계인 노사관계에 있어서 근로조건은 취업규칙에 의한다는 사실인 관습이 존재하는지에 관하여 의문이 있으며[413] 이 설은 취업규칙에 의한다는 일반적인 백지관습을 지적하고 있을 뿐 각개의 취업규칙의 성립과 효력에 대하여 실효성있는 해석론을 제시하고 있지 못하다는 비판을 받는다.[414]

(2) 법규범설

법규범설은 일반적으로 계약설이 취업규칙의 구속력의 근거로 생각하고 있는 노사간의 합의가 의제에 불과하고 비판하는데에 논의의 출발점을 두고 있다. 그리하여 사용자가 일방적으로 작성한 취업규칙이 실제로는 살아있는 규범으로서 기능하고 있는 현실을 직시하

1954, 57面 이하.

412) 심태식, 전게서, 391쪽 : 石井照久, 前揭論文, 113面.

413) 박상필, 『한국노동법』, 대왕사, 1981, 463쪽.

414) 川崎武夫, 前揭論文, 257面.

여 관습법 또는 국가수권에 의한 법규범으로서의 성격을 부여하고 거기에서 구속력의 법적 근거를 찾으려는 입장이다.[415] 법규범설을 취하는 학설이라도 그 이론구성은 각양각색이지만 취업규칙을 특정의 기업내에서 행하여지는 법규범이라고 하며, 그 사업장의 모든 근로자가 내용을 알고 있는지 여부, 또는 승락 여부를 불문하고 근로자가 사업장에 고용됨과 동시에 당연히 취업규칙의 적용을 받는다고 하는 점에서 공통된다. 법규범의 등장배경은 나라마다 다르지만 공통적으로는 각국의 자본주의 발전단계에 있어서 국가의 활동 및 권한이 강력하게 요청되는 시기에 출현하였다는 것이다.[416][417] 이와 같이 출현한 법규범설은 사업장의 여러 근로관계를 집단적으로 규율짓고 질서를 유지하기 위해서는 근로조건을 집단적 · 획일적으로 규정한 취업규칙을 법규범으로 설정하는 외에는 다른 도리가 없다는 현실을 그대로 인식하고 이에 즉응하여 세워진 이론으로서[418] 취업규칙을 하나의 법규범으로 바라보는 데에는 공통되지만 그 근거는 다양하여 경영권설에서는 소유관념을, 법규설에서는 국가의 수권을, 사회적 자주법설에서는 규범근거 및 제정법에의 가교로서 민법 제1조[419]를 그 근거로 한다.[420]

1) 경영권설

① 논 거 - 이 설은 취업규칙은 소유권의 행사로서 창설된 경영체의 질서로서 소유권에 대한 국가의 보장을 배경으로 하여 법규범이 된다고 하는 학설로서 기업소유권설, 소유권설, 경영조직체설 또는 기업주고유권설 등으로 불리 운다.[421]

② 비 판 - 경영권설은 종속노동설에 입각하여 경영체 내에 있어서도 외형상국가의 조직과 유사한 입법기관이 존재한다고 하지만 그 입법권을 자본의 필연적 결과로 보는 것은

415) 문원주, 전게서, 658쪽 : 이에 대하여는 국가의 법도 사인, 즉 국민의 의사에 근거하는 측면을 가지고 있어 계약당사자의 의제된 의사에 근거하고 있는 계약과 차이가 없고, 피구속자의 의사를 매개로하여 규범을 만들어 낸다는 점에서는 같다는 반론이 제기될 수 있다.

416) 林迪廣, 前揭書, 4面.

417) 林迪廣, 前揭書, 7面 : 법규범설은 독일에서 최초로 주장되었으며, 1891년의 영업조례 (Gewerbeordnung) 제134조의 C.의 「취업규칙의 내용은 법률에 위반하지 않는 한 사용자와 근로자에 대하여 법적구속력을 갖는다」는 조항의 해석에서부터 시작되었다고 한다. 심태식, 전게논문, 57쪽.

418) 현천욱, 전게논문, 57쪽.

419) 日本 法例 2條는 「공공질서 또는 선량한 풍속에 반하지 않는 한 관습은 법령의 규정에 의하여 인정된 것 및 법령에 규정에 없는 사항에 관한 것에 관하여 법률과 동일한 효력을 갖는다」고 규정하고 있다.

420) 김영문, 전게논문, 94~95쪽.

421) 川崎武夫, 前揭論文, 254面 ; 律曲藏之丞, 勞働法, 1960, 143面 이하 ; 日本 最高裁判所 1952. 7. 4 決定.

노사관계에 있어서 자본의 전단적 지배를 인정하는 결과가 된다. 사용자는 생산수단의 소유자 또는 이용자로서 공장 시설의 관리·운영권을 보유하기는 하지만 그 때문에 근로조건에 대한 일방적 결정권이 정당화되지는 않으며,[422] 이 입장을 취하게 된다면 노사관계의 한 당사자에 지나지 않는 사용자에게 법창설권을 주어 현실적으로 봉건적 노사관계를 은폐 및 조장시키는 결과가 되어버린다. 오늘날 이 학설을 주장하는 학자는 거의 없다.

2) 관습법설 또는 사회자주법설

① 논 거 - 이 학설은 취업규칙이 경영내 사회규범으로서 현실적으로 근로자를 구속하는 사회규범으로서 작용하기 때문에 관습범에 준하는 법규범의 성질을 가지며 사업장에서 자생적으로 형성된 자치법으로서 민법 제1조에 의하여 법규범적 효력이 부여된다고 한다.[423]

② 비 판 - 이 설에 대하여는 다음과 같은 비판들이 가해지고 있다.[424] 첫째, 부분사회의 법규범을 곧바로 법이라고 인정하는 것은 법개념의 부당한 확장이며 또한 관습에 의하여 성립하지도 않는 취업규칙의 법규범성을 관습법에 관한 법리로 설명한다는 것은 잘못이다.[425] 둘째, 노사관계의 역사적 전개과정이 근로자와 사용자의 대립, 투쟁에 의한 긴장관계라는 것을 무시하고 사용자=입법적 존재=경영의 절대군주라는 등식을 성립시키는 결과를 가져온다. 셋째, 특정기업에서 취업규칙이 처음으로 제정되었거나 또는 기존의 취업규칙이 전면적으로 개정되어 동일성을 상실한 경우에는 취업규칙의 법규범성을 인정할 수 없게 된다.[426] 왜냐하면 이 경우는 관습법적 요소가 전혀 없기 때문이다. 넷째, 근로자의 대립적 존재인 사용자에게 Magna Charta적 취업규칙을 기대한다는 것은 이상에 불과한 것으로 이 설이 내포하고 있는 봉건적 노사관계와의 친화성을 은폐시킬 위험이 있다. 다섯째, 사용자가 일방적으로 제정한 취업규칙에는 사회규범으로서의 타당근거가 없고 관습법으로서 성립하기 위하여 필요한 사회규범의식, 즉 그 관행이 법규범이라고 하는 법적 확신도 존재하지 않는다.[427]

---

422) 김형배, 『근로기준법』, 박영사, 1986, 108쪽 ; 김영문, 전게논문, 98쪽.

423) 荒木誠之, "就業規則の 效力", 石井亨編, 勞働法大系(5), 有斐閣, 1973, 71面.

424) 이 설에 대한 비판의 상세한 내용은 김영문, 전게논문 106~119쪽 참조.

425) 中山和久, 前掲書, 132面 이하.

426) 김형배, 전게서, 108쪽 ; 박상필, 전게서, 461쪽.

427) 中山和久, 前掲書, 133面.

3) 수권설

① 논 거 - 이 설은 취업규칙에 관한 법규정의 노동법 체계상의 지위에 즉응하여 법규범성의 근거를 노동보호적인 정책적 근거에 연결시키는 견해로서 사용자가 일방적으로 제정하는 취업규칙 자체로서는 법규범성을 가지지 않는 사회규범에 지나지 않지만 근로기준법 제97조가 근로자보호의 목적에서 즉 보호법원리에 입각하여 취업규칙에 대해 근로조건의 최저기준규범으로서의 법규범적 효력을 인정하고 있다고 한다.[428] 따라서 근로기준법 제97조는 취업규칙 그 자체가 가지는 효력을 전제로 하여 법규범성을 인정한 것이 아니라 본래 구비되어 있지 않던 법규범성을 창설한 것이라고 해석해야 한다.[429]

② 비 판 - 수권설에 대하여는 다음과 같은 비판들이 있다. 첫째, 노동보호법의 목적을 실현하기 위한 수권이라는 논지가 분명치 않다. 즉 근로기준법의 목적인 근로자가 인간다운 생활을 영위하는데에 필요한 근로조건의 결정을 사용자가 국가에 갈음하여 취업규칙의 일방적 제정에 의하여 행한다는 의미인지, 혹은 취업규칙의 제정과 신고와 주지의무를 통하여 직장규율과 근로조건의 객관화를 이룩하여 근로기준법 위반을 점검하고자 한다는 것인지 분명치 않다. 만일 전자의 의미라면 내용적으로 문제가 있다 할 것이다.[430] 둘째, 국가가 법률에 의하여 취업규칙의 제정절차 내지 내용에 간섭한다고 할지라도 그것으로써 당연히 취업규칙의 법적 성질이 변경되지는 않으므로 근로기준법 제97조는 취업규칙 자체를 법규범으로 창설하려는 것이 아니라 오히려 개개 근로자보호라는 관점에서 취업규칙의 내용을 하회하는 특약을 허용하지 않으려는 취지를 정한 것이다. 물론 근로계약상의 특약이 취업규칙의 특정조항의 기준에 미달하는 경우에 그 근로계약 부분이 무효가 된다는 점에서 취업규칙의 그 조항은 규범적 효력을 가지고 있다고 할 수 있지만 그것은 취업규칙의 일부분에 그와 같은 규범적 효력이 법적으로 인정된다는 것에 지나지 않는 것이지 취업규칙이 전체로서 법규범이라고 할 것은 아니다.[431] 셋째, 근로기준법만을 근거로 하여

---

428) 우리나라의 다수설이며, 실정법적 근거로는 취업규칙 준수의무를 정한 근로기준법 제5조와 신고의무를 정한 같은 법 제93조를 추가로 든다. 동지 : 심태식, 전게서, 392쪽 ; 박상필, 전게서, 463쪽 ; 한용식, 전게서, 299쪽 ; 이은영, 전게서, 233~234쪽 ; 현천욱, 전게논문, 18쪽 이하.

429) 沼田稻次郎, 就業規則論, 1956, 119面과 158面 이하.

430) 문원주, 전게서, 658쪽.

431) 김형배, 전게서, 108쪽 ; 박상필, 전게서, 462쪽 ; 石井照久, 勞働法總論(法律學全集45), 有斐閣, 1972, 250~252面.

취업규칙의 법규범성을 인정한다면 취업규칙 작성의무가 없는 사용자가 이용하는 취업규칙-현행법상 당시 10인 미만의 근로자를 사용하는 사용자가 작성하는 취업규칙-의 법적 성질을 해명할 수 없게 된다.[432)]

(3) 이분설

1) 논 거　이 설은 다양한 종류의 규제사항이 포함된 취업규칙을 동일한 법리에 의하여 해결하려는 데서 생기는 문제점을 극복하려는 절충적 주장으로서 취업규칙 전체를 항상 불가분하게 일체로서 취급해야 할 논리적 필연성은 없다는 전제에서 취업규칙의 내용을 근로계약의 내용이 되는 협의의 근로조건과 기타의 부분으로 양분하여 근로조건에 관한 부분은 근로자의 동의가 없으면 법규범으로서의 효력이 없다고 한다.[433)] 이 설에 따르면 취업규칙의 규제대상 가운데에는 근로계약 사항과 그렇지 않은 사항이 있다고 한다. 근로계약 사항은 노사의 합의를 매개로 하여 법적 구속력을 갖게 되며, 그렇지 않은 사항은 근로자의 계약의사를 물을 필요가 없든지 혹은 기업소유권에 연유하는 사용자의 경영지휘권에 그 근거가 있다고 한다. 따라서 근로계약사항에 관하여는 어떤 형태로든 합의가 성립되지 않으면 법적 효과를 인정할 수 없고, 지휘명령권에 근거한 부분은 근로자에 대한 고지에 의하여 법적 효과가 발생한다고 한다.[434)] 이분설은 취업규칙의 내용을 두가지로 나뉘어 별도의 법적 성질을 인정하지만 현실적으로는 이 두가지 서로 다른 성격의 조항들은 취업규칙이 제시되어 근로계약이 체결될 때 합의와 고지의 두 요건을 동시에 충족하기 때문에 취업규칙은 전체로서 적용되고 법적 성질을 달리 파악하는데 따른 현실적인 문제점은 없다고 한다.[435)]

2) 비 판　이분설에 대한 비판은 첫째, 취업규칙의 법적 성질 논쟁은 취업규칙이 왜 근로기준법상 구속력을 갖는가하는 문제로서 취업규칙이라는 법적 현상의 통일적인 성질규명에 관한 문제임에도 그 통일적인 문제처리를 포기하고 취업규칙의 규율대상을 분리하여 각각의 근거를 구한다는 것은 방법론상 타당하지 않고[436)] 둘째, 근로조건에 관한 부분과

432) 石井照久, "就業規則論"(勞働法の研究 II), 1967, 106面.
433) 荒木誠之, 前揭論文, 71～72面.
434) 有泉亨, 前揭書, 193面 이하.
435) 有泉亨, 前揭書, 193面.

기타의 부분을 명확하게 획일적으로 구분하기 어려우므로 결과적으로 합의에 근거하여 구속력을 갖는 부분은 매우 좁은 범위로 한정할 수밖에 없으며,[437] 셋째, 근로조건에 관한 조항의 구속력에 대하여는 순수계약설의 의제적 성격이 갖는 문제점을 그대로 갖게 된다는 것 등이다.

(4) 검토의견

계약설이 자유로운 계약의사를 고집하는 것은 사실과 유리된 의제이며 허위로서 추상적인 형식논리에 사로잡혀 현실을 무시하고 극히 형식화된 근로계약의사에 지상의 가치를 인정하고 모든 법률관계변동의 동인(動因)을 개인의사에서 구하려는 시민법원리에 지나치게 매달린다는 비난을 면하기 어렵다 할 것이다.[438] 그 중 사실인 관습설은 이미 살펴본 바와 같이 계약설의 기본적 결함을 가지고 있을 뿐 아니라 일반적인 노사관계에 있어서 근로조건은 취업규칙에 의한다는 사실인 관습이 과연 존재하는지가 근본적으로 의문시 된다. 더욱이 일단 근로계약이 채결된 후에 사용자가 일방적으로 취업규칙을 근로자에게 불리하게 변경한 경우에는 근로자의 의사결정이란 전혀 없었다 할 것인데 이 경우에는 과연 주장하는 바와 같은 사실인 관습(변경된 취업규칙에 의한다는 사실인 관습)이 존재한다고 볼 수 있을 것인지는 더욱 의문시된다고 할 것이다.[439] 이에 반해서 법규범설은 원리나 개념에 집착하기 보다는 사실에 즉응한 법의 해석을 시도하려고 하는 것으로서 계약설의 개념법학적 방법론에 대해서 법사회학적 방법에 의거한 것이라고 할 것이다.[440] 이러한 법규범설이 갖고 있는 장점은 취업규칙이 사실상 행하고 있는 강력한 규범적 기능을 직시하고 그 기능에 즉응하여 법적으로 이를 파악하려고 하는 태도를 취하는 점에서 살아있는 사실과 살아있는 규범의 구체적 인식에서부터 출발하여야 되는 노동법학의 방법론이라고 할 수 있다.[441] 따라서 취업규칙의 법규범성의 근거를 실질적으로 그것이 사회규범으로서

436) 박상필, 전게서, 462쪽 ; 김영문, 전게논문, 138쪽 : 荒木誠之, 前揭論文, 71~72面.

437) 中山和久, 就業規則, 勞働法問題(40), 1957, 181面 이하.

438) 심태식, "취업규칙의 법적성질", 법정(1962년10월), 58~59쪽.

439) 有泉亨, 前揭書, 189面.

440) 현천욱, 전게논문, 20쪽.

441) 신진근, 전게논문, 621쪽.

작용하고 있는 사실 자체에 두고, 형식적으로 근로기준법이 근로자보호라는 정책적 이유에서 취업규칙에 대하여 노사쌍방을 구속하는 근로조건의 최저기준으로서 법규범적 효력을 인정하는 것으로 파악하는 수권설을 지지한다.[442)]

제3절 취업규칙의 작성 · 신고

1. 작성의무

취업규칙의 작성권이라는 것은 소위 종속적 근로관계 중에 사용자가 근로자에 대하여 갖는 사실상의 권력에 근거를 두는 것이며,[443)] 근로기준법이 사용자에게 취업규칙 작성의무를 과한 것은 사용자가 사실상 갖고 있는 그러한 권력 및 지배력을 직시하고 그것이 남용되지 않게 규제를 가함으로써 근로자보호의 목적을 달성하려고 하는데 불과한 것이다.[444)] 근로기준법 제93조에 의하면 상시 10명 이상의 근로자를 사용하는 사용자는 취업규칙을 작성하여 고용노동부장관에게 신고하여야 한다. 취업규칙을 작성해야 할 사업장은 상시 10인 이상의 근로자를 사용하는 경우로서 때때로 10인 미만이 되더라도 취업규칙 작성의무가 있고, 상태적으로 10인 미만이라면 사업장의 사정에 따라 10인을 초과하는 때가 있더라도 취업규칙 작성의무는 없다.[445)] 따라서 상시 8인을 사용하고 있는데 바쁠 때에 2인 또는 3인을 더 채용하는 경우에는 작성의무가 없다. 이때 「사용」이라 함은 사용자와의 사이에 현실적인 사용관계만 있으면 족하고 근로자의 사업장에서의 지위나 상용근로자인지 여부 등은 문제되지 않는다. 상시 10인 이상의 근로자를 사용하고 있는 지 여부를 기

---

442) 吾妻光俊, 勞働法概論, 青林書院新社. 1962, 400面.

443) 한용식, 전게서, 300~301쪽.

444) 한용식, 전게서, 300쪽.

445) 김형배, 전게서, 112쪽 ; 박상필, 전게서, 485쪽 ; 문원주, 전게서, 660쪽 ; 이철원, "취업규칙에 관한 연구", 법대논총(경북대), 제7 권(1969년 2월), 41쪽 ; 日本 勞働省 勞働基準局, 勞働基準法(下), 703面 ; 吾妻光俊, 前揭書, 402面.

업단위로 판단할 것인가, 아니면 개개의 사업장 단위로 판단할 것인가 하는 문제가 있다. 예를 들면 한 기업에 2개 이상의 사업장이 있어 각 사업장별로 보면 사용근로자의 수가 10인 미만이지만 기업 전체로 보면 10인 이상이 되는 경우에 취업규칙 작성의무가 있는가 하는 문제이다.[446] 사업장단위로 판단하여야 한다는 견해는 근로기준법 제94조나 제96조의 문언상으로 보면 사업장단위로 취업규칙을 작성한다는 것이 전제가 되고 있는 점, 근로기준법 자체도 제11조에서 한 기업에 다른 종류의 사업이 포함되어 있어도 각 사업마다 법을 적용하려 하고 있는 점 등에 비추어 볼 때 취업규칙 작성의무 존부의 판단기준이 되는 근로자의 수도 사업장단위로 보아야 한다는 견해이다(사업장단위설).[447] 이에 대하여 기업단위로 판단하여야 한다는 견해는 취업규칙 작성의무는 사용자에게 과해진 것이며 취업규칙에 의한 근로조건 등의 정형적·획일적 처리를 필요로 하는가의 관점에서 근로자 수에 의한 기업규모, 즉 사용자의 지배하에 있는 사업 전체의 규모를 기준으로 하고 있다고 해석하는 견해이다(기업단위설).[448] 취업규칙의 성질이나 제정목적 등에 비추어 본다면 이론적으로는 사업장단위설이 타당하다고 할 것이나 근로자의 보호를 위하여 사용자에게 취업규칙 작성의무를 부과하고 있는 법정신에 비추어 볼 때 전국 각지에 여러 개의 사업장을 두고 종업원을 수백명 사용하는 자가 각 사업장의 근로자 수가 10인 미만이라는 이유로 취업규칙 작성의무를 면제받는다는 것은 매우 불합리하다 아니할 수 없다. 따라서 취업규칙 작성의무는 노동법의 정신과 취업규칙의 본질을 모두 고려하여 원칙적으로 기업단위로 판단하되 동일한 기업에 속하더라도 한 사업장의 사업내용과 다른 사업장의 사업내용이 사업의 내용, 사업장의 위치, 회계의 독립성 등 여러 요소에 비추어 판단할 때 전혀 별개의 독립된 것이라면 사업장별로 판단하는 것이 타당하다고 생각된다(중간설).[449]

이는 사업내용이 달라지면 그 사업장에서의 작업방식과 그것을 뒷받침하는 취업규칙의

446) 山本吉人, "就業規則の制定·改廢", 勞働法大系 5(勞働契約·就業規則), 有斐閣, 1973, 56~57面.

447) 松岡三郎, 條解勞働法, 995面 ; 문원주, 전게서, 660쪽, 다만 동인은 사업장단위설을 취하면서도 "(1개 기업에 속한 2개의 공장이)각각 單位로 사업으로 간주되는 경우"에 각 공장이 常時 10인 미만씩(합하면 10인 이상)의 근로자를 사용하고 있기만 한다면 취업규칙을 작성할 의무가 없다고 부연설명을 하고 있어 중간설의 입장에 가까운 것으로 보인다.

448) 한용식, 전게서, 303쪽 ; 이철원, 전게논문, 41쪽 ; 현천욱, 전게논문, 28쪽 ;吾妻光俊, 前揭書, 346~347面.

449) 김형배, 前揭書, 112面 ; 朴相弼, 前揭書, 486面 ; 洪起培, "근로기준법상 근로자의 범위", 司法硏究資料 제6집, 法院行政處, 1979, 125面.

내용이 모두 달라져야 한다는 점에 비추어 볼 때에도 타당하다 할 것이다. 10인 미만의 근로자를 사용하는 사용자는 근로기준법상의 취업규칙 작성의무는 없으나, 그렇다고 하여 취업규칙을 작성하는 것이 금지된 것은 아니며 오히려 취업규칙을 작성하는 것이 바람직하다. 작성의무 없는 사용자가 작성한 취업규칙에 대하여도 벌칙조항의 적용은 없지만 근로기준법 제95조 내지 제97조는 적용된다 할 것이며 그 성질이나 효과도 의무적으로 작성된 취업규칙에 준하여 생각하면 될 것이다.[450] 그것은 취업규칙 작성의무와 취업규칙에 대한 효력 부여는 그 기반을 달리하는 문제로서 반드시 일치시켜 볼 필요는 없고,[451] 취업규칙의 법률적 성질은 10명 미만의 근로자를 사용하는 사용자가 작성한 경우와 같기 때문이다.[452]

관련 판례 대판 1992. 12. 24. 92도2341
취업규칙 작성의무자

취업규칙의 작성, 신고의무를 부담하는 사용자는 직장규율이나 근로조건의 결정 또는 실시 등 취업규칙의 내용을 이루는 사항에 관해서 실질적인 권한과 책임을 갖는 사용자를 말한다.

2. 필요적 기재사항과 작성요령

취업규칙의 「작성」이란 근로기준법 제93조가 정하고 있는 모든 필요적 기재사항에 대하여 작성하는 것을 의미한다. 만일 이 필요적 기재사항중 어느 하나라도 기재를 빠뜨린 경우에는 작성의무를 다하였다 할 수 없고 처벌의 대상이 된다고 해석된다.[453] 다만, 비록 필요적 기재사항이라 하더라도 사업장에 전혀 해당되지 않는 내용이면 기재하지 않아도 무방하다.[454] 필요적 기재사항은 ① 업무의 시작과 종료 시각, 휴게시간, 휴일, 휴가 및 교

450) 韓容植, 前揭書, 303面 ; 文元柱, 前揭書, 660面 ; 辛秦根, 前揭論文, 621面 ; 李喆源, 前揭論文, 49面 ; 有泉亨, 前揭書, 196面.
451) 荒木誠之, 前揭論文, 79面.
452) 川崎武夫, 前揭論文, 272面.
453) 이철원, 전게논문, 42쪽.
454) 이철원, 전게논문, 42쪽.

대 근로에 관한 사항 ② 임금의 결정·계산·지급 방법, 임금의 산정기간·지급시기 및 승급(昇給)에관한 사항 ③ 가족수당의 계산·지급 방법에 관한 사항 ④ 퇴직에 관한 사항 ⑤「근로자퇴직급여 보장법」제8조에 따른 퇴직금, 상여 및 최저임금에 관한 사항 ⑥ 근로자의 식비, 작업 용품 등의 부담에 관한 사항 ⑦ 근로자를 위한 교육시설에 관한 사항 ⑧ 산전후휴가·육아휴직 등 근로자의 모성 보호 및 일·가정 양립 지원에 관한 사항 ⑨ 안전과 보건에 관한 사항 ⑩ 근로자의 성별·연령 또는 신체적 조건 등의 특성에 따른 사업장 환경의 개선에 관한 사항 ⑪ 업무상과 업무 외의 재해부조(災害扶助)에 관한 사항 ⑫ 표창과 제재에 관한 사항 ⑬ 그 밖에 해당 사업 또는 사업장의 근로자 전체에 적용될 사항 등을 말한다(법 제93조). 필요적 기재사항 중 일부에 관하여 개별적 근로계약이나 단체협약에서 별도로 정한 경우라 할지라도 본조의 작성의무가 면책되는 것은 아니므로 반드시 취업규칙의 본문에 포함시키거나 별도 규정하였음을 명시하여야 할 것이다.[455] 이러한 경우 비록 별도로 규정은 되지만 이것은 취업규칙의 일부로 간주되어야 할 것이기 때문에[456] 취업규칙을 신고함에 있어서 별도 규정된 단체협약 등을 첨부하여 함께 신고해야 한다. 1개의 사업장 내에 반드시 하나의 취업규칙만이 있을 수 있는 것은 아니며 근로자의 사업장에서의 지위, 신분, 종사하는 업무 등에 따라 각각 다른 근로조건을 정하여 수개의 취업규칙을 작성할 수도 있다.[457] 또 임시직이나 단시간 근로자에 대한 취업규칙과 같이 특수근로자 취업규칙을 별도로 둘 수도 있다.

3. 근로자의 의견청취

(1) 의견청취의 상대방

취업규칙의 작성·변경에 있어서 사용자가 의견을 청취하여야 할 상대방은 근로자의 과반수로 조직된 노동조합이나 근로자의 과반수이다. 근로자의 과반수로 조직된 노동조합이 있는 경우에는 그 조합의 의견을 들어야 하며 그 조합을 버려둔 채 근로자의 과반수의 의

455) 片岡輝男, "就業規則の作成形式", 新勞働基準實例百選, 有斐閣, 1977, 159面.

456) 이철원, 전게논문, 43쪽.

457) 문원주, 전게서, 661쪽 ; 심태식, 전게서, 328쪽 ; 한용식, 전게서, 328쪽 ; 片岡輝男, 前揭論文, 160面.

견을 들어서는 안된다.[458] 물론 이 경우 요건을 갖춘 노동조합이 있음에도 근로자과반수의 의견을 들었다하여 취업규칙 전체를 무효로 할 것인지는 논란의 여지가 있으나 근로기준법 제94조 제1항의 규정 형식이나 노동조합 기능의 활성화라는 정책적 배려의 필요성을 감안할 때 근로기준법위반의 책임을 면할 수 없다고 보아야 할 것이다. 또 하나의 문제는 하나의 기업에 2개 이상의 사업장이 있음에도 기업전체를 통하여 하나의 노동조합이 조직되어 있는 경우이다. 이 경우 각 사업장 마다에는 당해 노조의 지부, 분회 등이 설치되어 있는 것이 통례이며 그 조직이 독립적으로 의사표시능력이 있는 경우에는 수개의 사업장을 단위로 한 노동조합보다는 당해 사업장의 근로자의 과반수가 가입되어 있는 조합 분회의 의견이 우선적으로 청취되어야 할 것이다.[459] 이때 상부조합도 의견을 중첩적으로 제시할 수 있느냐에 관하여도 상부조합은 지부나 분회의 위임이 없으면 의견을 표시할 수 없다는 견해와 근로기준법 제94조의 조직은 사업장 단위일 것을 요건으로 하고 있지 않으므로 위임이 불필요하다는 견해가 대립한다. 취업규칙에 대한 근로자의 의견이 사용자를 구속하는 힘을 갖지 않고 단순한 의견의 제시에 불과하다는 점을 고려하면 후설이 타당하다고 생각된다.[460] 이에 반하여 지부나 분회가 설치되어 있지 않은 경우, 또는 설치되어 있더라도 독립적으로 의사표시를 할 만큼 조직을 갖추고 있지 않은 경우에는 사용자는 사업장 근로자의 과반수가 당해 노동조합에 가입되어 있는 한 당해 노동조합의 의견을 들어야 하고 각 사업장의 근로자의 과반수 또는 당해 지부나 분회의 의견을 듣는 것만으로는 부족하다.[461] 「근로자의 과반수로 조직된 노동조합」이란 당해 사업장의 모든 근로자중 그 과반수를 차지하는 근로자가 가입하고 있는 노동조합을 말한다. 따라서 노동조합이 당해 사업장의 근로자의 과반수를 조합원으로 하고 있으면 다른 조합원들이 노조를 조직하였는지는 관계없으므로 하나의 사업장내에 공원과 직원이 노동조합을 결성하고 있고 공원조합에 가입하고 있는 근로자가 당해 사업장의 모든 근로자의 과반수를 차지하고 있는 때에는 공원조합의 의견만 들으면 충분하다.[462] 노동조합이 근로자의 과반수로 조직되어 있으나

---

458) 김치중, 전게논문, 60쪽.

459) 有泉亨, 前揭書, 197面 ; 문원주, 전게서, 673쪽 ; 한용식, 전게서, 304쪽.

460) 한용식, 전게서, 305쪽.

461) 문원주, 전게서, 674쪽.

462) 有泉亨, 前揭書, 197面 ; 高田隆道, "就業規則の意思聽取", 勞働基準實例百選,有斐閣, 1966, 186面 ; 吾妻光俊, 前揭書, 348面.

모두 생산직근로자로 조직되어 있는 경우에 취업규칙 중 사무직근로자에게만 적용될 사항을 제정·변경하는 때에는 당해 노동조합의 의견을 들어야 하느냐가 문제된다. 즉 당해 취업규칙의 적용을 받지 않는 근로자도 의견청취의 대상이 되느냐 하는 문제와 관련된 것이다. 본조의 의견청취는 취업규칙의 효력발생요건이 아니므로 과반수로 조직된 노동조합의 의견을 들은 이상 근로기준법이 요구하는 절차는 모두 취하였다고 보아야 할 것이다.[463] 이와 같은 요건을 구비한 노동조합이 없는 경우에는 근로자 과반수의 의견을 들어야 한다. 한 사업장에 2개 이상의 조합이 조직되었으나 모두가 근로자의 과반수에 미달되는 조직일때도 여기에 해당한다. 이 경우에는 각개의 노동조합을 대표하는 자의 의견을 들어 그 의견을 종합할 필요성이 있다는 견해도 있으나[464] 이러한 경우 각 노동조합을 대표하는 자들의 의견이 상반될 경우도 예상되므로 당해 사업장 근로자 과반수의 의견을 듣는 것이 가장 타당하다 생각된다.[465]

(2) 의견을 청취하지 않은 취업규칙의 효력

사용자가 취업규칙을 작성·변경함에 있어서 근로기준법 제94조 소정의 전체적 의견의 청취절차를 취하지 않으면 동조 위반으로 처벌받게 되는데, 처벌과는 별도로 그와 취업규칙에도 법적 효력을 인정할 것인지에 관하여는 견해가 대립하고 있다.[466] 즉 의견청취에 관한 근로기준법 제94조가 효력규정인가, 단속규정인가 하는 문제이다. 효력결정이라는 입장에서는 첫째, 취업규칙의 작성·변경에 있어서 근로자의 의견을 청취하도록 한 취지는 비록 불충분하다고는 하지만 근로자의 집단적 의견의 개입을 통하여 경영내의 법규범을 설정하는데 있어 근로자측에 관여의 길을 열어줌으로써 경영민주화와 노사대등결정의 원칙에 접근하고자 하는 것이며, 둘째, 사용자가 일방적으로 제정하는 취업규칙에 법적효력을 부여하고 있는 점에 비추어 볼 때 근로자의 의견을 청취하는 것은 취업규칙의 효력발생요건이라고 보아야 하므로 의견을 청취하지 않은 취업규칙에 대하여 법적 효력을 인정할 수 없다고 한다.[467] 단속규정이라는 입장에서는 취업규칙은 발생사적으로 보면 사용

---

463) 문원주, 전게서, 673쪽 ; 박상필, 『수조근로기준법해설』, 대왕사, 1985, 493쪽.
464) 知邊學, "就業規則の作成·邊境", 勞働法の爭點, 有斐閣, 1979, 285面.
465) 문원주, 전게서, 673쪽 ; 이철원, 전게논문, 8쪽 ; 박상필, 전게서, 494쪽 ; 吾妻光俊, 前揭書, 349面.
466) 이 때의 효력이란 사법상의 효력을 의미한다.

자가 일방적으로 작성하는 것으로서 노동조합 또는 근로자들의 의견에 구속되지도 않으므로 이러한 의견을 듣지 않았다하여 근로기준법위반의 책임을 묻는 것은 별론으로 하고, 그 민사상의 효력을 부인할 것은 아니라고 한다. 즉 의견청취의무에 관한 조항은 근로자의 의견을 존중하여야 한다는 취지에서 마련된 훈시규정 내지 단속규정이라는 주장이다.[468] 취업규칙의 법적효력은 근로기준법을 근거로 하기 때문에 소정의 절차에 위반한 것은 절차에 있어서의 정의(Justice in procedure)에 반한다거나[469] 근로기준법은 취업규칙에 법규범적 효력을 승인하는 대신에 의견청취를 요구하고 있기 때문이라거나 근로자에게 협력권을 부여한 규정이기 때문이라는 등의 이유로[470] 효력규정설을 많이 취한다. 그러나 이러한 관계가 논리적 필연성이 있는 것은 아니어서 법규범설 중에도 그 근거를 경영권 · 소유권에서 구하는 입장은 이를 훈시적 규정으로 보며 수권설의 입장중에도 훈시적 규정으로 보는 견해가 있다.[471] 우리나라의 노동법제하에서는 취업규칙은 사용자가 일방적으로 작성하더라도 근로자의 의견을 들어야 하며 그렇다면 본조는 효력규정으로 봄이 타당하다고 생각한다.

관련 판례 대판 2000.2.25. 98다11628
일부 근로자에 대한 별도의 취업규칙

취업규칙은 같은 사업장에 소속된 모든 근로자에 대하여 일률적으로 적용되어야 하는 것은 아니고, 사용자는 근로자의 근로조건, 근로형태, 직종 등의 특수성에 따라 근로자 일부에 적용되는 별도의 취업규칙을 작성할 수 있다.

관련 판례 대판 1994.12.23. 94누3001
노동조합의 동의 · 협의절차의 효력

취업규칙의 작성 · 변경에 관한 권한은 원칙적으로 사용자에게 있으므로 사용자는 그

467) 박상필, 전게서, 496쪽 ; 신진근, 전게논문, 624쪽 ; 有泉亨, 前揭書, 197~198面.

468) 김형배, 『노동법』, 박영사, 1981, 211쪽 ; 심태식, 전게서, 337쪽 ; 학설의 대립에 관하여 보다 상세한 내용은 深瀨義郞, "就業規則の制定と變更", 學說展望(ジュリスト, NO. 300), 有斐閣, 1964, 366~367面.

469) 한용식, 전게서, 305쪽 ; 有泉亨, 前揭書, 197~198面.

470) 山本吉人, "就業規則の制定 · 改廢", 勞働法大系 5. 勞働契約 · 就業規則, 有斐閣, 1973, 58面.

471) 山本吉人, 前揭論文, 58~59面.

의사에 따라 취업규칙을 작성 · 변경할 수 있다 할 것이고, 단체협약에서 취업규칙의 작성 · 변경에 관하여 노동조합의 동의를 얻거나 노동조합과의 협의를 거치거나 그 의견을 듣도록 규정하고 있다 하더라도 원칙적으로 취업규칙상의 근로조건을 종전보다 근로자에게 불이익하게 변경하는 경우가 아닌한 그러한 동의나 협의 또는 의견청취절차를 거치지 아니하고 취업규칙을 작성 · 변경하였다고 하여 그 취업규칙의 효력이 부정된다고 할 수 없다.

4. 취업규칙의 작성 · 변경 신고

사용자가 취업규칙을 작성 · 변경하는 경우에는 근로자의 의견서를 첨부하여 고용노동부장관이 고시하는 서식에 의하여 이를 고용노동부장관에게 신고하여야 한다(법 제94조). 사용자는 근로기준법 제93조의 규정에 의하여 취업규칙의 신고 또는 변경신고를 하고자 하는 경우에는 「취업규칙신고 또는 변경신고서」에 ① 취업규칙(변경신고의 경우에는 변경된 내용을 기재한 서류), ② 근로자의 과반수를 대표하는 노동조합 또는 근로자 과반수의 의견을 들었음을 입증하는 자료 ③ 근로자의 과반수를 대표하는 노동조합 또는 근로자 과반수의 동의를 얻었음을 입증하는 자료(근로자에게 불이익하게 변경되는 경우에 한한다)를 첨부하여 관할 지방고용노동관서의 장에게 제출하여야 한다(시행규칙 제15조). 이 신고에 의하여 고용노동부장관은 근로기준법 등의 법령이나 단체협약에 저촉되는 취업규칙에 대하여 그 변경을 명할 수 있다(법 제96조 제2항). 이와 같은 신고를 함에 있어서는 근로기준법제94조 제1항에 의한 노동조합 또는 근로자대표의 의견을 기재한 서면을 첨부하여야 한다(법 제94조 제2항). 이러한 서면의 첨부를 요구하는 것은 사용자가 「의견을 들어야 한다」고 규정한 근로기준법 제94조 제1항의 절차를 거쳤는지를 객관적으로 증명하기 위한 것이다.[472] 이러한 절차는 첫째 「신고」를 취업규칙의 효력발생요건으로 볼 것인가 하는 것과, 둘째 신고시에 의견서를 첨부하지 않은 경우의 효력이 문제된다. 「신고」의 성격에 관하여 효력발생요건이라고 보는 설은 「신고」라는 제도는 종래 사용자가 자의적 · 전단적으로 제정하여 온 취업규칙을 국가적 감독하에 두어 근로자보호의 실효를 거두자는 데 있고 취업규칙에 법규범성을 부

472) 박상필, 전게서, 495쪽.

여한 것도 이러한 점을 전제로 한 것이다. 또한 신고를 하지 않으면 근로자측의 의견을 들었다는 법적 증거도 존재하지 않으므로 사용자가 취업규칙을 신고하지 않으면 근로기준법위반으로 처벌을 받는 것은 물론 취업규칙 자체도 효력이 발생하지 않는다고 한다.[473)] 이에 대하여 효력발생요건이 아니라고 보는 설은 신고의무규정을 감독상의 편의를 위한 단속규정 또는 절차규정으로서 행정적인 의무를 부과하는데 불과하다고 한다. 즉 9인 이하의 근로자를 사용하여 취업규칙 작성의무가 없는 사용자가 작성한 취업규칙에 대하여도 취업규칙으로서의 효력은 인정하여야 할 것이라는 점, 어느 사업장에 사실상 시행되어 온 취업규칙을 신고가 없다는 이유만으로 그 효력을 부정하는 것은 부당하다는 점 등을 고려하면 취업규칙의 내용이 법령 또는 단체협약에 위반되지 않고 그 내용을 게시, 비치 또는 배부하여 이를 근로자에게 주지시킨 경우에는 신고를 하지 않았더라도 민사상의 효력에는 영향이 없다고 보아야 한다는 것이다.[474)] 전설(효력발생요건으로 보는 설)이 타당한 것으로 생각된다.

관련 판례 대판 2000. 9. 29. 99다45376
집단적 의사결정방법에 의한 동의와 변경된 취업규칙의 적용대상

취업규칙의 작성 · 변경의 권한은 원칙적으로 사용자에게 있으므로 사용자는 그 의사에 따라 취업규칙을 작성 · 변경할 수 있으나, 취업규칙의 작성 · 변경이 근로자가 가지고 있는 기득의 권리나 이익을 박탈하여 불이익한 근로조건을 부과하는 내용일 때에는 종전 근로조건 또는 취업규칙의 적용을 받고 있던 근로자의 집단적 의사결정방법에 의한 동의, 즉 당해 사업장에 근로자의 과반수로 조직된 노동조합이 있는 경우에는 노동조합, 근로자의 과반수로 조직된 노동조합이 없는 경우에는 근로자의 과반수의 동의를 요하고, 이러한 동의를 얻지 못한 경우에는 사회통념상 합리성이 있다고 인정되지 않는 한 기득 이익이 침해되는 기존의 근로자에 대하여는 변경된 취업규칙이 적용되지 아니하며, 취업규칙의 변경이 사회통념상 합리성이 있느냐의 여부와 근로자에게 불이익하느냐 여부는 그 변경의 취지와 경위, 해당 사업체의 업무의 성질, 취업규칙 각 규정의 전체적인 체제 등 제반 사정을 종합하여 판단하여야 한다.

---

473) 한용식, 전게서, 306쪽.

474) 김형배, 전게서, 113쪽 ; 문원주, 전게서, 662~663쪽 ; 신진근, 전게논문, 627쪽 ; 심태식, 전게서, 330쪽 ; 박상필, 전게서, 496쪽 ; 有泉亨, 前掲書, 198面 ; 石井照久, 新版 勞働法, 1972, 134面, 吾妻光俊, 新版 勞働基準法, 1971, 478面 ; 1979. 5. 31, 노동부 인석레규 법무 811-12994, 1978. 9. 1, 법무 811-19037, 1979. 5. 15, 법무811-11417.

관련 판례 2010.1.28 2009다 32522
사회통례상 합리성이 있는 경우 취업규칙 변경

사용자가 일방적으로 새로운 취업규칙의 작성·변경을 통하여 근로자가 가지고 있는 기득의 권리나 이익을 박탈하여 불이익한 근로조건을 부과하는 것은 원칙적으로 허용되지 아니하지만, 당해 취업규칙의 작성 또는 변경이 그 필요성 및 내용의 양면에서 보아 그에 의하여 근로자가 입게 될 불이익의 정도를 고려하더라도 당해 조항의 법적 규범성을 시인할 수 있을 정도로 사회통념상 합리성이 있다고 인정되는 경우에는 종전 근로조건 또는 취업규칙의 적용을 받고 있던 근로자의 집단적 의사결정방법에 의한 동의가 없다는 이유만으로 그의 적용을 부정할 수는 없다.

제4절 취업규칙의 불이익변경

1. 불이익변경의 의의

취업규칙의 불이익변경이란 사용자가 일방적으로 취업규칙의 내용을 근로자에게 불이익하게 변경함을 의미한다. 근로기준법은 취업규칙의 작성·변경에 있어서 근로자의 의견청취, 신고, 주지 등의 절차를 요구하고 있으나 사용자가 이러한 절차를 취하기만 하면 법령이나 단체협약의 제한범위 내에서는 자유롭게 취업규칙을 작성하게 하고 있으며 그 작성과정에서 근로자에게 내용결정권이나 거부권 등은 전혀 부여하고 있지 않다. 이와 관련하여 이미 작성된 취업규칙도 사용자가 이러한 절차를 밟기만 하면 그 내용을 자유로이 변경할 수 있는가 하는 것이 문제가 된다. 이 문제 역시 취업규칙의 법적 성질을 어떻게 보느냐와 밀접하게 관련된 문제로서 취업규칙의 변경에 따라 종래의 근로조건은 어떠한 영향을 받는가, 특히 사용자는 취업규칙을 근로자에게 불이익하게 변경할 수 있는가 하는 것이 논쟁의 중심이 되고 있다. 취업규칙의 불이익변경은 사용자에게 매우 유용한 수단이 되는 반면에 근로자에게 근로조건 결정에서의 소외라는 위험을 야기시킨다.

관련 판례 대판 1993. 5. 14. 93다1893
취업규칙의 변경과 불이익의 판단

취업규칙의 일부를 이루는 급여규정의 변경이 일부의 근로자에게는 유리하고 일부의 근로자에게는 불리한 경우 그러한 변경에 근로자집단의 동의를 요하는지를 판단하는 것은 근로자 전체에 대하여 획일적으로 결정되어야 할 것이고, 또 이러한 경우 취업규칙의 변경이 근로자에게 전체적으로 유리한지 불리한지를 객관적으로 평가하기가 어려우며, 같은 개정에 의하여 근로자 상호간의 이, 불리에 따른 이익이 충돌되는 경우에는 그러한 개정은 근로자에게 불이익한 것으로 취급하여 근로자들 전체의 의사에 따라 결정하게 하는 것이 타당하다.

2. 불이익변경의 법적성질

취업규칙의 불이익변경에 관한 법적 성질은 크게 계약의 청약으로 보는 견해와 사용자가 일방적으로 당해 사업장에 적용되는 규범을 형성하는 행위로 보는 견해가 대립하여 오고 있다. 계약의 청약으로 보는 견해가 취업규칙의 법적 성격에 대하여 계약설을 취하는 입장에 의한 것이라면, 규범형성행위로 보는 견해는 취업규칙의 법적 성격을 범규범으로 보는 견해에 따른 것이다. 즉 불이익변경의 법적 성격에 관한 논의는 취업규칙의 법적 성격에 관한 논의와 완전히 동일하지만, 지금까지 이 문제에 대한 우리나라와 일본에서의 논의가 취업규칙의 법적 성격에 관한 문제에 대하여 통일된 견해를 나타내지 않고 있다. 따라서 취업규칙의 법적 성질에 대하여 계약설을 취할 것인가 법규범설을 취할 것인가에 따라 불이익변경의 효력에 대하여 서로 다른 결론에 도달하게 된다. 계약설을 취할 경우에는 근로자의 묵시 또는 명시의 동의가 없는 한 불이익변경의 효력이 당해 근로자에게 미치지 않으며, 법규범설을 취할 경우에는 사용자의 일방적 불이익변경도 효력을 가지게 된다. 다만 법규범설 중 수권설을 취할 경우에는 근로자집단의 동의가 불이익변경의 효력요건으로 된다.

(1) 계약설

계약설에 의하면 취업규칙 그 자체는 단순한 계약 또는 초안에 불과하고(취업하고 있다는 사실로부터 의제되기는 하지만) 그에 대한 노사간의 명시 또는 묵시의 합의가 있어야만 취업규칙의 내용이 근로계약의 내용이 되어 근로자에 대하여 구속력을 갖는다. 마찬가지로 취업규칙의 변경 역시 근로계약 내용변경이 청약에 불과하여 변경만으로 법률효과가 생기는 것은 아니므로 문제가 될 것이 없으며, 동 변경은 근로자의 명시 또는 묵시의 동의를 매개로 하여 처음으로 근로계약의 내용이 되며 법적 의미를 갖게 된다. 따라서 취업규칙의 불이익한 변경의 경우 그 변경된 취업규칙이 근로계약의 내용이 되기 위해서는 근로자의 명시 또는 묵시의 동의를 필요로 하고, 동의가 없는 한 사용자와 근로자간에는 기존의 취업규칙과 같은 내용의 근로계약이 계속 효력을 갖는다고 할 수 있다. 결국 계약설은 취업규칙의 일방적 변경은 근로자의 명시 또는 묵시의 동의가 없는 한 근로계약의 내용으로 될 수 없으므로 근로자에 대하여 구속력도 갖지 않는다는 것이다. 한편 이로 인하여 취업규칙이 근로조건을 정형적 · 획일적으로 규제하는 기능을 상실한다면 사용자는 변경된 취업규칙에 동의하지 않는 근로자를 해고하면 될 것이고,[475] 근로자가 변경된 취업규칙에서 아무 말 없이 근로하고 있으면 그것은 묵시의 동의로 추정된다. 만일 근로자가 취업규칙의 변경을 부당하다고 생각한다면 노동력의 매도를 거부하고 퇴직하거나 노동조합의 단체교섭 또는 단체행동을 통하여 실력으로 그 변경에 대항하면 되는 것이지 종전과 같이 노무에 종사하면서 취업규칙의 변경을 법률상 무효라고 주장하는 것이 이치에 맞지 않는다고 한다.[476] 그러나 취업규칙의 변경이 종속적 근로계약에 기초하여 사실상 강제가 수반되어 행하여지는 실정을 고려하면 이는 지나치게 형식적인 주장이라 수긍하기 어렵다 할 것이다.[477]

(2) 법규범설

취업규칙의 법적 성질에 관하여 법규범설의 입장을 취하는 경우라도 그 구체적인 논거에 관하여는 일치하지 않지만 원칙적으로 취업규칙의 일방적인 효력을 부인하는 점에서는 일치한다. 그 대표적 주장으로는 다음과 같은 견해들을 들 수 있다.[478] 수권설에 입각하는

475) 加藤俊平, "就業規則の變更", 勞働基準實例百選, 有斐閣, 1966, 193面.
476) 한용식, 전게서, 319쪽.
477) 한용식, 전게서, 321쪽.
478) 이에 대한 상세한 소개는 신태근, 전게논문, 629~630면 : 한용식, 전게서, 319~321쪽.

견해로서, 취업규칙은 그 자체로서는 법규성을 갖지 않으나 노동보호법원리의 확실한 실현을 위하여 수단적·과도적으로 법규범적 효력이 인정됨에 따라 비로소 경영체내에서 규범적으로 기능하게 되는 것이기 때문에 보호법원리에 위반하여 변경된 취업규칙은 당연히 규범으로서의 근거를 잃기 때문에 효력이 없다. 다만「보호법원리의 참된 실현을 위한 방향으로만 일방적 변경이 허용될 수 있다」고[479] 하여 불이익한 변경의 효력을 부정하는 견해이다.[480] 취업규칙에 정하여진 근로조건은 근로기준법 제17조, 근로기준법시행령 제8조 등에 의하여 근로계약의 내용을 이루므로 종래의 취업규칙을 근로자에게 불이익하게 변경하더라도 근로자가 명시 또는 묵시의 동의를 하지 않는 한 근로자는 변경 전 취업규칙의 기준을 근로계약상의 권리로서 주장할 수 있다고 하여 법규범설을 취하면서도 취업규칙이라는 자주법규범과 근로계약과의 관계에 주목하여 취업규칙 중의 근로조건이 근로계약의 내용이 되는 것을 전제로 하는 견해가 있다.[481] 이 견해에 의하면 취업규칙이 근로자에게 유리하게 변경된 경우에는 문제가 되지 않지만, 불리하게 변경된 경우에는 종전 취업규칙의 근로조건이 변경 후 취업규칙의 그것을 상회하게 되므로 근로조건에 관한 최저기준규범인 취업규칙의 성격으로 보아 종전의 근로계약이 유효하므로 근로자는 종전의 근로계약상의 권리를 청구할 수 있다. 다만 그와 같이 할 경우 취업규칙 변경 후에 채용된 근로자는 변경된 규칙에 의하여 규율되고, 취업규칙 변경 전부터 근무하던 근로자는 불리하게 변경된 부분에 관해서만 종래의 근로계약에 의한 권리의 청구를 할 수 있게 되어 실질적으로 1개의 사업장에 2개의 취업규칙이 공존하는 결과가 된다. 과연 그렇다면 근로조건을 근로자에게 불리하게 변경하는 것은 사전에 근로자들과 합의를 보지 않은 이상 변경전 취업규칙의 적용을 받아온 근로자들에 한하여 상대적으로 그 효력이 없을 것[482] 으로 볼 수 있는가. 이 주장에는 근로자의 단체적 역량이 미약한 경우에는 개개의 근로계약의 개정, 즉 사용자와 근로자의 개별적 합의에 의하여 불리하게 변경된 새로운 취업규칙의 내용대로 계약내용이 규율될 가능성이 클 뿐 아니라 사업장내의 근로조건이 통일되지 못하여 불

479) 沼田稻次郎, 就業規則論, 129面 以下 ; 川崎武夫, 前揭論文, 273面.

480) 이에 대하여는 현행 근로기준법상 그러한 결론이 도출될 수 있는지 의문이라는 비판이 있다. 한용식, 전게서, 321쪽.

481) 宮協崎辰雄, 就業規則の研究, 司法研究報告四輯七號, 1952, 68面.

482) 1974. 1. 29, 법무부810-1226, 김형배, 전게서, 110쪽.

평등이 초래될 수 있다는 문제점을 가지고 있다. 취업규칙은 법규범으로서의 효력은 갖고 있지만 근로계약을 전면적으로 지배하는 효력은 없고, 다만 근로계약에 대한 최저기준규범으로서의 효력을 가질 뿐이어서 취업규칙에 정한 기준이 당연히 근로계약의 내용이 되는 것은 아니므로 기존의 근로계약이 개정된 취업규칙에 미달하지 아니하는 한 이것에 의하여 변경되는 것은 아니라고 하여[483] 불이익한 일방적 변경의 효력을 부정하는 견해도 있다.

3. 불이익변경의 내용

사용자는 일방적으로 취업규칙을 작성, 변경할 수 있으나 근로자에게 불이익하게 변경할 경우에는 그 동의를 얻어야 한다(법제94조 1항 단서). 근로조건에 대한 불이익변경은 일반적인 근로조건의 구분에 따라 정년제의 신설, 퇴직금의 감액, 임금의 감액, 근로시간의 연장, 휴가부여방식의 변경, 근무형태의 변경 등으로 구분할 수 있다. 또한 퇴직금의 지급율을 하향조정하면서 퇴직금 산정의 기초인 평균임금의 산정방식을 근로자에게 유리하게 변경하는 경우, 또는 기본급을 인하하면서 상여금을 인상하는 경우와 같이 동일유형 내에서 근로자에게 유리한 변경과 불리한 변경이 동시에 행해질 수도 있다. 이 경우 유리한 변경이냐 불리한 변경을 판단함에 있어서는 유리한 부분과 불리한 부분을 비교 형량한 것을 요구하는 「비교형량설」과 변경 전 취업규칙에 비해 한 조항이라도 근로조건이 저하된다면 객관적으로 근로자에게 유리하여졌다고 할지라도 동의를 받아야 한다는 「개별적 판단설」이 있다. 또한 불이익의 정도는 「권리남용의 법리」에 의하거나 불이익성의 여부에 대한 사실판단의 문제를 해결한 후 변경의 절차를 완화해야 할 구체적 필요성을 고려하여 합리적이냐 라는 가치판단의 문제를 기준으로 하는 「합리성설」이 있다. 기득권을 침해당해 불이익한 변경 자체도 법률상 보호되는 기득권을 침해하는 것은 아님에도 불구하고 이와 같은 경우를 불이익하다고 판단한다는 「기득권설」이 있으나 종합적으로 고려하여 판단하는 비교형량설이 타당하다고 생각한다.

---

483) 川崎武夫, 前揭論文, 273面 : 荒木誠之, “就業規則の效力” 石井照久・有泉亨編, 勞働法大系(5), 有斐閣, 1973, 80~81面.

4. 불이익변경과 동의권의 거부

근로기준법 제94조 1항 단서에서 요구하는 동의의 방식은 당해 사업장에서 과반수로 조직된 노동조합이 있는 경우에는 그 노동조합, 노동조합이 없는 경우에는 근로자 과반수의 동의를 얻는 것을 의미한다. 따라서 이러한 동의방식을 충족시키지 못한 경우에는 불이익변경된 취업규칙은 무효가 되고 개별근로자의 동의는 아무런 효력이 없게 된다.[484] 그렇다면 노동조합 또는 근로자의 과반수를 대표하는 자가 정당한 이유 없이 동의를 거부하는 경우의 취업규칙을 변경할 수 없는가. 대법원은 취업규칙의 불이익변경에 대하여 합리성이 있다면 불이익하더라도 동의를 요하지 않는다고 하고[485] 일본의 최고재판소도 동일하게 불이익하여도 합리성이 있으면 동의를 요하지 않는다는[486] 태도를 나타내고 있다. 따라서 합리성이 인정되기 위한 요건을 충족하여야 하는데 취업규칙의 변경내용과 변경의 필요성을 들 수 있다.[487]

여기서 변경의 내용이라 함은 변경으로 인하여 근로자가 입게 되는 불이익의 정도 즉, 변경의 상당성을 의미하며, 변경의 필요성이란 경영사정의 악화를 말한다. 이와 같은 합리성요건의 충족여부는 첫째, 변경에 따른 근로조건의 종류와 종래의 내용을 변경한 정도, 그 적용범위, 근로자가 당하는 불이익의 정도, 변경에 의한 불이익을 완화하고 제한할 수 있는 조치나 불이익변경에 따른 대체 또는 대상 조치의 유무, 개선된 다른 근로조건의 유무 및 내용 등을 종합하여 그 변경에 상당성이 있어야 하고 둘째, 변경이 없는 경우 생기는 기업경영상의 불합리성과 지장, 변경에 의하여 사용자가 얻는 이익, 당해 사업체의 규모, 사업내용 및 국민경제상의 위치, 당해 변경사항에 관한 산업계 일반의 취급실정 등을 종합하여 그 변경의 필요성이 있어야 하며 셋째, 변경에 있어서 근로자 및 노동조합의 이해를 얻기 위한 사전의 설명, 설득, 노력의 여부, 변경준비기간 설정의 유무와 단계적·점차적 변경실시 여부, 이에 대한 근로자의 대응 등을 종합하여 변경절차에 상당성이 있어야 한다. 따라서 취업규칙 변경내용의 상당성, 변경의 필요성, 변경절차의 합리성이 있으

484) 대판 1991. 3. 27, 91다3031.

485) 대판 1978. 9. 12, 78다1046.

486) 대판 1993. 1. 15, 92다3778 ; 대판 1992. 12. 8, 91다38174.

487) 서울고판 1993. 1. 13, 19나46945.

면 합리성이 인정되어 불이익 변경시에도 근로자 집단의 동의를 요하지 않을 수 있다.

관련 판례
대판 1993.5.14. 93다1893
일부근로자에게는 유리, 일부근로자에게는 불리한 경우

취업규칙의 일부를 이루는 급여규정의 변경이 일부의 근로자에게는 유리하고 일부의 근로자에게는 불리한 경우 그러한 변경에 근로자집단의 동의를 요하는지를 판단하는 것은 근로자 전체에 대하여 획일적으로 결정되어야 할 것이고, 또 이러한 경우, 취업규칙의 변경이 근로자에게 전체적으로 유리한지 불리한지를 객관적으로 평가하기가 어려우며, 같은 개정에 의하여 근로자 상호간의 이, 불리에 따른 이익이 충돌되는 경우에는 그러한 개정은 근로자에게 불이익한 것으로 취급하여 근로자들 전체의 의사에 따라 결정하게 하는 것이 타당하다.

관련 판례
대판 2008.2.29 2007다85997
근로자 과반수의 의미

취업규칙의 작성 · 변경에 관한 권한은 원칙적으로 사용자에게 있으므로 사용자는 그 의사에 따라서 취업규칙을 작성 · 변경할 수 있고, 다만 취업규칙의 변경에 의하여 기존 근로조건의 내용을 일방적으로 근로자에게 불이익하게 변경하려면 종전 취업규칙의 적용을 받고 있던 근로자 집단의 집단적 의사결정방법에 의한 동의를 요한다고 할 것인바, 그 동의방법은 근로자 과반수로 조직된 노동조합이 있는 경우에는 그 노동조합의, 그와 같은 노동조합이 없는 경우에는 근로자들의 회의 방식에 의한 과반수의 동의가 있어야 하고, 여기서 말하는 근로자의 과반수라 함은 기존 취업규칙의 적용을 받는 근로자 집단의 과반수를 뜻한다.

관련 판례
대판 2009.5.28. 2009두2238
이원화된 취업규칙 불이익변경시 동의의 주체

여러 근로자 집단이 하나의 근로조건 체계 내에 있어 비록 취업규칙의 불이익변경 시점에는 어느 근로자 집단만이 직접적인 불이익을 받더라도 다른 근로자 집단에게도 변경된 취업규칙의 적용이 예상되는 경우에는 일부 근로자 집단은 물론 장래 변경된 취업규칙 규정의 적용이 예상되는 근로자 집단을 포함한 근로자 집단이 동의주체가 되고, 그렇지 않고 근로조건이 이원화되어 있어 변경된 취업규칙이 적용되어 직접적으로 불이익을 받게 되는 근로자 집단 이외에 변경된 취업규칙의 적용이 예상되는 근로자 집단이 없는 경우에는 변경된 취업규칙이 적용되어 불이익을 받는 근로자 집단만이 동의 주체가 된다.

제5절 취업규칙의 효력

1. 취업규칙의 시간적 효력

법률이 국회의 의결에 의하여 성립에 의하여 효력이 발생하듯이 취업규칙도 사용자의 작성, 의견청취, 행정관청에의 신고, 근로자에 대한 주지 등 일련의 행위에 의하여 유효하게 성립하고 효력을 발생한다. 그런데 이러한 일련의 행위 중 구체적으로 어느 단계에서 취업규칙이 성립하고, 어느 단계에서 효력이 발생하는가는 분명치 않으며, 그에 대하여 학설이 대립하고 있다.

첫째, 이러한 일련의 행위 중 첫 단계인 사용자의 사실상의 제정행위에 의하여 유효하게 성립한다고 하는 설이 있다. 즉 취업규칙이 유효하게 성립하기 위하여는 필요한 절차나 요건이 정해져 있으면 그 규정을 충족시킨 때가 되는 것은 말한 것도 없으나 그러한 규정이 없으면 사용자가 내부의사를 확정한 때라는 설이다.[488] 둘째, 사용자가 작성한 취업규칙을 노동조합, 또는 근로자대표에게 제시하여 근로자의 단체적 의견을 구하고 그 의견서를 첨부하여 행정관청에 신고한 때에 유효하게 성립한다는 주장이 있다.[489] 이 견해는 신고까지 마쳤다면 주지방법을 결하였다 하더라도 근로기준법 제114조의 벌칙을 적용하는 것은 별문제로 하고 그것 때문에 취업규칙 자체의 효력을 부정할 사유로는 되지 않는다는 입장이다. 셋째, 취업규칙의 주지의무를 완전히 이행한 때부터 라고 하는 주장이 있다.[490] 이는 취업규칙에 대하여 근로자측의 의견을 청취하는 것만으로는 근로자가 취업규칙의 최종적인 내용을 알 수 없으며, 그 확정된 내용을 전혀 모르고 있는데 그에 구속되게 한다는 것은 부당하다는 입장이다. 생각건대, 취업규칙이 경영내의 법규범으로 타당하기 위해서는 어떠한 방법으로든 취업규칙의 내용을 근로자에게 주지시킬 수단을 강구하였든가 또는 근로자가 쉽게 그 내용을 알 수 있는 상태에 있어야만 할 것이다. 그러나 취업

488) 佐藤進・本多淳亮, 『就業規則』, 92面.

489) 石井照久, 『新版勞働法』, 135面.

490) 松岡三郎, 前掲書, 1,020面.

규칙의 작성·변경에 있어서 근로자측의 의견을 청취한 것만 가지고는 이와 같은 취업규칙의 주지방법을 강구하였다고 할 수 없을 것이다. 즉, 의견을 청취한 것만 가지고는 그 후 취업규칙안이 어떻게 조정되었는지를 전혀 알 수 없으므로 최종적이고 확정적인 내용이 전 종업원에게 주지되지 않은 상태에서 구속력을 갖는 것은 불합리하기 때문이다.[491] 이러한 셋째의 주장에 찬성한다. 그러나 취업규칙에 그 시행일이 정해져 있을 경우에는 주지방법이 강구되었더라도 당연히 시행일까지는 그 효력이 생기지 않는다. 또 근로자가 주지할 수 있는 상태에 놓인 때부터 장래에 향하여만 효력이 생기고 근로자에게 소급 적용하는 것은 허용될 수 없다. 특히 제재에 관한 규정은 소급적용을 허용해서는 안될 것이다. 그러나 근로자에게 유리한 규정은 소급적용하더라도 무방할 것으로 생각된다.[492] 취업규칙의 유효기간은 취업규칙이나 단체협약에 특별한 규정이 없는 한 무한정한 것으로 보아야 할 것이다.[493]

2. 취업규칙의 장소적 효력

취업규칙은 동일한 기업내에서도 사업장마다 작성되어야 하는 원칙 때문에[494] 원칙적으로 당해 사업장 내지는 출장중인 경우와 같이 그 연장으로서의 작업장에 대하여만 효력을 갖는다. 예를 들면 근로자들이 기숙사의 질서에 관하여 취업규칙에 규정을 두더라도 기숙사 내에서는 아무 효력이 없다. 반면에 무효인 근로계약에 기하여 근로하는 근로자에 대하여도 임금계신, 업무상재해 등 사업장내의 사항에 관하여는 취업규칙이 적용 또는 준용된다고 해석되고 있다.[495]

491) 佐藤進·本多淳亮, 前揭書, 95面 ; 한용식, 전게서, 95쪽.
492) 有泉亨, 前揭書, 294面.
493) 이철원, 전게논문, 49쪽.
494) 그렇기 때문에 전근을 하는 경우에는 적용되는 취업규칙이 달라진다.
495) 有泉亨, 前揭書, 294面 ; 이러한 셋째의 주장에 찬성한다.

3. 취업규칙의 인적 효력

취업규칙에는 그 인적 적용범위가 기재되는 것이 통례이나 그러한 규정이 없는 경우에는 원칙적으로 직종의 종류를 불문하고 당해 사업장에서 사용되는 근로자 전원에게 적용된다. 그러나 실제로는 사무직원과 생산직원, 상용직원과 임시직원의 구별에 따라 각각 별개의 취업규칙이 작성되어 있어 1개의 사업장에 2개 이상의 취업규칙이 병존하는 경우도 있고, 실질적으로는 동일한 노동에 종사하면서도 상이한 근로조건 기준에 의하여 규율되는 예가 적지 않다. 이와 같은 현상과 관련하여 먼저 떠오르는 의문은 한 사업장내에서 이와 같은 차별적 대우가 허용되느냐 하는 것이다. 이에 대하여는 취업규칙제도를 근로기준법이 승인하고 있는 것은 기업내에서 최저준을 획일적·통일적으로 정립함으로써 근로기준법을 구체화하려고 하는 것이므로 한 사업장 내에 최저기준은 하나가 아니면 안되는 것이고 복수의 취업규칙은 인정될 수 없다는 견해도 있다.[496] 그러나 하나의 사업장에도 근로조건을 달리하는 근로자가 사용되고 있으므로 일부 근로자에 대하여 특별한 취급을 하려고 하는 경우에는 사업장내에 수개의 취업규칙이 있다고 하여 취업규칙의 통일적 파악이 불가능해지는 것도 아니고 일부 근로자에게 예외규정을 두거나 별개의 취업규칙을 작성하는 것을 허용하지 않으면 특정 종업원에게는 불리한 점도 있으므로 당해 취업규칙 중에, 또는 당해 취업규칙과 합쳐서 예외규정 또는 특별규정을 두어 무방할 것이다.[497] 또 근로자의 사업장에 있어서의 신분, 지위, 종사하는 업무 등에 따라 각각 상이한 근로조건을 정하고 이러한 근로자에게만 적용되는 특수업무자의 취업규칙을 일반 취업규칙과는 별개로 작성하는 것도 무방할 것이다.[498] 이 경우 한 개의 사업장 내에 수개의 취업규칙이 병존하는 현상은 실질적으로 1개의 취업규칙이 형식적으로만 2개 이상으로 갈라져 있는 것으로 보아야 할 것이다. 즉 따로 만들어진 두 개 이상의 취업규칙을 합친 것이 근로기준법 제93조에서 규정하고 있는 취업규칙이 되는 것이며 각각 단독으로 제96조의 취업규

496) 그 외에도 근로기준법은 복수의 취업규칙을 인정하지 않는다는 견해, 상용공과 임시공을 차별하는 것은 헌법 및 근로기준법 제5조에 반하고 공서량속에 위반되므로 산별규정은 무효라고 견해 등도 있다. 山本吉人, 前揭書, 57面.

497) 심태식, 전게서, 328쪽 ; 한용식, 전게서, 308~309쪽.

498) 日本 勞働省 1949. 4. 4, 基發 410號.

칙이 되는 것은 아니다.[499] 특히 문제가 되는 것은 「임시」의 작업이나 일을 위하여 고용되므로 종사하는 작업 또는 직무의 성질, 내용의 점에서 상용공, 상용직원과 구별되는 임시공 · 임시직원이다.[500] 이러한 임시공이나 임시직원은 사용자가 업무량의 계절적 변화 등에 따른 고용조절이 수월하고 비용이 적게 든다는 점에서 많이 채용하게 되므로 일반적으로 상용공이나 상용직원에 비하여 열악한 근로조건에 있게 된다. 일반적으로 근로기준법의 보호밖에 있는 것으로 생각하고 취업규칙에 관하여도 「임시공……에게는 적용되지 않는다」배제규정만 둘 뿐 이들에게 적용할 별도의 취업규칙을 작성하지 않는 경우가 많으나 이러한 경우에는 상용직원에 대한 취업규칙과 임시직원에 대한 취업규칙이 합쳐져서 완전한 하나의 취업규칙이 되는 것이므로 상용직의 취업규칙만 작성하여서는 근로기준법상의 취업규칙 작성의무를 다 하였다고 할 수 없다.

또한 그 내용에 있어서도 상용직의 취업규칙을 준용하고 그 성질상 똑같이 취급하는 것이 현저히 곤란한 경우[501]에만 별도의 규정을 두는 것이 바람직할 것이다. 만일 적용을 배제한다는 특별규정이 없는 경우에는 상용직에 대한 취업규칙이 같은 사업장의 임시직에게도 그 성질상 허용되지 않는 경우를 제외하고는 모두 적용된다고 보아야 할 것이다. 임시공에 대한 이러한 문제는 최근들어 노동력이 부족한 일부 분야에서 현저히 증가하고 있는 단시간근로자의 경우에도 마찬가지로 보아야 할 것이다.[502] 다만 위의 모든 경우에 있어서 근로기준법 제6조에 저촉되어서는 안되므로 그러한 근로조건의 차이에는 합리적인 근거가 있어야 하며, 그러한 근거에 상응하는 정도의 차별에 그쳐야 한다. 따라서 동일한 노동에 종사하는 경우에는 다른 근로조건에 따른 처우를 하는 것이 원칙적으로 근로기준법 제5조를 위반하는 것이 된다.

---

499) 有泉亨, 前揭書, 204面 ; 韓容植, 前揭書, 308~309面.

500) 大河内一男 · 吾妻光俊, 勞働事典, 青林書院新社, 1975, 524面.

501) 연차휴가, 시간외근로, 휴일근로, 퇴직금, 해고 등에 관한 사항들이 이에 해당될 것이다.

502) 림시공과 취업규칙과의 관계에 관한 상세한 내용은, 中山和久, 前揭書, 77~81面 ; 有泉亨, 前揭書 205~206面 참조 ; 파트타임 근로자와 就業規則의 문제에 관하여는 한정현, "파트타임의 문제점과 보호대책", 노동법과 노동정책, 일신사, 1985 ; 中野麻美, "パトタイマーの就業規則ヒ勞働協約", 勞働旬報(No.1109), 1984. 12. 10.

관련 판례 대판 2001. 1. 5, 99다70846
집단적 의사결정방법에 의한 동의 없이 불리하게 작성·변경된 취업규칙

사용자가 일방적으로 새로운 취업규칙의 작성·변경을 통하여 근로자가 가지고 있는 기득의 권리나 이익을 박탈하여 불이익한 근로조건을 부과하는 것은 원칙적으로 허용되지 아니한다고 할 것이나, 당해 취업규칙의 작성 또는 변경이 그 필요성 및 내용의 양면에서 보아 그에 의하여 근로자가 입게 될 불이익의 정도를 고려하더라도 여전히 당해 조항의 법적 규범성을 시인할 수 있을 정도로 사회통념상 합리성이 있다고 인정되는 경우에는 종전 근로조건 또는 취업규칙의 적용을 받고 있던 근로자의 집단적 의사결정방법에 의한 동의가 없다는 이유만으로 그 적용을 부정할 수는 없다고 할 것이고, 한편 여기에서 말하는 사회통념상 합리성의 유무는 취업규칙의 변경에 의하여 근로자가 입게 되는 불이익의 정도, 사용자측의 변경 필요성의 내용과 정도, 변경 후의 취업규칙 내용의 상당성, 대상조치 등을 포함한 다른 근로조건의 개선상황, 노동조합 등과의 교섭 경위 및 노동조합이나 다른 근로자의 대응, 동종 사항에 관한 국내의 일반적인 상황 등을 종합적으로 고려하여 판단하여야 한다.

관련 판례 대판 2001.1.5. 99다70846
사회통념상 합리성이 인정되는 경우

사용자가 일방적으로 새로운 취업규칙의 작성·변경을 통하여 근로자가 가지고 있는 기득의 권리나 이익을 박탈하여 불이익한 근로조건을 부과하는 것은 원칙적으로 허용되지 아니한다고 할 것이나, 당해 취업규칙의 작성 또는 변경이 그 필요성 및 내용의 양면에서 보아 그에 의하여 근로자가 입게 될 불이익의 정도를 고려하더라도 여전히 당해 조항의 법적 규범성을 시인할 수 있을 정도로 사회통념상 합리성이 있다고 인정되는 경우에는 종전 근로조건 또는 취업규칙의 적용을 받고 있던 근로자의 집단적 의사결정방법에 의한 동의가 없다는 이유만으로 그 적용을 부정할 수는 없다고 할 것이고, 한편 여기에서 말하는 사회통념상 합리성의 유무는 취업규칙의 변경에 의하여 근로자가 입게 되는 불이익의 정도, 사용자측의 변경 필요성의 내용과 정도, 변경 후의 취업규칙 내용의 상당성, 대상조치 등을 포함한 다른 근로조건의 개선상황, 노동조합 등과의 교섭 경위 및 노동조합이나 다른 근로자의 대응, 동종 사항에 관한 국내의 일반적인 상황 등을 종합적으로 고려하여 판단하여야 한다.

관련 판례 대판 1990.7.10. 89다카31443
취업규칙의 변경 - 절대적 무효설

종전의 누진지급제에 의한 퇴직금을 단수지급제로 변경하는 취업규칙의 변경이 노동조합이나 기존의 근로자들의 회의방식에 의한 과반수의 동의를 얻지 못하였기 때문에 무효라면 종전의 취업규칙이 계속 유효하므로 이 취업규칙은 취업규칙의 변경 전에 입사한 사람에 대하여 적용하여야 함은 물론이고 변경이후에 입사한 사람에 대하여도 적용되어야 할 것이며 변경 이후에 입사한 사람이라고 하여 무효한 취업규칙을 적용할 수는 없다고 할 것이다.

관련 판례 대판 1992.12.22. 91다45165
취업규칙의 변경 - 상대적 무효설

취업규칙의 작성 · 변경에 관한 권한은 원칙적으로 사용자에게 있으므로 사용자는 그 의사에 따라 취업규칙을 작성 · 변경할 수 있으나, 다만 근로기준법 제94조의 규정에 의하여 노동조합 또는 근로자 과반수의 의견을 들어야 하고 특히 근로자에게 불이익하게 변경하는 경우에는 그 동의를 얻어야 하는 제약을 받는바, 기존의 근로조건을 근로자에게 불리하게 변경하는 경우에 필요한 근로자의 동의는 근로자의 집단적 의사결정방법에 의한 동의임을 요하고 이러한 동의를 얻지 못한 취업규칙의 변경은 효력이 없다는 것이 당원의 일관된 견해이다. 그러므로 사용자가 취업규칙에서 정한 근로조건을 근로자에게 불리하게 변경함에 있어서 근로자의 동의를 얻지 않은 경우에 그 변경으로 기득이익이 침해되는 기존의 근로자에 대한 관계에서는 그 변경의 효력이 미치지 않게 되어 종전 취업규칙의 효력이 그대로 유지 되지만, 그 변경 후에 변경된 취업규칙에 따른 근로조건을 수용하고 근로관계를 갖게 된 근로자에 대한 관계에서는 당연히 변경된 취업규칙이 적용되어야 하고, 기득이익의 침해라는 효력배제사유가 없는 변경 후의 취업근로자에 대해서까지 그 변경의 효력을 부인하여 종전 취업규칙이 적용되어야 한다고 볼 근거가 없다.

제8장 근로관계의 이전

제1절 근로관계의 이전

1. 사용자의 변경

(1) 사용자변경의 개념

사용자변경이란 근로자의 근로계약의 반대당사자인 사용자(특히 사업주)가 변경되는 것을 말한다. 근로관계는 특정사용자와 근로자사이에 근로계약의 체결에 의하여 성립된 후 일정한 사유로 소멸할 때까지 일정한 기간동안 존속한다. 회사의 영업양도, 상속, 합병은 사용자의 변경이지만, 재산을 중심으로 본다면 재산이 일체로서 타인에게 이전되는 것이다. 즉 사용자변경이란 사업의 이전인 것이다. 사용자변경중 회사의 합병 및 분할, 자회사 설립, 위장해산등은 사용자입장에서는 법적으로 공적소유권의 자유영역이지만, 근로자입장에서 근로관계가 침해되어 생존권에 관한 문제가 발생하게 되는 것이다. 현행법은 사용자 변경시의 근로관계 이전여부에 대하여 명문의 규정이 없다. 사용자변경은 법률요건이고 근로관계 이전여부 내지 이전요건은 법률효과의 문제이다.

(2) 사용자변경의 유형

1) 승계범위에 의한 유형

① 포괄승계 - 포괄승계란 특정인의 모든 재산상의 권리의무를 전체로서 법률상 포괄적

으로 제3자에게 이전되는 경우로 상속 및 회사의 합병이 그것이다. 상속은 사람의 사망, 기타 일정한 사유를 원인으로 하는 재산상 법률관계의 포괄적 승계이다(민법 제1005조). 민법 제997조 이하 제1059조 상속편에 의해 개인사업체의 경우, 상속개시된 때로부터 신사용자(상속인)는 구사용자(피상속인)의 재산에 관하여 포괄적인 권리의무를 승계한다. 다만, 구사용자의 일신에 전속한 것은 그러하지 아니한다. 존속회사 또는 신설회사는 합병에 의해 소멸한 회사의 권리의무를 포괄적으로 승계한다(상법 제235조, 제269조, 제530조 제2항, 제603조). 그러므로 합병절차(상법 제230조, 제234조) 외에 별도의 권리의무의 이전을 위한 특별한 행위는 필요 없고, 또 특약으로도 그 일부의 승계를 제외할 수 없다는 점이 특정승계의 하나인 영업양도와 다르다. 합병에 의해서 영업재산은 당연히 포괄적으로 이전되고 그 대상도 영업재산 전부이기 때문에 근로관계이전에 관하여는 별 문제가 없다.[503] 회사의 합병으로 인하여 존속되는 회사는 흡수되는 회사의 권리의무관계(임금, 근로조건 포함)를 별단의 합의가 없어도 당연히 포괄승계를 받는 것으로, 종래의 근로조건은 그대로 유지되는 것이라고 보는 것이 행정해석의 입장이다.[504] 포괄승계에 의한 사용자변경시 권리의무가 포괄승계되는 것에는 상법학, 노동법학에 이론이 없으나, 포괄승계를 전제로 근로자입장을 어떻게 보호하는가의 문제가 제기되고 있다. 이 경우 합병의 가부, 조건 등에 관해서 근로자의 입장, 이익을 보호하고 담보하는 제도가 아무것도 없는 점이 문제의 여지가 있다.[505] 그밖에 특수한 포괄승계로는 법률규정에 의하여 법인해산후 새로운 법인설립으로 포괄승계되는 경우도 있다.[506] 기업이 사업부문의 일부를 다른 기업에 양도하면서 그 물적 시설과 함께 양도하는 사업부문에 근무하는 근로자들의 소속도 변경시킨 경우에는 원칙적으로 해당 근로자들의 근로관계가 양수하는 기업에게 승계되어 그 계속성이 유지된다고 할 것이다.[507]

② 특정승계 - 특정승계는 개별적인 법률행위에 의하여 특정인의 재산상의 권리의무가 전체로서 타인에게 이전되는 것을 말한다. 일반적인 영업양도나 영업임대차에 있어서의

503) 김형배, 전게서, 491쪽.

504) 1970. 11. 7, 법무 710-334, 1969.8.26, 기준 1455.6-9102.

505) 夏本信行, "企業變動, 倒産と勞動契約", 日本 勞動法學編, 現代勞動法講座第10券, 綜合勞動硏究所, 1986, 42面.

506) 서울민지판 1990. 10. 30, 89가합22614.

507) 대판 1992. 7. 14, 91다40276.

사용자변경은 개별적인 법률행위에 의해 발생한다. 그러므로 기존의 근로관계도 영업양수인이나 임차인에게 법률상 당연히 이전되는 것이 아니라고 해석될 여지가 있기 때문에 사용자변경에 따른 근로관계의 이전 여부는 영업양도와 같은 법률행위에 의한 사용자변경이 중심이 된다.[508] 영업양도의 객관적 의의는 영업의 양도를 가리키며, 일정한 영업목적에 의하여 조직화된 유기적 일체로서의 기능적 재산의 이전을 목적으로 하는 채권계약이다. 기존의 영업을 해체하지 않고 이전함으로서, 기업유지의 정신에 입각한 제도이다. 상인이 그 영업을 일괄하여 타인에게 임대하는 계약이다. 영업시설의 임대차와는 유기적 재산의 임대차라는 점에서 구별되어야 한다. 효과는 당사자간 계약에 의하여 정해지며, 계약에 정함이 없는 경우에는 영업임대차의 대상인 영업의 성질에서 별다른 결과가 발생하지 않는 한, 민법의 임대차에 관한 규정(제618조 이하)이 유추적용 된다. 임차인은 영업을 자기명의로 경영하고, 임대인에게는 임대료의 지급의무가 있다. 경영은 목적물인 영업의 성질에 따라 할 것이며, 임차인은 원칙적으로 그 영업의 경영을 계속할 의무가 있으므로 임의로 휴지(休止)하지 못한다. 상인이 타인에게 그 영업의 경영을 위탁하는 계약을 말한다. 그 경영은 항상 위임인의 명의로 하여지나 계산은 위임인에 귀속하는 경우와 수임인에게 귀속하는 경우가 있다. 전자를 경영영리라 하고, 후자를 협의의 경영위임이라 한다. 협의의 경영위임은 위임인이 보수를 받고 수입인에게 자기영업의 이용권을 부여한 것으로 이점은 영업임대차와 같다. 경영관리는 위임인이 수임인에 대해 영업의 경영사무를 위탁할 것을 목적으로 하므로 민법상 위임과 다를 것이 없다.

2) 특수한 유형

① 선원법상 선박소유자변경 - 선원법은 제37조에서 선원근로계약의 종료에 대한 특례로서 상속 또는 포괄승계에 의한 경우를 제외하고, 선박소유자가 변경된 경우에는 구소유자와의 근로계약은 종료되며, 그 때부터 신소유자와 선원간에 종전의 근로계약과 같은 조건의 새로운 근로계약이 체결된 것으로 본다고 규정함으로서, 신구사용자간 근로관계의 자동적 이전을 인정하고 있다.

② 회사정리법상 관리인선임 - 회사정리법 제94조 이하 제101조에 의해, 법원이 회사정리절차를 개시결정과 동시 관리인을 선임하는 바 선임후 회사의 경영권과 회사재산의 관

508) 임종률, " 사업주변경과 근로자의 법적지위", 곽윤직 교수 화갑기념논문, 1985, 538쪽.

리권은 관리인에게 전속된다. 다만, 회사재산의 처분, 차재(借財) 등에 대해서는 법원의 허가를 얻어야 행사할 수 있다(회사정리법 제54조). 이 경우 사업의 동일성을 유지하면서 경영담당자가 교체되는 것에 불과함으로 관리인 선임은 사용자변경이라 할 수 있다. 대법원판례는 "정리절차를 밟고 있던 주식회사의 공동관리인 또는 상무의 직에 있던 자가 위 회사의 근로자에 관한 사항에 대하여 실질상 회사를 위하여 직무를 집행하여온 경우, 근로기준법 제2조 제1항 제2호 소정의 사용자라 할 것"이라 판시하고 있다.[509)]

③ 자회사설립 - 기업이 조직의 일부분을 별도로 분할독립시키는 것을 자회사 설립이라 하며, 통상적으로는 기업의 분할이라고 한다. 이는 경영합리화 · 경영다각화 · 저임금의 노동력확보 · 절세 또는 재무관리상의 목적으로 자회사를 설립하며, 모회사가 현물출자를 하여 자회사를 설립한다. 이 경우 자회사의 근로자에게는 사용자가 모회사로부터 자회사로 변경되므로 사용자변경이 발생한다.

④ 위장해산 - 위장해산이란 기업을 형식적으로 해산하고 실질적으로는 계속하는 상태로서, 기업의 실질을 다른 법인격 또는 개인기업화로 존속시킴으로 기업의 경영을 계속하는 형태이기에, 형식적으로 사용자변경이 발생한다.

⑤ 근로자파견 - 한 개인 또는 기업이 근로관계를 맺고 있는 근로자를 당해 근로관계하에서 타인에게 파견하여 타인의 노무지휘권하에서 타인을 위한 근로에 종사시키는 것을 근로자파견이라 한다. 최근 경영효율을 추구하는 기업의 특성에 부합하여 신개발분야등 전문직종과 건물관리직, 경비직, 청소직등 특수직종에 근로자파견이 발생하고 있다. 파견근로자는 근로계약의 당사자가 아닌 타인의 노무지휘권하에서 근로하기 때문에 이 경우 사용자변경의 문제가 발생한다.

(3) 사용자변경에 따른 근로관계의 존속

상속, 합병의 포괄승계시, 승계가 이루어지는 시기 또는 승계가 이루어진 직후에 신사용자가 근로자의 계속근로를 감량경영, 경영합리화등 미명하에 문제삼을 경우가 발생한다.[510)] 또한, 신사용자가 근로관계의 존속을 원하는 경우라도, 근로자의사에 의해 근로관

509) 대판 1984. 4. 10, 83도1850.

510) 포괄승계의 경우에 '법율상 포괄적으로 승계'하는 것이므로 법이론적으로는 문제가 없는데 현실적으로

계 존속을 원치 않는 경우가 발생할 수 있다. 이 경우 임금을 생존의 유일한 기초로 하고 있는 근로자가 생활의 위협을 받게 되는 것은 물론이다. 근로기준법 제23조 제1항에 「사용자는 근로자에 대하여 정당한 이유없이 해고, 휴직, 정직, 전직, 감봉등 기타 징벌을 하지 못한다.」라고 규정하여 정당한 이유없는 불이익처분을 금지하고 있을 뿐이다. 근로기준법 제23조 제1항 이외에 근로관계를 보호하는 법규는 존재하지 아니하다. 현실적으로 입법적 미비하에서는 근로관계의 종료를 가져오는 사용자변경은 근로자에게는 당면문제가 아닐 수 없다. 사용자변경시 근로관계여부에 대하여 아무런 규정이 없기 때문에 기존규정 즉 근로기준법 제23조 제1항이나 계약법상의 규정에 의해 처리될 수밖에 없고, 그 결과는 근로관계에의 존속보호에 부정적일 수밖에 없다. 근로관계의 중단은 근로자권리보호에 결정적인 장애요인이 되기 때문에 근로관계의 계속은 보호되어야 할 것이다.

관련 판례 대판 1993.5.25. 91다41750

포괄승계와 근로관계

다른 기업의 사업부문의 일부를 양수하는 계약을 체결하면서 그 물적 시설과 함께 그 사업부문에 근무하는 근로자들에 대한 권리의무도 함께 포괄승계받기로 약정한 경우에는 원칙적으로 해당 근로자와의 근로관계는 영업양수인에게 승계되는 것이지만 이때 승계되는 근로관계는 계약체결일 현재 실제로 그 영업부문에서 근무하고 있는 근로자와의 근로관계만을 의미하고 계약체결일 이전에 해당 영업부문에서 근무하다가 해고 또는 면직된 근로자로서 해고 및 면직처분의 효력을 다투는 근로자와의 근로관계까지 승계하는 것은 아니다.

2. 영업양도와 근로관계의 이전

(1) 영업양도의 의의

1) 영업의 개념 영업은 단순한 물건이나 권리의 집합체가 아니라 그보다 더 큰 경제적가치가 있으므로, 한 번 성립한 영업이 영업목적이나 영업주의 변경에 의하여 해체된다면 영업의 당사자에게 불이익이 된다. 영업양도는 기존의 사업을 그대로 다른 사업주체가

근로관계가 문제가 되고 있다.

승계하여 영업상 불이익 및 손실의 발생을 방지하고자 하는 것이다. 영업은 상인의 영리목적을 위한 활동의 측면인 주권적인 면과, 일정한 영리목적을 위하여 결합한 조직적 재산의 전체로서의 객관적인 면이 있는데, 영업양도의 대상은 객관적 의미의 영업으로서 영업목적에 의하여 조직화된 유기적 일체로서의 기능적 재산이다.

2) 영업양도의 개념　영업양도는 객관적 의의의 영업이 일정한 영업목적에 의하여 조직화된 유기적 일체로서의 기능적 재산의 이전을 목적으로 하는 채권계약이다. 영업양도에 의하여 이전되는 재산은 단순한 물건 또는 권리의무 뿐만 아니라 거래선관계, 영업상의 비결, 경영의 조직 등의 사실관계를 포함한다. 영업양도는 영업을 구성하는 재산에 다소의 변경이 있다하더라도 동일성이 유지되어야 한다. 영업재산의 조직적 일체성이 유지되어 양수인이 양도인과 같은 상태에서 영업을 계속할 수 있는데 필요한 재산이 이전되는 한, 반드시 영업을 구성하는 재산의 전부가 이전될 필요는 없고, 그 일부를 유보하여도 관계없다. 대법원 판례는 "영업양도라 함은 일정한 영업목적에 의하여 조직화된 업체의 일체로서 이전을 목적으로 하는 것으로서 영업이 그 동일성을 유지하면서 이전됨을 요하는 것"이라 판시하고 있다.[511)]

3) 영업양도의 범위와 동질성　상법 제41조 소정의 영업의 양도란 영업목적을 위하여 조직화된 유기적 일체로서의 경제적 재산의 동일성이 유지된 일괄이전을 의미하는 것이고, 영업재산의 전부를 양도하였어도 그 조직을 해체하여 양도하였다면 영업의 양도는 되지 않는 반면에 그 일부를 유보한 채 영업시설을 양도하였어도 그 양도된 부분만으로도 종래의 조직이 유지되어 있다고 사회관념상 인정되기만 하면 영업의 양도라 할 수 있다.[512)] 그러나 경영부실로 사실상 영업을 중지하고 회사의 공장, 시설물 등에 대한 근저당권자의 경매신청에 의하여 기존에 재직 중이던 근로자의 일부를 채용하고 동일장소에서 동종영업을 하고 있는 경우라 하더라도 이는 재산상의 권리만 취득한 것이라는 유권해석이 있다.[513)] 영업양도는 기존 영업의 해체를 가져오지 않고 그 일체성을 유지하면서 이전하는 것으로 회사의 합병, 조직변경, 1인회사의 제도등과 더불어 기업유지의 정신에 입각한 제도이다. 따라서 그 근로계약관계는 기업주(사용자)가 변경되어도 근로의 내용 즉, 근

511) 대판 1968. 4. 2, 68다185 ; 대판 1995. 7. 14, 94다20198.

512) 대판 1989. 12. 26, 88다카10128.

513) 1979. 9. 1, 법무 811-18991 ; 1977. 12. 22, 법무 810-47980.

로제공장소나 담당업무에 변경을 가져오는 것이 아니고, 사용자에 관한 의무도 그 이행은 기업자체에 의해 보장되며 단순히 사용자가 변경되었다 하더라도 어떤 특별한 변화가 있는 것은 아니다.

(2) 영업양도와 근로자의 동의권

1) **근로자의 동의권과 해지권유보** 영업양도시에 근로자들이 실업을 방지하고, 근로자의 지위가 양도전보다 악화되는 것을 방지하는 데 노동법상 관심이 있다. 따라서 영업양도시에 근로자들의 동의를 전제로 할 것인가는 크게 문제가 되지 않는다.[514] 그 이유로는 근로자는 계속 취업에 반대할 이유는 없고, 근로자의 반대없는 계속적취업은 묵시적 동의로 해석될 수 있으므로 근로자동의문제는 중요치 않다. 또한, 대기업의 경우 결합관계는 사용자변경에 크게 영향을 받지 아니하고, 기업체(기술적 · 인적결합관계)가 주된 위치를 차지하므로 영업양도시 근로관계도 근로자동의와 관계없이 그대로 양도되는 것이 극히 자연스러운 일이다.[515] 영업양도시에 근로자에게 동의권여부는 문제가 되지 않으나, 영업양도 후에 즉시해지권을 인정하여야 한다. 이는 근로자에게 일반해지기간의 준수를 요구하는 것이 기대불가능한 경우에는 즉시해지권을 인정해야 하기 때문이다. 다만, 사용자의 변경으로 인하여 인적 결합내지 신뢰관계가 두드러지게 문제가 되는 근로자에게는 즉시해지권이 유보되어야 할 것이다.

2) **학설의 태도** 상법학상 입장에서는 영업양도시 근로관계에 대하여 민법 제657조 제1항 「사용자는 노무자의 동의없이 그 권리를 제3자에게 양도하지 못한다.」 적용여부에 따라 학설이 나누어지고 있다.[516] 다수설(근로자동의불요설)에 의하면 영업양도는 기업 그 자체의 이전이므로 영업의 인적조직도 당연히 이전된다. 양도인과 그 사업사용인과의 고용계약관계도 양수인에게 이전되고, 상업사용인은 민법 제660조 「기간의 약정이 없는 고용의 해지통고」에 의거 해지권을 유보하는 것이고, 민법 제657조 제1항은 영업양도시에는 배제된다. 소수설(근로자동의필요설)에 의하면 영업양도시에도 민법 제657조 제1항을 배

514) 김형배, 전게서, 506쪽.

515) 김치선, 전정판 노동법총설, 서울대출판부, 1989, 286쪽.

516) 손주찬, 전게서, 189~190쪽.

제할 근거가 없으며, 상인(사용자)의 개인적 인격을 신뢰하고, 고용관계를 유지하는 상업 사용인(근로자)도 있으므로 근로자동의불요설이 타당하다고 사료된다.

(3) 근로관계 이전과 양도의 범위

1) **학설의 대립** 영업양도시에 양도인이 고용하던 근로자는 양수인이 당연히 인수하여야 하는지 아니면 양도인과 양수인과의 특약으로 근로자를 인수하지 않을 수 있는지가 문제된다. 그리고 양수인이 근로자를 인수하는 경우에 양도인이 그 근로자에 대하여 가지는 의무를 모두 인수하는지 아니면 특정의무의 인수를 배제할 수 있는지 여부도 문제된다. 요컨대 양도인과의 근로관계가 양수인에게 자동적으로 이전되는지 아니면 특약에 의하여 근로자 내지 근로관계의 일부를 인수하지 않아도 되는지 즉 근로관계이전시 양도범위가 문제될 수 있다. 이에 관하여는 여러 견해가 대립하고 있다.

① 특약설 - 근로관계는 양수인이 인수하여야 하지만 양도인과의 특약으로 인수를 배제할 수 있다는 견해이다. 따라서 양수인이 근로자를 인수 또는 인수의 거절을 하려면 양도인과 양수인과의 특약이 필요하다고 한다. 행정해석은 "양수인이 근로자를 인수한 경우, 근로계약관계는 양수인과의 사이에 성립되고 따라서 임금지불의무는 양수인에게 있지만, 양도인과 양수인간에 일부 종업원의 임금을 양도인이 부담하기로 합의한 때에는 이에 따른다"는 입장이다.[517)]

② 자동인수설 - 영업의 양도로 양수인이 기존의 근로관계를 자동적으로 인수한다는 견해이다. 이는 근로관계가 영업의 구성부분이라는 점, 영업의 양도는 근로기준법 제23조 제1항에 규정한 정당한 해고사유가 될 수 있다는 점에서 근로관계의 자동인수를 인정하려는 것이다. 회사의 업무 중에서 포장작업이거나 경비업무를 다른 회사에 일부 양도하는 경우에도 「당해 사업의 동질성이 유지되는 한」 양도 · 양수 당사자의 의사에 불구하고 양도자와 근로자 사이에 있었던 계속적인 근로관계는 근로자측의 계약해지신청이 없는 한, 당연히 양수인에게 승계된다.[518)]

③ 인적결합관계설 - 영업의 양도로 양수인이 기존의 근로관계를 당연히 인수하지만, 중

517) 1968. 1. 6, 법무910-1092.
518) 1978. 8. 11, 법무811-17236.

소기업에 있어서 개인과 근로자간 인적결합관계가 짙은 경우에는 특약을 요한다는 주장이다.[519)]

④ 특약배제설 - 영업의 양도로 양수인이 기존의 근로관계를 당연히 인수하지만, 근로기준법이 적용되지 않는 사업의 경우에는 특약으로 배제할 수 있다는 주장이다.[520)] 그러나 영업양도시 양수인이 단독 또는 양도인과 합의로 특정근로자의 인수를 거절하는 것도 해고의 일종이므로 직장상실의 우려와 사회문제 야기가 우려된다. 근로기준법 제23조 제1항은 해고의 효력발생요건으로서 정당한 이유가 존재할 것을 규정한 것으로, 영업양도란 단순한 개개 재산의 양도가 아니고 노동기술상의 목적을 가진 조직체로서 양도하는 것이므로 정당한 해고사유가 될 수 없다. 따라서 양수인은 기존 근로자의 근로관계를 양도당사자의 의사여하에 관계없이 인수한다고 해석해야 한다.

2) 검토의견 근로관계이전에 따른 특정근로자의 인수를 거부하게 되면, 이는 영업의 유기적 · 일체성이란 특성상 제외사유가 애매모호하거나 경영의 형편상 크게 어긋날 때에는 근로자 입장에서는 해고효력의 다툼을 초래할 수 있다. 자동인수설의 입장에서 근로자의 직업안정과 생활이익의 보호, 근로관계의 신의칙상 보호원리와 법률관계의 계속원리 및 공공복리목적에 부합하는 기업소유권에 대한 제한원리에 의해 특단의 사정이 없고 사업의 동일성이 유지되는 한 근로관계는 계속되어야 한다.[521)] 근로관계이전에 있어서 당연히 근로자보호를 위하여 자동적으로 인수가 되어야 한다고 본다. 다만, 근로기준법이 적용되지 않는 사업에는 특약을 요한다는 특약배제설의 주장이 타당하다고 생각한다.

(4) 양도당사자의 법적 지위

근로관계가 양수인에게 이전되면 양수인은 기존의 근로관계에서 발생되는 모든 권리의무를 승계한다. 그러므로 양수인은 사용자의 지위를 보유하면서 근로자에게 지시권을 가지며, 근로자는 양수인에게 근로관계에서 발생되는 모든 의무를 부담한다. 그리고 양수인은 근로관계 이전과 더불어 양도인이 부담하여야 할 채무를 승계한다. 그러나 이미 퇴직

---

519) 김형배, 전게서, 495쪽.

520) 임종률, 전게논문, 557~558쪽.

521) 이상덕, "사업주교체에 따른 근로관계의 변화에 관한 연구", 서울대법학박사학위논문, 1991, 72~81쪽.

한 근로자의 미지급 퇴직금에 대해서는 원칙적으로 책임을 부담하지 않는다고 해석된다. 그러나 일단 근로관계가 이전된 근로자를 양수인이 해고하려면 근로기준법상의 해고의 제한을 받게 된다. 따라서 영업양도 후에 근로자에게 양수인이 일괄사표의 제출을 종용하고 신규발령을 하는 것은 부당한 경우이다. 근로관계가 양수인에게 이전됨과 동시에 양도인과의 근로관계는 소멸된다. 양도인은 그가 사용자였던 기간 중에 퇴직한 근로자에 대하여만 책임을 지는 것이 원칙이다.

관련 판례 대판 2003.5.30. 2002다23826

영업양도의 의미와 판단기준

가. 영업의 양도라 함은 일정한 영업목적에 의하여 조직화된 업체, 즉 인적·물적 조직을 그 동일성은 유지하면서 일체로서 이전하는 것으로서, 이러한 영업양도가 이루어진 경우에는 원칙적으로 해당 근로자들의 근로관계가 양수하는 기업에 포괄적으로 승계된다.

나. 영업양도가 이루어졌는가의 여부는 단지 어떠한 영업재산이 어느 정도로 이전되어 있는가에 의하여 결정되어야 하는 것이 아니고 거기에 종래의 영업조직이 유지되어 그 조직이 전부 또는 중요한 일부로서 기능할 수 있는가에 의하여 결정되어야 하므로 영업재산의 일부를 유보한채 영업시설을 양도했어도 그 양도한 부분만으로도 종래의 조직이 유지되어 있다고 사회관념상 인정되면 그것을 영업의 양도라 볼 것이지만, 반면에 영업재산의 전부를 양도했어도 그 조직을 해체하여 양도했다면 영업의 양도로 볼 수 없다.

관련 판례 대판 2000.10.13. 98다11437

사업의 일부 양도시 근로자의 승계 거부

근로관계의 승계를 거부하는 근로자에 대하여는 그 근로관계가 양수하는 기업에 승계되지 않고 여전히 양도하는 기업과 사이에 존속되는 것이며, 이러한 경우 원래의 사용자는 영업일부의 양도로 인한 경영상의 필요에 따라 감원이 불가피하게 되는 사정이 있어 정리해고로서의 정당한 요건이 갖추어졌다면 그 절차를 갖춰 승계를 거부한 근로자를 해고할 수 있다.

관련 판례 대판 1991.11.12. 91다12806
영업양도와 계속근로기간의 합산

가. 근로관계에 대한 포괄승계 합의시에 종업원의 퇴직금 산정기간에 한하여 종전의 근속기간은 승계회사의 근속연수에 산입하지 않기로 하는 단서 조항을 삽입하였다 하여도, 이는 종전의 근로계약관계를 포괄적으로 승계하면서 근속기간에 관한 근로자의 기득권을 제한하는 예외 조항을 설정한 것으로, 근로자의 동의가 없는 한 근로자에게 구속력이 미치지 않는다.

나. 근로계약관계가 포괄 승계됨에 있어 근로자가 자의에 의하여 사직서를 제출하고 퇴직금을 지급받았다면 계속근로의 단절에 동의한 것으로 볼 여지가 있지만, 이와 달리 피승계회사가 근로자에게 퇴직금을 지급하기 위한 방편으로 내부적으로 퇴사와 재입사의 형식을 취한 것에 불과하다면, 이러한 형식을 거쳐 퇴직금을 지급받았다고 하여 근로자가 계속근로의 단절에 동의하였다고 볼 수 없다.

관련 판례 대판 2004.5.14. 2002다23185
단체협약의 승계

복수의 회사가 합병되더라도 피합병회사와 그 근로자 사이의 집단적인 근로관계나 근로조건등은 합병회사와 합병 후 전체 근로자들을 대표하는 노동조합과 사이에 단체협약의 체결 등을 통하여 합병 후 근로자들의 근로관계 내용을 단일화하기로 변경·조정하는 새로운 합의가 있을 때까지는 피합병회사의 근로자들과 합병회사 사이에 그대로 승계되는 것이고, 합병회사의 노동조합이 유니언 숍의 조직형태를 취하고 있었다고 하더라도 위에서 본 바와 같은 피합병회사의 근로자들까지 아우른 노동조합과 합병회사 사이의 새로운 합의나 단체협약이 있을 때까지는 피합병회사의 근로자들이 자동적으로 합병회사의 노동조합의 조합원으로 되는 것은 아니다.

3. 자회사설립

(1) 의 의

기업이 사업부문을 별도로 분할하여 독립시키는 것을 자회사의 설립이라 하며, 통상적으로는 기업의 분할이라고 한다. 자회사를 설립하는 목적으로는 다음과 같다.[522] 첫째, 독

522) 夏本信行, 前揭書, 52面.

립채산제에 의한 능률증진 또는 전문화, 분업화를 도모하기 위한 경영합리화를 위함이다. 둘째, 기업의 산재하고 있는 위험을 분사하기 위한 경영의 다각화이다. 셋째, 제조원가중 노무비의 부담을 경감하기 위하여 급여체계를 달리하는 회사를 설립하여 저임금의 노동력을 확보하기 위함이다. 넷째, 절세 또는 손익조작의 재무관리상 이유에서 필요하다. 다섯째, 부당노동행위 또는 노동조합의 약체화를 위하여 일부 근로자를 해고하거나 처우의 차별화를 위함이다.[523] 자회사의 설립형태로는 통상적으로는 현물출자에 의해 자회사를 설립하고, 회사성립후 모회사의 사업부문이 자회사에게 양도된다.

(2) 모회사와 자회사의 관계

모회사와 자회사 근로자간의 근로관계에 있어, 자회사와 모회사간 상당성있는 종속관계가 인정될 경우 사용자책임을 귀속시키는 사용종속관계설이 제기되고 있다.[524] 왜냐하면, 모회사의 근로자와 자회사의 근로자가 동일한 장소에서 모회사의 지휘명령을 받으며 일체가 되어 근로를 할 때, 법률상으로는 별개의 회사이지만 사회경제적으로는 동일성을 유지하고 있으므로, 사용자책임을 인정할 필요가 있기 때문이다.[525] 즉, 근로자에 대한 관계에서 직접 근로계약을 체결하고 있는 자회사뿐만 아니라, 그러한 계약이 존재하지 않는 모회사에 대해서도 경우에 따라서는 사용자책임을 확대하여야 한다. 제한된 범위이지만 부당노동행위에 있어서 모회사가 자회사에 대하여 지배력을 행사하는 한 개별기업을 초월하여 사용자가 중첩한다고 보고, 사용자로 취급되어야 한다.[526]

(3) 근로관계의 계속

기업의 일부분이 독립하여 별도의 법인으로서 자회사를 설립하는 경우, 근로자의 지위는 불안하게 된다. 그 이유로는 기득권상실과 균등처우결여의 문제가 발생하기 때문이다. 영업양도에서의 근로자 동의문제는 기업체 또는 경영의 결합관계로서 근로자 입장에서의

---

523) 기업내 시설관리사업부를 운영하던 건설회사가 이를 하나의 독립법인으로 용역회사를 설립한 경우이다(“용역근로자 고용문제, 이대로 좋은가”, 「노사광장」, 1991년 4월호, 57쪽).

524) 夏本信行, 前掲書, 53面.

525) 김형배, 『노동법연구』, 박영사, 1991, 104쪽.

526) 박상필, “부당노동행위제도의 비교법적연구”, 부산대 법학박사학위논문, 1975. 8, 101~102쪽.

근로제공장소나 담당업무 내용의 변동이 없기 때문에 계속적 취업을 함으로서 묵시적 동의상태로 해석될 수 있으나, 자회사설립으로 인한 근로자의 지위문제는 영업양도와는 다를 수밖에 없을 것이다. 그러므로 자회사설립으로 인한 근로자의 근로관계는 반드시 동의가 필수적이 아닐까 생각된다. 예컨대, 기업의 관행으로 자회사로 근로자 전출시 동의가 있는 경우는 근로관계에서 아무런 문제가 발생되지 않으나, 근로자가 자회사로 전출시 기득권의 상실, 균등처우결여를 이유로 동의하지 않을 경우 모회사에는 이미 해당 사업부문의 폐지로 당해 근로자가 취업할 직종이 없게 된 경우에는 근로자는 해고를 당하는 문제점이 발생한다. 아울러 자회사로 전출거부시, 해고의 정당한 사유로 악용될 우려가 있다. 따라서 기업의 일부가 분리되어 새로운 회사가 성립되었다 하더라도 기업의 동일성을 유지되는 한 근로자의 근로관계는 신설회사에 포괄승계되어 근로의 계속성이 유지된다. 대법원판례는 근로자에 대한 계속근로연수를 계산함에 있어서는 종전회사의 근로기간까지 통산하여야 한다고, 판시하여 자회사(신설회사) 설립을 포괄승계로 보고 있다.[527]

527) 대판 1987. 2. 24, 84다카1409.

제9장 해고의 제한

제1절 해고제한의 법리

1. 해고의 의의

(1) 해고제한의 개념

자유시장경제 질서에서는 사용자는 자기 기업의 합리적 경영을 위하여 불량노동력을 배제하고 적정노동력을 유지할 수 있는 수단으로서 해고의 자유를 갖는다. 즉, 기업의 합리적 경영을 통하여 이윤을 올리려면 생산능률이 높고 경영목적에 합치하는 근로자를 확보하고 저능률 · 무규율한 근로자를 배제해야할 필요가 있다. 또한 경기변동으로 기업경영이 곤란할 때 감원 및 인원정리를 단행함으로써 투자의 낭비와 이윤의 감소를 방지하여 기업의 존속을 확보하고 기업경영을 합리화하는 것이다. 따라서 자유시장경제질서에서 해고의 자유란 채용의 자유와 더불어 기업존속과 능률향상을 위해서 없어서는 안될 불가피한 조건인 것이다. 즉, 사용자에게 있어 해고의 자유란 기업의 생산성을 높이는 적극적 기능과 이윤의 감소를 막는 소극적 기능을 갖는 기업경영상의 필요불가결한 수단이 된다. 그러나 해고의 자유를 근로자의 입장에서 바라볼 때 그 사정은 전혀 달라지게 된다. 사용자에게 해고의 자유가 무한정하게 인정되는 경우 근로자는 아무런 이유 없이도 직장을 상실하게 되며 한편으로는 해고로 인한 직장상실의 두려움으로 근로관계가 인격적 종속관계로 발전 · 심화되어갈 위험성마저 있게 된다. 오늘날 근로자에게 직장이 갖는 의미란 「경제적으로는 생존의 기초요, 사회적으로는 생활의 중요내용」[528)]을 이루는 것으로 직장의 상실이 근로자의 생존과 생활에 미치는 영향이란 실로 치명적이라 할 것이다. 설사 근로자가 해고된 직후 다른 직장을 구했다 하더라도 급격한 작업환경과 생활환경의 변화로 겪는 고통 또한 크지 않을 수 없다. 나아가서 사용자의 해고권이 집단적으로 행사될 때 해고된 근로자 자신은 물론 국민경제의 노동력 수급조절에 미치는 영향도 적지 않을 것이다.[529] 이처럼 사용자의 해고의 자유는 근로자의 생존과 생활의 기초인 직장의 상실을 초래하여 근로자를 실업상태에 빠뜨림으로써 근로자의 생존권을 침해함은 물론 근로를 통한 인격완성의 기회를 박탈함으로써 근로자의 근로권을 침해하고, 나아가서 국민일반의 이해에도 관계된다. 따라서 노사의 결합이 대등한 인격자간의 자유로운 계약관계인 까닭에 사용자는 해고의 자유를 갖는다는 시민법적 규범의식은 제약을 받게 되었고, 근로자가 인간으로서 누리는 생존권과 근로권을 보장하는 내용으로서 근로자의 직장보호는 노동법적 규범의식에 의하여 확립을 보게되었다. 즉, 종래 기업경영에 절대적으로 필요한 원리로 생각됐던 사용자의 해고권은 근로자의 직장보호라는 노동법적 규범의식에 의하여 제한되지 않으면 안되었다.

(2) 해고의 개념과 규제조항

일반적으로 해고라 함은 사용자가 근로자에 대하여 기간의 약정이 없는 근로계약을 장래에 향한 일방적 의사표시에 의하여 소멸시키는 법률행위를 의미한다.[530] 따라서 기간의 약정이 있는 근로계약의 기간만료로 인한 종료는 그 형식상 해고와 전혀 무관하다. 그러나 근로자의 직장보호라는 해고제한제도의 기본취지를 고려해 볼 때 위와 같은 형식적 법개념의 준별을 고집하여 기간의 약정이 있는 근로계약의 기간만료로 인한 종료를 해고제한제도의 보호범위밖에 방치함은 타당하지 않다. 따라서 해고제한의 기본이념이 근로자의 의사에 반하는 근로관계의 종료일반을 제한하는 것이라고 볼 때 해고의 개념을 「근로자의 의사에 반하는 근로관계의 종료일반을 포괄하는 것」[531]이라고 이해함이 타당하다. 근로기준법에서도 사용자가 근로자를 정당한 이유 없이 해고하지 못한다(법 제23조 제1항)고 규정함으로써 시민법상의 해고자유의 원칙을 수정하고 근로관계의 존속에 대한 일반적보호사상을 관

528) Zöllner, Arbeitstrecht, 2. Aufl., 1979, S. 179.

529) Zöllner, a.a.O., S. 191f.

530) 대판 1996. 5. 31, 95다33238.

531) 김형배, 『노동법』, 308~309쪽.

철하고 있다.[532] 또한 경영상의 이유에 의한 해고(법 제24조)는 긴박한 경영상의 필요가 있는 경우에 허용되도록 규제하고 있으며, 일반적인 이유로는 근로자를 해고하지 못한다(근기법 제24조)고 하거나 또는 일정한 시기에는 사용자의 해고권 행사를 절대적으로 금지한다고(법 제23조 제2항) 규정함으로써 사용자의 해고권에 대해서 특수한 규제를 가하고 있다.

제2절 일반적 해고제한

1. 의 의

근로기준법 제23조 제1항은 「사용자는 근로자에 대하여 정당한 이유 없이 해고, 휴직, 정직, 전직, 감봉 그 밖의 징벌을 하지 못한다」고 규정함으로써 민법의 해고자유의 원칙을 부인하고, 사용자의 해고는 항상 정당한 이유의 존재여부에 따라 그 효력이 좌우된다는 뜻을 명시하고 있다. 따라서 우리나라에서는 이른바 해고자유설 · 권리남용설이 주장될 여지가 입법적으로 배제되어 있다고 생각한다.[533] 이 규정은 근로자의 생존권과 근로권의 기초를 이루는 근로관계의 존속을 사용자의 자의적인 해고권으로부터 보호해 줌으로써 근로자의 인간다운 생활을 보장하는데 취지가 있다. 근로기준법 제23조 제1항의 해고금지규정은 근로자보호를 위한 강행법규로서 이를 위반하여 행해진 해고는 일정한 벌칙(법 제107조 : 5년 이하의 징역 또는 3,000만원 이하의 벌금)이 가해짐과 더불어 그 사법상의 효력이 무효라고 할 것이다.[534] 따라서 일정기간의 해고예고나 예고수당만을 지급하면 정당

---

532) Hueck-Nipperdey, Lehrbuch des Arbeitsrechts, Bd. I , 7. Aufl., 1963, S. 628.

533) 김형배, 노동법, 2007, 555쪽 ; 일반적 해고제한에 대한 법이론적 논의로서 이른바 해고자유설 · 권리남용설 · 정당사유설 등이 주장되고 있는 바, 특히 일반적 해고제한법규가 규정되어 있지 않은 일본의 노동법학계에서 활발히 논의된 바 있다. 그러나 사용자의 해고권을 명문규정으로 제한하고 있는 우리나라에서는 해고자유설 · 권리남용설의 주장은 해고제한의 법리를 오해함에서 비롯한 그릇된 견해라고 생각된다.

534) 심태식, 『근로기준법해설』, 103쪽 ; 대판 1969. 3. 31, 69다135 ; 대판 1976. 2. 10, 75다258 ; 대판 1976. 5. 25, 75다1208.

한 이유 없이도 해고할 수 있다거나, 거꾸로 정당한 이유가 있으면 해고예고나 예고수당의 지급 없이도 해고할 수 있다는 해석론은 법이론상으로는 물론 법해석론상으로도 존립의 여지가 없다고 본다.[535] 노동법의 영역에서 사용자의 해고권에 대한 규제로서는 근로기준법에 의한 노동보호법적 규제이외에도 근로계약에 의한 개별적 합의 · 취업규칙[536] · 단체협약[537]을 통한 규제를 생각할 수 있다. 단체협약 · 취업규칙에 의한 해고권의 규제로는 해고협의조항 · shop조항 · 징계해고 · 정년 및 휴직제도 · 인원정리기준 등이 특히 문제된다. 그리고 실제로는 근로기준법에 의한 해고권의 규제보다는 단체협약 · 취업규칙에 의한 해고권의 규제가 널리 행해지고 있으며, 이는 근로기준법에 의한 해고권의 규제내용을 발전적으로 포섭하여 운용되고 있다. 그러나 이와같은 실제적인 문제에도 불구하고 근로기준법은 근로자 보호를 위한 최저기준으로서, 개별적 합의 · 취업규칙 · 단체협약에 의해 성립된 근로조건에 대한 실질적 정당성의 심사기준으로서 보다 큰 법적의의를 갖는다.[538] 근로기준법 제23조 제1항은 해고의 정당한 이유에 의한 제한으로서 유형별로 일신상의 사유 및 행태상의 사유, 긴박한 경영상의 필요에 의한 사유를 내포하고 이를 규율하는 해고의 의의를 지닌다.

관련 판례 대판 2000. 4. 25, 99다34475
의원면직처분과 진의 아닌 의사표시

사용자가 사직의 의사 없는 근로자로 하여금 어쩔 수 없이 사직서를 작성 · 제출하게 한 후 이를 수리하는 이른바 의원면직의 형식을 취하여 근로계약관계를 종료시키는 경우처럼 근로자의 사직서 제출이 진의 아닌 의사표시에 해당하는 등으로 무효이어서 사용자의 그 수리행위를 실질적으로 사용자의 일방적 의사에 의하여 근로계약관계를 종료시키는 해고라고 볼 수 있는 경우가 아닌 한, 사용자가 사직서 제출에 따른 사직의 의사표시를 수락함으로써 사용자와 근로자 사이의 근로계약관계는 합의해지에 의하여 종료되는 것이므로 사용자의 의원면직처분을 해고라고 볼 수 없다. 진의 아닌 의사표시에 있어서의 진의란 특정한 내용의 의사표시를 하고자 하는 표의자의 생각을 말하는 것이지 표의자가 진정으로 마음속에서 바라는 사항을 뜻하는 것은 아니므로, 표의자가 의사표시의

535) 심태식, 근로기준법해설, 104쪽.
536) 근로기준법 제93조 4호 참조.
537) 김형배, 전게서, 555쪽 ; 「단체협약의 규범적부분과 해고조항」, 새법정, 1974. 12.
538) 김형배, 전게서, 309쪽.

내용을 진정으로 마음속에서 바라지는 아니하였다고 하더라도 당시의 상황에서는 그것을 최선이라고 판단하여 그 의사표시를 하였을 경우에는 이를 내심의 효과의사가 결여된 진의 아닌 의사표시라고 할 수 없다.

2. 정당한 이유에 대한 법해석

근로기준법 제23조 제1항은 사용자는 정당한 이유 없이는 근로자를 해고하지 못한다고 규정함으로써 사용자의 해고권을 일반적으로 제한하고 있으나 정당한 이유의 내용과 범위에 대해서 구체적으로 규정하지 않고 있다. 따라서 정당한 이유는 개별적 합의 · 취업규칙 · 단체협약을 통하여 해고의 기준으로서 정립될 수밖에 없다. 그러나 개별적 합의 · 취업규칙 · 단체협약을 통하여 정립된 기준이 항상 정당한 이유가 되는 것은 아니므로 이에 대해서는 다시 실질적 정당성에 대한 법적 평가가 있어야 할 것이다.[539] 그러므로 결국 일반개념으로서 정당한 이유는 그 내용과 범위가 법해석에 의하여 구체화될 것이 요구되는 규범개념이라고 하겠다.[540] 그동안 학설과 판례 · 행정해석은 정당한 이유의 내용과 범위에 대해서 다각도로 법해석을 행하고 있지만 이에 대해서는 아직 체계적인 해석론이 정립되어 있지 않다고 생각된다. 이른바 해고의 일반적 제한사유로서 정당한 이유는 근로자의 입장에서 볼 때 사용자의 자의적인 해고권 행사로부터 자신의 직장을 보호할 수 있는 방어막이 되고 있다. 반면에 이를 사용자의 입장에서 볼 때 기업의 합리적 경영이 요구하는 적정노동력의 유지와 불량노동력의 배제를 위한 최소한의 탈출구로서의 의미를 갖는다. 근로자의 직장에 대한 이익과 사용자의 기업경영의 합리성이 충돌하는 점에서 바로 정당한 이유를 발견할 수 있다. 독일의 해고제한법[541]은 사회적으로 부당한 해고는 법적인 효력이 없다고 전제하고, 사용자의 해고가 근로자의 일신상의 사유 · 근로자의 행태상

539) 김형배, 전게서, 309쪽.

540) 김형배, "법해석과 흠결보충", 법률행정론집 제15집, 1977, 2쪽.

541) 독일의 일반적 해고제한의 역사는 1920년 경영협의회법(Betriebsrätegesetz)에 의해 시작되었으며 이는 근로자의 공동결정권(Mitbestimmungsrecht)의 사상에 기초하고 있었다. 이는 국가사회주의(Nationalismus)에 의해 노동질서법(Arbeitsordnungsgesetz)에 계승되었다가 1947년 1월 련합군 군사정부에 의해 폐지되었다. 그러나 독일에서는 해고제한법규의 폐지에도 불구하고 해고제한에 대한 법감정은 여전히 유지되어 있었고 이는 1951년 8월 10일 연방해고제한법(Kündigungsschutzgesetz)을 제정하기에 이르렀다 (Hueck-Nipperdey, a.a.O., S. 620 ff).

의 사유 · 긴박한 경영상의 필요에 의하지 않고 행해진 경우 이를 사회적으로 부당한 해고라고 한다.[542] 따라서 독일의 해고제한법상의 「사회적 부당」의 개념은 법해석에 의하여 충족될 일반조항이 아니고 이미 법 자체에 의하여 구체화되어 있는 개념이다.[543] 이에 대하여 영국의 부당해고법[544]상에는 「해고정당화사유」로서 근로자의 능력과 자격 · 근로자의 행태 · 잉여근로자 · 제정법상의 금지 그 밖의 실질적 사유가 규정되어 있다.[545] 이상과 같이 정당한 사유 없이 근로자를 해고하는 경우 부당해고가 되고 그에 대한 효력은 산업법원에서 다투어지게 된다. 이상과 같이 독일과 영국에서 해고를 정당하게 하는 사유로서 규정되어 있는 내용을 분석해보면 크게 노동력의 질에 관한 사유와 노동력의 양에 관한 사유로 대별할 수 있다는 공통점을 발견할 수 있으며, 이는 우리나라의 근로기준법상의 정당한 사유에 대한 법해석의 기본방향을 암시하는 것이라고 생각되어진다.

관련 판례 대판 1992. 5. 22, 91누5884

고처분의 정당한 이유에 대한 일반적 기준

사용자는 정당한 이유 없이 해고 등의 징벌을 하지 못한다고 제한하고 있는바, 여기에서의 "정당한 이유"라 함은 사회통념상 고용계약을 계속시킬 수 없을 정도로 근로자에게 책임 있는 사유가 있다던가, 부득이한 경영상의 필요가 있는 경우를 말하는 것이므로, 근로계약이나 취업규칙 등에 해고에 관한 규정이 있는 경우 그것이 위의 근로기준법에 위배되어 무효가 아닌 이상 그에 따른 해고는 정당한 이유가 있는 해고라고 할 것이고, 취업규칙에서 동일한 징계사유에 대하여 여러 등급의 징계가 가능한 것으로 규정하고 있는 경우에 그 중 어떤 징계처분을 선택할 것인지는 징계권자의 재량에 속한다고 할 것이지만 이러한 재량은 징계권자의 자의적이고 편의적인 재량에 맡겨져 있는 것이 아니며, 징계사유와 징계처분과의 사이에 사회통념상 상당하다고 보여지는 균형의 존재가

542) 독일 해고제한법 제1조 전문.

543) Zöllner, Arbeitsrecht, 7. Aufl., 1981, S. 236.

544) 영국의 부당해고법(The Law of Unfair Dismissal)의 역사는 1971년 산업관계법(Industrial Relations Act)에서부터 시작된다. 이 법은 1974년 노동당정부에 의해 제정된 「Trade Union and Labour Act」에 의해 폐지되었으나 부당해고를 금지하는 조항은 다소의 수정만을 거쳐 계승되었다. 이는 다시 1975년 영국의 근로보호법사상 중요한 지위를 점하는 고용보호법에 계승되고, 1978년의 「Employment Protection Consolidation Act」에 의해 통합되어 있다. 그리고 1980년의 「Employment Act」에 의해 부분적인 개정을 거쳐 오늘에 이르고 있다(Norman M.Selwyn, Law of Employment, 2nd Edition, 1978, pp. 166~171. ; 김형배, 전게서, 56~62쪽).

545) Employment Protection Consolidation Act, 1978, Section. 57.

요구되는 것이다.

관련 판례 대판 2009.1.15. 2008두16094
재량권의 범위를 일탈 · 남용한 징계해고

근로자에 대한 해고는 사회통념상 고용 관계를 계속할 수 없을 정도로 근로자에게 책임 있는 사유가 있는 경우에 행해져야 그 정당성이 인정되는 것이고, 사회 통념상 당해 근로자와의 고용 관계를 계속할 수 없을 정도인지의 여부는 당해 사용자의 사업의 목적과 성격, 사업장의 여건, 당해 근로자의 지위 및 담당 직무의 내용, 비위 행위의 동기와 경위, 이로 인하여 기업의 위계 질서가 문란하게 될 위험성 등 기업 질서에 미칠 영향, 과거의 근무 태도 등 여러 가지 사정을 종합적으로 검토하여 판단하여야 한다(대법원 2002.5.28. 선고, 2001두10455 ; 2006.11.23. 선고 2006다48069 판결 등 참조). 종래의 관행에 따르다가 무단결근에 이르게 된 경위, 무단결근으로 인하여 원고 회사의 배차 업무 등에 별다른 피해를 주지 않은 점, 원고 회사가 노동조합의 활성화를 막기 위한 수단으로 결근을 불허가한 측면이 있는 점 등을 고려하면 산술적 · 형식적으로 무단결근 일수만을 고려하여 해고에 처하는 것을 가혹하고 나머지 징계 사유 및 추가적인 징계 양정 역시 고용 관계를 단절할 만한 중대한 비위 행위에 해당한다고 볼 수 없으며, 나아가 종전에 별다른 징계 처분을 받은 적이 없음에도 불구하고 원고 회사가 처음부터 징계 해고라는 가장 무서운 징계에 처한 사정 등을 종합하면 사회 통념상 이 사건 해고는 재량권의 범위를 일탈하거나 남용한 것이라 판단된다.

3. 정당한 이유의 유형별 판단

(1) 근로자의 일신상의 사유

근로자의 일신상의 사유라 함은 근로자에게 근로계약상의 급부의무를 이행하기 위하여 필요한 정신적 · 육체적 혹은 기타의 적격성을 현저하게 침해하는 사정이 발생하여 그 결과 근로자가 기업체내에서 자신의 지위에 따라 정당하게 요구되는 업무를 충분히 감당할 수 없게 된 경우를 말한다. 이때 근로관계의 존속이 기업경영인으로서 사용자가 확립해 놓은 정도로 기업경영의 목적에 공헌할 수 있는지의 여부가 심사되어야 하며, 그때의 심사기준이 되는 급부규준(Liestungsmaβstab)은 신의칙과 거래관행을 고려하여 확인할 수 있는 계약내용에 따라 결정되어야 한다.[546] 근로자의 일신상의 사유는 근로자의 주관적 귀책사유와는 전적으로 무관하고 오로지 객관적으로 드러난 사정만을 문제삼는다.[547] 따라서 일신상의 사유에 의한 해고는 주로 통상해고의 대상이 된다. 근로자의 일신상의 사유의 구체적 내용을 살펴보면 대체로 근로자의 능력과 자격이 그 주된 내용을 이루고 있다고 생각된다.[548] 먼저 능력이라 함은 기술 · 적성 · 건강과 그 밖의 다른 육체적 · 정신적 자질이라 하겠다. 그리고 자격이라 함은 학위 · 면허 등 학문 · 기술 · 전문직종상의 자격을 가리킨다. 가령 근로자가 업무상 요구되는 기술이나 적성의 결여로 흠있는 노무급부를 제공하거나[549] 질병 · 노약 등으로 인해 근로능력이 현저히 감퇴하는 경우를 생각할 수 있다. 특히 건강과 관련해서 살펴보면 근로자가 장기간의 상병상태로 근로능력을 상실하고 있는 경우와 근로자의 전반적인 건강상태가 허약하여 빈번한 질병이 발생하고 이로 인하여 결근이 잦거나 기타 업무를 효율적으로 수행하지 못한 경우를 생각할 수 있다.[550] 근로자의 일신상의 사유는 대체로 근로자가 스스로 극복할 수 없는 사유인 까닭에 경고는 무의미하다고 생각된다. 그러나 근로자의 일신상의 사유가 일정기간의 훈련(기술부족), 합리적 기회부여(자격의 상실), 적절한 치료행위(일시적인 질병이나 사고로 인한 노동력의 상실) 기타 작업환경의 개선 등으로 극복될 수 있는 것이라고 하면 사용자는 근로계약상의 배려의무상 근로자를 해고할 수 없다고 본다.[551] 특히 근로자의 건강악화가 직업적인 요인에 기인하거나 작업환경 기타 근로조건의 영향에 의해 발생한 경우 사용자는 이를 이유로 근로자를 해고해서는 안되고 근로자의 능력에 상응하는 다른 직무로 배치전환할 의무가 있다고 판단해야 할 것이다.[552] 그밖에 근로자가 업무수행에 요구되는 자격을 갖추지 못했거나 또 이를 상실한 경우, 결혼으로 인하여 업무를 수행함에 지장이 되는 경우,

---

546) BAG AP Nr. 3 §1 KschG, Sicherheitsbedenken.

547) Galperin, a.a.O., S. 365.

548) Norman M.Selwyn, Ibid, p. 188.

549) 1980. 8. 29, 법무 811~21977(근무성적의 불량으로 인한 해고의 정당성여부) ; 1981. 4. 8. 법무 811 ~10759(사업용차량의 운전기사가 년3회 이상 인명사고를 유발함을 이유로 한 해고).

550) Eugen Stahlhacke, Kündigung und Kündigungsschutz im Arbeitsverhältnis, 1972, S. 82 ff ; Norman M. Selwyn, Ibid, pp. 192~195 ; 1969. 9. 25, 기준 1455.9~10291(고혈압을 이유로한 해고) ; 1970. 10. 14, 근지 1455~9719(신체장애자에 대한 해고의 정당성 여부) 근로자의 질병의 성질상 다른 근로자에게 전염의 우려가 있거나 사용자의 재산에 손해를 끼칠 위험이 있을 경우 업무수행능력의 감퇴를 이유로 한 것과는 별도의 해고사유가 된다.

551) Hueck-Nipperdey, a.a.O., S. 636 ; 1970. 11. 13, 기준 1455.9~10754(여차장의 교육미수로 인한 해고).

552) Hueck-Nipperdey, a.a.O., S. 636 ; A.Nikisch, a.a.O., S. 760.

직장과 지나치게 원거리에 거주함으로 인해 업무수행에 명백히 장해가 되는 경우 등의 근로자의 일신상의 사유로 성립될 수도 있다.[553] 그러나 근로자의 일신상의 사유는 이상과 같이 근로계약상의 급부의무와 직접관련이 있는 사유에만 국한되지 않으며 이와 직접관련이 없는 사유도 경우에 따라서는 근로자의 일신상의 사유가 될 수 있다. 가령 근로자의 성격상의 결함, 경쟁기업주와의 인척관계[554] 전행범죄사실의 발각이나 경박한 품행 등으로 인한 신의의 상실,[555] 직무와 관련하는 형사범죄나 부정행위를 범했다는 혐의가 매우 짙고 근로자가 이에 대해 성의있고 진실된 해명을 하지 않는 경우[556]등도 근로자를 정당하게 해고할 수 있는 일신상의 사유가 된다고 생각된다. 이상과 같은 근로자의 일신상의 사유를 판단함에 있어서는 구체적인 사안의 실체와 형평에 따라 당사자의 이해형량을 고려해서 판단해야 한다.[557] 가령 근로자가 장기간의 질병으로 노동능력을 상실하고 있는 경우라도 무조건 해고해서는 안되며, 근로자의 근속년한 · 연령 · 질병상태 · 회복가능성 등 근로자측의 사정과 근로자의 지위 · 직책의 성격 · 질병근로자를 대체하지 않으면 안되는 경영체 전반의 사정 등 사용자측의 사정을 동시에 고려하여 당해 근로자를 해고함이 합리적인가를 심사하여야 한다.[558] 이에 대한 심사에 있어서는 「객관적으로 판단하여 볼 때 사용자에게 근로자의 계속고용에 대한 합리적 기대가능성이 있는가」하는 관점이 기준이 된다고 생각된다.[559] 그리고 궁극적으로는 근로자의 일신상의 사유는 완전히 운명적인 것이므로 이를 인정함에는 보다 엄격한 판단이 요구된다고 생각된다.[560]

---

553) Steven D.Anderman, The Law of Unfair Dismissal, 1978, p. 163 ; Norman M.Selwyn, Ibid, p. 208

554) Steven D.Anderman, Ibid, p. 161 ; Norman M.Selwyn, Ibid, p. 208.

555) Galperin, a.a.O., S. 365 ; Norman M.Selwyn, Ibid, pp. 209~210 ; 1980. 2. 18, 법무 811~3832(성명 · 년령을 속이고 입사한 근로자의 신뢰위반을 이유로 한 해고).

556) A.Nikisch, Arbeitsrecht, Bd. I., 3. Auf 1., 1961, S. 760. 만일 혐의사실이 실제로 존재하면 후술하는 근로자의 행태상의 사유나 즉시해고사유가 될 것이다. 여기서는 단지 그러한 혐의사실이 존재함과는 별도로 혐의가 매우 짙어 근로관계의 존속에 심각한 영향을 미치는 경우를 말한다.

557) Hueck-Nipperdey, a.a.O., S. 635 ; A.Nikisch, a.a.O., S. 761 ; Hans Die- ter Schmid, Grundzüge des Arbeitsrechts, 1981. S. 137.

558) Norman M.Selwyn, Ibid, p. 192.

559) Zöllner, a.a.O., S. 195.

560) Galperin, a.a.O., S. 365.

(2) 근로자의 행태상의 사유

근로자의 행태상의 사유라 함은 근로자가 유책적으로 근로계약상의 의무위반행위를 한 경우를 말한다. 근로자의 행태상의 사유에 대해서는 구체적으로 노무급부의 거절 · 열악한 노무제공 · 근무태만[561] · 무단결근 · 상습적인 지각 · 음주 · 기업내의 평화파괴 · 사용자나 상사에 대한 모욕행위 · 사용자나 상사의 작업지시나 명령의 위반 · 안전 보건 위생수칙의 위반 · 작업규칙의 위반 등 경영질서를 문란케 한 행위가 이에 해당한다.[562] 따라서 행태상의 사유에 의한 해고는 주로 징계해고의 대상이 된다. 특히 근로계약상의 성실의무 위반은 근로자의 행태상의 사유에 대하여 본질적인 의미를 갖는다.[563] 가령 업무상의 비밀누설 · 뇌물수수 · 경쟁기업의 경영 · 동료근로자에 대한 전직의 권유 · 부정직 등이 이에 해당되며, 경우에 따라서는 경쟁기업에 대한 전직을 기도함도 근로자의 행태상의 사유로 성립될 수 있다고 생각된다.[564] 그리고 근로자가 고의 · 과실 없이 계약의무위반행위를 했을 때에도 그 결과로서 사용자에게 중대한 손해가 발생했거나 이러한 계약의무위반행위가 다시 반복될 위험이 있는 경우에는 근로자의 행태상의 사유에 해당될 수 있다고 보여 진다.[565] 또한 근로자의 업무외의 비행 사실이나 형사범죄 행위가 업무의 종류에 따라 특별히 요구되는 신뢰라든가 업무수행에 필요 불가결한 명성을 손상함으로써 근로계약상의 의무를 침해한 경우,[566] 업무 후 다른 직장에 종사하거나 지나친 레저 활동으로 체력을 소모하여 정상적인 업무수행을 하지 못하는 경우, 정치활동 등으로 회사에 불리한 영향을 미친 경우 등도 근로자의 행태상의 사유로 성립될 수 있다. 다만 이와 같은 업무외의 행

561) 대판 1971. 8. 31, 71다1400(기말결산에서 계정의 금액을 맞추어 보기 전에 결재자로서 부하직원의 부당행위를 밝혀내지 못함은 근무태만으로 볼 수 없다) ; 대판 1977. 3. 22, 74다1403(정밀기계 제조과정에서 중요한 임무를 띠고 있는 근로자가 야간 근무 중 졸다가 주의를 받고 장소를 옮겨 다시 졸았다면 근무태만으로 볼 수 있다).

562) A.Hueck, a.a.O., S. 76 ff ; Stahlhacke, a.a.O., S. 84 ff ; Norman M. Selwyn, Ibid, pp. 196~200 ; 이상국, "징계권남용의 법리", 단국대 법학석사 학위론문, 1994, 49쪽 이하 참조.

563) Galperin, a.a.O., S. 636.

564) Hueck-Nipperdey, a.a.O., S. 637 ; Nikisch, a.a.O., S. 761 ; 1966. 10. 10, 노정근 1455.9~5041(사회적 비밀누설을 이유로 한 해고의 정당성) ; 1966. 6. 9, 노정근 1455~2636(타회사의 채용결정만을 이유로 해고하지 못한다).

565) Hueck-Nipperdey, a.a.O., S. 636 ; Zöllner, a.a.O., S. 195.

566) Nikisch, a.a.O., S. 760 ; 1971. 1. 26, 근지 1455. 8. 10 (회사의 경리부장이 부당수표단속법 위반죄로 구속됨을 이유로 한 해고의 정당성 여부).

태적 사실을 근거로 근로자를 해고함에는 행태의 본질·근로관계의 성질·근로자의 지위·사용자 및 고객·동료근로자에게 미치는 영향을 종합적으로 고려하여 판단할 것이 요구된다.[567] 근로자의 행태상의 사유를 판단함에는 행태의 심각성·근로관계에 미치는 영향 등을 고려함과 동시에 당해 근로자의 과거의 근무성적·근속년한 등을 함께 고려해야 한다. 즉 행위와 함께 행위자 자신을 고려해서 판단해야 한다고 본다.[568] 그밖에 근로자의 계약침해행위에 사용자가 과실을 기여했거나 또는 이를 유발하는 행위를 했다면 이를 반드시 고려해서 판단해야 한다.[569] 결국 근로자의 행태상의 사유를 판단함에 있어서는 근로자의 비행사실의 존재만으로 해고가 당연히 정당하게 되지는 않으며, 근로자의 행태상의 사유를 전체사안과의 관계속에서 당사자의 이해형량을 고려해서 판단해야 한다고 할 것이다.[570]

(3) 정당한 이유 없는 해고 등의 구제신청

사용자가 근로자에 대하여 정당한 이유 없이 해고·휴직·정직·감봉 기타 징벌을 한 때에는 당해 근로자는 노동위원회에 그 구제를 신청할 수 있다(법 제28조 제1항). 이 경우 구제신청은 부당해고 등이 있었던 날부터 3개월 이내에 kg여야 한다(법 제28조 제2항). 근로자는 근로기준법 제28조 제1항의 규정에 의하여 정당한 이유없는 해고 등의 구제신청을 하고자 하는 경우에는 「해고 등의 구제신청서」를 관할 지방노동위원회에 제출하여야 한다(시행규칙 제5조).

관련 판례 대판 1996. 11. 12, 95누15728
신체장해로 인한 일반적 해고의 효력과 절차

근로자의 업무상 부상에 관한 요양종결에 따라 상당한 신체장해가 남아 있는 상태에서 그 근로자가 종전과 같은 작업강도를 지닌 갱내 기계수리공의 업무를 수행할 수 없다고 보아야 할 뿐만 아니라, 그 신체장해가 남아 있는 부분은 허리(요추)부분으로 그 부분은 신체부위 중 운동량이 많고 중량의 부하를 특히 많이 받는 부분이어서 근로자가 종전과

---

567) Norman M.Selwyn, Ibid, pp. 200~203.

568) Norman M.Selwyn, Ibid, p. 197.

569) Galperin, a.a.O., S. 365.

570) Zöllner, a.a.O., S. 195 ; Nikisch, a.a.O., S. 761 ; Hueck-Nipperdey, a.a.O., S. 635.

같이 갱내 굴진·채탄작업 등에 사용되는 기계 등의 중량물을 취급하는 업무를 계속 담당할 경우에 장해부위가 악화될 가능성도 배제할 수 없는 사정이고 보면, 근로자에게 그와 같은 신체장해가 있어 종전의 담당업무를 수행할 수 없거나 부적합하게 되었음을 이유로 한 회사의 근로자에 대한 장해해고는 정당하다.

관련 판례 대판 1995. 5. 26, 94다46596
정당한 사유의 판단기준

해고는 사회통념상 고용관계를 계속할 수 없을 정도로 근로자에게 책임 있는 사유가 있어야 정당성이 있다. 여기서 사회통념상 당해 근로자와의 고용관계를 계속할 수 없을 정도인지는 당해 사용자의 사업의 목적과 성격, 사업장의 여건, 당해 근로자의 지위 및 담당직무의 내용, 비위행위의 동기와 경위, 이로 인하여 기업의 위계질서가 문란하게 될 위험성 등 기업질서에 미칠 영향, 과거의 근무태도 등 여러 가지 사정을 종합적으로 검토하여 판단해야 한다.

관련 판례 대판 1992. 7. 28, 92누6099
해고무효확인청구의 소와 노동위원회의 구제신청과의 상관관계

사용자의 근로자에 대한 해고가 정당한 이유가 없음을 이유로 노동위원회에 구제신청을 하여 구제절차가 진행 중에, 근로자가 별도로 사용자를 상대로 같은 사유로 해고무효확인청구의 소를 제기하였다가 청구가 이유 없다고 하여 기각판결을 선고받아 확정되었다면, 부당해고가 아니라는 점은 이미 확정되어 더 이상 구제절차를 유지할 필요가 없게 되었으므로, 구제이익이 소멸한 것으로 보아야 한다.

관련 판례 대판 1999. 12. 21, 99다53865
학력 또는 경력의 허위기재와 4개월간 근무한 경력을 누락한 행위

기업이 근로자를 고용하면서 학력 또는 경력을 기재한 이력서나 그 증명서를 요구하는 이유는 단순히 근로자의 근로능력 즉 노동력을 평가하기 위해서만이 아니라, 노사간의 신뢰형성과 기업질서 유지를 위해서는 근로자의 지능과 경험, 교육 정도, 정직성 및 직장에 대한 정착성과 적응성 등 전인격적 판단을 거쳐 고용 여부를 결정할 필요가 있으므로 그 판단자료로 삼기 위한 것으로, 사용자가 사전에 학력이나 경력의 허위기재 사실을 알았더라면 고용계약을 체결하지 아니하였거나 적어도 동일 조건으로는 계약을 체결하지 아니하였을 것으로 인정되는 경우에 한하여 이를 근로자에 대한 정당한 징계해고사유로 삼을 수 있고, 이 때 고용계약을 체결하지 아니하였거나 적어도 동일 조건으로는 계약을 체결하지 아니하였을 것으로 인정되는 경우란 기업의 종류나 성격, 허위기재하거나 은폐한 내용, 고용계약 체결 당시의 상황 등에 비추어 그러한 사정이 객관적으로도 인정되는 경우를 말한다. 그러나 버스회사 입사시 제출한 이력서에 다른 버스회사에 4개월간 근무한 경력을 누락한 행위가 정당한 징계해고사유에 해당하지 않는다

4. 정당한 이유의 고지의무

사용자는 근로자에 대하여 해고사유로서 정당한 이유의 고지의무를 지는가 하는 문제가 있다. 사용자는 신의성실의 원칙상 근로관계의 부수적 의무로서 근로자에 대하여 해고사유를 고지해줄 의무가 있음은 당연하다고 생각된다.[571] 그러나 사용자에게 해고사유의 고지의무가 있음을 인정한다 하더라도 그러한 의무위반이 고용의 효력 자체에 미치는 영향은 다른 차원에서 검토되어야 한다. 즉, 해고사유의 고지의무가 해고의 효력발생요건인가 하는 것은 별개의 문제이다. 해고사유의 고지의무가 해고의 효력발생 요건임을 부정하는 입장을 보면 사용자는 배려의무상 근로자에게 해고사유를 고지해 줄 의무가 있으나, 이러한 의무위반이 해고의 효력 자체에는 아무런 영향을 미치지 않는다고 한다.[572] 다만 해고사유의 고지의무위반으로 인하여 근로자에게 발생한 손해가 있다면 이를 배상해 줄 의무가 있다고 한다.[573] 또한 해고의 효력을 다투는 소송에 있어서도 이미 고지한 해고사유에 구속되지 아니하고, 해고전에 존재했던 사실이라면 얼마든지 추가적으로 주장할 수 있다고 한다.[574] 그러나 해고사유의 고지의무가 해고의 효력발생요건임을 긍정하는 입장을 보면 이러한 고지의무위반의 효력이 없다고 한다.[575] 따라서 사용자는 해고의 의사표시와 동시에 해고사유를 진실되고 충분하게 고지하여야 하며, 해고의 효력을 다투는 소송에서 근로자에게 고지한 사유이외에는 다른 사유를 들어 해고의 정당성을 주장할 수 없다고 한

571) Zöllner, a.a.O., S. 182 ; Söllner, a.a.O., S. 229(근로자의 인격권도 근거로 들고 있다).

572) 독일의 지배설이다. Hueck-Nipperdey, a.a.O., S. 552 ff ; Nikisch, a.a.O., S. 693 ff ; Söllner, a.a.O., S. 229.

573) 이때의 손해라 함은 근로자가 해고 자체로 인하여 받은 손해가 아닌, 근로자가 해고사유를 통지받지 못함으로 인하여 받게된 손해를 말한다. Hueck- Nipperdey, a.a.O., S. 552 ff ; Söllner, a.a.O., S. 229 ; Zöllner, a.a.O., S. 183.

574) Nikisch, a.a.O., S. 695 ; Hueck-Nipperdey, a.a.O., S. 553 ; Zöllner, a.a.O., S. 183.

575) Schwerdtner, JZ, 1973. S. 379 ; Knutel, 「Die Beg- rundungspflicht bei Kundigung」, NJW. 1970. 121.

다. 근로기준법 제23조 제1항이 민법상의 해고자유의 원칙을 수정하고 사용자의 해고권을 이른바 「정당한 이유」가 존재하는 경우에만 제한적이고 예외적으로 허용하고 있음을 고려해 볼 때, 「정당한 이유」의 존재여부 · 내용 · 진실성 등은 근로자의 직장상실을 초래하는 해고의 효력과 관련하여 중요한 의의를 갖는다. 따라서 사용자는 해고의 의사표시와 동시에 해고사유를 근로자에게 고지해 줄 의무를 지며 이는 곧 해고의 효력발생요건이 된다고 본다. 근로자에게 고지된 해고사유는 진실되고 충분한 내용의 것이여야 하고, 해고의 효력을 다투는 소송에서는 고지된 해고사유이외의 것을 추가적으로 주장할 수 없다고 할 것이다.

5. 근로기준법 제23조 제1항의 적용범위

(1) 해고법리와 근로계약법리

민법상의 형식적 법리에 의하면 근로기준법 제23조 제1항의 적용범위는 기간의 약정이 없는 근로계약에 국한되고 기간의 약정이 있는 근로계약에는 적용되지 않는다는 결론에 이르게 된다(민법 제659조, 제660조). 왜냐하면 기간의 약정이 있는 근로계약은 「기간 만료전」에는 계약당사자 어느 면으로부터 해지될 수 없으며, 「기간만료시」에는 계약당사자의 해지의사표시 없이도 당연히 종료하는 까닭이다. 그러나 기간의 약정이 있는 근로계약은 언제나 약정기간의 만료로 당연히 종료한다고 해석함이 타당한가 하는 의문이 제기된다. 일반적으로 근로계약체결시에 근로계약을 기간을 약정하여 체결하지 않을 수 없는 사정이 존재했다고 하더라도 후에 그러한 사정이 없어질 수도 있을 것이며, 더욱이나 처음부터 기간을 약정해야할 사정이 객관적으로 존재하지 않음에도 불구하고 기간의 약정이 있는 근로계약을 체결하거나 이를 반복 갱신하는 경우가 있다. 이는 대개의 경우 사용자가 해고의 문제를 야기함이 없이 계약기간만료와 동시에 근로관계를 종료시킬 수 있는 가능성을 유보해 두려는 것이므로 근로기준법 제23조 제1항의 보호법규는 위협을 받게 된다. 즉, 기간의 약정이 있는 근로계약은 기간만료로 인하여 당연히 종료한다는 형식적 법리를 관철할 때 근로기준법 제23조 제1항의 기본취지는 무산되고 말 위험성이 있다.[576] 계약기간의 약정유무에 따르는 형식적 법개념의 준별이 현실의 구체적 생활관계로서 근로자의 해고 내지 직장상실의 문제해결에 어느 정도 기여하는가를 반성할 때, 기간의 약정이 있는 근로계약의 기간만료에 따른 종료를 해고제한의 보호범위밖에 방치함은 매우 곤란한 일이 아닐 수 없다. 더욱이나 「법개념이 생활관계에 따라 해석될 것이지 생활관계가 법개념에 따라 규율될 것이 아니다」[577]라는 사회법의 기본원리를 염두에 두고 해고의 개념을 「근로자의 의사에 반하는 근로관계의 종료일반」[578]이라고 이해할 때, 기간만료로 인한 근로관계의 종료에 해고제한의 보호법규의 적용을 배제한다는 것은 타당하지 않다.

(2) 기간의 약정이 있는 근로계약

근로계약이 존속기간의 약정이 있다고 하여 그 기간의 만료로 당연히 종료한다고 할 것은 아니며, 기간만료시에 계약의 갱신을 거절함은 정당한 이유가 없는 한 해고의 의사표시와 동시해야 할 것이다.[579] 근로자의 직장보호를 그 내재적 요청으로 하고 있는 근로관계의 본질상 계약기간의 약정은 언제나 그대로 존중될 수 없기 때문이다.[580] 따라서 사용자는 기간만료시에 근로계약의 갱신을 「기간이 준수되어야 할 객관적인 사유」가 없이는 거절하지 못한다고 할 것이다.[581] 그러므로 사용자는 기간만료시에 근로계약의 갱신을 거절하고자 하면 이를 정당하게 하는 사유로서 「기간이 준수되지 않으면 안될 객관적인 사유」를 미리 고지해 주어야 하며 또한 그러한 개관적인 사유의 존재를 입증하지 않으면 안된다.[582] 그리고 기간의 약정이 있는 근로계약의 하나로서 이른바 견습기간후에 정식사원

---

576) Zöllner, a.a.O., S. 177.

577) Sinzheimer, 「Grundzüge des Arbeitsrechts」, 1927, S. 40.

578) 김형배, 노동법, 541쪽.

579) 영국에서는 제정법상에 해고의 개념을 법정하고 있다(Employment Protections Consolidation Act, 1978. S. 55 (2)(b)) ① 사용자의 일방적 의사표시에 의한 근로관계의 종료 ② 기간의 약정이 있는 근로계약이 갱신되지 않고 기간만료로 종료하는 경우 ③ 사용자의 중대한 계약위반으로 근로자가 즉시 해지하는 경우, 따라서 영국에서는 기간의 약정이 있는 근로계약을 체결함으로써 해고제한을 회피하려는 탈법행위가 입법적으로 봉쇄되어 있다.

580) 김형배, 전게서, 311쪽.

581) 영국의 학설과 판례는 이른바 「fixed-term contract」와 「fixed-task contract」를 구별하고, 후자와 같이 특별한 일의 완성이나 특별한 목적의 달성을 위하여 기간의 약정이 있는 근로계약을 체결하고 일의 완성이나 목적의 달성 후에 계약을 갱신함이 없이 근로관계가 종료함은 합법적이라고 한다(B.W.Napier, Comparatiwe Dismissal Law, 1982, pp. 18~20).

582) 독일의 지배설도 근로계약이 갱신될 수 있는 객관적 사정이 존재하는 한 사용자는 계약의 갱신을 거절하지 못한다고 하는 점에서는 본문과 동지이나, 객관적 사정의 존재를 입증할 책임은 근로자에게 있

으로 채용한다는 계약도 이상과 같은 법리를 바탕으로 견습기간후에 정식사원으로의 채용을 거부함은 근로기준법 제23조 1항에 위반된다고 할 것이다.[583)]

(3) 연쇄적 근로계약

사용자는 단기간의 근로계약을 체결하고 이를 연속적으로 반복 갱신하여 재고용의 선택권을 유보해둠으로써 해고문제를 야기함이 없이 노동력의 수급을 조절하려는 연쇄적 근로계약을 체결할 수 있다. 특히 이러한 연쇄적 근로계약은 「상용적 임시공」이라는 현실적인 문제로 나타나고 있다. 그러나 연쇄적 근로계약은 일반적인 기간의 약정이 있는 근로계약과는 달리 계약체결행위 자체에 근로기준법 제23조 제1항을 회피하려는 탈법의사가 존재한다는 점과 계약의 반복갱신이라는 객관적 사실이 존재한다는 점에 그 특징이 있다. 종래부터 국내외 학설[584)]과 판례[585)]는 연쇄적 근로계약을 논의함에 있어 그 목적을 근로관계의 존속보호 즉 근로자의 부당한 해고를 방지한다는 점에 집중하고 있다. 그러나 이러한 일치된 목적에 이르는 법리를 구성함에는 학설과 판례의 입장이 반드시 일치되어 있지는 않으며, 대부분의 학설 · 판례가 해고제한이라는 노동법의 요청을 법리적으로 충분히 반영하고 있지 못하다. 이와 같은 학설과 판례는 근로관계존속보호라는 일치된 목적을 향하고 있으나, 그 논거의 출발점을 달리하는 두 종류의 흐름으로 대별될 수 있다. 첫째, 연쇄적 근로계약은 단기간의 근로계약이 체결되고 연속적으로 반복 갱신된다는 객관적 사실의 존재로부터 해고제한을 회피하려는 사용자의 탈법의사를 추출해내 이를 기초로 기간의 약정을 무효화하여 기간의 약정이 없는 근로계약으로의 전환을 근거지우려는 견해가 있다. 둘째, 연쇄적 근로계약도 전술한 바와 같이 기간의 약정이 있는 근로계약의 일종으로서 단기간의 근로계약이 체결 · 반복되지 않으면 안될 「특별히 정당한 사회 · 경제적 이유」가 없는 한[586)] 계약기간만료시에 계약의 갱신을 거절함을 해고와 동일시하고 해고의 「정

다고 하는 점에서 본문과 차이가 있다(Zöllner, a.a.O., S. 177 ; Stahlhacke, a.a.O., S. 114 ff.).

583) 김형배, 전게서, 542쪽 ; 1971. 12, 근기 1455.9~13349.

584) Hueck- Nipperdey, a.a.O., S. 535 ; Nikisch, a.a.O., S. 671ff ; Söllner, a.a.O., S. 225f ; Zöllner, a.a.O., S. 177 ; Hans Dieter Schmid, a.a.O., S. 152.

585) 대판 1975. 6. 24, 74다1625.1626 ; BAG Ap Nr. 28 zu§620 BGB, Befrister Arbeitsvertrag ; BAG DB 1970, S. 2018.

586) 방송국 프로듀서는 청취자의 인기도에 따라 수시 교체할 必要가 있으므로 단기간의 근로계약이 반복

당한 이유」와 관련하여 근로기준법 제23조 1항을 유추적용하려는 견해이다.[587)]

이상의 두 견해를 비교해 볼 때 첫째의 견해는 연쇄적 근로계약의 정당성 내지 허용성의 판단시점을 계약체결당시에 두고 있으며 결과적으로 그 계약기간이 경과하여 근로자의 재고용(계약의 갱신)이 문제되는 시점에서는 사용자가 현실적으로 당해 근로자를 재고용할 수 있는가를 문제를 삼지 않는다. 또한 연쇄적 근로계약의 기간의 약정을 무효로 하기 위해서는 근로자가 사용자의 탈법의사의 존재와 함께 계약갱신의 객관적 사실을 입증할 책임을 진다. 이상과 같은 점에서 첫째의 견해는 해고제한이라는 노동법상의 요청을 법리적으로 충분히 반영하지 못하고 있다는 비판이 가해질 수 있다. 이에 반하여 둘째의 견해는 연쇄적 근로계약을 기간의 약정이 있는 근로계약의 큰 테두리 안에서 이해하여 기간의 만료시에 계약갱신의 거절을 해고와 동일시한다.

관련 판례 대판 1994.1.11. 93다17843
기간의 정함이 형식에 불과한 경우

기간을 정하여 채용된 근로자라고 할지라도 장기간에 걸쳐서 그 기간의 갱신이 반복되어 그 정한 기간이 단지 형식에 불과하게 된 경우에는 사실상 기간의 정함이 없는 근로자의 경우와 다를 바가 없게 되는 것이고, 그 경우에 사용자가 정당한 사유 없이 갱신계약의 체결을 거절하는 것은 해고와 마찬가지로 무효이다.

6. 정당한 이유 없는 해고 등의 구제 절차

(1) 노동위원회를 통한 해고 등의 구제절차

정당한 이유 없는 해고 · 휴직 · 정직 · 전직 · 감봉 기타 징벌에 대한 사용자의 처분행위를 다툴 때에 근로자는 일반법원에 무효확인의 소를 제기할 수 있다. 근로계약관계에서 발생되는 권리분쟁은 마땅히 일반법원이 관할권을 갖기 때문이다. 그런데 현행법에서는 정당한 이유 없는 해고 등의 구제에 대하여 노동위원회가 관할할 수 있도록 하고(근기법

체결되지 않으면 안되는 특별히 정당한 사회 · 경제적 사유가 있다고 한다.

587) 김형배, 전게논문, 101~102쪽 ; Bötticher, 「Handhabung des Bestand- schutz beim Kettenvertrag」 BB 1955, S. 675 ; Grotheer, 「Befistes Arbeits- verhältnis und Kündigungsschutz」 1973, S. 58ff.

제28조 Ⅰ), 구제신청과 심사절차 등에 대하여 규율하고 있다(근기법 제28조에서 제31조).[588] 정당한 이유 없는 해고 등의 구제를 노동위원회가 관할할 수 있게 한 것은 그 나름대로의 충분한 이유가 있다. 즉 법원에서의 소송은 비교적 오랜 시일을 필요로 할 뿐만 아니라, 소송비용의 부담도 크다. 따라서 근로자들이 일단 해고 또는 기타 불이익한 처분을 받으면 소송을 제기하기 어려운 것이 사회적 현실이다. 그 밖에도 법원의 심리와 판결은 권리·의무의 내용과 법률의 규정들을 엄격히 따져서 요건사실의 충족 여부를 가려 판단하기 때문에 정책적 고려는 판단의 기초가 되지 않는다. 아마도 이와 같은 이유들이 해고 등의 구제를 노동위원회에서 수행할 수 있도록 법을 개정한 중요한 이유로 작용했을 것이다.

(2) 심사절차와 구제명령

부당해고에 대한 노동위원회의 구제절차(근기법 제29조 내지 제30조)도 부당노동행위에 대한 노동위원회의 구제절차와 그 기본적 구조가 같다. 따라서 자세한 구제절차와 구제명령 등의 확정에 대해서는 부당노동행위에 대한 구제절차에 관한 설명으로 대신한다.

(3) 구제명령의 실효성확보수단과 이행강제금

a) 노동위원회가 구제명령을 하는 때에는 30일 이내의 이행기한을 정하여야 한다(근기법 시행령 제11조). 사용자가 구제명령을 정당한 이유 없이 이행하지 아니하는 경우 이에 대한 제재수단이 없다면 구제명령은 실효성을 가질 수 없다. 더욱이 부당해고에 대한 벌칙이 삭제됨으로써 사용자의 해고남용에 대한 우려가 높다고 볼 수 있다. 이와 같은 이유로 근로기준법은 노동위원회의 확정된 구제명령을 이행하지 아니하는 자에 대하여 1년 이하의 징역 또는 1천만원 이하의 벌금을 부과하거나(제111조), 구제명령을 사용자가 이행하지 아니한 경우에는 이행강제금을 부과할 수 있도록 법적 근거를 마련하였다(제33조 Ⅰ, 2007년 7월 1일 시행). 후자의 경우에 확정된 구제명령은 물론 아직 확정되지 않은 중앙

588) 구법에서는 구제신청과 심사절차 등에 대해서는 노조법 제 82조 내지 제 86조의 규정을 준용하도록 하였으나 2006년 12월의 근로기준법 개정에서 부당해고구제절차의 특성을 고려하여 별도의 규정으로 신설하였다.

노동위원회의 구제명령도 이행강제금의 부과대상에 포함된다. 따라서 사용자가 구제명령에 불복하여 행정소송을 제기하는 경우에도 이행강제금이 부과된다.

b) 이행강제금의 부과절차는 다음과 같다. 먼저 노동위원회는 일정한 이행기한을 정하여 구제명령을 발한다(제33조 I).[589] 이행기한이 도과한 후에도 구제명령이 이행되지 아니하면 노동위원회는 이행강제금을 부과하는 날의 30일 전까지 이행강제금을 부과 · 징수한다는 뜻을 사용자에게 미리 문서로써 알려 주어야 한다(제33조II). 즉 이행기간의 종료시점과 이행강제금 부과시점은 일치하지 않는다. 이행강제금의 부과를 위한 문서에는 이행강제금의 금액, 부과사유, 납부기한, 수납기관, 이의제기방법 및 이의제기기관 등이 명시되어야 한다(제33조III). 구제명령의 이행기한이 도래하였음에도 사용자가 구제명령을 이행하지 아니한 경우에 근로자는 이행기한이 경과한 때부터 15일 이내에 그 사실을 노동위원회에 통지할 수 있다(제33조VIII). 근로자의 신고가 있으면 노동위원회는 다시 이행강제금 부과를 예고하여야 한다.[590]

이 때 근로자의 구제명령 미이행 신고를 이행강제금 부과의 절차적 요건으로 보아야 하는지 문제가 된다. 법문상으로는 노동위원회는 직권으로 이행강제금을 부과할 수 있으며, 부과시에 근로자와 협력할 것을 규정한 것으로 해석된다.

노동위원회는 최초의 구제명령이 있은 날을 기준으로 매년 2회의 범위 안에서 구제명령이 이행될 때까지 반복하여 이행강제금을 부과 · 징수할 수 있다. 이 경우 이행강제금은 2년을 초과하여 부과 · 징수하지 못한다(제33조 V) 노동위원회는 구제명령을 받은 자가 구제명령을 이행한 때에는 새로운 이행강제금의 부과를 즉시 중지하되, 구제명령을 이행하기 전에 이미 부과된 이행강제금은 징수하여야 한다(제33조VI).

노동위원회는 이행강제금 납부의무자가 납부기한 내에 이행강제금을 납부하지 아니하는 때에는 기간을 정하여 독촉을 하고, 지정된 기간 내에 제1항에 따른 이행강제금을 납부하

---

589) 노동위원회가 사용자에게 '부당한 징계 및 해고기간 동안 정상적으로 근무하였다면 받을 수 있었던 임금상당액을 지급하라'는 구제명령을 하고 구제명령 불이행을 이유로 이행강제금을 부과한 사안에서, 위 구제명령에서 지급의무의 대상이 되는 '임금상당액'의 액수를 구체적으로 특정하지 않았다고 하더라도 구제명령의 이행이 불가능할 정도로 불특정하여 위법 · 무효라고 할 수 없으므로 이행강제금 부과처분이 적법하다(대판 2010.10.28. 2010두12682).

590) 이행강제금의 부과절차를 요약하면 다음과 같다: 구제명령→구제명령의 이행기간→(근로자의 신고)→이행강제금 부과예고→이행강제금의 부과→징수.

지 아니하는 때에는 국세체납처분의 예(즉, 압류→매각→청산)에 따라 집행할 수 있다.

c) 확정된 구제명령을 이행하지 아니한 사용자에 대한 고발권은 노동위원회만이 갖는다(제112조 I). 고발권한을 노동위원회만이 갖도록 한 것은 원직복직을 이행하지 아니한 경우 이행강제금과 연계하여 운영하기 위해서이다. 벌칙과 이행강제금은 구제명령의 실효성 확보를 목적으로 도입된 제도라는 점에는 공통점이 있지만, 벌칙은 확정된 구제명령을 이행하지 않은 자에게 부과될 수 있는 데 반하여 이행강제금은 구제명령이 확정되거나 확정되지 않은 단계에서도 부과가 가능하다는 점에서 양자는 구별된다. 따라서 확정된 구제명령을 이행하지 않은 자에게는 벌칙과 이행강제금의 부과가 가능하지만 구제명령을 이행하지 않는 자에게는 우선적으로 이행강제금을 부과하고 부과 이후에도 이행하지 않는 경우에만 벌칙을 부과하는 방향으로 양 제도의 조화로운 운영이 전제되어 있다. 그와 같은 취지에서 벌칙의 고발권을 노동위원회에 부여한 것이다.[591]

d) 이행강제금제도는 벌칙제도와 함께 노동위원회의 구제명령의 실효성을 보장하여 근로관계의 존립보호를 도모하기 위하여 도입된 것이다. 그런데 이행강제금은 행정목적의 실현을 위하여 예외적으로 허용되고 있는 집행벌로서, 비대체적 작위의무 또는 부작위의무를 이행하지 않을 경우 그 의무를 강제로 이행시키기 위하여 일정한 기간 안에 의무이행이 없을 때에는 일정한 금전벌에 처할 것을 계고하고 그 기간 안에 이행이 없는 경우에 금전벌(金錢罰)에 처하는 행정상 강제집행[592]의 하나로 의무자를 심리적으로 압박하여 자발적으로 이행하도록 강제하는 것을 그 목적으로 하는 것이다.

이와 같은 이행강제금제도가 전형적인 민사분쟁에 해당하는 부당해고의 구제수단으로서 타당한 것인가에 대하여는 다음과 같은 의문이 있다.

첫째, 이행강제금제도는 그 도입 자체로서 의무이행을 강제하는 효과가 크기 때문에 상당히 실효성이 있는 제도라고 평가되지만 통상 국민의 권익과의 충돌이 예상되기 때문에 행정법에서는 일반적으로 운영되고 있는 제도가 아니며 매우 예외적으로만 인정되고 있는

591) 노동부, 『노사관계 선진화 입법 설명자료』, 2007.1 참고.

592) 행정상 강제집행이라 함은 법령 또는 이에 근거한 행정처분에 의하여 부과된 행정법상의 의무를 의무자 스스로 이행하지 아니한 경우에 행정청이 의무자의 신체 또는 재산에 실력을 가하여 장래에 대하여 그것을 이행하거나 이행한 것과 동일한 상태를 실현하는 작용을 의미한다. 이는 행정벌과 행정권의 양대 강제력을 구성하며, 통상 국민의 기본권과의 충돌이 예상되고 있기 때문에 남용되지 않도록 최대한 주의를 기울여야 한다.

수단이다.[593] 다시 말하면 행정목적의 실현이 공익을 위하여 필수불가결하고 전통적인 행정적 제재수단이 유명무실하게 되어 이를 대체할 수 있는 수단이 필요한 경우에 한하여 제한적으로 적용되어야 한다. 그렇지 않으면 행정 편의적 이유로 국민들에게 과잉제재로 인한 권익침해를 가져오게 되어 헌법상의 과잉침해금지원칙 (Prinzip des Übermaβverbots) 을 위반한 것으로 평가 될 수 있다. 둘째, 부당해고에 관한 분쟁은 사법관계인 근로계약관계에서 발생하는 분쟁으로서 원칙적으로 일반법원이 관할권을 갖는 권리분쟁이다. 따라서 부당해고에 대한 판단은 처음부터 행정적 처분의 대상이 될 수 없는 성질의 것이다. 다만 근로기준법은 소송경제적 이유에서 근로자의 보호를 효율적으로 실현하기 위하여 행정위원회인 노동위원회의 결정에 대하여 행정적 강제집행 수단을 인정하는 것은 사안의 본질상 허용되기 어렵다(이점에서 부당해고의 구제절차와 부당노동행위에 대한 구제절차는 본질적으로 구별되어야 한다). 셋째, 원칙적으로 사법상의 권리분쟁에 대하여는 민사상의 강제집행제도가 마련되어 있다. 이 경우에 채무자의 이행의무가 먼저 확정되어야 한다. 노동위원회의 판정이 불복절차 등 소정의 절차에 의하여 확정되지 않는 한 일방 당사자(사용자)의 이행의무는 확정되지 않는다. 즉 사용자의 이행의무가 아직 확정되지 아니하였음에도 이를 행정적 강제수단으로 이행을 강제하는 것은 의무(채무) 없는 자에 대하여 그 이행을 강제하는 것이 되어 법치주의에 반한다. 반면에 근로자파견법 제 6 조의 2에서와 같이 위반사실이 명백하여 사용자의 고용의무가 발생한 때에는 이행강제금을 통하여 사용사업주의 고용의무를 강제하는 것이 인정될 여지가 있다. 그런데 입법자는 이 경우에는 과태료를 부과하는 데 그치고 있을 뿐이다. 뿐만 아니라 노동위원회의 구제명령에 대한 취소소송의 지연으로 근로자의 권리실현이 방해받을 우려가 있는 경우에는 민사집행법상 보전처분절차(예컨대 가처분)가 마련되어 있으며 이를 통해서 부당해고로 인한 근로자의 긴급한 권리보호가 실현될 수 있다는 점에서 현행법상의 일반적 구제수단이 결코 미흡하다고 볼 수 없다는 점도 고려되어야 한다.

---

593) 조정한, '이행강제금의 현황과 개선방안', 「법제」(제517호), 68, 69쪽. 현재 이행강제금이 도입된 사례는 건축법 제69조 1항 및 제83조, 대덕연구관리단지법 제 9 조 2항 및 제 19조, 농지법 제11조 1항 및 제65조, 부동산실권리자명의등기에 관한 법률 제3조, 제6조, 제10조 3항 및 제12조, 독점규제 및 공정거래에 관한 법률 제16조 및 제17조의 2, 장애인 · 노인 · 임산부 등의 편의증진의 보장에 관한 법률 제23조 및 제28조 등이 있다. 그러나 여기에 열거된 모든 이행강제금 제도가 타당성과 필요성을 갖추고 있다고 볼 수 없다는 지적이 있다. 조정찬, 앞의 논문, 72쪽 이하 참고.

이와 같이 부당해고의 권리구제수단에 관한 기본적이고 체계적인 검토 없이 그 구제명령의 실효성확보를 명분으로 해고의 무효가 확정되지 아니한 경우에 대하여 이행강제금을 적용하는 것은 행정편의적인 발상으로서 위헌적 요소가 있음을 지적하지 않을 수 없다.[594]

(4) 금전보상제도

a) 부당해고에 대한 금전보상제는 부당해고 구제절차에서 근로자가 복직을 원하지 않는 경우 노동위원회가 원직복직에 대신하여 금전보상 지급의 구제명령을 할 수 있도록 한 제도로서 정당한 이유 없는 해고의 구제방식을 다양화함으로써 권리구제의 실효성을 제고하고 근로관계 단절상태의 장기화를 방지하여 근로관계를 조속히 안정시키는 효과가 기대되고 있다. 종래의 부당해고 구제절차에서 노동위원회는 부당해고로 판정하면 "원직복직과 해고기간동안 근로를 제공하였더라면 지급받을 수 있었던 임금 상당액 지급"을 명하고 있으나, 이와 같은 현행 제도는 해고된 근로자가 원직복직을 원하지 않더라도 경제적 보상장치가 없어 당사자간 합의로 금전보상을 받거나 해고 무효에 따른 별도의 보상을 청구하는 민사소송을 제기하여야 하는 등 효과적인 구제방법이 되지 못하므로 원직복직을 대신하여 금전보상금을 지급하고 근로관계를 종료할 필요성이 있다는 점이 지적되어 왔다. 이에 따라 근로기준법 개정이 이루어져 금전보상 제도가 도입되었다[595].

b) 금전보상 명령의 신청은 부당해고 구제신청을 한 근로자만 할 수 있다. 따라서 사용자의 신청이나 노동위원회의 직권에 의해 금전보상명령을 내리는 것은 인정하지 않고 있다.

선진국에서는 사용자의 신청 또는 사회통념상 근로관계의 유지가 객관적으로 어려운 경우 폭넓게 금전보상 제도를 운영하고 있으나, 우리나라의 노사관계 여건상 사용자에 의한 해고의 남용이 우려된다는 지적이 있어 '근로자가 원직복직을 희망하지 않는 경우'로 제한하여 운영하고 있다. 사용자에게 금전보상 제도의 신청권을 부여할 경우 복직을 회피하기 위한 수단으로 금전보상 제도를 악용할 가능성이 있다는 우려가 있어 근로자에게만 신청

594) 김형배, 전게서, 611쪽.

595) 김홍영,『부당해고 구제절차에서의 금전보상제도 및 이행강제금 제도』, 2007, 9쪽.

권을 부여한 것이다.

금전보상명령을 신청하고자 하는 근로자는 심문일정통지를 받기 전까지 금전보상 명령 신청서를 제출하여야 한다(노동위원회규칙 제64조 제2항). 노동위원회 담당 조사관은 조사과정에서 근로자에게 예상되는 심문회의 일정을 알려주어 근로자가 심문일정 통지를 받기 전에 금전보상명령을 신청할 수 있도록 안내하며, 만일 신청기간이 지나서 접수된 경우에는 당해 심판위원회가 신청 수용여부를 결정하여, 신청을 수용할 경우 보상금 산정을 위한 자료 조사 또는 검토가 필요하면 판정회의를 별도로 개최한다[596].

금전보상명령의 신청대상은 부당해고 구제신청사건에 대해서만 허용되는 것으로 징계해고, 경영상해고, 직권면직, 자동면직, 갱신거절 등 명칭에 관계없이 근로자에 대한 사용자의 일방적인 근로관계 종결조치를 당한 경우를 말하며, 정직, 감봉, 견책, 휴직, 전직, 전적 등 그 밖의 징벌에 대해서는 금전보상명령 신청이 허용되지 않는다.

복직명령 대신 금전보상명령을 원하는 근로자는 금전보상명령 신청서를 노동위원회에 제출하여야 하는 데, 이때 근로자는 신청서에 근로자가 원하는 보상금액과 그 산출내역을 기재하여야 하며, 근로계약서, 임금명세서 등 소명자료를 첨부해야 한다.

금전보상명령을 하는 때에는 판정서 주문에 보상금액과 이행기관(구제명령일로부터 30일 이내)을 명시하여야 한다. 심판위원회는 당사자가 보상금을 수수하고 근로관계를 종료함으로써 근로관계의 조기안정을 도모할 수 있도록 금전보상명령 전에 금전보상명령에 대한 사용자의 수용의사를 타진하는 것이 바람직하다. 왜냐하면 사용자가 원직복직명령은 수용할 수 있으나 금전보상명령은 수용할 수 없음을 명시적으로 밝혔음에도 금전보상명령을 한다면 판정수용을 기대하기 어렵게 되기 때문이다.

금전보상명령은 부당해고 구제명령에 대신하여 하는 것이므로 이행기일 내에 이행하지 아니하면 이행강제금 부과대상이 된다. 또한 금전보상명령도 구제명령의 일종이므로 금전보상명령이 확정된 경우 노동위원회에서 이행강제금을 부과하는 것 외에 노동위원회의 고발에 의하여 징역 1년 이하 또는 벌금 1천만원 이하의 형사처벌 대상이 된다(근로기준법 제111조).

c) 근로기준법은 금전보상액을 해고기간 중의“임금상당액 이상의 금품”이라고만 규정하

596) 중앙노동위원회, 심판업무 처리요령, 2007, 116쪽.

고 있으며, 노동위원회규칙은 보상금액의 산정기간을"해고일로부터 당해 사건의 판정일까지"로 정하고 있다.

고용노동부의 입법설명자료에 의하면 임금상당액 이상의 금품은 해고기간 동안의"임금상당액"과"위로금"을 포함하여 원직복직을 대신한 것으로 노동위원회가 근로자의 귀책사유, 해고의 부당성 정도 등을 고려하여 결정된다고 한다. 하지만, 근로자의 과실을 상계하여 금전보상금액을 전체적으로 경감할 수 있다는 것인지, 아니면 임금상당액은 최저한으로 보장하되 위로금의 산정시에만 근로자의 과실을 고려하여야 한다는 것인지 분명하지 않다. 또한, 구체적으로 금전보상금액을 산정할 때 어떠한 사정이 어느 정도의 비중으로 고려되어야 하는가에 대해서는 아무런 설명이 없다. 따라서 노동위원회는 금전보상제도의 성격을 고려하여 금전보상액의 산정을 위한 구체적인 산정기준과 한계를 정립하여 금전보상액에 대한 명확한 가이드라인을 설정하여야 할 것이다. 다만, 그 액수의 결정이 자의로 흐르지 않고 일정한 한도 내에서 소정의 기준에 따라 정할 수 있도록 입법론상 법적 기준을 제시할 필요가 있다.

d) 근로자의 신청으로 금전보상이 이루어지면 근로관계의 종료시점이 언제인가 하는 점이다. 사용자의 해고가 부당하지만 금전보상으로서 근로관계 해소를 인정할 것인가? 금전보상의 명령이 내려지는 시점에 장래에 대하여 근로관계 종료의 효과가 발생하는가? 아니면 노동위원회가 재량으로 근로관계의 해소시점을 정하여야 하는가에 대한 의문이 남게 된다.

이에 대해서 근로기준법 제30조 제3항은 원직복직을 명하는 대신 해고기간 중 근로를 제공하였더라면 받을 수 있었던 임금 상당액 이상의 금품을 지급하도록 규정하고 있을 뿐이다. 일부 견해에 의하면 근로자의 금전보상신청을 합의해지의 청약으로, 사용자의 금전보상 이행을 승낙으로 보아 사용자가 노동위원회의 금전보상명령을 이행하면 근로관계가 종료된다고 한다. 금전보상금액의 산정기간을 해고일로부터 당해 사건의 판정일까지로 볼 때 금전보상 금액의 판정일을 해고시점으로 보는 것이 타당하다고 판단되나 이에 대한 입법적 개선이 필요할 것으로 본다.

e) 해고가 부당해고로 인정되지만 노동위원회가 판정하기 이전에 이미 근로계약기간이 종료하였거나 정년기간이 도래하였다는 등의 사유로 근로계약관계가 종료한 경우 근로자

는 부당해고의 구제신청이익이 없다는 이유로 구제신청을 기각 또는 각하하는 것이 지금까지의 실무였으며, 판례[597]도 구제이익이 소멸한다고 보았다.

이러한 판례의 태도는 부당해고에 대한 구제명령의 내용에 관해 원직복직명령을 반드시 전제하는 것으로 이해하여 왔다고 평가된다. 부당해고라 판정하여도 이미 기간만료 등 다른 이유로 근로계약관계가 종료하였으므로 원직복직을 명할 수 없기에 구제신청이익을 부정하는 것이다. 그러나 종전판례의 태도는 금전보상 제도가 도입됨으로써 변경되어야 한다. 근로자가 원직복직을 원하지 않고 금전보상을 원하는 경우 기간만료의 시점까지는 해고된 기간이며 이에 대해 임금상당액을 보상금으로 인정받을 수 있으므로 구제신청이익이 인정될 수 있다. 또한, 기간만료 등의 사유에도 불구하고 2년이라는 기간이 지나면 무기근로계약으로 변화할 수 있다는 근로자의 기대감에 대한 보상과 부득이한 사유가 없는 한 근로계약기간 동안 고용이 보장된다는 점을 감안해 보면, 금전보상액의 산정에 있어 계약기간 동안에 받을 수 있는 임금전액과 위로금 등을 포함한 대폭 상향된 금액으로 보상이 이루어져야 할 것이다.

근로자가 금전보상을 신청한 사건에서 사용자가 스스로 해고를 철회하고 근로자에게 원직복직을 명한 경우 구제신청 이익이 소멸하는지 문제가 될 수 있으나, 이는 사용자가 금전보상을 회피할 목적으로 해고 철회를 하고 원직복직이 어려운 근로자에게 퇴직을 사실상 강요할 수 있어 불합리한 결과가 발생할 수 있기 때문에 사용자가 일방적으로 철회할 수는 없다고 해석하는 것이 타당할 것이다.

관련 판례 대판 1992. 11.13. 92누11114
부당해고 등 구제신청의 취지 및 신청인 자격

가. 근로기준법 제27조의3이 제1항에서 사용자가 근로자에 대하여 정당한 이유 없이 해고, 휴직, 정직, 감봉 기타 징벌을 한 때에는 당해 근로자는 노동위원회에 그 구제를

597) 대판 2001.4.24. 2007두7988. 근로계약기간을 정한 경우에 있어서 근로계약 당사자 사이의 근로관계는 특별한 사정이 없는 한 그 기간이 만료됨에 따라 사용자의 해고 등 별도의 조치를 기다릴 것 없이 당연히 종료된다는 전제하에, 근로자가 부당해고 구제신청을 하여 해고의 효력을 다투던 중 근로계약기간의 만료로 근로관계가 종료되었다면 근로자로서는 비록 이미 지급받은 해고기간 중의 임금을 부당이득으로 반환하여야 하는 의무를 면하기 위한 필요가 있거나 퇴직금 산정시 재직기간에 해고기간을 합산할 실익이 있다고 하여도, 그러한 이익은 민사소송절차를 통하여 해결될 수 있어 더 이상 구제절차를 유지할 필요가 없게 되었으므로 구제이익은 소멸한다고 보아야 할 것이다.

신청할 수 있다고 규정한 것은 사용자의 정당한 이유 없는 해고 등에 대하여 일반 법원에 의한 사법적인 구제방법 외에 노동위원회에 의한 행정적인 구제제도를 따로 마련하여 불이익처분을 받은"당해 근로자"가 보다 간이, 신속하고 저렴한 비용으로 정당한 이유 없는 해고 등에 대한 구제를 받을 수 있도록 하는 데 그 취지가 있다.

나. 같은 조 제2항이 정당한 이유 없는 해고 등의 구제신청과 심사절차 등에 관하여 노동조합법 제40조 내지 제44조의 규정을 준용하도록 규정하고 있으나 그 준용의 범위는 노동위원회에 구제를 신청하고 노동위원회가 이를 심사하는"절차"에 국한된다고 보아야 하므로 부당해고 등에 대한 구제신청에 있어, 신청인이 될 수 있는 자는 바로 해고 등의 불이익처분을 받은"당해 근로자"뿐이고, 노동조합은 이에 포함되지 않는다.

관련 판례 대판 2002.6.14. 2001두11076
구제신청기간의 기산일

근로기준법 제33조 제1항, 제2항에 의하여 준용되는 노동조합및노동관계조정법 제82조 제2항에 의하면, 사용자의 근로자에 대한 정당한 이유 없는 해고 등의 불이익처분에 대한 구제신청은 그 행위가 있는 날(계속하는 행위는 그 종료일)부터 3월 이내에 행하도록 규정하고 있는바, 해고 등의 불이익처분이 일정한 기간이 경과한 후에 그 효력을 발생하는 경우에는 위 기간은 그 효력 발생일부터 가산하는 것으로 보아야 한다.

7. 근로기준법 제23조 제1항의 위반효과

근로기준법 제23조 제1항을 위반한 경우에는 5년 이하의 징역 또는 3천만원 이하의 벌금에 처한다(법 제107조). 이 경우 공소시효는 5년이다.

제3절 경영상 이유에 의한 해고

1. 의 의

경영상 이유에 의한 해고에 대해서는 국가에 따라 또 학자에 따라 약간씩 다른 개념적 정의를 하고 있으나 대체적으로 경제적, 산업구조적, 기술적 성격에 기인한 기업합리화 계획에 따라 근로자의 인원수를 줄이거나 인원구성(composition of workforce)을 바꾸기 위하여 행하는 해고로서 「정리해고」라고도 한다.[598] 우리나라는 근로기준법 제24조 제1항에서 「경영상 이유에 의하여 근로자를 해고하고자 하는 경우에는 긴박한 경영상의 필요가 있어야 한다」라고 규정되어 있다.[599] 이러한 경영상 이유에 의한 해고는 근로자 1인을 대상으로 하는 경우도 포함하나 주로 문제되는 것은 대량해고에 있어서 이다. 최근에는 첨단의 전자공학 등의 현격한 발달로 혁신적인 기술을 특정한 산업분야에 도입하게 됨으로써 근로자들은 더욱 대량실업의 위기에 직면하게 된다. 이러한 첨단기술의 도입으로 인하여 전체적인 산업구조의 개편 역시 필연적으로 이루어지게 되었으며 다시 선진자본주의 국가간의 치열한 국제적 시장경쟁이 불가피하게 되자 각 사회, 기업 등에서는 노동인력의 감축을 통하여 경쟁력의 강화를 꾀하기에 이르렀다. 이와 같은 사용자 혹은 근로자측의 내재적 사유에서 비롯된 것이 아닌 외래적인 경제적, 기술적인 구조변화로 인하여 야기된 불가피한 대량해고문제를 근로보호 및 해고보장의 견지에서 어떻게 규율할 것인지가 필연적인 문제로 등장하게 되는 것이다. 그리고 이러한 사회문제를 해결하기 위해서는 종래의 해고정책이나 해고에 대처하던 방식과는 다른 문제접근 방식이 필요하게 되었다.[600]

---

598) Edward Yemin, Workforce Reductions in Undertakings, Geneva, ILO, 1982, p. 3 ; 김유성, 정리해고의 법리, 노사관계 제1권 제1호, 서울, 한국노사발 전연구원, 231쪽.

599) 독일 해고제한법은 이를 「긴박한 경영상의 필요」에 의한 해고라고 하여 근로자의 「일신상 사유」또는 「행태상 사유」에 의한 해고와는 구별하고 있다. 독일 해고제한법 제1조(사회적 정당성이 없는 해고)의 내용 중 논의를 위하여 필요한 범위를 발췌하면 다음과 같다. (1) 당해사업장 또는 기업에서 6개월 이상 계속하여 근로관계를 유지하고 있는 근로자에 대한 해고는 사회적으로 정당한 이유가 없는 한 법적 효력이 없다. (2) 근로자에 대한 해고는 근로자의 일신상이나 행태상의 사유 또는 근로자의 당해 사업장에의 계속 근무가 불가능한 긴박한 경영상의 필요가 없으면 사회적으로 정당성이 없다.

600) 김형배, "긴박한 경영상의 필요에 의한 해고" 한국공인노무사회 창립 제10주년 기념세미나, 1996. 12.

물론 각국의 사회적·경제적 여건이나 구조에 따라서 그 규율방법도 다양하게 나타날 수밖에 없지만 공통적인 것은 대체적으로 보아 경제적, 기술적 변화로 인하여 초래된 이 같은 부정적 결과는 사용자, 근로자, 그리고 국가가 공평하게 분담해야 한다는 견해를 취하고 있다는 점이라 할 수 있다.[601] 대체적으로 불황의 타개책 또는 필요성에서 행해진 경우가 대부분이지만, 앞으로는 이와 다른 각도에서 경영상의 이유에 의한 해고의 필요성이 제기될 가능성이 높다. 왜냐하면 하이테크산업의 발달로 인해 전반적인 산업구조조정이 필요한 단계에 들어선 오늘날에 와서는 경제의 호황·불황을 불문하고 각 기업마다 고용조정책 또는 경영합리화의 일환으로 전반적인 인원감축을 시도할 것이 예상되기 때문이다. 이와 같이 사용자가 기업경영인으로서의 결단에 의해 노동기술적 조직적·경제적 측면에서 단행한 경영조치의 필요성이나 합목적성에 근로자의 해고사유와 관련하여 사법심사를 할 수 없으며, 다만 그와 같이 경영조치로 과연 해고된 근로자의 노무제공이 불필요하게 되었는지의 여부만이 사법심사의 대상이 된다.[602] 그러나 이와 같이 사용자가 기업경영인으로서 누리는 결정의 자유는 어떤 개별적 근로자를 해고할 목적으로서 이용되거나 기타 근로자의 직장에 대한 사회적 존립보호를 회피하기 위한 수단으로 악용되어서는 안 된다. 사용자의 기업경영인으로서의 결단이 재량의 범위를 일탈하여 남용되는 경우에는 사법심사의 대상이 되며,[603] 사용자의 경영조치가 명백히 비현설적·비이성적·자의적인 때에는 이러한 조치로 인해 근로자를 해고함은 정당하지 못하다.[604]

관련 판례 대판 1996. 10. 29, 96다22198
경영상 해고의 의미

20, 7쪽.

601) 김유성, "정리해고의 법리", 노사관계 제1권 제1호, 한국노사발전연구원, 1990, 229~23쪽.

602) ① 독일의 지배적 견해임. 연방노동법원(BAG)의 판례도 동지임. Nikisch, a.a.O., S. 762 ; Zöller, a.a.O., S. 196 ; Söllner, a.a.O., S. 236 ; Hans Dieter Schmid, a.a.O., S. 138 ; BAG AP Nr. 5. zu § 1 KschG Betriebsbedingte Kundigung ; BAG AP Nr. 8. zu § 1 KschG. ② 영국의 판례·학설도 동지임. Norman M.Selwyn, Ibid., p. 206.

603) Kaufmann, NJW, 1953, S. 1047 ; Galperin, BB, 1945, S. 1118 ; Rappernecker, BB, 1958, S. 50

604) Zöllner, a.a.O., S. 196 ; Hans Dieter Schmid, a.a.O., S. 139 ; BAG AP Nr. 14 und Nr. 22 zu § 1 KschG, 1951, Betriebsbedingte Kündigung ; BAG AP Nr. 1 zu § 1 KschG, 1969, Betriebsbedingte Kündigung.

정리해고는 긴급한 경영상의 필요에 의하여 기업에 종사하는 인원을 줄이기 위하여 일정한 요건 아래 근로자를 해고하는 것이다.

2. 경영상 이유에 의한 해고요건

(1) 긴박한 경영상의 필요성

1) 의 의 「긴박한 경영상의 필요성」은 기업의 도산을 회피하기 위한 정도까지는 요구하지 않고 객관적으로 보아 경영합리화 조치의 합리성이 인정되는 것으로 충분하다고 할 것이다.[605] 일반적으로 「긴박한 경영상의 필요성」을 판단하는 자료로서 들 수 있는 것은 총자본 수익율 · 고정자본 구성비율 · 부가가치 생산성 · 자기자본 구성비율 · 결산제표 · 과거 현재의 경영실적 · 채권자로부터 청구 받은 채무금 상황 · 부동산의 시가산정 및 그 저당권 설정의 유무 등 기업재산과 경리내용의 실태 등이다. 그러나 근로자와 노동조합이 기업재산과 경리내용의 실태를 구체적이고 상세한 「경영분석(business analysis)」을 하기에는 현실적으로 어려움이 있다. 따라서 경영상 이유로 해고할 때에는 전후의 임금 등 인건비 상태, 해고 후의 신규채용, 시간외 근무의 증대화 여부, 적자부문의 계속영업의 여부, 주식배당, 희망퇴직자의 수와 해고자 수의 비교 등 간접적인 판단자료를 가지고서 「긴박한 경영상의 필요성」을 판단하는 지표로 삼는 것이 일반적이다.[606] 다만, 신기술의 도입 · 경영합리화 등은 그 진실성 또는 구체적 계획성이 인정되고 실제 계획의 실현단계에서 해고가 이루어져야 경영상 필요성이 있는 것으로 인정된다. 「긴박한 경영상의 필요성」은 회사 전체의 경영사정을 종합적으로 고려하여 결정하여야 할 것이고 일개 영업부문이나 영업소의 수지만을 기준으로 할 것은 물론 아니다. 또한 파업으로 인한 일시적인 경영상태의 악화나 주문감소 또는 기업의 실적증대를 겨냥한 소위 감량경영을 목적으로 근로자를 해고하는 것은 「긴박한 경영상의 필요」에 의한 해고라 할 수 없다.[607] 그러나 불가피한 사유에 의한 일부 작업부서의 폐쇄로서 부서 근무자를 타부서에 전환시켜 사용할 수 없는 특별한 사정이 있다면 그 정리해고는 유효하다고 생각한다. 근로기준법 제24조는 긴

605) 대판 1999. 5. 1,1 99두1809.

606) 本多淳亮, "人員整理", 勞働法事典, 勞働旬報社, 1979, 625面.

607) 대판 1993. 1. 26, 92누376.

박한 경영상의 이유에 대하여 열거하고 있다. 그럼에도 불구하고 긴박한 경영상의 필요는 구체적으로 어느 범위의 내용을 의미하는 가 의문이 제기된다. 이때 「긴박한 경영상의 필요성」이라 함은 경영상의 사유로 인하여 근로자와 근로관계 존속이 사용자 이익을 침해함은 물론 조직적·경제적 측면에서 경영체 전체에 부정적인 효과를 미치는 경우를 말한다.[608] 따라서 일시적 경영상태의 악화 및 수주감소로 인한 인원삭감은 여기의 긴박한 경영상의 필요성에 포함되지 않는다.[609]

2) 학 설

① 도산회피설 - 인원정리를 하지 않으면 기업의 존속유지가 위태롭게 되는 경우에 한하여 그 필요성이 정리해고의 유효요건이 된다고 하는 견해이다. 경영위기로 인한 정리해고를 하지 않으면 기업의 도산이 필연적이라는 객관적 상태에 있어서만 그 정당성이 인정된다고 한다. 우리나라와 일본의 다수의 견해이다.

② 합리적 필요설 - 도산회피의 단계에 이르지 않더라도 사용자가 인원정리를 결정한 것이 객관적으로 합리적인 것이라고 고려된다면, 그 결정은 정리해고를 무효로 하는 것은 아니라는 견해로서 기업경영에 있어서의 사용자의 판단을 존중한다.[610]

③ 감량경영설 - 기업경영상 인원정리를 하지 않으면 안될 경영부진에 빠져 있지 않은 상태에 있더라도 생산성향상·이윤추구를 위하여 사용자가 인원정리의 결정을 할 수 있고 그 결정은 유효한 것으로 보는 견해이다.[611]

④ 판례의 태도 - 판례를 살펴보면 종래의 판례는 도산회피설을 취하고 있다. 즉, 종래의 판례들은 「경영상의 필요성」의 요건을 판단함에 있어 「정리해고를 하지 않으면 기업경영이 위태로울 정도로 긴박한 경영상의 필요성」을 요구하면서 대체로 엄격한 기준을 적용하였으나 최근에는 「합리적 필요설」을 취하는 태도로 변경되었다.[612] 따라서 종전의 판례들이 정리해고의 요건 중의 「긴박한 경영상의 필요성」을 좁게 인정하여 기업의 도산이 우

608) 김형배, 근로기준법, 박영사, 1993, 664쪽.

609) 本多淳亮, 人員整理, 勞働法事典, 勞働旬報社, 1979, 624面.

610) 대판 1991. 12. 10, 91다8647.

611) 경영단체협의회, "경영환경변화와 정리해고", 노사협상종합지침, 1993, 240~241쪽.

612) 대판 1991. 12. 10, 91다8647 ; 대판 1992. 5. 12, 90누9421 ; 1992. 8. 14, 92다16963 ; 1992. 8. 14, 92다21036 ; 1993. 1. 26, 92누376.

려되거나 경영악화로 사업계속이 불가능할 경우라든지, 기업재정상 심히 곤란한 처지에 놓일 개연성이 있을 경우을 뜻한다고 한 것과 비교할 때 합리적 필요설은 그 요건을 상당히 완화하고 있는 입장이라 할 수 있다.[613)]

⑤ 검토의견 -「긴박한 경영상의 요건」이라 함은 반드시 기업도산을 회피하기 위한 것에 한정할 필요는 없고,「생산성의 향상, 경쟁력의 회복 내지 증강에 대처하기 위한 직업형태의 변경, 신기술의 도입이라는 기술적인 이유와 그러한 기술혁신에 따라 생기는 산업의 구조적 변화를 이유」로 할 때에도 인원의 삭감이 객관적으로 보아 합리성이 있다고 인정될 때에는「급박한 경영상의 필요성」이 있는 것으로 해석된다. 따라서 근로기준법 제24조에서 긴박한 경영상의 필요성은 객관적으로 합리성이 있는가에 의하여 판단하여야 할 것이다.[614)]

(2) 해고회피의 노력

근로기준법 제24조 제2항은「사용자는 해고를 회피하기 위한 노력을 다하여야 하며 합리적이고 공정한 해고의 기준을 정하고 이에 따라 그 대상자를 선정하여야 한다」고 규정하고 있다. 긴박한 경영위기를 타개하는 경영상 이유에 의한 해고의 목적을 해고 이외의 다른 방법으로 실현할 수 있고 또 그것이 가능한 경우에는 사용자는 그러한 노력을 해야 할 의무를 부담하고 있다. 경영상 이유에 의한 해고를 회피하기 위한 조치에는 경영부진 회복의 목적에 반하지 않는 한에 있어서, 사회통념상 기업에 기대되는 모든 조치를 다할 것이 요청되고 그것으로 족하다. 기업경영의 회복이 현저히 곤란하게 될 정도까지 자산의 처리를 요구하는 것은 기업의 존속을 도모하기 위하여 경영상해고를 인정하는 이상, 그

613) 복도지약송지판 1975. 9. 17, 장기지판 1975. 8. 17, 세천제작소 사건, 대판지계지판, 1979. 4. 25, 주우중기옥도제조소 사건, 강산지결 1979. 7. 31, 고전제강소 사건, 대판고판 1982. 9. 30.

614) 일본의 경우를 보면, ① 경영합리화를 행하지 않으면 기업이 도산하게 되는 등 회복이 어려울 정도로 타격을 받게 되는 경우 ② 기업의 유지가 위태로울 정도로 긴박한 필요성 ③ 정리해고를 행하지 않으면 기업의 유지·존속이 위기에 처할 정도의 긴박한 필요성 등과 같이 엄격하게 해석하여 오던 것을 ① 기업이 객관적으로 고도의 경영상 위기하에 있고 해고에 의한 인원삭감이 부득이한 것으로 기업도산의 경우에 한하지 않는 것 ② 인원정리를 행하지 않으면 기업의 존속이 위태로울 정도에 처해질 긴박한 필요성이라는 것을 판단하는 것은 매우 어려우며 회사 경영상 이미 늦게 될 위험이 있기 때문에 인원정리가 기업의 합리적 운영상 부득이한 경우 등과 같이 완화되는 경향이 있어「합리성 필요설」또는「감량경영설」에 접근하고 있다. : 要件緩和 判決 ; 日本 銅構造協會 事件, 東京地裁, 1987. 9. 16 ; 住友重機愛緩製作所 事件, 松山地裁, 1987. 5. 6 ; 高松市 水道서비스公社 事件, 高松地裁, 1987. 4. 9.

목적에 반하는 것이 되므로 인정될 수 없다.[615] 해고회피 노력의무의 구체적 내용으로는[616] ① 경영방침의 개선 변경이나 경영진의 교체 및 작업방식의 과학화 · 합리화 등을 통한 경영합리화 방법 ② 전직(배치전환)[617] 등의 노동력 이동 방법 ③ 하도급의 해약 등에 의한 자기기업의 노동력 활용 ④ 신규채용(중도채용 포함)의 중지, 유기계약자 갱신 중단 ⑤ 단축조업, 휴일 · 시간외근로(잔업)의 중단, 휴가(연차휴가 등)앞당김 · 증가책 등 근로의 분산에 의한 시간적 조치 ⑥ 임원수당의 삭감, 상여금이나 단체협약수준 이상의 특별수당지급의 폐지와 같은 제 경비의 절약을 위한 재정적 조치 ⑦ 일반휴직(휴업, 자택대기 발령 등) ⑧ 퇴직장려 및 희망퇴직자의 모집 등을 들 수 있다. 이와 같은 노력을 다하였음에도 불구하고 해고 이외의 방법으로는 경영위기를 타개할 수 없는 경우에 한해서 경영상해고의 필요성이 인정된다. 그러나 근로자를 재교육시키거나 근로조건을 변경하여 계속 고용할 가능성이 있고, 근로자가 동의한다면 근로자를 해고하지 못할 것이다. 영국이나 독일 등의 국가에서는 조업단축(Work sharing)과 자연감원(Attrition)이 정리해고 회피조치로 주로 행하여지며, 이 밖에도 희망퇴직(Negotiated departure), 조기퇴직(Early retirement), 배치전환(Internal transfers) 등이 해고회피조치의 내용이 된다.[618]

(3) 해고기준의 합리성과 공정성

다수의 근로자를 경영상의 이유로 해고할 경우에는 단체협약 · 취업규칙에 규정된 해고기준에 따라서 해고하는 것은 드물며, 일정한 선별기준을 마련한 뒤 거기에 따라서 희망퇴직자를 모집하고, 이후 지명해고를 행하는 것이 보통이다. 이와 같은 경영상 이유에 의한 해고의 기준설정은 그 긴박한 경영상의 필요성과 해고회피 노력을 전제로 하기 때문에, 이러한 전제조건을 충족하지 않은 채 정리해고의 기준만을 설정하여 해고하는 것은 정당

615) 정재성, "정리해고 규칙에 관한 연구", 서울대 법학석사 학위론문, 1985, 45~46쪽.

616) 경제단체협의회, 경영환경변화와 정리해고, 노사협상지침, 1993, 254쪽.

617) 일본에서는 일반적으로 ① 동일기업에서 동일 근무지 내의 직무와 근무장소 변경을 「配置轉換」, ② 근무지 변경을 「轉勤」, ③ 근로자가 자기의 원기업에 재적하면서 타기업사무소에서 상당한 기간 당해 타기업의 업무에 종사하는 것을 「出向」, ④ 근로자가 원기업에서 타기업으로 적을 옮겨 당해 타기업 업무에 종사하는 것을 「轉籍」이라고 한다. 우리나라에서는 出向과 轉換을 각각 在籍轉出 또는 轉籍轉出이라 한다. 그러나 여기에서는 정리해고의 회피노력의 방법으로 배치전환을 예시한 것이므로 전근, 재적전출, 전적전출 등의 방법을 활용할 수 있는 것으로 이해하여야 한다.

618) E. Yemin, *Workforce Reduction in Undertakings*, Geneva, ILO, 1982, pp. 13~22.

성이 인정되지 않는다. 경영상 이유에 의한 해고는 긴박한 경영상의 필요성을 전제로 하기 때문에 해고회피 노력도 없이 선별기준 만을 설정하는 경우에는 처음부터 그 기준은 효력을 발생하지 않는다고 하여야 한다. 그러나 정리해고의 필요성이 객관적으로 충분히 존재할 때에는 합리적이고 공정한 선별기준의 설정은 근로자의 희생을 최소한도로 줄이는 효과가 있으며, 공정한 인선을 보장하는 것이 된다. 만약 합리적인 선별기준을 설정하지 않았다든지 또는 합리성과 공정성이 결여된 선별기준에 따라서 경영상해고를 한 경우에는 그 해고는 자의적인 것으로 판단되어 결국 무효가 될 것이다.[619] 이 때 해고대상자의 범위는 경영상의 사유가 발생된 사업 또는 사업장에서 종사하는 근로자에 한정되어야 한다. 왜냐하면 경영상의 사유와 직접 관련이 없는 기업전체로 해고대상을 확대하는 것은 경영상의 사유에 의한 해고의 취지에 반하여 직접 관련이 없는 근로자들에게 불이익을 주는 것이 되기 때문이다.[620]

1) **해고대상자의 선별기준** 경영상해고 대상자의 선별은 해당 근로자의 이익과 경영의 이익을 서로 평가한 것이어야 한다. 당해 근로자의 이익과 관련된 내용으로는 연령, 근속기간, 가족상황, 기타 경제적 상황(수입이 있는 가족구성원의 수, 법정 피부양자 수, 배우자의 급료에 의한 생활이 충분한 자, 재산상태), 건강장애 등이 있고, 경영상의 이익과 관련된 내용으로는 근무능력, 능률성, 적응성, 경험, 거래처와의 관계 등이 있다. 대법원 판례에 의하면 공정한 기준으로 제시하고 있는 것은 근속년수, 연령,[621] 근무성적, 기능숙련도 등이 제시되고 있다.[622] 그러나 개인의 「일신상의 사유」나 「형태상의 사유」는 사유로 인하여 근로자를 해고할 수 있을 정도로 중요한 것이 아닌 한 고려될 수 없다고 판단된다. 대체적으로 선별기준의 내용을 열거할 수 있는 것으로는, 고령자, 근속연수가 짧은 자, 일정연령 이상의 여자, 남편 있는 여자, 장기 결근자, 신체장해자, 집단생활의 질서 문란자, 회사의 업무에 협력하지 않는 자, 업무명령에 협력하지 않는 자, 업무명령에 복종하지 않는 자, 작업 능률이 낮은 자, 생산 축소에 의하여 잉여인원이 된 자, 배치전환이 곤란한

---

619) 本多淳亮, "人員整理", 勞動法事典, 勞動旬報社, 1979, 625面.

620) 김형배, 근로기준법, 박영사, 1993, 669쪽.

621) 대판 1987. 4. 28, 86다카1873(이 판례는 정리해고시 단체협약상 연령과 근무연한을 고려하여 감원대상자를 선발하도록 한 규정이 준수되었는지 여부를 판단하고 있다).

622) 대판 1987. 5. 12, 85누690 ; 1992. 11. 10, 91다19463.

자, 임시 근로자, 파트타임 근로자, 아르바이트 근로자, 희망퇴직자 등이다. 선별기준은 노동력의 제공이 비효율적인 자, 잉여 노동력에 해당되는 자, 징계처분 대상자, 비정규인력 등에 해당되는 자로서 다른 근로자에 비하여 생계위협이 상대적으로 적거나 건실한 노동력 소유자라고 평가받지 못한 자를 공정성에 비추어 선별한 것이 아닌가 생각한다.

① 고령자 - 연공서열형의 임금체계에 의해 비교적 높은 임금을 받고 있음에도 노동능률이 높지 않다는 것을 그 이유로 하고 있지만, 능률에는 개인차가 있고, 고령자는 재취직이 곤란하며 실업에 따른 생활상의 타격이 심각하다. 또 이러한 기준은 정년제를 설정한 의미를 상실시키기 때문에, 사용자의 사정만에 의하여 정리기준을 설정하는 것은 합리적이라고 할 수 없다.

② 근로연수가 짧은 자 - 연령이 낮거나 입사연도가 늦은 자을 우선해고 하는 기준은 이러한 근로자가 장래의 기업의 공헌도가 높을 것이 기대되고, 저임금근로자를 정리대상자로 하는 것으로서 기업측은 오히려 경영위기 타개를 위한 정리해고의 목적에 반한다는 점이 있음에도 불구하고, 현재의 기업에 공헌도가 낮다는 것, 재취업의 기회가 고령자에 비해 상대적으로 높다는 것 등을 우선적으로 고려한다는 점에서 공정성을 갖는다고 할 수 있다.[623]

③ 일정연령 이상의 여자, 남편이 있는 여자 - 이러한 기준은 성별에 의한 차별이기 때문에 헌법 제11조(법 앞의 평등) 및 근로기준법 제6조(균등처우)의 정신에 위반되며, 또한 사법상 무효이다. 그러나 여자만을 의식적으로 대상으로 한 것이 아니고, 정리되는 업무가 여자가 중심이 되어 있고 공장내 배치전환이 곤란하며, 같이 근로하는 기혼의 여자의 생활정도를 보아서 정리해고의 필요성을 인정하는 한 위법은 아니라고 한다.

④ 장기결근자, 신체장해자 - 업무상 부상 또는 질병에 의하여 장기간 결근하고 있는 자라든가 혹은 그와 같은 원인에 의하여 초래된 신체장해자 등은 원칙적으로 여기에 포함되지 않는다고 해석해야 한다.

⑤ 경영질서의 문란자, 업무효율이 낮은 자 - 집단생활의 질서문란자, 회사의 업무에 협력하지 않는 자, 업무명령에 복종하지 않는 자, 작업능률이 낮은 자를 정리해고의 대상자로 선별하는 기준은 그 자체로서는 부당하지 않지만 그 기준이 모호하여 실제적용에 있어

623) 대판 1983. 4. 28, 86다카1873 : 하갑래, 『근로기준법』, 중앙경제사, 1993, 548쪽.

서 어려움이 있다. 이 기준을 실제 적용함에 있어 그 평가항목이 없거나 평가항목이 「협조」, 「조화」, 「성실」 등과 같이 추상적으로 정해진 경우에는 객관적 합리성을 결하게 되어 무효가 될 수도 있다.

⑥ 생산축소에 의하여 잉여인원이 된 자, 배치전환이 곤난한 자 - 이러한 기준은 최근에 와서 대두되고 있다. 어떤 한 작업장이 폐지되면 그 작업장에서 근무하던 근로자들은 모두 잉여인원이 되지만, 그 경우에 폐지된 작업장의 근로자만이 해고되는 불공평이 일어나지 않도록 하기 위하여 선별기준이 설정되는 것이다. 종국적으로는 폐지된 작업장의 근로자를 배치전환에 의하여 다른 직장으로 전근시키는 것을 먼저 검토하여야 하며 그리하여 전체로 보아서도 잉여인원이 생긴 경우에 한하여 정리해고가 인정되어야 할 것이다.

⑦ 임시근로자, 단시간근로자, 아르바이트 근로자 - 정규직 근로자와 임시 근로자 · 파트타임 근로자 · 아르바이트 근로자 중에서 임시근로자 · 파트타임 근로자 · 아르바이트 근로자를 먼저 정리 대상으로 삼는 것은 특별한 사유가 없는 한 합리성과 공정성이 인정된다.[624] 그러나 단순히 명칭만 가지고 해고당사자의 1순위로 할 수는 없고 실질적 고용관계가 임시적인가 아닌가. 그리고 기업과의 결합의 정도가 정규근로자에 비하여 희박 한가 아닌가 여부에 따라서 합리적 기준임이 정해져야 할 것이다.

⑧ 희망퇴직자 - 희망퇴직자를 모집하여 이들을 먼저 퇴직시키는 것은 해고대상자 선발기준에 있어 공평성이 인정될 수 있는 기본적인 기준이 될 것이다.[625]

3) **선별기준의 효력** 선별기준은 사용자가 노동조합과 합의하여 작성한 경우와 사용자가 일방적으로 작성한 경우로 크게 대별할 수 있다. 노동조합과 협의절차를 거친 소위 「합의된 선별기준」은 단체협약 근로조건기준과 동일한 성질을 가지므로 그 기준에는 법률상 효력이 인정된다. 그런데 노동조합과 협의를 하지 않는 사용자의 이른바 「일방적인 선별기준」도 과연 법적 효력을 가지는 것일까 하는 점이다. 이러한 선별기준도 취업규칙과 동일한 성질을 가지므로 취업규칙과 같은 효력을 가진다고 하는 견해도 있으나 이러한 기준은 취업규칙과 같은 법적 통제를 받을 조건이 결여되어 있으므로 여기에 법적 효력을 인정하는 것은 무리라고 생각된다.[626] 그러나 단체협약상에 합의 규정의 유무에 관계없이

---

624) 대판 1966. 4. 6, 66도204.

625) 서울민지판 1990. 10. 18, 89가합056525 ; 하갑래, 전게서, 중앙경제사, 1993, 548쪽.

626) 本多淳亮, "人員整理", 勞動法事典, 勞働旬報社, 1979, 626面.

노동조합과 협의를 거듭하여도 합의에 도달하지 못하여 사용자가 최종적으로 선별기준을 작성한 경우에도 효력을 인정할 수 있는가 하는 것이 문제된다. 생각건대, 경영상 이유에 의한 해고의 필요성이 있고 노동조합측과 성의 있는 협의를 거듭하였으나 합의에 이르지 못한 경우에는 사용자는 합리적이고 객관성이 있는 선별기준을 정하여 그에 따라 해고할 수도 있다고 보아야 한다.[627] 결국 정리해고의 유·무효는 사용자가 최종적으로 정한 선별기준이 합리성과 공정성을 가지고 있으냐 여부에 따라 판단된다고 할 수 있겠다. 경영상 이유로 해고를 할 때에 법률에 위반되어서는 안된다는 것은 말할 나위가 없다. 즉 공정한 선별기준에 반하는 해고는 경영상 이유에 의한 해고로 볼 수 없으므로 근로기준법 제24조에 위반될 뿐만 아니라 정당한 이유 없는 해고로 근로기준법 제23조 제1항에 의하여 무효가 된다. 실제로는 경영상 이유에 의한 해고를 빙자하여 노조활동가를 기업외로 추방하려는 것은 부당노동행위를 성립시켜 그 효력을 상실케 되지만 이외에도 신앙이나 사회적 신분 등을 이유로 하는 차별대우 역시 근로기준법 제6조의 위반으로 당연 무효로 판단되어야 할 것이다.

또한 선별기준의 적용방법 면에서도 「공정성」을 잃지 말아야 한다. 예컨대 개별적으로는 회사가 지적하는 사실이 존재하는 부분이 인정될 수 있지만, 반면에 선별기준의 각 항목을 적용하는데 있어서 다른 근로자와 객관적으로 비교하여 큰 차이가 있는 경우도 있을 수 있음으로 종합적으로 고려하여 공정하게 선별기준이 적용되어야 한다. 그리고 정리해고가 기업재건을 목적으로 하여 행하여지는 이상 선별기준의 설정 및 그 해당의 유무에 대하여는 앞으로 기업의 운영을 담당해야 할 사용자의 판단을 제1차적으로 중요시하여야 하고 그 판단이 합리성을 가진다고 인정되는 한, 위법의 의도는 없는 것으로 일단 추정된다.[628]

(4) 노동조합 또는 근로자대표와의 협의

1) 사전협의의무　근로기준법 제24조 제3항은 사용자가 제2항에 따른 해고를 피하기 위한 방법과 해고의 기준 등에 관하여 그 사업 또는 사업장에 근로자의 과반수로 조직된

---

627) 김유성, "정리해고에 관한 소고", 법학 제25권 제2·3호, 서울대학교 법학연구소, 1984, 177쪽.

628) 慶谷淑夫, "解雇をめぐる法律問題", 勞働法學論, 97~99面(같은 견해 ; ヒロフエソ事件, 東京地裁 1977. 7. 29 判決).

노동조합이 있는 경우에는 그 노동조합(근로자의 과반수로 조직된 노동조합이 없는 경우에는 근로자의 과반수를 대표하는 자를 말한다)에 해고를 하려는 날의 50일전까지 통보하고 성실하게 협의하여야 한다. 따라서 노사간의 신의칙상 정당해고의 절차에 있어서 사용자는 노동조합측과 성의를 가지고 사전에 협의하여야 한다.[629] 사용자의 노동조합측에 대한 경영상 이유에 의한 해고의 사전협의 목적은 사실상 경영상 이유에 의한 해고를 회피하거나 또는 최소한의 해고에 그치게 하거나, 피해고자가 새로운 직장을 구할 수 있도록 하는 시간을 부여하는 데에 그 취지가 있다. 사용자는 노동조합의 단체교섭권 보장이나 근로계약의 상대방 보호의 관점에서 근로자측에 대하여 경영상 이유에 의한 해고의 내용을 설명하고 협조를 구하는 등 성실한 협의를 거칠 것이 요구된다. 취업규칙이나 단체협약에 그에 관한 규정이 있는 경우는 물론이고 특별한 규정이 없는 경우에도 이러한 사전협의의 의무가 있다. 그러나 경영상 이유에 의한 해고에 있어서 사전협의라는 절차상 요건을 위반한 경우 그 효력은 어떻게 되는가. 사용자가 이러한 사전협의의무를 위반하여 정리해고를 하였다 할지라도 경영상 이유에 의한 해고의 실질적 요건이 갖추어져 있을 때에는 전체적으로 보아 사전협의 절차를 거치지 않은 것이 정리해고의 효력을 뒤바꿀 만한 다른 사유가 없는 이상 경영상 이유에 의한 해고를 무효라고 할 수 없다.[630] 경영상 이유에 의한 해고 요건에 대하여는 노동조합이나 근로자측과 사전협의를 하는 것을 유효요건으로 보는 견해가 있으나 사전협의는 유효요건으로 보기는 어려울 것이다. 다만 기업이 노동조합 또는 근로자측과 사전에 성실하게 해고회피 방안을 강구하면서 선별기준을 협의하였다면 그러한 해고 회피노력과 선별기준이 보다 존중되어야 할 것이다. 또한 경영합리화를 통하여 인원삭감의 필요성이 발생한 경우에는 노동조합 또는 근로자측과의 협의를 해고회피의 노력의 하나로 인정할 수 있을 것이다. 협의라 함은 필요한 사항을 상대방에게 설명하고, 상대방의 의견을 듣고 또 질문에 성의껏 답변하는 경우에는 상대방의 승락을 최종적으로 얻지 않아도 좋은 것을 말한다. 노동조합이 있는 경우에는 근로자의 과반수를 대표하는 노동조합, 이러한 노동조합이 없는 경우에는 근로자의 과반수를 대표하는

---

629) 미국의 경우에는 노조에 대한 사전고지기간이 너무 짧기 때문에(단체협약의 약 55%가 1주일 미만으로 규정) 소기의 목적을 달성키 어렵다는 지적을 받고 있다(E. Yemin, Workfoece Reduction in Undertaking, Geneva, ILO, 1982, p. 7).

630) 김지형, 『근로기준법 해설』, 청임출판, 1993, 378~379쪽.

근로자 대표와 긴박한 경영상의 필요성, 해고회피 방안, 해고대상자의 선별기준에 대하여 성실한 협의를 하여야 한다. 협의의 대상사항은 경영상 이유에 의한 해고에 관하여 중요한 사항을 모두 포함한다. 즉, 정리해고에 이르게 된 경위, 기업의 경영상황, 정리해고의 필요성, 해고회피조치, 정리해고대상자의 수와 범위, 선별기준과 그 적용방법, 이직·퇴직·해고의 조건, 해고절차 등 정리해고 전반에 관하여 사용자는 노동조합과 협의하여야 한다. 최근 대법원은[631] "노동조합이나 근로자측과 사전협의를 거친다 해도 별다른 효과를 기대할 수 없는 특별한 사정이 인정되는 경우에 「사전협의」를 안 거쳤어도 정리해고의 효력에는 영향이 없다"고 판시하고 있다. 그러나 이 판례는 법의 취지를 무시한 것이라고 사료된다.

2) 동의조항의 효력 동의라 함은 상대방의 승락을 최종적으로 얻을 것을 말한다. 구체적으로 사용자의 협의정도는 해고에 관하여 노동조합과 협의하고 회사가 의도하는 바를 노동조합측에 이해시키는 정도가 요구된다. 경영상 이유에 의한 해고를 하기 위하여 노동조합과 합의를 한다는 단체협약을 체결하는 경우에 합의라는 의미는 무엇인가. 이에 대하여 대법원[632] 「"합의"라는 용어는 회사와 노동조합의 합치된 의사에 따르게 함으로써 회사의 인사권이나 징계권을 전반적으로 제한하려는 취지에서 규정된 것이 아니고 조합원에 대한 회사의 자의적인 인사권이나 징계권의 행사로 노동조합의 정상적인 활동이 저해되는 것을 방지하려는 취지에서 인사나 징계의 공정을 기하기 위해 노동조합에게 필요한 의견을 제시할 기회를 주고 제시된 노동조합의 의견을 참고로 하는 취지라고 해석함이 상당하다」고 판시하고 있다. 이러한 동의조항의 판결은 동의의 정도를 소극적의미로 해석한 것이라고 할 수 있다. 따라서 단체협약상의 동의조항의 경우에도 반드시 사용자가 노동조합이 승락을 얻지 않아도 정리해고가 가능하다고 한다.[633] 즉 정리해고에 있어서 동의와 협의의 차이는 정도의 차이일 뿐이라고 한다. 동의조항이 있더라도 사용자가 성실히 협의의무를 다한 경우에도 노동조합이 이를 거부하는 경우에는 동의권의 남용으로 사용자가 일방적으로 정리해고를 하더라도 그것이 공정하고 합리성이 있는 한 유효한 것이 된다.

---

631) 대판 1994. 5. 10, 93다4982.

632) 대판 1994. 3. 22, 93다28553.

633) 保原喜志夫, 整理解雇をめぐる判例の法理(六), 判例時報, 1082, 177面.

(5) 노동위원회에의 구제신청

사용자가 근로기준법 제24조의 규정에 의한 요건을 갖추어 근로자를 해고한 때에는 제23조 제1항의 규정에 의한 정당한 이유가 있는 해고를 한 것으로 본다(법 제31조 제4항). 그러나 경영상 이유에 의한 해고는 그 집단적 대량적 성격으로 인하여 국민경제와 사회 전체에 미치는 영향이 막대하므로 불합리한 해고시에는 근로자가 노동위원회에 구제신청을 할 수 있다.[634] 노동위원회에 대한 정리해고의 구제신청은 경영상의 이유에 의한 해고의 적정성 및 객관성, 공정성 등을 심사하여 정리해고로 인하여 야기될 수 있는 노사분쟁을 방지하거나 또는 근로자가 불리하게 해고되는 대량해고의 부작용을 방지하고자 하는데 그 취지가 있다고 해석된다.[635] 경영상의 해고로 인한 구제신청을 할 때에 사용자는 정리해고의 정당성을 입증하여야 한다. 왜냐하면 명시된 경영의 악화, 생산성 향상을 위한 긴박한 경영상 필요, 경영악화로 인한 사업장의 양도, 합병, 인수, 해고회피 노력, 공정한 해고기준 설정 등을 사용자에게 입증하는 것이 경영상의 이유에서 합리적이기 때문이다. 따라서 노동위원회는 사용자가 위 해고요건 등을 구체적으로 입증하도록 자료를 요구할 수 있다. 따라서 신청서의 기재사항과 첨부서류가 미비할 경우 노동위원회 위원장은 상당기간을 정하여 보정을 명할 수 있다. 노동위원회 심판위원회는 보정명령에도 불구하고 보정을 하지 아니하는 경우에는 그 신청을 각하할 수 있다고 해석된다. 따라서 노동위원회의 위원장은 신청인에게 경영상해고와 관련된 자료제출을 요구할 수 있으며, 필요하다고 인정하는 때에는 노사당사자의 출석을 요구하여 사실관계를 조사할 수 있을 것이다. 이것은 경영상 해고 여부와 엄격한 사실조사로써 부당한 해고를 방지하고자 한 것이다.

(6) 경영상 해고와 우선적 재고용

a) 근로기준법 제25조는 「①제24조에 따라 근로자를 해고한 사용자는 근로자를 해고한 날부터 3년 이내에 해고된 근로자가 해고 당시 담당하였던 업무와 같은 업무를 할 근로자를 채용하려고 할 경우 제24조에 따라 해고된 근로자가 원하면 그 근로자를 우선적으로

634) 사전승인을 요구하는 국가는 프랑스와 개발도상 국가들이 있다. 프랑스에 대하여는 E. Yemin, *Workforce Reduction in Undertakings*, Geneva, ILO, 1982, pp. 55- 78 참조.

635) E. Yemin, *Workforce Reduction in Undertakings*, Geneva, ILO, 1982, p.11.

고용하여야 한다. ②정부는 제24조에 따라 해고된 근로자에 대하여 생계안정, 재취업, 직업훈련 등 필요한 조치를 우선적으로 취하여야 한다」고 규정하고 있다.

b) 우선재고용은 당해 근로자가 원하는 경우에 인정되나. 사용자가 반드시 재고용해야 하는 법적 의무를 부담하는 것은 아니다. 따라서 사용자의 우선재고용의무는 강행규정이 아니라 임의규정으로 보아야 한다. 우선재고용을 하는 경우 근로자의 해고전 직책을 감안하도록 되어있으나, 반드시 해고전의 직위 · 임금 · 직책 등 근로조건을 보장할 필요는 없다. 경영상 해고를 한 후 일정한 기간이 경과하기 전에는 당해업무에 파견근로자를 사용하여서는 아니된다(파견법 제16조 제2항). 정부는 경영상 해고된 근로자에 대하여 생계안정 · 재취업 · 직업훈련 등 필요한 조치를 우선적으로 취하여야 한다(근기법 제25조 제2항).

관련 판례 대판 1989.5.23. 87다카2132
정리해고의 요건과 절차 - 도산회피설

기업이 경영상의 사정에 의하여 근로자를 해고하는 이른바 정리해고에 있어서는 첫째로 해고를 하지 않으면 기업경영이 위태로울 정도의 급박한 경영상의 필요성이 존재하여야 하고, 둘째로 경영방침이나 작업방식의 합리화, 신규채용의 금지, 일시휴직 및 희망퇴직의 활용 등 해고회피를 위한 노력을 다하였어야 하며, 셋째로 합리적이고 공정한 정리기준을 설정하여 이에 따라 해고대상자를 선별하여야 하고, 이밖에도 해고에 앞서 노동조합이나 근로자측과 성실한 협의를 거칠 것이 요구된다.

관련 판례 대판 2002.7.9. 2001다29452
정리해고의 요건

가. 근로기준법 제31조 제1항 내지 제3항에 의하면, 사용자가 경영상의 이유에 의하여 근로자를 해고하고자 하는 경우에는 긴박한 경영상의 필요가 있어야 하고, 해고를 피하기 위한 노력을 다하여야 하며, 합리적이고 공정한 기준에 따라 그 대상자를 선정하여야 하고, 해고를 피하기 위한 방법과 해고의 기준 등을 근로자의 과반수로 조직된 노동조합 또는 근로자대표에게 해고실시일 60일 전까지 통보하고 성실하게 협의하여야 한다. 여기서 긴박한 경영상의 필요라 함은 반드시 기업의 도산을 회피하기 위한 경우에 한정되지 아니하고, 장래에 올 수도 있는 위기에 미리 대처하기 위하여 인원삭감이 객관적으로 보아 합리성이 있다고 인정되는 경우도 포함되는 것으로 보아야 하고, 위 각 요건의 구체적

내용은 확정적 · 고정적인 것이 아니라 구체적 사건에서 다른 요건의 충족 정도와 관련하여 유동적으로 정해지는 것이므로 구체적 사건에서 경영상 이유에 의한 당해 해고가 위 각 요건을 모두 갖추어 정당한지 여부는 각 요건을 구성하는 개별사정들을 종합적으로 고려하여 판단하여야 한다.

나. 사용자가 정리해고를 실시하기 전에 다하여야 할 해고회피노력의 방법과 정도는 확정적 · 고정적인 것이 아니라 당해 사용자의 경영위기의 정도, 정리해고를 실시하여야 하는 경영상의 이유, 사업의 내용과 규모, 직급별 인원상황 등에 따라 달라지는 것이고, 사용자가 해고를 회피하기 위한 방법에 관하여 노동조합 또는 근로자대표와 성실하게 협의하여 정리해고 실시에 관한 합의에 도달하였다면 이러한 사정도 해고회피노력의 판단에 참작되어야 한다.

다. 합리적이고 공정한 해고의 기준 역시 확정적 · 고정적인 것은 아니고, 당해 사용자가 직면한 경영위기의 강도와 정리해고를 실시하여야 하는 경영상의 이유, 정리해고를 실시한 사업 부문의 내용과 근로자의 구성, 정리해고 실시 당시의 사회경제상황 등에 따라 달라지는 것이고, 사용자가 해고의 기준에 관하여 노동조합 또는 근로자대표와 성실하게 협의하여 해고의 기준에 관한 합의에 도달하였다면 이러한 사정도 해고의 기준이 합리적이고 공정한 기준인지의 판단에 참작되어야 한다.

관련 판례 대판 2006.1.26. 2003다69393
정리해고의 절차적 요건

근로기준법 제31조 제3항이 사용자는 해고를 피하기 위한 방법 및 해고의 기준 등에 관하여 당해 사업 또는 사업장에 근로자의 과반수로 조직된 노동조합이 있는 경우에는 그 노동조합, 근로자의 과반수로 조직된 노동조합이 없는 경우에는 근로자의 과반수를 대표하는 자(근로자대표)에 대하여 미리 통보하고 성실하게 협의하여야 한다고 하여 정리해고의 절차적 요건을 규정한 것은 같은 조 제1,2항이 규정하고 있는 정리해고의 실질적 요건의 충족을 담보함과 아울러 비록 불가피한 정리해고라 하더라도 협의과정을 통한 쌍방의 이해 속에서 실시되는 것이 바람직하다는 이유에서라고 할 것이므로, 근로자의 과반수로 조직된 노동조합이 없는 경우에 그 협의의 상대방이 형식적으로는 근로자 과반수의 대표로서의 자격을 명확히 갖추지 못하였더라도 실질적으로 근로자의 의사를 반영할 수 있는 대표자라고 볼 수 있는 사정이 있다며 위 절차적 요건도 충족하였다고 보아야 할 것이다.

관련 판례 대판 2003.11.13. 2003두4119
사전 통보 · 협의기간 위반의 효력

근로기준법 제31조 제3항이 해고를 피하기 위한 방법과 해고의 기준을 해고실시 60일 이전까지 근로자대표에게 통보하게 한 취지는, 소속근로자의 소재와 숫자에 따라 그 통보를 전달하는데 소요되는 시간, 그 통보를 받은 각 근로자들이 통보 내용에 따른 대처를 하는 데 소요되는 시간, 근로자대표가 성실한 협의를 할 수 있는 기간을 최대한으로 상정 · 허여하자는 데 있는 것이고, 60일 기간의 준수는 정리해고의 효력요건은 아니어서, 구체적 사안에서 통보 후 정리해고 실시까지의 기간이 그와 같은 행위를 하는 데 소요되는 시간으로 부족하였다는 등의 특별한 사정이 없으며, 정리해고의 그 밖의 요건은 충족되었다면 그 정리해고는 유효하다.

제 4 절　해고절차의 제한

1. 해고의 예고

(1) 근로기준법 제26조의 법적의의

근로기준법 제26조는 「사용자는 근로자를 해고(경영상 이유에 의한 해고를 포함한다)하려면 적어도 30일 전에 예고를 하여야 하고, 30일 전에 예고를 하지 아니하였을 때에는 30일분 이상의 통상임금을 지급하여야 한다. 다만, 천재 · 사변, 그 밖의 부득이한 사유로 사업을 계속하는 것이 불가능한 경우 또는 근로자가 고의로 사업에 막대한 지장을 초래하거나 재산상 손해를 끼친 경우로서 고용노동부령으로 정하는 사유에 해당하는 경우에는 그러하지 아니하다」고 규정하고 있다. 이 규정은 근로자가 갑작스런 해고로 인하여 받게 될 생활의 곤궁과 실업의 위험에 대비하여 새로운 직장을 구할 수 있는 시간적인 여유를 부여해준다는 취지에서 사용자의 해고권을 절차적인 측면에서 간접적이고 외면적으로 제한하고 있다. 그리고 이 규정은 전술한 「정당한 이유」가 있어 사용자가 근로자를 정당하게 해고할 수 있음을 전제로 하고, 다시 사용자의 해고권행사를 절차적으로 제한한 것이다. 따라서 「정당한 이유」가 없음에도 불구하고 적당한 해고예고를 하면 근로자를 자유로이 해고할 수 있다는 취지로 오해되어서는 안된다.636)

그런데 이 규정은 민법 제660조와 어떠한 관계에 있는가 하는 의문이 있다. 즉, 근로기준법상의 「해고예고」와 민법상의 「해지통고」와의 의미관련의 문제라 하겠다. 민법은 해지통고의 시점을 기준으로 하여 그로부터 1월이 경과하면 계약이 종료한다고 규정하는데 반하여, 근로기준법은 해고의 시점 즉, 근로관계가 종료한 날을 명시하고 그로부터 소급하여 적어도 30일 이전에 예고하도록 요구하고 있다. 이와 같은 민법 제660조와 근로기준법 제26조의 법문상의 차이에도 불구하고 양자는 모두 해고관계와 근로관계의 종료를 1월 혹은 30일 전에 미리 알려주어 이에 대비하도록 하는 동일한 내용의 규정으로 보인다. 그러나 이와 같은 법문상의 차이에 주목하여 근로기준법상의 「해고예고」라 함은 민법상의 「해지통고」와 동일한 법적 의의를 갖지 않으며, 문자 그대로 해고할 것을 미리 예고하는 것으로서 사회·경제적 약자인 근로자를 특별히 보호한다는 노동법의 견지에서 민법상의 「해지통고」와 중첩적으로 적용되는 새로운 「해고제도」를 창설하고 있는 것이라는 견해가 있다.637) 그런데 이상과 같은 해석론은 근로자를 더욱 두텁게 보호할 수 있기는 하지만, 본래 근로기준법상의 해고제도는 민법상의 고용관계에 대한 해지제도와 본질을 같이 하면서, 다만 근로자 보호를 위하여 사용자의 근로자에 대한 해고권을 절차적으로 제한하고 있다는 점과 근로기준법상의 해고예고란 근로관계의 종료를 예고하는 것이지 해고의 의사표시를 예고하는 것이 아니라는 점을 오해한데서 비롯한 그릇된 견해라고 생각된다.

(2) 예고의무

1) 예고방법 해고예고에 있어서는 근로자가 해고될 날짜를 명확히 하여야 하며, 불명확한 기한이나 조건을 붙인 해고예고는 근로자의 생활을 불안하게 하고 장래의 계획을 혼란케 하는 까닭에 예고로서 효력을 갖지 않는다.638) 또한 일단 해고예고를 하고 나면 추

636) 이병태, "해고의 제한", 경영과 노동, 1971. 10~11, 14~20쪽 ; 대판 1971. 8. 31, 71다1400.

637) 임종률, "해고의 법리", 서울대법학, 1971. 12, 77~78쪽.

638) 김형배, 전게서, 549쪽 ; 심태식, 전게서, 308면. 이와 관련해서 특히 문제되는 것은 소위 근로조건 변경을 위한 해고라고 하겠다. 정당한 이유없이 근로조건을 변경하기위해 근로자를 해고함이 근로기준법 제27조 1항에 위반됨은 별론으로하고, 변경된 근로조건으로 근로관계를 계속할 것인지 여부는 전적으로 근로자의 의사에 달린 것으로 이는 허용된다고 봄이 일반적인 견해이다.(Söllner, a.a.O., S.

후에 이를 취소하여도 근로자의 동의가 없는 한 취소로서 효력을 갖지 않는다. 그리고 해고예고와 동시에 일정 기한까지 스스로 퇴직한 근로자에게 특별위로금을 지급한다는 의사표시는 유효하다고 보지만, 이 경우에는 일종의 합의에 의한 근로관계의 종료로 봄이 타당할 것이다. 해고예고를 할 때 해고사유를 명시하여야 하는가 하는 문제는 해고사유로서 「정당한 이유」의 고지의무와 관련하여 이미 언급한 바와 같이 해고사유를 명시하지 않는 해고예고는 예고로서 효력이 없다고 해석된다.

2) 예고기간 근로기준법 제26조는 「적어도 30일 이전」에 해고를 예고하도록 규정함으로써 사용자와 근로자의 개별적 합의 · 취업규칙 · 단체협약에 의해 예고기간의 연장가능성을 예정하고 있다. 따라서 해고기간을 근로자의 종류 · 근속연한 등에 따라 서로 다르게 책정하는 기술적인 방법이 있을 수 있겠다. 나아가서 일정기간 이상 근속한 근로자나 그 밖에 특별한 회사유공근로자에 대해서는 사용자의 해고권을 배제하는 개별적 합의 · 취업규칙 · 단체협약 등이 있을 수 있다.[639] 다만, 이와 같은 예고기간의 연장이나 해고권 배제의 특약은 중대한 사유로 인한 사용자의 즉시해고권을 배척하지는 못한다. 그리고 근로기준법 제26조는 근로자보호를 위하여 최소한의 예고기간을 규정하고 있는 강행법규인 까닭에 예고기간을 30일 미만으로 단축하는 합의 · 취업규칙 · 단체협약은 그 부분에 한하여 무효가 된다(법 제15조).

(3) 예고수당 지급의무

1) 예고수당과 예고기간의 관계 근로기준법 제26조는 근로자의 해고절차상 예고기간을 둘 것인가 해고수당을 지급할 것인가를 완전히 사용자의 편의적인 선택에 맡기고 있다. 따라서 예고수당을 지급하는 행위는 그 효과면에 있어서 예고기간의 만료와 완전히 동일하다고 보여진다. 이와 같이 예고수당의 지급과 예고기간의 부여가 사용자의 편의상의 선택에 맡겨지는 상호보완적 관계에 있다면 예고수당의 금액과 예고기간의 일수는 서로 환산할 수 있을 것인가 하는 의문이 있다. 이에 대해서 명문의 규정은 없지만 양자의

230, S. 238 ; Zöllner, a.a.O., S. 180f, S. 202f ; Nikisch, a.a.O., S. 699ff ; 독일 해고제한법 제2조).

639) 해고권 배제는 「예고기간의 무한한 연장의 형태」로도 이해할 수 있으며, 이는 즉시해고와 관계를 이해하는데 도움이 된다.

상호보완적인 관계에 비추어 해석론상 이를 긍정함이 타당하다고 생각된다. 다만 이 경우 예고수당 지급분에 대한 예고기간 일수의 단축은 처음부터 미리 확정되어 있어야 한다고 하겠다. 따라서 처음부터 30일 미만의 해고를 하면서 동시에 그 부족일수에 대한 해고수당을 지급할 수는 있지만, 처음부터 30일 미만의 해고를 하고 그 기간이 경과한 뒤에야 비로소 부족일수분에 대한 예고수당을 지급하는 경우는 최초의 해고예고가 무효인 까닭에 허용되지 않는다고 본다. 또한 처음에는 30일 이상의 예고를 하고 그 뒤 사용자의 편의에 따라 예고기간을 단축하여 그 단축된 일수에 대한 예고수당을 지급하는 경우는 예고기간의 단축이 해고예고의 취소변경이 되는 것이어서 허용되지 않는다고 본다.[640]

2) **예고수당의 법적 성질** 예고수당은 과거의 근로제공에 대한 반대급부가 아니므로 근로기준법상의 임금(법 제2조 제1항 제5호)이나 민법상의 보수청구권(법 제656조)으로 볼 수 없다. 또한 해고수당은 발생원인을 법률에 기초하고 있다는 점에서 계약에 의해 발생하는 퇴직금과도 구분되어야 한다. 대법원 판례는 「퇴직금 규정중에 예고수당을 포함한다고 명시가 없는 한 퇴직금 이외의 예고수당을 지급하여야 한다」고[641] 판시함으로써 예고수당이 당사자의 합의에 의해 퇴직금속에 포함될 수 있다는 견해를 보인다. 그러나 예고수당은 예고기간을 대신하여 주어지는 것이고, 예고기간은 당사자의 합의를 통해 단축하거나 배제할 수 없다는 점을 고려해 볼 때 대법원 판례는 잘못된 견해라고 생각된다. 예고수당은 종래 계속되어 오던 근로관계의 갑작스런 단절로부터 새로운 직장을 구하는 기간까지 근로자의 생활을 보장하는 의미를 갖는 「금전적 보상금」의 성격을 갖는다. 예고수당은 민법상의 보상의 성격을 갖는 것으로 이해되지만, 단순히 민법상의 청구권의 형태로 만족하지 않고 예고수당의 지급 없이는 해고의 효력이 발생하지 않으며 또한 감독행정과 벌칙의 대상이 된다(법 제110조)는 점에서 특성이 있다. 근로자가 해고를 당한 후 회사측에서 제공하는 해고수당을 수령한 사실이 있다고 하여 이것만으로 자기에 대한 해고의 정당성을 인정하고 해고조치를 승복한 것이라고 단정할 수는 없다.[642]

3) **예고수당의 지급방법** 예고수당은 「해고하고자 할 때」 「지급하여야 한다」는 법 문

---

640) 심태식, 전게서, 108쪽. ; 반대 ; 한용식, 전게서, 119쪽.

641) 대판 1962. 3. 22, 4294다1301.

642) 대판 1989. 5. 23, 87다카2132.

언상의 표현이나, 예고수당의 지급이 예고기간만료의 효력을 갖는다는 점을 고려해 볼 때 해고와 동시에 지급하여야 한다.[643] 그리고 예고수당은 근로기준법 제36조에서 정하는 「금품」에 해당하지 않으므로 예고수당은 해고후 14일 이내에 지급하면 된다는 해석론은 성립될 여지가 없다고 생각된다. 예고수당은 전액이 통화로 동시에 지급되어야 하며 분할지급이나 현물지급의 특약은 무효라고 본다.[644] 해고될 근로자가 사용자의 해고행위를 다투는 의사로서 예고수당의 수령을 거절하는 경우에는 어느 정도의 지급행위가 의무를 다하는 것인가 하는 의문이 있다. 이 경우 지급의 효과를 부여받기 위해서는 민법상의 변제와 제공만으로는 충분하지 못하고 소송법상의 공탁의 절차를 취하여야 한다고 보는 견해가 있다.[645] 그러나 예고수당이 곧바로 해고를 승인하는 의사표시로 볼 수 없음을 고려해 볼 때,[646] 단순한 변제의 제공만으로도 예고수당의 지급의 효과를 부여한다고 하더라도 근로자의 보호에는 큰 차이가 없다고 생각된다.

(4) 예고기간중의 근로관계

사용자가 근로자에 대하여 해고예고를 했다하더라도 예고기간 만료시까지는 정상적인 근로관계가 유효하게 존속된다. 따라서 예고기간중에 근로자는 사용자에 대하여 근로제공의 의무와 동시에 임금청구권을 가지며, 사용자의 귀책사유로 휴업하는 경우에는 근로기준법 제46조가 정하는 휴업수당을 받을 수 있고, 자기의 귀책사유로 취업하지 않는 경우에는 그에 대한 임금의 감액과 더불어 경우에 따라서는 즉시해고될 수도 있다. 다만, 예고기간 중에 근로자가 새로운 직장을 구하기 위해 불가피하게 결근하는 경우에도 임금지급청구권이 있는가 하는 문제가 있다. 이를 부정하는 입장에서는 민법의 규정에 의해 노무제공과 이에 대한 임금후불의 원칙이 적용되어야 한다는 근거에서, 예고기간 중에 다른 직장을 구하기 위한 불가피한 결근이라 할지라도 노무제공이 없는 한 근로자의 임금청구권은 발생할 여지가 없다고 한다. 그러나 근로기준법은 예고기간과 예고수당을 상호보완

643) 심태식, 전게서, 109쪽 ; 오정근, 『이론과 실제 노동법』, 1969, 309쪽 ; 한용식,『근로기준법』, 1980, 119쪽.

644) 오정근, 전게서, 309쪽 ; 한용식, 전게서, 119면 ; 임종률, "해고의 법리", 79쪽.

645) 임종률, 전게논문, 79쪽.

646) 대판 1972. 6. 27, 71다1635 ; 한용식, 전게서, 220쪽.

적인 기본관계에서는 동질적인 내용의 것으로 규정하고 있다고 보여지며, 새로운 직장을 구하기 위해 결근한 근로자가 그에 대한 임금을 상실한다는 입장을 취할 때에 예고기간 중에 근로제공을 한 근로자측이 근로제공 없이 통상임금에 상당하는 예고수당을 받는 근로자측 보다 오히려 불리하게 될 것이다. 또한 예고수당을 비롯하여 예고기간을 설정한 근로기준법 제26조의 기본취지가 직장의 상실을 앞둔 근로자에게 이에 대비하여 새로운 직장을 구하도록 통고하고 아울러 그에 대한 시간적 여유를 부여해 주는 것이라고 볼 때, 예고기간중에 새로운 직장을 구하기 위한 최소한의 시간을 임금의 상실없이 부여해줌이 근로자 보호입법의 구체적 내용이 될 것이다. 아울러 독일의 입법례나 국제노동기구(ILO)의 권고가 이에 대한 해석론에 많은 참고가 된다. 가령 독일 민법은 사용자의 단속적 고용관계의 해지통고후 근로자의 청구에 의하여 새로운 직장을 구하기 위한 상당한 시간을 부여해 줄 의무가 있음을 규정하고 있고(BGB§629), 국제노동기구의 「사용자에 의한 근로관계의 종료에 대한 권고」[647]에서는 근로자가 예고기간 중에 다른 직장을 구하기 위해 임금의 상실 없이 근무하지 않아도 될 합리적 시간을 부여받을 권리를 규정하고 있다. 이상과 같은 근거로 해서 근로자는 새로운 직장을 구하기 위해 부득이 결근하는 경우에도 사용자는 이에 대한 임금을 지급하여야 한다고 본다.[648]

2. 해고예고의 적용범위

(1) 기간의 약정이 있는 근로계약과 해고예고

기간을 정한 근로계약관계는 그 기간이 만료하면 당연히 종료하는 것이 민법상의 법리이다.[649] 이와 같은 법리가 노동법에 그대로 적용된다면 사용자가 계약갱신을 하지 않겠다는 의사표시는 해고에 해당되지 않게 될 것이다.[650] 그러나 노동법학자들 중에는 이와 같은 경우에도 해고라는 문제가 발생할 수 있음을 인정하고 다음과 같은 견해를 주장하는

647) Recommendation 119 of the Industrial Labour Organisation, 1963.

648) 김형배, 전게서, 551쪽 ; 한용식, 전게서, 120쪽 ; 임종률, "해고의 예고", 노동공론, 1972. 6, 179쪽 ; 새로운 직장을 구하기 위한 부득이한 결근시의 임금지급을 일종의 유급휴가와 같은 것으로 본다.

649) 대판 1965. 7. 27, 65다970 ; 대판 1965. 11. 30, 65다1593 ; 서울민지판 1966. 1. 27, 65가7091.

650) 심태식, 전게서, 108쪽.

사람들이 있다. 첫째, 근로계약이 반복 갱신될 객관적 사정이 존재하는 한, 계약갱신을 거절하려면 예고제도의 적용을 받아야 한다는 것이다.[651] 둘째, 근로자가 근로계약의 종료를 주지시켜야 하며, 만약 이것이 불가능한 경우에는 일정기간의 양지기간을 주어야 한다는 것이다. 이 양지기간은 법률상의 해지통고기간과 같을 필요는 없으나 상당한 기간이어야 하고 이를 게을리 하면 손해배상책임을 면치 못한다고 한다.[652] 해고제한제도의 기본취지에 비추어 첫째의 견해가 타당하다고 생각한다.

(2) 단기간의 근로계약과 해고예고의 적용제외

근로기준법 제35조 각호에 규정된 단기간의 근로계약으로 취업하는 근로자에 대해서는 해고예고제도가 적용되지 않는다. 근로기준법 제35조의 입법취지는 사용자와 근로자가 근로계약의 단기성을 인식 또는 예상하고 근로계약을 체결한 경우에까지 해고예고를 적용한다면 사용자의 계약의 자유를 지나치게 압박하고 기업의 합리적 경영을 위축시킨다는 가혹한 결과를 방지하는데 그 목적이 있다고 생각된다. 물론 근로기준법 제35조의 각호에 해당한다 하여도 이른바 「정당한 이유」없이 근로자를 무조건 해고할 수 없음은 재론의 여지가 없다고 보여진다.[653] 그러나 근로기준법 제35조에서 정하는 각호의 근로관계가 해고예고제도의 적용을 받음이 없이 종료한다는 법리를 악용하여, 사용자가 실제로는 장기간의 근로관계의 존속을 예상하면서도 해고예고의무를 탈피할 목적으로 근로기준법 제35조의 각호의 계약형식을 취하는 탈법행위가 발생한다.[654] 소위 상용적 임시공이라는 현실적인 문제를 비롯하여 연쇄적 근로관계의 문제가 이에 해당된다고 본다.[655] 이처럼 해고예고제도를 회피할 목적으로 근로기준법 제35조를 악용하는 탈법행위는 무효라고 생각되면 비록 근로관계가 형식적으로 근로기준법 제35조의 각호에 해당한다고 하더라도 명시·묵시의 계약갱신으로[656] 인하여 근로기준법 제35조의 각호의 기간을 넘어 계속고용된 근로

---

651) 김형배, 전게서, 552쪽.

652) Hueck-Nipperdey, ; a.a.O., S. 533.

653) 심태식, 전게서, 116쪽.

654) 심태식, 전게서, 114쪽.

655) 대판 1975. 6. 24, 74다1625, 1626.

656) 이는 민법 제662조에 규정된 계약갱신에 국한하지 않고 계약기간을 넘어 계속 사용된 객관적 사실에 있는 경우도 포함한다.

자에게는 해고예고제도가 적용되어야 할 것이다. 요컨대 근로기준법 제35조의 적용은 단순히 계약형식상 동조 각호의 요건을 갖추었는가의 여부에만 의존할 것이 아니라 근로자의 근속기간 · 사용자의 탈법의사의 유무를 고려하여 판단해야 할 것이다.

3. 해고예고위반의 효력

「정당한 사유」없이 행해진 해고는 해고예고의 유무에 관계없이 그 사법상의 효력이 당연히 무효가 됨은 전술한 바와 같다. 그러나 「정당한 사유」가 있으나, 해고예고 없이 또는 예고수당을 지급하지 않고 곧바로 행해진 해고의 사법상의 효력에 대해서는 학설이 나뉘어져 있다(법 제110조). 첫째, 유효설에 의하면 근로기준법 제26조는 단순한 단속규정에 지나지 않으며 따라서 예고 없는 해고도 사법상의 효력이 유효하다고 한다.[657] 이 설은 근로기준법 제26조가 정하는 해고예고나 예고수당의 지급을 사용자에게 과하여진 근로기준법상의 의무인 것이지만 해고의 요건은 아니라고 한다. 둘째, 무효설에 의하면 해고예고 또는 예고수당의 지급은 해고의 효력발생을 위한 하나의 강행적 요건이므로 이를 위반한 해고는 그 사법상의 효력이 무효라고 한다.[658] 셋째, 상대적 무효설은 예고의무위반의 해고가 즉시해고로서는 무효이지만 결과적으로는 근로기준법 제26조가 규정하는 요건을 구비하면 유효한 해고로 전환된다는 견해이다(민법 제138조 참조).[659] 전술한 바와 같이 근로기준법 제26조는 근로자의 직장을 보호해 주기 위해 사용자의 해고권 사용을 절차적인 측면에서 제한하는 강행법규이며, 따라서 동조에 규정된 해고예고나 예고수당의 지급은 해고의 효력발생요건으로 파악하는 무효설이 타당하다고 생각한다. 따라서 근로자는 적법한 해고가 행해질 때까지 의연 정상적인 근로관계가 존속하므로 사용자에 대하여 근로를 제공할 의무와 함께 임금을 청구할 권리를 갖는다.

657) 대판 1970. 3. 31, 69누75 ; 1963. 11. 13, 법무법 810~807 ; 1964. 1. 6, 예규 제2호

658) 김형배, 전게서, 553쪽 ; 심태식, 전게서, 110쪽 ; 오정근, 전게서, 309쪽 ; 한용식, 전게서, 121~122쪽.

659) Söllner, a.a.O., S. 234 ; 이른바 무효행위의 전환의 법리에 의해 즉시해고의 요건을 갖추지 않은 즉시해고는 결과적으로 일반적 해고의 요건을 구비하면 해고로서 효력을 갖는다고 한다. 이러한 견해는 소위 상대적무효설의 입장에 서있는 견해라고 사료된다.

관련 판례 대판 1993.11.9. 93다7464
해고예고의무를 위반한 해고의 효력

회사가 면직처분을 함에 있어 근로기준법 제27조에 따른 해고의 예고를 하지 아니하였다고 하더라도 회사가 해고예고수당을 지급하여야 하는 것은 별론으로 하고 그와 같은 사정만으로 면직처분이 무효라고 볼 것은 아니다.

제 3 편 노동조합 및 노동관계조정법

제1장 서 론

제1절 서 설

1. 노동조합의 의의

a) 웹(webb)부부의 정의에 따르면 노동조합이란「임금생활자 또는 근로자가 근로생활의 조건을 유지 또는 개선할 것을 목적으로 조직한 상시적 단체」를 말한다[660]. 이러한 노동조합은 본래 법적 승인 이전에 자본주의 경제 질서의 발전과정 속에서 자연발생적으로 탄생한 사회적 실체로서 「근로자의 자발적 결사체」라는 성격을 갖는다. 그러나 현대국가의 헌법은 근로자의 결사체를 단결권이라는 법적 지위로 보호함과 동시에 단체교섭권과 단체행동권을 통해 근로조건, 기타 노동관계에 관한 사항을 자유롭게 결정할 수 있는 노사협약자치의 주체로서 인정하고 있다.

b) 현행 노조법 제2조 제4호에서는 노동조합의 정의에 대하여「노동조합이라 함은 근로자가 주체가 되어 자주적으로 단결하여 근로조건의 유지·개선 기타 경제적·사회적 지위의 향상을 도모함을 목적으로 조직하는 단체 또는 그 연합단체」라고 규정하고 있다

c) 따라서 근로자의 결사체가 노사협약의 당사자로서 인식되고 적극적인 보호를 받기 위해서는 헌법상 단결권의 보장취지에 의하여 다음의 세 가지 요건을 반드시 갖추어야 한다, 첫째, 주체의 측면에서 노동조합은 근로자의 단결체이어야 한다. 둘째, 목적의 측면에서 근로자의 단체는 일시적 회합이 아닌 상시적인 단체성을 가져야 한다. 셋째. 조직적 측

660) 김유성, 전게서, 54쪽.

면에서 근로자의 단체는 일시적 회합이 아닌 상시적인 단체성을 가져야 한다.

d) 이러한 세 가지 요건이 모두 갖추어진 근로자의 단결체는 그 명칭여하에 불문하고 실질적인 의미에서의 노동조합으로 보아야 하며, 헌법상 노동3권의 정당한 행사주체가 된다. 다만, 현행 노조법에서는 실질적인 요건 이외에 형식적 요건으로서 설립 신고 제도를 규정하고 있다(노조법 제10조 내지 제13조), 그러나 노동조합의 법적 지위가 법률이 아닌 헌법에 의하여 보장 되고 있는 이상, 헌법의 취지 이상을 요건으로 하는 설립신고제도는 노동3권의 보장 또는 주체성을 몰각하는 것이라고 할 수 있다[661].

661) 동지; 김유성, 66쪽 : 임종률, 『노동법』, 박영사, 2009, 41쪽, 이에 대하여 설립신고제도는 헌법상 노동조합이 갖추어야 할 최소한의 요건만을 확인하기 위하여 설정된 것으로, 노조법상 노동조합 외에 이른바 '법외노조'나 '헌법상 단결체'라는 용어로써 근로자 단체에 노동3권의 주체성을 인정함은 현행법을 무시하는 것이며, 노조법상 노동조합이외에 설립신고를 필하지 아니한 어떠한 근로자단체에 대하여도 노동3권의 보장을 인정할 수 없다는 견해가 있다(이상윤, 노동법, 법문사, 2007, 527-529쪽). 그러나 이러한 견해는 노동조합이 법으로 인정되기 이전에 사회적 실체라는 것을 간과하고 있는 것이 아닌가 생각된다. 예컨대, 사람이 태어나서 호적이나 주민등록을 하지 않는다 하더라도 그 사람은 투표 등의 공민권은 제한받을 수 있으마 법인 이전에 하나의 사회적 실체로서 헌법이 보장하는 생명권이나 행복추구권 등의 자연권은 누릴 수 있기 때문이다.

제2장 노동조합의 요건과 설립신고

제1절 노동조합의 실질적요건

1. 의 의

(1) 노동조합의 정의

a) 현행 노조법 제2조 제4호에 의하면 「근로자가 주체가 되어 자주적으로 단결하여 근조조건의 유지·개선과 기타 경제적·사회적 지위향상을 도모함을 목적으로 조직하는 단체 또는 연합단체를 말한다」고 규정하고 있으나, 단서 에서는 「다만, 다음 각목의 1에 해당하는 경우에는 노동조합으로 보지 아니한다」고 하여 노동조합의 결격요건을 정하고 있다. 이러한 노동조합은 근로자가 주체가 되어 자주적으로 조직한 단체로서 근로조건의 유지개선과 근로자의 경제적·사회적 지위향상을 목적으로 하는 단결체이다[662].

b) 이 법에 의한 노동조합이 아닌 경우에는 단체교섭권이 인정되지 않으며, 쟁의행위의 정당한 주체가 될 수 없고, 쟁의조정절차를 거칠 수도 없다. 그러나 노동조합이 아닌 근로자의 단결체는 무조건 단체교섭권이 없다는 의미는 아니다.

(2) 실질적 요건

노동조합의 요건은 ㉠ 노동조합이 생존권 실현이라는 근로자 스스로의 의사에 의하여

---

662) 대판 1997. 2. 11. 96누2125;대판 1996. 6. 28. 93도855.

조직된 단체라는 점과 ㉡ 법적으로 인정되기까지 사용자와 국가로부터 끊임없이 탄압받고, 지배 · 개입을 당하였다는 역사적 사실에 의하여 표출된 징표를 반영한 것이다. 따라서 노동조합의 실질적 요건은 노조법 제2조 4호의 본문을 적극적 요건으로, 단서상의 각목을 소극적 요건으로 구분하여 설명한다.

관련 판례 대판 1996. 6. 28, 93도855
노동조합의 실질적요건과 판단

기록에 의하면 삼성중공업주식회사에는 행정관청에 설립신고가 되어 있는 위에 본 삼성중공업주식회사 노동조합(김무연 노조)이 있는바, 위 노조는 1988. 6. 2 조직 대상을 삼성중공업 창원 1, 2공장, 거제조선소로 하여 노동조합설립신고를 하고 같은 달 3. 신고증을 교부받아 삼성중공업에서 유일하게 형식적 요건을 갖추기는 하였지만, 이는 법외노조가 당국에 설립신고를 하려고 하자 그 전에 급히 노동조합설립신고를 하고 신고증을 교부받아 형식적 요건을 갖춘 것으로서 그 조합원의 숫자조차 불분명하여 실체가 확실하지 아니하고, 그 설립 이래 조합비의 징수, 총회의 개최, 단체교섭 등의 노조활동을 한 실적이 없는 반면, 실제로는 위 회사의 노동자협의회가 사용자를 상대로 단체교섭, 쟁의행위를 하여 왔으며, 가입대상 근로자들이 우편으로 노조가입신청을 하면 이를 수취하지 아니하고, 근로자들이 사무실로 직접 방문하여 동 노조에 가입하려고 하는 것까지 사실상 막는 등 근로자들의 자유로운 가입시도까지 방해하고 있는 사정이 엿보이는바, 사실이 위와 같다면 김무연 노조는 단순히 노동조합 설립 후 노동조합으로서의 활동을 하지 않고 있는 경우라고 보기보다는 노동조합으로서의 실질을 갖추지 못하였다고 볼 여지가 충분히 있다고 할 것이다.

2. 적극적 요건

(1) 자주성

a) 노동조합은 근로자가 주체가 되어 자주적으로 조직되어야 한다. 이 때「근로자가 주체」가 된다 함은 노조법 제2조 제1호의 근로자가 양적인 면에서 노동조합의 구성원이 될 뿐 아니라 질적 측면에서 노동조합의 설립 · 운영 및 활동에서 모두 주도적인 지위에 서야 한다는 의미이다[663].「자주적으로 조직」한다는 것은 근로자들이 자발적으로 노동조합을

663) 김유성, 전게서, 56쪽.

설립 · 운영 또는 탈퇴 · 해산한다는 것으로 조합의 존립 및 활동에 관한 모든 결정을 외부의 간섭 없이 근로자의 집단적 의사에 의한다는 것이다. 따라서 대외적으로 국가 및 사용자, 여타의 정당, 종교, 사회단체 등 외부의 의사에 의하여 지배 · 간섭을 받지 않아야 한다.

b) 특히 노동조합의 존립과 활동은 근로자가 주체적 · 개념적으로 연결되는 것으로서 외부는 물론 일부조합원의 전횡에 의하여 좌우되지 아니하며, 조합원 전체의 민주적 의사결정에 의하여 지배된다는 의미이다. 즉, 노동조합이 근조자의 단체로서 진정한 의미의 자주성을 확보하기 위하여는 모든 노동조합의 활동을 전제 조합원의 민주적 의사에 따라 결정해야 한다.

(2) 목적성

노동조합은 헌법상 단결권의 보장 취지에 부합하는 목적 즉, 「근로조건의 유지 · 개선, 기타 경제적 · 사회적 지위의 향상을 도모」함을 목적으로 한다. 그러나 노동조합이 여타의 사회단체와 구별되어 노동3권의 주체인 단결체로 확인을 받기 위해서는 경제적 활동을 주요 목적으로 하여야 한다. 이러한 경제적 활동은 ㉠ 사용자와의 단체교섭 및 단체협약의 체결을 통한 임금, 근로시간, 휴가, 안전보건 등 근로조건의 유지 · 개선과 ㉡ 협의의 근로조건 외에 ㉢ 경제적 지위의 향상을 위한 인사 · 경영사항, ㉣ 복리후생사항에 대한 개선활동, ㉤ 조세법 · 사회보장법상의 지위와 같은 일반 국민 내지 사회 구성원으로서의 지위 향상을 위한 활동으로 구체화 될 수 있다.

(3) 단체성

a) 노동조합은 단체 또는 그 연합단체이어야 한다. 헌법 제33조 제1항에 의하여 보장되는 집단적 협약자치관계는 노사간의 계속적 신뢰관계이며, 단체협약은 일종의 요식적 계약관계로 볼 수 있다. 이러한 협약자치관계는 책임있는 당사자가 반드시 존재하여야 하며, 일시적 쟁의단과 같은 임의적 조직은 협약자치의 당사자로서 적합하지 아니하다. 즉, 헌법상의 단결체가 되기 위해서는 계속적인 인적 결합체인 「단체 또는 그 연합단체」이어야 한다. 여기서 단체란 ㉠ 조직의 운영원칙을 나타내는 기본규약 ㉡ 최소한의 운영조직으로서

잽행기관, ⓒ 의결기관과 독립적 재정을 갖추고 계속적으로 활동하는 2인 이상의 인적 결합체를 의미한다[664].

b) 한편, 연합단체라 함은 단위노동조합을 그 구성원으로 하는 상급단체로서 그 자체가 자주성·목적성·단체성을 구비하여 노동조합으로 볼 부 있는 단체를 의미한다. 이와 관련하여 노조법 제10조 제2항에서 「연합단체인 노동조합은 동종 산업의 단위노동조합을 구성원으로 하는 산업별 연합단체와 산업별 연합단체 또는 전국규모의 산업별 단위노동조합을 구성원으로 하는 총연합단체를 말한다」고 규정하고 있다.

c) 노동조합은 헌법 제33조 제1항의 단결을 기초로 근로자 스스로의 자주적 권리를 위해서 자유로이 단결체를 결정할 수 있다. 따라서 ㉠ 노조법 제5조는 「근로자는 자유로이 노동조합을 조직할 수 있다.」하여 이를 확인하고 있다는 점, ㉡ 연합단체에 관한 규정이 노조법의 체계상 용어의 정의조항인 제2조가 아닌 설립신고에 관한 조항인 제10조 제2항에 규정된 점 등을 고려해 볼 때, 설립신고와 관련한 일종의 확인조항으로 보아야 한다[665].

관련 판례 대판 1998.3.13. 97누19830
노동조합의 적극적 요건 – 단체성

노동조합은 그 요건으로 단체성이 요구되므로 복수인이 결합하여 규약을 가지고 그 운영을 위한 조직을 갖추어야 하는바, 법인 아닌 노동조합이 일단 설립되었다고 할지라도 중도에 그 조합원이 1인밖에 남지 아니하게 된 경우에는, 그 조합원이 증가될 일반적 가능성이 없는 한, 노동조합으로서의 단체성을 상실하여 청산복적과 관련되지 않는 한 당사자능력이 없다.

3. 소극적 요건

(1) 서 설

1) 의 의　노조법 제2조 제4호에서는 노동조합의 실질적 설립요건으로서 적극적 요건

664) 김유성, 전게서, 57쪽.
665) 동지, 김유성, 전게서, 57쪽 ; 임종률, 전게서, 51쪽.

인 정의규정을 둠과 아울러 단서, 각목에 다섯 가지의 결격사유를 열거하고 있다. 이러한 결격사유는 일반적으로 적극적 요건에 대비하여 소극적 요건을 규정하고 있다. 소극적 요건의 법적 성격과 관련하여 단서조항을 적극적 요건 외에 노동조합의 설립을 위해 부가되는 별도의 요건으로 볼 것인가(독립요건설) 또는 적극적 요건의 이면으로서 단순한 확인적 예시규정으로 볼 것인가(확인요건설)에 대한 각설간 이견이 있다.

2) 독립요건설　이 설에 의하면 노조법 제2조 제4호 단서 각목은 헌법상 단결체[666]의 요건과 원칙적으로 관련이 없는 것으로서 행정당국에 의한 특별한 보호조치를 위한 '노조법상 노동조합'이 갖추어야 할 최소한의 자격요건으로 보는 견해이다. 따라서 단서조항은 노동조합의 설립신고와 관련하여 행정당국이 적극적 요건의 구비여부를 판단하기 위한 개념의 표지로 사용하고자 하는 의미를 갖고 있다.

3) 확인요건설　이설에 의하면 자유설립주의에 따라 노동조합의 설립은 행정당국에 대한 설립신고자체를 반드시 필요로 하지 않고 단서조항을 사실상 실질적 요건이 아닌 행정편의를 위한 부가적 요건으로 보는 견해이다. 따라서 노조법 제2조 제4호의 적극적 요건은 노동조합의 정의규정으로서 그 요건을 표현하기에는 다소 추상적인 점이 없지 않으며, 어떠한 근로자의 단체가 '헌법상 단결체'인지를 판단하기 어렵다. 또한 행정당국이 설립신고와 관련하여 노동조합이 적극적 요건을 구비하였는지 단서 조항에 의해 판단하는 것은 쉽지 않다.

4) 검토의견　노조법 제2조 제4호의 단서조항은 적극적 요건에 대한 대표적인 결격사유를 구체적으로 예시함으로써 노동조합에 대한 실질적 요건을 확인하고자 하는 의도를 지닌다. 이러한 확인은 설립신고를 받은 행정당국에 대해서 뿐만 아니라 노동조합을 설립하여 노동3권을 구체적으로 행사 · 보장받고자 하는 근로자에 대하여도 마찬가지로 필요하다. 따라서 형식적으로 단서조항에 해당됨에 구애받지 않고 실질적으로 노동조합으로서의 자주성을 유지하고 있다면 근로자의 단체는 헌법상의 단결체로의 실질적 설립요건을 갖추고 있다는 것으로 보아야 한다. 노조법 제2조 제4호의 본문에 대한 단서조항은'노조법상의

666) 이때의 '헌법상 단결체'란 노조법상 노동조합과 대비되는 개념으로 헌법상 단결체의 실질적요건을갖추고 있음에도 불구하고 노조법상 노동조합으로 인정되지 아니한 협의의 헌법상 단결체, 이른바 '법외조합'을 의미하는 것으로 본다(김유성, 전계서,55쪽),그러나 노조법상 노동조합을 '헌법상 단결체' 에서 배격할 필요는 없다고 보는 바 저자는 이 글 전체에서 '헌법상 단결체'라는 용어를 양자를 포함하는 광의의 개념으로 사용하고자 한다.

노동조합'이 갖추어야 할 부가적 요건이라기보다 '헌법상 단결체'가 갖추어야 할 노동조합의 실질적 설립요건으로 적극적 요건에 대한 구체적 확인규정으로 보아야 한다.

(2) 사용자 또는 그 이익 대표자의 참가를 허용하는 경우

1) 의 의　노동조합은 사용자 또는 항상 그의 이익을 대표하여 행동하는 자의 참가를 허용하여서는 아니 된다(노조법 제2조 제4호 단서 가목). 이러한 자들의 참여를 허용할 경우 노동조합은 사용자에 의해 어용화되어 단결체로서의 자주성을 유지할 수 없기 때문이다. 노동조합이 근로자들만에 의하여 단체를 구성하는 것은 사용자에 대한 대립적 이해관계를 전제로 한다는 의미이며, 노사 양당사자의 공통적 이해관계를 바탕으로 조직하는 노사협의회와 구별해야 한다. 이 규정에 의하여 노동조합의 가입범위를 명확히 하고, 사용자의 범위에 해당하는 자는 제외하여야 한다.

2) 사용자의 범위 - 사용자라 함은「사업주 · 사업의 경영담당자 또는 그 사업의 근로자에 관한 사항에 대하여 사업주를 위하여 행동하는 자」를 말한다(노조법 제2조제2호), 먼저 사업주는 경영의 주체로서 개인사업의 경우 사업주 자신, 법인체인 경우에는 법인 그 자체를 의미한다. 또한 '사업의 경영담당자'란 그 사업의 경영에 관한 사항의 전부 또는 일부를 사업주로부터 포괄적으로 위임받아 대내적으로 경영활동에 대한 책임을 지며, 대외적으로 사업을 대표하는 자로서 ㉠ 주식회사의 대표이사, ㉡ 합명회사의 업무 집행사원, ㉢ 회사정리절차 개시이후의 관리인[667]등을 의미한다. 다만, 회사의 임원이하도 경영에 관한 사항에 대하여 그 권한의 위임을 받지 못한 경우에는 사업의 경영담당자로 보지 아니한다[668].

3) 사업주를 위하여 행위 하는 자 -「그 사업의 근로자에 관한 사항에 대하여 사업주를 위하여 행위 하는 자」란 채용 · 급여 · 안전보건 · 기타 복리후생 등 근로조건의 결정 또는 업무상의 명령이나 지휘 감독을 하는 등의 사항에 대하여 사업주로부터 일정한 권한과 책임을 부여받은 자를 말한다[669]. 여기에는 사업주와 이해관계를 같이 하거나 경영기밀에

---

667) 대판 1989. 8. 8. 89도426.

668) 대판 1988. 11. 88. 88도1162.

669) 대판 1989. 11. 14. 88누6924.

관한 사무를 처리함에 따라서 사업주와 밀접한 관계를 유지하는 자로서 ㉠ 비서 · 전용운전수. ㉡ 회사 내의 경리 · 회계를 담당하는 부서의 책임자 및 직원, ㉢ 회사재산의 보호를 위하여 출입자를 감시하거나 순찰의 업무를 담당하는 경비직원 등을 포함한다. 그러나 사용자의 이익 대표자에 대한 기준을 법령에 의하여 획일적으로 규정하기란 사실상 불가능하다. 따라서 추상적 직급의 명칭이나 지위보다는 구체적인 직무부서 사용자의 범위는 가능하다면 회사규정의 운영 실태와 구체적인 직무실태를 확인하여 노사당사자가 법령의 범의 내에서 단체협약으로 사전에 그 범의를 자율적으로 설정하여야 한다[670].

(3) 경비의 주된 부분을 사용자로부터 원조 받는 경우

a) 노동조합은 그 경비의 주된 부분을 사용자로부터 원조를 받아서는 아니 된다(노조법 제2조 제4호 단서 나목). 왜냐하면 노동조합이 사용자의 재정에 의존하는 경우 경제적으로 종속되어 자주성을 유지할 수 없기 때문이다. 이와 같은 사용자, 기타 외부에 대한 조합재정의 자주성 요구를「조합재정자치의 원칙」이라고도 한다[671].

b) 여기서「경비의 원조」라 함은 노동조합의 활동에 필요한 모든 경비로서 조합사무소의 설비 · 비품의 구입 및 유지비용 뿐 아니라, 조합간부에 대한 급여 및 활동자금 등 현금을 포함한 현물 기타 금전외적 모든 이익의 공여를 포함한다. 이때 제한을 받는 범위는 사용자로부터 제공되는 이익 중「경비의 주된 부분」으로서 노동조합의 자주성을 실질적으로 침해한 것에 한한다.

c) 따라서 사용자로부터 노동조합에 제공되는 모든 이익의 공여가 금지되는 것은 아니며, ㉠ 자주성의 침해에 대한 우려가 없는 최소한 규모의 조합사무실 제공, ㉡ 근로자의 근로시간 중 임금의 삭감 없이 사용자와 교섭 또는 협의하는 것을 허락하는 행위, ㉢ 근로자의 후생자금 또는 경제상의 불행 기타 재해의 방지와 구제 등을 위한 기금의 기부 등은 허용되는 것으로 본다[672].

---

670) 1996. 6. 28. 노조 01254-665.

671) 이상윤, 노동법, 법문사, 2007, 509쪽.

672) 현행 노조법 제 81조 제4호는 노동조합의 전임자에게 급여를 지원하는 행위를 사용자의 지배 · 개입을 통한 부당노동행위로서 금지하고 있는 동시에 부칙 제6조에 의하여 현재 전임자에게 급여를 지원하고 있는 경우에 한하여 제81조 제4호의 규정적용을 2006년 12월 31일까지 유예시키고 있다. 그러나 노조법 제2조 제4호 단서의 나목이 금지하고 있는 사용자의 경비원조는 '근로자단체를 사용자의 지배 하에

(4) 공제 · 수양 기타 복리사업만을 목적으로 하는 경우

a) 노동조합은 조합원간의 상호부조, 공동체의식 및 단결강화를 위하여 공제 · 수양 기타의 복리사업을 행할 수 있다. 그러나 이러한 기능은 조합원 스스로의 행복추구를 위해 인정된 헌법상 단결권이 보장하는 노동조합 본래의 성격에 속하는 것은 아니다. 따라서 헌법상 단결체인 노동조합은 이러한 부차적인 기능만을 목적으로 하여서는 아니 되며, 사용자와의 단체교섭 및 협약체결을 중심으로 하는 경제적 목적활동을 필수적으로 수행하여야 한다.

b) 이때 공제라 함은 조합원 및 그 가족의 개인적인 질병 · 상해 · 사망 · 결혼 · 출산 · 재해로 인한 피해와 같은 불측의 손해에 대비하여 지출하는 경제적 상호부조를 의미한다. 또한 수양이란 독서 · 연극 · 음악 · 스포츠 기타의 취미 활동 등 정서적 · 지적 활동을 말하며, 기타의 복리사업이란 이에 준하는 모든 사업을 뜻한다.

(5) 근로자가 아닌 자의 가입을 허용하는 경우

1) 의 의 노동조합은 근로자의 단체이며, 근로자 이외의 자는 원칙적으로 그 구성원인 조합원으로서의 자격을 가질 수 없다. 따라서 노조법 제2조제4호 단서의 라목은 「근로자가 아닌 자의 가입을 허용하는 경우. 다만, 해고된 자가 노동위원회에 부당노동행위의 구제신청을 한 경우에 중앙노동위원회의 재심판정이 있을 때까지는 근로자가 아닌 자로 해석하여서는 아니 된다」고 노동조합의 결격사유로 정하고 있다(노조법 제2조 24호 단서의 라목). '근로자가 아닌 자'에 대한 예외의 규정은 부당해고의 여부를 판단하기 이전에 근로자가 아닌 자의 가입을 허용한 결과 노동조합의 설립이 실질적으로 저지될 가능성이 있기 때문이다[673]. 이규정은 해고의 효력을 다투고 있는 자에 대한 근로자지위의 유무여부가

두기 휘한 재정상의 원조'(ILO 제98조 협약 제2조 제2항 참고)에 한정하는 것이므로, 대사용자적 관계에서 노동조합이 적극적인 단체교섭과 쟁의행위를 통하여 전임자의 급여 지원을 획득한 경우까지 부당노동행위제도로서 금지하는 것은 지나친 입법규정이라 보지 않을 수 없다.

673) 구법에 의하면 해고의 효력을 다투는 자는 그 분쟁해결의 기관이 법원인지 노동위원회인지, 또는 원용하는 법조항이 근로기준법상의 부당해고인지 노조법상의 부당노동행위인지를 불문하고 '근로자가 아닌 자'로 해석되지 아니 하였다. 그러나 근로자들의 권리남용에 의하여 사용자의 정당한 해고권 행사가 있었음에도 불구하고 피해고자가 본 조항을 원용하여 사업장을 출입하고 조합활동을 하는 등으로 인하여 노사간 분쟁 발생의 원인이 됨에 따라 신법에서는 이를 부당노동행위 구제신청에 한하여 적용하

노동조합의 설립이나 존립에 중대한 영향을 미치는 경우 이를 긍정적으로 해석하여 노동조합의 자주성을 보장해 주고자 하는 정책적 고려의 산물이다.

2) 근로자가 아닌 자의 범위

① 구별설 - 이 설은 특정사용자와의 근로계약관계를 맺고 있는 현실 취업근로자만을 근로자로 보는 견해로서 노조법상의 근로자와 근기법상의 근로자를 동일하게 본다[674]. 따라서 근로자가 아닌 자에는 학생이나 자영업자, 기타 근로의 의사와 능력이 없는 자로서 퇴직자, 피해고자, 취업희망 실업자 등이 속하는 것으로 본다. 이 견해는 ㉠ 우리나라의 경우 기업별 노동조합이 일반적이라는 점, ㉡라목 단서상의 부당노동행위의 구제신청을 한 경우에 해고자의 재심판정이 있을 때까지 근로자신분이 유지된다는 해석 규정이라고 본다.

② 포함설 - 이 설은 근로자를 반드시 특정사용자와의 근로계약관계를 유지하고 있는 자로 국한시킬 필요가 없이 경우에 따라서 실업자도 근로자서 보아야 한다는 견해이다[675]. 이 설에 의하면 기본적으로 노조법 제2조 제1호 상의 '근로자'를 근로기준법상의 근로자의 개념과 구별하여 항운노동조합과 같이 직접적인 사용종속관계에 있지 아니한 노동조합인 경우에도 노조법상의 근로자로 보아야 한다. 이러한 입장에 의하면「해고된 자」에 대한 예외규정은 기업별 노동조합이 일반적인 우리나라의 현실을 감안한 단순 확인규정으로 보아야 한다[676].

③ 검토의견 - 포함설의 견해가 타당하다. 그 근거로는 첫째, 노조법상의 근로자는 노동3권의 보유 및 행사주체를 규정한 것으로서 근로기준법상의 근로자와 그 취지에 있어 완전히 일치한다고 보기 어려우며 노조법 제2조 제1호에서도 이를 감안하여 근로기준법 제2조 제1항 제1호의 규정과 달리 정하고 있다는 점 둘째, 노조법 제5조에 의한 자유설립주의에 따라 노동조합의 형태는 자유로이 나타날 수 있으며, 이러한 경우에 특정의 사용자와 근로계약관계에 있지 않지만 사실상 계속적인 노무제공관계에 있는 자 또는 현재 노무제공을 하고 있지 않지만 장래 이를 예상할 수 있는 잠정적 실업자등도 근로자로서 조합

도록 그 범위를 축소한 것이다.

674) 대판 1992. 2. 11. 91도1342.

675) 김유성,『노동법2』, 법문사, 1997, 61쪽 ; 박상필,『한국노동법』, 대왕사, 1991, 399쪽.

676) 김유성, 전게서, 61-62쪽.

원의 자격을 인정할 필요가 있다는 점 셋째, 노조법 제2조 제4호 라목 단서의 해고예외규정은 부당노동행위에 대항하여 근로자의 단결권을 보장하고자 하는 것일뿐 노동조합의 조직형태를 기업별 조합으로 제한하는 취지가 아닌 점을 들 수 있다[677].

3) 해고의 효력과 보호기간　해고의 효력을 다투는 자의 보호기간에 해하여는 노조법에서「중앙노동위원회의 재심판정이 있을 때까지」로 한정하고 있다. 이는 중앙노동위원회에 의해 부당노동행위가 아닌 것으로 판정되었음에도 피해고자가 조합원의 지위를 유지하기 위하여 행정소송 등을 제기 하면 분쟁의 기간이 지나치게 길어지게 되어 그 취지에 반하는 결과를 가져오기 때문이다. 따라서 해고의 효력을 다투는 자에 대한 보호기간의 제한규정은 ㉠ 단결권의 보호라는 필요성과 ㉡ 사용자에 대한 신의칙의 보호라는 필요성을 동시에 고려해야 한다. 따라서 동규정은 ㉠ 근로자측의 권리남용을 방지하고자 하는 취지라는 점, ㉡ 중앙노동위원회의 판정의 효력은 행정소송의 제기에 의하여 정지 되지 않는다는 점(노조법제86조)을 고려하여 재심에서 사용자의 해고가 부당노동행위로 판정되었고 이에 사용자가 불복하여 행정소송을 제기하는 경우라도 법원의 확정판결이 있기 전까지는 그대로 근로자로서의 자격을 유지하는 것으로 보아야 한다[678].

4) 해고의 효력을 다투는 자와 근로자의 지위

① 의　의 - 해고의 효력을 다투는 자에 대한 근로자로서의 보호는 구체적으로 어떠한 법적 지위를 의미하는가에 대하여 해석상 논란의 여지가 있다. 여기서「근로자가 아난 자로 해석하여서는 아니 된다」고 할 때 근로자는 근로계약상 근로자의 지위가 인정되는가, 아니면 노조법상 조합원의 지위를 인정하는가에 대한 견해의 대립이다.

② 근로자지위부정설 - 이 설은 노조법 제2조 제4호 단서의 라목에서「근로자가 아닌자로 해석하여서는 아니 된다」고 할 때 근로자는 노조법상 조합원으로서의 지위를 유지할 수 있는 근로자로 본다는 의미일 뿐, 그 외에 근로기준법상의 근로자 기타 공법상의 근로자의 지위까지를 보장하기 위한 것은 아니라는 견해이다. 따라서 근로자는 이 조항을 원용하여 사용자에 대한 노무수령 및 임금의 지급을 요구할 수 없다[679].

---

677) 이상덕외, 전게서, 138쪽.

678) 피고인에 대한 본건 해고조치가 그 후에 부당노동행위가 아니었음이 판명되어 객관적으로 위 해고당시에 노동조합원으로서의 자격이 정지된 것이라 하더라도 해고조치가 있던 당시 구제신청을 함으로써 피고인의 자격이 정지되지 않은 것으로 전제하여 분회장의 업무를 계곡 수행하여 왔다면 그 기간 중의 기밀비 인출행위에 불법영득의 의사가 있다고 단정할 수 가 없다(대판 1979. 3. 27. 79도62).

③ 근로자지위긍정설 - 이 설은 노조법상의 근로자지위를 긍정하는 동시에 개별법에 의한 근로자로서의 지위도 함께 긍정해야 한다는 견해이다. 왜냐하면, 중앙노동위원회가 부당노동행위의 일환으로 해고의 다툼을 하는 경우에 근로자로서의 신분을 유지하는 것이니, 개별법적인 차원에서 근로자의 개인적 귀책사유 등을 이유로 해고가 아니므로 근로자지위에 대하여 근로계약적인 측면까지 단절시켜야 할 이유가 없기 때문이다. 따라서 근조자지위에 따른 보호는 부당노동행위의 재심 판정시까지 개별적인 측면도 함께 이루어져야 한다고 본다.

5) 해고의 효력을 다투는 자와 조합원의 지위 이때 해고의 효력을 다투는 자의 조합원으로서의 지위는 ㉠ 그 외에 조합원으로서의 활동 즉, 조합사무소의 출입, 임원선출에의 출마 및 투표, 단체교섭 및 쟁의행위의 참가에 대한 권리까지를 모두 포함하여 보호하고자 하는 것인가에 대하여 학설간의 이견이 있다. 이에 대하여 노동조합의 설립 및 존속과 관련하여 근로자가 아닌 자의 노동조합가입여부를 판단하기 위한 규정이므로 그 외에 쟁의행위에의 이견이 있다. 이에 대하여 노동조합의 설립 및 존속과 관련하여 근로자가 아닌 자의 노동조합가입여부를 판단하기 위한 규정이므로 그 외에 쟁의행위에의 참여까지 유추·확대하여 해석할 수는 없다는 견해가 있다[680]. 그러나 판례는「해고의 효력을 다투고 있다면 조합원으로서의 지위를 상실한 것으로 볼 수 없으며, 노동조합의 위원장이 될 수 있는 자격이 없다고 할 수 없다」고 하여 단지 노동조합의 설립 및 존속과 관련하여 조합원의 신분을 보장한다는 의미에 그치는 것이 아니라, 광의로 조합원의 신분에 대한 지위보전가처분과 같은 성격의 것으로 그 외 조합원으로서의 정당한 활동을 포괄적으로 보장하는 취지로 해석하고 있다[681]. 판례의 입장이 타당하다고 생각한다.

(6) 주로 정치운동을 목적으로 하는 경우

1) 의 의 노동조합은 근로조건의 유지·개선과 기타 경제적·사회적 지위의 향상을

679) 근로자가 해고의 효력을 다투더라도 사원아파트의 퇴거요구에 불응하여 이를 다툴 수 없다는 판결(대판 1993. 6. 8 82다42354) ; 회사의 해고에 대하여 효력을 다투는 경우라도 이에 기하여 병무청이 방위산업채특례보충역인 근로자에게 발한 입영영장의 효력까지 다툴 수 없다는 내용의 판결(대판 1990. 3. 13. 89도2399.

680) 대판 1990. 11. 27. 89도 1579의 소수의견 ; 김홍배, 노동법, 박영사, 2003, 517쪽.

681) 대판 1990. 11. 27. 89도1579 ; 대판 1992. 2. 11. 91도1342 ; 대판 1992. 3. 31. 91다14413.

도모함을 목적으로 조직하는 단체이므로, 목적활동은 어디까지나 협약자치의 당사자로서 사용자와의 단체교섭 및 쟁의행위 등 본질적 활동을 수행하는 데에 있다. 따라서 주로 정치운동을 목적으로 하거나, 공제·수양 기타 복리사업만을 목적으로 하는 경우에는 노동조합으로 볼 수 없다. 노조법 제2조 제4호 단서 마목에서도「주로 정치운동만을 목적으로 하는 경우」를 노동조합의 결격사유로서 규정하고 있다. 그러나 근로자의 경제적·사회적 지위의 향상은 사용자와의 집단적 노동관계만으로 충분치 않다는 현실을 감안한다면, 노동조합의 정치운동을 전면적으로 금지하는 것은 타당하지 않다[682].

2) **정치운동의 주체** 노동조합의 정치운동이 무제한 보장되는 것은 아니며, 노동관계법령 기타 선거관계법령에 의하여 일정한 제한을 받을 수 밖에 없다. 따라서 노동조합의 정치운동을 주체와 관련하여 살펴보면 다음과 같다. 첫째, 정치운동의 주체 즉, 누구에 의한 정치운동을 의미하는가의 문제가 있다. 노동조합의 정치운동은 노동조합을 대외적으로 대표하는 자 즉 노동조합장의 명의에 의하거나 당해 노동조합 자체의 명의로 하는 운동만을 의미하는가의 문제가 있다. 노동조합의 정치운동은 노동조합을 대외적으로 대표하는 자 즉 노동조합장의 명의 의하거나 당해 노동조합 자체의 명의로 하는 운동만을 의미하는 것으로 본다. 따라서 조합원 개개인이 일반적 시민의 정치적 자유에 의한 정치운동은 노동조합의 정치적 운동으로 보지 아니한다.

3) **정치운동의 부수적 범위** - 노동조합의 정치운동을 어느 범위까지 허용할 것 인가의 문제가 있다. 이 경우 정치운동의 부수적 목적은 ㉠ 각 노동조합의 규약에 당해 노동조합의 주된 목적이 어떻게 규정되어 있는가를 형식적으로 검토하여 판단할 수밖에 없다는 견해와 ㉡ 노동조합의 형식적 규약에 얽매일 것이 아니라 당해 노동조합의 실질적 운영형태에 따라 판단하여야 한다는 견해의 대립이 있다[683]. 그러나 노동조합의 정치운동은 규약뿐만 아니라 당해 조합의 현실적 운영형태에 따라 실질적으로 판단하는 것이 타당하다.

4) **정치운동의 허용한계** - 노동조합에게 허용되는 정치운동의 범위 즉 그 한계를 어디까지로 볼 것인가를 살펴볼 필요가 있다. 이에 대하여 노동조합이 근로조건의 유지·개선

---

682) 따라서 현행 노조법 제2조 제4호의 단서 마목은 1996년 12월 31일 구 노동조합법 제12도의 노동조합의 정치활동 금지규정을 삭제함과 동시에 신설된 규정이다. 이 규정은 경제적 활동에 대한 부차적인 기능에 그치는 한 노동조합의 정치활동을 허용한다는 취지로 해석해야 한다.

683) 김형배, 전게서. 674쪽.

기타 근로자의 경제적 · 사회적 지위의 향상을 도모함을 목적으로 조직하는 단체이므로 이러한 주목적을 달성하기 위하여 필요한 한도 내에서만 정치운동을 할 수 있다고 보는 견해가 있다[684]. 이 견해에 의하면 노동관계법령의 제 · 개정 및 폐지에 대한 요구, 사회보장제도의 확충 등을 위한 입법청원 및 정당과의 공조 등 근로생활과 직접 관련이 있는 정치운동 외에 순수한 정치적 운동 등은 허용될 수 없다.

5) 사회단체로서의 지위와 정치운동 오늘날 사회 내 각 구성원 간에 정치적 이해관계가 복잡하게 연결되어 있는 상황 하에서 어떠한 정치운동이 근로자의 경제적 · 사회적 지위의 향상을 위한 것인가에 대하여 일률적으로 판단하기란 사실상 불가능한 면이 있다. 또한 노동조합은 근로자의 생존권 보장을 위해 헌법에 의하여 인정되는 단결체이기 이전에 근로자들의 자발적 의사에 의해 결성된 하나의 사회적 단체이므로, 일반사회단체의 지위에서 허용되는 다양한 정치운동은 노동조합에 대하여도 제한 없이 허용되는 것으로 보아야 한다. 노동조합의 정치운동은 경제적 목적범위내로 국한시킬 필요는 없고, 부수적 목적에 해당하는 운동이라면 일반적 사회단체의 지위에서 허용되는 정치운동이 허용된다고 볼 수 있다. 이 경우 사회단체의 지위에서 노동조합에게 허용되는 정치운동은 헌법상 정치적 기본권에 의해 보장되는 활동으로 언론 · 출판 · 집회 · 결사의 자유(헌법 제21조 제1항)등에 기하여 다양한 형태로 나타날 수 있다. 따라서 선거에 있어 ㉠ 노동조합의 명의나 그 대표자의 명의로 특정정당 또는 후보에 대한 지지나 반대의 의사를 밝히는 일, ㉡ 후보자에 대한 초청대담이나 토론회의 개최(공직선거및선거부정방지법 제87조 제1항, 제2항), ㉢ 노동관계법령 및 사회복지관계법에 대한 개정 및 입법의 청원, ㉣ 정당과의 정책공조 등의 운동이 모두 가능 할 것으로 본다. 그러나 현행 선거관련법에 따르면 사업 또는 사업장별로 조직된 단위노동조합이 정치자금을 기부하거나, 조합비에서 직접 정치자금을 별도로 조성하여 기부할 수 있다. 또한 누구든지 기관 · 단체 등의 조직 내에서 직무상 행위를 이용하여 그 구성원에 대하여 선거운동을 하거나 이를 하게 하는 것은 금지된다(공직선거및선거부정방지법 제85조).

684) 김유성, 전게서, 64쪽.

관련 판례 대판 1998. 5. 22. 97누8076
사용자의 범위와 근로조건의 결정에 관한 권한과 책임의 위임

구 노동조합법 제2조 단서 제1호의 규정은 노동조합의 자주성을 확보하기 위하여 사용자 또는 항상 사용자의 이익을 대표하여 행동하는 자의 노동조합에의 참가를 금지하고 있는바, 원심이 적법하게 인정한 바와 같이 전쟁기념사업회노동조합(이하 이 사건 조합이라고 한다) 의 조합장인 소외 홍윤표는 학예부장의 차하위자인 3급직 학예담당관으로 그 부하직원을 지휘하고 그 휘하 6급 이하 직원에 대한 1차적 평가를 하지만, 부장이 2차 평정권자로서 그 평정의 권한 및 책임은 궁극적으로 부장에게 귀속되고, 부하직원의 지휘도 부장을 보조하는데 지나지 아니하며, 인사, 급여, 후생, 노무관리 등 근로조건의 결정에 관한 권한과 책임을 원고로부터 위임받은 사실이 없다면, 위 홍윤표는 법 제3조 단서 제1호에 정한 사용자 또한 항상 그의 이익을 대표하여 행동하는 자에 해당하니 아니한다.

관련 판례 대판 1993. 6. 8.92다42354
해고의 효력을 다투고 있는 자에 대한 지위보장과 효력

"해고의 효력을 다투고 있는 자를 근로자가 아닌 자로 해석하여서는 아니 된다."라는 노동조합법 제3조 제4호 단서 규정은 노동조합의 설립 및 존속을 보호하고 사용자의 부당한 인사권의 행사에 의하여 노동조합의 활동이 방해되는 것을 방지하기 위한 규정으로서 노동조합의 구성원이 될 수 있는 자격에 관하여 규정한 것 일 뿐 사용자와 근로자와의 근로관계에 관한 규정은 아니므로 노동조합의 조합원으로서의 지위와 관련하여서만 적용이 되어야 할 것이고, 근로자와 사용자와의 개별적인 근로계약일반의 효력에 확대 적용될 수는 없다[685].

관련 판례 헌재 1999, 11. 25. 95헌마154
노동조합의 정치자금기부금지와 위헌성

노동조합의 정치자금기부금지는 자유롭게 참여해야 할 정치의사형성과정과 이익조정을 노동자들에게 불리하게 왜곡시키고 노동조합을 다른 사회단체에 비하여 합리적 이유 없이 차별하는 것으로 노동조합의 표현의 자유, 결사의, 자유, 평등권을 침해하는 것으로 위헌이다.

685) 대판 1990. 11. 27. 89도1570(전원합의체판결) ; 대판 1991. 11. 8. 91도326 ;대판 1992. 3. 31. 91다14413.

제2절 노동조합의 설립신고

1. 서 설

(1) 자유설립주의

노동조합은 근로가가 주체가 되어 자주적으로 결성한 단체로서 그 존립과 활동은 헌법 제33조의 단결권에 의하여 제도적으로 보장된다. 이에 노조법 제5조는 「근로자는 자유로이 노동조합을 조직하거나 가입할 수 있다」고 천명함으로써 자유설립주의를 취하는 동시에 설립요건에 대한 어떠한 제한을 두고 있지 않다. 따라서 제2조 제4호에 의하여 주체성 · 목적성 · 단체성 등의 실질적 요건을 갖추고 있는 경우에는 헌법상의 단결체인 노동조합으로 인정된다.

(2) 형식적 요건의 의의

a) 노조법 제10조는 「노동조합을 설립하고자 하는 일정한 서식에 의한 설립신고서에 노조법 제11조의 규정에 의한 규약을 첨부하여 연합단체인 노동조합과 2이상의 특별시 · 광역시 · 도에 걸치는 단위노동조합은 고용노동부장관에게, 그 외의 노동조합은 특별시장 · 광역시장 · 도지사에게 제출하여야 한다」고 하여 행정관청에 대한 설립신고를 형식적 요건으로 정하고 있다.

b) 또한 노조법 제7조에 의하면 「이 법에 의하여 설립된 노동조합이 아니면 노동위원회에 노동쟁의의 조정 및 부당노동행위의 구제를 신청하고나 노동조합이라는 명칭을 사용할 수 없다」고 하여 사실상 설립신고제도가 노동조합의 자유설렵주의에 저촉되는가 하는 의문을 제기한다. 따라서 노조법 제10조의 설립신고제도가 헌법 제33조의 단결권보장의 취지 또는 노조법 제2조 제4호 및 제5조의 조합자유설립주의에 대하여 어떠한 법적 성격을 갖는가에 대하여 논의해 볼 필요가 있다.

2. 설립신고의 법적 성질

(1) 신고설

이 설은 노동조합이 설립되었음을 행정관청에 단순히 통지하는 것에 불과 하다는 단순 신고제로 보는 견해이다. 따라서 설립신고제도는 노동조합이 헌법 및 법령 등에 위반하는 규약을 갖고 있거나 부당한 결의 및 처분 등을 하는 경우 이에 대한 시정 및 권고조치를 내려 노동조합의 자주성과 민주성을 확보하고, 나아가 근로자의 단결권을 보장하기 위한 행정개입의 단초를 마련하기 위한 것이라고 본다. 설립신고제도는 신고 자체만이 법에 의하여 강제되어 있는 것이고 이를 해태할 경우 그에 따르는 일정한 불이익이 있을 뿐 행정관청이 적극적으로 노동조합의 설립을 결정할 수 없다.

(2) 실질적 요건설

이 설은 설립신고를 노조법이 규정하는 특별한 행정적 보호조치를 부여하기 위한 최소한의 자격을 의미하는 것으로 보는 견해이다. 따라서 노조법에 의하여 설립심사를 필한 노동조합만이 ㉠ 노동쟁의의 조정신청, ㉡ 부당노동행위의 구제신청, ㉢ 조세의 면제 등의 혜택을 받게 된다. 노동조합으로서의 실질적 설립요건을 갖추고 있으나 설립신고를 필하지 않은 노동조합은 노조법상의 혜택을 받을 수 없다. 그러나 헌법상 근로자의 단결체로서 누릴 수 있는 법적 지위 즉 정당한 단체교섭의 요구 및 쟁의행위의 실행과 이에 따르는 민·형사 면책은 그대로 누릴 수 있다. 즉, 설립 신고제도가 헌법상 단결체의 법적 지위를 적극적으로 결정할 수 있는 것은 아니다.

(3) 형식적 요건설

이 설은 법률이 정한 설립신고를 한 경우에만 노동조합으로 볼 수 있으며, 헌법상 단결체로서의 법적 지위를 직접 결정하는 것은 별개의 문제라고 보는 견해이다. 따라서 노조법상의 설립신고제도는 노동조합이 갖추어야 할 필요최소한도의 요건만을 규정한 것이며, 이것이 헌법에서 정하는 단결권보장의 취지를 넘어서는 것이라면 이는 위헌심사로 해결해야 하는 것이라고 본다. 왜냐하면 노조법상의 설립신고를 결한 노동조합은 헌법상의 단결체나 이른바 법외 노조로 보아야 하기 때문이다. 이 견해는 설립신고를 필하지 아니한 근로자의 단체는 노조법상의 노동조합은 물론 헌법상 단결체로서의 지위도 지닐 수 없다고 하여 사실상 설립신고제를 노동조합의 자격을 결정하는 허가제도로 보고 있다.

(4) 검토의견

노동조합의 법적 지위는 헌법 제33조에 의하여 보장되는 것으로서, 노조법상의 설립 신고만에 의하여 적극적으로 인정될 수 없다. 따라서 설립신고제도는 실질적 요건을 갖춘 노동조합에 대하여 자주성과 민주성이 보장되어 본래의 활동을 할 수 있는가를 확인하기 위한 행정적 개입에 불과하다. 노동조합이 실질적 요건을 갖추었으나 설립신고를 하는 형식적 요건을 결한 것을 이유로 노동조합을 부정할 수 없다. 이러한 경우에 노동조합은 헌법상의 보호객체가 되나, 노조법 제7조에 의한 혜택을 받을 수 없을 뿐이다. 따라서 실질적 요건설이 타당하다[686].

관련 판례 대판 1997.10.14. 96누9829
노동조합 설립신고의 법적성질

노동조합법이 노동조합의 설립에 관하여 신고주의를 택하고 있는 취지는 소관 행정당국으로 하여금 노동조합에 대한 효율적인 조직체계의 정비·관리를 통하여 노동조합이 자주성과 민주성을 갖춘 조직으로 존속할 수 있도록 노동조합을 보호·육성하고 그 지도·감독에 철저를 기하게 하기 위한 노동정책적인 고려에서 마련된 것이다.

3. 설립신고의 절차

a) 노동조합을 설립하고자 하는 자는 노동조합설립신고서와 함께, ㉠ 노조법 제11조에 의한 필수적 기재사항을 명시한 조합규약, ㉡ 임원의 성명 및 주소록, ㉢ 연합단체인 경우 그 구성노동단체의 명칭, 조합원수, 주된 사무소의 소재지 및 임원의 성명 및 주소록, ㉣

686) 이상덕외, 전게서, 148쪽.

2이상의 사업 또는 사업장의 근로자로 구성된 단위노동조합의 경우 사업 또는 사업장별 명칭, 조합원수, 대표자의 성명이 기재된 서면을 연합단체와 2이상의 특별시 · 광역시 · 도에 걸치는 단위노동조합의 경우 고용노동부장관에게, 그 외의 노동조합의 경우 특별시장 · 광역시장 · 도지사에게 제출하여야 한다.

b) 이때 설립신고서에는 ㉠ 설립하려는 노동조합의 명칭, ㉡ 주된 사무소의 소재지, ㉢ 조합원 수,㉣ 임원의 성명과 주소록, ㉤ 소속된 연합단체가 있는 경우에는 그 명칭, ㉥ 연합단체인 경우 그 구성노동단체의 명칭, 조합원 수, 주된 사무소의 소재지 및 임원의 성명, 주소가 반드시 기재되어야 한다.(노조법 제10조 및 시행규칙 제2조)

c) 한편 근로조건의 결정권이 있는 독립된 사업 또는 사업장에 조직된 노동단체는 지부 · 분회라는 명칭여하에 불구하고 노조법 제10조 제1항의 규정에 의한 노동조합의 설립신고를 할 수 있으며, 그 신고에 대한 절차는 상기와 동일하다(노조법 시행령 제7조). 이러한 신고사항 중 ㉠ 명칭 , ㉡ 주된 사무소의 소재지, ㉢ 대표자의 성명, ㉣ 소속된 연합단체의 명칭에 대한 변경이 있는 경우에는 노동조합은 그 사항의 변경이 있은 날로부터 30일 이내에 행정관청에 그 변경을 신고하여야 한다. 또한 노동조합의 규약 · 임원에 대한 변경사항이 있는 경우 ㉠ 변경된 규약의 내용, ㉡ 변경된 임원의 성명, ㉢ 전연도 12월 31일 현재의 조합원수에 대하여 매년 1월 31일까지 신고하여야 한다(노조법 제13조).

관련 판례 대판 1992. 12. 22 91누6726

상위연합단체에의 가입과 노동조합의 설립 및 존속요건

근로자가 자유로이 노동조합을 조직하거나 이에 가입할 수 있는 것과 마찬가지로 노동조합도 대외적으로 자주적이고 대내적으로 민주적인 의사결정에 따라 연합단체에 가입하거나 소속된 연합단체로부터 탈퇴할 수 있는 것이라고 봄이 상당하고, 노동조합법이 노동조합의 설립과 존속의 요건으로 상위연합단체에의 가입을 강제하고 있다고 보기는 어려우며, 따라서 노동조합법 제13조 제1항 제5호나 제14조 제5호(현행 노조법 제10조)는 노동조합이 산업별 연합단체 또는 총연합단체인 노동조합의 인준을 얻어 그 노동조합에 가입한 경우에는 반드시 그 사실을 노동조합설립신고서 및 노동조합의 규약에 기재하여야 한다는 의미에서 강제적 규정이라고 할 수 있을지 몰라도, 위 규정들이 곧바로 모든 노동조합에 대하여 연합단체에의 가입을 강제하고 있는 취지라고는 해석할 수 없다.

관련 판례 대판 1997. 10. 14. 96누9828
설립신고증교부처분취소소송과 사용자의 원고 적격성

행정처분의 직접 상대방이 아닌 제3자라도 당해 행정처분의 취소를 구할 법률상의 이익이 있는 경우에는 원고적격이 인정된다 할 것이나, 여기서 말하는 법률상의 이익은 당해 처분의 근거법률에 의하여 보호되는 직접적이고 구체적인 이익이 있는 경우를 말하고 다만 간접적이거나 사실적 · 경제적 이해관계를 가지는데 불과한 경우는 여기에 포함되지 않는다. 또한 노동조합의 설립에 관한 구 노동조합법의 규정이 기본적으로 노동조합의 설립의 자유를 보장하면서 위와 같은 노동 정책적 목적을 달성하기 위해 설립신고주의를 택하여 조합이 자주성과 민주성을 갖추도록 행정관청으로 하여금 지도 · 감독하도록 하게 함으로써, 사용자는 무자격 조합이 생기지 않는다는 이익을 받고 있다고 볼 수 있을지라도 그러한 이익이 노동조합의 설립에 관한 구 노동조합법 규정에 의하여 직접적이고 구체적으로 보호되는 이익이라고 볼 수는 없고, 노동조합 설립신고의 수리 그 자체에 의하여 사용자에게 어떤 공적 의무가 부과되는 것도 아니라고 할 것이어서 당해 사안에서 지방자치단체장이 노동조합의 설립 신고를 수리한 것만으로 당해 회사의 어떤 법률상의 이익이 침해되었다고 할 수 없으므로 당해 회사는 신고증을 교부받은 노동조합이 부당노동행위구제신청을 하는 등으로 법이 허용하는 절차에 구체적으로 참가한 경우에 그 절차에서 노동조합의 무자격을 주장하여 다툴 수 있을 뿐 노동조합 설립신고의 수리처분 그 자체만을 다툴 당사자 적격은 없다.

관련 판례 대판 1993. 2 12. 91누12028
연합단체의 불기재 또는 허위기재와 설립 신고서의 반려

소속된 연합단체의 명칭을 기재하도록 규정한 것은 노동조합을 설립함에 있어 상위연합단체에의 가입에 관한 사항을 사실대로 정확하게 밝혀 신고하도록 의무 지움으로써 소관 행정당국으로 하여금 노동조합에 대한 효율적인 조직체계의 정비 관리를 통하여 보호, 육성 내지 지도, 감독에 철저를 기하기 위한 노동정책적인 고려에서 마련된 것으로 풀이되므로, 노동조합이 법규정에 위배하여 특정의 상위 연합단체에 가입하고서도 소속된 연합단체의 명칭을 설립신고서나 규약에 전혀 기재하지 아니하거나 허위로 기재한 경우는 물론이고 실제로는 어느 연합단체에도 가입하지 아니하였음에도 불구하고 사실과 다르게 설립 신고서나 규약에 소속된 연합단체의 명칭을 임의로 허위기재한 경우에 있어서도 행정관청은 20일의 기간을 정하여 사실을 확인하기 위하여 소속 연합단체의 가입인준증의 제출 등 적절한 방법에 의한 보완을 요구하고, 만일 기간 내에 이를 이행하지 아니할때에는 설립신고서를 반려 할 수 있다고 해석함이 상당하다[687].

---

687) 대판 1990. 10. 23, 89누3243; 대판 1990. 10. 23, 89누3243.

관련 판례 대판 1990.10.23. 89누3243
노동조합 설립신고증 교부의 효력

행정관청이 노동조합의 설립신고서를 접수한 때에는 3일 이내에 설립신고증을 교부하도록 되어 있다 하여 그 기간 내에 설립신고서의 반려 또는 보완지시가 없는 경우에는 설립신고증의 교부가 없어도 노동조합이 성립된 것으로 본다는 취지는 아니므로 행정관청은 그 기간 경과 후에도 설립신고서에 대하여 보완지시 또는 반려처분을 할 수 있다.

4. 노동조합의 설립시기

a) 노동조합의 성립시기와 관련하여 노조법 제12조 제4항은 「노동조합이 신고증을 교부받은 경우에는 설립신고서가 접수된 때에 설립된 것으로 본다」고 규정하고 있다[688]. 그러나 노동조합의 자유설립주의에 의하더라도 설립신고서 및 규약의 제출만으로 당연히 노동조합이 성립한다고 볼 수 없다. 따라서 행정관청은 이에 대하여 어떠한 형태로든지 심사를 할 수 밖에 없고, 그 하자가 있는 경우에는 보완요구를 하여야 한다. 이때 설립 신고의 절차에 하자가 없는 경우에는 설립 신고증의 교부를 조건으로 하여 접수사실에 의하여 노동조합이 설립된 것으로 보아야 한다. 또한 노동조합의 설립신고서가 반려된 경우에는 다시 접수를 하여야 하고, 이러한 경우에도 새로이 접수된 시기를 기준으로 노동조합의 설립이 인정된다.

b) 그러나 행정관청의 설립신고서반려처분에 대하여 행정소송으로 취소한 경우에는 당해 반려처분의 접수시에 의하여 노동조합이 설립된 것으로 보아야 한다. 따라서 종전에는 노조법 제12조 제4항의 명문규정이 없어 학설상 ㉠ 노동조합결성시설[689], ㉡ 신고서제출시설[690], ㉢ 신고서 접수시설[691], ㉣ 신고증교부해제조건부접수시설[692], ㉤ 신고증

688) 구법 하에서는 노동조합의 성립시기에 대하여 아무런 규정이 없었던 바, 이에 대한 해석을 두고 학설 간의 대립이 있어 왔다. 따라서 1996년 12월 31일 노동관계법령의 개정시에 이러한 문제를 해결하고자 성립시기에 대하여 명문의 규정을 신설한 것이다.

689) 김유성, 이홍재, 『노동법2』, 방송통신대, 1994 42쪽 ; 이 견해는 헌법상 노동조합의 자유설립주의 원칙에 따라 노동조합의 설립은 근로자의 단체가 노조법 제2조 제4호에 규정한 실질적 설립요건을 모두 갖춘 떼에 성립하는 것으로 본다.

690) 김유성, 전게서, 70쪽 ; 박홍규, 노동단체법, 삼영사, 2002, 139쪽 ; 이 견해는 노조법 제2조 제4호의 규정에 따른 노동조합의 실질적 설립요건을 갖춘 동시에 동법 제10조에 의한 설립신고를 한 때에 성

설[693],45)으로 견해가 나뉘어졌으나, 입법적으로 해결이 되었다.

립하는 것으로 본다.

691) 김치선, 노동법강의, 박영사, 1988, 320쪽 ; 이 견해는 노동조합의 신고서 접수시에 이미 성립한 것으로 보며, 다만 행정관청의 신고증이 교부되지 않은 것을 해제조건으로 하여 노동조합의 자격을 부인한다.

692) 김형배, 노동법, 박영사, 2007, 693쪽; 이 견해는 신고증의 교부라는 정지조건에 의하여 소급하여 신고증의 접수시에 노동조합이 설립되는 것으로 본다.

693) 대판 1969. 12. 23, 69누100.

제3장 노동조합의 운영

제1절 서 설

a) 노동조합은 일반 사회단체나 친목단체와 달리 근로자가 자주적으로 결성한 단체로서 법률적으로 강력한 보호를 받는다. 이와 동시에 근로자의 경제적 · 사회적 지위향상을 위하여 단결체 본래의 취지에 의하여 강한 집단성과 내부적 통제권한을 갖는다. 다른 한편으로 노동조합은 근로자 스스로의 자발성과 요구에 의하여 조직된 단체인 만큼 조합원이 주체가 되어 운영하며, 그 설립부터 각종 의사결정에 이르기까지 모든 운영에서 조합원의 총의가 반영되도록 하고 있다. 따라서 ㉠ 조합원총회 및 대의원회의 개최, ㉡ 조합원 전체에 영향을 미치는 사항, ㉢ 임원의 선출에 관한 사항, ㉣ 조합원전체의 의사결정에 관한 사항의 집행 및 통제에 관한 사항 등은 노동조합의 운영상 중요한 의미를 지닌다.

b) 그러나 노동조합의 운영이 소수의 조합원이나 간부의 이익에 의하여 좌우되거나, 특히 노동조합의 운영임원들이 사용자에 의하여 어용화되는 경우 근로자의 생존권확보라는 취지를 훼손시킬 우려가 있다. 따라서 노동조합의 운영에 있어 대내적 민주성의 확보는 한편으로 노동조합의 대외적 자주성을 유지하는 기준이 되며, 노동조합의 모든 운영은 이러한 민주성에 의해 정당성이 부여되고, 제한을 받게 된다. 즉 노동조합의 모든 운영은 원칙적으로 조합자치의 원칙에 의해 노동조합의 자율에 맡겨지는 것이며, 이는 어디까지나 헌법 및 노동관계법령이 허용하는 한도 내에서만 그러하다. 노조법은 이러한 운영의 민주성을 확보하기 위하여 규약, 조직 및 재정운영에 관한 사항에 대한 자세한 규정을 두고 있다.

제2절 노동조합의 규약

1. 의 의

(1) 개념

조합규약이란 노동조합의 조직과 임원활동에 관한 사항 등을 정한 기본규범을 말한다. 이러한 규약은 노동조합의 민주적 운영과 조합 활동의 합리성을 도모하기 위하여 제정한 것이다. 노동조합의 규약은 노동조합원의 권리와 의무에 대하여 명시하고 있다. ILO 제87호 협약 제3조도 노동조합에 의한 규약제정권을 명시하고 있다. 따라서 ㉠ 노동조합의 자유로운 대표선출, ㉡ 노동조합의 관리 및 활동, ㉢ 노동조합의 운영계획 등에 대하여 보호를 받는다.

(2) 규약의 법적 성질

1) **규범설** 이 설은 규약을 노동조합의 내부조직에 관한 자치적인 법규범으로 정한 것이라는 견해이다. 따라서 노동조합은 하나의 사단으로 활동하기 위하여 자치적인 규범을 제정하여야 한다. 이러한 규약의 법규범이 인정되기 위하여는 「근로자와 노동조합 사의의 법률관계는 조합규약에 의한다」고 하는 사실인 관습이 필요하다. 그러나 노동조합의 규약은 노조법 제10조 제1항에 의하여 설립신고서의 제출시 규약을 첨부하도록 하는 규정에 근거하여 노동조합의 형식적 요건을 요구하고 있다. 이에 근거하여 노동조합에 규약의 제정권을 부여한 것으로 보아야 한다(수권설).

2) **계약설** 이 설은 규약을 노동조합의 집단계약이라고 이해하고, 개개의 조합원이 노동조합과 계약에 의하여 구속을 받는다는 견해이다. 따라서 조합원이 규약에 정한 권리를 취득하고 의무를 지는 이유는 설립계약 또는 가입계약에 의한 행위에서 구한다. 따라서 조합원은 노동조합의 설립 또는 가입시에 이미 존재하는 규약의 내용에 합의하고, 이에 근거한 규약상의 권리를 취득하고 의무를 부담한다. 또한 장래 민주적인 절차를 거친 조

합결의에 의한 규약에도 동의를 하는 것으로 본다. 이러한 견해는 노동조합의 탈퇴를 계약의 종료에 의한 합의해약으로 보게 된다.

관련 판례 대판 1998. 2. 27. 97다43567
노동조합규약의 법적 성질과 효력

노동조합은 근로자들이 자신들의 이익을 옹호하기 위하여 자주적으로 결성한 임의단체로서 그 내부 운영에 있어서 조합 규약 및 다수결에 의한 자치가 보장되므로, 노동조합이 자체적으로 마련한 선거관리규정은 조합 민주주의를 실현하기위한 강행법규에 적합한 범위 내에서는 일종의 자치적 법규범으로서 국가법질서 내에서 법적 효력을 가진다.

2. 규약의 제정 · 변경

a) 노동조합규약의 제정이나 변경은 조합원 총회에서 조합원의 직접 · 비밀 · 무기명 투표에 의하여 재적조합원 과반수의 출석과 출석조합원 3분의 2이상의 찬성에 있어야 한다(노조법 제16조). 이때 규약의 재정은 조합결성행위의 일환으로서 직접 조합원총회에 의하여 결정될 수밖에 없으나, 규약의 변경은 이미 대의원회가 조직되는 경우에 총회에 갈음하여 대의원회에 의하여 할 수 있다(노조법 제17조). 이러한 의결정족수는 조합자치의 원칙에 의하여 그 요건을 강화할 수는 있으나, 노조법 제17조는 정족수에 관한 최저기준을 정한 강행규정이므로 이보다 낮출 수 없다.

b) 조합의 규약은 설립 신고시 신고서에 첨부하여 행정관청에 제출하여야 하며(노조법 제10조), 신고증이 교부된 후에는 설립일로부터 30일 이내에 주된 사무소의 소재지에 비치하여야 한다(노조법 제14조). 행정관청은 신고된 조합의 규약이 기재사항의 누락, 법령에의 위반 등을 이유로 그 보완이 필요한 경우 20일 이내의 기간을 정하여 그 보완을 지시하여야 하며(노조법 제12조), 노동조합은 전년도 규약의 내용 중 변경이 있는 경우에는 매년 1월 31일까지 행정관청에 이를 통보하여야 한다(노조법 제13조). 이 경우 노동조합 규약의 변경보완명령은 행정관청의 의사를 노동조합에 직접 표시하는 것이므로 행정소송법 제2조 제1항에서 규정하고 있는 행정처분에 해당된다.

관련 판례 대판 1998. 3. 24, 97다58446
조합운영세칙에 의한 총회의결정족수의 완화

노동조합의 규약과는 달리 규약의 위임에 따라 정하는 조합운영세칙의 경우 반드시 노동조합및노동관계조정법 제16조에 따라 조합원총회에 의하여 조합원의 직접 · 비밀 · 무기명 투표에 의한 재적조합원 과반수의 출석과 출석조합원 과반수찬성에 의할 필요가 없다.

3. 규약의 기재사항

a) 노조법 제11조는 노동조합의 자주적 · 민주적 운영을 보장하기 위하여 규약의 내용으로 ① 명칭, ② 목적과 사업, ③ 주된 사무소의 소재지, ④ 조합원에 관한 사항(연합단체인 노동조합에 있어서는 그 구성단체에 관한 사항), ⑤ 소속된 연합단체가 있는 경우에는 그 명칭, ⑥ 대의원회를 두는 경우에는 대의원회에 관한 사항, ⑦ 회의에 관한 사항, ⑧ 대표자와 임원에 관한 사항, ⑨ 조합비 기타 회계에 관한 사항, ⑩ 규약 변경에 관한 사항, ⑪ 해산에 관한 사항, ⑫ 쟁의행위와 관련된 찬반투표결과의 공개, 투표자명부 및 투표용지 등의 보존 · 열람에 관한 사항, ⑬ 대표자와 임원의 규약위반에 대한 탄핵에 관한 사항, ⑭ 임원 및 대의원의 선거절차에 관한 사항, ⑮ 규율과 통제에 관한 사항 등은 산업별 · 직종별 · 기업별 노조나 단위노조 · 연합단체를 막론하고 반드시 기재하도록 규정하고 있다.

b) 다만, 소속연합단체의 명칭이나 대의원에 대한 사항은 소속 연합단체가 있는 경우나 대의원을 두는 경우에만 해당하는 것이므로 그렇지 않은 경우 반드시 기재할 필요는 없다. 그 외의 구체적인 내용이나 부가적인 사항은 노동조합 스스로의 의사에 의하여 자유롭게 정할 수 있으나, 단결권 보장의 취지나 조합민주주의의 원칙에 반하여서는 아니 된다.

관련 판례 대판 1992. 12. 22, 91누6726
상급단체의 가입과 규약상 필수적 기재사항의 성격

헌법(제33조 제1항)과 노동조합법의 기본적인 규정 내용과 그 밖의 노동조합법 및 같은 법 시행령의 관계 규정들을 전체적으로 살펴보면, 근로자가 자유로이 노동조합을 조직하거나 이에 가입할 수 있을 것(노조법 제8조)과 마찬가지로 노동조합도 대외적으로 자주적이고 대내적으로 민주적인 의사결정에 따라 연합단체에 가입하거나 소속된 연합단체로부터 탈퇴 할 수 있는 것이라고 봄이 상당하고, 노동조합법이 노동조합의 설립과 존속의 요건으로 상위 연합단체에의 가입을 강제하고 있다고 보기는 어렵다. 따라서 노동조합법 제12조 제1항 제14조 제5호는 노동조합이 산업별 연합단체 또는 총연합단체인 노동조합의 인준을 얻어 그 노동조합에 가입한 경우에는 반드시 그 사실을 노동조합 설립신고서 및 노동조합의 규약에 기재하여야 한다는 의미에서는 강제적 규정이라고 할 수 있을지 몰라도, 위 규정들이 막바로 모든 노동조합에 대하여 연합단체의 가입을 강제하고 있는 취지라고는 해석할 수 없다. 노동조합의 자주성을 보장하여 노동조합이 연합단체의 가입 여부를 스스로 결정할 수 있도록 허용함으로써 종래에 유지되어온 우리나라의 노동조직 형태가 다소 변경될 가능성이 없다고는 할 수 없지만, 이로 인하여 노동조합 사이의 조직분규가 빈발하고 산업평화 및 국가경제에 현저한 지장을 초래할 것이라고 단정할 만한 자료를 기록에서 찾아볼 수 없으므로, 원심의 판단은 정당하다.

관련 판례 대판 1989. 11. 14, 89누4765

노동조합 규약의 효력과 조합원 자격의 상실

노동조합의 규약에 조합원 및 임원은 해고에 의해 그 자격을 상실 하지만 해고시 이의를 제기하였을 경우 제기된 사건이 확정될 때까지 조합원 및 임원의 자격을 가진다고 규정되어 있는 경우에 있어서, 조합대표자인 갑이 사용자로부터 해고된 후 자신에 대한 해고가 부당노동행위라고 주장하여 서울지방노동위원회에 부당노동행위구제신청을 제기하는 한편 서울 민사지방법원에 해고무효확인청구소송을 제기하였더라도, 사용자가 외교관으로서 면책특권을 가지므로 동인에 대한 재판관할권이 없다는 사유로 위 사건들이 모두 각하되어 그대로 확정되었다면, 갑은 제기된 사건이 확정됨으로써 위 조합규약에 의하여 조합원 및 대표자의 자격을 상실하게 되었다고 볼 것이다.

관련 판례 대판 2002. 2. 22, 2000다65086

노동조합의 규약에 근거한 자치규정과 부제소의 효력

노동조합이 조합규약에 근거하여 자체적으로 만든 신분보장대책기금관리 규정에 기한 위로금의 지급을 둘러싼 노동조합과 조합원 간의 분쟁에 관하여 노동조합을 상대로 일절 소송을 제기할 수 없도록 정한 노동조합의 신분보장대책기금관리규정 제11조는 조합원의 재산권에 속하는 위로금의 지급을 둘러싸고 생기게 될 조합원과 노동조합 간의 법률상의 쟁송에 관하여 헌법상 보장된 조합원의 재판을 받을 권리를 구체적 분쟁이 생기기 전에 미리 일률적으로 박탈한 것으로서 국민의 재판을 받을 권리를 보장한 헌법 및 법원조직법의 규정과 부제소 합의 제도의 취지에 위반되어 무효라고 할 것이다.

제3절 노동조합의 통제권

1. 서 설

a) 연혁적으로 노동조합은 사용자를 비롯한 외부의 탄압에 대항하여 조직을 결성하고 근로자의 생존권확보라는 목적을 실현하기 위하여 투쟁한 결과 강력한 단결력을 필요로 하게 되었다. 따라서 노동조합의 강력한 조직력과 통일된 집단적 의사의 결집은 단결력을 강화하는 필수적인 요소가 되고 있다. 노동조합의 내부적 통제권은 조합원의 통일적 의사 형성을 저해하거나 단결활동을 방해하는 자에 대하여 조직규범을 확립하기 위한 제재조치로 요구된다. 이러한 노동조합의 권능을 노동조합의 통제권이라고 하며, 단결권행사의 일환으로 인정되고 있다.

b) 특히 오늘날 전국규모의 산업별단위노조 등 대규모 노동조합의 출현으로 전체근로자의 생활조건에 대한 영향력이 커진 반면, 조합의 업무가 다양화 · 전문화됨에 따라 조합기구가 관료화되거나 개별조합원과 조합간의 괴리가 점차 심화되고 있다. 이러한 사정으로 조합원은 조합에 대한 참여의 기회가 줄고, 자칫 일방적인 조합의 통제와 의사에 따라 좌우되는 수동적 대상으로 전락할 위험이 있어 조합민주주의에 대한 요청은 더욱 절실해지게 된다.

c) 특히 조합내의 주도권 경쟁을 둘러싸고 통제권이 남발되거나 유니온샵제에서 반조합적 조합원을 추방하기 위한 방편으로 당해 조합원을 제명하는 경우 조합민주주의는 심히 훼손될 우려가 있다. 따라서 노동조합의 통제권행사는 그 범위와 방법에 있어 일정한 한계를 인정하기 않을 수 없다. 그러나 통제권행사는 단결권과 조합자치주의의 본질을 침해하지 않는 필요최소한도내에서만 인정되어야 한다.

d) 현행법은 노동조합의 통제권에 대하여 명시적 규정을 두고 있지 않다. 다만, 노조법 제11조에서 조합규약의 필수적 기재사항으로 ㉠ 대표자와 임원의 규약위반에 대한 탄핵에 관한 사항, ㉡ 규율과 통제에 관한 사항을 두도록 하고 있으며, 동법 제81조에 '제명'을 명시함으로서 조합에 의한 통제권의 행사가 가능함을 간접적으로 전제 · 예시하고 있을 뿐이

다. 조합통제권에 대한 논의는 단순히 어떠한 법칙 기초에 의하여 통제권이 인정되는 것인가의 문제에 국한되지 아니하며, 나아가 노동조합과 노조원간의 내부적 관계를 규명하기 위한 것이다. 따라서 통제권의 범위와 한계를 어떻게 설정하고, 이에 불복하는 경우 통제권의 행사에 대하여 사법적 심사를 인정하는 것이 적합한가 하는 것이 논의의 대상이 된다.

2. 통제권의 근거

(1) 단체고유이론

이 설은 '단체법이론'을 인정하는 대륙법계에서 광범위하게 받아들여지고 있는 학설로서 개별구성원과 분리된 '단체의 실체'를 근거로 모든 단체는 스스로를 위해 고유한 통제권을 갖는다고 보는 견해이다. 이 견해에 의하면, 단체가 일단 결성되면 개별 구성원과 독립적인 의사형성능력을 가진다는 이른바 '단체법이론'을 전제로 한다. 따라서 모든 단체는 그 존립과 고유의 목적수행을 위하여 구성원에 대한 일정한 통제권을 행사할 수 있으며, 노동조합도 하나의 독립된 단체인 이상 고유의 통제권이 인정된다고 본다. 따라서 어떠한 단체든 그 구성원의 목적의식에 의하여 결성되고 목적활동에 방해되는 구성원에 대하여 적극적인 통제와 제재의 권한을 갖는 것과 같이, 노동조합도 법률에 특별한 규정이 없더라도 일정한 통제권을 갖는다.

(2) 단결권설

이 설은 노동조합의 통제권이 헌법 제33조 제1항에 의한 단결권에 의하여 보장된다는 견해이다. 이 견해는 다시 ㉠ 단체고유의 권한임을 인정하는 가운데 단결체라는 특수성에 따라 일반사단과 구별되는 강력한 통제력이 인정된다는 절충적 단결권설과 ㉡ 재산거래를 목적으로 하는 일반사단법인과 헌법상 단결권의 실현을 목적으로 하는 노동조합은 법체계상 전혀 별개의 성격을 가지므로 일반사단으로서의 성격을 완전히 부정하고 헌법상 단결권에 의한 독자적 단체성을 가진다는 순수단결권설로 나뉜다.

(3) 계약설

이 설은 노동조합을 조합원간의 계약으로 형성된 단체로 보며, 통제권의 행사 등 내부적 자치활동전반의 근거를 조합원간의 계약인 규약에서 찾는 견해이다. 이 견해는 전통적으로 단체에 대한 독립된 실체성을 부인하는 영미법계에서 받아들여지고 있는 학설이나, 오늘날 영미법계에서도 단체법이론의 장점을 점진적으로 수용하는 추세에 있다. 따라서 노동조합의 통제권은 조합원이 조합규약에 따라 상호통제에 복종하겠다는 합의의 의사 즉, 일종의 계약적 효력에서 찾는다. 이러한 계약설은 노동조합을 개개의 조합원으로부터 독립된 법적 실체가 아니라 조합원 상호간 계약관계의 집합으로 보는 견해로서 특히 단체설이 단체의 설립은 계약관계에 기초하는 것으로 보고 있다. 그러나 단체가 설립되자마자 계약적인 기초가 단체법적인 기초로 전환된다는 논리는 그 정당성을 증명할 수 없는 논리적 조작일 뿐이라고 비판을 받게 된다.

(4) 검토의견

a) 헌법상 단결체에 대하여 일정한 단체일 것을 실질적인 요건으로 하며, 근로자의 개별적 단결권과 분리되는 단결체의 집단적 단결권을 인정하는 이상 조합의 내부관계를 조합원간의 단순한 계약으로 보는 계약설은 타당하지 않다. 한편 순수단결권설은 근로자의 단결권을 결사의 자유와 별도로 규정하는 현행 헌법체계에 비추어 노동조합의 통제권은 일반 사단과 달리 헌법상 단결권에 의해 직접 인정되고 그 정당성이 판단된다고 본다. 그러나 민법상 사단에는 영리의 추구 등 재산거래를 목적으로 하는 영리법인만이 존재하는 것은 아니며, 그 구성원의 자유의사에 의해 여러 특징적인 목적을 갖는 비영리법인의 존재도 인정할 수 있다는 점을 감안한다면 반드시 민법상 사단과 노동조합이 완전히 별개로 구별되어야 한다는 주장은 타당성이 없다.

b) 일본의 다수설과 판례는 독일노동법의 단체법원리를 수용하는 가운데 일반사단에 대해 단결체가 갖는 특징, 특히 일반사단에는 그 재산적 이익을 향유하는 구성원의 제명권한이 인정되지 아니하나, 노동조합은 단결권의 보장을 위해 구성원에 대한 제명 등 강력한 통제권이 인정된다는 입장에 의해 노동조합과 일반사단을 구별하는 절충적 단결권설을 받아들이고 있다. 한국의 다수설도 현재 이러한 일본의 학설을 이어 받아 절충적 단결권

설을 취하고 있다. 따라서 노동조합 내부의 모든 자치적 활동이 헌법상 노동3권이라는 절대적 기준에 의하여 사법적으로 평가되어야 한다고 판단할 수 없으며, 다만 사단으로서의 자치적 성격을 충분히 인정하는 가운데 단결권에 의한 특수성이 고려되어야 한다는 절충적 단결권설이 타당하다[694].

3. 통제권행사의 범위 및 사유

(1) 통제권행사의 범위

1) 통제의 범위　통제권행사의 범위는 조합자치의 원칙에 따라 규약으로 자유로이 정할 수 있다. 조합규약에 의한 통제범위는 노동조합의 필수적 목적활동으로서 ㉠ 대사용자적 관계에서 행해지는 단체교섭 및 단체행동뿐만 아니라 ㉡ 통상적인 단결활동, ㉢ 조합원 상호간의 부조활동이나 ㉣ 노동조합의 정치활동도 포함한다. 그러나 통제권행사가 남용될 경우 조합원 개인의 단결권이 침해됨은 물론 생존권에 대한 큰 위협이 될 수 있으므로, 언제나 필수불가결하고 합리적인 경우에 한해 엄격히 인정되어야 한다.

2) 통제의 대상　노동조합에 가입할 때에 조합원으로서 조합규율을 준수하고 그 의무를 다할 것을 동의한다고 하여, 이를 이유로 법률에 의하여 자신에게 인정되는 일체의 권리를 노동조합에 유보한다는 의미는 아니다. 따라서 법률에 의하여 인정되는 일반시민으로서의 자유나 개인적 생활의 영역은 원칙적으로 그 통제의 대상으로 삼을 수 없다. 또한 통제의 대상이 되는 사항이라 하더라도 통제권은 조합의 목적활동을 위해 필요최소한도에서 적정절차의 원칙에 따라 행사되어야 한다. 따라서 규약에서 정한 절차에 따르되 그 절차가 민주적 합리성을 결하거나 통제사유와 제재 간에 비례의 적정성이 없는 때에는 권리남용에 의하여 그 효력이 부인된다. 일반적으로 통제권행사의 사유는 ㉠ 조합비의 미납, ㉡ 조합결의 · 지시의 위반, ㉢ 교섭저해행위, ㉣ 조합에 대한 언론 또는 비판활동, ㉤ 조합원의 정치활동 등을 들 수 있다. 이 중 조합비의 납부는 조합원의 본질적 의무라는 점에서 그 미납이 제재사유가 됨은 명백하며, 노조법 제22조 단서에서도 이를 규정하고 있으므로 논란의 여지가 없다. 그러나 그 외의 사유는 개별조합원의 단결권 또는 조합민주

---

694) 이상덕외, 전게서, 190쪽.

주의와 관련하여 논란의 여지가 있다.

(2) 통제권행사의 사유

1) **조합의 결의 · 지시위반 및 분파활동** a) 노동조합이 민주적 방법에 의하여 결의한 사항은 비록 그 의사에 반하는 것이라 하더라도 조합원은 이를 성실히 준수하여야 할 의무가 있으며, 이를 정당한 이유 없이 거부하면 당해 조합원의 행위는 통제의 대상이 된다. 이와 같이 일부세력에 의해 노동조합의 결의 및 지시에 위반하여 조직적으로 나타날 때, 이를 조합내 분파활동이라 한다. 이러한 분파활동은 노동조합의 목적달성을 위한 유일한 무기가 단결력이라는 점을 감안하면 단결력을 약화시키는 중요한 요인이 되므로 통제처분의 대상이 된다. b) 특히 조합에 강력한 단결의식이 요구되는 단체교섭 중이나 쟁의행위 시에 일부의 세력에 의한 사용자와의 별도교섭이나 쟁의행위에의 불참선언 등은 반조합적 행위로서 허용될 수 없다. 그러나 조합원의 언동이 조합결의 내지 다수의사에 반하고 형식적으로는 분파활동으로 보일지라도 조합원의 자발적 단결활동으로 기대되는 것이라면 이러한 제재는 정당한 통제권행사로 볼 수 없다. 한편, 노동조합의 결의 및 지시는 조합의 자치적 사항이나 어떠한 경우에도 법령을 위반하는 형태로 행해질 수 없으며, 처음부터 무효이므로 그 거부를 통제의 대상으로 삼을 수 없다. 그러나 노동조합의 결의 · 지시가 객관적으로 보아 중대하고 명백한 위법사항이 아니라면, 그 위법성은 사후적으로 판단될 문제이므로 일단 그러한 결의 · 지시는 조합원을 구속하는 것으로 본다.

2) **교섭저해행위** 단체교섭은 노동조합에 있어 핵심적인 목적활동사항 이므로 이를 저해하는 개별 조합원의 행위는 당연히 통제대상이 된다. 예컨대 단체교섭이 진행되는 시기에 ㉠ 조합원이 근로조건 등 교섭대상이 되는 사항에 대하여 사용자와 개별 교섭하는 행위, ㉡ 단체교섭의 담당자로서 위임된 교섭위원이 사용자로부터 개별적 이익 공여를 약속받는 등의 배임행위, ㉢ 단체교섭의 유리한 진행을 위한 쟁의행위의 지시에 불응하는 조합원의 행위 등은 교섭저해행위로서 통제의 대상이 된다.

3) **조합에 대한 언론 · 비판활동**

① 언론 · 비판활동의 자유와 제한 - 노동조합은 조합원 개개인의 의사가 결집되어 운영되는 민주적 단체이므로 조합운영의 활성화와 건전성의 유지를 위하여 조합원의 개별적

발언과 비판의 자유는 반드시 보장되어야 한다. 따라서 언론 · 비판활동의 자유는 조합원의 기본적 권리를 보장한다는 측면에서 뿐만 아니라 노동조합의 민주성의 확보라는 측면에서도 중요한 의미를 지니며, 조합 총회에서의 최종의사결정은 내부의 여론 활동을 통해 생각을 공유하는 각 세력간의 결집에 의하여 결정된다는 점에서도 조합 활동의 본질적 요소라고 할 수 있다. 그러나 조합원의 언론 · 비판활동은 단결권의 보장이라는 특수한 상황에 따라 일정한 제한이 가해질 수 있다. 예컨대 노동조합과 사용자간에 집단적 교섭이 행해지는 시기에 있어 허위의 사실로 지도부를 비판하거나, 조합의 분열을 조장하는 행위는 조합의 본질적 목적활동을 중대하게 침해하는 것으로서 당연히 제재사유가 된다.

② 비판의 방법 - 개별 조합원은 언론 · 비판활동에 있어 그 방법을 자유로이 선택 할 수 있다. 따라서 조합운영상의 부정행위나 임원의 위법 · 배임행위에 대하여 보도기관이나 일반시민에 대한 여론 활동, 행정기관에 대한 진정 및 탄원 등을 하였다 하더라도 이를 제재의 대상으로 삼을 수 없다.

③ 사전신고제 - 노동조합은 조합원의 언론 · 비판활동에 대하여 규약으로 일정한 절차를 정할 수 있으나, 이러한 절차는 어디까지나 정당한 합리성을 가져야 한다. 예컨대 조합임원에 대한 비판활동에 있어 이를 사전에 인지하고 반론의 기회를 충분히 살리기 위한 사전신고제는 인정될 수 있다. 그러나 집행부에 의한 사전허가제 또는 조합원의 언론 · 비판활동에 대한 일반적 · 포괄적인 금지 등은 허용될 수 없다. 또한 사전신고제를 위반한 경우라도

이것만으로 즉시 제재처분을 내릴 수 없으며, 배포된 문서의 내용, 수량, 방법, 시기 등 여러 사정을 종합적으로 판단하여 객관적으로 조합의 단결력에 상당한 손해를 입혔다고 인정하는 경우에 한하여 제재가 가능할 것이다.

④ 허위사실과 명예훼손 - 한편 조합원의 언론 · 비판활동은 어디까지나 사실에 기초하여 공정성을 유지하여야 한다. 그러나 언론 · 비판활동이 ㉠ 허위의 사실을 기초로 하거나, ㉡ 집행부에 대한 중상 또는 악의적인 인신공격만을 목적으로 하는 경우, ㉢ 개인에 대한 명예훼손으로 행해지는 경우에는 권리남용이 되어 통제처분의 대상이 된다. 임원개인에 대한 비판이 공익성을 가지며 개인의 침해된 법익에 대해 상당하다고 인정하는 경우, 또는 「명예훼손이 진실한 사실로서 오로지 공공의 이익에 관한 것인

때」에는 처벌받지 아니한다(형법제310조).

4) 조합원의 정치운동

① 특정정당이나 후보의 지지 - 노동조합의 정치운동은 조합자체와 조합원 개인의 정치운동으로 구분된다. 노동조합은 주로 정치운동을 목적으로 하지 않는 한 부수적으로 그 규약이나 결의에 의해 선거에 있어 특정정당이나 후보를 지지할 수 있으며, 그 외 일반시민단체에게 허용되는 정도의 정치운동을 할 수 있다(노조법 제2조 제4호 마목). 한편 조합원은 일반국민으로서의 정치적 자유를 누림은 물론 특정 정당의 지지 등 정치적 신념에 의하여 노동조합의 운동에 대한 어떠한 차별을 받지 아니한다(노조법 제9조).

② 후보지지의 반대행위와 통제권 - 노동조합이 지지하기로 결의한 특정 정당이나 후보에 대하여 비난하거나 반대당의 후보를 지지하기 위한 적극적인 운동을 하는 조합원에 대하여 통제권을 행사할 수 있는가 하는 의문이 제기된다. 부정설에 의하면 특정정당에 대한 지지결의 등은 조합원 다수의 의사를 확인하고 이를 독려하기 위한 것일 뿐 조합원에 대한 어떠한 구속력을 갖는다고 할 수 없다고 한다. 긍정설은 조합원 총회에 의한 결의로 결정한 만큼 조합원의 행위는 스스로의 의사에 구속되는 것이므로 이에 반하는 행위는 통제의 대상이 될 수 있다고 한다. 이 경우에는 전체근로자 및 조합원의 사회적 · 경제적 지위의 향상을 위한 노동관계법령, 기타 사회보장법령의 개선이나 친노동자적 정당의 지지에 대한 결의 · 지시는 어느 정도 조합원을 구속할 수 있다고 생각한다. 그러나 조합의 결의에 반대하는 구체적이고 적극적인 행위 없이 소극적으로 이러한 입장에 동조하지 않는 정도에 그치는 한 개인의 절대적 자유인 양심의 자유를 존중한다는 맥락에서 통제의 대상으로 볼 수 없다(헌법 제19조).

5) 노동조합의 조직경쟁 노동조합이 조직 확대를 하거나 상대조직으로부터 자기조직을 방어하기 위하여 자기조합의 조직 원리를 붕괴시키고 상대조합의 조직을 이롭게 하는 행위에 대하여 소속조합원의 행위를 통제할 수 있다.

조직경쟁은 주로 복수노조가 허용되는 경우에 조합 상호간 조직 원리의 대립에 의하여 나타나고, 그 자체는 개별조합의 문제이므로 합법적 조직경쟁은 통제의 대상이 될 수 없다. 조직경쟁의 합법성과 자기적대성의 판단은 ㉠ 근로조건의 유지개선이라는 조합본래의 기능에 적합한가 아니면, ㉡ 조직부정과 조합을 탈퇴 · 분열시키는 형태의 조직 부정인가를 고려하여야 한다. 따라서 당해조합에서 탈퇴한 조합간부와 개인적 우호를 맺고 있다거나, 자기 조합의 요구나 원리에 모순이 되지 않는 범위 내에서 대항관계에 있는 조합원과 통일적 행위를 취하였다 하더라도 통제권의 대상이 되지 않는다.

관련 판례 대판 1996. 10. 25. 95가합108953
조합원의 언론의 자유와 통제의 대상

언론의 자유에 대한 보장은 조합 활동의 공정성, 타당성과 바람직한 의사형성 과정을 담보하는 것으로서 조합의 존립과 발전의 기초가 되는 것이므로 조합원의 언론, 비판활동을 이유로 한 통제권의 행사는 그 범위와 한계에 있어 내재적인 제약이 따르지 않을 수 없는 것인바, 조합간부의 직무수행에 대한 비판활동은 그것이 사실을 부당하게 왜곡시킨 경우에 한하여 통제의 대상이 될 수 있다.

관련 판례 대판 1996. 10. 15. 95기합108053
노동조합 해산을 안건으로 한 총회소집요구와 제명처분의 적부

노동조합원이 임시조합원총회의 소집을 요구하면서 현 노동조합의 해산과 지부장 불신임을 안건으로 제시하였다고 하여 이를 막바로 조합 업무를 방해하였다거나 반조직적 행위를 하였다며 제명처분을 한 것은 위법하므로 동 제명처분은 무효이고, 위자료로 금200만원을 지급하여야 한다.

4. 통제권 행사의 절차

(1) 제재처분

노동조합의 제재처분은 조합원에 대하여 일방적으로 행하는 불이익 처분으로서 경고, 견책, 제재금의 부과, 권리정지, 제명 등이 있다. 이중 조합원의 지위를 박탈하는 제명처분은 근로자의 입장에서 단결체에 의해 자신의 근로조건을 보호받을 수 있는 권리가 크게 제한되는 것이므로 통제처분의 사유 뿐 아니라 절차에 있어서도 민주주의적 합리성에 의해 개별근로자의 생존권을 침해하지 않도록 총회에서 결정하는 것이 원칙이다.

(2) 제재의 결정기관

1) 총회 또는 대의원회에 의한 결정 노조법은 노동조합의 통제권행사에 대하여 어떠한 명시적인 규정을 두고 있지 않다. 즉 절차에 대한 사항은 조합자치의 원칙에 따라 노동조합 스스로가 자유로이 그 규약으로 정할 수 있다. 조합원에 대한 제재의 결정은 조합운영에 있어 중대한 사항에 해당되므로, 조합원 총회나 대의원회에 의한 조합원 전체의 민주적 의사결정에 따라야 한다. 따라서 규약 내에 조합원의 제재에 대한 의결을 총회 또는 대의원회에서 하도록 규정되어 있는 이상 이러한 규약을 위반하여 집행위원회에서 행한 제재의 결정은 무효이며, 그 절차에 대한 정함이 없는 경우에는 반드시 총회 또는 대의원회에서 이를 결정하여야 한다.

2) 집행위원회의 결정 노동조합의 규약에서 조합원의 제재에 관한 결정기관을 총회 또는 대의원회가 아닌 상임위원회, 징계위원회 등 일반 집행위원회에 일임하고 있는 경우 당해 기관에 의하여 결정된 징계처분이 유효한가에 대한 의문이 있다. 대다수의 학설은 제명 이외의 경고, 견책, 제재금의 부과등과 같은 경징계는 규약이 정하는 바에 따라 일반 집행위원회에서도 결정할 수 있는 것으로 보나, 조합원의 지위를 박탈하는 제명만은 노조법 제16조의 총회 의결사항 중 제9호 「기타 중요한 사항」에 해당하는 것으로 반드시 총회 또는 대의원회에서 직접 · 비밀 · 무기명 투표에 의해 재적인원 과반수 출석과 출석인원 과반수의 찬성으로 결정되어야 하는 것으로 본다. 따라서 조합원의 제명에 관한 사항은 총회의 전속사항이므로 하급의결기관에 위임할 수 없고, 일반 집행위원회에 의한 당해 의결은 조합의 최종적인 의사로 볼 수 없다.

(3) 소명권의 보장

a) 노동조합이 조합원에 대한 제재를 하고자 할 경우에는 사전에 피처분자에 대하여 반드시 그 사유를 고지하고 소명의 기회를 주어야 한다. 이와 같은 소명권의 보장은 심리의 공정성 확보를 위한 최소한의 민주적 절차로서 제재처분에 대한 정당성 요건이 되므로, 규약에서의 정함을 떠나 그 기회를 부여하지 않고 행해진 제재의 결정은 무효로 된다. 다만, 노동조합이 사전에 피처분자에 대하여 소명의 기회를 부여했음에도 불구하고 임의로 출석치 않아 그 권리의 행사 없이 진행된 제재결정은 절차상 위법이나 하자가 없다고 보

아야 한다.

b) 노동조합이 특정 조합원에 대하여 징계를 의결하는 경우 당해 조합원은 표결권이 없다(노조법제20조). 다만, 다수조합원의 분파활동에 대하여 징계처분을 의결하는 때에 다수조합원 전체에 대한 표결권을 인정하지 않는다면 소수에 의해 다수가 통제되는 결과가 발생된다. 이러한 경우 다수조합원에 대해 동시에 표결권을 제한할 수 없고 각 대상자에 대해 개별적으로 제재 여부를 결의하되, 관련조합원에 대해서만 표결권을 배제하여야 한다.

(4) 제재결정의 방법

1) 의결정족수　조합원의 제재에 대한 결정은 조합원 총회 또는 대의원회에서의 의결에 따라 전체조합원의 의사를 반영하는 것이 원칙이며, 특히 제명에 대한 결정은 총회나 대의원회에서의 의결에 의하지 않으면 무효로 보아야 한다. 따라서 조합원의 제명은 일반총회에서의 의결방법에 따라 조합원 또는 대의원의 직접 · 비밀 · 무기명 투표에 의하여 재적인원 과반수 출석인원 4분의 3이상의 찬성 등 그 요건을 더욱 엄격히 할 수 있다.. 다만, 조합임원의 제명결정은 사실상 임원의 해임과 동일하므로 출석인원 3분의 2이상의 찬성으로 결정 하여야 한다.

2) 기립 및 부결사항의 처리　의결방법은 조합원 또는 대의원의 직접 · 비밀 · 무기명 투표에 의하여 결정하는 것이 조합민주주의의 원칙에 가장 부합할 것이나, 구성원의 민주적 의사형성에 방해가 되지 않는다면 기립이나 거수에 의한 의사결정도 반드시 부인할 것만은 아니다. 특정 조합원의 제재를 위한 투표의 결과 조합규약에서 정한 정족수에 미달하여 사안이 부결된 때 규약에 특별한 규정이 있더라도 동일회의에서 당해 조합원에 대한 제재결의 재투표를 실시하는 것은 일사부재리의 원칙에 반하므로 허용될 수 없다.

(5) 제재의 양정과 적정성의 원칙

a) 노동조합이 조합원에 대하여 정당한 사유로써 합당한 절차를 거쳐 제재를 결정하는 경우에도 당해 사유와 제재조치 간에는 상당한 적정성이 있어야 한다. 즉, 조합원의 비위행위와 그 행위가 있었던 구체적인 상황, 조합원의 행위로 단결권이 침해된 정도 등을 종합적으로 평가하여 제재의 양정을 정하고 이에 합당한 제재를 결정하여야 한다.

b) 단결권에 대한 침해의 정도가 미비한 행위의 경우에는 견책, 경고, 제재금 부과 등의 경징계에 그쳐야 하며, 가장 무거운 징계인 제명을 결의할 수 없다. 예컨대, 조합규약으로 조합비를 2회 이상 연체시 제명처분을 한다는 규정이 있더라도 제명처분 외에 경고, 권리정지 등의 경징계에 대한 규정이 있고 조합비를 연체한 사유가 부득이한 사정에 해당되면 이를 고려하여 경미한 제재처분을 하여야 한다.

관련 판례 대판 1993. 4. 13. 93다1206
조합원에 대한 징계제명의 효력

전국 항운노련에서 적용되는 퇴직충당금은 근로기준법상의 퇴직금은 아닐지라도 사용자측인 항운노련과의 관계가 해지되는 때에 지급되는 금원의 성질을 갖고 있어서 징계제명된 조합원이 이를 아무런 이의의 유보나 조건의 제시없이 찾아가는 경우 이는 조합원의 징계제명을 조합원이 승인하고 있다는 신뢰를 주기에 충분한 것이다. 당해 조합원이 조합(연락소) 간부들을 수사기관에 재고발한 사실만을 가지고 조합원을 상대로 제명무효를 다투어 왔다고 볼 수 없을 뿐 아니라 조합원으로부터 징계제명이 있었던 때로부터 상당기간 후 제명처분무효확인소송을 제기한 것은 신의성실의 원칙에도 위배된다.

관련 판례 대판 1993. 3. 9. 92다29429
노동조합으로부터 제명처분과 퇴직충당금의 수령

노동조합으로 부터 제명징계된 조합원이 퇴직금 등을 수령하면서 아무런 이의의 유보나 조건을 제기하지 아니하였다면 특별한 사정이 없는 한 징계를 유효한 것으로 인정하였다고 보는 것이 상당하다 할 것이나 이러한 경우라도 징계의 효력을 인정하지 아니하고 이를 다투어 있었다고 볼 수 있는 객관적인 사정이 있다거나 그 이외에 상당한 이유가 있는 상황 하에서 이를 수령하는 등 반대의 사정이 있음이 엿보이는 때에는 명시적인 이의를 유보함이 없이 퇴직금 등을 수령한 경우라고 하여도 일률적으로 제명징계의 효력을 인정하였다고 보아서는 아니 된다.

5. 통제권의 사법심사

(1) 의 의

노동조합의 통제권에 대해 어떠한 외부의 간섭이나 개입이 있는 것은 조합자치의 원칙과 단결권의 보장이라는 취지에서 바람직하지 아니하다. 즉 조합의 내부적 활동은 조합 스스로에게 광범위한 재량이 인정되어야 할 것이며, 단결권의 자유권적 성질에 따라 국가나 법령 등에 의한 외부적 통제 또는 사법적 개입은 가능한 한 자제되어야 한다. 그러나 오늘날 노동조합의 규모가 커지고, 개별근로자의 생존권 확보에 대한 영향력이 크게 증대됨에 따라 노동조합의 통제권남용에 의해 조합원의 생존권 또는 개별적 단결권이 침해되는 사례가 종종 발생하고 있다. 따라서 노동조합의 통제권남용에 대한 사후적 사법적 심사를 인정할 수 있는가 또는 인정한다면 그 근거는 무엇이며, 사법심사의 범위와 한계는 어디까지로 보아야 하는가의 의문이 제기된다.

(2) 사법심사의 법적 성질

1) 개 요　오늘날 대다수의 국가에서는 노동조합의 통제권행사에 대한 사후적 사법심사를 인정하고 있는 실정이다. 이러한 사법심사의 법적 성질은 통제권을 조합원간의 계약으로 보느냐, 헌법상 단결권에 의한 단결체 고유의 규범으로 보느냐에 따라 달리 해석되고 있다. 전통적으로 계약설을 취하고 있는 영미법계에서는 노동조합을 하나의 독립적인 법적 실체로서 인정하지 아니하고 구성원간의 내부적 계약에 의한 단순한 상호결합 내지 개인의 집합으로 본다. 영미법계에서는 노동조합의 통제권에 대한 사법적 개입을 인정하는 이론적 근거로서 주로 재산권설과 계약설을 인용한다.

2) **재산권설**　이 설은 각 조합원은 노동조합에 대해 일정한 지분을 가지므로 제명과 같은 통제처분은 개인에 대한 재산권을 침해하는 결과를 가져오므로 법원은 이러한 재산권의 보호를 위해 노동조합의 내부통제에 개입할 수 있다는 견해이다.

3) **계약설**　이 설은 노동조합의 모든 활동은 조합원간의 합의인 규약에 따라 행해져야 하므로 이러한 규약을 위반하여 행해진 통제처분은 일종의 계약위반으로 사법부의 개입이 가능하다는 견해이다. 따라서 사법부의 개입을 인정하는 경우에도 법원은 가능한 한 사실판단을 자제하고 규약상의 절차에 대한 명백한 위반의 경우만을 대상으로 삼아 소극적 개입을 하는 영미법계의 전통을 고수한다. 그러나 노동조합의 조직력과 사회적 영향력의 증대와 동시에 조합통제권 남용의 문제가 사회적으로 대두됨에 따라 영미법계에서도 조합원의 권리보호와 조합민주주의의 확보를 위하여 조합내부문제에 대한 법원의 사법적 개입을

점차 넓혀나가는 추세에 있다.

4) 규범설　이 설은 통제권의 근거를 단체고유의 규범에서 찾는 견해이다. 단체의 독립적인 법적 실체를 인정하는 대륙법계에서는 통제권행사와 같은 내부적 활동은 단체고유의 규범에서 비롯되는 것이며, 가입에 의해 단체의 규범에 복종할 의사를 밝힌 조합원에 대하여 일종의 자치적 규범으로 본다. 이러한 자치적 규범의 행사에 대해 국가 등 외부의 사후적 개입은 가능한 한 자제될 수밖에 없고, 사법적 심사를 허용하는 경우라도 당해 제재처분이 규약에서 정한 사단자치의 범위 내인가 아닌가라는 형식적 심사에 그칠 뿐 당해 처분의 공정성과 같은 실질적 내용의 심사는 허용되지 않는다.

5) 검토의견　대륙계의 법체계를 취하고 있는 한국과 일본의 대다수 학설은 규범설의 입장에 있음에도 불구하고 통제권행사에 대하여 단결권, 근로권, 생존권, 공서양속, 노동조합의 준공공성 등의 이유를 들어 상당한 범위의 사법적 심사를 인정하고 있다[695].

(3) 사법심사의 한계

a) 내부통제권에 대한 사법적 심사는 계약설의 입장에서 볼 때 공서양속 • 계약위반 또는 재산권의 침해와 같이 조합원의 사법적인 권리침해에 한해서 인정된다. 그러나 규범설의 입장에서 볼 때 노동조합이라는 독립적 단체의 사적자치를 얼마나 존중할 것인가의 문제에 따라 그 한계가 설정될 수 있다.

b) 노동조합은 하나의 사적단체로서 가능한 한 광범위하게 내부적 자치권이 보장되며, 단체로서 일반 사회단체보다 강력한 통제권을 행사할 수 있다. 그러나 조합원의 개별적 단결권이나 생존권, 근로권, 일반 시민으로서의 자유 및 조합민주주의의 실현 등을 위하여 사회통념상 합리적인 범위 내에서 그 한계가 인정되어야 한다. 따라서 이러한 한계를 넘는 내부통제권의 행사는 사법심사의 대상이 된다.

c) 조합규약 내에 제재의 사유 및 절차가 규정되어 있음에도 불구하고 징계의 양형이 현저히 일탈하였거나 절차에 대한 명백한 위반이 있는 경우에도 사법심사를 할 수 있다. 그러나 조합내부에 징계를 받은 조합원에 대한 구제절차가 마련되어 있다면 사법적 권리구제를 신청하기 전에 우선적으로 조합 내부의 권리구제방법을 모두 거쳐야 한다. 노동조

---

695) 이상덕외, 전게서, 200쪽.

합의 통제처분에 대한 사법적 심사는 위법•부당한 징계에 의하여 자신의 권익이 침해되었다고 주장하는 조합원에 의한 민사소송의 형식으로 제기될 것이며, 행정소송이나 부당노동행위의 구제형태로 나타나는 것은 아니다.

제4장 단체교섭

제1절 서 설

1. 의 의

a) 노조법 제29조 제1항에 의하면 「① 노동조합의 대표자는 그 노동조합 또는 조합원을 위하여 사용자나 사용단체와 교섭하고 단체협약을 체결할 권한을 갖는다. ② 제29조의 2에 따라 결정된 교섭대표노동조합(이하 "교섭대표노동조합"이라 한다)의 대표자는 교섭을 요구한 모든 노동조합 또는 조합원을 위하여 사용자와 교섭하고 단체협약을 체결할 권한을 가진다. ③ 노동조합과 사용자 또는 사용자단체로부터 교섭 또는 단체협약의 체결에 관한 권한을 위임받은 자는 그 노동조합과 사용자 또는 사용자단체를 위하여 위임받은 범위 내에서 그 권한을 행사 할 수 있다」라고 명시하고 있다. 이 규정은 노동조합의 대표자에게 단체교섭의 대표권뿐만 아니라 단체협약의 체결권도 있음을 명백히 하고, 일정한 범위 내에서 교섭권한의 위임을 인정하여 단체교섭의 효율성을 도모하는데 그 취지가 있다.

b) 독일기본법이나 프랑스헌법은 단체교섭권을 별도로 규정하지 않고, 단결권으로 포함된 것으로 보고 있다. 그러나 한국은 교섭체결사항에 대하여 노동조합이 조합원총회나 근로조건의 결정권이 있는 자에 의하여 번복되는 경우가 발생하여 노사간에 분쟁이 악화되는 문제점이 발생하기도 하였다. 따라서 단체교섭의 실효성을 도모하기 위하여 교섭대표자에게 실질적인 협약체결권을 갖도록 일체화하는 명문규정을 두게 되었다. 이 규정은 헌

법 제33조 제1항에 의하여 「근로자는 근로조건의 향상을 위하여 자주적인 단결권, 단체교섭권 및 단체행동권을 가진다」고 명시된 것을 실정법으로 구체화한 것이다. 이와 같이 헌법뿐만 아니라, 실정법인 노동조합 및 노동관계조정법에서 단체교섭권과 단체교섭으로 법률용어를 각각 구별하여 사용하고 있다.

2. 단체교섭과 유사개념의 구별

(1) 단체교섭의 개념

a) 단체교섭이라는 용어는 영국의 학자 웹(Beatrice Potter Webb)이 1891년 그의 저서 「Cooperative Movement in Great Britain」에서 처음으로 사용했다. 그 후 단체교섭에 관한 많은 정의가 내려진 바 있으나, 개념적 통일을 이루지 못하고 있다. 일반적으로는 「근로자의 단결체가 근로자들의 경제적 지위의 향상을 도모하는 것을 목적으로 하여 사용자 또는 사용자단체와 단결의 힘을 배경으로 교섭하는 것」이라고 정의한다. 그럼에도 불구하고 입법적으로 명확한 개념을 규정하지 않고 있어, 추상적인 개념설명에 그치는 경우가 많다.

b) 단체교섭(Collective Bargaining)이라 함은 근로자가 주체가 되어 설립된 노동조합이 사용자 또는 사용자단체와 근로조건의 유지개선과 근로자의 경제적 · 사회적 지위의 향상을 도모하기 위하여 교섭하는 집단적 의사표시로서의 교섭행위라고 할 수 있다. 이러한 단체교섭은 노동조합의 단결력을 배경으로 사용자 또는 사용자단체와 평화적인 방법에 의하여 근로조건 등을 유지 · 개선하기 위하여 행하는 사실행위이다. 단체교섭은 대화를 그 내용으로 하는 행위이며, 그 자체가 목적이 아니라 단체협약이라는 규칙(rule)을 만들고, 이를 적용시키기 위한 절차과정이다. 더욱이 단체교섭은 대화의 과정인 만큼 폭력적인 극한대립의 수단이 아니라 어디까지나 평화적인 수단이다. 단체교섭이 원만히 진행되지 않는 경우에 쟁의행위 등의 실력행사를 하여 단체교섭을 강행하도록 하거나, 이를 기피 또는 해태하는 경우에는 부당노동행동위로서 권리구제의 신청을 할 수 있다.

(2) 단체교섭권의 개념

a) 단체교섭권은 근로자가 단결하여 사용자 또는 사용자단체와 단체교섭을 할 것을 청구할 수 있는 평화적 협상의 절차과정인 교섭을 행하는 권한을 말한다. 단체교섭권은 근로자를 위하여 근로자의 단결체 즉, 노동조합이 교섭을 통한 의사표시를 할 수 있는 권한을 의미한다.

b) 단체교섭권의 특징을 살펴보면, 첫째 단체교섭권은 근로자들의 권리이므로 근로자단체에게만 존재하고, 둘째 단체교섭권은 그 상관개념으로서 사용자에 대해 교섭응락의무를 부과하며, 셋째 단체교섭권은 근로자단체라는 노동조합에 의해서만 행사된다. 따라서 사용자 또는 사용자단체가 근로자측으로부터 교섭의 요구를 받은 경우에는 그 요구에 응하여야 하는 의무를 지게 되고, 만약 정당한 이유 없이 이를 거부 · 해태할 때에는 부당노동행위에 해당하므로 법적 제재를 받게 된다.

(3) 교섭권한

a) 단체교섭권한이란 한마디로 타인을 위해 단체교섭을 행할 수 있는 법률상의 자격을 말한다. 즉 근로자단체와 사용자 또는 사용자단체를 위해 그들의 대표자가 평화적 협상의 절차과정인 단체교섭이라는 사실행위를 할 수 있는 법적 자격을 의미한다. 따라서 노조법 제29조에서 노동조합 또는 노동조합의 대표자 내지 단체교섭에 대하여 권한을 위임받은 자는 단체교섭을 할 수 있는 권한을 행사할 수 있도록 규정하고 있다. 또한 사용자 또는 사용자단체의 대표자 내지 그 권한을 위임받은 자는 노동조합의 대표자를 상대로 단체교섭을 행할 수 있는 법적 자격을 지닌다.

b) 단체교섭권의 구별기준을 살펴보면, 첫째, 단체교섭권한은 교섭을 행할 수 있는 법적 자격일 뿐이므로 근로자측은 물론 사용자측에도 존재한다. 둘째 단체교섭권한은 법적자격일 뿐이므로 사용자에 대해 어떠한 의무를 지우는 것은 아니다. 셋째 단체교섭권한은 법적 자격인 만큼 일반사법상의 기본원칙에 의해 자유로이 타인에게 위임되어질 수 있다. 넷째 단체교섭권한은 자연인(예컨대, 노동조합의 대표자 또는 그 수임자)에 의해서 행사된다.

(4) 타결권

타결권은 근로자측과 사용자측이 단체교섭이라는 대화의 과정을 통해 일정한 사항에 관하여 합의 · 결정할 수 있는 의사표시를 말한다. 타결권은 성질상 권한에 해당되며, 단체교섭이라는 사실상의 과정을 통해 어떤 합의점에 도달하게 되는 의사표시로서의 법률행위를 말한다, 여기서 단체교섭2권에 당연히 타결권도 포함되는지 의문이 있으며, 이와 같은 개념은 실제상 교섭과정에서 중요한 의미를 지닌다.

(5) 협약체결권

a) 협약체결권은 교섭이라는 대화의 과정을 통해 일정한 교섭사항에 관하여 노사간에 의사표시가 일치된 내용을 단체협약이라는 문서로 작성할 수 있는 권한을 말한다. 협약체결권은 법적 성질상 권한의 일종이다. 즉 협약체결권은 구체적인 내용을 문서화하는 법률행위임에 비해, 교섭권한은 상대방의 요구사항이나 응낙여부에 대하여 의사표시의 합치를 구하는 절차적 과정으로서 사실행위이므로 양자는 서로 다르다.

b) 노조법 제29조 제1항에 의하면 「노동조합의 대표자는 그 노동조합 또는 조합원을 위하여 사용자 또는 사용자단체와 교섭하고 단체협약을 체결할 권한을 가진다」고 규정하고 있다. 그러나 사용자에 대하여는 이에 대한 명문규정이 없다. 따라서 사용자의 경우에도 교섭권한에 교섭체결권이 포함되는지에 대하여 논란의 여지가 있다.

c) 헌법재판소는 「헌법 제33조 제1항에 단체협약체결권을 명시하여 규정하고 있지 않더라도 근로조건의 향상을 위한 근로자 및 그 단체의 본질적인 활동의 자유인 단체교섭권에는 단체협약체결권이 포함되어 있다」고 판시하고 있다. 이러한 헌법재판소의 결정례의 태도에 의하면, 노동관계당사자는 단체교섭권과 협약체결권을 모두 가지고 있다고 보아야 한다. 그러나 위임의 경우에는 노조법 제29조 제3항에서 「교섭 또는 단체협약의 체결에 관한 권한을 위임받은 자는 그 노동조합과 사용자 또는 사용자 단체를 위하여 위임받은 범위 안에서 그 권한을 행사할 수 있다」고 규정하여 일정한 범위를 정하여 교섭권과 협약체결권을 각각 달리 분리하여 위임할 수 있는 여지를 남겨두고 있다.

관련 판례 대판 2002. 6. 28, 2001다77970
노조규약상 대표자의 단체협약 체결권한을 제한하는 조항의 효력

피고 회사 노동조 규약 제19조 제7호가 총회는 단체협약의 체결 및 개정에 관한 사항을 심의 · 결정한다고 규정하고 있는 사실을 알 수 있으나, 노종조합의 대표자가 단체교섭의 결과에 따라 사용자와 단체협약의 내용을 합의한 후 다시 협약안의 가부에 관하여 조합원총회의 의결을 거쳐야만 한다는 것은 대표자의 단체협약체결권한을 전면적 · 포괄적으로 제한함으로써 사실상 단체협약체결권한을 형해화하여 명목에 불과한 것으로 만드는 것이어서 구 노동조합법(1996. 12. 31 법률 제5244호에 의하여 폐지되기 전의 것) 제33조 제1항에 반한다고 할 것이므로, 위 규약상의 대표권의 제한은 조합장이 조합을 대표하여 체결한 단체협약의 효력에 아무런 영향을 미치지 못하는 것이다.

관련 판례 헌재1998. 2. 27, 94헌마13 * 26 ; 95헌마44(병합)
단체교섭권과 협약체결권의 위임에 대한 위헌성

노동조합의 대표자 또는 노동조합으로부터 위임을 받은 자에게 단체교섭권과 함께 단체협약체결권을 부여한 이 사건 법률조항의 입법목적은 노동조합이 노동3권의 기능을 보다 효율적으로 이행하기 위한 조건을 규정함에 있다할 것이다. 따라서 비록 이 사건 법률조항으로 말미암아 노종조합의 자주성이나 단체자치가 제한되는 경우가 있다고 하더라도 이는 노동3권의 기능을 보장함으로써 산업평화를 유지하고자 하는 중대한 공익을 위한 것으로서 그 수단 또한 필요 · 적정한 것이라 할 것이므로 헌법에 위반된다고 할 수 없다.

제2절 단체교섭의 당사자와 담당자

1. 단체교섭의 당사자

단체교섭의 주체는 단체교섭을 스스로의 이름으로 수행하고, 그 성과인 단체교섭의 당사자로서의 권리 · 의무를 부담하는 자를 말한다. 따라서 실제 교섭의 장에 직접 나타나는 자연인으로서의 단체교섭의 권한자, 즉 담당자와는 구별하여 단체교섭의 당사자라고 한다.

근로자측의 교섭주체는 헌법상 보장된 단체교섭의 주체로서 사용자측에게 교섭을 적극적으로 요구할 수 있는 당사자인 노동조합을 말한다. 사용자측의 주체는 근로자측의 교섭요구에 대한 응락 의무를 지는 수동적 교섭당사자로서 사용자 또는 사용자단체이다.

2. 단체교섭의 주체

(1) 근로자측

1) 단위노조

a) 단위노조란 근로자가 개인으로서의 자격으로 직접 구성원이 되는 조직 형태, 즉 개인가입의 형태를 가진 조합으로서 독자적인 규약과 기관을 가지고 의사결정과 활동을 하는 근로자들의 자주적 집단이다. 현행법상 단위노조는 근로조건의 결정권이 있는 사업 또는 사업장단위로 구성하는 형태를 말한다.

b) 단위노조는 단체교섭의 주체 즉, 당사자로서 독립적인 의사결정의 능력이 있고 근로조건의 결정력이 있는 최소단위의 조직체를 말한다. 이 경우 단위노조의 조합원 수는 문제가 되지 아니하며, 정상적으로 다수에 의해 조직되었으나 어떤 사정에 의해 조합원이 2명밖에 남지 않은 노동조합이라 하더라도 노동조합임에는 다름이 없으므로 모두 단체교섭의 주체이다.

(2) 상급단체

1) 개 념　상급단체란 단위노조가 그 조직력을 강화하기 위해 산업별 · 업종별 · 지역별로 다른 단위노조 내지 근로자단체와 결합관계를 가지는 경우 그 단위노조의 위에 존재하는 근로자들의 단결체를 말한다. 이러한 상급단체를 교섭주체로 인정할 수 있는가. 더 나아가 교섭주체에 포함하는 근거는 무엇인지 논란의 여지가 있다.

2) 교섭주체성

a) 노동조합의 정의를 규정하고 있는 노조법 제2조 제4호에 의하면 단위노조의 「연합단체」도 노동조합으로 인정된다. 따라서 헌법 제33조가 보장하고 있는 단체교섭권은 실질적 요건을 갖춘 근로자단체인 한 그 조직형태가 기업내적인 것이든 초기업적인 것이든 관계

없이 인정된다. 결국 연합체인 상급노조도 그 구성원인 단위노동조합 및 근로자들의 근로조건의 개선과 경제적 · 사회적 지위의 향상을 위한 단체교섭의 주체이다. 또한 연합단체인 상급노조로서 단체교섭의 주체성은 조합총회에 관한 노조법 제10조 제6호 및 제16조에서 재차 확인될 수 있다. 즉 연합단체인 상급노조의 총회의결사항 가운데 단체협약에 관한 사항이 포함되므로 연합단체인 상급노조도 단체교섭권을 가진다고 보아야 한다.

b) 더욱이 사용자단체에게 단체교섭의 주체성을 인정하고 있는 현행법의 태도에 비추어 볼 때, 노사간 교섭력의 균형을 유지하기 위해서라도 연합단체인 상급노조의 단체교섭권은 인정되어야 한다. 다만, 연합단체인 상급노조라 하더라도 그 구성원인 단위노조에 대한 통제력이 없다면 그 단체교섭권은 무의미한 것이 된다. 따라서 상급노조의 단위노조에 대한 실질적 통제력의 유무에 따라 단체교섭권의 유무를 판단하여야 한다. 따라서 통제력이 없는 연락기구나 협의기관은 통일적 의사형성이 불가능하므로 단체교섭의 주체가 될 수 없고 단위노조로부터 위임을 받은 경우에만 교섭에 관여할 수 있다. 상급노조의 통제력은 조직형태에 구애됨이 없이 ㉠ 조합비의 징수정도, ㉡ 노조간부에 대한 인사권, ㉢ 단체협약의 이행에 관한 통제력 등 조직 및 운영의 실태를 구체적 · 종합적으로 관찰하여 판단하여야 한다.

3) **교섭권행사의 조정** 연합단체인 상급노조의 고유한 단체교섭권을 인정할 경우에는 단위노조와의 교섭권의 경합 및 조정문제가 발생한다. 이때 연합단체가 통제력을 가지고 통일적 의사형성을 행하는 경우에는 연합단체가 단체교섭의 주체가 되고, 단위노조는 연합단체의 교섭권행사에 모순이 되지 않는 한도에서 단체교섭권을 행사할 수 있다. 또한 연합단체와 단위노조에게 각각 단체교섭권의 행사를 모두 인정하면서 다만, 노동조합측 단체교섭의 태도가 통일 · 조정될 때까지 사용자가 일시적으로 교섭을 거부해도 부당노동행위가 성립하지 않는다는 견해도 있다. 일반적으로 연합단체를 구성하는 각 단위노조의 공통문제는 연합단체에 교섭권이 인정되지만, 각 단위노조에 특유한 사항은 단위노조에 교섭권이 있는 것으로 보아야 한다. 더욱이 교섭권행사의 분배는 노동조합자치의 문제이며, 조합내부의 의사결정에 따르는 것이 원칙이다. 결국 상급노조의 통제력 정도는 상급노조의 규약이나 단위노조와 상급노조 사이의 교섭관행 등을 종합적으로 고려하여야 하며, 단체교섭권의 행사가 모순이 되는지 구체적으로 판단하여야 한다.

(3) 지부 또는 분회

1) **지부 및 분회의 교섭주체성** 지부나 분회는 사업소 · 출장소 · 공장 · 작업장에 설치된 단위노동조합의 하부조직으로 결성된 근로자들의 단체이다. 지부나 분회는 단위노조의 하부기관에 불과하므로 독립적인 의사결정이나 기능을 할 수 없는 것으로 보는 것이 원칙이다. 그러나 지부 또는 분회가 독자적인 규약을 가지고 근로조건의 결정권이 있는 경우에는 독립한 단체로서의 실질이 인정되므로 단체교섭의 주체가 될 수 있다. 노조법 시행령 제7조에 의하면, 「근로조건의 결정권이 있는 사업 또는 사업장에 조직된 노동단체는 지부 분회 등 명칭여하에 불구하고 법 제10조 제1항의 규정에 의한 노동조합의 설립신고를 할 수 있다.」고 명시한 것도 이러한 사실을 전제로 한 것이다.

2) **단위노조와의 교섭권 경합** 노동조합의 하부조직에 단체교섭권을 인정하면, 단위노조와의 사이에 교섭권행사의 경합 및 조정문제가 발생한다. 이때 임금은 단위노동조합이 우선적으로 고려해야 할 고유한 사항이므로 단체교섭권을 행사할 수 있다. 고러나 고유한 사항이라 하더라도 단위노조가 이를 자기에게 끌어올려 교섭하는 경우에는 하부조직에 대한 단체교섭권이 부정된다. 따라서 하부조직은 단위조직의 단결력을 저해하는 단체교섭을 할 수 없다. 단위노조와 하부조직의 교섭권조정은 공통된 사항이나 하부조직에 고유한 사항에 해당하더라도, 단위노조가 우선적으로 단체교섭권을 행사할 수 있어야 한다.

(4) 일용근로자단체

일용근로자란 1일을 단위로 고용되는 자로서 출근과 퇴근을 반복함에도 근로관계가 1일 단위로 성립되고 소멸되는 자를 말한다. 즉 사용자와의 사이에 계속적인 근로관계가 존재하지 않는 점에서 일반근로자와 구별된다. 일용근로자단체란 이러한 일용근로자들의 단체이다. 따라서 형식 논리상으로는 근로관계의 계속성이 존재하지 않으므로 단체교섭의 주체로서 단체교섭권이 인정될 수 없다. 그러나 일용근로자라 하더라도 실제상 연속 또는 교체되어 상당한 기간 동안 계속적으로 고용되는 경우에는 여기에 「대립적 노사관계」가 인정되며 단체교섭권을 가진다고 봄이 타당하다. 다만, 이때에도 사단성을 지닌 자주적인 근로자단체이어야 한다.

(5) 피해고자단체

피해고자단체란 종래까지 특정 사용자에게 고용되어 노무를 제공하여 왔으나, 해고 조치된 근로자들로 구성된 단체이다. 이러한 단체는 사용자와의 사이에 완전히 근로관계가 소멸된 경우로서 노사관계가 성립하지 않으므로 단체교섭권을 부정하는 것이 원칙이다. 그러나 피해고자가 사용자를 상대로 해고조치에 관하여 효력을 다투고 있거나, 해고수당이나 미불임금 또는 퇴직금의 지불 등을 요구하고 있는 등 기존 노사관계의 종료가 확정되지 아니한 상태인 경우에는 단체교섭을 요구할 수 있다.

(6) 쟁의단

쟁의단이란 특정의 요구를 관철할 목적으로 쟁의행위를 위해 결성된 일시적인 근로자단체이다. 쟁의단은 노동조합과 달리 첫째, 항구적 단체가 아니며, 둘째 어떤 시기에 특정한 문제를 게기로 하여 모인 근로자들의 집단이며, 셋째 교섭이 종료된 이후에는 단체협약의 전제로 협상사항을 준수해야 할 계속적 단체로 볼 수 없다. 따라서 쟁의단은 ㉠ 무엇이 주된 목적이냐, ㉡ 사용자와의 사이에 「대립적 노사관계」가 인정되는가, ㉢ 그 조직이 사단성이 인정되는 가에 따라 교섭권의 정당성을 판단해야 한다. 그러나 쟁의단은 단체교섭을 목적으로 한다 하더라도 단체교섭이 종료된 후에 해산하는 일시적(비계속적) 단체이므로 단체교섭의 당사자능력을 부정하는 것이 타당하다.

(2) 사용자측

1) 사용자 사용자에게는 헌법상 단체교섭권이 규정되어 있지 않으므로 근로자측에 대해 단체교섭권을 요구할 수 없다. 그러나 사용자는 근로자측의 교섭요구에 응해야 하는 의무를 진 수동적인 주체로서의 지위를 가진다. 이때 사용자의 범위는 근로계약에 의해 근로자를 채용한 계약상의 당사자로 한정할 필요는 없고, 대립적 노사관계가 인정되면 교섭주체로 인정하여야 한다. 사용자는 반드시 법인이어야 할 필요는 없고 자연인이라도 무방하며, 영리성을 묻지 않는다.

2) 사용자단체 사용자단체란 근로자단체와의 단체교섭을 목적으로 사용자에 의해 구

성된 사단성을 지닌 자주적 단체이다. 또한 노조법 제29조에서 규정하는 사용자단체로서 단체교섭의 당사자가 될 수 있으려면 그 구성원을 위해 단체교섭을 하고, 단체협약을 체결하려는 목적을 가진 사용자단체이어야 한다. 또한 각 구성원에 대해 단체교섭 및 단체협약의 이행에 관하여 조정 · 통제할 수 있는 사실상의 통제력을 가져야 한다. 사용자단체가 처음부터 노조의 단체교섭 요구에 대응하기 위해 조직되었다면 단체교섭의 주체성이 인정된다. 그러나 일반적인 경제적 이익의 증진을 위해 결성된 사용자단체는 단체교섭의 목적을 일탈한 일반적 단체로서의 성격을 지니는데 불과하다. 따라서 사용자단체는 노동조합에 대응하는 단체로서 그 정관 및 관행상으로 노동조합과의 사이에 단체교섭 및 단체협약을 체결할 권한이 있다거나 이러한 권한을 구성원들로부터 위임받아야 한다. 사용자단체는 통일교섭 · 공동교섭 · 대각선교섭 등의 교섭방법에 따라 그 구성원인 사용자를 위해 단위조합 또는 연합단체인 상급노조와 단체교섭을 행할 수 있다.

관련 판례 대판 1995.12.22. 95누3565

단체교섭상의 상대방인 사용자 판단기준

노동조합법 제33조 제1항 본문은 노동조합의 대표자 또는 노동조합으로부터 위임을 받은 자는 그 노동조합 또는 조합원을 위하여 사용자나 사용자단체와 단체협약의 체결 기타의 사항에 관하여 교섭할 권한이 있다고 규정하고 있고, 같은 법 제39조 제3호는 사용자나 노동조합의 대표자 또는 노동조합으로부터 위임을 받은 자와의 단체협약체결 기타의 단체교섭을 정당한 이유없이 거부하거나 해태하는 행위를 부당노동행위의 하나로 규정함으로써 사용자를 노동조합에 대응하는 교섭당사자로 규정하고 있는 바, 위 법 규정 소정의 사용자라 함은 근로자와의 사이에 사용종속관계가 있는 자, 즉 근로자와의 사이에 그를 지휘 · 감독하면서 그로부터 근로를 제공받고 그 대가로서 임금을 지급하는 것을 목적으로 하는 명시적이거나 묵시적인 근로계약관계를 맺고 있는 자를 말한다 할 것이다.

관련 판례 대판 2001. 2. 23, 2000도4299

노조분회나 지부의 단체교섭과 협약체결권

노동조합의 하부단체인 분회나 지부가 독자적인 규약 및 집행기관을 가지고 독립된 조직체로서 활동을 하는 경우 당해 조직이나 그 조합원에 고유한 사항에 대하여는 독자적으로 단체교섭하고 단체협약을 체결할 수 있고, 이는 그 분회나 지부가 노동조합 및 노동관계조정법시행령 제7조의 규정에 따라 그 설립신고를 하였는지 여부에 영향을 받지 아니한다.

3. 단체교섭권한자 = 교섭의 담당자

(1) 교섭권한자의 의의

a) 단체교섭권한자는 단체교섭을 행할 수 있는 법적 자격이 있는 자, 즉 실제 단체교섭이라는 사실행위를 담당하는 자를 말한다. 단체교섭의 당사자는 단체교섭을 행하고 그 결과를 누구에게 귀속시킬 것인가를 다루는 책임주체를 의미하나, 단체교섭의 담당자는 누가 구체적으로 단체교섭을 맡을 것인가 하는 사실행위를 할 수 있는 담당자로서의 자격을 의미한다. 따라서 단체교섭의 권한자는 단체교섭의 주체 즉, 당사자와 구별된다.

b) 또한 단체교섭권한자 즉, 담당자는 교섭의 장에서 직접 대화를 나누는 자연인이다. 즉 노동조합이나 사용자단체 등과 같은 단체 그 자체가 아니라 노동조합의 대표자 또는 사용자를 의미하는 자연인이다. 그러나 노동조합 또는 사용자가 단체에 교섭권한을 위임한 경우에는 자연인이 아닌 자라도 교섭권한자가 될 수 있다.

(2) 근로자측 교섭권한자

1) 교섭권한자의 범위　교섭권한자는 근로자단체의 대표자로서 그 직무상 당연히 교섭권을 행사할 권한이 있는 자를 말한다. 근로자측의 대표적인 교섭권한자는 노조의 대표자이며, 일용근로자단체의 대표자, 도급근로자단체의 대표자, 해고자단체의 대표자 등이 교섭권한자가 될 수 있다.

2) 집행위원 및 대의원 등　노동조합의 집행위원이 교섭권한자로 당연히 인정되는가에 대해 부정하는 견해가 있으나, 긍정하는 견해가 일반적이다. 집행위원은 조합대회 내지 대의원회의 결의가 행해진 때에 단체교섭의 권한을 가지게 된다. 다만, 일반적으로 집행위원의 권한은 특정한 분과별로 나누어져 있으므로 교섭사항의 제한을 받게 된다. 운영위원이나 대의원은 노동조합의 간부나 임원에 해당되지 않는다. 대의원은 의결기관의 구성원일 뿐 집행기관과 다르므로 원칙적으로 고유한 교섭권한이 없다.

(3) 사용자측 교섭권한자

1) **교섭권한자의 범위**　단체교섭권한자는 자연인으로서의 사용자 뿐만 아니라, 사용자단체의 대표자도 해당이 된다. 사용자의 범위는 사업주 · 사업의 경영담당자 뿐만 아니라, 그 사업의 근로자에 관한 사항에 대해 사업주를 위해 행위하는 자를 말한다. 사용자단체는 노사관계에 관하여 그 구성원인 사용자에 대하여 조정 또는 규제할 수 있는 권한을 가진다. 이러한 사용자단체의 대표자는 그 단체의 내규 또는 총회 등의 절차에 의해 선출된 자이므로 그 단체의 회장 및 임원 · 간부들이 이에 해당된다.

2) **출장소 · 지점의 장**　일반적인 교섭권한자는 대표이사 · 상임이사나 부장 · 과장 등이 이에 해당된다. 또한 지점장 · 사업소장 · 출장소장 등의 경우에도 상위책임자로부터 당해 사업장에 대한 노사문제를 처리하도록 위임을 받은 경우에는 단체교섭의 담당자가 된다, 따라서 교섭권한자는 반드시 처분권 내지 결정권을 모두 갖추어야 하는 것은 아니다. 왜냐하면, 노조법 제29조 제3항에 의하면, 위임받은 범위 안에서 그 권한을 행사할 수 있다고 규정하고 있기 때문이다.

4. 단체교섭창구의 단일화

(1) 교섭창구단일화의 절차

1) 하나의 사업 또는 사업장에서 노무를 제공하는 근로자들이 동종의 업종에서 종사하고 있음에도 서로 다른 노동조합에 소속되어 있다는 이유에서 서로 다른 내용의 단체협약의 적용을 받는다는 것은 불합리한 일이다. 동일한 사용자에 고용되어 동종의 업무를 수행하는 근로자들에게는 통일된 근로조건의 기준이 적용되는 것이 노조법의 기본원칙이라고 할 수 있기 때문이다. 따라서 하나의 사업 또는 사업장에 2개 이상의 노동조합이 설립되어 있을 때에는 교섭창구를 단일화하여 근로조건을 통일하고 단체교섭을 효율화해야 할 뿐 아니라, 복수의 노동조합 사이의 마찰을 피하고 사용자와 노동조합들간의 복잡한 관계를 조화시킬 필요가 있다. 개정된 노조법 제29조 제2항(2010.1.1 신설, 시행일 2011.7.1)은 교섭창구 단일화 절차(제29조의 2)에 따라 결정된 「교섭대표노동조합의 대표자는 교섭을 요구한 모든 노동조합 또는 조합원을 위하여 사용자와 교섭하고 단체협약을 체결할 권

한을 가진다」고 규정함으로써 복수노조 상황하에서의 단체교섭과 단체협약의 통일화 및 조화를 일반원칙으로 규정하고 있다.

2) 교섭창구를 단일화하여 교섭대표노동조합을 정하는 방법에는 크게 4가지가 있다. 첫째는 교섭대표노동조합을 자율적으로 정하는 방법이고(제29조의 2 제2항), 둘째는 자율적 결정을 하지 못하고 사용자가 개별교섭에 동의하지 않은 경우에는 노동조합의 전체 조합원 과반수로 조직된 노동조합을 교섭대표노동조합으로 하는 것이며(제29조의2 제3항), 셋째는 위의 두 방법에 의하여 교섭대표노동조합이 정해지지 못한 경우에는 공동교섭대표단을 구성하는 방법이고(제29조의 2 제4항), 넷째는 공동교섭대표단의 구성에 합의하지 못할 경우에 노동위원회가 해당 노동조합의 신청에 따라 조합원 비율을 고려하여 공동교섭대표단을 정할 수 있다(제29조의 2 제5항). 다만, 교섭대표노동조합을 자율적으로 결정하는 기한 내에 사용자가 교섭창구 단일화 절차를 거치지 아니하기로 동의한 경우에는 복수노조와 개별교섭이 이루어지게 된다(제29조의 2 제1항단서). 따라서 이 때에는 단체교섭과 단체협약의 통일화는 실현될 수 없다. 이를 도시(圖示)하면 다음과 같다[696].

자율단일화 → 조합원과반수노조 → 공동교섭대표단 → 노동위원회의 결정: 공동교섭대표단

↓

복수노조와의 개별교섭(사용자의 동의가 있는 경우)

3) 위의 교섭창구 단일화 절차를 보다 자세히 살펴보기로 한다.

ⅰ) 우선 하나의 사업 또는 사업장에서 조직형태에 관계없이 근로자가 설립하거나 가입한 노동조합이 2개 이상인 때에는 노동조합은 교섭대표노동조합(2개이상의 노동조합원을 구성원으로 하는 교섭대표기구를 포함한다)을 정하여 교섭을 요구하여야 한다(제29조의 2 제1항본문). 이는 노조가 복수로 존재하는 경우에 교섭창구를 단일화할 것을 원칙으로 정한 것이다. 조직형태에 관계없이 사업 또는 사업장에 복수로 존재하는 노동조합이라 함은 기업별 노조, 사업장별 노조, 공장단위별 노조, 사업변동으로 생긴 노조 등이 우선 해당할

696) 김형배, 전게서.

것이다.

산업별 노조의 경우에는 그 사업 또는 사업장에 지부 또는 분회가 노동조합으로서의 실체를 갖추고 있으면 교섭창구 단일화에 참여할 수 있는 노동조합이라고 보아야 할 것이다. 그러나 노동조합으로서의 실체를 갖춘 노조는 존재하지 아니하고 산업별 노동조합에 소속된 근로자들만이 존재할 때에는 이들은 노동조합으로 볼 수는 없을 것이다. 이러한 근로자들도 (산업별) 노동조합에 의하여 보호되는 조합원이라는 점에서 다른 노동조합의 근로자와 다르지 않지만 교섭창구 단일화 절차에 참여할 수 있는 지위를 법률(제29조의2 제1항)은 「노동조합」에 대해서만 부여하고 있으므로 이 근로자들이 교섭창구 단일화에 참여할 수 있기 위해서는 노동조합으로 인정될 수 있는 요건(독자적인 규약 및 집행기관을 가지고 독립한 단체로서 활동을 하면서 당해 조직이나 그 조합원에 고유한 사항에 대하여는 독자적으로 단체교섭 및 단체협약체결능력을 가지고 있을 것)을 갖춘 노동조합의 조합원이어야 할 것이다.[697] 직종별 노조에 있어서도 마찬가지라고 생각된다. 교섭창구 단일화 절차에 참여할 수 있는 노동조합은 하나의 사업 또는 사업장에 있는 노동조합이라고 보아야 할 것이므로 그 사업 또는 사업장 밖에 존재하는 초기업적 산업별 노동조합이나 직종별 노동조합은 단일화 절차에 직접 참여할 수 없다고 생각된다.[698] 노동조합이 교섭대표노동조합을 정하여 사용자에게 교섭을 요구할 수 있기 위해서는 해당 사업 또는 사업장에 단체협약이 있는 경우 그 유효기간 만료일 3개월 전에 해야 한다. 다만, 2개 이상의 단체협약이 있는 경우에는 그 중 최초로 도래한 단체협약의 유효기간 만료일 3개월 전부터 사용자에게 단체교섭을 요구할 수 있다(시행령 제14조의2 제1항). 단체교섭요구사실의 공고, 교섭을 요구한 노조 외에 교섭에 참여하고자 하는 노조의 교섭참여 요구 시기 및 방법, 교섭참여노조의 확정에 관해서는 시행령(시행령 제14조의 3 내지 제14조의 5)이 자세히 규정하고 있다. 교섭대표노동조합을 자율적으로 결정할 기한(교섭참여 노동조합이 확

697) 참고판례: 대판 2008.12.24, 2006 두 15400; 대판 2002.7.26, 2001두5361. 또한 대결 2009.4.17, 2008 마 759 참고.

698) 사업 또는 사업장 밖에 존재하는 산별 또는 지역별 노조의 조합원들을 교섭창구 단일화 절차에 참여하게 한다면 그 조합원들을 대표하는 노동조합은 복수로 존재하게 되어 산별노동조합과 교섭대표노동조합이 체결한 복수의 단체협약이 적용되는 결과를 가져올 수 있다. 만약 교섭대표 노동조합의 단체협약만이 적용되도록 한다면 산별노동조합은 실질적으로 그 구성원인 조합원을 상실하게 되는 결과가 발생하게 될 것이다.

정된 날부터 14일. 시행령 제14조의5, 제14조의6 제1항 참조) 내에 사용자가 교섭창구 단일화 절차를 거치지 아니하기로 동의한 경우에는 개별교섭이 행하여진다(제29조의 2 제1항 단서).

ii) 교섭대표노동조합 결정절차("교섭창구 단일화 절차")에 참여한 모든 노동조합은 대통령령으로 정하는 기한(시행령 제14조의6 1항) 내에 자율적으로 교섭대표노동조합을 정할 수 있다(제29조의2 2항). 자율적으로 결정된 교섭대표노동조합은 그 대표자, 교섭위원 등을 교섭창구 단일화 절차에 참여한 모든 노동조합이 연명으로 서명 또는 날인하여 사용자에게 통지해야 한다.(시행령 제14조의6 제1항).

iii) 자율적으로 기한 내 교섭대표노동조합을 정하지 못하고 개별교섭에 대한 사용자의 동의를 얻지 못한 경우에는 교섭창구 단일화 절차에 참여한 노동조합의 전체 조합원 과반수로 조직된 노동조합(2개 이상의 노동조합이 위임 또는 연합 등의 방법으로 교섭창구 단일화 절차에 참여한 노동조합 전체 조합원의 과반수가 되는 경우를 포함한다)이 교섭대표노동조합이 된다(제29조의2 제3항; 시행령 제14조의 7).

iv) 교섭대표노동조합이 자율적으로 또는 과반수 조합원에 의한 방법으로도 결정되지 않을 경우에는 교섭창구 단일화 절차에 참여한 모든 노동조합은 공동교섭대표단을 구성하여 사용자와 교섭한다(제29조의2 제4항 전단). 이 때 공동교섭대표단에 참여할 수 있는 노동조합은 그 조합원 수가 교섭창구 단일화 절차에 참여한 노동조합 전체조합원의 100분의 10 이상인 노동조합으로 한다(제29조의 2 제4항 후단). 공동교섭대표단을 구성한 노동조합은 소정의 기간 내에 그 대표자, 교섭위원 등을 연명으로 서명 또는 날인하여 사용자에 통지해야 한다(시행령 제14조의8 제1항).

v) 공동교섭대표단의 구성에 합의하지 못한 경우에 공동교섭대표단 구성에 참여할 수 있는 노동조합의 일부 또는 전부는 노동위원회에 제29조의 2 제5항에 따라 공동교섭대표단 구성에 관한 결정 신청을 하여야 한다(시행령 제14조의 9 제1항). 노동위원회는 그 신청을 받은 날부터 10일 이내에 총 10명 이내에서 각 노동조합의 조합원 수에 따른 비율을 고려하여 노동조합별 공동교섭대표단에 참여하는 인원 수를 결정하여 그 노동조합과 사용자에게 통지한다. 다만, 그 기간 이내에 결정하기 어려운 경우에는 한 차례에 한하여 그 기간을 연장할 수 있다(시행령 제 14조의 9 제2항). 공동교섭대표단 구성에 참여하는 노동

조합은 사용자와 교섭하기 위하여 노동위원회가 결정한 인원수에 해당하는 교섭위원을 각각 선정하여 사용자에게 통지하여야 한다(시행령 제14조의 9 제4항). 공동교섭대표단의 대표자는 공동교섭대표단에 참여하는 노동조합이 합의하여 정한다. 다만, 합의가 되지 않을 경우에는 조합원 수가 가장 많은 노동조합의 대표자로 한다(시행령 제 14조의 9 제5항).

(2) 교섭단위 및 그 분리

교섭대표노동조합을 결정하여야 할 단위는 하나의 사업 또는 사업장으로 한다(노조법 제29조의 3 제1항). 따라서 교섭창구 단일화 절차가 적용되는 단위에는 일정 지역 또는 산업은 해당되지 않는다. 다만, 하나의 사업 또는 사업장에서 현격한 근로조건의 차이, 고용형태, 교섭관행 등을 고려하여 교섭단위를 분리할 필요가 있다고 인정되는 경우에 노동위원회는 노동관계당사자의 양면 또는 어느 한면의 신청을 받아 교섭단위를 분리하는 결정을 할 수 있다(제29조의 3 제2항; 시행령 제14조의 11). 노동위원회의 결정에 대한 불복절차 및 효력은 제69조와 제 70조 제2항을 준용한다(제29조의 3 제3항).교섭단위 분리신청에 대한 노동위원회의 결정이 있기 전에 노동조합의 교섭요구(시행령 제 14조의 2)가 있을 때에는 노동위원회의 교섭단위 분리 여부에 관한 결정(제29조의 3 제2항)이 있을 때까지 교섭창구 단일화절차의 진행은 정지된다(시행령 제 14조의 11 제5항). 교섭단위 분리 결정을 통지받은 경우에 노동조합은 해당 교섭단위에 단체협약이 있는 때에는 그 유효기간 만료일 이전 3개월이 되는 날부터 시행령 제14조의 2 제2항에 따른 교섭을 요구할 수 있다(시행령 제 14조의 11 제4항).

(3) 교섭대표노동조합(및 공동교섭대표단)의 지위 및 유지 기간

1) 교섭대표노동조합은 사용자와 단체교섭을 하고, 단체협약을 체결한다. 체결된 단체협약은 교섭대표노동조합에 의하여 대표되는 모든 조합원에게 적용된다(제29조 제1항, 제33조). 교섭대표노동조합은 해당 사업 또는 사업장에서 배타적 교섭력을 가지므로 사용자는 교섭대표노조와 교섭을 할 수 있을 뿐이고, 다른 노조와의 교섭을 거부할 수 있다. 이는 교섭창구단일화의 당연한 결과이다. 그 밖에 일반 노동조합에 적용되는 규정은 교섭대표

노동조합에도 그대로 적용된다. 노조법 제29조의 5는 제2조 제5호, 제29조 제3항 · 제4항, 제30조, 제37조 제2항, 제38조 제3항, 제42조의6 제1항, 제44조 제2항, 제46조 제1항, 제55조 제3항, 제72조 제3항 및 제81조 제3호 내의 '노동조합'은 '교섭대표노동조합'으로 본다고 규정함으로써 교섭대표노동조합이 노조법상 가지는 지위를 명백히 하고 있다.

2) 교섭대표노동조합(제29조의2 제2항부터 제5항까지의 규정에 따라 결정된 노동조합)은 그 결정된 때부터 다음의 구분에 따른 날까지 교섭대표노동조합의 지위를 유지하되, 새로운 교섭대표노동조합이 결정된 경우에는 그 결정된 때까지 교섭대표노동조합의 지위를 유지한다. ⅰ) 교섭대표노동조합으로 결정된 후 사용자와 체결한 첫 번째 단체협약의 유효기간이 2년인 경우 그 단체협약의 유효기간이 만료되는 날까지 교섭대표노동조합의 지위는 유지된다. ⅱ) 교섭대표노동조합으로 결정된 후 사용자와 체결한 첫 번째 단체협약의 유효기간이 2년 미만인 경우 그 단체협약의 효력이 발생한 날을 기준으로 2년이 되는 날까지 교섭대표노동조합의 지위는 유지된다(시행령 제14조의 10 제1항). 위의 유지기간이 만료되었음에도 불구하고 새로운 교섭대표노동조합이 결정되지 못할 경우 기존 교섭대표노동조합은 새로운 교섭대표노동조합이 결정될 때까지 기존 단체협약의 이행과 관련해서 교섭대표노동조합의 지위를 유지한다(시행령 제14조의 10 제2항). 법 제29조의 2에 따라 결정된 교섭대표노동조합이 그 결정된 날부터 1년 동안 단체협약을 체결하지 못한 경우에는 어느 노동조합이든지 사용자에게 교섭을 요구할 수 있다. 이 경우 시행령 제14조의 2 제2항 및 제14조의 3부터 제 14조의 9까지의 규정을 적용한다(시행령 제 14조의 10 제3항).

(4) 공정대표의무

노조가 2개 이상 존재하는 경우 교섭대표노동조합은 그 사업 또는 사업장의 모든 조합원들을 대표하기 때문에 그 노동조합의 조합원에게 보다 유리한 또는 다른 노동조합의 조합원에게 불리한 단체교섭을 하거나 단체협약을 체결해서는 안 된다. 이러한 의무는 교섭대표노동조합에게는 물론 교섭상대방인 사용자도 부담해야한다. 이를 공정대표의무라고 한다. 제29조의4 제1항은 「교섭대표노동조합과 사용자는 교섭창구 단일화 절차에 참여한 노동조합 또는 그 조합원간에 합리적 이유 없이 차별을 하여서는 아니 된다」고 규정하고 있다. 교섭창구 단일화의 기본목적이 하나의 단위사업 또는 사업장 내에 서로 다른 내용의 단체협약이 적용되는 불합리한 사태를 방지하려는 데 있으므로 교섭대표노동조합과 사용자가 공정대표의무(duty of fair representaion)를 부담하는 것은 당연한 것이다.[699] 교섭대표노동조합과 사용자가 소수노조나 조합원을 차별한 경우에 노동조합은 그 행위가 있은 날(즉 단체협약의 내용이 공정대표의무에 반하는 경우에는 그 단체협약이 체결된 날)부터 3개월 이내에 노동위원회에 그 시정을 요청할 수 있으며(제29조의 4 제2항; 시행령 제14조의 12 제1항), 노동위원회는 그 신청에 대하여 합리적 이유 없이 차별을 하였다고 인정될 때에는 그 시정에 필요한 명령이나 결정을 서면으로 해야 한다. 그 시정요청의 방법과 절차에 관해서는 대통령령이 정하고 있다(시행령 제14조의 12). 노동위원회의 명령 또는 결정에 대한 불복절차 등에 관해서는 제85조 및 제86조를 준용한다(제29조의4 제4항). 구제명령에 위반한 자에 대해서는 벌칙이 적용된다(제89조 제2항).

(5) 경과조치

1) 부칙 제1조는 제 29조 제2항 · 제3항 · 제4항, 제29조의 2부터 제29조의 5까지, 제41조 제1항 후단, 제42조의 6, 제89조 제2호의 개정규정은 2011년 7월 1일부터 시행한다고 규정하고 있다. 그러나 이와는 달리 부칙 제6조는,「2009년 12월 31일 현재 하나의 사업 또는 사업장에 조직형태를 불문하고 근로자가 설립하거나 가입한 노동조합이 2개 이상 있는 경우에 사업 또는 사업장에 대하여는 제29조 제2항 · 제3항 · 제4항, 제29조의 2부터 제29조의 5까지, 제41조 제1항 후단, 제42조의 6, 제89조 제2호의 개정규정은 2012년 7월 1일부터 적용한다」고 규정하고 있다. 이 규정은 부칙 제1조에서 제29조의 2는 2011년 7월 1일부터 시행한다고 정하고 있으며, 제29조의2 제1항은 부칙 제6조와 마찬가지로 「하나의 사업 또는 사업장에 조직형태에 관계없이 근로자가 설립하거나 가입한 노동조합이 2개 이상 있는 경우」를 전제로 하고 있다.

---

699) 공정대표의무는 미국의 철도노동법(Railway Labor Act)의 적용하에서 미국 연방대법원의 판례(Steel v. Louisville & Nashville R. Co. 323 U.S.192, 65 S.Ct. 226, 89 L.Ed.173(1944)에 의하여 확립 되었다(Gorman/Fuikin, Labor Law, p.981 seqq. 참고). 연방대법원은 공정대표의무위반행위에 대하 여는 금지명령과 금전적 구제(손해배상 또는 보상)가 적절한 구제방법이라고 판시하였다.
(Ray/Sharpe/Strassfeld, Understanding Labir Law, p.410 참고).

2) 이 법 시행일 당시 유효한 단체협약은 이 법에 따라 결정된 것으로 본다. 다만, 이 법 시행에 따라 그 전부 또는 일부 내용이 제24조를 위반하는 경우에는 이 법 시행에도 불구하고 해당 단체협약의 체결 당시 유효기간까지는 효력이 있는 것으로 본다(부칙 제3조). 이 규정에 의하면 전임자에 대한 사용자의 임금지급은 해당 단체협약의 기간만료시까지 적법한 것이 된다.

3) 이 법 시행일 당시 단체교섭중인 노동조합은 이 법에 따른 교섭대표노동조합으로 본다(부칙 제3조). 따라서 시행일 이후에 제2노조가 생기더라도 법 제29조의 2에 따른 교섭창구 단일화 절차를 밟아야 할 문제는 발생하지 않는다.

4) 이 법 시행일 당시 유효한 필수유지업무협정 또는 노동위원회의 필수유지업무 유지 · 운영수준 등의 결정은 이 법에 따라 체결된 것으로 본다(부칙 제5조). 따라서 필수유지업무에 종사하는 근로자가 소속된 노동조합이 2개 이상인 경우에는 각 노동조합의 해당 필수업무에 종사하는 조합원 비율에 따라 해당 근로자가 지명되어 근무하게 된다(제42조의 6 제1항 · 제2항참조).

제3절 단체교섭권의 위임

1. 단체교섭권의 위임

(1) 교섭권의 위임과 한계

1) **교섭권한과 위임** 교섭권한의 위임이란 단체교섭의 주체 즉, 당사자가 단체교섭이라는 사무를 처리해 줄 것을 위탁하고 교섭권한의 수임자가 이를 승낙함으로써 성립하는 법률행위이다. 노동조합의 대표자는 그 성질상 노동조합의 기관을 대표하며, 교섭권의 행사에 제한을 받지 않는다. 따라서 노조규약이나 총회에 의한 제한이 없는 한 단체교섭의 대상이 되는 모든 상황에 대하여 교섭권한을 가진다. 그러나 하부기관의 지부장이나 분회장은 독자적인 권한을 갖지 않으므로 단위노조의 교섭권한과 모순이 없는 사항에 한하여 교

섭권한을 가진다. 산별노동조합연맹과 같은 상급단체가 교섭권을 행사할 때 경합되면 단위노조가 우선권을 갖는다. 노동조합 대표자의 교섭권한의 범위는 그 대표자의 직무권한의 범위와 동일하다. 다만, 내부적인 제한이 있는 경우에는 위임받은 권한의 범위내에서 교섭권을 가지게 된다.

2) 제3자에 대한 위임금지 협약 노동관계당사자가 ㉠ 노조규약이나 단체협약으로 제3자에게 단체교섭권이나 협약체결권을 위임하지 않겠다는 협약을 하고 이를 위반하여 제3자에게 위임하는 경우, ㉡ 노동조합의 대표자가 자체의 규약을 무시하고 제3자에게 위임하여 단체협약이 체결된 경우에 단체협약의 효력은 유효한가 하는 의문이 제기된다. 이에 대하여는 노조법 제29조를 강행규정으로 해석하는 입장에서 금지하는 부정설이 있으나, 사용자나 수임자는 위임자의 위임행위를 신뢰하고 단체교섭을 하거나 협약체결을 한 것으로서 그 효력은 표현대리의 법리에 따라 유효하다고 보아야 한다. 그러나 노동조합의 대표자가 위임행위에 대하여 노동조합의 총회에서 사후추인을 받지 못한 경우에는 내부적으로 조합원에게 효력을 미치지 못하는데 불과하다.

(2) 교섭권의 수임자

1) 근로자측 수임자 a) 수임자란 교섭의 주체 즉 당사자로부터 교섭권한을 위임받은 자이다. 일반적으로 사법상 위임은 자유롭게 행함이 원칙이므로 교섭권한의 위임도 자유롭게 행할 수 있다. 왜냐하면 위임을 제한하는 규정이 없는 한, 단체교섭을 타인에게 자유로이 위임하는 것이 당연한 이치이기 때문이다. 한편 교섭권한을 위임받을 수 있는 수임자는 반드시 자연인이어야 하는가에 의문이 있다. 왜냐하면 노조법 제29조 제3항에서 「노동조합과 사용자 또는 사용자단체로부터 위임받은 자」라고만 명시하고 있기 때문이다. 따라서 교섭권한은 자연인에게만 위임되어야 한다는 견해도 있으나, 반드시 자연인에게만 해야 한다는 근거가 분명하지 않다. 실제로 어떤 단체에 교섭권한을 위임한 경우에도 그 단체의 대표자만이 교섭권한자가 되는 것이 아니므로 교섭권한의 위임을 반드시 자연인(개인)에게만 한정시키는 것은 타당하지 않다.

b) 단위노조에 대하여 구체적 통제력이 없는 연합단체는 단위노조로부터의 교섭권한을 별도로 위임받아야 교섭에 관여할 수 있다. 또한 지부나 분회가 독자적인 권한을 갖지 못

해 고유한 단체교섭권을 행사할 수 없는 경우에는 단위노조로부터 교섭권한을 위임받지 못하면 단체교섭에 관여할 수 없다. 이때 교섭권한을 위임받을 수 있는 자는 당해 노동조합이나 상급단체로 국한되지 않는다. 따라서 비조합원인 일반근로자, 다른 노동조합의 간부, 공인노무사나 변호사, 교수 등 노동문제 전문가에게 정당한 절차에 의한 교섭권한이 위임된 때에는 단체교섭의 권한자, 즉 담당자가 될 수 있다.

2) 사용자측 수임자　사용자측 교섭당사자는 자유로이 교섭권한을 타인에게 위임할 수 있다. 따라서 개인 또는 단체의 대표자가 사용자로부터 정당한 절차를 거쳐 교섭권한을 위임받은 경우에는 교섭권한자에 해당한다. 구체적으로 노조법에서 수임자에 대한 특별한 자격요건을 제한하지 않고 있으므로 외부의 전문가 또는 개인에게 단체교섭권을 자유로이 위임할 수 있다. 사용자단체가 그 구성원인 사용자에 대하여 조정 또는 규제할 수 없는 경우라도 회원인 회사의 위임에 의하여 단체교섭권을 위임받은 경우에는 단체교섭의 당사자가 될 수 있다. 사용자 또는 사용자단체가 교섭 또는 협약의 체결에 관한 권한을 위임한 때에는 그 사실을 상대방에게 통보하여야 한다.

(3) 협약체결권의 위임방법과 효력

a) 협약체결의 위임은 근로자 단체의 최고의사결정기관인 조합원총회 또는 이에 갈음하는 대의원회에서 결정하여야 한다. 즉 협약체결권자는 단체협약의 체결에 관하여 조합원총회나 대의원회의 동의 내지 승인을 받아야 하며, 그렇지 않은 단체협약은 당해 노동조합을 구속하지 못한다.

b) 협약체결권의 위임에 대한 조합원총회 또는 대의원회의 동의 내지 승인이 법률상「정지조건부 효력발생요건」으로 이해하여야 한다. 따라서 협약체결권에 대한 위임방법, 협약체결사항에 따른 사전동의나 사후승인에 의하여 단체협약의 성립과 효력이 인정된다. 사전동의를 거친 단체협약은 그 성립과 동시에 효력이 발생하지만, 사후승인의 경우에는 단체협약의 체결에 의하여 성립한 상태만을 유지하다가 승인이 있으면 그 성립시로 소급하여 효력이 인정된다.

관련 판례

대판 1993.4.27. 91누12257

단체협약체결권의 제한과 단체교섭의 결과에 대한 총회의 추인

노동조합의 대표자 또는 수임자가 단체교섭의 결과에 따라 사용자와 단체협약의 내용을 합의한 후 다시 협약안의 가부에 관하여 조합원총회의 의결을 거쳐야만 한다는 것은 대표자 또는 수임자의 단체협약체결권한을 전면적, 포괄적으로 제한함으로써 사실상 단체협약체결권한을 형해화하여 명목에 불과한 것으로 만드는 것이어서 노동조합법 제29조 제1항의 취지에 위반된다.

관련 판례

대판 2002.4.12. 2000도3483

단체교섭권한의 수임자가 결의대회에 참가하는 행위와 정당성

단체교섭은 노사가 자율적으로 정한 교섭기일과 시간에 그 교섭장소에서 근로조건 및 집단적 노동관계에 관한 상항을 협상하는 것이므로, 비록 피고인이 속한 금속연맹이 동남알루미늄 노동조합으로부터 단체교섭에 관한 권한을 위임받았다하더라도, 당시 그 노동조합이 파업에 돌입하면서 단체협약체결 촉구를 위한 결의대회를 개최하는 데 피고인 등이 참가하는 것은 정당한 단체교섭행위라고 보기 어렵다.

관련 판례

대판 1998.11.13. 98다20790

단위노조의 상급단체에 대한 교섭권한의 위임과 효력

단체교섭권한의 위임이라 함은 노동조합이 조직상의 대표자 이외의 자에게 조합 또는 조합원을 위하여 조합의 입장에서 사용자측과 사이에 단체교섭을 하는 사무 처리를 맡기는 것을 뜻하고, 그 위임 후 이를 해지하는 등의 별개의 의사표시가 없더라도 노동조합의 단체교섭권한은 여전히 수임자의 단체교섭권한과 중복하여 경합적으로 남아 있다고 할 것이며, 단위노동조합이 가입한 상부단체인 연합단체에 그러한 권한을 위임한 경우에 있어서도 달리 볼 것은 아니다.

관련 판례

대판 2002.8.27. 2001다79457

사용자의 위임에 의한 단체협약에의 서명날인과 효력

단체협약의 사용자측 당사자는 "사용자 또는 그 단체" 이고 그 중 "사용자"라 함은 개인기업인 경우에는 그 기업주 개인, 법인 내지 회사기업인 경우에는 그 법인 내지 회사를 의미한다고 할 것이나 구체적인 단체교섭의 당사자는 경영담당자 또는 사용자의 이익대표가 되는 경우가 많으며, 이들이 사용자의 위임에 의하여 단체교섭을 진행한 후 사용자가 단체협약서에 서명날인을 함으로써 단체협약이 체결된 경우에도 그 단체협약은 유효하게 성립한다.

2. 단체교섭권자의 표현대리

(1) 단체교섭의 정적 · 동적 안전성

a) 단체교섭권자가 그의 교섭권한의 범위를 초과하여 교섭한 경우 또는 외관상 단체교섭의 권한자로 믿었으나 사실상 전혀 권한이 없는 자가 행한 단체교섭의 효력에 관한 문제를 표현대리의 법리에서 살펴볼 필요가 있다. 이것은 단체교섭권한을 행사함에 있어서 ㉠ 진정한 권한자가 교섭권한을 행사 하여야 한다는 필요성(정적 안전성)과 ㉡ 비록 권한이 없는 자가 행한 교섭이라 하더라도 노사간 대회기회의 확대라는 이념에서 도출되는 교섭의 필요성(동적 안정성)에서 어느 것에 중점을 둘 것인가에 의해 판단할 문제이다.

b) 그러나 단체교섭은 노사간 대회의 절차과정 그 자체로서 사실행위에 해당하므로 ㉠ 사실행위인 단체교섭 그 자체가 유효하게 행해질 수 있는지 또한 ㉡유효한 협약체결이 가능한지를 교려해야 할 문제라고 본다.

(2) 표현대리의 법리

1) **표현대리의 적용상 문제** 표현대리는 대리인의 외관을 신뢰한 선의 · 무과실의 제3자(즉 상대방)를 보호하고 거래의 안전을 보장하며, 나아가 신용을 유지하려는 행위이다. 단체교섭에 대한 노사 양측의 신뢰도를 증진시키기 위해서 표현대리의 법리가 적용될 수 있다. 그러나 단체교섭은 법률행위가 아닌 사실행위이고 표현대리의 법리는 법률행위를 전제로 하는 법리인만큼 적용에 다소 문제가 없지 않다. 그러나 사실행위에도 사법상의 법리는 적용될 수 있고 단체교섭의 결과 단체협약이 체결되는 법률행위가 예정되어 있으므로 표현대리의 법리를 유추 적용할 수 있다고 본다.

2) **교섭권한과 주의의무** 사용자는 조합내 교섭권한의 유무에 관해 충분히 알고 교섭을 행해야 하며, 또한 알 수 있는 입장에 있는가에 따라 악의 또는 선의 여부를 논할 필요는 없다. 상대방이 정당한 교섭권한을 가지는지에 대해 잘 알아야 할 주의의무를 사용자

측에게만 부담시키는 특별한 근거가 없다. 왜냐하면 교섭담당자가 여러 번 바뀌면서 교섭을 진행한 경우라든지, 원래의 교섭대상이 아닌 교섭사항을 양보하는 전략을 사용하는 단체교섭의 속성에 비추어 어느 일방에 대해서만 주의의무를 부담시키는 것은 부당하기 때문이다.

3. 위임의 법적 성질과 절차

(1) 법적 성질

1) **민법상의 특질**　단체교섭권한의 위임도 일반 민법상의 특질을 모두 가지고 있다. 즉 교섭권한의 위임은 단체교섭이 완전히 완료될 것을 요하지 않으며, 교섭권의 행사에 있어서 수임자의 재량이 인정된다. 따라서 단체교섭의 주체 즉, 당사자에 대해서 독립성을 갖는 것을 전제로 한다. 그러나 일반 민법상의 위임에는 당사자 사이의 신뢰관계가 중요하므로 수임자인 교섭권한자는 교섭의 당사자인 주체에 대해 「선량한 관리자의 주의」로써 위임의 본지에 따라 단체교섭을 행하여야 하는 의무를 분담한다. 또한 단체교섭은 역동성을 지니고 교섭전략에 따라 수시로 상황이 변화하므로 순간적인 판단이 요구된다. 따라서 민법상의 위임과는 달리 수임자는 위임자에게 수시로 진행 및 결과에 대하 보고할 의무를 진다.

2) **노동법적 특질**　단체교섭은 사실행위이므로 교섭권한의 위임은 엄격히 말해서 준위임에 해당된다. 그러나 현행 민법에서 준위임을 인정하지 않고, 사실상으로도 보통의 위임과 차이가 없다. 따라서 굳이 준위임이라 할 것도 없이 일반적인 위임으로 봄이 타당하다. 또한 일반 민법상의 위임보다 당사자 사이의 인적 신뢰관계가 한층 더 중요하게 요청된다.

(2)위임의 절차

1) 위임방법과 범위

① 위임의 취지 - 노동조합과 사용자 또는 사용자단체(이하"노동관계당사자"라고 한다)는 노조법 제29조 제3항의 규정에 의하여 단체교섭 또는 단체협약의 체결에 관한 권한을 위임하는 경우에 교섭사항과 권한 범위를 정하고 수임자의 위임 내용과 수임권한의 범위

를 명확히 하여 효율적이고 정당한 권한을 행사할 수 있도록 하는데 그 취지가 있다.

② 위임의 절차 및 방법 - 현행 노조법에서는 단체교섭권의 위임에 대하여 구체적으로 명시하지 않고 있다. 따라서 노동관계당사자는 교섭권한의 위임절차나 방법은 자유로이 정할 수 있다. 노동조합의 대표자나 사용자 또는 사용자단체는 노동관계당사자로서 단독으로 단체교섭권을 위임할 수 있다. 현행 법률은 위임방법과 절차에 대하여 제한규정을 두지 않고 있다. 따라서 노동조합의 규약에 특별히 명시하지 않는 한 위임행위에 대하여 조합원의 동의를 얻지 아니하였더라도 위법이라고 할 수 없다. 더욱이 사용자나 사용자단체의 경우에는 단체교섭권 및 협약체결권의 위임에 대하여도 아무런 규정이 없으므로 이와 동일하게 해석할 수 있다.

③ 위임범위 - 일반적으로 교섭전략이나 교섭사항에 대한 장래효과를 극대화하기 위하여 교섭권을 위임하고, 특히 노동조합측의 위임범위는 조합원전체에 중요한 영향을 미치게 된다. 이러한 노동조합의 단체교섭권에 대한 위임사항은 조합원총회에 의하거나 조합원 과반수의 동의를 얻어 위임하는 것이 바람직하다. 그러나 단체교섭권이나 협약체결권을 위임하는 경우에 근로조건 등 조합원 전체에 대한 사항을 대표자의 단독행위로 위임여부를 결정하는 것이 과연 합리성이 있는가 하는 의문이 제기된다. 노동관계당사자의 교섭권과 협약체결권의 위임이 신중하지 못한 결과를 가져와 불이익이 초래된다면 협약기간 내에 감수해야 할 위험성이 따르기 때문이다.

2) 위임사실의 통보 노동관계당사자는 노조법 제29조 제3항의 규정에 의하여 상대방에게 위임사실을 통보하는 경우에 ㉠ 위임을 받은 자의 성명(위임을 받은 자가 단체일 경우에는 그 명칭 및 대표자의 성명), ㉡ 교섭사항과 교섭범위 등 위임내용에 관한 사항을 통보하여야 한다. 이와 같이 상대방에게 통보하도록 한 것은 위임사실을 입증할 필요가 있고, 수임자가 단체교섭의 담당자로서 정당한 권한을 지닌 자임을 고지하기 위한 것이다. 이 경우 노동관계당사자는 공인노무사, 변호사, 교수 등 노동관계에 관한 전문적인 학식과 경험이 있는 자에 대하여 단체교섭권을 위임할 수 있다.

(3) 위임의 결의

1) 위임의 규제 노동조합은 교섭권한 및 협약체결권에 대한 위임의 결정에 대하여 조

합규약으로 정하여 자체적으로 규율할 수 있다. 교섭권한의 위임은 ㉠ 조합원총회 또는 대의원회 이외의 기관, ㉡ 노조위원장의 단독 또는 집행위원회의 결의에 의하여 교섭사항과 권한의 범위를 정하여 위임할 수 있다. 그러나 규약상의 위임규정에도 불구하고 교섭사항의 성질상 시기나 해석 등 긴급을 요하는 부득이한 경우에는 노조위원장의 단독권한에 의하여 교섭권한을 위임할 수 있다. 이때에는 반드시 조합원총회 또는 대의원회의 승인(사후추인)을 필요로 한다.

2) 의결정족수　교섭권한의 위임에 대하여 조합원 과반수의 동의를 요하는 의결정족수를 정할 수 있다. 즉 단체협약에 관한 사항을 총회의 의결사항으로 규정하고 있는 노동조합 및 노동관계조정법 제16조 제1항 제3호에 비추어 볼 때, 단체교섭권한의 위임결의에 대하여는 총회의 의결정족수에 해당하는 재적조합원 과반수의 출석과 출석조합원 과반수의 찬성으로 의결함이 타당하다.

(4) 위임의 방식

1) 일반원칙　일반 사법상 위임은 불요식이 원칙이므로 반드시 서면으로 행할 필요는 없다. 다만, 상대방에 대해 정당한 절차에 의한 교섭권한의 수임자임을 증명할 수 있는 방법을 취하는 것이 실제 교섭을 행함에 있어 안전하고 편리하다. 따라서 일반적으로 위임장을 만드는 것이 보통이다. 위임장에는 위임자 및 수임자의 성명 · 위임사항 등을 명기하여야 한다.

2) 백지위임　단체교섭의 경우에도 민법과 같이 백지위임을 하여도 유효한가에 대하여는 부정하는 것이 타당하다. 왜냐하면, 단체교섭에 관한 위임은 일반적인 재산관계를 규제대상으로 하는 사법상의 위임과 달리 노동법상 임금 등의 이익에 관한 사항뿐만 아니라 근로자의 징계 등 신분에 관한 사항을 포함하므로 특별한 독자성이 있기 때문이다. 또한 위임당사자 사이의 인적 신뢰관계 이외에 단체교섭의 속성은 계속적인 협상력과 실력행사를 배경으로 유동성을 지니므로 거래의 안정과 신속한 계약의 성립을 목적으로 하는 백지위임의 본질과 부합하지 않는다. 백지위임의 방식을 이용한 교섭권한의 위임은 노동관계당사자에게 불의의 손실을 초래할 위험성이 있고, 현행 노조법 제29조의 입법취지에 반하므로 인정될 수 없다.

3) **복위임** 일반적으로 위임에서는 당사자간의 인적 신뢰관계가 중요하다. 따라서 수임자는 원칙적으로 자신의 책임 하에 스스로 그 사무를 처리할 것이 요구된다(자기복무의 원칙). 더욱이 교섭권한의 위임은 그 성질상 다른 어떤 형태의 위임보다 당사자 사이의 전문적인 식견과 경험이 필요하다. 그럼에도 불구하고 수임자에 의한 복위임은 위임자의 신뢰이익을 저해하고, 교섭상의 불이익을 가져올 수 있으므로 반드시 위임자의 동의를 필요로 한다. 따라서 단체교섭의 주체로부터의 명시적 동의가 없는 한 복위임은 허용되지 않는 것이 타당하다.

(5) 위임사항의 범위

1) **위임사항** 위임사항에는 근로조건이나 근로자의 대우에 관한 사항, 교섭의 횟수나 일정 등을 다양하게 정할 수 있다. 또한 단체교섭사항에 대한 일체의 법적 권리와 협약체결권에 대하여도 포괄적으로 위임할 수 있다. 그러나 교섭권한의 영속적 위임을 허용한다면 위임을 받은 자는 실질적으로 노동조합의 대표자가 되는 결과에 도달하게 되므로 이를 금지하는 것이 타당하다 영속적 위임은 노조법 제29조 제1항에 의하여 노동조합의 대표자에게 단체교섭권과 협약체결권을 가진다고 하는 입법취지에도 반한다. 노동관계당사자가 교섭권한의 범위를 제한한 경우에 수임자는 이에 따라야 한다.

2) **협약체결** 단체교섭권한은 단체협약을 체결하기 위해서 정당한 체결권한과 자격을 갖춘 자에게 위임되어야 한다. 또한 교섭권한의 위임에 따른 협약체결은 그 단체협약의 구속을 받는 단체교섭의 주체인 당사자의 의사와 부합하여야 한다. 노동조합으로부터 위임을 받은 자는 협약체결을 위한 위임사항에 대하여 일정한 재량성과 한계성을 갖게 된다. 이때 교섭권한을 위임한 경우라도 협약체결은 단체교섭당사자의 명의로 하여야 하며 위임방법에 따라 수임자는 독자적 또는 병행적으로 체결을 할 수 있다. 그러나 위임자는 수임자가 동시에 협약체결시에 서명 날인하는 것이 보다 명확하다.

제4절 단체교섭대상

1. 단체교섭대상의 판단

(1) 의 의

일반적으로 단체교섭의 대상은 경영 사정이나 규범의식, 계약적 사고방식 및 교섭사항의 성격 등을 고려하여 적적성과 합리성을 판단한다. 노동조합이 요구하는 단체교섭의 사항이 어떠한 성격이나 합리성을 지니는가에 따라 사용자는 단체교섭에 응할 의무뿐만 아니라, 이를 수용할 것인가에 대하여 판단하게 된다. 또한 노동관계당사자는 단체교섭의 전략과 절차를 어떻게 할 것인가에 대하여 자신에게 유리하게 결정할 수 있다. 이때 단체교섭은 근로조건의 유지개선에 대한 목적성이 부합된다면 채무적 사항만을 들어 단체교섭을 요구할 수 있는가 하는 의문이 제기된다. 또한 법률제정이나 개정 · 폐지 등 정책적인 사항만을 가지고 단체교섭을 요구하는 경우 사용자와의 관계에서 대향성을 인정할 수 있는가 하는 논란의 여지가 있다.

(2) 권리분쟁과 이익분쟁

1) **권리분쟁**　권리분쟁은 노동관계당사자간의 권리형성을 내용으로 하는 법적 분쟁을 말한다. 권리분쟁은 근로조건의 적용 또는 해석에 관한 것으로서 이를 통해 당사자간의 법률관계 내지 계약관계의 존부를 결정하게 된다. 노동법상의 해고의 요구나 철회, 법령 내지 단체협약의 해석과 적용 · 준수 등의 문제가 여기에 해당된다. 권리분쟁의 대상은 분쟁의 속성에 따라 본질상 청구권으로서의 성격을 지니나, 형성권으로 변화되기도 한다. 권리분쟁의 대상은 단순히 권리의 형식에 의하여 판단할 것이 아니라 ㉠ 권리의 내용, ㉡ 계약형식, ㉢권리의 변동적 속성, ㉣ 사용종속성 등을 고려하여 판단하여야 할 대상으로 원칙적으로 단체교섭의 대상이 될 수 없다, 그러나 권리분쟁에 관한 사항이 집단성을 지니고 이익분쟁과 밀접한 관련성을 지닌 경우에 외견상의 판단만으로 교섭대상에서 제외할

수 없다.

2) 이익분쟁　이익분쟁이란 근로조건 및 경제적 이익이나 권리의 이행에 관한 법적 분쟁을 말한다. 이익분쟁은 경제적 이익의 형성이나 이행 및 배분적 기능을 말한다. 이익분쟁은 경제적 이익의 형성이나 이행 및 배분적 기능을 한다. 따라서 근로조건에 관한 사항인 각종 수당을 창설하거나 상여금을 지급하라는 단체교섭은 동시에 형성적 기능과 청구적 기능을 갖는다. 그러나 이익분쟁에 관한 사항은 이행적 기능에 한정되지 않고 형성적 기능을 갖는다. 그러나 이익분쟁에 관한 사항은 이행적 기능에 한정되지 않고 형성적 기능을 하게 되므로 특정의 속성만으로 이익분쟁여부를 판단할 수 없다. 이익분쟁은 원칙적으로 단체교섭의 대상이 되며, 핵심적 사항에 해당된다. 이러한 이익분쟁사항은 개별법적 측면의 근로계약의 체결 및 임금수령액의 변경에 관한 사항이나, 집단적 측면의 임금인상이나 연봉제실시 등도 포함한다. 이익분쟁사항은 원칙적으로 정당성이 아니라 이해관계의 조정을 본질적 기능으로 하므로 합리성에 의해 판단하는 것이 타당하다. 왜냐하면 사법적 판단보다는 오히려 당사자간의 이해관계를 조정하는 것이 보다 적합하기 때문이다.

(3) 근로조건성

단체교섭의 대상은 우선 근로조건의 유지개선과 근로자의 경제적 사회적 지위향상을 목적에 부합되어야 한다. 이때 단체교섭의 대상이 되는 근로조건은 원칙적으로 조합원 전체에 영향을 미치는 공통적 사항을 의미한다. 그러나 근로조건의 내용이 되는 사항은 ㉠ 근로시간 · 휴가 · 휴일 ㉡ 임금의 결정 및 지급에 관한 사항, 승급, 수당의 종류와 지급조건 ㉢ 퇴직 · 정년제도 ㉣ 안전 · 보건관리 ㉤ 재해보상 ㉥ 근로자의 교육 ㉦ 표창과 제재에 관한 제도, ㉧ 복지후생, ㉨ 근로조건과 밀접한 관련성이 있는 사항 등을 포함한다. 이러한 근로조건은 법률로 정한 사항과 단체협약에서 정하는 사항으로 구분된다. 이때 법률로 정한 사항은 최저기준으로 보아 보다 나은 조건을 요구하기 위하여 단체교섭의 대상으로 할 수 있다.

(4) 집단성

단체교섭은 노동조합의 조합원 전체의 근로조건에 관련된 사항, 즉 집단적 성격을 갖는 것이어야 한다. 특정 근로자의 채용·징계나 해고자의 복직문제는 개별적 사항에 속하는 권리분쟁에 해당하므로 단체교섭의 대상이 되지 않는다. 그러나 노동조합 간부의 해고처럼 노동조합의 단결권에 직접적인 영향을 미치는 사항은 집단성과 밀접한 관련성이 있으므로 단체교섭의 대상으로써 합목적성을 지닌다. 해고대상자의 선별기준이나 징계기준도 조합원전체에 적용되는 효력을 지니는가에 따라 단체교섭의 대상이 된다.

(5) 사용자의 처분가능성

a) 단체교섭은 대향적 노사관계를 전제로 하므로 사용자에게 처분권한이 있는 사항인가에 따라 교섭대상의 합목적정을 판단하여야 한다. 구속근로자의 석방요구, 법률개정 등 정부정책과 관련된 사항이나 사회보장·건강보험 통합요구에 해당하는 사항은 사용자의 권한 밖에 있는 사항으로서 단체교섭의 대상이 될 수 없다. 또한 사용자의 처분권한에 속하더라도 본질상 기업경영에 관한 사항은 단체교섭의 대상이 아니다. 왜냐하면, 사용자가 재산권을 행사하는 사항은 헌법과 기타 법률에서 사유재산권을 보장하는 고유영역이기 때문이다.

b) 그러나 사용자의 고유영역에 해당되는 사항이라 하더라도 근로자의 생존권과 밀접한 관련성이 있는 경우에는 단체교섭의 대상이 된다. 이때 단체교섭의 대상이 된다는 이유만으로 교섭결렬시 노동조합의 실력행사가 곧바로 합법성을 갖는 것은 아니다.

(6) 규범적 사항과 채무적 사항

a) 단체교섭의 대상은 ㉠ 규범적 사항과 ㉡ 채무적 사항, ㉢조직적 사항으로 나누어지고, 그 효력은 규범적 효력과 채무적 효력으로 구분할 수 있다. 그러나 이러한 분류에도 불구하고, 단체교섭의 대상은 규범적 사항 또는 채무적 사항으로 구성되거나 양자의 사항이 혼합되어 있는 경우도 있다. 단체교섭의 대상이 채무적 사항만으로 구성된 경우에 단체교섭권을 인정할 것인가에 대하여 견해가 나누어진다.

b) 긍정설의 논거를 살펴보면, 첫째, 현행법에는 채무적 사항과 규범적 사항을 구체적으로 명시하지 않고 있으며, 둘째 채무적 사항도 단체협약의 내용을 구성하므로 특별히 배제할 이유가 없고, 셋째 규범적 사항만으로 단체협약의 완전한 기능을 기대할 수 없으므

로 교섭요구는 정당하다는 것을 들고 있다.

c) 부정설의 논거를 살펴보면, 첫째, 단체교섭은 근로조건을 유지· 개선하는 목적에 비추어 채무적 사항만으로 이러한 목적을 충족할 수 없고, 둘째 단체교섭의 사항 중에서 규범적 사항이 본질적 속성에 부합하므로 이를 제외한 채무적 사항만으로 단체교섭을 요구할 수 없고, 셋째 채무적 사항은 단체협약의 효율적 이행을 위한 부수적 기능을 하는데 불과하고, 넷째 채무적 사항에 없다는 단체교섭을 허용하였음에도 불구하고 교섭결렬시에 실력행사를 할 수 없다는 논리적 모순이 있다고 본다. 그러나 채무적 사항만을 교섭요구를 하는 것과 교섭결렬에 따른 쟁의행위의 정당성이 반드시 일치하는 것은 아니므로 긍정설이 타당하다.

(7) 경영권

1) 개 념 경영권이란 사용자가 기업경영에 필요한 기업시설의 관리·운영 및 처분 등에 관한 권리를 말한다. 경영권은 경영자가 기업경영의 최종 책임을 부담하며, 기업경영의 근간이 되는 기업의 인적·물적 자원을 효율적으로 통합하는 권리로서 배타성을 지닌다는 데서 그 근거를 찾고 있다. 판례도 "운송사업체에 있어서의 승무정지처분은 사용자가 경영권의 일환으로" 행사하는 것이 라고 설명하여 경영권의 관념을 인정하고 있다.

2) 경영권의 성질 경영권은 법률상의 용어가 아니고 사회적 관용어라고 인식한다면 권리성을 인정할 것인가, 이러한 경우 그 범위를 어디까지로 볼 것인가 하는 의문이 제기된다. 권리성의 문제는 소유권설과 경영권설 등에 기초하여 설명하는 견해가 있으나, 다수설은 소유권이나 사실관리권에서 파생되는 권리의 총체로 법률상 독립된 권리라고 보지 않는다. 이에 대한 근거는 헌법 제23조에서 정한 재산권 내지 헌법 제15조에서 정한 직업선택의 자유에서 찾을 수 있다. 그러나 재산권은 헌법상의 개념이며, 이에 대한 실체법적인 권리는 근로계약체결에서 생기는 노무지휘권과 민법상 소유권이나 점유권에 따른 물적 시설관리권(사용수익처분의 권리)에서 찾을 수 있다. 경영권을 법적으로 분석하면, 사용자가 기업시설의 소유권과 근로계약에 따른 노무지휘권을 결합하여 영리를 추구하는 활동에 지나지 않는다. 따라서 경영권의 핵심사항인 인사권은 근로계약을 근거로 행사할 수 있는 권리이고 근로계약에 반하는 어떠한 인사권도 존재할 수 없다.

3) 경영권의 한계 노동법학계에서 학설과 판례는 한결 같이 경영권에 따른 단체교섭 대상의 포괄적인 제한을 인정하지 않는다. 그 근거로 ㉠ 헌법상 재산권의 행사는 공공복리에 적합하도록 제한되어 있고, 나아가서 노동기본권의 행사 그 자체가 공공복리에 합치되는 것이며, ㉡ 경영권은 실정법상 권리가 아니고 헌법 제33조에서 정한 노동기본권의 행사에서 경영권에 따른 제한을 인정하지 않았으며, ㉢ 경영권의 핵심이 되는 인사권은 근로계약에 근거를 두고 이에 반할 수 없으며, ㉣ 오늘날 노사관계에서 "참가와 협조"의 시대를 맞아 서구에서는 근로자의 경영참가가 일반화되고 있다는 점 등을 든다. 따라서 "배타적인 경영권"이나 "인사권은 사용자의 성역"이라는 주장은 설득력을 잃어가고 있다. 따라서 기업의 경영방침변경이나 경영조직개편 또는 구조 개혁 그 자체는 사용자의 전속적인 권리이지만, 그 권리의 행사가 근로관계에 지대한 영향을 미치는 범위에서 단체교섭의 대상이 된다.

4) 경영권과 단체교섭의 대상

① 경영관리에 관한 사항 - 기본적인 경영관리에 관한 사항으로서 ㉠기업의 경영방침, ㉡기업조직의 변경, ㉢ 임원의 선임 · 해임, ㉣ 재산의 취득 · 관리 · 처분, ㉤ 투자와 이윤의 분배, ㉥ 경리나 인사문제 등은 원칙으로 사용자가 단독으로 처리할 수 있는 전권적 사항이다. 따라서 휴 · 폐업, 합병, 경영 조직의 변경, 생산투자계획 등의 경영상 의결사항에 해당하는 것 자체는 단체교섭의 대상이 될 수 없으나 , 그 의사결정에 따른 근로자들의 고용조정이나 배치전환 및 경영상해고 등의 사후대책은 단체교섭의 대상이 될 수 있다.

② 특정 근로자에 관한 사항 - 특정근로자의 해고 또는 전직 등 개인의 문제가 단체교섭의 대상이 될 수 있는가에 의문이 있다. 긍정설에 의하면 어떤 사항이 근로자 개인의 문제인가 또는 전체 조합원의 문제인가가 뚜렷하지 않으며, 특정 개인의 문제가 선례로 되어 전체 조합원에 확대될 수 있으므로 당연히 단체교섭의 대상이 된다고 한다. 그러나 다수 근로자에게 획일적 · 포괄적으로 적용될 기준이 되는 집단적 사항은 원칙적으로 단체교섭의 대상이 된다고 보아 특정 개별근로자에 관한 사항을 제외하는 것이 타당하다.

(8) 유일교섭단체조항

1) 개 념 유일교섭단체조항은 사용자가 협약당사자인 특정의 노동조합 이외에 다른

노동조합의 유일교섭단체조항은 사용자가 그의 필요에 의해 노동조합과 약정하는 경우보다 노동조합측의 필요에 의해 관행적으로 인정되어 왔다. 유일교섭단체조항을 단체협약에 명시한 이유는 노동조합의 조직분열 및 어용근로자 단체에 대한 방위가 그 주된 목적이었다.

2) 유일교섭단체사항의 위법성여부 근로자들의 경제적 · 사회적 지위향상이라는 목적을 가진 자주적인 단체인 어떠한 근로자단체에게도 단체교섭권이 평등하게 보장되어야 한다. 따라서 하나의 기업 내에 다수의 복수노조나 각각의 단위노동조합은 각각 당연히 고유의 단체교섭권을 가지며, 유일교섭단체조항을 이유로 다른 노동조합의 교섭권을 부인하거나 박탈할 수 없다. 왜냐하면, 현행법은 ㉠ 노동조합의 설립형태를 자유로 하고 있고, ㉡ 1개의 회사 내에도 직종을 달리하면 수개의 노동조합의 설립이 가능하며, ㉢ 향후 복수노조의 설립이 허용되기 때문이다. 따라서 유일교섭단체협약을 체결하였다 하더라도 이러한 협약의 효력은 노동조합에 대한 단체교섭권이 존재한다는 의미의 현상확인에 불과하다. 그러므로 사용자가 유일교섭단체조항을 이유로 제2노조나 산별단체노동조합의 단체교섭요구를 거부할 수 없다.

관련 판례 대판 2001.4.24. 99도4893

경영상 해고의 금지와 교섭대상

긴박한 경영상의 필요에 의하여 하는 이른바 정리해고의 실시는 사용자의 경영상의 조치라고 할 것이므로, 정리해고에 관한 노동조합의 요구내용이 사용자는 정리해고를 하여서는 아니 된다는 취지라면 이는 사용자의 경영권을 근본적으로 제약하는 것이 되어 원칙적으로 단체교섭의 대상이 될 수 없고, 단체교섭사항이 될 수 없는 사항을 달성하려는 쟁의행위는 그 목적의 정당성을 인정할 수 없다.

관련 판례 대판 2002. 1.11 2001도1687

기구 통 · 폐합에 따른 조직변경 및 업무 분장과 단체교섭사항

근로자의 행위가 정당한 쟁의행위라고 하기 위해서는 우선 그 주체가 단체교섭의 주체로 될 수 있는 자이어야 하고, 단체교섭과 관련하여 근로조건의 유지, 개선 등을 목적으로 하는 것으로서 그 목적이 정당하여야 하며, 그 시가와 절차가 법령의 규정에 따른 것으로서 정당하여야 할 뿐 아니라, 그 방법과 태양에 있어서 폭력이나 파괴행위를 수반하는 등 그 밖에 반사회성을 띤 행위가 아닌 정당한 범위 내의 것이어야 한다. 사용자의 재

량적 판단이 존중되어야 할 기구 통·폐합에 따른 조직변경 및 업무분장 등에 관한 결정권은 사용자의 경영권에 속하는 사항으로서 단체교섭사항이 될 수 없고, 단체교섭사항이 될 수 없는 사항을 달성하려는 쟁의행위는 그 목적의 정당성을 인정할 수 없다.

관련 판례 대판 1994.8.12 94다32619
사업부서의 폐지와 단체교섭사항

회사가 그 산하 시설관리부를 폐지하기로 결정한 것은 적자가 누적되고 시설관리계약이 감소할 뿐 아니라 계열사인 대한항공, 한국항공과의 재계약조차 인건비의 상승으로 인한 경쟁력약화로 불가능해짐에 따라 불가피하게 취해진 조치로서 이는 경영주체의 경영의사결정에 의한 경영조직의 변경에 해당되며 그 폐지결정 자체는 단체교섭사항이 될 수 없다.

관련 판례 대판 1994.8.26. 93누8993
경영권과 단체교섭의 대상사항

단체협약 중 조합원의 차량별 고정승무발령, 배차시간, 대기기사 배차순서 및 일당기사 배차순서에 관하여 노조와 사전합의를 하도록 한 조항은 그 내용이 한편으로는 사용자의 경영권에 속하는 사항이지만 다른 한편으로는 근로자들의 근로조건과도 밀접한 관련이 있는 부분으로서 사용자의 경영권을 근본적으로 제약하는 것은 아니라고 보여지므로 단체협약의 대상이 될 수 있고 그 내용 역시 헌법이나 기타 노동관계법규에 어긋나지 아니하므로 정당하다.

관련 판례 대판 1992.5.12. 91다34523
경영·생산에 관한 사항에 대한 단체교섭

기업의 경영이나 생산의 방법 및 인사 등 이른바 경영·생산에 관한 사항은 사용자가 배타적으로 결정할 수 있지만 그것이 근로조건에 영향을 미치는 한 단체교섭의 대상이 되므로 비록 근로자가 연구소장의 퇴진을 요구하였다고 하더라도 이는 부차적인 것이고, 주된 목적은 근로자들에 대한 파면처분이 노동조합의 핵심적 관심사인 연구자율수호운동을 주동한 것에 대한 보복조치라고 하여 이의 철회를 요구한 것이고 그 뜻은 조합원의 근로조건의 개선요구에 있다고 볼 수 있어 이는 단체교섭사항이라 할 것이다.

관련 판례 대판 2002.2.26. 99도5380
경영권과 단체교섭의 대상사항

정리해고나 사업조직의 통폐합 등 기업의 구조조정의 실시 여부는 경영주체에 의한 고도의 경영상 결단에 속하는 사항으로서 이는 원칙적으로 단체교섭의 대상이 될 수 없고, 그것이 긴박한 경영상의 필요나 합리적인 이유 없이 불순한 의도로 추진되는 등의 특별한 사정이 없는 한, 노동조합이 실질적으로 그 실시 자체를 반대하기 위하여 쟁의행위에 나아간다면, 비록 그 실시로 인하여 근로자들의 지위나 근로조건의 변경이 필연적으로 수반된다 하더라도 그 쟁위행위는 목적의 정당성을 인정할 수 없다.

2. 단체교섭대상에 관한 학설

우리 헌법 제33조가 근로조건의 유지 · 개선을 위해 보장하고 있는 단결권 · 단체교섭권 · 단체행동권의 세 기본권에 대한 기본적인 이해를 어떻게 하느냐에 따라서 단체교섭권의 대상이 달라지게 되는데, 여기에서는 노동3권을 기본적으로 어떻게 파악하느냐 하는 견해를 보고자 한다.

(1) 대상에 관한 학설

1) 계약권설

이 견해는 노동법을 재산법의 특별법인 노동력 상품 교환법으로 보고 있다. 노동조합의 단체교섭 · 쟁의행위 등의 활동을 조합원인 개인 근로자가 수행하여야 할 노동력판매와 관련된 거래행동(근로계약)의 집합현상으로 파악하고 노동기본권을 노동력상품의 등가교환계약이라고 하는 특수한 기대권으로 구성된다고 본다. 그 결과 노동기본권의 핵심인 단체교섭권은 개개 근로자가 가지는 노동력 매매 계약권으로서 시민법상의 자유권인 계약권과 동일한 것이 된다고 본다. 따라서 단체교섭권을 포함한 노동기본권 전부의 보장범위는 사용자에 대한 경제적 요구, 즉 근로조건사항에 한정되는 것이라고 보고 있다.

2) 협약권설

노동법을 개인주의적 · 자유주의적 법리가 지배하는 시민법과는 달리 단체자치의 원리가 관철되는 공익법 영역으로 보고, 단체교섭을 독자적인 존재인 근로자 단결체가 주체가 되어 그 구성원이 사용자와 노동력매매계약(근로계약)을 체결함에 있어 기준으로 삼을 근로조건기준을 사용자와의 사이에 설정하는 제도로 파악하고, 단체교섭권은 단체협약협상권을 구성한다고 본다. 그 결과 단체교섭권은 단체법적 독자성으로 이해되지만 결국은 노동력교환과정으로 되고 그 보상범위는 사용자에 대한 경제적 요구, 즉 근로조건사항 및 그 유지개선에 직접 관계되는 사항에 한정되는 결과가 되고 만다고 본다.

3) 참가권설

이는 노동법을 노동력재생산법으로 보고 노동기본권을 통일적인 노동력재생산과정 전부에 대한 참가권으로 구성한다고 본다. 따라서 노동법과 노동기본권을 노동력교환과정의 영역으로부터 개방시켜, 인간의 존엄이념으로 도출시켜 새로운 공동결정의 원리가 지배하는 영역으로 파악하는 입장이다. 여기에서 인간의 존엄이념은 인권으로서의 노동기본권을 의미한다고도 볼 수 있다. 그 결과 단체교섭권의 보장범위도 필연적으로 사용자 이외의 상대방과 정치적 요구 기타 근로조건의 유지 · 개선에 직접 관계가 없는 사항이라 하더라도 그것이 근로자의 인간적 생존에 관련되는 사항이라면 포함된다고 본다.

4) 검토의견

상술한 바와 같은 견해의 대립은 기본적으로 기본적 인권으로서의 노동3권과 인간의 노동에 대한 깊은 통찰의 차이에 근거하는 것이라고 본다. 국내에 있어서 그 견해를 살펴보면 우선 "헌법 제33조 제1항은 노동조합에 대하여 단체교섭권을 보장함으로써 근로조건의 향상을 위하여 노사 사이의 집단적 거래 내지 교섭을 허용하고 있으므로…근로조건과 직접적인 관계가 있는 인사 · 경영에 관한 사항은 노동조합의 참여에 의한 집단적 교섭의 대상이 될 수 있다"는 입장과 "대체로 넓은 의미의 근로조건에 응해야 할 의무가 있으나…공장의 기계도입문제를 놓고 근로자가 사용자에게 교섭을 신청했을 때 반드시 사용자가 응해야 하는 법은 없다. 왜냐하면 이러한 사항은 그것이 고용조건과 관계되지 않는 한 사용자가 결정할 문제이기 때문이다." 라고 하는 입장은 경제적 요구, 즉 근로조건사항 및 그 유지 · 개선에 직접 관계되는 사항에 한정하는 협약권설의 입장이라고 하겠다.

이에 비해서 "생각컨대 헌법 제33조 제1항의 '근로조건의 향상을 위하여…'라는 의미는 노동기본권의 법적 구조의 성질상 근로자의 기본적 인권으로서의 생존권을 의미하기 때문에 '근로자의 인간적인 생존에 필요한 사항을 위하여…'라고 해석되며 그렇게 해석하더라도 별 문제가 없을 것이다. 따라서 단체교섭권의 보장범위를 최광의로 보고, 근로조건은 물론이지만 직접 근로조건과 관련 없는 사항일지라도 그것이 근로자의 인간적인 생존에 필요한 사항이라면 단체교섭의 대상이 된다고 보아도 무방하다는 것이다. 이런 의미에서 헌법의 동 규정은 참가권설의 입장을 취하고 있다고 할 수 있을 것이다"라고 하는 견해는 참가권설의 입장을 신중하게 지지하고 있다. 한편 계약권설의 입장은 발견되지 않는다. 따라서 노동기본권에 대한 파악에 있어서 국내에는 협약권설과 참가권설의 입장만이 존재한다고 할 수 있다.

헌법이 주기본권으로서 인간의 존엄성을 보장하고 있고 그 구체적인 기본권으로서 노동3권이 보장되고 있으며, 연혁적으로 보더라도 단체교섭권은 생존권적 기본권으로서 성격을 가지고 있다. 또한 단체교섭의 현실을 보더라도 근로조건도 초기에는 인사경영사항이었으며 인사·경영권에 관한 사항이 상당수 단체교섭의 대상이 되어 왔고 근로자측에서 지속적인 요구를 하고 있다. 노사간 문제해결에 있어서 단체교섭이 근로자의 생존에 관계되는 문제를 모두 포함해야 할 것이다. 그러므로 노동3권은 근로자의 생존에 관계되는 사항을 모두 포함해야 하며 근로조건 및 근로조건에 관계없는 사항이라도 근로자의 생존에 관한 사항은 단체교섭의 대상이 된다고 보는 입장이 타당하다[700].

(2) 단체교섭의 쟁점사항

이러한 입장에서 볼 때 단체교섭의 대상여부가 문제되는 것은 다음의 사항이다.

1) 경영 및 생산사항

경영권, 인사권 등의 포괄적인 권리개념은 법적으로 무의미한 것이며 경영운영상의 모든 사항에 있어서 중역인사권, 생산 및 경영계획의 입안실시, 취업규칙의 작성·변경권, 업무명령권, 징계권, 인사고과권, 시설관리권 등의 제 권리개념의 법적 근거에 의하여 내용설명이 개별적으로 행해지는 것 이외에는 아무 것도 없다. 또한 사용자의 성역인 전결사항을 설정하기 위한 사용자권의 구성은 실패하였고 개별적 권리에 있어서도 근로자단결체가 단체교섭을 통해서 그 행사에 제한을 가하는 공동결정의 원리가 당연시되게 되었고, 단체협약을 공동결정지침서라고 보는 산업통제이론의 정착을 보게 되었다. 이러한 관점에

700) 배병우, "댄체교섭의 대상", 산업관계연구; 이상덕, 노동법사례연습, 대병출판사, 2011, 438쪽

서 선진공업국의 학설·판례 모두 협약권설에 한계가 있어서 경영권이론은 배제되고 있다. 일본의 경우 공공기업체 등 노동관계법 제8조 단서에 "공공기업체 등의 관리 및 운영에 관한 사항은 단체교섭의 대상이 될 수 없다."고 규정하고 있지만, 판례에서는 근로조건과 관리운영사항을 준별하기 곤란하기 때문에 근로조건에 관련이 있는 한 단체교섭사항이 된다고 하고 있다.

2) 인사권과 인사사항

경영권은 이를 부정하는 설이 정착되고 있으나 인사권은 근로계약에 근거하여 일정한 법적 의의를 긍정하는 설이 유력해지고 있다. 인사권의 법적 성질은 형성권설, 계약에 근거한 것이라는 설, 적극적 법적 효과는 없고 문제시되는 경우 수동적으로 그 한도 내에서 법적 효과가 문제된다는 설 등이 있다. 인사권은 근로계약에 근거한 것이나 수동적 효과밖에 없는 것으로 보아야 할 것이다. 이와 같이 인사권에 대한 단체교섭에 대해서 근로자 단결체의 개입 관여를 원칙적으로 인정하는 것이 일반적인 경향이다. 조합원의 배치전환은 단체교섭의 대상이 되며 사용자는 그 사항에 대하여 노동조합과 협의할 신의칙상의 의무를 부담한다고 보아야 할 것이다. 사용자가 인사권의 내용 중에서 전결사항으로 보는 것이 인사고과(사정)이다. 사정은 승진, 승급뿐만 아니라 보상에도 관계되는 문제로서 어떤 근로자가 상을 받는 것은 다른 근로자에게는 상대적으로 비난이 될 뿐만 아니라 그 차이는 반드시 일정한 근무상, 생활상의 이해를 수반하므로, 이는 오히려 징계처분에 대응하는 것이라고 할 수 있다.

사정은 결국 징계권이라고도 할 수 있으므로 이는 중대한 근로조건의 변화를 수반하게 되고 인사고과는 따라서 단체교섭의 대상사항이라는 입장에 이르게 된다.

3. 단체교섭대상의 구분

(1) 의무적 교섭사항

1) 개 념　의무적 교섭사항은 단체교섭의 요구가 있는 경우에 정당한 이유 없이 거부할 수 없고, 상대방은 반드시 이에 응하여야 하는 사항을 말한다. 의무적 교섭사항은 근로조건성을 지니므로 교섭할 것을 법률로 강제하는 사항이며, 사용자의 처분성이나 근로관

계와의 밀접성이 충족되는 한 거부될 수 없다. 의무적 교섭사항은 노동관계당사자를 강제적으로 구속하는 성질을 지니므로 이들 사항을 일방적으로 변경하거나 교섭을 거부하면, 주관적 불성실의 요소와 관계없이 부당노동행위로 된다. 그러나 반드시 합의에 이르거나 양보할 의무까지 강제하는 것이 아니므로, 일방당사자의 제안에 대하여 타방당사자의 주장이 불일치되어 교섭결렬이 되더라도 곧바로 부당노동행위가 성립되지 않는다. 다만, 교섭결렬에 따른 양당사자의 성실교섭의무는 일시적으로 정지되고, 교섭결렬전의 제안과 같은 일방적 변경 및 쟁의행위를 통한 주장의 관철이 가능하게 된다.

2) 의무적 교섭사항의 대상

① 교섭사항의 범위 - 단체교섭권의 포기가 인정되면 교섭의무는 소멸된다. 그러나 의무적 교섭사항이라고 하여 모두 교섭하여야 하는 것은 아니고 일반적으로 현상(status quo)의 변경에 대해서만 교섭하면 된다. 구체적으로 임금 · 근로시간 외에 배치전환 · 해고 · 징계 · 퇴직금 · 기업내 후생복지 등이 해당된다. 임금은 광의로 "제공된 근로에 대한 대상(compensation) 또는 보수(emolution of value)"를 의미하는 것으로 해석되어, ㉠ 시간당기본급(basic hourly rates of pay), ㉡ 교체근로수당(shift differentials), ㉢ 시간외근로수당(overtimepay), ㉣ 능률급작업(piecework) · 장려급제(incentive plans), ㉤ 해고수당(severance pay), ㉥ 유급휴일(paid holidays) · 유급휴가(paid vacations) 등을 포함한다. 능률급이나 장려급은 생산의 제고를 위해 지급하는 금품이므로 임금으로 볼 수 없으나, 미국 연방대법원판례는 의무적 교섭사항의 대상이 된다고 판시하였다. 또한 노동조합이 단체협약의 체결기간 내에는 파업을 하지 않겠다는 평화조항은 의무적 교섭사항이다. 그러나 파업을 할 것인가를 결정하는 파업투표에 관한 조항은 의무적 교섭사항이 아니다.

② 교섭사항의 분류 - 단체교섭사항은 첫째, 사용자와 근로자의 관계에 관한 사항으로서 ㉠ 취업규칙 기타의 직장규율(work rules or plant rules), ㉡ 안전관리규칙(safety rules), ㉢ 기준작업량(workload), ㉣ 휴일(holidays), ㉤ 휴가(vacations), ㉥ 병가(sick leave), ㉦ 서열(seniority) · 승진(promotions) 및 전근(transfer)을 들 수 있다. 둘째, 사용자와 노동조합의 관계에 관한 사항으로서 ㉠ 협약존속기간 중 근로조건의 결정방법에 관한 사용자와 노동조합의 관계에 관한 사항, ㉡ 단체협약의 소급효에 관한 사항, ㉢ 유니온샵의 체결에 관한 사항, ㉣ 노사분쟁의 해결방법으로서 중재(arbitration) 및 협약존속기간 중 고충처리

절차(grievance procedure)에 관한 사항, 단체협약의 존속기간 등이다.

③ 조합비일괄공제의 성격 - 한국에서 사용자에 의한 조합비일괄공제의 문제는 의무적 교섭사항이 아닌 노동조합에 대한 편의제공으로서의 성격을 갖는다고 본다. 그러나 미국의 경우에는 1953년부터 이미 의무적 교섭사항에 해당하는 것으로 보고 있다.

3) 교섭사항의 판단기준 단체 교섭의 대상으로 어떠한 사항이 의무적 교섭사항에 해당하는가를 판단하는 것은 여간 어려운 일이 아니다. 단체교섭의 대상을 명확히 규정하면 당사자간의 불필요한 분쟁을 사전에 예방할 수 있는 장점이 있으나, 각종 노동문제를 탄력적으로 규율하기 어려운 경직성을 지닌다. 따라서 특정사항이 근로조건과 경영권에 모두 관련성이 있는 경우에 의무적 교섭사항인가, 아니면 임의적 교섭사항인가를 판단하기 곤란하다. 이러한 문제점을 해결하기 위하여 미국의 연방법원이 제시한 기준이 ㉠ 연관성 기준(relation test), ㉡ 영향성 기준(effect test), ㉢ 균형성 기준(balancing test)이다. 연관성 기준은 특정사항이 어느 것과 더 밀접하게 연관되어 있는가에 따라 판단하는 기준이며, 영향성 기준은 경영특권이 의무교섭사항에 해당되지 않지만 임금이나 근로조건에 영향을 미치는 가에 따라 판단하는 기준이다. 균형성기준은 특정사항의 단체교섭이 근로자와 사용자에게 주는 이익을 비교 형량하여 근로자의 이익이 더 큰 경우에는 의무적 교섭사항이라고 판단 한다[701].

(2) 임의적 교섭사항

1) 개 념 임의적 교섭사항은 교섭상대방에게 교섭에 응하도록 강제하지는 않지만 일단 교섭하면 적법하게 그 합의내용을 단체협약으로 체결할 수 있는 사항을 말한다. 이러한 교섭사항은 노동관계당사자가 이를 교섭석상에서 제안할 수는 있으나, 그 주장을 반드시 수용할 필요가 없으므로 응낙의무가 강제되지 않는 재량성을 지닌다. 임의적 교섭사항은 교섭결렬을 이유로 쟁의행위로써 자신의 주장을 관철할 수 없다. 임의적 사항은 주로 채무적 성격을 지니며 타방당사자는 교섭에 응하지 않을 수 있다. 임의적 교섭사항은 비록 유보 없이 교섭에 응하였더라도 임의성이라는 항변을 제기할 권리를 포기한 것이 아니므로 도중에 합의를 하지 아니하고 거부하더라도 무방하다. 그러나 당사자가 일단 합의를

701) 이상덕외, 전게서, 266쪽.

하면 적법한 단체협약으로서 효력을 지닌다.

2) 임의적 교섭사항의 대상 a) 의무적 교섭사항은 주로 근로조건에 관한 사항이거나 근로조건과 밀접한 관련이 있는 사항임에 반하여, 임의적 교섭사항은 첫째, 사용자와 제3자의 관계에 관한 사항이고, 둘째, 노동조합과 교섭단위 내의 근로자들과의 관계에 관한 사항으로 구분된다. 전자는 통상 경영특권에 속하며, 후자는 통상 노동조합의 내부통제에 속하는 것으로 간주되는 사항이다. 다만, 임의적 교섭사항은 특정사항이 의무적 교섭사항이 아니거나 위법한 대상사항의 범위에 속하지 않는 한 모든 사항을 말한다.

b) 인사에 관한 사항은 직원의 채용에서 승진, 배치전환, 파견, 전출, 징계, 해고 등 근로자의 근로생활관계에 걸친 전반적 사항이다. 인사권에 속하는 대부분의 사항은 노동력의 효율적 활용을 통한 생산성향상을 목적으로 하므로 원칙적으로 단체교섭의 대상이 아니다. 그러나 근로자전체에 영향을 미치는 인사기준이나 징계 또는 해고에 관한 기준은 근로자의 신분이나 경제적 이익에 영향을 미치므로 공정성을 확보하기 위한 차원에서 단체교섭의 대상이 될 수 있는 임의적 교섭사항이다.

c) 경영에 관한 사항은 ㉠ 경영관리권, ㉡ 경영조직권, ㉢ 경영의결권으로 구성된다. 이러한 경영권은 회사를 설립하고 생산계획을 수립하며, 기술을 도입하거나 공장을 해외로 이전 또는 폐업을 할 수 있는 경영전반의 활동으로서 원칙적으로 단체교섭의 대상이 될 수 없다. 그러나 사업의 양도나 폐업 · 이전 · 업종전환 · 휴업 등 경영에 관한 사항일지라도 근로자의 근로조건이나 신분에 직접 관련되거나 중대한 영향을 미치는 경우에는 단체교섭의 대상이 된다.

(3) 금지적 교섭사항

1) 개 념 금지적 사항이란 교섭하는 것 자체가 위법이거나, 교섭을 통해서 합의하더라도 법률상 허용되지 않는 사항이다. 여기에는 ㉠ 강행법규에 반하는 것, ㉡ 반사회질서적인 것, ㉢ 부당노동행위에 해당하는 것 등이 포함된다. 위법적 교섭사항은 부적법하거나 법의 기본정책에 반하는 사항으로서, 이를 묵인 · 포기 기타 당사자의 의도에 관계없이 단체협약에 포함시키는 것은 부당하다. 따라서 이러한 사항을 주장하여 교섭을 결렬시키거나 단체협약체결의 조건으로 할 수 없다.

2) **금지적 교섭사항의 대상**　금지적 교섭사항은 위법적 교섭사항이라고도 하며, 이에 대한 사항은 ㉠ 법률로 금지하거나, ㉡ 단체협약의 본질상 부적합한 것으로 구분할 수 있다. 첫째, 법률로 금지한 사항은 단체협약에 포함시키는 것이 법질서전체와의 관련하에서 위법하거나, 특정법규정에 반하여 부적법하거나, 기본적인 입법정책에 부합하지 않는 경우가 있다. 예컨대, closed shop 조항, 조합원에 우선권을 주는 직업소개조항, 분규회사화물 취급거부(hotcargo) 조항 등이 그 전형적인 예이다. 둘째, 단체협약의 본질상 부적합 사항은 파업중의 파업파괴근로자 및 잔류근로자에 대하여 ㉠ 특별선임권의 공적(superseniority credit)을 인정하는 조항, ㉡ 차별대우조항, ㉢ 작업시간외에 타노조에의 가입권유활동을 금지하는 조항을 들 수 있다. 이러한 조항은 그 자체가 명백히 부적법하지 않으나, 단체협약에 포함시키도록 고집하는 것이 성실교섭의무에 반함으로써 부당하게 된다. 또한 경쟁사용자로부터 임금률을 알아내도록 하는 사용자와 노동조합의 합의, 노동조합이 사용자에 의하여 정하여지는 가격표에 대하여 고집하는 것 등은 부당하다.

관련 판례　대판 1996. 2. 23, 94누9177
노조전임자의 대우에 관한 성격과 임의교섭

일반적으로 사용자에 대하여 근로계약에 따른 근로제공의무를 면제받고 오직 노동조합의 업무만을 담당하는 노조전임제는 노동조합에 대한 편의제공의 한 형태로서 사용자가 단체협약 등을 통하여 승인하는 경우에 인정되는 것일 뿐 사용자와 근로자 사이의 근로계약관계에 있어서 근로자의 대우에 관하여 정한 근로조건이라고 할 수 없는 것이고, 단순히 임의적 교섭사항에 불과하다.

제5장 단체협약

제1절 서 설

1. 단체협약의 의의

(1) 개 념

a) 단체협약(collective agreement)은 노동조합과 사용자간의 단체교섭에 의하여 합의로서 성립하는 것이며, 근로조건 기타 근로자의 대우에 관한 기준을 정하여 협약당사자 상호간에 채권·채무의 설정을 목적으로 한다. 단체협약은 근로자의 단결체(노동조합)와 사용자 또는 사용자단체 사이에 단체교섭을 통하여 합의·결정된 임금·근로시간 등의 근로조건 및 기타 노사관계에 관한 제반사항을 합의하여 서면으로 작성한 문서를 말한다. 단체협약은 단체교섭권행사의 산물이고, 단결권과 단체행동권은 단체교섭권행사의 실효성을 제고하는 수단으로서의 기능을 가진다[702]. 단체협약은 노사가 자치적으로 정한 각종 규범 중 최상위에 위치하며 노사관계를 규율한다는 점에서 노사관계의 헌법(industrial constitution)이라고 할 만큼 중요성을 지닌다.

b) 단체협약은 국가에 의한 각종 노사관계의 법규범, 노사협정, 근로계약, 취업규칙 및

702) 노동3권의 상호관계에 대하여 법리적·기능적으로 3자가 긴밀하게 연계된다는 것이 학설·판례의 일치된 견해이다. 다만, 3자간에 중심을 어디에 둘 것인가에 대해서는 학설상 단체교섭권중심론과 단결권중심론 간의 다툼이 있으나, 우리나라에서는 현재 단체교섭권중심론이 다수를 차지하고 있다. 판례에서도 노동3권 가운데 단체교섭권이 중핵적(中核的) 권리로 이해되고 있다(대판 1990. 5. 15. 90도357).

노동관행[703] 등과 규범적 효력관계를 유지한다[704]. 이때 단체협약은 최상위의 규범성을 지니고 하위규범을 규율한다. 단체협약은 기본협약 이외에 동일한 차원의 협약사항을 규율하는 부속협정에 대하여도 그 효력을 인정한다. 그러나 단체협약에 대하여 법률로 명시되지 않았음에도 불구하고 기본협약 이외에 임금협정이나 고용안정협정, 사업장협약 등 다양한 유형의 부속협약이나 협정문서를 체결하는 경우에 단체협약과 동일한 효력을 인정할 것인가 하는 논란이 제기된다.

(2) 단체협약의 특성

a) 개별 근로자가 사용자와 체결하는 근로계약은 근로자에게 불평등관계를 초래하기 쉽다. 이러한 문제점을 개선하기 위하여 등장한 노사간의 집단적 거래계약이 단체협약이다. 그러나 단체협약은 일반 시민법상의 계약과 다른 다음과 같은 특성을 지니고 있다.

b) 첫째, 시민법상의 계약은 상대방이 계약의 내용과 수용여부, 거래조건을 자유로이 정할 수 있다. 그러나 단체협약은 일반적으로 상대방이 특정되고, 거래내용으로 근로조건이 반드시 포함되어야 하며, 계약체결권에 대하여 정당한 이유 없이 해태하거나 거부할 수 없다.

c) 둘째, 시민법상의 계약은 서면 또는 구두로 자유로이 계약을 할 수 있고, 국가기관에 신고할 필요가 없다. 그러나 단체협약은 일정한 형식에 따라 당사자간에 반드시 서면으로 작성하고 서명날인을 하여야 하며, 국가기관에 신고를 하여야 한다.

d) 셋째, 시민법상의 계약은 당사자간의 채권채무관계를 형성하고, 당사자만을 구속하는

---

703) 노동관행이라 함은 취업규칙, 단체협약, 노조규약 및 근로계약 등으로 성문화되지 않고 근로계약 관계의 실무운용에 있어서 근로조건, 직장규율, 시설관리 및 노사관계상의 제반 활동등에 대하여 장기간에 걸쳐 반복·계속되어진 처리방식을 말한다. 이러한 노동관행의 법적효력에 대하여 대법원은 "사용자가 근로자의 동의를 얻지 아니하고 기업그룹 내의 다른 계열회사로 근로자를 전적(轉籍)시키는 관행이 있어서 그 관행이 근로계약의 내용을 이루고 있다고 인정하기 위해서는 그와 같은 관행이 기업 사회에서 일반적으로 근로관계를 규율하는 규범적인 사실로서 명확히 승인되거나, 기업의 구성원이 일반적으로 아무런 이의도 제기하지 아니한 채 당연한 것으로 받아들여 기업 내에서 사실상의 제도로서 확립되어 있지 않으면 안 된다" 라고 판시 (대판 1.26, 92다11695)하여, 사실(事實)인 관습(慣習)으로 인정되어야 할 것을 요청하고 있다.

704) 단체협약은 근로자의 근로조건이나 처우 등을 규율하는 자치규범으로서 개별 근로자와 사용자 간에 체결되는 근로계약이나, 사용자가 임의로 작성하는 취업규칙보다 상위규범으로서 성격을 갖기도 한다.

효력이 있다. 그러나 단체협약은 계약사항에 채무적 사항과 규범적 사항이 혼합되어 있고 당사자 이외에 제3자적 효력이 인정되기도 한다. 즉 일반적 효력과 지역적 효력이 이에 해당한다.

e) 넷째, 시민법상의 계약은 계약 당사자가 이행목적을 자유로이 정할 수 있고, 불완전 이행이나 채무불이행시 계약위반을 이유로 자유로이 계약을 해제 할 수 있다. 그러나 단체협약은 근로조건의 유지개선이라는 목적의 범위내로 계약을 특정하고, 불완전이행이나 불이행을 이유로 즉시 또는 일방적으로 해지하기 곤란하다.

관련 판례 대판 1997.8.22, 96다6967 ; 대판 1997. 6. 10, 95다34316

단체협약상 근로조건의 소급적용기준과 적용대상

단체협약은 노동조합이 사용자 또는 사용자 단체와 근로조건 기타 노사관계에서 발생하는 사항에 관하여 체결하는 협정으로써 노동조합이 사용자측과 기존의 임금, 근로시간, 퇴직금 등 근로조건을 결정하는 기준에 관하여 소급적으로 동의하거나 이를 승인하는 내용의 단체협약을 체결한 경우에 그 협약의 적용을 받게 될 노동조합원이나 근로자들에 대하여 생기는 것이다.

행정 해석 노조 68107-1013, 2001.9.3

통합이 확정된 상태에서 통합전 경영진이 체결한 고용안정협약의 효력

단체교섭이라 함은 노동조합의 대표자가 그 노동조합 또는 조합원을 위하여 사용자 또는 사용자단체와 교섭하는 것을 말하며, 이 경우 단체교섭의 사용자측 당사자라 함은 근로계약에 의하여 근로자를 채용하는 계약상의 당사자로서 근로조건의 결정권이 있고 단체협약의 체결에 따른 권리와 의무를 부담하는 자를 말한다. 따라서 중앙회의 통합이 확정되고 통합법인의 경영자가 이미 결정된 상황에서 통합전경영진이 통합법인 경영진의 의사에 반하여 통합법인 출범이후의 경영에 관한 중요한 사항에 대해 노동조합과 합의한 것이라면 이는 자신의 경영권의 범주에 포함되지 않는 사항에 대해 합의한 것으로 달리 볼 사정이 없는 한 그 효력을 인정받지 어려울 것이다.

행정 해석 노조 01254-532, 2000.6.27

단체협약의 일부내용에 대한 감독관청의 불승인과 효력

정부출연기관으로서 법에 의해 설립된 회사는 같은 법에 의해 사업계획 및 예산승인권이 감독관청인 정부에 있다. 회사와 노동조합이 임금에 대한 단체협약을 체결하였으나, 이후 단체협약 중 일부분이 감독부처의 승인내용과 상충되어 불승인됨에 따라 임금미지급이 되는 경우가 있다. 이때에는 단체협약의 내용과 감독관청의 승인내용이 상충되는 경우 그 단체협약의 효력 여부와 관련하여 감독관청의 승인 조항이 당해 사업(장)의 사용자만을 기속하는지 또는 그 구성원 및 제3자까지도 기속하는 법률적 효력이 있는지 여부, 단체협약 등 계약내용까지 개폐하는 효력을 갖는 강행규정인지 여부 등을 종합적으로 판단하여야 할 것이다. 그러나 동승인조항이 당해 사업(장)의 사용자 이외에 제3자까지 기속하거나 사용자의 다른 법률행위의 효력을 제한할 수 있는 규정이 아니라면 사용자는 감독관청의 승인여부는 별론으로 하고 이미 체결한 단체협약을 이행하는 것이 타당할 것이며, 단체협약 불이행이 근로기준법 제43조(임금지불) 에 저촉되는 경우라면 그에 대한 책임을 지게 될 것이다.

2. 단체협약의 법적 성질

(1) 사회적 자치규범설

이 설은 단체협약이 적법하고 유효하게 성립되자면 일반계약법리가 적용되지만, 일단 협약이 체결되어 확정되면 법률과 같은 효력을 갖는다는데 착안한 견해이다[705]. 이와 같이 효력은 국가의 볍률이 단체협약을 법규로 승인하느냐의 여부에 불구하고 그 사회적 작용에 의하는 것이라고 한다. 그러나 법률의 제정이나 개정은 국민의 대의기관인 국회에 속하는 것임에도 불구하고, 단체협약에 법률과 같은 효력을 인정한다는 것이 타당한지 비판을 반게 된다[706].

(2) 백지관습법설

이 설은 단체협약 그 자체를 노동관습법으로 해석하는 것이 아니라, 노사가 자주적인 협정에 의하여 집단적 노사관계를 규정할 법규범을 설정하는 내용의 노동관습을 법적으로 인정한다는 견해이다. 따라서 단체협약은 집단적 노사관계를 규율할 법규범으로 받아들이고자 하는 오랜 관습이 법적 확신을 얻어 관습법으로 형성된 것이라고 보고 법적 효력을

705) 김형배, 전게서, 755쪽.

706) 동지 ; 이상윤, 『노동조합법』, 박영사, 1996, 256쪽 ; 이상윤, 『노동법』, 법문사, 2007, 636쪽.

인정하는 견해이다. 이러한 견해에 의하면, 단체협약 자체는 관습법이 아니나, 규범성을 인정하는 노사간의 관행에 대한 법적 확신이 관습법이라고 한다[707]. 그러나 관습법은 노동3권이 헌법과 노조법에 명시되어 있는 의미와 효력을 명확히 설명할 수 없는 한계성을 지닌다.

(3) 집단적 규범계약설

이 설은 단체협약이 노사 당사자간의 자주적 합의에 의하여 성립되는 계약인 것은 사실이나, 규범적 성질을 갖는 것은 노사간에 적용되는 규범을 설정하고 준수하기로 합의한 계약내용을 체결하였기 때문이라고 보는 견해이다[708]. 따라서 단체협약은 단체구성원의 의사를 기초로 한다는 점에서 집단적 계약이나, 계별계약에 우선하는 효력이 있다는 점에서 규범계약이라고 한다[709].

(4) 수권설

이 설은 단체협약이 노사 당사자간의 자주적 합의에 의하여 성립되는 사법계약에 불과하나, 국가가 법률에 의하여 단체협약의 규범적 성질을 내용으로 하는 법적 효력을 부여한 것으로 보는 견해이다[710] 따라서 국가만이 법규를 설정할 수 있는 독점권을 가지며, 국가에 귀속하는 질서유지의 사명을 단체협약체결능력과 함께 노동조합과 사용자에 대하여 위임한 것이라고 한다. 이 설에 의하면 노조법 제33조(기준의 효력)는 단체협약의 법규범성을 창설적으로 인정한 규정이라고 설명될 수 있으며, 이에 따라 단순한 사회규범인 단체협약이 법규범으로 전화된다고 한다. 그러나 수권설은 단체협약을 순수한 사법상의 계약관계로 파악하는 것을 전제로 한 것이므로 노동법상 단체협약의 특성을 설명하는데 한계성을 지니게 된다.

---

707) 이상윤, 『노동조합법』, 256-257쪽 ; 이상윤, 『노동법』, 법문사, 2007, 637쪽.

708) 김형배, 전게서, 756-757쪽.

709) 김형배 교수는 집단적 규범계약설에 따르고 있다.

710) 이상윤, 『노동조합법』, 257쪽.

(5) 검토의견

단체협약은 시민법상의 사법적 계약관계를 전제로 구성한 것이나 노동법의 특성을 고려하여 독자적인 계약으로 인정된 것이라고 보아야 한다. 이 경우 단체협약에 대하여 일반계약과 달리 규범적 효력을 인정한 것은 노동3권의 보장결과이며, 실정법인 노조법 제33조에 의하여 확인되고 있다. 따라서 단체협약의 규범적 성질을 인정하기 위해서는 수권설이 타당하다고 본다.

3. 단체협약의 성립

(1) 의 의

단체협약은 일정한 법률상의 요건을 구비하지 않은 경우에는 효력을 발휘하지 못한다. 따라서 협약에 의한 노동관계당사자간의 권리·의무 및 책임소재를 명백히 파악하고, 이에 대한 분쟁을 예방하기 위해서 협약의 성립요건으로서 서면의 작성을 요구하고 있다. 즉, 단체협약은 그 일정한 방식이 필요한 이른바 요식행위이다.

(2) 협약능력

a) 단체협약의 당사자가 될 수 있는 자격을 협약능력이라고 한다. 그러나 일반적인 계약체결과 같이 자연인 또는 법인이 모두 단체협약의 체결의 당사자가 되는 것은 아니다[711]. 단체협약의 당사자로서 노동조합의 형태는 법인이든 권리능력이 없는 사단이든 문제가 되지 않는다. 또한 노동조합의 연합체 또는 단일조합 등이 협약능력을 갖는 것은 의심이 없지만, 그 하부단체인 지부 분회 등이 사단성을 가지는 경우에 단체협약을 인정할 것인가 의문이 제기된다. 이때에는 지부나 분회일지라도 노동조합의 실체와 법적 조직을 갖추었다면 그 자체로서 독립하여 협약능력을 가지고 단체협약을 체결할 수 있다고 보아야 한다. 노동조합의 지부나 분회가 단위노조로부터 위임을 받거나 노조규약으로 단체협약의 체결권을 위임하도록 규정하고 있다면 그 범위 안에서 협약체결을 하되, 단위노조의

---

711) 김형배, 전게서, 758쪽.

명의로 하여야 한다.

b) 노조법 제29조에 의하면 노동조합과 사용자 또는 사용자단체만이 단체협약의 당사자가 될 수 있다. 협약능력은 협약체결 당시에 존재하는 것이 필요하고, 또한 단체협약체결의 법률요건이므로 협약능력이 없는 자가 행한 단체협약은 당연 무효가 된다. 협약능력의 상실은 현존의 단체협약에 어떠한 영향도 미치지 못한다.

(3) 단체협약의 당사자

1) **근로자단체** 단체협약은 노사의 대항관계에 있어서 다수 근로자의 근로조건에 대해서 일정한 표준을 제공하는데 목적이 있다. 따라서 노동조합 혹은 연합단체가 사용자 또는 사용자단체에 대하여 협약능력을 가진다. 단체협약의 체결당사자는 특히 조직적 변동이 생길 가능성이 많은 노동조합에서 협약능력이 존속되는지의 문제가 된다. 노동조합의 협약능력은 구성원의 교체와 관계없이 존속하고 더욱이 일반적 조직을 가지고 다수자의 계속적 결합이 되는 경우에 인정된다. 노동조합설립의 형식적 요건을 갖추지 못한 소위 헌법노조 또는 법외노조에 대하여 협약능력은 인정해야 한다는 것이 지배적 견해이다[712]. 노조대표자의 임기가 만료되었음에도 불구하고 임원선출을 위한 총회개최를 지연해 오다가 임원선거를 위한 임시총회를 앞두고 체결한 단체협약 및 임금협정이 유효한지 문제가 된다. 이 경우에 노조법 제29조 제1항의 규정에 의거 노동조합측의 단체협약체결권자는 노동조합의 대표자가 되는 것이 원칙이므로 임기가 만료되어 대표 자격이 없는 자로서 단체협약의 체결권한을 위임받지 않은 상태에서 체결하였다면 그 효력을 인정받지 어렵다[713].

2) **사용자 또는 사용자단체** 노동조합과 대립관계에 있는 개개의 사용자 혹은 그 사용자의 이익을 대표하는 사용자단체도 협약능력이 인정된다. 이때 사용자는 근로자를 고용하는 개인 또는 법인으로서 어느 것이든 협약능력을 갖는다. 사용자가 행위무능력자이거나 미성년자이든 관계없지만 그 법정대리인이 협약능력의 주체가 되지 않으며 항상 본인의 명의로 협약이 체결되어야 한다. 사용자단체는 노동문제에 관하여 그 구성원인 사용자

712) 이상윤 교수는 법외노조에 대하여 단체협약의 당사자가 될 수 없다며 부정하고 있다(이상윤, 『노동조합법』, 260쪽).

713) 노조 68107-856, 2000. 9. 22.

에 대하여 조정 또는 규제할 수 있는 권한을 가진 단체를 의미한다. 사용자단체는 노동조합과 달리 집단적 성격보다 개개 사용자의 경제적 이해관계가 강하고 단체교섭을 주목적으로 하기 때문에 사용자단체가 사용자를 대표하여 단체협약을 체결할 경우에는 그때 마다 각 사용자로부터의 위임을 받아야 한다. 사용자단체가 체결한 단체협약은 사용자단체를 구성한 사용자를 구속하는 법적 효력을 가진다.

관련 판례
대판 2001.1.19, 99다72422
정리회사의 대표이사와 체결한 약정과 단체협약의 성립여부

회사정리개시결정이 있는 경우 회사정리법 제53조 제1항에 따라 회사사업의 경영과 재산의 관리 및 처분을 하는 권한이 관리인에게 전속되므로 정리회사의 대표이사가 아니라 관리인이 근로관계상 사용자의 지위에 있게 되고 따라서 단체협약의 사용자측 체결권자는 대표이사가 아니라 관리인이므로, 정리회사에 대한 회사정리절차가 진행 중 노조와 정리회사의 대표이사 사이에 이루어진 약정은 단체협약에 해당하지 아니하여 그 효력이 근로자 개인에게 미칠 수 없다.

행정 해석
노조 01254-779, 2000.9.29
법적관리인과 합의한 단체협약을 법원이 거부한 경우의 효력

노동조합과 사용자는 자율적으로 교섭 및 체결권을 행사할 수 있는 것이나, 회사정리법에 따라 법원의 정리절차개시가 결정된 사업(장)의 경우 동법 제54조에서 법원의 허가를 얻어야 하는 사항을 규정하고 있고 제55조에서는 제54조의 허가를 얻지 아니하고 한 행위는 무효로 한다고 규정하고 있으므로 임금교섭에 관한 사항이 법원의 허가를 얻어야 하는 사항에 포함되는 경우라면 법원의 허가를 얻어야 그 효력이 발생한다. 이 경우 법원의 허가는 법률에 근거하여 이루어지는 것이므로 노동조합및노동관계조정법 위반의 문제는 발생하지 않는다고 봄이 타당하다.

행정 해석
노조 68107-275, 2001.3.8
산별노조 분회로의 조직형태의 변경과 분회장의 협약능력

산업별 노동조합의 내부조직인 분회의 대표자는 노동조합및노동관계조정법 시행령 제7조 규정에 의거 설립 신고증을 교부받지 않는 한 독자적인 단체교섭 및 단체협약체결권한을 행사할 수 없는 것이 원칙이나, 기업별 노동조합의 대표자가 사용자와 임금교섭을 진행하던 중 노동조합의 조직형태가 산업별 노동조합의 내부조직인 분회로 변경된 경우 당해 분회의 대표자가 임금교섭의 연장선상에서 노동위원회에 조정을 신청하였고, 분회의 대표가자 지방노동위원회가 제시한 조정안을 수락한 것에 대하여 사용자로부터 아무런 이의제기가 없었다면 당해 분회장에게 기존의 임금교섭과 관련한 교섭권이 위임되었다고 보는 것이 법적 안정성 측면에서 타당할 것이므로 분회의 대표자가 수락한 조정안은 그 효력을 부인하기 어려울 것이다. 다만, 조정안 수락 이후 분회의 대표자가 교섭권을 위임받지도 아니하고, 조합원으로부터 의견수렴도 없이 임의적으로 유효기간 중에 있는 기존의 조정안을 변경하는 임금협약을 체결하였다면 권한 없는 자의 행위로써 그 효력을 인정하기 어렵다.

행정 해석 노조 01254-435, 2000.5.24

노동조합 대표자가 변경된 경우 단체협약 효력

택시업체의 노사대표가 공동교섭을 통해 단체협약을 체결하여 성실히 합의사항을 이행하고 있으나, 일부 택시 노조측은 현 단체협약은 전임 노조대표자가 합의한 사항이기에 합의사항에 대한 이행의무가 존재하지 아니한다고 주장하는 것은 부당하다. 따라서 노동조합과 사용자가 적법한 절차에 따라 합의 체결한 단체협약상의 권리 · 의무는 노동조합과 사용자에게 귀속되는 것이므로, 단체협약이 체결된 이후 노동조합의 대표자가 변경되더라도 단체협약의 효력은 그 유효기간동안 유지되는 것이며 노사는 이를 성실히 이행할 의무가 있다.

제2절 단체협약의 내용과 효력

1. 의 의

a) 단체협약은 협약당사자인 노동조합과 사용자가 체결하는 요식의 계약형태를 띠고 있으나, 그 내용에는 여러 가지가 표함되어 있다. 그러므로 단체협약의 내용에 따라 성격을 달리하게 된다. 즉 임금 · 근로시간 · 안전보건 기타 조합원의 대우에 관한 규정은 근로조건에 관한 사항으로서 규범적 성격을 지닌다고 하나, 조합원의 범위, shop제도, 조합활동을 위한 절차 등의 사항은 채무적 사항에 속하다고 보아야 한다.

b) 단체협약의 내용은 원래 규범적 사항과 채무적 사항으로 구분하는 것이 원칙이나, 규범적 사항을 다시 그 성격에 따라 제도적 사항으로 세분하기도 한다[714]. 이때 제도적 사항은 규범적 효력을 지닌다고 보는 견해[715]와 채무적 효력을 지닌다는 견해[716]로 대립되고 있다. 그러나 이러한 구분에도 불구하고 효력은 규범적 효력과 채무적 효력으로 양분되는데 불과하다.

c) 이와 같이 성격을 일률적으로 구분하기 곤란한 원인은 첫째, 근로자와 관련된 교섭사항이 근로의 대상으로 지급되는 근로조건성에 모두 포섭되는지 여부와 둘째, 근로자의 권리성의 인정여부에 따라 교섭사항별 효력의 발생에 차이가 있고, 셋째, 단체교섭의 대상이 모두 단체협약의 내용이 되는 것은 아니기 때문이다.

2. 단체협약의 내용

(1) 규범적 사항의 내용

1) 근로조건에 관한 사항　노조법 제33조 제1항에서 말하는 단체협약에 정한 근로조건, 기타 근로자의 대우에 관한 기준이 바로 규범적 부분이다. 여기서 "기준"이라 함은 집단성을 지닌 일반적인 준칙을 말하므로 특정한 근로자의 구체적인 근로조건에 대하여 규정한 것은 해당하지 아니한다. 또한 「회사는 근로자의 복지후생시설의 증진에 노력한다」는 등의 규정은 근로자의 대우에 관한 것이기는 하나, 어떤 수준의 기준을 제시하고 있는 것이 아니므로 규범적 사항에 해당되지 아니한다. 따라서 사용자의 추상적인 의무는 규범적 사항에 포함되지 않는다. 예컨대 특정 조합원의 해고를 철회하라든지 임금등급이 낮은 조합원을 위하여 임금인상을 약속한다는 협정이 여기에 해당된다. 단체협약의 어느 부분이 근로조건에 해당하는가에 대해서는 이 법에 명시되어 있지 않으므로 근로기준법에 의하여 판단할 수 밖에 없다. 근로기준법 제17조에서는 「사용자는 근로계약 체결시에 근로자에 대하여 임금 · 근로시간 기타의 근로조건을 명시하여야 한다」고 하고, 동법 시행령 제8조

714) 이상윤, 『노동조합법』, 262쪽.
715) 김형배, 전게서, 764쪽.
716) 김치선, 『노동법』, 353쪽.

에서 "그 밖에 대통령령으로 정하는 근로조건"이란 ㉠취업의 장소와 종사하여야 할 업무에 관한 사항, ㉡ 법 제93조 제1호 내지 제12호에 규정한 사항, ㉢ 사업장의 부속기숙사에 근로자를 기숙하게 하는 경우에는 기숙사규칙에 정한 사항이라고 규정하고 있다.

2) 채용과 해고기준에 관한 사항 채용과 해고에 관한 사항이 규범적인 부분에 속하는가에 대하여 논란이 있으나[717], 채용에 관한 사항은 근로조건의 범위에 들지 않으므로 논의의 여지가 없다. 그러나 해고기준에 관한 규정으로서 징계해고의 사유나 양정 및 절차, 경영상 이유로 인원을 정리할 경우에 연령·근속년수 등의 기준을 정한 규정은 근로조건의 범위에 속한다. 해고절차가 아닌 해고기준에 관한 사항이 규범적 사항인가 또는 채무적 사항에 속하는가 하는 문제에 대하여는 이견이 있다. 규범적 사항으로 보는 견해에 의하면 해고에 대한 노동조합의 동의 또는 승인은 개개의 구체적인 사례가 있을 때마다 개별적으로 해고의 기준에 해당하는지 여부를 판단하고 노동조합과 사용자의 합의가 있어야 당해 근로자를 해고한다는 것이므로 근로자의 대우에 관한 기준이 된다고 한다[718]. 그러나 해고절차에 관한 해고협의규정은 규범적 사항에 해당하지 않으며, 이 규정은 사용자의 노동조합에 대한 의무를 규정한 것이므로 채무적 사항에 속한다고 본다[719]. 따라서 해고협의 규정은 해고의 기준이라고 볼 수 없다[720]. 해고기준의 성격은 해고의 유효여부와 관련하여 판단하기보다 조합원전체에게 공통적 일률적으로 영향을 미치는 기준인가를 고려하여야 한다.

3) 규범적 사항이 없는 단체계약 규범적 사항은 근로조건의 개선과 근로자의 지위향상을 위한 단체협약의 핵심적인 사항이므로, 규범적 사항이 없는 협정은 단체협약이라고 볼 수 없다[721]. 흔히 단체협약에 근로조건에 관한 내용을 구체적으로 언급하지 않고 오히려 절차규정·조합 활동의 규정이 더 많은 부분을 차지하고 있는 경우가 있는데, 이러한 단체협약은 진정한 의미의 단체협약이라고 보기 어렵다. 비록 취업규칙과 단체협약의 내용이 중복되더라도 양자는 작성절차·효력·유효기간 등의 면에서 각각 다르므로 단체협

717) 문형남, 노동조합법상해, 165쪽.
718) 日本 勞働省勞政局, 前揭書, 547面..
719) 문형남, 『노동조합법』, 중앙경제사, 165쪽 ; 吾妻光俊, 新版勞働法, 1972, 123面.
720) 日 福閣地判, 昭知, 24, 63号.
721) 김형배, 전게서, 763쪽.

약에서 언급하여야 할 필요가 있다.

4) **면책협약** 단체교섭의 결렬에 따른 농성기간 중이나 파업기간 중에 일어난 사건에 대하여 단체협약을 체결하면서 민사책임이나 형사책임 · 징계책임을 묻지 않기로 합의를 하는 경우 이러한 합의규정을 면책협약이라 한다. 이 때 농성기간중 사건에 대하여 일체의 책임을 묻지 않기로 한 단체협약의 취지는 농성과 일체성을 갖는 준비행위 · 점거행위 · 유발행위까지도 포함하여 이를 면책시키기로 한 것이라 보아야 한다[722]. 파업기간 중에 발생한 사건에 관하여 민 · 형사상 일체의 문제를 제기하지 않기로 합의하였다면 그를 이유로 징계책임을 물을 수 없음은 물론 그 후 노조원들이 파업기간중의 행위로 말미암아 형사유죄판결을 받았다 하더라도 이를 이유로 징계책임을 물을 수 없다[723]. 그러나 "구속, 고소 및 고발 사건에서 최대한 선처하도록 노력할 것"이라는 내용의 합의를 한 경우 그 취지는 당해 근로자를 포함한 구속자들은 징계하지 않겠다는 내용의 합의로 볼 수 없다[724].

5) 인사권의 행사제한과 면책합의

① 인사이동 및 조치의 금지 - 근로자들이 입사시 단체협약 및 취업규칙을 준수할 것을 서약하였고, 단체협약에 의하면 조합원의 제반 인사문제는 회사의 전권사항으로 되어 있고, 취업규칙에 의하면 회사는 업무상 필요에 따라 사원에게 이동보직을 명할 수 있고 담당직무를 변경할 수 있으며, 이러한 명령을 받은 자는 지체 없이 이를 이행하도록 되어 있다고 하더라도 그와 같은 사정만으로는 전직처분에 관하여 포괄적으로 동의를 한 것으로 볼 수 없다.31) 예컨대, 운수회사의 단체협약에 "사고로 인하여 약식 기소된 자에 한하여 인사 조치를 할 수 없다."라고 규정된 경우 이는 경미한 사고로 인하여 약식기소 되더라도 그 사유만으로 징계 등 불이익한 처분을 하지 않는다는 취지이지, 여러 차례에 걸친 교통사고 유발행위와 종전의 불성실한 근무태도 등을 보태어, 또는 그 사고발생의 원인을 따져 고용계약관계를 계속 유지하는 것이 객관적으로 부당하다고 할 수 있는 경우까지 인사 조치 할 수 없다는 취지로는 볼 수 없다.32) 따라서 중대한 사망 발생 사고를 내고 약식기소가 되지 않은 경우에는 이에 해당하지 않으며, 해고 당시 기소 여부가 결정되기 전이었다고 하여 달리 볼 것이 아니다.33)

---

722) 대판 1991. 1. 11, 90다카21176.

723) 대판 1991. 8. 13, 91다1233 ; 1992. 7. 28, 92다14786 ; 1993. 5. 25, 92다36248.

724) 대판 1993. 5. 11, 93다1503.

② 면책 합의 - 조합 활동과 관련하여 민 · 형사상의 책임이나 신분상 불이익처분 등 일체의 책임을 묻지 않기로 노사간에 합의를 한 경우에 그 취지는 농성중의 행위와 일체성을 가지는 행위 또는 농성중의 행위와 필연적으로 연속되는 행위로서 불가분적 관계에 있는 행위에 대해서도 면책시키기로 한 것이라고 보아야 한다. 따라서 면책합의 이전의 농성행위 등으로 인하여 면책합의 이후에 처벌을 받고 그로 인하여 결근한 행위가 형식상 회사의 인사규정 등의 징계해고사유에 해당한다고 하더라도 이를 이유로 징계 해고한 것은 면책 합의에 반한다고 본다. 이러한 면책합의가 압력 등에 의하여 궁지에 몰린 회사가 어쩔 수 없이 응한 것이라고 하여도 민법 제104조의 요건을 충족하는 경우에 불공정한 법률행위로서 무효라고 봄은 별문제로 하고 민법 제 203조의 반 사회질서 행위라고 보기는 어렵다. 이 경우 면책규정은 근로자들에 대한 민 · 형사상 책임 추궁이나 근로계약상의 불이익 처분을 하지 않겠다는 취지이지 회사에게 권한이 없는 법률상 책임의 면제를 약속한 취지는 아니어서 선량한 풍속 기타 사회질서에 위반한 내용이라고 볼 수 없다[725]. 또한 근로자의 비위행위에 관하여 징계를 하지 않기로 하는 면책합의를 하였다 하더라도 이는 그 비위행위를 징계사유로 삼아 허용하지 않는 것일 뿐 그 밖의 다른 비위행위를 징계사유로 하여 근로자를 징계함에 있어 면책 합의된 비위행위가 있었던 점을 징계양정의 판단자료로 삼는 것까지 금하는 것은 아니다[726].

(2) 채무적 사항의 내용

1) 의 의　단체협약에서 협약당사자간의 권리 · 의무에 관한 사항을 규정하고, 이것을 채무적 사항이라고 한다. 이러한 사항은 협약당사자들의 약정에 의하여 권리 · 의무를 설정함으로써 구속하는 것이므로 사용자와 노동조합뿐만 아니라, 경우에 따라서 노동조합의 조합원에게까지 효력이 미치게 된다. 그러나 현행 노조법에서는 단체협약을 규범적 사항이나 조직적 사항, 그리고 채무적 사항에 대하여 명시적인 구분을 하고 있지 않으므로, 채무적 사항이 무엇인가에 대한 의문이 제기된다. 그러나 ㉠ 평화의무와 평화조항, ㉡ 유일교섭단체조항, ㉢ 제3자 교섭위임금지조항, ㉣ 조합활동조항, ㉤ shop제도, ㉥ 노동쟁의관

---

725) 대판 1992. 7. 28, 92다14786 ; 대판 1991. 1. 11, 90다카21176 ; 대판 1991. 8. 13, 91다1233.
726) 대판 1994. 9. 30, 94다4042.

련조항 등이 채무적 사항에 속하는 것이라고 볼 수 있다.

2) 평화의무

① 개 념 - 평화의무라 함은 단체협약의 당사자가 단체협약의 유효기간 중에 단체협약에 정한 근로조건, 기타 조항의 변경 또는 폐지를 요구하는 쟁의행위를 하지 않을 뿐만 아니라, 소속 조합원들이 이와 같은 쟁의행위를 하지 않도록 하는 의무이다. 단체협약의 본래적 효력으로서 평화의무의 경우에는 적극적 평화의무와 소극적 평화의무로 나누어진다. ㉠ 소극적 평화의무는 협약당사자가 협약의 효력기간 중에 협약목적의 변경을 기도하지 않고 쟁의행위를 행하지 않는 것을 말한다. 따라서 조합원의 쟁의행위를 자극하고 조합원이 계획한 쟁의행위를 지원하지 않는다는 소극적 의무가 그 내용으로 되고 있다. ㉡ 적극적 평화적 의무는 협약당사자는 모든 수단을 이용하여 쟁의관계의 안정, 산업평화의 유지, 조합원이 기도한 쟁의행위의 방지에 모든 노력을 다한다는 적극적인 내용을 포함하고 있다.

② 평화의무의 성격 - 단체협약의 목적을 일탈한 쟁의행위는 평화의무의 범위에 속하는 것이 아닌 별개의 문제이다. 따라서 단체협약에 규정하지 아니한 쟁의행위라든가 단체협약중의 규정과 관계없는 쟁의행위는 평화의무에 위반되지 않는다.[727] 단체협약에 내재적으로 포함되고 있는 평화의무는 상대적 의무이다.[728] 즉 근로자가 제시한 근로조건에 대하여 이를 승인하는 대가로 협약의 유효기간중에 평화의무를 준수해야 한다는 의미이다. 그러나 평화의무가 무조건으로 무제한 근로자를 구속한다면 헌법이 근로자를 위하여 쟁의권을 규정하여 노사의 대등한 교섭의 기초로 한 정신에 배치된다. 특히 절대적 평화의무는 근로자가 승인하였다고 할지라도 헌법이 보장하는 단체행동권에 위배되는 것으로 볼 수 있다.

③ 평화의무의 위반 - 평화의무는 협약내용의 준수의무에 부수하여 발생되는 의무이므로, 특별의 약정이 없는 한 협약사항만을 대상으로 부담하는 것이 당연하다. 그러나 단체협약의 종료 시기에 근접함에 따라 신협약에서 자기에게 유리한 조항을 획득하고자 협약기간 중에 쟁의행위를 하는 경우가 있다. 이러한 쟁의행위는 협약기간 중에 현행 협약규

727) 신태수, 전게논문, 114쪽.

728) 洵野廣, 勞働法學 4卷所載, 平和義務, 875面.

정의 폐기·변경을 구하고자 행하는 것은 아니므로 평화의무위반에 해당되지 않는다. 또한 현행 협약기간내 차기 신협약을 체결하기 위한 교섭이 성립하지 않는 경우 일정기간 현행 협약이 연장된다는 자동연장규정의 적용이 유효한가 하는 의문이 제기된다. 이 경우에 교섭결렬의 상황이 발생하면 자동연장기간 중 차기 협약의 체결을 목적으로 하는 쟁의행위가 허용된다고 보아야 한다. 원래 단체협약의 내용이 확정되어 있지 않은 결과 새로운 차기협약의 체결을 목적으로 하는 쟁의 행위는 평화의무위반이 해당되지 않는다. 따라서 자동연장기간 중 행하는 차기의 협약을 체결하기 위한 쟁의행위는 평화의무위반으로 되지 않는다는 것이 지배적 견해이다.[729]

④ 평화의무배제의 특약 - 단체협약의 본질적 기능이 유효기간 중에 평화를 유지하는 것이라고 본다면 평화의무를 배제하는 특약은 무효라고 보아야 한다.[730] 그러나 노사간의 부득이한 사정으로 단체협약을 하면서 특약을 배제하게된 경우까지 일률적으로 효력을 부정하는 것은 타당하지 않다.

⑤ 평화의무의 위반효과 - 평화의무는 단체협약 내에 특별한 규정을 두지 않아도 발생하는 단체협약에 내재하는 의무이며, 단체협약에 규정된 평화조항과는 구별된다. 평화의무에 위반한 쟁의행위에 대하여[731] 형사책임을 묻지 않는 것이 통설[732]이나, 민사책임까지 면책하지 않는다.[733] 노동조합의 평화의무를 위반한 쟁의행위가 노동관계법에도 위반된 경우에는 형사상 면책이 적용되지 않으며, 민법 제750조에 의한 불법행위로 인한 손해배상책임이 발생한다.[734] 그러나 단체협약에 규정되지 않은 새로운 조항에 대한 단체교섭의 요구 및 쟁의행위 또는 법률의 제정 및 개정에 따른 단체협약의 경신요구 등은 편화의무의 위반이 아니다.[735]

---

729) 平和義務·平和條項, 1961, 78쪽 이하.

730) 김려수, "협약상의 평화의무에 관하여", 국가고시학회, 76.5.

731) 차기 단체협약에 대한 단체교섭은 기존협약의 유효기간 내에 할 수 있으나, 쟁의행위는 유효기간 종료 후에 하여야 한다고 한다.

732) 김형배, 전게서, 774쪽.

733) 이 경우 사용자는 노동조합의 채무불이행에 대하여 손해배상책임을 물을 수 있다. 그러나 노동조합이 쟁의행위를 주도하지 않았을 뿐만 아니라 일부 조합원이 주동이 되어 쟁의행위를 한 경우에는 해당조합원이 손해배상책임을 져야 한다. 이때 해당 조합원에 대한 노동조합의 징계와 사용자가 근로계약위반을 이유로 하는 징계는 별개 문제이다.

734) 사용자가 노동조합의 평화의무 위반에 대한 손해배상 또는 불법행위책임을 물을 것인가는 별개 문제이다.

3) 평화조항

① 개 념 - 평화조항은 단체협약에 당연히 내재하는 평화의무와 달리 일정한 요건으로 쟁의행위를 금지하는 명문의 규정을 두는 단체협약의 조항을 말한다. 예컨대, 「단체교섭이 원만하게 타결되지 못한 경우에 노사합의에 의한 조정을 거친 후가 아니면 쟁의행위를 할 수 없다」고 구체적으로 정할 수 있다. 물론 단체교섭이 결렬되어 쟁의행위를 하려면 노조법 제5장에 정한 조정 절차를 당연히 거치게 되어 있으나, 이러한 적법절차를 무시하는 쟁의행위에 대하여 평화조항은 중요한 의미를 지닌다. 사용자는 이러한 경우에 원상회복을 위한 강제이행이나 단체협약상 다른 내용의 이행을 거부하는 동시이행의 항변을 할 수 없다. 또한 평화조항위반을 이유로 하여 당해 단체협약을 해제 또 해지하는 것도 타당하지 않다.

② 형사책임 - 평화조항이 있을 경우에는 단체협약에서 정한 절차위반에 대하여 국가의 형벌권에 의한 처벌이 가능한가 하는 의문이 제기된다. 이에 대하여 평화조항은 첫째, 단체협약의 유효기간이나 만료시에 노사분쟁을 예방하기 위하여 당사자가 합의한 것이며 둘째, 평화의무를 채택하면서 해당기간 중에 노동조합은 불법쟁의행위를 하지 아니하기로 한 것이므로 위반시에 노조법 제3조의 민사책임 및 동법 제4조의 형사책임이 면책되지 않는다고 본다. 그러나 평화조항이 없을 경우에 쟁의행위는 노동관계법에 위반되지 않으며, 형사책임을 물을 수 없다.

③ 손해배상책임 - 평화의무를 위반한 쟁의행위를 이유로 노동조합은 사용자에 대한 채무불이행으로 인한 민사상 손해배상책임까지 면책되지 않는다. 이 경우 손해배상의 범위는 채무불이행으로 인한 통상의 손해를 그 한도로 한다. 통상의 손해라 함은 특별한 사정이 없는 한 그 종류의 채무불이행이 있으면 사회일반의 관념에 따라 보통 발생하는 것으로 생각되는 손해이다. 예컨대 채무불이행이 없었다고 가정한다면 손해는 발생하지 않으리라는 구체적인 관계가 있어야 하고, 당해 구체적인 사건을 떠나서 생각하더라도 일반적인 경우에 채무불이행이 있으면 손해가 발생하는 것이 통상이라는 일반적 인과관계가 있어야 한다. 그러므로 평화조항에 위반한 노동조합의 사용자에 대한 손해배상책임도 여기

---

735) 그러나 협약 유효기간 내에는 일체의 쟁의행위를 할 수 없다는 절대적 평화의무조항이 있을 때는 협약위반이 될 것이다. 절대적 평화의무조항은 헌법에 보장된 단체행동권의 취지 및 공서양속에 위반된다는 것이 지배적인 견해이다(日 東京地 晴和, 91 , 前揭書, 261쪽 , 김형배, 전게서, 504쪽).

에 따라 결정되어야 한다.

④ 위자료지급책임 - 위자료는 보통 위법한 행위로 타인의 생명·신체·자유 또는 명예를 침해하거나 기타 정신적 고통을 가한 경우에 인정된다. 또한 명문의 규정은 없으나, 학설·판례에 의하면 타인의 위법한 행위로 재산권이 침해된 경우에도 특별한 사정이 있으면 위자료의 청구가 가능하다.[736] 그러므로 평화조항에 위반되고 민법 제750조(불법행위) 및 민법 제751조(재산이외의 손해의 배상)·제752조(생명침해로 인한 위자료)에 해당하게 되면, 기업운영의 중단 또는 방해를 이유로 손해배상책임과 함께 위자료의 배상이 문제가 된다. 따라서 평화조항위반은 단순히 절차위반으로 인한 위자료지급책임에 한정되어야 한다는 견해가 있다.[737] 그러나 위자료는 현실적 손해의 발생이 없고 단순히 노동조합의 사용자에 대한 평화의무위반에 그친다면 논의의 가능성이 없다고 본다.

⑤ 간접강제와 협약의 해제 - 채무불이행의 이행강제는 금전이나 물건의 급부에 대한 직접강제만이 가능하므로 평화조항의 위반에 적용되지 않는다. 대체집행도 채무의 성질상 불가능하다. 따라서 평화의무와 평화조항의 위반에 대하여는 일정한 손해금을 지급할 것을 명함으로써 이행을 강제하는 간접강제 에 의하는 길밖에 없다. 또한 손해배상금의 산정은 노사의 대항관계 등으로 미루어 실효성이 의문시된다.[738] 평화조항의 위반에 대하여 그 강제이행을 법원에 소구할 실익이 없으나, 이러한 위반은 일종의 채무이행이므로 원칙적으로 협약의 해제원인이 된다. 평화조항의 위반이 협약을 지속하기 어려운 정도에 해당되면 상당기간을 정하여 위반행위의 정지를 최고하고, 그 기간 중에도 이행이 없으면 협약을 해제할 수 있다. 이 경우에 위반행위는 협약의 존속이 기대되는가를 기준으로 판단한다. 그러나 평화조항위반은 소정협정사항에 관한 분쟁이 아니므로 1회의 위반행위가 있다고 하여 즉시 해제원인이 될 수 없고 상당한 기간의 최고가 필요하다.[739]

4) 조합에 관한 조항 노동조합에의 가입 자격은 노조법 제2조 제2호의 사용자 및 항상 사용자의 이익을 대표하여 행동하는 자가 아닌 근로자이어야 한다. 그러나 이 규정은 추상적으로 명시되어 있어, 구체적인 조합원의 자격과 범위는 당사자간에 협의하여 정하거

---

736) 대판 1970. 3. 31. 69다2106.

737) 문형남, 전게서, 175쪽 , 김형배, 전게서, 박영사, 2007, 777쪽.

738) 김학수, 전게논문, 79쪽.

739) 吾妻, 註解勞動組合法. 153面.

나 단체협약에서 정할 수밖에 없다. 따라서 ㉠ 조합원이 상대적인 근로자성을 지니고 있는 점과 ㉡ 노동조합의 자주성을 고려하여, 노사간의 세력균형이 인정되는 범위 내에서 적절히 설정되어야 한다. 또한 단체협약에 「조합원은 회사의 종업원이어야 한다」는 조항이 있는데, 이것은 노동조합의 형태를 기업별 노동조합으로 국한시키는 효과가 있다. 외국국적을 가진 근로자도 적법절차에 따라 국내 사업장에서 취업하고 있으면 내국인과 동일하게 노동조합에 가입할 수 있다. 복수노조에서는 노동조합의 성향이나 방침에 따라 조합원이 될 수 있는 근로자의 일부를 한정할 수 있으며, 나머지 근로자는 제2의 노동조합을 설립하거나 가입할 수 있다.

5) Shop 제도

① 개 념 - 숍 제도라 함은 단결강화의 수단으로 노동조합에의 가입을 강제하는 합정방식이다. 원래 노동조합은 사용자와 관계없이 자주적으로 근로조건의 향상에 노력하여야 하나, 조직 강화와 통제력의 확보를 위하여 사용자가 근로자를 채용할 경우에는 노동조합에의 가입을 강제하거나 조합원신분을 보유할 것을 사용자와 협정할 수 있다. 따라서 노동조합은 사용자가 근로자를 채용함에 있어서 조합원일 것을 요구하거나 조합원[740] 또는 조합원 이외의 자를 채용하였을 경우에, 그 근로자는 채용 후 일정기간 내에 노동조합에 가입하도록 샵협정을 하게 된다. 이와 같이 단체협약으로 단결강화를 위한 다양한 유형을 정할 수 있다.

② open shop - 조합원자격의 취득이 근로자의 근로계약에 아무런 영향을 주지 않는 제도이다. 단체협약에 "근로자가 노동조합에 가입 탈퇴하는 것은 자유"라는 규정을 두거나, 근로자의 자격과의 관계에 관한 아무런 규정이 없는 숍제도로서 가장 완화된 방식이다.

③ closed shop - 조합원자격의 유지를 근로계약의 체결 및 존속을 위한 필수요건으로 하는 제도이다. 즉 사용자는 특정 노동조합의 조합원 중에서만 근로자를 채용할 수 있고, 노동조합으로부터 탈퇴 또는 제명을 당한 자가 있으면 그를 해고할 의무를 지는 제도이다. 클로즈드샵은 노동조합의 조합원가격과 근로자자격이 가장 밀접한 관계에 있는 것이며, 노동조합이 특정 직종의 독점적 조합원을 보유하는 전제로 근로자성을 인정하는 형태

740) 직종별 노동조합의 경우에 볼 수 있으며, 항운노동조합의 근로형태가 이에 해당된다.

로서 기업외의 횡단적인 조직인 경우에만 가능하다. 이 제도는 미국에서 1935년의 와그너법(Wagner Act)에 의하여 승인되었으나, 1947년의 태프트하틀리법에서 금지되었다. 기업별 노동조합의 형태에서는 클로즈드샵이 사용자에 대한 영업의 자유나 근로자의 근로권을 침해하게 되어 위헌의 소지가 있다. 그러나 사용자에 의한 근로자모집이나 계속적 노동력의 확보가 어려운 항만 등의 하역산업에서의 항운노동조합은 closed shop제를 허용하고 있다.

④ union shop - 조합원자격의 유무가 근로계약 존속의 요건이 되는 제도이다. 즉 사용자가 근로자를 채용할 당시에는 조합원자격의 유무를 묻지 않으나, 근로자가 채용된 후 일정기간 내에 노동조합의 조합원자격을 획득하지 않은 경우 또는 조합원자격을 가지고 있던 자가 노동조합을 탈퇴하거나 노동조합으로부터 제명되는 경우에는 사용자가 그 근로자를 해고할 의무를 지는 제도이다. 유니온샵은 여러 가지로 분류할 수 있다. 즉 「근로자는 모두 조합원이어야 한다. 회사는 노동조합에 가입하지 않은 자, 노동조합을 탈퇴한 자, 노동조합으로부터 제명된 자를 해고하여야 한다」고 하는 전형적인 완전 유니온샵제도가 있다 또한 「근로자는 모두 조합원이 아니면 아니된다」는 완전 유니온샵제도에 「다만, 회사가 해고하는 것이 타당하지 않다고 인정할 때는 노동조합과 협의한다」는 단서를 붙이는 경우도 있다.

⑤ maintence of membership shop - 이 제도는 일정기간 의무적으로 노동조합원의 신분을 유지해야 한다는 방식이다. 따라서 근무기간 중 노동조합이 정한 기간 내에 일정기간 조합 활동을 하지 않으면 해고할 수 있다. 그러나 단체협약의 체결 당시 조합원이었던 자 또는 그 후 노동조합에 가입한 자는 그 단체협약의 유효기간 중에 조합원자격을 보유하여야 하며, 노동조합으로부터 제명당한 자 또는 탈퇴한 자에 대하여는 사용자가 해고할 의무를 진다. 단체협약의 체결 당시에 조합원이 아니었던 자는 노동조합에의 가입이 강제되지 않는다.

⑥ agency shop - 이 제도는 노동조합에의 가입은 근로자의 자유이지만 조합원이 아닌 근로자도 조합원이 부담하는 조합비와 동액의 금액을 노동조합에 납부하지 않으면, 노동조합이 사용자에게 그 근로자의 해고를 요구할 수 있는 방식이다. 이 제도는 노동조합원이 아니면서 단체협약의 결과에 따른 근로조건의 개선 또는 쟁취에 의한 이익을 불공정하

게 취득하는 것을 고려하여 공평을 기하기 위해 조합비납부의무 등을 부과하는 방식이다. 이 경우 노동조합이 비노조원의 근로조건을 대리하여 개선해주는 역할을 한다는 논거에 기초하고 있다.

⑦ 우리나라의 shop 제도 - 우리나라는 1963년 노동조합법 전면개정시에 부당노동행위에 대한 예외형식으로 샵제도를 규정하였는데, 일종의 유니온샵 형태를 띠고 있었다. 즉 노동조합이 「당해 사업장에 종사하는 근로자의 과반수를 대표하고 있을 때에는 근로자가 그 노동조합의 조합원이 될 것」을 고용조건으로 하는 단체협약을 체결하도록 하였다. 그러나 사용자로 하여금 노동조합으로부터 탈퇴 또는 제명을 당한 자에 대하여 해고하도록 하는 내용은 없었다. 그 후 1980년 12월 31일 노동조합법의 개정시에 이 조항을 삭제하여 유니온숍 제도는 없어지게 되었다. 1986년 노동조합법의 개정시에 유니온숍 제도를 부활한 이후 현행 노조법 제81조 제2호 단서에서 「사용자는 근로자가 당해 노동조합에서 제명된 것 또는 그 노동조합을 탈퇴하여 새로 노동조합을 조직하거나 다른 노동조합에 가입한 것을 이유로 근로자에게 신분상 불이익한 행위를 할 수 없다」고 하여 변형적 유니온샵 제도로 규정되어 있다.

6) 조합활동조항

① 개 념 - 조합활동조항이라 함은 단체협약에서 근로시간중의 노동조합활동, 노동조합 전임자의 대우, 조합비의 공제(check-off), 게시판 또는 회의장등 회사시설의 사용과 같은 노동조합의 활동범위에 관한 사항을 말한다. 노동조합의 활동은 원칙적으로 노동조합의 자주적인 의사결정에 따라 자유로이 행하여지는 것이지만, 조합원은 동시에 근로자로서 근로계약에 따른 근로제공의무가 있으므로 무제한 조합활동의 자유를 인정할 수 없다. 또한 노동조합의 활동이 사용자의 시설관리권 · 규율유지권의 내용과 저촉될 경우에는 사용자의 승인을 얻어야 한다.[741] 따라서 사용자의 지휘감독권 및 시설관리권과 노동조합의 단결권의 충돌을 조정하기 위하여 인정하는 것이 조합활동조항이다.

② 조합활동의 범위 - 일반적으로 조합활동의 범위는 ㉠ 조합활동의 자유에 관한 선언 ㉡ 취업시간 중의 조합활동에 관한 협의 ㉢ 조합전임직원의 활동 ㉣ 조합사무소 전화 조

741) 노동조합의 홍보활동이 사용자의 승인사항은 아니나 홍보방법이 사용자의 시설물을 이용하거나 사용자의 협조를 필요로 하는 경우에는 이를 단체협약으로 정할 수 있다(1987. 12. 26 「노조」 01254-20293).

합게시판 기타 조합활동을 위한 시설 등의 이용 ㉤ 조합비의 공제 ㉥ 취업시간 중 또는 회사구내에서의 정치활동 ㉦ 조합의 조직변경 특히 외부단체에의 가입 탈퇴 등에 관하여 조합의 회사에 대한 통지의무의 행위를 포함한다.[742)]

③ 취업시간중의 조합활동 - 취업시간중의 조합활동에 대하여 명시적 또는 묵시적으로 승인하지 않는 한 당해 근로자는 근로제공의무에 대한 채무불이행책임을 면할 수 없다. 취업시간중의 조합활동에 관한 협약으로는 취업시간중의 조합활동을 원칙적으로 금지하고 예외적으로 조합활동을 허용하되, 그 범위는 ㉠ 불만처리 · 분쟁처리를 하기 위한 사용자와의 협의시간, ㉡ 노동조합이 사용자를 상대로 단체교섭이나 노사협의회에 참여하는 시간, ㉢ 관계행정관청이 주최하는 집회 · 행사에의 참석, ㉣ 사내 고충처리위원의 활동시간, ㉤ 사용자의 승인을 얻은 회의에의 참석, ㉥ 노조전임자의 조합사무를 위한 출장 또는 집회참가 등이 이에 포함된다. 취업시간 중의 조합활동을 허용하는 경우에 임금지급의 문제는 단체교섭이나 사용자가 승인한 시간의 범위 내에서 임금을 보장하나, 사용자의 승인없이 노동조합이 독자적 활동을 하는 상급단체 · 외부단체의 행사에의 참가, 조합사무를 위한 출장은 임금을 공제할 수 있다.

7) 해고협의조항

① 개 념 - 단체협약에 「회사는 조합원을 해고하는 경우에는 노동조합과 협의하여야 한다」 또는 「회사는 조합원을 해고하는 경우에는 노동조합의 동의를 얻어야 한다」는 규정이 있는데, 전자를 해고협의조항, 후자를 해고동의조항이라고 한다. 원래 해고는 사용자가 정당한 사유가 없는 한 행사할 수 없는 사항이다. 해고협의조항은 사용자가 해고를 할 때 사전에 노동조합과 협의하도록 함으로써 사용자의 자의적 인사권행사에 의한 남용을 억제하려는 것이다. 이 사항은 개개 조합원이 사용자에게 협의하도록 요구할 것이 아니라 노동조합이 단체협약에 의해 요구할 때 허용된다. 협의대상이 되는 해고는 당해 노동조합의 조합원인 근로자를 해고할 경우이며, 비조합원인 근로자의 해고에 대하여는 노동조합의 관여를 거부하여도 부당노동행위가 아니다. 그러나 사용자가 노동조합과 협의절차를 거쳤더라도 근로기준법 제23조에 의한 정당한 사유가 없다면 그 해고는 무효이다.[743)] 이때 사

742) 김치선, 전게서, 366-367쪽.

743) 근로기준법 제23조 제1항에 의하면, 사용자는 근로자에 대하여 정당한 이유 없이 해고 · 휴직 · 정직 · 전직 · 감봉 기타 징벌을 하지 못하도록 규정하고 있다. 그러므로 사용자가 정당한 이유 없이 근로

용자가 정당한 이유로 근로자를 해고할 때, 노동조합과의 협의를 거치지 않았다면 그 해고가 유효한가에 대하여 학설이 나뉘어진다.

② 무효설 - 이 설은 해고사유가 정당하더라도 해고협의조항을 지키지 않은 해고는 무효라는 견해이다. 이에 대하여는 첫째, 해고협의조항이 형식상으로 근로조건과 같이 개개의 기준을 정한 규범적 부분이 아니므로 강행적 효력은 없으나, 실질적으로 경영자의 자의적인 인사에 대한 노동조합의 통제를 보장한 광의의 해고기준을 정한 규정이라고 보아 특별한 사정이 없는 한 해고협의규정에 위반한 해고는 무효라는 견해가 있다.[744] 둘째, 해고협의조항은 사용자가 그가 보유하는 해고권에 대하여 자율적인 제약을 강행법적으로 정립한 것이므로, 노동조합이 협의권을 남용하는 경우 외에는 노동조합의 협의를 거치지 않은 해고는 무효라는 견해가 있다.[745] 이에 대하여 일본에서는 둘째의 견해가 판례의 지배적 태도이다. 즉 협의조항을 위반한 해고나 징계 등은 무효이나,[746] 노동조합이 협의권을 방기한 경우에는 협의조항에 위배된 사용자의 조치도 유효하다고 한다.[747] 따라서 징계위원회에 근로자측 대표를 참여시키도록 단체협약 등에 규정되어 있더라도 근로자측이 스스로 징계위원의 선정을 포기한 경우에는 근로자측 징계위원이 참여하지 않은 징계위원회의 징계처분은 유효라고 본다.[748]

③ 유효설 - 이 설은 해고협의조항을 지키지 않은 해고라도 해고사유가 정당성이 있다면 유효하다는 견해이다. 왜냐하면 해고협의조항은 사용자의 전권적 사항인 인사권의 행사에 관여하는 것이므로 여기에 강행적 효력을 인정한다면 회사에 손해를 끼치고 규율을 문란케 한 근로자도 회사에서 해고시킬 수 없는 문제가 생기게 되어 불합리하기 때문이다. 따라서 해고협의조항은 해고시의 절차적인 규정에 불과하므로 협약당사자인 노동조합이 사용자에게 채무불이행을 이유로 한 손해배상청구 등은 별도의 문제로 하고 협의절차를 위반한 해고가 당연히 무효로 되는 것은 아니라고 본다. 해고절차위반에 대하여는 노동조합이 사용자에게 채무불이행책임을 물을 수 있으나, 해고 자체를 무효라고 할 수 없

자를 해고하는 경우에는 해당 근로자가 조합원인가 여부와 관계없이 무효이다.

744) 日 長琦地判 端和 諦, 3-2号 : 日本 勞働省勞政局, 前揭書, 518-519面.

745) 石井, 勞働法, 436面.

746) 대만 地法, 昭和 24. 11. 29 : 名方淨 地法, 昭和 25. 7. 20.

747) 廣島 地勞委, 昭和 47. 7.

748) 대판 1997. 5. 16, 모범택시사건.

다.[749]

④ 판례의 태도 - 대법원은 합의와 협의로 나누고, 합의조항에 위반하면 당연히 무효이나 노동조합에 합의권남용사유가 있으면 유효하다고 보며, 협의 조항을 위반하여도 당연히 무효는 아니라는 입장이다.[750]

8) 쟁의조항

① 개 념 - 쟁의조항이라 함은 쟁의행위의 개시나 도중 또는 종결시에 노동관계당사자가 지켜야 할 내용을 규정한 것으로써 ㉠ 쟁의예고, ㉡ 쟁의불참가자의 범위, ㉢ 쟁의중의 시설이용, ㉣ 출입금지구역, ㉤ 비상사태시 조치 등이 포함된다. 쟁의예고제는 쟁의개시전에 미리 상대방에게 쟁의개시의 일시 · 장소, 쟁의행위의 방법 등을 상대방에게 통보하도록 단체협약에 정하는 것이다. 쟁의예고조항이 단체협약에 규정된 경우에는 사용자의 선제적 · 방어적 쟁의행위의 정당성의 판단기준이 되고,[751] 쟁의기간중 무노동무임금의 범위도 명확하게 된다.

② 쟁의불참가자에 관한 조항 - 쟁의불참가자에 관한 조항은 노동조합원이더라도 쟁의행위에는 참여할 수 없는 범위를 노사가 합의하는 것으로서 보안요원 · 경비요원 · 전화교환원 · 총무 · 승용차운전수 · 의료관계종사자등이 포함될 수 있으며, 단체협약에 따라서 확대될 수 있다.[752] 쟁의불참가자에 해당하는 자는 쟁의행위에 참여시켜서는 아니 되며, 노동조합은 이들에 대한 중지요구나 지시를 할 책임이 있다. 쟁의행위 불참가자가 규정 및 지시를 어기고 쟁의행위를 한 경우에는 노동조합 또는 사용자에 의한 징계가 가능하다.

9) 유일교섭단체조항

① 개 념 - 유일교섭단체조항이라 함은 단체협약의 당사자로서 특정노동조합만을 단체교섭의 유일한 상대방으로 인정한다는 조항을 말한다. 이것은 특정노동조합의 우월한 상대방으로 인정한다는 조항을 말한다. 이것은 특정노동조합의 우월한 지위를 확립하여 조직을 강화하고 조직의 이탈과 분열을 방지하며, 다른 대립관계에 있는 노동조합의 단체교

749) 징계해고시 징계위원회를 개최하지 않고 해고한 경우와는 다르다.

750) 대판 1992. 6. 9, 91다414.

751) 미국, 영국 등 국가에서는 사용자에게 선제적 쟁의해위로서의 직장폐쇄를 인정하나 우리나라에서는 노동조합의 쟁의행위가 있은 후에 하는 방어적 직장폐쇄만 인정하고 있다.

752) 쟁의불참가자에 대한 사항은 이 법 제35조 제2항 및 제41조 제2항 참조.

섭권을 부정하는 배타적인 교섭을 인정하는 약정이다. 개정 노조법에 의해 동일한 조직대상에 대하여 노동조합의 설립이 허용되므로 제2조합의 출현이 가능하다. 따라서 제2조합이 생겼을 때에는 사용자는 유일교섭단체조항을 이유로 단체교섭을 거부할 수 없다. 즉 제2조합이 자주적인 조합인 이상 단체교섭권이 보장되어 있으므로 사용자가 제2조합의 교섭요구를 거부하면 부당노동행위가 성립된다. 따라서 유일교섭단체조항은 특정한 조합의 정당성을 확인하여 조합의 분열을 방지하고 단결을 공고히 하는데 주목적이 있으나, 사용자에 대한 관계에서 특정노동조합만을 상대로 배타적으로 단체교섭을 인정할 수 없다(다수설).[753]

② 제2노조의 출현과 단체교섭의 거부 - 하나의 사업장에 두 개 이상 제2조합 또는 제3조합이 각각 노동법상 합법적으로 설립된 이상 사용자는 제1조합과의 유일교섭단체조항의 약정이 있다는 이유로 제2조합과의 단체교섭을 거부하지 못한다. 합법적인 노동조합은 노조법 제29조 및 제30조의 규정에 의거하여 단체교섭의 당사자가 될 권리가 있으므로 사용자가 제2조합에 대하여 이를 거절하면 부당노동행위가 된다. 따라서 노동조합이 분열하여 제2조합을 결성하여 노조법상의 설립요건을 충족하고 등기를 필하면 제2조합도 단체교섭권이 있으므로 다른 노동조합과의 유일교섭단체조항의 약정을 이유로 사용자는 단체교섭을 거부하지 못한다.[754] 또한 사용자는 유일교섭단체조항의 약정을 이유로 상급단체나 연합단체의 단체교섭을 거부할 수 없다.

10) **조합비공제조항** 조합비공제조항이라 함은 사용자가 노동조합을 위하여 조합원인 근로자의 임금으로부터 조합비 기타 조합의 징수금을 공제하여 직접 노동조합에 인도한다는 협약상의 조항을 말한다. 단체협약내의 조합비공제(check off)조항은 당연히 개개 조합원을 구속할 수 없으며, 그 조항이 효력을 가지려면 개개 조합원의 합의가 있거나 조합규약내의 공제규정에 대한 조합원의 승인이 있어야 한다. 조합비공제조항은 노동조합의 요구에 의하여 사용자가 편의제공의 일환으로 경비원조를 하는 것에 불과하며 노동조합의 재원을 확보하는 수단이다. 그러나 일방적인 조합비공제조항의 폐지는 노동조합의 정상적 운영에 영향을 미치므로 부당노동행위를 구성한다.

---

753) 심태식, 전게서, 125쪽, 有泉亨外, 尾健一 共著, 勞働法辭典, 東京一刊, 317面.

754) 김학수, 전게논문, 70쪽.

(3) 조직적 사항의 내용

1) 의 의　단체협약에 의하여 제도적으로 규율하는 각종사항을 조직적 사항이라고 한다. 조직적 사항에는 노사협의규정, 고충처리제도, 인사에 관한 협의제도, 경영참가 등이 해당된다. 우리나라에서는 근로자참여 및 협력증진에 관한 법률에서 노사협의회 및 고충처리에 관한 사항을 법으로 정하고 있어서 단체협약에서의 조직적 사항의 의의는 크지 않지만, 공제회 · 소비조합 등의 운영에 관한 사항은 조직적 사항에 규정될 여지가 많다. 예컨대, 소비조합에 대한 사용자의 기금지원, 장소제공, 소비조합의 담당직원에 대한 사용자의 임금지급 등 노사간에 협의가 필요한 사항에 대하여는 단체협약에 규정할 필요가 있다.

2) 인사 · 징계관련조항

① 합의 또는 협의조항 - 인사 및 징계에 관한 사항은 사용자의 인사 · 경영권에 속하므로 노동조합이 관여할 수 없으며, 사용자가 노동조합의 요구를 거부하더라도 부당노동행위에 해당하지 않는다. 그러나 사용자가 인사 · 경영에 관한 사항이라도 노동조합과 합의 또는 협의하여 처리하기로 단체협약에서 정한 경우에는 협약에 의하여 구속된다. 이때 사전협의나 동의를 거치지 아니하는 절차규정에 대하여 어떤 효력을 지니는가에 대하여는 ㉠ 근로조건의 기준에 직접 영향을 미치므로 규범적 효력을 지닌다는 규범적 부분설, ㉡ 절차에 관한 규정은 실체적 기준을 정한 것이 아니므로 절차위반은 채무적 효력밖에 지닐 수 없다는 채무적 부분설, ㉢ 협의나 자문은 그 절차를 거치지 아니하여도 효력에 영향이 없으나, 합의 또는 동의는 그 절차 위반시 무효가 된다는 절충설로 나뉘어진다.[755] 판례는 이 경우에 단체협약에 규정한 합의를 거치지 않은 인사 · 경영에 관한 사항은 무효이나,[756] 협의 · 자문 등의 표현을 한 경우에는 노동조합과의 협의 또는 자문을 거치지 않더라도 무효는 아니라고 한다.[757] 다만, 노동조합이 사용자에게 채무불이행에 따른 책임은 물을 수 있다.

② 징계위원회의 구성 - 징계위원회는 회사와 노동조합의 각 동수위원으로 구성한다고

---

755) 이병태, 전게서, 239쪽.

756) 대판 1992. 12. 8, 92다32074 참조 : 노조측이 징계위원회에 3차례나 불참한 것은 인사에 대한 사전합의권을 포기 또는 남용한 것으로 보아야 한다(서울고법 1998, 12. 29).

757) 대판 1992. 9. 22, 92다13400.

정해져 있는 경우에는 적어도 노동조합측의 위원이 1인이상 출석하지 않으면 위원회를 개최할 수 없다. 다만, 노동조합측의 전체위원이 정당한 이유 없이 참석치 아니하는 경우에도 징계처분을 할 수 있다.[758] 징계위원회가 노사동수로 구성된 경우 사전협의조항을 거치도록 한 것은 사용자의 자의적인 인사권이나 징계권 남용을 방지하려는데 그 취지가 있으므로, 노동조합의 위원장을 포함한 간부 다수가 징계위원으로 참석하여 이루어진 징계해고는 사전에 노동조합과 협의를 거치지 아니하더라도 그 효력에는 영향이 없다.[759] 또한 단체협약에 의해 상벌위원회의 운영규정을 노동조합과 협의하여 정하도록 하였으면 노사가 단체교섭의 방법으로 그 운영에 관한 규정을 설정하여야 하며, 이를 위반하여 사용자가 일방적으로 제정한 것은 효력이 없다.[760]

행정 해석 노조 68107-1070, 2001.9.21

전액관리제를 위반한 단체협약의 효력

노동조합및노동관계조정법 제31조 제1항의 규정에 의거 노사 당사자가 합의 체결한 단체협약은 선량한 풍속 기타 사회질서에 위반하거나 강행규정에 위반되지 않는 한 그 유효기간동안 효력이 인정되는 것인 바, 운송수입금 전액관리제가 강행규정이 아닌 한 전액관리제를 위반한 단체협약 자체를 무효라고 할 수 없을 것이므로 노사 당사자는 운송수입금 전액관리제의 입법취지에 위배되지 않는 범위 내에서 구체적인 사항 등을 노사협의를 통해 결정할 수 있다.

행정 해석 노조 68107-777, 2001.7.11

비조합원에 대한 연봉제의 실시와 단체협약의 효력

비조합원의 근무조건 등에 관하여 노사간에 체결한 단체협약은 다른 사정이 없는 한 비조합원에게 적용할 수 없는 것이 원칙이다. 따라서 비조합원인 과장급에 대해 연봉제를 실시하지 아니한다는 단체협약을 체결하였다 하더라도 비조합원들에 대한 연봉제 실시가 근로기준법 등 관련법령상의 적법한 요건과 절차에 따라 이루어졌다면 이를 무효라고 보기 어렵다.

---

758) 이상국, 『징계권행사의 법률지식』, 청림출판사, 2000, 176쪽.

759) 대판 1993. 1. 12, 92다45728.

760) 대판 1990. 12. 21, 90다타23936.

관련 판례 대판 2000.9.29. 99다67536

불리하게 변경하는 내용의 단체협약과 합의의 효력

협약자치의 원칙상 노동조합은 사용자와 사이에 근로조건을 유리하게 변경하는 내용의 단체협약 뿐만 아니라 근로조건을 불리하게 변경하는 내용의 단체협약을 체결 할 수 있으므로, 근로조건을 불리하게 변경하는 내용의 단체협약이 현저히 합리성을 결하여 노동조합의 목적을 벗어난 것으로 볼 수 있는 경우와 같은 특별한 사정이 없는 한 그러한 노사간의 합의를 무효라고 볼 수는 없고, 노동조합으로서는 그러한 합의를 위하여 사전에 근로자들로부터 개별적인 동의나 수권을 받을 필요가 없으며, 단체협약이 현저히 합리성을 결하였는지 여부는 단체협약의 내용과 그 체결경위, 당시 사용자측의 경영상태 등 여러 사정에 비추어 판단해야 한다.

관련 판례 대판 1994.9.30. 94다9092

회사와 노조간에 체결된 재고용약정과 단체협약의 효력

공사가 기업경영합리화를 위하여 그 소속 일부 부서를 분리 · 독립 시켜 계열회사를 설립하고 그 영업부분을 양도함에 따라 그 부서 근로자들이 공사에서 퇴직하고 신설회사에 신규 입사함에 있어, 공사 노동조합이 그 근로자들을 위하여 공사와의 사이에 장래 신설회사가 조업이 불가능하여 고용을 유지하지 못하게 될 때에는 공사가 그 근로자들을 모두 재취업시키기로 하는 내용의 약정을 체결한 경우, 그 재취업약정은 공사의 기업분할 방침에 따라 신설된 계열회사로 전적하게 되는 근로자들이 장래 그 신설 회사측의 경영사정으로 부득이 근로관계를 유지하지 못하는 경우가 생기면 공사가 그 근로자들을 모두 재고용한다는 내용을 담은 근로계약을 미리 체결한 것으로 볼 것이다. 위와 같은 재취업약정은 노동조합이 공사측과의 사이에 전적근로자들을 위하여 재고용계약을 미리 체결한 것으로서 이른바 제3자를 위한 새로운 근로계약이라고 볼 것이므로 그 내용을 규율하는데 근로기준법의 적용을 받아야 함은 분명하나, 공사가 고용관계가 계속되는 것이 아니고 소멸하게 되는 근로자들을 수익자로 하여 체결한 위 약정이 노동조합법 제35조 소정의 유효기간의 제약을 받는 단체협약이라고 볼 여지는 없다.

관련 판례 대판 1991.8.13. 91다1233

일제의 책임을 묻지 않기로 하는 면책협약

농성기간 중의 사건에 대하여 노동조합원들에 대한 일체의 책임을 묻지 않기로 노사간에 단체협약을 한 경우, 그 취지는 농성행위와 일체성을 가지는 행위 및 농성행위 등으로 인하여 사후에 부득이 일어나는 행위에 대해서도 면책시키기로 한 것이라고 봄이 타당하므로, 면책협약 이전의 농성행위 등으로 인하여 면책협약 이후에 처벌(유죄판결)을 받고, 또 그로 인하여(구속기간 동안)결근한 사실이 인사규정 등의 징계해고사유에 해당된다고 하더라도, 이를 이유로 징계해고를 할 수 없다.

관련 판례 대판 1992.5.8. 91누10480 ; 대판 1994.12.13. 93다59908

노조원에 대한 휴직처분과 면책약정의 해제

임금교섭기간 중 생겨난 민·형사상의 문제는 노사가 취하하고 회사는 고소된 근로자들이 금고 이상의 형을 선고받더라도 석방과 동시에 원칙에 복귀시키기로 한다는 내용의 합의서 및 합의각서에 의한 약정을 체결하였으며, 이와 동시에 노동조합은 회사에 그 동안의 불법적인 단체행동으로 막대한 손해를 끼친 점을 사과하고 앞으로는 정상조업을 방해하는 비합법적인 단체행동을 하지 않을 것을 확약하였으나, 그 후 노동조합원들이 회사로부터 구속된 조합원에 대하여 휴직처분이 내려진 데에 반발하며 이틀에 걸쳐 집단적으로 휴일계를 제출하고 결근함으로써 공장가동이 전면적으로 중단되었으며, 또 임시총회를 개최하여 공장가동을 중단시켰다면 노동조합원들이 위와 같은 비합법적인 단체행동을 저지른 것을 위 약정을 위반한 것이라고 할 수 있으므로 회사로서는 이를 이유로 하여 약정을 해제 할 수 있고 그 해제에 의하여 면책약정은 실효되는 것이다.

관련 판례 대판 1994.12.13. 93다59908

노사간의 복직합의의 취지와 합의해제의 요건

정리회사의 관리인과 노동조합 사이에 "전년도에 발생한 조합원 징계자는 노사화합차원에서 징계결정일로부터 전원 복권·복직한다"라는 합의서가 작성된 경우, 그 합의는 조합원에 대한 징계를 무효로 하여 그 조합원과의 종전 근로계약을 계속 유지한다는 취지로 보아야 한다. 위의 합의서 작성과 별도로 구두로 노조집행부가 퇴진하기로 합의하여 기존 집행부가 그 합의에 따라 사퇴를 선언하였으나 회사의 관리인이 우의 합의를 번복하고 새로운 요구를 하자 그 합의의 취지에 반하여 다시 노동조합일에 관여한 것은 그 관리인의 합의파기에 반발한 일련의 행위로 보아야 할 것이므로 이와 같은 기존 집행부의 노동조합 활동을 이유로 한 합의에 대한 해제는 받아들일수 없을 뿐만 아니라, 그 합의와 같은 쌍무계약에 있어서 계약해제는 약정에 따른 자신의 채무이행을 제공하였음에도 다른 일방 당사자가 채무이행을 제공하지 않음으로써 이행지체에 빠진 후 다시 상당한 기간을 정하여 상대방에게 이행을 최고하여 그 이행 없이 기간을 도과할 때에야 비로소 가능한 것인바, 자신의 채무이행을 다하고 있지 아니한 것으로 보이는 회사로서는 그 합의에 있어서 노동자들의 채무불이행을 이유로 그 해제를 할 수 없다.

관련 판례 대판 1995.1.12. 94다15653

노사간의 복권 · 복직합의의 효력

회사와 노동조합 사이에 "조합원 징계자는 노사화합 차원에서 징계결정일로부터 전원 복권 · 복직한다"는 내용의 합의를 한 경우, 그 합의에서의 복권 · 복직의 대상이 된 피징계 조합원중 합의에 따른 복직을 함에 있어 회사측의 특별한 행위가 필요할 수도 있는 해고처분을 받은 사람은 소수이고, 그 대다수는 위 합의사항을 이행함에 있어 아무런 사후조치도 요구되지 않는다고 보여 지는 견책을 받은 사람들이거나 정직을 받은 후 그 기간이 경과된 사람들인데도, 위 합의상에는 이들을 구분하지 않고 모두 징계결정일에 소급하여 복권 · 복직한다고 하여 동일하게 취급하고 있음에 반하여, 노조위원장, 교육훈련부장에 대하여는 위 복권 · 복직 대상에서 제외하기로 하고 법적 구제절차에 따르도록 하는 등 이들만을 다른 피징계자들과 달리 취급하고 있고, 이에 관한 합의서상의 문언 역시 "징계결정일로부터 전원 복권 · 복직시켜 준다"가 아니라 "징계결정일로부터 전원 복권 · 복직한다"라고 되어 있어 그 복권 · 복직 등에 별도의 사후조치가 필요하지 아니함을 시사하고 있을뿐더러, 위 합의는 노사쌍방이 그 동안의 갈등을 해결하고 서로 화합한다는 의미에서 이루어졌던 것이므로 이는 어느 일방의 시혜적인 차원이 아닌 쌍방 모두가 그 동안의 잘 · 잘못을 따지지 않고 그 책임을 묻지 아니하기로 하는 차원에서 이해되어야 한다는 점 등에 비추어 보면, 위 복권 · 복직에 관한 합의는 사용자측이 그에 따른 구체적인 조치를 사후에 취할 의무를 부담하기로 한 취지였다기 보다는 그 합의로써 노조위원장 등을 제외한 나머지 피지예자들에 대한 징계를 모두 철회하여 이를 무효로 하고, 별도의 조치 없이 그들의 지위를 징계 전의 상태로 원상회복케 하기로 한 취지하고 풀이함이 보다 합리적이다.

관련 판례 대판 1992.5.8. 91누10480

민 · 형사에 대한 취하와 면책약정을 어긴 경우의 실효성

노동조합과 회사 사이에 임금교섭기간 중 생겨난 민 · 형사상의 문제는 노사가 각 취하하고 회사는 고소된 근로자들이 금고 이상의 형을 선고받더라도 석방과 동시에 원직에 복귀시키기로 한다는 내용의 합의서 및 합의각서에 의한 약정을 체결하였으며, 이와 동시에 노동조합은 회사에 그동안의 불법적인 단체행동으로 막대한 손해를 끼친 점을 사과하고 앞으로는 정상조업을 방해하는 비합법적인 단체행동을 하지 않을 것을 확약하였으나 그 후 노동조합원들이 회사로부터 구속된 조합원에 대하여 휴직처분이 내려진 데에 반발하여 이틀에 걸친 집단적 휴일계를 제출하고 결근함으로써 공장가동이 전면적으로 중단되었고 또 임시총회를 개최하여 공장가동을 중단시켰다면 노동조합원들이 위와 같은 비 합법적인 단체행동을 저지른 것은 위 약정을 위반한 것이라고 할 수 있으므로 회사로서는 이를 이유로 하여 위 약정을 해제할 수 있고 그 해제에 의하여 위 면책약정은 실효되는 것이다.

관련 판례 대판 1994.9.30. 94다21337

불법적인 집단행동의 1차 면책합의와 약정위반에 따른 효력

사용자와 노조대표자와의 사이에 노조 측의 운행집단 거부 등 불법적인 집단행동의 발생에 대한 민·형사상 일체의 쟁의책임을 불문에 붙이기로 하되 차후 노조측에서 다시 불법적인 집단행동을 취하는 경우에는 어떠한 처벌도 감수한다는 취지의 합의를 한 후에, 그 노조대표자가 다시 2차례에 걸쳐 각기 다른 이유를 내세워 조합원들의 불법적인 운행거부형태의 집단행동을 주도한 것이라면, 노사간의 단체협약으로 이루어진 위 쟁의책임 면제에 관한 약정은, 사후 노조측에 의하여 유사한 불법집단행동이 발생하는 경우에는 위 약정은 당연히 실효되고 이를 사유로 징계할 수 있도록 합의하였다고 볼 것이고, 위와 같은 노조대표자를 포함한 조합원들이 다시 2차례에 걸친 불법적인 쟁의행위를 함에 따라 위 약정의 효력은 당연히 실효되었다고 볼 것이다.

관련 판례 대판 1997.4.25. 97다6926

노조간부에 대한 인사합의조항과 단체협약상의 징계여부

일반적으로 인사처분에는 인사이동, 상벌, 해고 등 근로관계의 변동, 소멸을 가져오는 모든 처분을 포함하는 것이고, 단체협약에 노조간부 등에 대한 인사는 조합과 합의하여 결정한다고 규정하고 있는 경우, 이러한 합의절차를 거치지 아니한 인사처분은 원칙적으로 무효라고 할 것이지만, 회사와 노동조합 사이의 단체협약이 인사와 징계를 구분하여 인사권이라는 제목 아래, 회사는 대의원 이상의 조합 간부에 대한 전보, 부서 및 직무변경시는 노동조합과 합의하고, 조합원에 대한 승진 발령시는 사전에 노동조합과 협의한다고 규정하면서 징계라는 제목 아래 조합원에 다한 징계사유가 발생하였을 때에는 조합에 사전 통고한다고 규정하고 있다면, 단체협약에서 규정하는 인사에는 징계는 포함되지 아니한다고 봄이 상당하다고 할 것이므로 회사가 조합원에 대하여 징계처분을 함에 있어서는 노동조합과의 합의를 요하지 않는다고 할 것이다.

관련 판례 대판 1992.9.1. 92누7733

단체협약의 무효화 주장과 평화의무 위반

노동조합의 위원장이 조합원들의 의사를 제대로 반영하지 아니하여 단체협약이 만족스럽지 못하게 체결됨에 따라 조합원들이 단체협약의 무효화를 위한 투쟁의 일환으로 비상대책위원회를 구성하여 그 비상대책위원회가 파업농성을 주도하게 된 것이라고 하더라도, 단체협약의 당사자인 노동조합은 단체협약의 유효기간 중에 단체협약에서 정한 근로조건 등에 관한 내용의 변경이나 폐지를 요구하는 쟁의행위를 행하지 아니하여야 함은 물론, 조합원들에 대하여도 통제력을 행사하여 그와 같은 쟁의행위를 행하지 못하게 방지하여야 할 이른바 평화의무를 지고 있다고 할 것인바, 이와 같은 평화의무가 노사관계의 안정과 단체협약의 질서 형성적 기능을 담보하는 것인 점에 비추어 보면, 단체협약이 새로 체결된 직후부터 뚜렷한 무효사유를 내세우지도 아니한 채 단체협약의 전면무효화를 주장하면서 평화의무에 위반되는 쟁의 행위를 행하는 것은 이미 노동조합활동으로서의 정당성을 결여한 것이라고 하지 아니할 수 없다.

관련 판례 대판 1993.8.24. 92다34926

노조간부의 징계해고와 거부권의 남용

단체협약에 노동조합간부에 대한 징계해고를 함에 있어서 노동조합과 사전합의를 하도록 규정되었다 하여 사용자의 피용자에 대한 징계권행사 그 자체를 부정할 수 없는 것이므로, 노동조합의 사전합의권 행사는 신의성실의 원칙에 따라 합리적으로 행사되어야 하는 것이고, 만일 피징계자에게 객관적으로 명백하고 중대한 징계사유가 있음에도 불구하고 노동조합측이 피징계자가 노동조합간부라는 이유만으로 징계를 거부하거나 사전합의를 거부한다면 이는 합의권의 포기나 합의거부권의 남용에 해당되어, 이러한 경우에는 사전합의를 받지 아니하였다 하여 그 징계를 무효라고 볼 수 없다.

관련 판례 대판 1992.5.22. 91다22100

노조간부의 전보처분과 단체협약상 협의조항

전보처분이 누적된 인사정체에서 벗어나 적재적소에의 노동력 배치에 의한 근로의욕의 증대와 경영의 능률증진, 각 부서간의 인사교류를 통한 업무운영의 원활화를 꾀할 목적으로 이루어진 것이라면 이는 업무상 필요에 따라 이루어진 것으로서 그 근로자의 노동조합활동에 대한 보복조치로 이루어진 것이 아니고, 또한 비록 단체협약에 조합간부에 대한 인사는 조합과 사전협의하여 결정하도록 한다라고 규정되어 있더라도 당해 근로자나 노동조합으로부터 그가 조합의 간부로 임명된 사실을 통지받지 아니하여 그 사실을 알지 못하였던 사용자는 그에 대한 위 전보처분을 함에 있어 위 규정에 절차를 거칠 필요가 없으며, 위 전보처분이 이미 약정한 근로계약의 범위를 넘어서서 기존의 근로계약을 변경하는 것이어서 근로자의 사전 동의를 요하는 중대한 근로조건의 변경이라거나 통상 예측할 수 없는 불이익변경이라 할 수도 없으므로 결국 위 전보처분에는 정당한 이유가 있다. 또한 단체협약에 '노동조합 간부 및 대의원에 대한 인사는 조합과 사전협의하여 결정한다'는 규정이 있는 경우 근로자에 대한 징계는 인사사항인 것이 명백하고, 노동조합의 간부인지의 여부는 인사조치의 사유가 발생한 시점을 기준으로 삼아야 하는 것이 아니라 인사조치를 행할 당시를 기준으로 삼아야 한다.

관련 판례 대판 1993.4.23. 92다34940

노조간부의 징계해임처분과 사전협의조항의 취지

단체협약에서 징계해임처분에 대하여 노동조합과 사전협의를 거치도록 한 "사전합의"의 취지는 단체협약 전체의 내용 및 노사관행에 비추어 노동조합 임원에 대한 사용자의 자의적인 인사권 행사로 인하여 노동조합의 임원 등에 대한 인사의 내용을 미리 노동조합에 통지하는 등 노동조합을 납득시키려는 노력을 하게하고 노동조합에 의견을 제시할 기회를 주게 하며 아울러 노동조합으로부터 제시된 의견을 참고자료로 고려하게 하려는 것에 지나지 않는 것이라고 봄이 타당하므로 징계해임처분이 사전협의를 거치지 아니한 채 행하여졌다고 하여 반드시 무효라고 할 수 없다.

관련 판례 대판 1995.3.28. 94다46963

노조측의 징계위원불참과 합의거부권

회사가 노동조합의 적법성을 인정하지 아니하여 단체협약에 규정된 서면통보나 사전합의를 하지 아니하였다면, 단체협약에 규정된 사전합의를 하지 못한 것은 회사가 이를 거부하였기 때문이고 근로자나 노동조합측에서 스스로 이러한 합의절차를 포기한 것이라고는 도저히 볼 수 없음에도, 징계위원회에 노동조합측 징계위원들이 불참한 것을 들어(노동조합은 적법한 서면통보를 받은 바도 없고, 또한 징계위원회의 위원을 노사 동수로 규정하였다 하여 징계위원회에서의 논의가 바로 노동조합과의 사전합의절차라고 볼 수도 없다) 오히려 노동조합이 합리적인 이유 없이 위 사전합의 조항에 의한 합의거부권을 남용하였다고 인정한 원심판결에는 사전합의를 하지 못한 특별한 사정에 관하여 채증법칙 위반 내지 이유모순의 위법이 있다.

관련 판례 대판 2009.3.12. 2008두2088

근로자 측 징계위원이 참석하지 않은 징계위원회 의결

단체협약에서 징계위원회의 구성에 근로자 측의 대표자를 참여시키도록 되어 있음에도 불구하고 이러한 징계절차를 위배하여 징계해고를 하였다면 그 징계권의 행사는, 근로자 측에 징계위원 선정권을 행사할 기회를 부여하였는데도 근로자 측이 스스로 징계위원 선정을 포기 또는 기부하였다는 등의 사정이 없는 한, 징계사유가 인정되는지 여부에 관계없이 절차에 관한 정의에 반하는 처사로서 무효라고 보아야 할 것이다.

관련 판례 대판 2009.2.12. 2008다70336
단체협약 유효기간 만료 후 파업의 정당성

가. 이 사건 (구)단체협약 중'쟁의기간 중에는 조합원에 대하여 어떠한 사유에 의해서도 징계, 부서이동 등 제반 인사 조치를 할 수 없다'라는 규정은 쟁의기간 중에 쟁의행위에 참가한 조합원에 대한 징계 등 인사조치 등에 의하여 노동조합의 활동이 위축되는 것을 방지함으로써 노동조합의 단체행동권을 실질적으로 보장하기 위한 것이라 할 것이므로, 쟁의행위가 그 목적에 있어 정당하고 절차적으로「노동조합 및 노동관계조정법」의 제반 규정을 준수함으로써 정당하게 개시된 경우라면, 비록 그 쟁의 과정에서 징계사유가 발생하였다고 하더라도 쟁의가 계속되고 있는 한 그러한 사유를 들어 쟁의기간 중에 징계위원회의 개최 등 조합원에 대한 징계절차의 진행을 포함한 일체의 징계 등 인사 조치를 할 수 없음을 선언한 것으로, 피고가 정당하게 개시된 전면파업 또는 부분파업 기간 중에 징계위원회를 개최하여 위 파업에 참여한 원고들에 대하여 파업기간 중의 행위를 이유로 파면을 결의한 것은 (구)단체협약에 위반한 것으로서 징계절차상 중대한 하자가 있으므로 이에 따른 징계해고는 무효이고, 이는 위 결의에 따른 징계처분의 효력발생시기를 쟁의기간 이후로 정하였다고 하여도 마찬가지이다.

나. 단체협약이 실효되었다고 하더라도 임금, 퇴직금이나 노동시간, 그 밖에 개별적인 노동조건에 관한 부분은 그 단체협약의 적용을 받고 있던 근로자의 근로계약의 내용이 되어 그것을 변경하는 새로운 단체협약, 취업규칙이 체결·작성되거나 또는 개별 근로자의 동의를 얻지 아니하는 한 개별적인 근로자의 근로계약의 내용으로서 여전히 남아 있어 사용자와 근로자를 규율하게 되고, 단체협약 중 해고사유 및 해고의 절차에 관한 부분에 대하여도 이와 같은 법리가 그대로 적용되는 것인 바, 위와 같은 법리에 비추어 볼 때, 위 (구)단체협약의 내용은 개별적인 노동조건에 관한 부분이므로 (구)단체협약이 단체협약 해지통보 및 소정 기간의 경과로 실효되었다고 하더라도 (신)단체협약이 체결되기까지는 여전히 원고들과 피고 사이의 근로계약의 내용으로서 유효하게 존속한다.

3. 단체협약의 효력

(1) 규범적 효력

1) 강제적 효력

① 개 념 - 노조법 제33조에서는 「㉠ 단체협약에 정한 근로조건 기타 근로자의 대우에

관한 기준에 위반하는 취업규칙 또는 근로계약의 부분은 무효로 한다. ㉡ 근로계약에 규정되지 아니한 사항 또는 제1항의 규정에 의하여 무효로 된 부분은 단체협약에 정한 기준에 의한다」고 규정하고 있다. 이것은 단체협약이 가지는 강제법규와 같은 규범적 효력으로 개별적 근로관계에 대하여 강행적 · 직접적 그리고 자동적으로 적용된다. 이때 강행적 효력과 직접적 효력을 학리적 용어로 직률적 효력이라고 표현한다.[761] 여기서 강행적 효력은 근로조건 기타 근로자의 대우에 관한 기준에 위반하는 취업규칙 또는 근로계약의 부분을 무효로 하는 효력을 말한다.[762] 단체협약은 개별적 근로계약에 우선하여 적용되며, 무효화하는 강행적 효력에 의해 규범간의 충돌을 해결하는 기능을 한다. 그러나 단체협약의 강행적 효력이 개별적 근로계약의 일부가 무효로 되었다고 하여 근로계약의 당사자들은 무효가 된 부분이 없었더라면 계약을 체결하지 않았을 것이라는 것을 주장할 수 없다. 따라서 민법 제137조에 의한 법률행위의 일부무효는 여기에 적용되지 않는다.

② 기준의 효력 - 규범적 효력은 근로자들의 대우에 관한 기준을 정한 것이므로 그 기준에 위반하는 근로계약의 해당부분은 무효가 된다. 노조법 제33조에서 「단체협약상의 기준에 위반하는 부분을 무효로 한다」고 규정하고 있으므로 근로계약에 정한 기준에 미달하는 경우에는 근로계약의 그 부분이 무효가 된다. 그러나 협약상의 기준보다 근로계약의 약정이 상회하는 경우에 이것을 노조법 제33조의 기준위반으로 해석한 것인가에 관해서는 의견이 대립되어 있다. 왜냐하면 동조항의 문언이 근로기준법 제15조 제1항의 경우와 같이 「이 법에 정한 기준에 달하지 못하는 부분만을 무효로 한다」고 규정하고 있지 않아 최저기준으로서의 효력을 가지는 것이라고 해석할 수 없기 때문이다.

③ 편면적용설과 양면적용설 - 편면적용설에 의하면 노조법 제33조의 기준효력은 근로자들의 생존확보를 위하여 협약상의 기준을 최저기준으로서 파악하고 이 기준을 하회하는 개개의 근로계약을 배제하려는데 그 목적이 있고 협약의 기준을 상회하는 협정내용을 끌어 내릴 수는 없다고 한다.[763] 그러므로 협약기준을 상회하는 근로계약의 부분은 노조법 제33조 제1항의 기준에 위반하는 것은 아니므로 유효하다. 이에 반하여 양면적용설에 의하면 단체협약에 정한 기준은 최저기준을 정한 것이라고 하기보다 일반적으로 규율되고

---

761) 홍영표, 전게서, 389쪽.

762) 원칙적으로 규범적 부분의 모든 조항은 강행적 효력을 가진다.

763) 김형배, "단체협약의 규범적 부분과 해고조항", 새법정, 46, 1974, 12.

있는 노동력의 거래를 위한 하나의 표준을 정한 것이라고 보고 이에 위반하여 근로계약당사자가 특약을 체결하는 경우에는 설령 그 내용이 근로자에게 불리하더라도 유효하다고 해석한다. 생각건대 법의 강제에 의해서 확보되어야 할 효력은 단체협약의 중핵이 근로조건 기타에 대해서 근로자의 생존확보를 위한 최저기준을 설정하는 곳에 있으며, 법규도 이러한 한계 내에서 규범적 효력을 부여하여야 된다. 이러한 학설은 기준이상의 특약이 있는 경우에 광의의 협약 위반으로서 해석하는 것은 별론으로 하고 기준의 선까지 인하하는 것을 허용할 것인가를 논의하는 것이라 해석된다. 그러나 유리한 조건을 기준으로 하는 경우에는 편면적용만을 허용할 수밖에 없다.[764)]

2) **직접적 효력** 직접적 효력이라 함은 단체협약이 개별적 근로관계에 대하여 직접 지배적인 효력을 미치는 것을 말한다. 즉 개별적 근로계약에 아무 약정이 없거나 단체협약의 강행적 효력에 의하여 개별적 근로계약의 일부가 무효로 된 경우에 이를 직접적으로 보충하는 효력을 가리킨다. 학설에서는 직접적 효력, 직률적 효력, 보충적 효력, 대체적 효력 또는 자동적 효력이라고 부른다.[765)] 직접적 효력은 협약의 구속을 받는 근로자들에 의한 개별적인 합의나 동의 또는 인식을 전제로 하지 않는다. 일반적으로 직접적 효력과 강행적 효력은 근로계약관계에 대하여 동시에 발생하는 것이 보통이지만 그 중의 하나만이 발생하는 때가 없지 않다. 예컨대 개별적인 근로계약 내에 규범적 부분과 상충하는 규정이 전혀 없는 때에는 직접적인 효력만이 생기게 된다. 이에 반하여 단체협약 내에 어떤 금지규정만이 있고 그에 대치할 보충규정을 두지 않는 한 그 부분의 단체협약조항은 강행적 효력만을 가진다.[766)]

(2) 채무적 효력

1) 의 의 단체협약에서 근로자의 근로조건에 관한 사항 이외에 노동조합과 사용자간의 협정에 의하여 상호간 부담하는 채권 · 채무에 관한 부분의 효력을 채무적 효력이라고

---

764) 김형배, 전게논문, 49쪽.

765) 이러한 학설에 대하여 직접적 효력은 김형배 교수 및 한용식 교수, 직률적 효력은 박홍규 교수, 보충적 효력은 김유성 교수 및 이을형 교수, 대체적 효력은 이상윤 교수가 각각 사용 하고 있다. 그러나 직률적 효력은 직접적 효력과 강행적 효력을 동시에 갖는 것으로 구분하기로 한다(다수설).

766) Hueck-Nipperdey, Grundri*β*, 5. Aufl, s.243.

한다. 노조법은 규범적 효력에 대하여 명문규정을 두고 있으나, 채무적 효력에 대하여 아무런 규정을 두고 있지 않다. 따라서 채무적 부분의 법적 효력은 민법에 의한 계약법상의 효력이 유추적용된다(통설). 단체협약은 그 자체가 규범적인 면과 계약적인 면의 성질을 지니고 있고, 특히 채무적 부분은 더욱 계약적인 특질을 갖고 있기 때문에 그 법적 효력에 있어서 계약법의 효과에 따라 그 내용을 해석 · 적용하려고 한다. 그러나 노동법상의 단체협약의 효력은 민법의 계약이론으로 설명하기 어려운 경우도 있다.

2) **채무적 효력의 문제** 채무적 사항을 이행할 채무자는 단체협약의 당사자인 노동조합과 사용자 또는 사용자단체이다. 협약당사자는 원칙적으로 채권관계의 당사자로서 단체협약에서 합의한 내용을 상대방에게 이행할 채무가 있다. 당사자의 일방이 협약상의 채무를 이행하지 않으면 그 상대방은 강제이행을 법원에 청구하거나(민법 제 389조), 채무불이행책임(민법 제 390조)을 묻거나,[767] 단체협약을 해지 · 해제(민법 제 543조) 또는 동시이행의 항변(민법 제536조)을 할 수 있다. 그러나 단체협약은 재산적 거래를 목적으로 하는 시민법상의 쌍무계약과 달리 근로자의 권익보호를 위한 제도로서 편무계약적 성질을 가지는 특성을 지닌다.[768] 단체협약 위반행위는 작위 또는 부작위 등 주로 집단적 노사관계를 중심으로 하므로 채권법상의 강제이행(특히 간접강제는 민법 제389조 제2항 · 제3항), 채무불이행으로 인한 손해배상청구, 해지 · 해제 등의 방법은 그대로 적용되기 어려운 경우가 있다.[769] 이때 단체협약을 위반(평화의무위반 또는 평화조항위반)하여 노동조합이 쟁의행위를 하였다면, 그로 인하여 발생된 사용자의 경제적 손실에 대하여 손해배상책임을 져야 한다. 이러한 쟁의행위는 노동법의 보호영역 밖에 있는 위법한 행위이기 때문이다.[770]

관련 판례 대판 1990.11.27. 90다카6934
포괄임금산정에 관한 임금협정의 효력과 불이익

시외버스여객운송사업을 하는 피고회사가 노동조합과 임금협정을 체결함에 있어서 그 소속운전사들의 근무시간이 각기 일정하지 아니한 점 등을 감안하여 기본급에다가 일정

767) 노동조합이 채무불이행으로 인한 책임을 지는 경우에 그 책임재산의 대상은 원칙적으로 노동조합의 재산에 국한되며, 조합원 개인의 재산은 여기서 제외된다.

768) 김형배, 전게서, 773쪽.

769) 박상필, 노동법, 446쪽 ; 外尾健一. 勞動團體法, 1975. 640面.

770) Hueck/Nipperdey, Grundriß, 5. Aufl.,S.295 und S.267ff.

한 비율에 의한 연장근로수당 및 월 25일 이내 근로시 주휴일근무에 대한 수당을 합산한 금액을 일당으로 정하고 이를 기준으로 근무 일수에 따라 임금을 산정하되 월 25일을 초과하여 근무한 경우에는 별도로 산정한 금액을 위 임금에 가산하기로 약정하여 노동조합원인 원고도 이러한 임금협정에 따라 그 퇴직시까지 임금을 지급받아온 경우, 먼저 기본임금을 결정하고 이에 따른 연장근로수당 및 주휴일 수당 등을 계산하여 합산한 것이 아니라 할지라도 피고회사의 업무내용과 운전사들의 근무형태 및 근무시간의 특수성에 비추어 보면 위 협정내용이 근로자에게 특히 불이익하다고 볼 수 없으므로 위 임금협정이 무효라고 할 수 없다.

관련 판례

대판 2000.9.29, 99다67536

조합원 개인의 임금채권을 포기하는 단체협약

이미 구체적으로 그 지급청구권이 발생한 임금(상여금 포함)이나 퇴직금은 근로자의 사적 재산영역으로 옮겨져 근로자의 처분에 맡겨진 것이기 때문에 노동조합이 근로자들로부터 개별적인 동의나 수권을 받지 않은 이상, 사용자와 사이의 단체협약만으로 이에 대한 포기나 지급유예와 같은 처분행위를 할 수는 없다.

관련 판례

대판 2000.9.29, 99다67536

근로조건을 불리하게 변경하는 단체협약의 효력

협약자치의 원칙상 노동조합은 사용자와 사이에 근로조건을 유리하게 변경하는 내용의 단체협약뿐만 아니라 근로조건을 불리하게 변경하는 내용의 단체협약을 체결할 수 있으므로, 근로조건을 불리하게 변경하는 내용의 단체협약이 현저히 합리성을 결하여 노동조합의 목적을 벗어난 것으로 볼 수 있는 경우와 같은 특별한 사정이 없는 한 그러한 노사간의 합의를 무효라고 볼 수는 없고, 노동조합으로서는 그러한 합의를 위하여 사전에 근로자들로부터 개별적인 동의를 받을 필요가 없으며, 단체협약이 현저히 합리성을 결여하였는지 여부는 단체협약의 내용과 그 체결경위, 당시 사용자측의 경영상태 등 여러 사정에 비추어 판단해야 한다.

관련 판례

대판 2002.12.10, 2002다36136

농림부장관의 승인 없이 체결한 단체협약과 농지개량조합들의 채무승계의 효력

구 농지개량조합법(1999. 2. 5 법률 제5759호로 폐지되기 전의 것) 제24조, 제40조, 제54조에 따라 농지개량조합 임직원의 보수는 농림부장관이 정하는 기준에 따라 조합장이 정하고, 농지개량조합은 회계연도마다 사업계획과 수지예산을 작성하여 총회의 의결을 거쳐 농림부장관의 승인을 얻어야 하며, 그 수지예산을 변경할 때에도 같은 절차를 거쳐야 하므로 농지개량조합이 조합원총회나 농림부장관의 승인 없이 노동조합과 사이에 임직원의 보수를 인상하기로 하는 내용의 단체협약을 체결한 경우 그 보수 인상약정은 효력이 없다고 할 것이다. 원심판결 이유에 의하면, 원심은 그 채용한 증거들에 의하여 판시 사실을 인정한 다음, 원심 판시의 농지개량조합들이 전국농지개량조합 노동조합과 사이에 퇴직금의 지급기준을 농림부장관이 정한 농지개량조합보수규정준칙이 정한 것보다 인상하는 내용의 단체협약을 체결하였으나, 인상된 퇴직금 지급을 위한 예산에 대하여 농림부장관의 승인을 얻지 아니한 이상 그 단체협약은 효력이 없으므로 그 농지개량조합들의 채무를 포괄적으로 승계한 피고가 그 직원인 원고들에게 그 단체협약에 따라 인상된 퇴직금을 지급할 의무가 없다.

4. 단체협약의 해석

(1) 노동위원회에의 해석 및 견해의 요청

노사가 체결한 단체협약은 그 유효기간 동안 이를 성실히 이행하여야 한다. 단체협약의 해석 또는 이행방법에 관하여 다툼이 있는 경우에는 노조법 제34조 제1항의 규정에 따라 당사자 쌍방이 관할 지방노동위원회에 단체협약의 해석 또는 이행방법에 관한 견해의 제시를 요청할 수 있다. 이때 노동위원회는 견해의 제시를 요청받은 때에 그 날로부터 30일 이내에 명확한 견해를 제시하여야 한다(노조법 제34조 제2항). 노동위원회가 제시한 해석 또는 이행방법에 관한 견해는 중재재정과 동일한 효력을 가진다(노조법 제34조 제3항). 노조법 제34조 제1항의 규정에 의한 단체협약의 해석 또는 이행방법에 관한 견해제시의 요청은 당해 단체협약의 내용과 당사자의 의견 등을 기재한 서면으로 하여야 한다(노조법 시행령 제16조).

(2) 단체협약의 배제조항과 소급적용

노동조합이 사용자와 단체협약을 체결하고, 부칙에 「단체협약 시행일 이전에 발생한 모든 사항은 이 협약에 의한 것으로 본다」고 규정한 경우, 단체협약에서 취업규칙의 개정에 관한 사항을 배제하지 않은 경우에 소급효를 인정할 것인가에 대하여 논의의 여지가 있다. 판례에 의하면 「노동조합은 단체협약에 의하여 퇴직금 지급률의 변경에 관하여도 소급적으로 동의한 것이라고 해석하여야 할 것이고, 이와 달리 단체협약 부칙의 의미를 장래에 향하여만 효력을 승인한 것이라고 볼 것은 아니다」라고 판시하고 있다.[771)]

(3) 단체협약의 해석과 관련문제

1) 노조간부의 징계처분과 합의거부권의 남용 노사협상의 산물로서 노동조합간부의 징계해고에 대해 노동조합과 사전합의를 하도록 되었더라도 이는 사용자의 노동조합간부에 대한 부당한 징계권행사를 제한하는 것이지 사용자의 본질적 권한에 속하는 피용자에 대한 징계권행사 그 자체를 부정할 수 없다. 따라서 노동조합의 사전합의권행사는 어디까지나 신의성실의 원칙에 입각하여 합리적으로 행사되어야 한다. 만약 노동조합측 징계위원이 징계위원회의 개최 또는 심의를 방해하거나 그 방해를 위하여 징계위원회 출석자체를 거부한 때, 또는 출석하더라도 징계사유에 대한 정당한 의견제시를 하지 아니할 때에는 징계권을 행사하기 곤란하다. 이러한 경우에 명백하고 중대한 징계사유가 있음에도 불구하고 피징계자가 노동조합 간부라는 이유만으로 무작정 징계를 거부하는 등의 행위를 한다면 이는 이른바 합의거부권의 포기나 남용에 해당되어 사전합의를 받지 아니하였다 하여 그 징계처분을 무효로 볼 수 없다[772)].

2) 사전협의절차의 위반과 퇴직처분 근로자가 일정한 퇴직사유에 해당되면 사용자가 징계처분의 경우와 같은 절차를 따로 밟지 아니하고 바로 당연히 퇴직한 것으로 처리하는 단체협약 규정이 있다. 이때 노동조합이 근로자에게 그와 같은 당연퇴직사유가 이미 발생하였거나 머지않아 발생할 것임을 미리 알고 있었다면 다시 사전협의절차를 밟도록 하여야 할 필요가 없으므로, 노동조합 간부에 대한 퇴직처분이 사전협의를 거치지 아니한 채 행하여졌다고 하여 반드시 그 효력에 영향이 있는 것이라고 할 수 없다[773)].

3) 연장근로의 집단적 거부를 선동하는 행위 연장근로가 노사의 합의에 의한 것이라고 하더라도 사용자가 근로시간을 연장할 필요가 있어 근로자들에게 연장근로를 제의한 경우에, 노동조합이 집단적으로 이를 거부하고 연장근로를 하지 말라고 선동하는 행위는 사용

---

771) 대판 1992. 6. 28, 94다49847.

772) 대판 1993. 7. 13, 92다45735.

773) 대판 1992. 6. 9, 91다41477.

자의 업무를 방해하는 것으로서 정당하다고 할 수 없다[774].

4) **징계대상자에 대한 사전통지와 진술권 부여** 단체협약 등에서 조합원의 징계시에 사전통지와 진술권 부여를 의무조항으로 규정하고 있다면 이는 징계의 객관성과 공정성을 확보하기 위한 것으로서 징계의 유효요건이라고 할 것이다. 따라서 징계사유의 내용이 객관적으로 명확하거나 징계대상자가 다른 절차에서 자신의 행위의 정당성을 이미 주장한바 있다고 하여도 사전통지를 결한 이상 그 징계는 무효이다. 또한 징계대상자가 구속중이라고 하여도 서면 또는 대리인을 통하여 징계절차에서 변명을 하고 소명자료를 제출할 이익이 있는 것이므로 사전통지를 하지 아니함으로써 이러한 기회가 박탈되었다면 그 징계는 효력이 없다고 볼 수밖에 없다[775].

5) **단체협약의 만료와 노조전임자**

① 노조전임자의 급여지급 - 노조전임자나 노조간부가 사용자로부터 급여를 지급받는 것이 형식적으로 보면 부당노동행위의 하나인 노조법 제81조 제4호 본문에 해당하는 것 같지만, 소정의 부당노동행위의 성립여부는 형식적으로만 볼 것은 아니고 그 급여지급으로 인하여 조합의 자주성을 상실할 위험성이 현저하게 존재하는가에 따라 판단하여야 한다. 특히 전임자의 급여지급이 조합의 적극적인 요구 내지 투쟁결과로 얻어진 것이라면 이로 인하여 조합의 자주성이 저해될 위험이 거의 없다고 보아야 한다. 따라서 그 급여지급으로 인하여 조합의 자주성은 거의 침해될 염려가 없다고 보아야 할 것이므로 부당노동행위에 해당되지 않는다고 보았으나,[776] 개정노조법은 이를 부당노동행위에 포함시키고 있다(노조법 제81조 제4호).

② 단체협약이 유효기간의 만료로 효력을 상실하였고 단체협약상의 노조대표전임규정이 새로운 단체협약체결 때까지 효력을 지속시키기로 약정한 규범적 부분도 아닌 경우, 그 단체협약에 따라 노동조합 업무만을 전담하던 노조전임자는 사용자의 원직복귀명령에 응하여야 할 것이므로 그 원직복귀명령에 불응한 행위는 취업규칙 소정의 해고사유에 해당

---

774) 대판 1992. 9. 25, 92다18542 ; 대판 1991. 7. 9, 91도1051 ; 대판 1991. 10. 22, 91도 600.

775) 대판 1992. 7. 28, 92다14786 ; 대판 1991. 11. 26, 91누4171 ; 대판 1991. 11. 26, 94다22070 ; 대판 1992. 9 22, 91다36123 ; 대판 1993. 10 22, 92다49935 ; 대판 1993. 7. 13, 92다50263 ; 대판 1995. 2. 14, 94다21818.

776) 대판 1991. 5. 28. 90누 6329.

하고, 따라서 사용자가 원직복귀명령에 불응한 노조전임자를 해고한 것은 정당한 인사권의 행사로서 그 해고사유가 표면적인 구실에 불과하여 징계권 남용에 의한 부당노동행위에 해당하지 않는다[777].

관련 판례

대판 1995.3.28. 86다43138

교통사고의 부담책임과 단체협약의 해석

단체협약은 근로자의 근로조건을 유지개선하고 복지를 증진하여 그 경제적, 사회적 지위를 향상시킬 목적으로 노동자의 자주적 단체인 노동조합이 사용자와 사이에 근로조건에 관하여 단체교섭을 통하여 이루어지는 것이므로 그 명문의 규정을 근로자에게 불리하게 해석할 수 없는 것인바, 단체협약에 "회사는 근로자가 업무수행중 야기한 과실로 인한 교통사고에 있어서 회사가 부담한다"라고 규정이 되어 있다면 이는 근로자가 업무수행중 그의 과실로 인한 교통사고로 인하여 회사가 입은 손해에 관하여 그 과실이 경과실이냐 또는 중과실이냐를 구별하지 아니하고 회사가 이를 부담하고 근로자에게 그 책임을 묻거나 구상권을 행사하지 아니하겠다는 취지로 해석함이 타당하다.

관련 판례

대판 1996.9.20. 95다20454

단체협약의 해석원칙과 불리한 해석의 금지

단체협약서와 같은 처분문서는 진정 성립이 인정되는 이상 그 기재내용을 부정할 만한 분명하고도 수긍할 수 있는 반증이 없는 한 그 기재내용에 의하여 그 문서에 표시된 의사표시의 존재 및 내용을 인정하여야 하고, 단체협약은 근로자의 근로조건을 유지개선하고 복지를 증진하여 경제적·사회적 지위를 향상시킬 목적으로 노동자의 자주적 단체인 노동조합이 사용자와 사이에 근로조건에 관하여 단체교섭을 통하여 이루어지는 것이므로 그 명문의 규정을 근로자에게 불리하게 해석할 수 없다.

관련 판례

대판 2000.6.9. 98다13747

중재재정의 확정과 퇴직근로자에 대한 소급효

단체협약은 노동조합이 사용자 또는 사용자단체와 근로조건 기타 노사관계에서 발생하는 사항에 관하여 체결하는 협정으로서, 노동조합이 사용자 측과 기존의 임금, 근로시간, 퇴직금 등 근로조건을 결정하는 기준에 관하여 소급적으로 동의하거나 이를 승인하는 내용의 단체협약을 체결한 경우에 그 동의나 승인의 효력은 단체협약이 시행된 이후에 그

777) 대판 1997. 6. 13. 96누17738.

사업체에 종사하며 그 협약의 적용을 받게 될 노동조합원이나 근로자들에 대해서만 생기고, 단체협약 체결 이전에 이미 퇴직한 근로자에게는 위와 같은 효력이 생길 여지가 없고, 근로조건이 근로자에게 유리하게 변경된 경우라 하더라도 다를 바 없으며 중재재정은 단체협약과 동일한 효력을 갖는 것으로 위와 같은 법리가 그대로 적용된다.

관련 판례 대판 2002.5.31. 2000다18127

단체협약의 소급효가 적용되는 근로자의 범위

단체협약은 노동조합이 사용자 또는 사용자단체와 근로조건 기타 노사관계에서 발생하는 사항에 관하여 체결하는 협정으로서, 노동조합이 사용자측과 기존의 임금, 근로시간, 퇴직금 등 근로조건을 결정하는 기준에 관하여 소급적으로 동의하거나 이를 승인하는 내용의 단체협약을 체결한 경우에 그 동의나 승인의 효력은 단체협약이 시행된 이후에 그 사업체에 종사하며 그 협약의 적용을 받게 될 노동조합이나 근로자들에 대해서만 생기고 단체협약 체결 이전에 이미 퇴직한 근로자에게는 위와 같은 효력이 생길 여지가 없다(대판 2002. 6. 28, 2001다77970).

관련 판례 대판 2002.4.23. 2000다50701

단체협약의 소급효가 적용되는 근로자의 범위

원래 단체협약이란 노동조합이 사용자 또는 사용자단체와 근로조건 기타 노사관계에서 발생하는 사항에 관하여 체결하는 협정으로서, 노동조합이 사용자측과 기존의 임금·근로시간·퇴직금 등 근로조건을 결정하는 기준에 관하여 소급적으로 동의하거나 이를 승인하는 내용의 단체협약을 체결한 경우에 그 동의나 승인의 효력은 단체협약이 시행된 이후에 그 사업체에 종사하면서 그 협약의 적용을 받게 될 노동조합원이나 근로자들에 대해서만 생기고 단체협약 체결 이전에 이미 퇴직한 근로자에게는 위와 같은 효력이 생길 여지가 없으며, 근로조건이 근로자에게 유리하게 변경된 경우라 하더라도 다를 바 없다.

관련 판례 대판 1993.7.13. 92다45735

단체협약상의 인사관여조항의 효력과 해석

단체협약 등에 규정된 인사협의(합의) 조항의 구체적 내용이 사용자가 인사처분을 함에 있어서 신중을 기할 수 있도록 노동조합이 의견을 제시할 수 있는 기회를 주어야 하도록 규정된 경우에는 그 절차를 거치지 아니하였다고 하더라도 인사처분의 효력에는 영향이 없다고 보아야 할 것이지만, 사용자가 인사처분을 함에 있어 노동조합의 사전 동의나 승낙을 얻어야 한다거나 노동조합과 인사처분에 관한 논의를 하여 의견의 합치를 보

아 인사처분을 하도록 규정된 경우에는 그 절차를 거치지 아니한 인사처분은 원칙적으로 무효라고 보아야 할 것이다. 단체협약의 인사협의(합의) 조항에 조합 간부의 인사에 대하여는 사전 "합의"를, 조합원의 인사에 대하여는 사전 "협의"를 하도록 용어를 구분하여 사용하고 있다면, 교섭 당시 사용자의 인사권에 대하여 조합간부와 조합원을 구분하여 제한의 정도를 달리 정한 것으로 보아야 하고, 그 정도는 노조간부에 대하여는 조합원에 대한 사전협의의 경우보다 더 신중하게 노동조합측의 의견을 참작하여야 한다는 정도의 차이가 있는 것으로 볼 수 는 없는 것이므로, 노조원에 대한 인사권의 신중한 행사를 위하여 단순히 의견수렴절차를 거치라는 뜻의 사전 "협의"와는 달리, 노조간부의 인사에 대하여는 노동조합과 의견을 성실하게 교환하여 노사간에 "의견의 합치"를 보아 인사권을 행사하여야 한다는 뜻에서 사전 "합의"를 하도록 규정한 것이라고 해석하는 것이 타당하다(대판 1993. 7. 13, 92다50263 ; 대판 1993. 8. 24, 92다34926).

관련 판례 대판 1993.7.13. 92다50263

단체협약상의 사전합의에 대한 거부권의 남용

인사합의 조항이 노동조합 간부의 인사 및 징계 전반에 관하여 사전합의를 거치게 하고 있다고 하더라도 이는 어디까지나 사용자에 있는 인사권을 노동조합과의 합의를 거쳐 행사하도록 제한한 것일 뿐 사용자의 인사권을 근본적으로 부정하는 것은 아닌 이상, 단체협약에 노동조합 간부에 대한 징계에는 노동조합과의 사전합의가 있어야 하도록 규정되어 있는 경우에도, 노동조합측에 중대한 배신행위가 있고 이로 인하여 사용자측의 절차의 흠결이 초래된 경우이거나, 또는 피징계자가 사용자인 회사에 대하여 중대한 위법행위를 하여 직접적으로 막대한 손해를 입히고 비위사실이 징계사유에 해당함이 객관적으로 명백하며 회사가 노동조합측과 사전 합의를 위하여 성실하고 진지한 노력을 다하였음에도 불구하고 노동조합측이 합리적 근거나 이유제시도 없이 무작정 징계에 반대함으로써 사전 합의에 이르지 못하였다고 인정되는 경우에는 노동조합측이 합의거부권을 남용한 것이 되어 사용자가 이러한 합의 없이 한 해고도 유효하다고 보아야 할 것이다.

관련 판례 대판 1994.6.14. 93다29167

단체협약상 인사합의권의 포기와 징계해고

원고가 불법파업 등을 주도함으로써 병원에 막대한 재산상 손실을 입혔고, 업무방해죄, 노동쟁의조정법위반죄 등으로 구속 기소되어 각 징역 8월에 집행유예 2년의 형을 선고받고 확정되어 위 단체협약, 취업규칙 상벌규정 소정의 징계사유에 해당함이 객관적으로 명백하고, 노동조합측에 징계사유와 일시 등을 통보하며 노동조합측 징계위원을 선정할 것을 고지하고 원고의 요청으로 징계위원회 개최를 한 차례 연기까지 하였는데도 연기된 징계일시까지도 노동조합측 징계위원을 선정하지 않고, 오히려 징계위원회에 불참한다고 통보하였다는 것인 바, 사정이 이러하다면 노동조합은 인사합의권을 포기한 것으로 봄이 타당하므로 피고가 노동조합과의 사전합의에 이르지 못한 채 위 원고들을 징계해고를 하였다 하여 그 징계 처분을 무효로 볼 수는 없다 할 것이다.

관련 판례

대판 1991.7.9. 90다8077

단체협약상의 징계절차의 위반과 시간적 여유 없는 징계처분의 효력

단체협약이나 취업규칙 또는 이에 근거를 둔 징계규정에서 징계위원회의 구성에 노동조합의 대표자를 참여시키도록 되어 있고 또 징계대상자에게 징계위원회에 출석하여 변명과 소명자료를 제출할 기회를 부여하도록 되어 있다면 그 통보의 시기와 방법에 관하여 특별히 규정한 바가 없다고 하여도 변명과 소명자료를 준비할 만한 상당한 기간을 두고 개최일시와 장소를 통보하여야 하며, 이러한 시간적 여유를 주지 않고 촉박하게 이루어진 통보는 징계규정이 규정한 사전 통보의 취지를 몰각한 것으로서 위법하다고 보아야 할 것인바, 징계위원회의 개최일시 및 장소를 징계위원회가 개회되기 불과 30분전에 통보하였다면 이러한 촉박한 통보는 징계대상자로 하여금 사실상 변명과 소명자료를 준비할 수 없게 만드는 것이고 적법한 통보라고 볼 수 없다.

관련 판례

대판 1992.7.28. 92다14786

단체협약상의 징계시의 사전 통보와 진술권부여의 위반

단체협약 등에서 조합원의 징계시에 사전통지와 진술권 부여를 의무조항으로 규정하고 있다면 이는 징계의 객관성과 공정성을 확보하기 위한 것으로서 징계의 유효요건이라고 할 것이므로, 그 징계사유의 내용이 객관적으로 명확하다거나 징계대상자가 다른 절차에서 자신의 행위의 정당성을 이미 주장한 바 있다고 하여도 사전통지를 결한 이상 그 징계는 무효라고 할 것이고, 또 징계대상자가 구속중이라고 하여도 서면 또는 대리인을 통하여 징계절차에서 변명을 하고 소명자료를 제출할 이익이 있는 것이므로 사전통지를 하지 아니함으로써 이러한 기회가 박탈되었다면 그 징계는 효력이 없다고 볼 수밖에 없다.

관련 판례

대판 1996.6.28. 94다53716

상벌위원회의 구성과 징계절차에 위반한 징계처분의 효력

단체협약에서 징계절차를 규정한 것은 징계권의 공정한 행사를 확보하고 징계제도의 합리적인 운영을 도모하기 위한 것으로서 중요한 의미를 갖는 것인바, 원심이 인용한 제1심 판결이 적법하게 인정한 바와 같이 피고 회사의 단체협약상의 징계규정에는 노동조합원을 징계하려면 상벌위원회의 심의를 거쳐야 하고 그 상벌위원회의 구성은 노사 각 4인씩으로 하여 노동조합원들을 참여시키도록 되어있는데도 불구하고, 이러한 징계절차규정을 위배하여 노동조합측의 위원 2명만 참석시키고 자격이 없는 상조회 소속 근로자 2명을 포함하여 위 상벌위원회를 구성한 다음 그 상벌위원회의 결의를 거쳐 원고들을 징계해고를 하였다면, 이러한 징계권의 행사는 징계사유가 인정되는 여부에 관계없이 절차에 있어서의 정의에 반하는 처사로서 무효라고 보아야 할 것이고, 이는 자격이 없는 위원을 제외하고서도 의결정족수가 충족된다 하더라도 위 상벌위원회의 구성 자체에 위법이 있는 이상 마찬가지로 보아야 할 것이다.

5. 단체협약의 효력 확장

(1) 서 설

1) 의 의　원래 단체협약은 근로자와 사용자간의 협정이므로 그 구속력은 당연히 노동조합의 구성원인 조합원에게만 미치게 된다. 그러나 동일한 직장이나 지역에 속하는 근로자의 일부가 단체협약의 구속력을 적용받지 아니하게 된다면 그만큼 단체협약의 효력은 반감될 수밖에 없다. 또한 비노조원에 대하여 차별적인 근로조건이 적용된다면 분쟁이 발생할 소지가 있다. 이러한 이유로 단체협약의 효력을 일정한 요건 하에서 조합원이 아닌 동종의 근로자에게도 확장 적용케 한 것이 단체협약의 효력확장에 관한 구속력이다. 이것은 단체협약의 확대화 경향이나 모든 단체협약의 내면적 본질에 있어서 보편적인 타당성을 획득하려는 취지에 부합된다.

2) 연 혁　원래 단체협약의 구속력에 관한 제도는 제1차 대전후의 독일의 단체협약령에 유래한다. 즉 독일의 단체협약령은 단체협약의 일반적 구속력에 관한 제도를 창설하고, 그 효력이 당사자인 노동조합의 구성원 이외의 근로자에게도 미치는 경우를 인정하였다. 현행 노조법은 독일의 이러한 제도를 계수함과 동시에 이를 다시 별개의 형식으로 확장한 규정을 마련하고 있다. 노조법 제36조에 의한 지역단위의 구속력은 독일의 단체협약령과 동일한 형태를 취하는 것이며, 동법 제35조에 직장단위의 일반적 구속력은 본래 독일의 단체협약령을 다른 형식으로 변경한 것이다. 따라서 노조법 제35조에 의한 법례로는 일본의 노동조합법을 들 수 있다. 미국도 이와 유사한 교섭단위제도를 설치하고 있으나, 이는 한국의 일번적 구속력의 제도와 그 외의 및 성격을 달리하고 있다.

(2) 사업장단위의 일반적 구속력

1) 의 의　노조법 제 35조는 「하나의 사업 또는 사업장에 상시 사용되는 동종의 근로자 반수 이상이 하나의 단체협약의 적용을 받게 된 때에는 당해 사업 또는 사업장에 사용되는 다른 동종의 근로자에 대하여도 당해 단체협약이 적용된다」고 규정하고 있다. 이 규정은 협약확장적용을 통한 동종근로자의 근로조건을 향상하기 위한 것이다.

2) 요 건

① 하나의 사업 또는 사업장 - 하나의 사업 또는 사업장이란 경영체가 수개의 공장 사업장 또는 직장을 가지고 있는 경우에 직장단위의 효력확장을 각 사업 또는 사업장으로 구분할 것인지 아니면, 하나의 통일적 단위로 볼 것인가 하는 것을 의미한다.

② 동종의 근로자 - 동종의 근로자라 함은 직종의 통일성을 의미하며, 동일한 직무로 한정하는 것은 불합리하다. 따라서 동종의 의미는 동일성 유사성을 뜻하며, 어떤 작업이 경영활동의 일부로서 유기적 총체를 이루는 것이면 동일성이 있다고 해석해야 한다. 특히 임시공은 근로의 형식보다 작업의 내용과 성질에 따라 구체적으로 동종의 의미를 판단해야한다.

③ 반수 이상의 근로자 - 반수이상 이라는 비율은 하나의 경영주체에 대한 단체협약의 확장적용여부를 판단하기 위한 기준으로 상시 근로자수에 의한다. 그러나 사용되는 근로자의 수가 수시로 변동되어 상시 사용되는 근로자를 개별적으로 판단하기가 쉽지 않다. 이에 따라 계속적으로 취업하는 근로자나 당해 사업 또는 사업장을 기준으로 사용되는 동종의 근로자를 판단하는 견해로 나뉘어진다. 상시근로자의 의미는 반수이상이라고 하는 비율을 계산하는 총체의 근로자수 즉, 상시의 고용량을 기준으로 판단하는 것이 타당하다. 따라서 때때로 근로자수가 변동되어 미달하는 경우에도 상태적으로 보아 반수를 상회하면 된다. 그러나 하나의 사업 또는 사업장에 2개의 노동조합이 존재하여 각각 별도의 단체협약을 가지고 있는 경우에 문제가 된다. 이때 양자의 동종근로자를 합하면, 반수 이상의 근로자를 산출하는 단위를 의미하므로, 하나의 사업에 조직된 노조가 수개의 사업장을 포괄하고 있는 경우에는 수 개 사업장 전체 근로자의 반수 이상이 하나의 단체협약을 적용받는지 여부에 따라 판단하여야 한다. 직장단위의 구속력은 반드시 반수 이상의 근로자가 단체협약의 적용을 받는 것을 요건으로 하므로 비조합원의 채용증가나 조합원의 탈퇴 등

으로 반수 이상의 요건을 갖추지 못하게 될 때에는 일반적 구속력은 당연히 종료된다.

④ 효력확장의 단결권 - 단체협약의 확장적용을 받아야 할 근로자속에 협약당사자 이외에 다른 노동조합에 가입하고 있는 자도 포함되는지 불명확하다. 이에 대하여 소극설은 헌법 제33조가 모든 근로자에게 단결권을 인정하고 있으므로 자기가 소속하지 않은 노동조합이 체결한 단체협약의 효력을 받는 것은 헌법 제33조에 반한다는 것을 근거로 하여 부정하고 있다. 그러나 헌법 제33조의 단결권은 집회 결사의 자유와 달리 근로자의 사회경제적 지위향상을 목적으로 하며, 근로자의 지위향상은 단결권의 강화를 도모하고 있다. 따라서 근로조건의 향상을 위한 단결권강화인 노조조직의 확대는 헌법 제33조의 정신과 모순된다고 할 수 없다. 그 결과 노조법 제35조는 다수근로자의 지위와 단체협약의 보호를 그 입법취지로 하고 있으므로 노동조합의 경합이 생긴 경우에 과반수 이상의 근로자를 조합원으로 하고 있는 노동조합의 단체협약은 소수조합에게도 확장적용이 된다고 본다(적극설).

3) **효 과** 단체협약의 효력이 조합원 이외의 자에게 적용되는 경우에 확장적용을 받는 내용이 규범적 부분에 한정되는 것인가 또는 채무적 부분도 포함하는가 하는 의문이 제기된다. 노조법 제35조는 특히 확장적용이 되어야 할 조항을 한정하는 것이 아니지만, 채무적 부분은 여기서 제외하는 것이 독일의 통설이다. 원래 단체협약은 노사의 대립관계에 관한 것이므로 조합원도 노동조합의 통제에 복종하는 관계에 있는 한 간접적이나마 채무적 조항을 존중하는데 불과하다. 따라서 노동조합의 통제하에 놓여 있지 않은 근로자에 대해서 채무적 부분을 확장 적용한다는 것은 이론상의 근거가 없으므로, 결국 확장적용은 근로자에게 이득이 되는 규범적 부분에 한정되어야 한다. 따라서 채무관계에 있는 부담분은 비노조원의 동의 없이 임의로 확장되어 적용할 수 없다.

(3) 지역단위의 일반적 구속력

1) **의 의** 노조법 제36조 제1항은 「일정한 지역에서 종업하는 동종의 근로자의 3분의 2 이상이 하나의 단체협약의 적용을 받게 된 때에는 행정관청은 당해 단체협약의 당사자의 쌍방 또는 일방의 신청에 의하거나 그 직권으로 노동위원회의 의결을 얻어 당해 지역에서 종업하는 다른 동종의 근로자와 그 사용자에 대하여도 당해단체 협약을 적용한다는

결정을 할 수 있다」고 규정하고 있다. 이 규정은 동일지역 내에 있는 동일직종 혹은 동일 산업의 기업간 부정경쟁을 방지함과 동시에 특정지역사회의 입장에서 근로자의 생활안정을 도모하는데 입법취지가 있다.

2) 요 건

일정한 지역 일정한 지역은 협약당사자와 관련이 있는 동일한 경제적 지역으로서 하나의 노동시장을 형성하고 있는 특정지역을 가리킨다. 지역을 단위로 하는 구속력선언은 행정관청이 단체협약당사자의 쌍방 또는 일방의 신청이나 그 직권에 의하여 노동의원회의 의결을 얻어 해당 단체협약의 확장을 결정하여야 한다. 행정관청이 지역적 구속력을 갖는 단체협약의 적용을 결정한 때에는 지체 없이 이를 공고하여야 한다.

동종의 근로자 하나의 지역을 단위로 하여 동종근로자의 3분의 2 이상이 하나의 단체협약을 확장적용 한다. 이 경우 상시 사용되는 동종의 근로자라 함은 원칙적으로 근로자의 지위나 종류, 고용기간의 정함이나 근로계약상 명칭에 구애됨이 없이 사업(장)에서 사실상 계속적으로 사용되고 있는 동종의 근로자 전부를 의미한다. 그러나 단체협약의 직종별 적용범위가 특정되어 있거나 그 단체협약의 내용에 비추어 보아 근로자의 고용계약 및 작업내용. 형태가 상이하여 「단체협약의 적용이 예상되지 않는 근로자」의 경우에는 동종의 근로자로 보기 어렵다.

3) **효 과** 지역단위 구속력의 입법취지는 다수 노동조합의 보호와 단체협약존립의 확보에만 그치는 것이 아니라 사용자간의 부당경쟁 방지에도 있으므로 그 효력은 근로자에게 뿐만 아니라 사용자에게도 미친다. 또한 확장적용의 부분도 사업장단위와 마찬가지로 규범적 내용의 협약전체에 해당되며, 경합이 될 때에는 소수 노동조합의 근로조건이 유리한 경우를 제외하고 확장적용이 된다.

관련 판례 대판 2003.5.14. 2002다23185 : 23192

단체협약의 적용을 받게 되는 동종 근로자의 의미

복수의 회사가 합병되더라도 피합병회사와 그 근로자 사이의 집단적인 근로관계나 근로조건 등은 합병회사와 합병 후 전체 근로자들을 대표하는 노동조합과 사이에 단체협약의 체결 등을 통하여 합병 후 근로자들의 근로관계내용을 단일화하기로 변경 조정하는 새로운 합의가 있을 때까지는 피합병회사와 근로자들과 합병회사 사이에 그대로 승계되

는 것이고, 합병회사의 노동조합이 유니언 숍의 조직형태를 취하고 있었다고 하더라도 위에서 본 바와 같은 피합병회사의 근로자까지 아우른 노동조합과 합병회사 사이의 새로운 합의나 단체협약이 있을 때까지는 피합병회사의 근로자들이 자동적으로 합병회사의 노동조합의 조합원으로 되는 것은 아니라 할 것이다. 그리고 노동조합 및 노동관계조정법 제35조는 하나의 사업 또는 사업장에 상시 사용되는 동종의 근로자 반수 이상이 하나의 단체협약의 적용을 받게 된 때에는 당해 사업 또는 사업장에 사용되는 다른 동종의 근로자에 대하여도 당해 단체협약이 적용된다고 규정하고 있는데, 이 규정에 따라 단체협약의 적용을 받게 되는 동종의 근로자라 함은 당해 단체협약의 규정에 의하여 그 협약의 적용이 예상되는 자를 가리키는 것인바(대판 2004. 2. 12, 2001다63599 참조), 서로 다른 종류의 사업을 운영하던 회사들이 합병한 이후 근로자들의 근로관계내용을 단일화하기로 변경 조정하는 새로운 합의가 있기 전에 그 중 한 사업부문의 근로자들로 구성된 노동조합이 회사와 체결한 단체협약은 그 사업부문의 근로자들에 대하여만 적용될 것이 예상되는 것이라 할 것이어서 다른 사업부문의 근로자들에게는 적용될 수 없다고 할 것이다.

관련 판례 대판 1993.12.21. 92다2247

지역적 구속력과 다른 노동조합에의 확장적용

헌법 제33조 제1항은 근로자는 근로조건의 향상을 위하여 자주적인 단결권 단체교섭권 및 단체행동권을 가진다고 규정하여 근로자의 자주적인 단결권뿐만 아니라 단체교섭권과 단체행동권을 보장하고 있으므로, 노동조합법 제38조가 규정하는 지역적 구속력 제도의 목적을 어떠한 것으로 파악하건 적어도 교섭권한을 위임하거나 협약체결에 관여하지 아니한 협약 외의 노동조합이 독자적으로 단체교섭권을 행사하여 이미 별도의 단체협약을 체결한 경우에는 그 협약이 유효하게 존재하고 있는 한 지역적 구속력 결정의 효력은 그 노동조합이나 그 구성원인 근로자에게 미치지 않는다고 해석하여야 할 것이고, 또 협약 외의 노동조합이 위와 같이 별도로 체결하여 적용받고 있는 단체협약의 갱신체결이나 보다 나은 근로조건을 얻기 위한 단체교섭이나 단체행동을 하는 것 자체를 금지하거나 제한할 수 없다고 보아야 할 것이다.

행정 해석 노조 021254-610, 2000.7.19

인수합병이후 다른 단체협약의 일반적 구속력

단체협약은 체결당시 당사자인 사용자와 노동조합 또는 그 조합원에게 적용되는 것이 원칙이나, 노동조합및노동조정법 제35조 규정의 요건을 갖춘 사업(장)의 경우에는 비조합원인 근로자에게도 당해 단체협약이 확장적용 된다. 이 경우 동법 제 35조의 규정에 의해 단체협약이 확장적용이 되는 자는 단체협약 체결당시 재직 중인 근로자 등 당해 단체협약의 적용이 예상되는 자에 한정된다고 보아야 할 것이므로 인수합병 이후 종전의 사업(장)에서 다른 단체협약의 적용을 받고 있던 근로자들이 노동조합을 해산하였다고 하더라도 당해 근로자들에게 단체협약이 당연히 확장 적용된다고 보기 어렵다.

행정 해석 노조 01254-616, 2000.7.20

지역적 구속력의 효력이 미치는 범위

행정관청은 직권으로도 지역적 구속력 결정을 할 수 있는 것이므로 이미 체결된 단체협약 당사자의 신청이 없더라도 노동조합의 의결을 거쳐 결정할 수 있다. 단체협약의 지역적 구속력 결정의 효력은 일정한 지역에 종사하는 근로자와 사용자에게 미치는 것이므로 노동조합의 조직범위와 관계없이 당해 노동조합의 조합원 중 지역적 구속력 결정의 단위가 된 지역에 종사하는 근로자에게는 지역적 구속력 결정의 효력이 미친다.

행정 해석 노조 68107-655, 2001.6.5.

지역적 구속력 결정의 관할 행정관청과 신청주체

행정관청에 지역적 구속력의 결정을 신청할 수 있는 자는 확장적용될 단체협약을 체결한 노사 당사자 쌍방 또는 일방이 되는 것이므로 지역적 구속력을 적용받고자 하는 사업(장)의 노사 당사자는 신청권이 없다. 다만, 행정관청은 지역적 구속력 결정을 위해 직권으로 노동위원회에 의결을 요청할 수 있다. 지역적 구속력 결정은 지역적 구속력 결정을 통해 단체협약을 확장적용하려는 "지역"의 범위에 따라, 지역이 2개 이상의 특별시 광역시 도에 걸치는 경우에는 고용노동부장관이, 그렇지 않은 경우에는 당해 특별시장 광역시장 도지사가 관할하는 것이 타당하다.

제6장 노동쟁의의 조정

제1절 서 설

1. 쟁의조정의 의의

(1) 노동쟁의조정의 개념

a) 노동쟁의의 조정이란 노동쟁의 내지 쟁의행위에서 당사자 이외의 제 3자가 개입하여 그 분쟁의 해결을 위해 조력하는 것을 말한다. 노동쟁의는 근로자의 생존권과 직결되는 집단적 분쟁으로 파업을 비롯한 쟁의행위로 학대되는 경우 노사 당사자에게 큰 손실을 줄 뿐만 아니라 일반 공중의 일상생활과 국민경제에 중대한 영향을 미친다.

b) 물론 노동쟁의는 당사자 스스로 신속하게 해결하는 것이 가장 바람직하다. 그러나 당사자 사이의 감정대립이나 집단이기주의의 발현 내지 각 당사자 내부의 다양한 이해관계를 조정하여 당사자의 노동쟁의를 해결하는 것이 쉬운 일은 아니다. 이러한 과정에서 중립적이고 전문적인 제3자가 노동쟁의에 개입하여 그 분쟁을 원만히 해결하도록 조력하는 것이 노동쟁의의 조정이다. 이러한 조정은 당사자 간의 의사가 최대한도로 반영되어야 노사 스스로가 그 해결안을 납득하고 산업평화를 유지하는 계기가 될 것이다[778].

778) 그러나 조정제도의 절차나 해결안에 쌍방당사자의 주장이 제대로 반영되지 못할 경우 (예컨대 직권중재) 도리어 제도권 밖에 노사관계로 전략하여 산업평화를 저해한다는 것은 지난 날 우리나라 정부주도형 노서관계에서 경험한 바 있다.

(2) 노동쟁의의 대상

1) **노동쟁의의 개념** 노동쟁의라 함은 노동조합과 사용자 또는 사용자단체 사이에 임금 근로시간 해고 기타 대우 등 근로조건의 결정에 관한 주장의 불일치로 인한 분쟁상태를 말한다. 이 경우 주장의 불일치라 함은 당사자간의 합의를 위한 노력을 계속하여도 더 이상 자주적 교섭에 의한 합의의 여지가 없는 경우를 말한다. 이러한 노동쟁의는 단체교섭에도 불구하고 협약체결에 이르지 못하고 결렬된 상태를 의미하므로, 쟁의행위로서의 실력행사와 구별된다.

2) 노동쟁의의 대상

① 근로조건설 - 이 설은 노동쟁의의 대상을 근로조건에 한정하여 판단하고자 하는 견해이다. 이 견해에 의하면 노동쟁의의 대상이 되기 위해서는 노사간에 본질적 분쟁에 속하는 근로조건에 국한되어야 한다고 보고 노조법 제2조 제5호 내용이 임금 등의 사항을 예시하면서 "근로조건의 결정에 관한 주장의 불일치"라고 명시되어 있는 점을 근거로 한다. 그러나 노조법 제2조는 헌법 제33조와 부합되지 않는 협소한 규정으로서 근로조건으로 국한하면 조합원의 전임자나 노동조합의 활동범위, 조합원의 복리후생에 관한 사항을 설명할 당위성이 상실되기 때문이다. 이 견해에 의하면 노동쟁의의 대상중에 근로조건과 관련된 사항을 이유로 하여서만 쟁의행위라는 실력행사가 가능하다.

② 이익분쟁설 - 이 설은 임금 등 근로자의 이익분쟁에 속하는 사항만이 노동쟁의의 대상이 된다는 견해이다. 이 견해에 의하면, 임금의 결정이나 형성, 각종 수당의 창설 등이 여기에 해당된다. 그러나 권리분쟁에 해당하는 사항은 조정의 대상이 되지 않는다. 따라서 노동쟁의의 조정대상이 되는 것은 이익분쟁을 말하며, 집단적 권리분쟁이나 개별적 근로관계를 중심으로 발생하는 고충은 이에 해당하지 않는다[779].

③ 교섭사항설 - 이 설은 개별적 근로관계와 집단적 노사관계로 구분하고 의무적 사항만이 쟁의조정의 대상이 되므로 노동쟁의의 대상으로 보아야 한다. 이 견해에 의하면 집단적 노사관계는 본질적으로 근로조건에 과한 사항이 아니기 때문에 노동쟁의의 대상이 될 수 없다고 한다[780]. 그러나 집단적 노사관계는 근로조건과 불가분한 관계에 있어 의무

---

779) 김형배, 전게서, 899쪽.

780) 윤광희, 『노동조합및노동관계조정법실무』, 한국노동교육원, 2003, 280쪽.

적 교섭사항으로 되기 때문에 노동쟁의의 대상이 될 수 있다고 보아야 한다[781].

④ 검토의견 - 노동쟁의의 대상은 이익분쟁인가 아니면 근로조건에 해당하는가 또는 의무적 교섭사항인가 등의 다양한 방법에 의하여 판단할 수 있다. 그러나 노동쟁의의 대상은 쟁의행위의 대상과 반드시 일치하여야 할 필요가 없다고 본다. 따라서 노동쟁의의 대상이 의무적 교섭사항에 국한되는 것은 아니다. 물론 노동조합의 활동이 근로조건을 유지개선하는데 목적이 있으므로 본질적으로 이에 근거하여 노동쟁의의 대상을 판단할 수 있다. 그렇다고 하여 노동쟁의의 대상이 쟁의행위의 대상과 반드시 일치하여야 하는 것은 아니므로 보다 광의로 해석하는 교섭사항설이 타당하다[782].

관련 판례 대판 2003.7.25. 2001두4818
노동쟁의의 의의

중재절차는 원칙적으로 노동쟁의가 발생한 경우에 노동쟁의의 대상이 된 사항에 대하여 행하여지는 것이고, 노동조합및노동관계조정법 제2조 제5호에서는 노동쟁의를'노동조합과 사용자 또는 사용자 단체 간에 임금 · 근로시간 · 복지 · 해고 기타 대우 등 근로조건의 결정에 관한 주장의 불일치로 인하여 발생한 분쟁상태'라고 규정하고 있으므로 근로조건 이외의 사항에 관한 노동관계 당사자 사이의 주장이 불일치로 인한 분쟁상태는 근로조건의 결정에 관한 분쟁이 아니어서 현행법상의 노동쟁의라고 할 수 없고, 특별한 사정이 없는 한 이러한 사항은 중재재정의 대상으로 할 수 없다.

관련 판례 대판 1997.10.10. 97누4951
근로조건과 노동쟁의의 대상

사용자와 근로자 사이의 근로계약관계에 있어서 근로자의 대우에 관하여 정한 조건인 근로조건에 관한 노동관계당사자 사이의 주장의 불일치로 인한 분쟁사태는 근로조건에 관한 분쟁이 아니어서 구 노동쟁의조정법(1996. 12. 31, 법률 제5244호로 폐지되기 전의 것) 제2조의 노동쟁의라고 할 수 없고, 특별한 사정이 없는 한 이러한 사항은 중재재정의 대상이 되지 않는다.

781) 임종률, 노동법, 2009, 175쪽.
782) 이상덕외, 전게서, 339쪽.

2. 쟁의조정기관의 역할

(1) 무분별한 쟁의행위의 금지

노동쟁의가 당사자간의 평화적 교섭에 의하여 해결되지 못하고 결렬되면 노동조합은 조정기간이 경과된 후 요구조건을 사용자가 수락하도록 실력행사를 할 수 있다. 물론 모든 노동쟁의가 실력행사인 쟁의행위로 나아갈 수 있는 것은 아니다. 즉, 공무원과 교원인 근로자는 쟁의행위가 금지된다. 또한 노동쟁의가 쟁의조정기관에 조정신청이 되면 조정이 개시되며, 일정기간동안 쟁의행위가 금지된다. 따라서 노동위원회는 신고된 노동쟁의에 대하여 조정을 할 수 있고, 공익사업의 노동쟁의의 조정을 위하여 노동위원회에 특별조정위원회를 둔다. 또한 이미 발생한 노동쟁의가 위급한 것일 경우에 긴급조정을 할 수 있다.

(2) 신속한 분쟁해결의 촉진

노동쟁의에 의한 기업의 분쟁상태는 노사 간에 긴장을 유발하고, 파업 등 실력행사를 하는 경우에는 당사자에게 막대한 경제적 손실을 초래한다. 즉 , 노동조합은 노동력의 비제공에 따른 임금 등 근로소득을 상실하게 되고, 사업주는 생산차질, 매출액감소, 서비스중단 등으로 경영손실을 입게 된다. 그럼에도 불구하고 쟁의행위는 일방이 스스로의 경제적 손실을 감내하면서 동시에 상대방에 대하여 경제적 손실로 인한 불이익을 입혀 교섭협상에 임하도록 압력을 행사하게 된다. 그러나 상대방에 대한 손실의 타격은 원칙적으로 합리적이고 소극적인 방법에 의한 손해를 의미하므로 생산 또는 판매나 영업정지로 인한 손실을 의미하고, 이를 적극적으로 방해 또는 저해하는 것은 정당성을 상실한다. 이러한 경제적 손실은 관련 기업뿐만 아니라 지역산업 또는 국가경제에 막대한 영향을 미친다. 따라서 노동관계당사자 뿐만 아니라 국가기관은 노사분쟁을 신속히 해결할 필요가 있다.

(3) 자율적 해결을 통한 경제발전

a) 쟁의조정기관은 노동쟁의에 대하여 당사자가 자율적으로 해결할 수 있도록 지원하거나 조정하는 역할을 한다. 분쟁조정기관은 분쟁의 원인과 조정이 가능한 사항을 파악하여

상대방이 납득할 수 있도록 정보를 제공하거나 이해를 시키며, 당사자가 이해심을 가지고 양보하도록 조정하기도 한다.

b) 노동쟁의는 반드시 공적조정제도에 의해 해결할 필요가 없고 당사자가 임의로 정하는 방식과 절차에 따라 분쟁을 해결할 수 있다. 이에 따라 노사당사자는 외부의 전문가인 제3자에게 분쟁해결을 위임할 수 있다.

c) 단체행동권의 보장은 근로조건의 유지개선이라는 목적을 가지며, 이를 수단으로 하여 사용자와 대등한 입장에서 단체교섭이나 단체협약을 할 수 있는 일체적 권리이며, 그 자체가 목적이 될 수 없다. 따라서 노동쟁의조정제도가 노사간의 자발적 합의를 전제로 하나, 이를 남용하여 분쟁이 악화되는 것은 국가경제나 기업경영의 측면에서 바람직하지 않다. 국가의 개입은 쟁위행위권의 본질적 내용을 침해하지 않는 한 그 존재 의의가 인정된다.

3. 쟁의조정의 기본원칙

(1) 자주적 해결의 원칙

a) 현대 시민사회에서 당사자 자치는 시민법의 근간이 되고, 헌법에서 근로자에게 노동3권을 보장한 것도 그 권리를 통해 실질적으로 대등한 지위를 확보하여 단체교섭에 의한 자주적 근로조건의 향상을 보장하고자 하는데 그 취지가 있다. 노조법에서는 이 원칙을 당사자의 책무로 정하여 당사자 스스로 노동쟁의를 해결을 위해 노력할 것을 촉구하는 한편, 국가는 당사자 자치를 방해하지 아니하며 적극적으로 당사자의 노력에 협조할 의무가 있음을 천명하였다. 노조법 제47조 제48조 및 제49조에서 그 원칙을 천명하고, 조정의 절차에서는 조정의 주체로 공적 조정 이외에 사적 조정을 인정하고(노조법 제52조), 조정의 개시에서는 임의조정을 원칙으로 하고 예외적으로 강제조정(직권중재)를 인정하였으며 조정안의 수락여부는 원칙적으로 당사자간 임의적 의사에 의하여 예외적으로 중재에서만 강행적 효력을 인정하였다.

b) 이 장의 규정은 노동관계당사자가 직접 노사협의 또는 단체교섭에 의하여 근로조건 기타 노동관계에 관한 주장의 불일치를 조정하고 이에 필요한 노력을 하는 것을 방해하지

아니한다(노조법 제47조). 노동관계당사자는 단체협약에 노동관계의 적정화를 위한 노사협의 기타 단체교섭의 절차와 방식을 규정하고, 노동쟁의가 발생한 때에는 이를 자주적으로 해결하도록 노력하여야 한다(노조법 제48조). 국가 및 지방자치단체는 노동관계당사자간에 노동관계에 관한 주장이 일치하지 아니할 경우에 이를 자주적으로 조정할 수 있도록 조력함으로써, 쟁의행위를 가능한 한 예방하고 노동쟁의의 신속 공정한 해결에 노력하여야 한다(노조법 제49조).

(2) 공익배려의 원칙

a) 노동쟁의의 조정에서는 노사당사자의 이익뿐만 아니라 공공의 이익도 고려되어야 한다. 쟁의권의 근거가 되는 노동기본권은 그 자체가 목적이 아닌 근로자의 생존권확보를 위한 수단적 의미가 강하므로 근로자의 생존권은 국민전체의 생존권확보와 조화를 이루는 가운데 해결되어야 한다. 노조법 제1조에서는 「산업평화의 유지와 국민 경제의 발전에 이바지함을 목적으로 한다」고 명시하여 입법목적으로 공익배려의 원칙을 천명하고 있다.

b) 노조법은 쟁의행위의 주체와 방법 및 조정에서 공익성확보를 위해 여러 가지 제한을 두고 있다. 특히 쟁의조정에서는 첫째, 조정전치주의를 도입하여 쟁의행위가 금지되는 조정기간과 중재기간을 두고 공익사업에 있어서는 그 기간을 일반사업보다 길게 하였으며(노조법 제45조), 둘째, 국가 지방자치단체 국공영기업체 방위산업체 및 공익사업에서의 노동쟁의의 조정은 우선적으로 취급하고 신속히 처리할 것을 정하였고(노조법 제51조), 셋째, 조정기관의 구성에서 노사대표 이외에 공익을 대표하는 공익위원을 참가케 하였고(노조법 제55조 제3항), 넷째, 공익사업의 쟁의조정을 위해 노동위원회에 특별조정위원회를 두며(노조법 제72조), 다섯째, 공익사업을 비롯한 국민경제에 중대한 영향을 미치는 사업에서는 긴급조정 중재제도를 두었다(노조법 제76조).

(3) 공정해결의 원칙

a) 노조법에 의하여 노동쟁의를 조정할 경우에는 공정하게 처리하여야 한다. 노동쟁의는 당사자간 주장의 불일치로 인한 분쟁상태이므로(노조법 제2조 제5호), 그 분쟁상태가 공정하게 해결되는 것만이 분쟁상태를 종결시키는 첩경이 되고, 제도권내 노사관계를 정

착시키는 디딤돌이 된다. 노조법은 근로자의 생존권 보장을 그 목적으로 하는 한편 기업경영의 원활한 유지발전에 그 취지가 있으므로 노사 쌍방의 권익을 가장 공평하게 조정하는 것이야말로 입법취지에 부합된다.

b) 노조법 제 1조에서는「노동관계를 공정하게 조정하여 노동쟁의를 예방 해결함으로써 산업평화의 유지와 국민경제의 발전에 이바지함을 목적으로 한다」고 규정하여 공정조정의 원칙을 천명하고 있다. 또한 동법 제49조에서는 국가 및 지방자치단체는 노동쟁의의 신속공정한 해결에 노력하여야 한다 고 정하여 국가 등의 책무로서 공정한 조정을 천명하고 있다. 이 경우 "공정"이란 쌍방에게 공평하고 올바르게 해야 한다는 것을 의미한다.

(4) 신속처리의 원칙

a) 노조법에 의하여 노동관계를 조정할 경우에는 노동관계당사자와 노동위원회 기타 관계기관은 사건을 신속히 처리하도록 노력하여야 한다(노조법 제50조).

노동쟁의는 산업 또는 기업에 미치는 경제적 손실이 막대하기 때문에 손실이 최소화될 수 있도록 가능한 한 단시일 내에 해결해야 하므로 이에 관해 관계당사자와 정부의 책무를 정하였다.

b) 노동쟁의의 신속한 처리를 위한 제도적 장치로서는 첫째, 노동쟁의가 발생한 때에는 관계당사자는 상대방에게 서면으로 통보하여야 하고(노조법 제45조), 둘째, 관계당사자는 노동위원회 조정(노조법 제53조) 또는 중재(노조법 제62조)를 신청할 수 있으며, 셋째, 조정 또는 중재의 신청이 있을 때, 노동위원회는 그 내용이 법 제5장 제 2절 또는 제3절의 규정에 의한 조정 또는 중재의 대상이 아니라고 인정할 경우에는 그 사유와 다른 해결방법을 알려주어야 하고(노조법시행령 제24조 제2항), 넷째, 노동위원회는 지체없이 조정을 개시하여 조정은 원칙적으로 일반사업의 경우 10일, 공익사업의 경우 15일 이내에(노조법 제54조), 중재는 15일 이내에 종료하여야 하며(노조법 제63조), 다섯째, 관계당사자로 하여금 중재재정서의 송달을 받은 날로부터 10일 이내에 재심을 신청하도록 하여(노조법 제69조 제1항) 중재재정의 효력을 확정케 하는 등의 절차를 규정하고 있다.

(5) 절차화의 원칙

노조법은 노사분규와 예방과 분쟁의 신속 공정한 처리를 위해 당사자가 준수할 수 있는 제도적 절차가 요구된다. 이렇게 함으로써 다양한 이해관계를 조정하고 제도적으로 의견을 수렴할 수 있다. 따라서 노동쟁의가 발생하면 행정관청과 노동위원회에 즉시 신고하도록 하는 동시에 파업 등 쟁의행위에 따른 손실을 예방하기 위한 절차적 장치가 필요하다. 조정절차가 합리적이고 효율적인 구조를 이루고 있을 때 당사자간의 불만이나 이해관계를 일정한 방향으로 표출시키고, 이러한 통제와 조정이 가능하다.

관련 판례 서울고판 1990. 6. 21. 89구14269
노동쟁의발생신고서 반려처분취소청구

노사간에 노동쟁의가 발생한 경우 당사자 일방이 적합한 요건을 갖춘 노동쟁의 발생신고를 하면 행정관청이나 노동위원회의 별도의 조치가 없더라도 당연히 노동쟁의는 노동쟁의조정법상 효과를 갖게 되는 것일 뿐 조정의 대상이 될 경우에만 그 발생신고를 할 수 있도록 한 것으로 볼 수 없다.

4. 사적 조정

(1) 사적 조정의 개념

사적 조정은 노동위원회나 그 밖의 공적 기관 이외에 제3자가 하는 노동쟁의의 조정을 말한다. 흔히 개인 또는 민간기관이 조정하므로 임의조정이라고도 하며, 최종적으로 중재가 이루어지는 경우에는 사적 중재 또는 임의중재라고도 말한다.[783] 사적 조정은 공인노무사법 제2조에 의하여 공인노무사나 변호사의 자격이 있는 자만이 가능하다. 노동위원회에 의한 공적 조정은 노동관계당사자 특히 근로자측에서 그 조정에 대한 공정성을 믿지 않으므로 제3자로 하여금 당사자 쌍방이 납득할 수 있는 해결을 찾게 하려는데, 이 제도의 취지가 있다. 그러나 현실적으로 ㉠ 이에 관한 노사관행이 없고, ㉡ 당사자가 사적 조

783) 1987년 구노동쟁의조정법에서 이 제도를 도입하여(구노쟁조법 제5조의 2) 노사 당사자가 원하는 제3자가 조정을 함으로써 분쟁해결에서 한층 당사자 자치의 기초를 확립하였다.

정기구의 공정성을 신뢰하지 않으며, 특히 사용자측의 경우 ㉢ 사적 조정에 의해 기업경영의 내용이 외부에 공개되는 것을 반대하고, ㉣ 어느 쟁의행위에서나 공권력의 개입으로 노동정책에 따라 사적 조정의 해결안에 제한을 받는 것 등의 이유에서 사적 조정이 제대로 활용되지 못하고 있다.

(2) 입법규정

노조법은 제47조에서는 「노동관계 당사자가 직접 노사협의 또는 단체교섭에 의하여 근로조건 기타 노동관계에 관한 사항을 정하거나 노동관계에 관한 주장의 불일치를 조정하고 이에 필요한 노력을 하는 것을 방해하지 아니한다」고 규정하고 있다.[784] 또한 노조법 제49조도 국가의 책무를 규정하여 「국가 및 지방자치단체는 노동관계 당사자간에 노동관계에 관한 주장이 일치하지 아니할 경우에 노동관계 당사자가 이를 자주적으로 조정할 수 있도록 조력함으로써 쟁의행위를 가능한 한 예방하고 노동쟁의의 신속 공정한 해결에 노력 하여야 한다」고 하고 있다. 이러한 규정은 노사협의회의 경우에는 현행법과 다소 맞지 않은 부분도 있으나, 대체로 노사당사자가 노동쟁의의 예방을 위해 노력해야 하고, 쟁의행위를 제3자적 · 국가적 개입 없이 해결을 시도해야 한다는 뜻을 담고 있다[785].

제2절 노동위원회의 조정

1. 조 정

(1) 의 의

조정은 당사자의 신청에 의해 노동위원회에 설치된 조정위원회나 단독조정인이 당사자

784) 구노동쟁의조정법은 제5조에서 "노동관계 당사자는 단체협약에 노사협의회의 설치 기타 노동관계의 적정화를 위하여 필요한 사항을 규정하여야 하며, 노동쟁의가 발생한 때에는 자주적으로 해결하도록 노력해야 한다"는 훈시적 규정을 두고 있었다.

785) 이상덕외, 전게서, 365쪽.

의 의견을 들어 해결안(조정안)을 작성하여 노사쌍방에게 그 수락을 권고하는 방법을 말한다.

당사자의 신청에 의하여 개시되고 당사자가 그 해결안을 거부할 수 있다는 점에서 자주적 해결의 원칙에 충실한 조정방법이라 할 수 있다[786]. 조정은 조정위원회가 해결안을 작성하여 당사자에게 그 수락을 권고하고 동시에 언론에 공포함으로써 여론의 압력을 이용하여 수락케 하는 방법으로, 외국의 경우 규모가 크거나 복잡한 쟁의행위에서 주로 이용된다.

(2) 조정기관

1) **조정위원회** 노동쟁의의 조정을 위하여 노동위원회에 조정위원회를 둔다(노조법 제55조 제1항). 조정위원회는 조정위원 3인으로 구성되며(노조법 제55조 제2항), 당해 노동위원회의 위원중에서 근로자를 대표하는 조정위원은 사용자가, 사용자를 대표하는 조정위원은 노동조합이 각각 추천하는 자를 위원장이 지명하여야 한다. 다만, 조정위원회의 회의 3일전까지 관계당사자가 추천하는 위원의 명단제출이 없을 때에는 당해 위원을 위원장이 따로 지명할 수 있다(노조법 제55조 제3항). 위원장이 조정위원을 지명한 경우 조정위원명단을 지체 없이 관계당사자에게 통보하여야 한다(노조법시행규칙 제44조 제2항). 조정위원회는 공익을 대표하는 조정위원을 위원장으로 둔다(노조법 제56조).

2) **단독조정인** 노동위원회는 관계당사자 쌍방의 신청이 있거나 동의를 얻은 경우에는 조정위원회에 갈음하여 단독조정인에게 조정을 행하게 할 수 있다(노조법 제57조 제1항). 단독조정인은 당해 노동위원회의 위원 중에서 관계당사자 쌍방의 합의로 선정된 자를 그 노동위원회의 위원장이 지명한다(노조법 제 57조 제 2항). 단독조정인에 의하여 조정사건을 간이·신속하게 처리하려는 취지이다. 단독조정인에 의한 조정회의는 조정인력의 선임이 용이하여 조정을 조속히 정할 수 있는 장점이 있다.

3) **특별조정위원회** 공익사업의 노동쟁의의 조정을 위하여 노동위원회에 특별조정위원회를 둔다 (노조법 제 72조 제1항). 특별조정위원회는 특별조정위원 3인으로 구성하며 (노조법 제 72조 제2항), 그 특별조정위원은 그 노동위원회의 공익을 대표하는 위원 중에서

786) 이병태, 전게서, 376쪽.

노동조합과 사용자가 순차적으로 배제하고 남은 3인 내지 5인 중에서 노동위원회의 위원장이 지명한다. 다만, 관계당사자가 합의로 당해 노동위원회의 위원이 아닌 자를 추천하는 경우에는 그 추천된 자를 지명한다(노조법 제 72조 제3항). 그 절차에 관해서는 노동위원회규칙 제48조에서 자세히 정하고 있다.

(3) 조정개시와 조정기간

1)조정의 개시　노동위원회는 관계당사자와 일방이 노동쟁의의 조정을 신청한 때에는 지체 없이 조정을 개시하여야 하며, 관계당사자 쌍방은 이에 성실히 임하여야 한다 (노조법 제53조). 조정을 신청하고자 하는 관계당사자는 일정한 서식에 ㉠ 사업장 개요, ㉡ 단체교섭경위, ㉢ 당사자간 의견불일치 사항 및 이에 대한 당사자의 주장내용, ㉣ 기타 참고사항을 기재하여 신청하여야 한다(노조법 시행규칙 제14조 제1항). 이러한 신청을 받은 노동위원회는 그 신청내용이 노조법 제5장 제2절에서 정한 조정의 대상이 아니라고 인정한 경우에는 그 사유와 다른 해결방법을 알려 주어야 한다(노조법 시행령 제24조 제2항).

2) 조정기간　조정은 조정의 신청이 있은 날부터 ㉠ 일반사업에 있어서는 10일, ㉡ 공익사업에 있어서는 15일 이내에 종료하여야 한다 (노조법 제54조 제1항). 이 조정기간은 관계당사자간의 합의로 일반사업에 있어서는 10일, 공익사업에서는 15일 이내에서 연장할 수 있다(노조법 제54조 제2항). 따라서 노동조합은 노조법 제45조 제2항에 의한 조정전치주의에 따라 조정기간 또는 중재기간을 종료하지 않으면 쟁의행위를 할 수 없다. 그러나 노동조합의 쟁의목적이 정당하고 파업돌입에 필요한 다른 요건을 갖추었다면 그 파업은 적법한 것이며, 조정기간 중 내려진 중앙노동위원회의 행정지도를 어겼다는 이유만으로 불법파업이 되는 것은 아니다.[787] 노동조합이 노동위원회에 노동쟁의 조정신청을 하여 조정절차를 마치거나 조정이 종료되지 아니한 채 조정기간이 끝나면, 노동조합은 쟁의행위를 할 수 있으므로 노동위원회가 반드시 조정결정을 한 뒤에 쟁의행위를 해야 그 절차가 정당한 것은 아니다.[788]

---

787) 대판 2001. 6. 26, 2000도 2871.
788) 대판 2001. 6. 26, 2000도 2871.

(4) 조정의 절차

1) **주장의 확인**　조정위원회 또는 단독조정인은 기일을 정하여 관계당사자 쌍방을 출석하게 하여 주장의 요점을 확인하여야 한다(노조법 제58조). 주장을 확인하지 않고 작성한 조정안에 대하여 당사자 쌍방의 수락이 있는 경우도 효력이 있는가 의문이 제기된다. 생각건대, ㉠ 주장의 확인은 의무규정인 점, ㉡ 조정은 결과보다 과정이 더욱 중요한 절차인 점, ㉢ 조정은 당사자 일방의 신청으로 개시되므로 상대방 당사자의 조정에 응하지 아니할 권리 즉 소극적 조정권도 인정되어야 한다는 점, ㉣ 조정안의 수락은 노동조합 대표자의 수락의 의사표시가 있으면 족하므로 일반 조합원들의 의사와 무관하게 조정안이 성립 할 수 있는 점 등으로 보아 조정안의 효력을 부정하는 것이 타당하다.[789] 이 때 필요하다고 인정할 경우 조정담당 공익위원으로 하여금 사실조사와 사건의 세부심의를 행하게 할 수 있으며, 당해 사건의 처리를 담당할 심사관을 지정하여 사건의 조사와 심의에 필요한 사항에 관하여 조사하게 할 수 있다(노동위 규칙 제129조 제1항). 조정위원회 또는 단독조정인은 사건의 신속· 공정한 해결을 위하여 필요하다고 인정하는 경우, 노동쟁의가 발생한 현지에서 조정절차의 전부 또는 일부를 행할 수 있다(노동위 규칙 제129조 제2항). 조정위원회의 위원장 또는 단독조정인은 업무상 또는 기타의 사정에 따라 관계 당사자와 참고인외의 자의 회의출석을 금할 수 있다(노조법 제59조).

2) **조정안의 작성과 수락권고**　조정위원회 또는 단독조정인은 조정안을 마련한 경우 조정회의를 소집하여 조정안을 당사자에게 제시하고 그 수락을 권고하여 수락여부를 확인하여야 한다(노조법 제60조 제1항, 노동위원회 규칙 제45조 제3항). 또한 그 조정안에 이유를 붙여 공표할 수 있으며, 필요한 때에는 신문 또는 방송에 보도 등 협조를 요청할 수 있다(노조법 제60조 제1항, 노동위원회 규칙 제129조 제3항).

(5) 조정의 종료와 조정서의 효력

1) **조정의 종료**　조정위원회 또는 단독조정인은 관계당사자에게 조정안을 제시한 후 당사자 쌍방 또는 일방이 수락을 거부하거나 조정위원회가 조정기간의 범위내에서 지정한 날까지 수락의 의사표시가 없는 경우에는, 조정을 종료하고 그 취지를 당사자에게 서면으

789) 고태관, "노동분쟁의 조정절차", 『노동법연구』(서울대노동법연구회 편), 도서출판 진원, 1997, 387쪽.

로 통지하여야 한다(노조법 제60조 제2항, 노동위 규칙 제129조 제5항). 조정위원회 또는 단독조정인은 부득이한 사유로 인해 조정을 계속할 수 없다고 인정되는 경우 조정을 중지하고 그 이유를 당사자에게 서면으로 통지하여야 한다(노동위 규칙 제129조 제6항). 조정안의 수락을 당사자가 거부한 경우 조정절차는 종결되지만 노동쟁의는 해결되지 않았으므로, 결국 단체교섭이나 쟁의행위 또는 중재회부 등의 방법으로 그 해결을 시도하게 된다.

2) **조정서의 효력** 노조법 제60조 제1항의 규정에 의한 조정안이 관계당사자에 의하여 수락된 때에는 조정위원 전원 또는 단독조정인은 조정서를 작성하고 관계 당사자와 함께 서명 또는 날인하여야 한다 (노조법 제61조 제1항). 그 조정서는 일정한 서식에 따라 작성하고, 당사자에게 이를 교부하여야 한다(노동위 규칙 제129조 제4항). 조정서의 내용은 단체협약과 동일한 효력을 가진다(노조법 제61조 제2항). 따라서 조정서에 기재된 사항만 효력이 인정되고, 조정시 노사당사자간의 합의가 있었던 사항일지라도 별도로 정함이 없는 한 조정서의 내용에 포함되지 않은 경우 그 사항에 관해서는 조정의 효력이 생기지 않는다.

(6) 조정서의 해석과 무효확인청구소송

a) 조정위원회가 작성한 조정안이 관계당사자 쌍방에 의하여 수락된 후 그 해석 또는 이행방법에 관하여 의견의 불일치가 있는 때에는 관계당사자는 당해 조정위원회 또는 단독 조정인에게 그 해석 또는 이행방법에 관한 명확한 견해의 제시를 요청하여야 한다(노조법 제60조 제3항). 노동위원회의 위원장은 당해 조정안을 제시한 조정위원회 또는 단독조정인에게 지체없이 그 사실을 통지하고, 조정안의 해석 또는 이행방법에 관한 견해를 제시하도록 하여야 한다(노동위 규칙 제131조 제1항).

b) 조정위원회 또는 단독조정인이 위의 요청을 받은 때에는 그 요청을 받은 날부터 7일 이내에 명확한 견해를 제시하여야 한다(노조법 제60조 제4항). 그 견해의 제시는 ㉠ 당사자, ㉡ 그 「주문과 같이 조정안에 대해 해석한다」 또는 「주문과 같이 조정안의 이행방법에 관한 견해를 제시한다」는 뜻, ㉢ 주문 및 이유 등을 기재한 결정서를 당사자에게 교부하여야 한다(노동위 규칙 제131조 제3항). 노조법 제60조 제3항 제4항에 의한 해석 또는 이행방법에 관한 견해가 제시될 때 까지 관계당사자는 당해 조정안의 해석 또는 이행에 관하여 쟁의행위를 할 수 없다(노조법 제60조 제5항). 이 경우 조정기관이 제시한 해

석 또는 이행방법에 관한 견해는 중재재정과 동일한 효력을 가진다.

c) 한편 일단 수락된 조정결정이 위법이거나 월권에 의한 것이라고 인정되는 경우에 이를 다툴 수 있는지 의문이 제기된다. 생각건대 ㉠ 조정결정은 단체협약과 동일한 효력이 인정되는 점, ㉡ 조정은 중재와 달리 당사자 쌍방이 수락에 의하여 비로소 효력이 발생하는 점에 비추어 위법한 부분이 있다는 사정만으로 조정결정의 효력을 다툴 수 없다고 본다. 그러나 위법한 부분이 조정결정의 본질적이고 중요한 부분인 경우에는 민사소송상 무효확인청구를 할 수 있다. 다만, 당해 조정안의 해석 또는 이행에 관한 조정기관의 해석 등은 중재재정과 동일한 효력을 가지므로 중재재정과 동일한 불복절차를 거칠 수 있다.[790]

관련 판례 대판 1995.4.28 94누11583
조정전치에 위반한 쟁의행위의 정당성

당초 쟁의의 원인이 된 원직복귀명령, 징계통보가 위법한 것이라고 하더라도 노동조합이 노동쟁의조정법에 따른 쟁의행위발생신고를 하지 아니하고 냉각기간도 거치지 아니하였는데도, 농성을 주도하여 레미콘 차량으로 정문 등을 막고 사업장을 점거하면서 10여일간 회사의 조업을 전면적으로 중단시킬 정도의 파업을 한 행위는 정당한 노동조합활동으로 볼 수 없으니 그 불법파업 주동자를 해고한 것은 부당노동행위에 해당하지 않는다.

2. 중 재

(1) 의 의

중재란 노동위원회에 설치된 중재위원회가 노동쟁의의 해결조건을 정한 해결안(중재재정)을 작성하고, 당사자는 무조건 그 해결안에 구속되는 쟁의의 조정방법을 말한다.[791] 중재재정은 당사자의 수락과 관계없이 법적으로 당사자를 구속하는 강행적 효력을 가지게 된다. 현행법은 ㉠ 관계당사자의 쌍방이 함께 신청한 때, ㉡ 관계당사자의 일방이 단체협약에 의하여 중재를 신청한 때 중재를 행한다. 임의중재는 일반사업과 공익사업에 적용이 되고, 공익사업의 노동쟁의조정을 위하여 노동위원회에 특별조정위원회를 둔다. 이와 같은

790) 고태관, 전게논문, 388쪽.

791) 이병태, 전게서, 381쪽.

중재는 조정방법 중 가장 강력한 것으로서 국민의 생활을 위태롭게 하는 분쟁을 강제적으로 종결시키는 중요한 기능을 한다.

(2) 중재의 기관

노동위원회는 노동쟁의의 중재 또는 재심을 위하여 노동위원회에 중재위원회를 둔다(노조법 제64조 제1항). 중재위원회는 노동위원회의 위원장이 지명한 3인의 중재위원으로 구성된다(노조법 제64조 제2항). 노동위원회 위원장은 당해 노동위원회의 공익을 대표하는 위원 중에서 관계당사자의 합의로 선정된 자에 대하여 중재위원으로 선임한다. 다만, 관계당사자 간에 합의가 성립되지 아니한 경우에는 노동위원회의 공익을 대표하는 위원 중에서 지명한다(노조법 제64조 제3항). 중재위원회에는 위원장을 두며(노조법 제65조 제1항), 위원장은 중재위원 중에서 호선한다(노조법 제65조 제2항).

(3) 중재의 개시

a) 중재는 임의 중재가 원칙이나, 일단 임의중재가 내려지면 당사자를 구속한다. 노동위원회는 ㉠ 관계당사자 쌍방이 함께 중재를 신청한 때, ㉡ 관계당사자 일방이 단체협약에 의하여 중재신청을 한 때에 중재를 행한다(노조법 제62조). 따라서 필수공익사업에 대한 직권중재규정은 삭제되었다. 노동쟁의가 중재에 회부된 때에는 그 날로부터 15일간 쟁의행위를 할 수 없다(노조법 제63조). 중재기간은 특별히 명문으로 규정을 두고 있지 않으나, 중재가 개시 되면 15일간 쟁의행위가 금지된다. 이러한 쟁위행위를 금지하는 규정은 헌법 제33조 및 제37조 제2항에 위반하거나 근로자의 단체 행동권을 침해하는 것이라고 볼 수 없으므로 정당하다.[792)]

b) 공익사업의 노동쟁의의 조정을 위하여 노동위원회에 특별조정위원회를 둔다(노조법 제72조 제1항). 중재재정을 하게 되면 당사자는 아무리 불리한 내용일지라도 무조건 이에 따라야 하므로 실질적으로 단체행동권을 부정하는 결과를 가져온다.[793)] 이 점을 감안한다

792) 대판 1990. 9. 28, 90도 602 ; 대판 1990. 5. 15, 90도 357 ; 대판 1990. 9. 28, 90초53 ; 대판 1991. 3. 27, 90도2528 ; 대판 1994. 1. 11, 93누 11883.

793) 이병태, 『최신노동법』, 중앙경제사, 2008, 381쪽.

면 노조법 제62조 제3호의 강제중재의 대상이었던 필수공익사업(노조법 제71조 제2항) 의 범위는 더욱 축소되어야 한다고 주장되었으나 현재 노조법 제62조 제3호는 삭제되었다.

(4) 중재의 방식

a) 노동위원회가 중재재정을 할 때 노사양측에 제시한 안 중에서 어느 하나를 선택하는 이른바 선택식 중재를 했다 해도 적법하다. 즉 중재재정의 내용이 노사협의가 원만히 이루어져 단일안이 작성된 경우에는 그 안을, 단일안이 작성되지 않은 경우에는 쌍방의 안 중에서 보다 합리적인 안으로 선택된 안을 최종안으로 하여 시행한다는 것으로서 2중의 형태를 취하고 있긴 하나 그 내용 자체가 명확하고 확정적인 이상 이를 일컬어 위법이라고 할 수 없다.

b) 중재재정의 내용 및 방식에 관하여는 절충식 중재방식을 취할 것이냐 선택식 중재방식을 취할 것이냐는 중앙노동위원회의 재량에 속하는 것이고, 선택식 중재방식이 만일 노·사 쌍방이 자기측 안이 합리성과 구체적 타당성의 측면에서 상대방의 그것보다 미흡할 경우에 상대방의 안이 선택될지 모른다는 위험부담을 안게 되므로 이러한 위험을 회피하기 위하여 보다 합리적이고 구체적 타당성 있는 제안을 하게 함으로써 분쟁의 자주적 해결을 강제적으로 유도할 수 있다. 이때 중앙노동위원회가 중재재정을 함에 있어 선택식 중재방식을 취하여 노조측과 사용자측이 제출한 시행사안 중 보다 합리적인 시행안을 최종안으로 선택하도록 하였다 하여 합리적인 기준 없이 자의적으로 판정함으로써 중재의 본질에 반한다고는 할 수 없다.[794]

(5) 중재의 대상

1) 개별적 이익분쟁 중재의 대상은 노동쟁의의 대상이 되는 이익분쟁에 관한 사항이다. 구체적으로 이익분쟁에 속하는 사항은 ㉠ 임금지급율의 인상, ㉡ 새로운 수당의 창설, ㉢ 상여금이나 성과급의 지급에 관한 사항, ㉣ 퇴직금 누진율에 관한 사항, ㉤ 운송수익금의 기준액, ㉥ 근로시간·해고뿐만 아니라 안전보건, 재해보상 등 근로조건에 관한 사항은 중재대상이 된다. 또한 ㉦ 면직기준은 근로계약의 종료사유를 결정하는 것이고, ㉧ 상벌위

794) 서울고판 1989. 8. 31, 89구3788.

원회에 관련된 표창과 제재에 관한 사항은 근로조건에 해당하는 것으로 보아 중재재정의 대상이 된다.

2) 집단적 노사관계의 운영에 관한 사항 중재재심결정 중 단체협약상의 근무시간 중 조합활동, 조합전임자, 시설 편의제공, 출장취급에 관한 부분이 좁은 의미의 노동쟁의에 포함되는 근로조건에 관한 사항에 속하지 아니하기는 해도, 이러한 조항들이 모두 기존의 단체협약에 포함된 것이고, 사용자가 지방노동위원회의 중재재정과정에 이르기까지 위 조항들의 존속을 전제로 그 내용에 관한 일부 수정의견을 제출한 이상, 노동위원회로서는 이러한 사항들에 관하여 중재재정의 대상으로 삼을 만한 '특별한 사정'이 있었다고 보아야 한다.[795] 따라서 '집단적 근로관계의 운영에 관한 사항'도 중재재정의 대상이 될 수 있다. 이러한 경우 중재재심결정은 위법이 있다고 할 수 없고, 그 내용이 대부분 기존의 조항들을 유지하는것으로서 결과적으로 노사 어느 일방에게 불리하다고 하더라도 이를 월권이라고 할 수 없다. 강제중재의 대상을 좁은 의미의 노동쟁의에 포함되는 근로조건에 관한 사항만으로 제한하여 해석하는 경우에도, '특별한 사정'이 있는 경우에는 집단적 근로관계의 운영에 관한 사항도 중재재정이 될 수 있다. 그러나 노동조합및노동조합관계조정법 제2조 제5호에서는 노동쟁의를 "노동조합과 사용자 또는 사용자단체 간에 임금 · 근로시간 · 복지 · 해고 기타 대우 등 근로조건에 관한 노동관계 당사자 사이의 주장의 불일치로 인한 분쟁상태"라고 규정하고 있으므로 근로조건의 결정에 관한 분쟁이 아닌 경우에는 현행법상의 노동쟁의라고 할 수 없고, 특별한 사정이 없는 한 이러한 사항은 중재재정의 대상으로 할 수 없다. 따라서 근로조건 이외의 사항인 근무시간 중 조합활동, 조합전임자, 시설 편의제공, 출장취급 등을 중재재정의 대상으로 할 수 없다.[796] 그러나 중재절차는 노동쟁의의 자주적 해결과 신속한 처리를 위한 광의의 노동쟁의조정절차의 일부분 이므로 노사관계 당사자 쌍방이 합의하여 단체협약의 대상이 될 수 있는 사항에 대하여 중재를 해 줄 것을 신청한 경우 이거나 이와 동일시할 수 있는 사정이 있는 경우에는 근로조건 이외의 사항에 대하여도 중재재정을 할 수 있다.[797]

795) 대판 1996. 2. 23, 94누9177 ; 대판 1997. 10. 10, 97누495.
796) 대판 1996. 2. 23, 94누9177.
797) 대판 1992. 5. 12, 91누10503.

(6) 중재의 절차

1) **주장의 확인 등** 중재위원회는 사실조사와 심의 및 당사자의 의견을 듣고 중재재정을 한다. 중재위원회는 기일을 정하여 관계당사자 쌍방 또는 일방을 중재위원회에 출석하게 하여 주장의 요점을 확인하여야 한다(노조법 제66조 제1항). 관계 당사자가 지명한 중재위원회의 사용자를 대표하는 위원 또는 근로자를 대표하는 위원은 중재위원회의 동의를 얻어 그 회의에 출석하여 의견을 진술 할 수 있다(노조법 제66조 제2항). 중재위원회 위원장은 관계 당사자와 참고인 외의 자의 회의 출석을 금할 수 있다(노조법 제67조).

2) **중재서의 작성과 해석** 중재재정은 서면으로 작성하여 이를 행하며 그 서면에는 효력발생기일을 명시하여야 한다 (노조법 제68조 제1항). 중재재정의 해석 또는 이행방법에 관하여 관계당사자 간에 의견의 불일치가 있는 때에는 당해 중재위원회의 해석에 따르며, 그 해석은 중재재정과 동일한 효력을 가진다(노조법 제68조 제2항).

(7) 중재재정의 재심과 행정소송

1) **중재재정의 재심청구** 관계당사자는 지방노동위원회 또는 특별노동위원회의 중재재정이 위법이거나 월권에 의한 것이라고 인정하는 경우에는 그 중재재정서의 송달을 받은 날부터 10일 이내에 중노위에 그 재심을 신청할 수 있다(노조법 제69조 제1항). 위법이거나 월권에 의한 경우에만 재심을 신청할 수 있으므로, 노사 어느 일방에게 불리하여 부당하거나 불합리한 경우라도 불복은 허용되지 않는다.[798] 이 경우 위법이란 재정의 절차나 내용이 법령에 위반하거나 해당 법령의 적용을 잘못한 경우를 뜻하고, 월권이란 중재재량권을 일탈 내지 남용한 경우를 말한다.[799] 따라서 쌍방 당사자의 주장의 하한선과 상한선 사이의 범위를 넘는 수준으로 중재재정이 되는 경우에는 월권의 범위에 속한다.[800]

2) **중재재정의 불복** 관계당사자는 중앙노동위원회의 중재재정이나 재심결정이 위법이거나 월권이라고 인정하는 경우에는 행정소송법 제20조의 규정에 불구하고 그 중재재정서 또는 재심결정서의 송달을 받은 날로부터 15일 이내에 행정소송을 제기할 수 있다(노조법

---

798) 대판 1997. 12. 26 96누 10669 ; 1992. 7, 14, 91누 8944 ; 1994. 1. 11, 93누 11883.

799) 이병태, 전게서, 383쪽.

800) 윤광희, 전게서, 295쪽.

제69조 제2항). 따라서 중재재정의 절차가 위법이거나 그 내용이 근로기준법 위반 등으로 위법한 경우 또는 당사자 사이에 분쟁의 대상이 되어 있지 않은 사항이나 정당한 이유 없이 당사자의 분쟁범위를 벗어나는 부분에 대하여 불복할 수 있다. 또한 중재재정으로 위법이거나 월권에 의한 것임을 이유로 하는 때에 한하여 불복할 수 있고, 단순히 노·사 어느 일방에게 불리한 내용이라는 사유만으로 불복이 허용되지 않는다.[801]

(8) 중재재정의 확정과 효력

노조법 제69조에서 정한 기간 내에 재심을 신청하지 아니하거나 행정소송을 제기하지 아니한 때에는 그 중재재정 또는 재심결정은 확정된다(노조법 제69조 제3항). 확정된 중재재정 또는 재심결정의 내용은 단체협약과 동일한 효력을 가진다(노조법 제70조 제1항). 노동위원회의 중재재정 또는 재심결정은 중앙노동위원회에 재심 신청 또는 행정소송의 제기에 의하여 그 효력이 정지되지 아니한다(노조법 제70조 제2항). 따라서 비록 중재에 앞서 열린 조정위원회에서 노사당사자간 합의된 사항일지라도 그 부분이 중재재정에 포함되지 않는 이상 그 합의된 사항은 노조법 제68조의 취지에서 보아 단체협약과 동일한 효력을 가질 수 없다.[802] 그러나 조정위원회에서 노사간 합의된 사항을 문서로 작성하고 쌍방이 서명 또는 날인한 경우에는 별도의 단체협약으로서 중재재정의 내용에 명백하게 저촉되지 않는 한 효력이 있다고 본다.

관련 판례 대판 1990.5.15. 90도357
중재시 쟁의 행위의 금지와 헌법 제37조 제2항과의 관계

노동쟁의조정법 제30조 제3호, 제31조를 보면 같은 규정의 해당사유가 발생한 때에는 노사 양측의 쟁의행위권이 15일의 단기간 동안 제한·금지되고 있으나, 그 이후의 노사교섭은 독립적이고 전문적인 행정위원회로서 준사법적(판정적) 권한을 갖고 있는 중재위원회가 중립적 입장에서 중재사건을 담당하여 중재재정을 내릴 수 있게 하고, 이것이 확정된 경우에는 단체협약과 동일한 효력을 가지는 것이므로, 쟁의권이 난항에 빠진 단체교섭을 조성시키는 수단으로서의 권리이고, 이것은 결국 단체교섭을 통하여 단체협약을

801) 대판 1992. 7. 14. 91누8944 ; 대판 1994. 1. 11, 93누 11883 ; 대판 1997. 12. 26, 96누10669.
802) 대판 1995. 11. 14, 95다 14244.

성사시키는 것을 목적으로 하고 있는 것으로 보아야 한다는 점에 비추어 볼 때, 위와 같은 중재재정제도는 헌법 제33조 제1항 에 의하여 보장된 단체행동권을 제한하는 상당한 대상조치라고 아니 볼 수 없어 결국 노동쟁의조정법 제30조 제3호, 제31조의 규정은 헌법 제37조 제2항에 의한 합헌성을 부정하기 어렵다.

관련 판례 대판 1995.9.15. 95누6724

지노위의 중재회부결정에 대한 불복과 불이익의 고려

지방노동위원회가 노동쟁의에 대하여 한 중재회부결정은, 중재에 회부된 날로부터 15일간 쟁의행위를 금지시키고(노동쟁의조정법 제31조), 이를 위반하여 쟁의행위를 한 자에 대한 형사처벌을 할 수 있으며(같은 법 제47조), 위 금지기간 중의 쟁의행위를 부당한 쟁의행위로 보는 결과 그로 인하여 발생한 사용자의 손해에 대하여 노동조합 또는 조합원에게 배상책임을 부담시키는 (같은 법 제8조 참조) 등의 법률적 효과를 발생하게 하는 행정처분이라 할 것이고, 또한 위 중재회부결정이 중재재정을 위한 선행처분에 해당한다고 보더라도 중재회부결정은 위와 같은 자체의 독립한 법률효과를 가지고 있을 뿐 아니라 중재회부결정 이후 노동쟁의가 중재재정에 의하지 않고 노사간의 자율에 의하여 타결되는 경우와 같이 같은 법 제38조에서 규정하고 잇는 중재재정에 대한 불복방법만으로는 중재회부결정으로 인하여 노동조합이 받는 법적 불이익을 구제하기에 충분하지 못한 경우도 있으므로, 노동조합은 지방노동위원회의 중재회부결정 자체에 대하여도 불복할 수 있다 할 것이다.

관련 판례 대판 1992.5.12. 91누10503

기준액과 상여금에 대한 중재신청

중앙노동위원회의 중재재심결정 중 격일제 근로에 있어서의 근로시간과 근무일수, 기본급 산정의 기준인 1일 근로시간 등에 관한 부분은 그 효력기간이 경과된 뒤라서 그 취소를 구할 법률상의 이익이 있다고 볼만한 특별한 사정을 찾아보기 어려우나, 위 중재재심결정의 대상이 된 사항 중 월간 운송수입금기준액과 상여금 지급제한에 관한 부분은 만일 중재재심결정이 취소되어 협약내용이 변경된다면 이미 경과한 위 중재재심결정의 유효기간에 대하여도 그 기간중에 미지급된 임금차액을 사후에나마 더 청구할 수 있는 여지가 생길 수 있고, 이로 인한 근로자들의 이익은 단순한 사실상의 이익이 아니라 바로 단체교섭권 등에 기한 법률상의 이익이라고 보아야 할 것이므로, 위 월간 운송수입금 기준액과 상여금 지급체한에 관한 중재재심결정에 대하여는 단체교섭권 등에 기한 법률상의 이익이므로 그 취소를 구할 법률상의 이익이 있다.

관련 판례 대판 1997.10.10. 97누4951

택시회사의 일상도급제와 임금지급방법에 대한 중재재정의 대상

이 사건에서 중재재정한 정액제는 영업용 택시회사에서 근로자에 대한 임금지급 방법의 한 형태이고 이러한 임금지급방법에 의한 근로계약은 일당도급제 근로 계약이라 할 것인바, 위와 같은 임금지급방법에 관한 분쟁은 임금에 관한 사항으로서 중재재정의 대상이 된다고 할 것이고, 한편 임금협정에 관한 이 사건 중재재정의 유효기간은 1995. 12. 1부터 1996. 11. 30 까지임은 원심이 인정한 바와 같고, 자동차운수사업법(1994. 8. 3. 법률 제4780호로 개정된 것) 제24조 제4항, 같은법칙 제2항에 의하면 일반택시운송사업자는 1997. 9. 1부터 운수종사자가 이용자로부터 수령한 운송수입금의 전액을 당해 운수종사자로부터 납부받아야 한다고 규정하여 1997. 9. 1.부터는 일당도급제 임금계약을 금지하고 있으나, 그 이전에는 자동차운수사업법상 이를 금지하는 규정을 찾아볼 수 없고 달리 일당도급제 임금 지급방법이 위법하다고 볼 자료도 없으며(기록에 의하면 이 사건 중재재정에서 근로자에 대한 기본급을 보장하고 있으므로 이 부분 중재재정이 구 근로기준법(1997. 3. 13, 법률 제5305호로 폐지, 이하 같다) 제39조에 위반한다고 할 수도 있다), 또 이 부분 중재재정이 근로자에 대한 임금지급의 한 방법으로 일당도급제를 채택하였을 뿐이지 운송수입금에서 사납금을 제외한 나머지 부분을 부가가치세의 과세표준에서 제외한 것은 아니므로 이 부분 중재재정의 내용이 부가가치세법을 위반하여 위법하다고 할 수도 없다.

관련 판례 대판 1997.6.27. 95누17380

승무수당 및 근속수당의 통상임금에 대한 포함여부와 중재재정의 대상

이 사건의 경우를 보건대 기록에 의하면, 노사간의 단체교섭단계에서부터 사용자측은 1988. 1. 20.자 고용노동부예규 제150호를 내세워 승무수당과 근속수당은 통상임금의 범위에서 제외되어야 한다고 주장해 온 반면에 노동조합측은 위각 수당을 통상임금의 범위에 포함시켜야 한다고 주장하여 다툼이 생기자 관할지방노동위원회는 이 사건 중재재정을 함에 있어 위 각 수당을 통상임금에서 제외시키려는 취지에서 단체협약 제19조 단서 제3항으로 "통상임금은 고용노동부의 유권해석에 따른다"는 조항을 삽입한 사실을 알 수 있는바, 근로자가 지급받는 각종 수당에 대하여 그것이 통상임금에 해당되는지 여부를 둘러싸고 다툼이 있는 경우에는 궁극적으로 재판절차를 통하여 확정되어야 할 것이지 이를 행정기관의 유권해석에 따르도록 함으로써 성질상 통상임금에 포함되어야 할 수당이 통상임금에서 제외되는 결과를 초래한다면 이는 근로기준법에 정한 기준에 달하지 못하는 근로조건을 정한 것으로서 무효라고 보아야 할 것이고, 확정된 중재재정이 단체협약과 동일한 효력을 갖는다고 하여 달리 볼 것은 아니다. 따라서 위와 같은 위법한 중재재정조항을 삭제한 이 사건 중재재심결정을 정당하다고 본 원심의 조치는 정당하다.

관련 판례 대판 1992.5.12. 91누10503

중재재정의 취소를 구할 법률상의 이익

행정처분이 법령이나 처분 자체에 의하여 효력기간이 정해져 있는 경우에 그 기간 경과 후에 처분이 외형상 잔존함으로 인하여 어떠한 법률상의 이익이 침해되고 있다고 볼 만한 특별한 사정이 있는 때에는 그 처분의 취소를 구할 법률상의 이익을 부정하여서는 안 될 것이다. 월간운송수입금기준액과 상여금지급제한에 관한 중재재심결정은 만일 중재결정이 취소되어 협약내용이 변경된다면 이미 경과한 위 중재재심결정의 유효기간에 대하여도 그 기간중에 미지급된 임금차액을 사후에나마 더 청구할 수 있는 여지가 생길 수 있고, 이로 인한 근로자들의 이익은 단순한 사실상의 이익이 아니라 바로 단체교섭권 등에 의한 법률상의 이익이라고 보아야 할 것이므로 그 취소를 구할 법률상의 이익이 있다.

관련 판례 대판 1997.12.26. 96누10669

노조전임제에 대한 중재재정의 영향과 불복

원심판시와 같이 중재재정의 대상이 될 수 없는 노조전임제에 관하여 중재재정을 한 위법이 임금인상에 관한 중재재정에 영향을 미쳤다고 하더라도 이로 인하여 임금인상에 관한 중재재정이 노사 어느 일방에게 불리하여 부당하거나 불합리한 것으로 될 뿐이고 위법이거나 월권에 의한 것으로 된다고는 할 수 없으므로(이 사건 중재재정서에 의하면, 임금인상에 관한 중재재정은 정부투자기관의 임금수준 및 1995년도 임금인상률, 1995년도 참가인의 예산편성내역, 정부투자기관의 1995년도 임금가이드라인 등을 종합하여 이루어진 사실을 알 수 있으므로, 노조전임제 등에 관한 중재재정이 임금인상에 관한 중재재정에 영향을 미쳤다고 보기도 어렵다), 그에 대한 불복은 허용되지 아니 한다고 할 것이다.

관련 판례 대판 1997.12.26. 96누 10669 ; 대판 1997.9.30. 97누676

중재재정의 유효기간과 취소소송

중재재정 자체에 의하여 효력기간이 정하여져 있는 경우에 그 중재재정은 유효기간의 경과로 효력이 상실되고, 이와 같은 중재재정이 실효된 이상 그 기간의 경과 후에 중재재정이 외형상 잔존함으로 인하여 어떠한 법률상의 이익이 침해되고 있다고 볼 만한 특별한 사정이 없는 한 노동관계 당사자는 그중재재정의 취소를 구할 법률상의 이익이 없다.

관련 판례 대판 2000.6.7. 98다13747
단체협약과 동일한 중재재정의 효력과 소급효의 인정범위

단체협약은 노동조합이 사용자 또는 사용자단체와 근로조건 기타 노사관계에서 발생하는 사항에 관하여 체결하는 협정으로서, 노동조합이 사용자 측과 기존의 임금, 근로시간, 퇴직금 등 근로조건을 결정하는 기준에 관하여 소급적으로 동의하거나 이를 승인하는 내용의 단체협약을 체결한 경우에 그 동의나 승인의 효력은 단체협약이 시행된 이후에 그 사업체에 종사하며 그 협약의 적용을 받게 될 노동조합원이나 근로자들에 대해서만 생기고, 단체협약 체결 이전에 이미 퇴직한 근로자에게는 위와 같은 효력이 생길 여지가 없고, 근로조건이 근로자에게 유리하게 변경된 경우라 하더라도 다를 바 없으면, 중재재정은 단체협약과 동일한 효력을 갖는 것으로 위와 같은 법리가 그대로 적용된다.

관련 판례 대판 1992.7.14. 91누8944
중재재정의 의미와 효력

노동쟁의조정법 제38조 제2항의 규정에 의하면 당사자는 중재재정이 위법하거나 월권에 의한 것이라고 인정하는 경우에 행정소송을 제기하여 이에 불복할 수 있도록 되어 있으므로, 중재재정은 그 절차가 위법하거나 그 내용이 근로기준법위반 등으로 위법한 경우 또는 당사자 사이에 분쟁의 대상이 되어 있지 않은 사항이나 정당한 이유 없이 당사자의 분쟁범위를 벗어나는 부분에 대하여 월권으로 중재재정을 한 경우와 같이 위법이거나 월권에 의한 것임을 이유로 하는 때에 한하여 불복할 수 있고, 중재재정이 단순히 노·사 어느 일방에게 불리한 내용이라는 사유만으로는 불복이 허용되지 않는다.

제3절 공익사업에서의 노동쟁의조정

1. 공익사업과 쟁의행위의 제한

(1) 의 의

공익사업이란 공중의 일상생활과 밀접한 관련이 있거나 국민경제에 직접 중대한 영향을 미치는 사업으로 일반사업과 달리 특별한 취급을 하여 조정을 해야 하는 사업을 말한다.

노조법은 공익사업에 대하여 업종별로 특별히 지정하고 쟁의행위가 발생한 경우에 신속히 처리하도록 조정절차에 일정한 특칙을 정하고 있다. 이러한 이유는 단체행동권의 무제한적 행사로 공공복리나 국민의 일상생활에 악영향을 미칠 수 있기 때문에 이를 억제하고, 다른 제3자의 기본적인 권리와 조화되도록 한 것이다.

(2) 공익사업

1) 개 념　노조법 제71조 제1항에서는 「공중의 일상생활과 밀접한 관련이 있거나 국민경제에 미치는 영향이 큰 사업」을 공익사업으로 규정하고 있다. "공중의 일상생활과 밀접한 관련이 있는" 사업은 공중의 일상생활에서 없어서는 아니 될 성격을 지니며, 불특정 다수인이 근대 문화국가의 시민으로서 일상생활을 하는 데 필요불가결한 사업이어야 한다는 것을 의미한다. "국민경제에 미치는 영향이 큰 사업"이란 그 사업의 성질이나 규모에서 그 사업의 업무중단이 수많은 다른 기업의 조업중단이나 감산 내지 수송난으로 국민경제를 위태롭게 할 우려가 있는 사업을 말한다. 비록 노조법 제71조에서 정한 5개업종의 사업일지라도 공중의 일상생활과 밀접한 관련이 없거나 국민경제에 미치는 영향이 크지 않은 경우 공익사업이 될 수 없다.

2) 공익사업의 유형

① 사업의 유형 - 노조법 제72조 제1항에서 명시한 사업의 유형으로는 ㉠ 정기노선여객운수사업 및 항공운수사업 (제1호), ㉡ 수도 · 전기 · 가스 · 석유정제 및 석유공급사업(제2호), ㉢ 공중위생사업, 의료사업 및 혈액공급사업(제3호), ㉣ 은행 및 조폐사업(제4호), ㉤ 방송 및 통신사업(제5호) 등이다.

② 정기노선 여객운수사업 및 항공운수사업 - 정기노선여객운수사업이란 일반 공중의 수요에 따라 철도궤도에 의하거나, 일정한 노선을 정하여 정기적으로 또는 일정한 사업구역 내에서 사업의 면허조건에 의하여 자동차 등을 운행 · 수송하는 사업과 일체를 이루는 사업 및 그 사업에 있어서 불가결한 업무를 말한다.[803] 그러므로 철도 · 지하철 · 시내버스 · 고속버스 및 시외버스, 여객항공운송사업, 여객선사업과 이와 관련된 터미널사업도 포함된다.

---

803) 노사 01254-370. 1992. 7. 24.

③ 수도 · 전기 · 가스 등의 사업, 석유정제사업 및 석유공급사업 - 지역난방사업이 공중의 일상생활에 없어서는 아니 된다면 공익사업에 해당된다.804) 상하수도 업무는 지방자치단체에서 담당하므로 쟁의대상이 아니나, 여기에 종사하는 일용직 · 계약직 · 근로자들이 노동조합을 설립한 경우에는 쟁의행위가 가능하다. 이외에 발전 · 송전 · 재번, 가스제조 · 도시가스 공급, 정유회사, 휘발유 등의 운송 · 판매업 등이 해당된다.

④ 공중위생, 의료사업 및 혈액공급사업 - 공중위생사업은 일반 공중을 상대로 하여 쓰레기 수집 및 처리, 하수시설의 운영 등 폐수처리 기타 살균 및 소독 등을 수행하는 업무를 말하며, 의료사업은 병원 · 의원 · 보건소 · 한의원 등을 말한다. 그러나 의료보험의 업무를 담당하는 국민건강보험공단은 공익사업이 아니다.805)

⑤ 은행사업 및 조폐사업 - 은행사업은 은행법 제9조에 의해 은행업의 인가를 받은 사업으로서, "단기금융업법"과 "종합금융회사에 대한 법률"에 의하여 재정경제부 장관의 인가 또는 지정을 받아 특수한 금융업무를 취급하는 투자금융회사와 종합금융회사는 은행사업에 해당되지 않으므로 공익사업으로 볼 수 없다.806) 은행사업은 금융업 중에서 통화금융기관인 중앙은행(한국은행)과 예금은행으로서 시중은행, 지방은행, 외국은행 국내지점 등 일반은행과 특별법에 의해 설립된 특수은행, 농협 · 축협 · 수협의 신용부분만이 포함된다.

⑥ 방송 및 통신사업 - 방송통신사업은 TV방송과 · 라디오방송 · 전화 · 이동통신, 유선방송사업이 포함된다. 위성방송도 방송통신사업에 해당된다. 그러나 아마추어 무선업은 공중의 일상생활이나 국민경제와 밀접한 관련업이 없으므로 공익사업에 해당되지 않는다.

3) 공익사업의 범위와 판단 정기노선여객운수사업은 일반 공중의 수요에 따라 일정한 노선을 정기적으로 운행하는 운수사업을 말하여,807) 시내버스나 시외버스, 고속버스 등을 말한다. 공중위생사업이란 일반 공중을 상대로 하여 쓰레기 수집 및 처리, 분뇨수거 및 처리, 하수시설운영 및 폐수처리 기타 살균 및 소독 등을 수행하는 산업활동을 말한다.

---

804) 노사 68140-269, 1993. 8. 21.

805) 노사 32281-191. 1991. 4. 8.

806) 노사 32281-4514, 1988. 3. 24.

807) 노사 32281-2667, 1988. 2. 20 ; 노사 32281-13533, 1988. 9. 5 ; 노사 32281-4514, 1988. 3. 24.

(2) 필수공익사업

1) 개 념　노조법 제71조 제1항에서 공익사업을 규정하고 있으나, 같은 조 제2항에서 필수공익사업을 별도로 정하고 있다. 필수공익사업은 공익사업중에서 노조법 제71조 제2항에서 「공익사업으로서 그 업무의 정지 또는 폐지가 공중의 일상생활을 현저히 저해하고 그 업무의 대체가 용이하지 아니한 사업을 말한다」고 규정하고 있다. 여기서 "공중의 일상생활을 현저히 위태롭게" 하는 경우란 그 사업이 불특정다수인의 공중생활과 직결되어 그 사업이 없이는 정상적인 공중생활의 확보가 어려운 경우를 말한다. 또한 "국민경제를 현저하게 저해"하는 경우란 그 사업의 규모나 성질에서 그 사업의 업무중단이 수많은 다른 기업의 조업중단 또는 감산 내지 수송난으로 파급되어 국민경제의 파탄을 가져올 염려가 있는 경우를 말한다.

2) 필수공익사업의 유형　노조법 제71조 제2항에서 명시한 사업의 유형은 ㉠ 철도사업, 도시철도사업 및 항공운수사업(제1호), ㉡ 수도 · 전기 · 가스 · 석유정제 및 석유공급사업(제2호), ㉢ 병원사업 및 혈액공급사업(제3호), ㉣ 한국은행사업(제4호), ㉤ 통신사업(제5호) 등이다. 이러한 필수공익사업에 대하여는 노조법 제62호 제3호에 의하여 직권(강제)중재를 할 수 있었으나 폐지되었다. 이와 관련하여 필수유지업무제도가 도입되었으나 앞으로 그 운영상 많은 과제가 예상된다.

3) 필수공익사업의의 판단　필수공익사업은 긴급조정이 가능하므로 이에 해당되면 단체행동권의 행사에 일정한 제한을 받게 된다. 따라서 필수공익사업의 범위는 엄격히 해석되어야 한다. 예컨대 필수공익사업의 업무라도 외부에 위탁하는 통신위탁업무는 필수공익사업에 해당되지 않으나,[808] 이동통신사업 자체는 필수공익사업에 해당된다.[809] 또한 지역의료보험사업이나 [810] 새마을 금고사업은[811] 그 사업의 폐지 또는 정지가 국민경제에 현저히 위태롭게 한다고 볼 수 없어 필수공익사업에 해당되지 않는다.

808) 협력 68140-322, 1997. 8. 12.
809) 협력 68140-347, 1997. 8. 28.
810) 노사 68140-269, 1991. 4. 8.
811) 협력 68140-221, 1997. 6. 4.

(3) 공익사업의 특칙

a) 노조법에서 공익조정의 원칙에 따라 공익사업의 경우 몇 가지 특칙규정을 두고 있다. 공익사업에 관한 노동쟁의의 조정은 일반사업에 있어서 보다 우선적으로 취급하고 신속히 처리하여야 한다(노조법 제51조). 공익사업에 있어서는 노동위원회에 조정을 신청한 날로부터 15일간 (일반사업 10일) 쟁의행위를 할 수 없다(노조법 제45조 제2항, 제54조 제1항).

b) 공익사업의 경우 현저히 국민경제를 해하거나 국민의 일상생활을 위태롭게 할 위험이 현존하는 때에는 긴급조정의 결정을 할 수 있다(노조법 제76조 제1항).

행정 해석 협력 968107-549, 2001.11

가스공급사업과 필수공익사업

가스산업은 한국표준산업분류(통계청고시 제2000-1호)상의 가스제조 및 배관공급업을 행하는 사업을 말하며, 이때 가스제조 및 배관공급업이란 석탄가스, 수성가스, 발생으로 가스등을 제조하거나 연료용 가스를 혼합하여 혼합가스를 제조하는 산업활동, 연료용 가스를 배관시설에 의하여 가정, 산업 및 상업사용자에게 직접 공급하는 산업활동을 말한다. 따라서 가스공급사업이 필수공익사업에 해당하기 위해서는 위와 같은 내용의 사업에 해당하여야 하는 형식적 요건을 갖추고, 그 업무의 정지 또는 폐지가 공중의 일상생활을 현저히 위태롭게 하거나 국민경제를 현저히 저해하고 그 업무의 대체가 용이하지 아니하여야 한다는 실질적 요건 또한 구비하여야 할 것이다.

행정 해석 노사 32281-2667, 1988.2.20

정기노선여객운수사업의 성격과 판단

정기노선여객운수사업이란 일반운수사업에 해당되는 사업 중 여객운송을 목적으로 철도·궤도에 의하거나 일정한 노선을 정하여 정기적으로 자동차 등을 운행·수송하는 사업을 의미하는 것으로서, 유람을 목적으로 하거나 사업장 등이 전적으로 자기의 업무상으로 사용하는 운수사업노선을 정하지 않거나 또는 정기적인 아닌 자동차운수사업 등은 이에 해당되지 않는다. 또한 택시운수업의 경우에 일정한 사업구역 내에서 일반공중의 수요에 의하여 그 사업의 면허조건에 따라 정기적으로 운행된다는 점을 감안하면 공중운수사업으로서의 성격은 가지고 있으나, 택시는 일정한 노선을 정하여 운행하고 있지 않을 뿐만 아니라 여객운송부담비율, 시장의 독점성의 정도에 비추어 실제로 파업으로 인한 국민의 피해가 심각할 정도의 것은 아니라고 할 수 있으므로 정기노선여객운수사업에서는 제외되는 것이 타당하다.

관련 판례 대판 2005.5.12. 2005도889
직권중재 회부결정 절차의 하자

필수공익사업장에서 쟁의행위 금지기간 중 쟁의행위를 함으로 인하여 처벌되는 노동조합및노동관계조정법위반죄는 적법하게 구성된 특별조정위원회가 조정이 성립될 가망이 없다고 인정하여 노동위원회에 중재회부를 권고하는 결정을 하고, 이에 따라 노동위원회 위원장이 공익위원의 의견을 들어 중재에 회부하기로 하는 결정을 하여 그날로부터 15일간 쟁의행위가 금지되는 경우, 그 기간 중에 쟁의행위를 함으로써 성립하는 범죄라 할 것인데, 이 사건에서 피고인이 위원장으로 있는 노동조합이 중앙노동위원회에 노동쟁의조정신청을 하자 중앙노동위원회 위원장은 이 사건 노동조합과 회사에 대하여 공익을 대표하는 위원 명단 및 특별조정위원 추천요청서를 발송하였고, 이에 대하여 이 사건 노동조합과 회사가 순차적으로 배제하는 공익위원의 명단을 제출하였음에도, 중앙노동위원회 위원장은 이 사건 노동조합이 배제한 공익위원을 포함하여 특별조정위원을 임명하였고, 이와 같이 구성된 특별조정위원회의 중재회부권고결정에 따라 중앙노동위원회 위원장이 이 사건 중재회부결정을 한 것으로 보이는 바, 그렇다면 이 사건 특별조정위원회의 구성 및 중재회부권고결정은 관련법령의 규정을 위반한 위법한 것이며, 이와 같은 하자 있는 절차에 기초한 이 사건 중재회부결정 역시 위법하다고 볼 여지가 있는 것이므로, 이러한 경우 원심으로서는 특별조정위원회의 구성 및 중재회부권고결정과 이를 절차적 요건으로 하고 있는 중앙노동위원회 위원장의 중재회부결정이 적법하게 이루어진 것인지 여부를 먼저 살핀 다음 나아가 이 사건 노동조합의 쟁의행위가 노동조합및노동관계조정법위반죄로 처벌할 수 있는 것인지를 판단하였어야 한다.

2. 긴급조정

(1) 의 의

긴급조정이란 노동쟁의가 국민경제나 국민생활을 위태롭게 할 위험이 있을 경우 고용노동부장관이 쟁의행위를 일시 중지시키고 긴급하게 조정할 것을 결정하는 강제적 조정을 말한다. 긴급조정은 국민경제 내지 국민생활에 중대한 위험이 우려되는 경우 공익을 위해 일정기간 쟁의행위를 중지시키고 신속한 조정절차를 거쳐 해결하는 조정방법이다. 긴급조정을 결정하면 노사당사자는 일체의 쟁의행위를 할 수 없으므로 노동조합의 단체행동권을 박탈한다는 비판도 적지 않다. 그러나 대규모 기업에서 쟁의행위가 장기화되고 해결의 실마리를 찾지 못하는 경우 국민경제에 막대한 영향을 미치므로 불가피한 해결방법으로 인정할 수밖에 없다. 다만, 그 적용에서 요건을 엄격히 해석하여 부당한 쟁의권의 박탈이 없도록 하여야 한다.

(2) 긴급조정의 요건

1) **실질적 요건** 쟁의행위가 공익사업에 관한 것이거나 그 규모가 크거나 그 성질이 특별한 것으로서 현저히 국민경제를 해하거나 국민의 일상생활을 위태롭게 할 위험이 현존하여야 한다(노조법 제76조 제1항). 쟁의행위가 ㉠ 그 성질이 특별한 것으로서, ㉡ 이러한 사업에서 쟁의행위로 인해 당해 업무가 정지하게 되면 "현저히 국민경제를 해하거나 국민의 일상생활을 위태롭게 할 위험"이 인정되고, ㉢ 그 위험이 현실적으로 존재하는 때에 한하여 고용노동부장관은 중노위의 의견을 듣고 긴급조정결정을 할 수 있다. 공익사업에서의 쟁의일지라도 그것이 ㉠과 ㉡의 요건을 갖추는 때에만 긴급조정을 결정할 수 있고, 특히 문제되는 "그 성질이 특별한 것"은 다른 요건과 관련하여 판단하여야 하기 때문이다. 따라서 "그 성질이 특별한 것"이란 공익사업에서의 쟁의나 대규모의 쟁의와 같을 정도로 그 사업의 업무정지나 폐지가 현저히 국민경제를 해하거나 국민의 일상생활을 위태롭게 할 사업을 말한다. 흔히 기간사업이 이에 해당된다. "현저히 국민경제를 해하거나 국민의 일상생활을 위태롭게 할 위험"은 구체적으로 이러한 위험이 국민경제를 해치고 국민의 일상생활에 영향을 미친다고 본다. 여기서 위험이 현실적으로 존재한다는 것은 위험이 존재하는 것만이 아니고 그로 인해 어느 정도의 손해가 발생하여야 한다.

2) **형식적 요건** 고용노동부장관은 긴급조정의 결정에서 미리 중앙노동위원회 위원장의 의견을 들어야 한다(노정업 제76조 제2항). 고용노동부장관은 중앙노동위원회 위원장의 의견을 듣기만 하면 되고 그 의견에 구속될 것은 아니지만 입법취지에서 보아 그 의견을 존중하여야 한다. 고용노동부장관이 긴급조정을 결정한 때에는 지체없이 그 이유를 붙여 이를 공표함과 동시에 중앙노동위원회와 노동관계 당사자에게 각각 통보하여야 한다(노조법 제76조 제3항). 그 공표는 신문, 라디오 또는 기타 공중이 신속하게 알 수 있는 방법으로 하여야 한다(노조법 시행령 제32조).

(3) 쟁의행위의 중지

관계당사자는 긴급조정의 결정이 공표된 때에는 즉시 쟁의행위를 중지하여야 하며, 공표일로부터 30일이 경과하지 아니하면 쟁의행위를 재개할 수 없다(노조법 제77조). 이 경우 쟁의행위의 금지는 노조법 제54조 및 제63조에서 정한 조정 · 중재기간과 관계없으므로 그 기간이 지난 후에도 긴급조정의 결정이 있는 때에 쟁의행위는 30일간 금지된다. 이를 위반하여 쟁의행위를 중지하지 아니하거나 쟁의행위를 한 때에는 그 위반행위의 주모자는 2년 이하의 징역 또는 2,000만원 이하의 벌금에 처한다(노조법 제90조). 다만, 노조법 제77조에서 정한 쟁의행위금지는 공익사업이나 대규모적인 사업에서의 쟁의행위에 따른 손실을 최소한도로 저지하려는 정책적 목적에서 비롯된 것이므로 위반행위의 위법성은 그 한도(벌칙)에서 인정될 뿐이므로 쟁의행위의 정당성은 부정되지 않는다. 따라서 민 · 형사 면책이나 부당노동행위에 따른 보호는 배제되지 않는다.

(4) 긴급조정의 절차

중앙노동위원회는 긴급조정의 통고를 받은 때에는 지체 없이 조정을 개시하여야 한다(노조법 제78조). 조정의 절차는 노조법 제58조(주장의 확인 등) 내지 제61조(조정의 효력)에서 정한 조정절차에 관한 규정에 따른다. 중앙노동위원회는 노조법 제78조에서 따른 조정이 성립될 가망이 없다고 인정한 경우에는 그 사건을 중재에 회부할 것인가의 여부를 긴급조정결정의 통고를 받은 날로부터 15일이내에 결정하여야 한다(노조법 제79조 제2항). 중앙노동위원회는 당해 관계당사자의 쌍방 또는 일방으로부터 중재신청이 있거나 중앙노동위원회가 중재에 회부할 것을 결정한 때에는 지체없이 중재를 행하여야 한다(노조법 제80조).

제7장 쟁의행위

제1절 서 설

1. 쟁의행위의 의의

(1) 쟁의행위

쟁의행위라 함은 파업 · 태업 · 직장폐쇄 기타 노동관계당사자가 그 주장을 관철할 목적으로 행하는 행위와 이에 대항하는 행위로서 업무의 정상적 운영을 저해하는 것을 말한다(노조법 제2조 제6호). 이 규정은 노조법상 유사개념으로서 노동쟁의인 분쟁상태와 구별하고 실력행사의 단계인 쟁의행위의 법적 효과를 달리하고자 하는 취지이다. 따라서 관행적으로 단체협약에 평화조항 · 쟁의조항을 명시하거나 평화의무가 문제로 되는 경우에 사용하는 쟁의행위라는 용어를 구별할 실익이 있다.

(2) 노동쟁의

노동쟁의라 함은 노동조합과 사용자 또는 사용자단체 사이에 임금 · 근로시간 · 해고, 기타 대우 등 근로조건의 결정에 관한 주장의 불일치로 인한 분쟁상태를 말한다(노조법 제2조 제5호). 여기서 「주장의 불일치」라 함은 당사자간의 합의를 위한 노력을 계속하여도 더 이상 자주적 교섭에 의한 합의의 여지가 없는 경우를 말한다(노조법 제2조 제5호). 이러한 노동쟁의는 단체교섭에도 불구하고 협약체결에 이르지 못하고 결렬된 상태를 의미하므로 실력행사로서의 쟁의행위와 다르므로 구별된다. 노동쟁의에서 말하는 「근로조건의 결정에 관한 주장」이란 개별적 노동관계와 단체적 노동관계 어느 것에 관한 주장이라도 집단성이 있으면 포함된다. 이것은 단체협약이나 근로계약상 권리의 주장(권리쟁의) 뿐만 아니라, 그것들에 관한 새로운 합의의 형성을 꾀하기 위한 주장(이익쟁의)도 포함한다. 그러나 근로조건 이외의 사항은 노동관계 당사자사이의 주장에 불일치되어 발생한 분쟁상태라도 노동쟁의라도 할 수 없다.

(3) 단체행동

단체행동이라 함은 집단적 행위로서 근로자측과 사용자측의 행위로 구별된다. 근로자측의 행위는 실정법상 쟁의행위와 노동쟁의 이외에 헌법 제33조 제1항의 규율대상이 되는 단체행동을 포함한다. 따라서 ㉠ 노동조합의 가두시위나 조합원대회, ㉡ 노동정책에 대한 집단적 의사표시를 위한 집회 등의 단체행동, ㉢ 유인물이나 깃발의 게시 등 다양한 형태를 포함한다. 사용자측의 행위는 사용자단체를 통한 공동적인 집단행동이나 개별적으로 다수 근로자와 상대하는 행위를 말한다. 이 경우 사용자의 행위는 근로자측과 달리 원칙적으로 방어적 수단의 성격을 지닌다. 이때 사용자측의 집단적 의사표시를 모두 단체행동권의 대상으로 보는 것이 아니라, 근로자측의 대응적 수단으로서 반사적 행위만을 의미한다. 따라서 사용자에게 대항적 수단으로서 단체행동권을 인정한다 하더라도 근로자단체와 같은 강력한 힘을 부여할 수는 없다.

(4) 개념구별의 실익

쟁의행위와의 유사개념을 구별하는 이유는 민·형사책임 내지 부당노동행위의 규율을 통한 근로자단체를 보호하고자 하는 것이다. 이때 근로자의 모든 단결활동이 쟁의행위라고 볼 수 없기 때문에 당연히 면책적 효과가 생기는 것이 아니므로 정당한 쟁의행위 내지 조합활동에 국한하여 구별해야 할 필요가 있다. 따라서 쟁의행위의 개념을 명확히 하는 것은 단결활동 내지 조합활동의 하나의 유형을 명확히 하는 것 이상의 의미를 갖는다. 그러나 헌법 제33조의 단체행동권(또는 쟁의권)의 보장은 그 법적 효과로써 민·형사책임, 불이익대우의 금지 등을 당연히 포함하는 것이므로, 노조법 제2조 및 제8조의 명문의 규정이 없더라도 명백하다. 이러한 규정은 확인규정의 성격을 갖는데 불과하다.

관련 판례 대판 2000.5.26. 99도4836
쟁의행위의 법적 의의와 재산권의 침해

쟁의행위라 함은 파업·태업·직장폐쇄 기타 노동관계당사자가 그 주장을 관철할 목적으로 행하는 행위와 이에 대항하는 행위로서 업무의 정상적 운영을 저해하는 것을 말한다(노조법 제2조 제6호) 근로자가 사용자에 대한 단체행동권의 행사로서 하는 근로자의 쟁의행위는 소극적으로 노무제공을 거부하거나 정지하는 행위만이 아니라 적극적으로 관철하기 위하여 업무의 정상적인 운영을 저해하는 행위까지 포함한 것이므로 근로자의 쟁의행위가 정당성의 한계를 벗어나지 않는 경우에는 비록 이로 인하여 사용자의 재산권 등이 침해되더라도 사용자는 이를 묵인할 의무가 있고 형법상 정당행위로서 위법성이 부정되어 처벌되지 아니하는 것이다.

관련 판례 대판 2003.11. 2002두9919
단체교섭의 거부로 인한 노동쟁의의 발생

비록 원고회사와 소외 조합 사이의 단체교섭 과정에서 원고회사가 평화의무 위반을 이유로 단체교섭 자체에 불응함으로써 개별적인 근로조건의 내용에 관한 당사자 사이의 의견교환이 제대로 이루어지지 않았다고 하더라도 이는 원고회사가 정당한 사유 없이 단체교섭 자체를 거부함으로써 발생한 것이어서, 이 사건 중재재정 신청일 당시에는 개별적인 근로조건에 관한 당사자 사이의 주장의 불일치로 인하여 더 이상 자주적인 교섭에 의한 합의의 여지가 없는 노동쟁의가 발생한 상태였다고 보아야 한다고 판단하여 이에 관한 원고회사의 주장을 배척하였는바, 기록에 비추어 살펴보면 원심의 판단은 정당하고 노동쟁의조정의 대상인 노동쟁의에 관한 법리를 오해한 위법이 없다.

2. 쟁의행위의 대상

(1) 주 체

a) 쟁의행위는 근로자가 주체가 되는 집단적 행위(concerted or collective action)로서 근로자가 다른 근로자와 유기적 관련 없이 개별적으로 사용자와 다투는 행위와 구별된다.

그러나 부분파업이나 지명파업처럼 일부 근로자에 의한 행위라도 그것이 단결체의 의사결정에 의하여 집단적으로 행하여지는 한 쟁의행위에 해당된다. 단결체의 구성원인 근로자는 반드시 당해 사용자의 근로자에 해당하지 않더라도 무방하다.

b) 헌법 제33조 제2항이 법률이 정하는 공무원에게는 단체행동권을 인정하고 국가공무원법 제66조 제1항이 사실상 노무에 종사하는 공무원에게는 노동운동을 허용하고 있다. 따라서 공무원 복무규정 제28조 소정의 "철도청 소속의 현업기관에서 노무에 종사하는 기능직공무원"은 철도청 소속 공무원으로서 기관사의 직무를 수행하는 자로서 "사실상 노무에 종사하는 기능직공무원"에 해당하므로 쟁의행위의 주체가 될 수 있다.

(2) 목 적

a) 쟁의행위는 흔히 단체교섭의 유리한 전개를 목적으로 하나, 근로자측의 경제적·사회적·정치적 요구를 실현하기 위하여 행하여지기도 한다. 이때 쟁의행위에 대한 허용범위 또는 민·형사책임의 면책범위는 목적에 대한 정당성의 문제와 근로자의 생활이익을 옹호로 귀결된다.

b) 쟁의행위는 단체협약의 변경을 비롯하여 일정한 집단법적 (Kollektivrechtlich) 목적을 달성하기 위한 것이면 족하고, 그 목적이 정당한가의 여부는 별도로 검토되어야 한다. 그러나 노조법 제2조는 쟁의행위를 정의하면서 "그 주장을 관철할 목적으로"라고 규정하고 있는데, 이 경우에 노동조합이 주체가 된다는 이유만으로 폭 넓게 민·형사책임의 면책이 인정되는 것은 아니다.

(3) 수 단

a) 쟁의행위는「업무의 정상적 운영」을 저해하여 사용자에게 경제적 불이익을 줌으로써 노동조합의 주장을 관철하는 것을 말한다. 이때 업무의 정상적 운영이란 업무가 사실상 정상적인 작업상태 내지는 관행적으로 기대되는 통상의 업무의 운영을 가리킨다고 보는 견해(사실적 정상설)가 있다. 그러나 위법 또는 법률상 정상이 아닌 상태가 아무리 관행화되어 있더라도 이는 해당되지 않으며, 법적으로 정상적인 업무 또는 정당한 업무에 한정된다고 보는 견해(법률적 정상설)가 타당하다.

b) 일반적으로 업무저해행위는 단결체의 구성원인 근로자가 집단적으로 노무제공을 거

부하거나, 불완전하게 이행하는 형태를 취한다. 동맹파업(Strike, Streik)이나 태업이 여기에 해당된다. 쟁의행위(Arbeitskampf)는 근로의무의 불이행에 한정되는 것은 아니고, 객관적으로 업무의 정상적 운영을 저해하는 근로자단체의 집단적 행동을 의미한다. 그러나 근로자가 임금체불 등 근로계약상의 의무불이행으로 이에 항의하여 노무제공을 거부하는 것은 동시이행의 항변에 해당하므로 쟁의행위라고 볼 수 없다.

관련 판례 대판 1990.5.15. 90도357 : 대판 2000.5.12. 98도3299

쟁의행위의 정당성과 쟁의권의 법적 성질

근로자의 쟁의권 행사는 그것이 정당할 때에 한하여 형법상 위법성이 부정되어 처벌되지 않는 것인 바, 쟁의행위의 정당성은 첫째로 단체교섭의 주체로 될 수 있는 자에 의하여 행해진 것이어야 하고, 둘째로 노사의 자치적 교섭을 조성하기 위하여 하는 것이어야 하며, 셋째로 사용자가 근로자의 근로조건의 개선에 관한 구체적 요구에 대하여 단체교섭을 거부하거나 단체교섭의 자리에서 그러한 요구를 거부하는 회답을 했을 때에 개시하되, 특별한 사정이 없는 한 원칙적으로 사전신고를 거쳐서 행하여야 하고, 넷째로 쟁의권의 행사방법은 노무의 제공을 전면적 또는 부분적으로 정지하는 것이어야 함은 물론 공정성의 원칙에 따라야 할 것임은 노사 관계의 신의칙상 당연하며, 사용자의 기업시설에 대한 소유권 기타의 재산권과도 조화를 기해야 하고, 폭력의 행사는 신체의 자유, 안전이라는 법질서의 기본원칙에 반하는 것이므로 허용될 수 없고, 특히 쟁의권이 노동력의 집단적 거래로서의 측면을 갖는 단체교섭에 있어서 그것을 집단적으로 이용시키지 않게 함으로써 경제적 압력을 넣는 권리이고, 또한 이러한 경제적 압력을 유지·강화시키기 위하여 사용자가 다른 노동력을 사용하거나 거래선을 확보하는 것을 방해하는 권리인 것이므로 쟁의권에 의하여 보호되는 행위로서의 "쟁의행위"는 근로자집단이 그 주장의 시위나 그 주장을 관철할 목적으로 노무의 제공을 완전 또는 불완전하게 정지하거나, 또한 필요에 따라 이 노무정지를 유지하기 위한 피켓팅이나 사용자와의 거래를 거부하라고 호소하는 행위를 의미하는 것이다(대판 1991. 5. 14, 90누4006 : 대판 1992. 1. 21, 91누5204 : 대판 1992. 3. 13, 91누10473 : 대판 1992. 5. 12. 91다34523 : 1992. 6. 26, 91다42982 : 대판 1994. 9. 30, 94다4042).

3. 쟁행위의 책임면제와 구속제한

(1) 쟁의행위의 책임면제

a) 근로자의 쟁의행위가 정당성이 있는 경우에는 노조법 제3조의 규정에 의한 민사책임과 노조법 제4조에 의한 형사책임이 면제된다. 노조법 제3조에서는 「사용자는 이 법에 의한 단체교섭 또는 쟁의행위로 인하여 손해를 입은 경우에 노동조합 또는 근로자에 대하여 그 배상을 청수할 수 없다」고 규정하고 있다. 또한 노조법 제4조에서는 「형법 제20조의 규정은 노동조합이 단체교섭 · 쟁의행위 기타의 행위로서 제1조의 목적을 달성하기 위하여 한 행위에 대하여 적용된다. 다만, 어떠한 경우에도 폭력이나 파괴행위는 정당한 행위로 해석되어서는 아니된다」고 규정하고 있다. 이러한 면책조항은 노조법상 노동조합이 아닌 근로자단체, 예컨대 일시적 쟁의단이나 무자격조합의 쟁의행위에 대하여도 적용된다.

b) 다수설은 노조법 제3조와 제4조에 정한 민 · 형사책임면제규정을 헌법 제33조에서 정한 노동기본권의 확인규정 내지는 주의규정으로 본다. 이에 대해 면책의 근거를 「헌법 제33조 제1항에 한정할 것이 아니라 헌법 제33조를 포함한 법령, 사회규범, 역사규범 등으로부터 일어나는 사회적 상당성에서 구할 수 있다」는 견해가 있다.[812] 이 견해에서는 헌법 제33조에서만 그 면책근거를 구하는 것은 불가능한 것으로서 사회적 가치기준이 설정되어 용인하고 있는 쟁의행위를 헌법이 수렴하였다고 본다.

(2) 쟁의행위 기간 중 근로자의 구속제한

근로자는 쟁의행위기간 중에는 현행범 외에는 노조법 위반을 이유로 구속되지 않는다(노조법 제39조). 이 규정은 근로자의 구속에 따라 쟁의행위가 약화되거나 단체행동권의 행사에 영향을 주게 되는 것을 예방하기 위한 것이다. 이 경우 현행범은 형사소송법 제221조 제1항에서 정한 범죄의 실행중이거나 실행 직후에 있는 자를 말한다. 노조법 제39조에서는 "이 법 위반을 이유로" 구속되지 않는다고 정하고 있으므로 예컨대, 형법이나 폭력행위등처벌에관한법률 또는 집회및시위에관한법률의 위반을 이유로 구속할 수 있다.

---

812) 이을형, 『노동법』, 대왕사, 333쪽.

제2절 쟁의행위의 유형과 정당성

1. 정치파업

(1) 의 의

a) 정치파업(Political strike)이란 노동조합이 근로조건 근로자의 생존권을 향상시키기 위해 특정한 정치적 요구를 하거나, 요구사항에 대한 의견을 표명 내지 시위할 목적으로 행하는 파업을 말한다. 이러한 정치파업은 전국 또는 전산업체에 적용되는 노동법을 제정하라든가 근로기준법의 개악을 반대하는 주장과 같은 근로자의 경제적 지위향상과 관련이 있는 것을 말한다.

b) 정치파업은 사용자를 상대방으로 하는 것이 아니라 국가기관 내지 국가권력을 직접적인 상대방으로 하여 입법 · 사법 · 행정작용에 어떤 영향력을 미치거나 항의의 의사를 표명하는 것을 목적으로 행하여지는 점에서 경제파업과 구별된다. 노동조합은 이러한 정치적 목적을 가지고 대정부 진정 · 항의의 의사표시, 대정부 교섭, 각종 심의기관에서의 참여 등을 전개하지만 그중에서도 사용자의 업무의 정상적 운영을 저해하는 파업의 형태를 취하는 경우에만 원칙적으로 정당성이 인정된다.

(2) 정당성에 관한 학설

1) 위법설

① 논 거 - 이 설은 근로자단체의 실력행사는 사용자가 법률적 내지 사실적으로 처리할 수 있는 사항의 범위 내에서만 정당성이 인정되므로 정치파업을 위법으로 보는 견해이다. 따라서 특정한 정부의 정책폐지를 주장하거나, 특정한 노동법규의 제정 등에 반대하여 행하는 정치파업은 모두 정당한 쟁의행위로 볼 수 없다. 정치파업이 위법하다는 논거는 다음과 같다. 첫째, 노동3권은 단체교섭을 통한 근로자의 생존권을 확보할 목적으로 하는 것이므로 단체교섭을 전제로 하지 않는 정치파업은 부당하며, 둘째 일반적으로 사용자가 법

률적 내지 사실적으로 처리할 수 있는 사항은 헌법상 보장이 되나, 특정정부의 관료퇴진을 주장하거나 노동법규의 제정 등에 반대해서 행해지는 정치파업은 정당한 쟁의행위라고 할 수 없다. 그러나 정치적 의미가 포함되어 있더라도 임금인상투쟁과 같이 사용자가 처리할 수 있는 사항과 연관된 경우에도 그 한도에서는 적법하다고 보아야 한다[813].

② 비 판 - 자본주의 법질서하에서 헌법에 의한 단결권 내지 단체행동권의 보장이 사용자와의 단체교섭을 통한 생존확보만을 목적으로 한다고 보고 단체교섭을 통해서만 파업의 정당성이 인정된다는 견해는 독단적 입장이라고 할 수 있다. 따라서 자본주의 경제에 의해 이득을 얻는 자가 그 결과로서 정치파업으로부터 생기는 손해를 감수하지 않으면 안된다는 측면에서 사용자의 처분권에 한정하는 것을 비판하게 된다.

2) 적법설

① 논 거 - 이 설은 경제적 정치파업이든 순수정치파업이든 모두 헌법상 단체행동권의 보장 범위 내에 들어가면 정당하다는 견해이다. 정치파업은 정부가 근로자에게 불리한 입법을 제정하는 경우에 대항하여 압력수단으로서의 정치적 항의파업을 할 수 밖에 없다면 정당성이 인정되어야 하고, 사용자와의 관계에서 구속이나 압박 특히 민사책임이나 부당노동행위의 추급을 면제받아야 한다는 견해이다. 따라서 정치파업이 노동조합의 단체행동이라는 형태를 취하는 한 헌법상 노동3권의 적용을 인정하여야 한다. 이 설은 국제적인 노동운동의 역사와 입법적 경험, 헌법제정의 사정 등으로부터 정치파업의 정당성을 판단하여야 한다는 견해로서 다음과 같은 논거를 들고 있다.

첫째, 파업과 단체행동권의 역사성에서 정치파업은 단체행동권의 보장에 속한다고 본다. 왜냐하면, 근로자의 생활을 보호하기 위해서는 널리 국가의 경제정책, 사회정책 일반도 노동조합이 그 요구를 할 수 밖에 없기 때문이다. 둘째, 정치적 성격을 띠는 파업이 이미 근로자의 생존 그 자체와 내면적으로 결합되어 있기 때문에 형식적 구분으로 파업의 정당성을 평가할 수 없다. 셋째, 민주주의 원리를 실현하기 위한 수단으로서 정치파업은 근로자가 취하는 가장 강렬한 항의적 의미의 의사표현을 나타내기 때문에 정당성이 있다.

② 비 판 - 근로자는 노동조합 이외의 시민단체에도 참가하고, 노동조합도 기타 시민단체와 공동투쟁을 전개하고 있으므로 이러한 규범의식 자체가 정치파업에 대한 비판의 계

---

813) 김형배, 전게서, 825쪽.

기가 된다. 그러나 노동조합의 정치파업은 헌법 제33조에 포함되어 있다고 하여 "헌법 제33조 만능론"을 낳게 해서는 아니된다. 따라서 국민으로서의 요구가 근로자의 요구와 차츰 불가분으로 된다는 점을 이유로 일체의 정치파업을 헌법 제33조에 포함시키고자 하는 법리는 채택하기 곤란하다. 그렇다고 하여 정치파업을 전면 부정할 수는 없으며, 노동조합의 목적과 부합되는 범위 내에서 일부의 정치파업은 적법하다고 보는 것이 타당하다[814].

3) 이분설

① 논 거 - 이 설은 단체교섭에 의하여 해결할 수 없는 정치파업이라는 사유만으로 정당성을 상실하는 것은 아니며, 그 구체적인 목적에 따라 파업의 성격을 구분하여 판단해야 한다는 견해이다. 정치파업이 근로조건의 유지 · 개선에 직접 내지 밀접한 관계를 가지는 법률의 제정 · 개폐 및 근로조건의 개선을 위한 단결권의 옹호를 목적으로 하는 경우에는 헌법이 보장하는 노동3권의 범위 내에 들어가는 것으로 보나, 그 밖의 경우에는 헌법상 표현의 자유라는 문제로 해석한다. 이 설은 정치파업을 순수정치파업과 경제적 정치파업으로 분류하되, 이 구별자체를 가지고 정치파업이 정당한지 아닌지를 판정하는 것은 아니라는 견해이다. 왜냐하면 단순히 분류방법에 의하여 해석한다면 정치파업의 정당성을 오로지 어떠한 범주에 속하는가에 따라 판단하는 형식론에 치우치게 되기 때문이다. 순수한 정치파업은 헌법 제21조 표현의 자유로 인정되고, 이 규정에 비추어 그 정당성 여부를 판단하게 된다. 정치파업이 순수정치파업과 경제적 정치파업을 구별하는 기준은 다음과 같다.

첫째, 근로조건과의 직접적인 관련성이 있어야 한다. 이 경우 관련성은 근로자에게 특유한 문제, 즉 "근로조건 및 노동기본권에 직접관계성"이 있는 문제를 둘러싼 것에 한정한다. 적어도 근로조건의 유지 · 향상과 직결하는 입법과 정치적 조치의 실현 또는 저지를 추구하는 정치파업은 노동법상 적법하다고 보는 경향이 강하다. 둘째, 가치법칙과의 관련성이 있어야 한다. 즉, 노동조합운동이라는 본래의 목적은 가치법칙의 실현이고, 노동기본권은 그 운동을 보장한 것이라고 한다. 셋째, 근로자의 생활이익을 옹호하는 것이어야 한다. 따라서 "근로자의 생활이익의 옹호"라는 목적을 갖는 단체행동만이 헌법 제33조에서 보장된다.

---

814) 이상덕외, 전게서, 391쪽.

② 비 판 - 물가 · 세금 · 사회보장 등은 근로자의 생활이익에 극히 밀접한 관계를 가짐에도 불구하고 반드시 근로자에게만 고유한 문제라고 할 수 없다. 따라서 밀접한 관련이 있다는 이유만으로 정치파업을 인정한다면 파업의 대상이라는 상식에 반한다. 또한 순수한 정치파업은 가치법칙의 관철이 반드시 필연적인 것이 아니므로 노동기본권의 행사로 보지 않는데, 그 결과 가치법칙 내지 등가교환의 법칙을 잘못 이해하는 것이라는 비난을 받을 수 밖에 없다.

4) 검토의견　현행 헌법 제33조에는「근로조건의 향상」이라는 목적을 명시하고 있기 때문에 이러한 범위 내에서 정치파업의 정당성이 인정되어야 한다. 이때 근로조건의 향상은 단체교섭에 의하여서 뿐만 아니라 정부를 상대로 하여 달성될 수도 있기 때문에, 반드시 대사용자성을 지니지 아니하여도 가능하다. 그러나 순수한 정치파업은 노동조합의 목적에 어긋나므로 근로조건의 향상을 목적으로 하는 경제적 정치파업과 구별할 필요가 있다. 반면에 순수정치파업과 경제적 정치파업의 구별이 곤란하다는 이유로 이분설을 비판하는 견해도 있다. 왜냐하면 하나의 쟁의행위가 정치적 목적과 경제적 목적을 동시에 포함하는 경우에는 객관적으로 어느 것이 진정한 목적(real purpose)인가 또는 주된 목적(predominant purpose)인가를 판단하기가 곤란하기 때문이다. 이상에서 살펴본 학설을 보면, 첫째 위법성은 정치와 경제를 완전히 분리해서 생각하는 입장으로 현대의 쟁의행위로는 적합하지 않다. 왜냐하면 노동조합의 활동은 비록 정치적 활동인 경우라도 궁극적으로 경제문제의 해결을 목적으로 하는 것이므로 형식적인 정치목적, 경제목적이라는 구별은 곤란하다. 둘째, 적법성은 근로자보호라는 목적에 가장 충실한 해석이고 논리적인 정교함을 보여주는 견해지만, 정치와 경제의 밀접불가분성을 논거로 삼는 것이 치명적인 결점이다. 그러나 경제와 정치가 밀착하고 있다고 해도 상대적으로 독자적 원리를 갖는 것을 부정할 수 없고, 또한 밀착하고 있는 이유만으로 모두 같은 법적 범주로 받아들여지는 것도 아니다. 오히려 밀접성에 대한 규범적 의의를 분석하는 것이 더 타당성이 있다. 따라서 이분설을 취하는 것이 타당하나, 근로자의 생활이익의 옹호설에 중점을 두어 판단하여야 한다[815]. 다만 국제노동사회보장법학회(ISLSSL)에서는 정치파업은 모두 정당하다는 입장을 취하고 있다. 국내법의 제약을 받지 않기 때문에 수긍이 가는 입장이라고 하겠다.

---

815) 이상덕외, 전게서, 392쪽.

(3) 정치파업의 유형

1) **경제적 정치파업** 경제적 정치파업은 근로자의 일상생활과 밀접한 관련이 있는 임금 · 소득세 · 사회보험료의 부담이나 노동입법의 제정 또는 개정 등 다양한 사유로 인한 쟁의행위를 말한다. 이러한 경제적 정치파업은 위법이라 할 수 없고, 헌법 제33조가 보장하는 단결목적의 범위 내에 속하므로 제3자도 일정한 수인의무를 부담한다는 것과 같은 논리로 사용자도 수인의무를 부담한다. 단체교섭에 의하여 해결이 가능한 경제적 정치파업은 달리 위법의 요소가 보이지 않는 한 정당성이 인정된다. 따라서 경제적 목적을 이유로 한 정치적 시위파업(Demonstrations-Streik) 내지 항의파업(Protest- Streik)은 쟁의권의 행사로서 법적으로 보호를 받을 수 있다[816].

2) **순수정치파업** 순수한 정치파업은 반전평화를 목적으로 하는 파업처럼 근로조건의 향상과 관련이 없는 사항을 목적으로 하는 파업으로서 헌법 제33조의 법적 보호의 범위 내에 있지 않다. 그러나 근로자도 국민의 일원으로서 헌법상 보장된 표현의 자유, 정치활동의 자유를 향유할 수 있기 때문에 대국가관계에서 순수정치파업 그 자체를 위법 · 부당하다고 평가할 수 없다. 따라서 순수정치파업은 단순부작위의 파업이라는 형태를 취하는 한 아무리 과격한 정치적 요구로 파업을 하더라도 표현의 자유(헌법 제20조) 및 강제근로의 금지(근기법 제7조)는 법적 보호의 범위 내에 포함될 여지가 있다. 그러나 순수정치파업은 대사용자관계에 대한 민사면책이 인정되지 않으며, 파업에 참가한 근로자에게는 불법행위에 기한 손해배상책임이 발생한다. 따라서 순수정치파업이 위법이라는 것은 흔히 민사책임을 의미한다.

(4) 정치파업의 구별기준

a) 정치파업은 파업의 목적이 되는 요구 · 항의의 상대방이 사용자가 아니라 정부 · 국회 · 지방자치단체 등의 국가기관인 경우를 정치파업으로 보는 견해(상대방설)와, 요구 · 항의의 내용이 정치적인 성격을 띤 파업을 정치파업이라 부르는 견해(요구내용설), 그리고 양자를 종합하는 견해(절충설)로 구별된다.

b) 일본은 정치파업을 상대방설을 중심으로 구별하는데 거의 학설이 일치하고 있다. 일

---

816) 임종률, 전게서, 220쪽.

반적으로 「정치파업이란 소위 정부로서의 정부(또는 통치권의 주체로서의 정부), 기타의 정치권력(국회, 법원 등의 국가기관과 지방자치단체)에 대한 요구 내지 항의시위를 위해 행하는 파업」이라고 한다.

c) 한국에서는 명확하게 정치파업을 구별하는 징표를 제시하는 학자가 없지만, 요구사항설에 의하여 판단하는 듯하다. 그러나 정치파업이란 정치적 요구사항의 그 내용의 전부이거나 주된 부분을 이루는 파업을 의미한다고 보아야 한다. 따라서 사용자에 대한 요구사항을 주로 하고 부차적으로 정치적 요구를 곁들이는 정도는 정치파업이 아니라고 보아야 한다. 따라서 근로자의 경제적 지위향상보다도 정치적 목적의 달성을 주요대상으로 하는 파업, 예컨대 특정내각의 퇴진, 특정한 입법 또는 정책의 요구나 반대를 목적으로 하는 쟁의행위는 정치파업에 해당된다.

d) 그러나 상대방설과 요구내용설에 정치파업을 판단하기 곤란한 경우가 있다. 예컨대 경제적 내용의 요구 또는 항의를 정부기관에 제기하면 정치파업이나 사용자를 상대로 하면 일반적 파업으로 해석된다. 이때 경제적 내용의 임금에 대하여 정부의 임금정책에 대한 항의라고 보면 정치파업이나 정부정책을 기준으로 한 사용자의 임금수준에 대한 파업은 일반적 파업이 되어 구별기준을 일관되게 적용할 수 없다[817].

2. 동정파업

(1) 의 의

동정파업(sympathetic strike)이란 어느 사업 · 직종 또는 산업의 근로자들이 쟁의상태에 있는 경우에 그 쟁의를 지원할 목적으로 다른 사업 · 직종 또는 산업의 근로자들이 동조하여 행하는 파업을 말한다. 따라서 동정파업은 첫째, 다른 사업 · 직종 또는 산업에 속하는 근로자와 그 사용자와의 사이에 쟁의상태(제1차 파업 또는 원파업)가 존재하고 이를 지원할 목적으로 파업을 행할 것과 둘째, 동정파업을 행하는 노동조합과 사용자 사이에는 자기의 노동관계에 대한 고유의 요구가 존재하지 않을 것이 요구된다. 동정파업은 다른 쟁의행위를 지원하는 목적을 가진다는 점에서 제2차 파업과 비슷하지만, 제2차 파업

817) 이상덕외, 전게서, 395쪽.

(secondary strike)은 다른 기업에 대한 제품의 불매 · 불사용 등의 직접적인 요구를 하는 점에서 구별된다.

(2) 정당성에 관한 학설

1) 개 설　영국에서는 제정노동법이 「노동쟁의의 계획이나 촉진을 위한(in comtemplation of furtherance of a trade duspute)」쟁의행위에 한하여 민 · 형사책임을 면제하도록 규정함으로써 근로관계에 관한 목적만을 정당한 목적으로 인정하여 왔지만, 동정파업은 민 · 형사면책의 대상에 포함되어 왔을 뿐 아니라 다른 나라 근로자를 지원하는 국제적 동정파업도 정당한 것으로 인정하였다[818]. 독일에서는 누구든지 타인의 이익을 위하여 자유롭게 관여(Einsatz)할 수 있다는 이유에서 바이마르제국 이후 동정파업은 정당하다고 보는 것이 지배적인 학설로 되어 있다[819]. 그럼에도 불구하고 동정파업의 정당성에 대하여는 법률로 정하지 아니한 채 학설에 의해 아직까지 견해가 대립되어 오고 있다.

2) 위법설　이 설은 쟁의행위의 주체와 사용자 사이에 직접적이며 구체적인 대립관계가 존재하지 않기 때문에 동정파업의 정당성을 인정할 수 없다는 견해이다. 동정파업은 원칙적으로 당해 사업의 근로자와 사용자 사이의 문제가 아닌 다른 사업장의 문제를 이유로 파업을 하는 것이므로 위법하다고 본다. 동정파업은 오늘날 거의 지지를 받지 못하고 있다. 근로자측에 조직상 내지 경제적 이익에 대한 관련이 없고 또 사용자 상호간에도 근로관계에 대한 하등의 연결도 없지만, 근로자로서의 계급적 연대감정에 기하여 행하는 동정파업 즉 이른바 순수동정파업은 단결목적을 벗어난 것이므로 위법하다고 본다. 그러나 순수동정파업이라도 단순부작위의 파업이라는 형태를 취하는 한 강제근로금지의 법리가 작용하기 때문에 형사책임을 물을 수 없다. 다만, 헌법 제33조의 법적 보호를 받을 수 없기 때문에 그 태양여하에 따라서 민사책임이 발생한다고 본다[820].

3) 적법설　이 설은 하나의 기업에 대한 근로조건은 다른 기업이나 산업전체와 유기적

818) Conspiracy and Protection of Property Act, 1975, S. 3: Trade Disputes Act 1906, S. 1: Trade Disputes Act 1965, S.1.

819) Hueck-Nipperdey, ibid., S. 1009: Nikisch, Arbeitsrecht 1, S. 130: Seiter, Streikrecht und Aussperrungsrecht, 1975, S. 500f.

820) 外尾健一, 前揭書, 430面.

으로 관련되고 특정기업체의 파업의 결과는 바로 다른 기업 또는 다른 산업의 근로조건에 영향을 미치기 때문에 동정파업은 정당하다는 견해이다. 따라서 동정파업은 「형태는 다른 기업의 쟁의에 관한 것이지만 실질적으로 자기의 근로조건에 대한 투쟁」이라고 하여 동정파업은 정당하다고 보게 된다[821].

4) 한정적 적법설　이 설은 제1차 파업참가자와 동정파업참가자 쌍방의 근로조건 내지 경제적 이해에 실질적인 관련이 있다고 인정되는 한 동정파업이 정당하다는 견해이다. 실질적으로 당사자간의 단체교섭에 의하여 해결가능한 조건은 존재하지 않지만 다른 기업의 해결조건이 동정파업참가자의 근로조건의 향상과 관련이 있는 경우이다. 예를 들면 동일직업 내지 산업내의 타기업에 있어서 합리화 반대, 부당해고반대, 인원정리반대 등의 쟁의행위가 그 기회에 같은 문제에 대한 자신의 주장을 유리하게 전개하기 위하여 동정파업을 하는 수가 있다[822]. 이러한 목적은 단체교섭에 의하여 실현될 수 없고 사용자의 처분권한내에 들어가지도 않지만, 역시 「근로조건의 향상」을 위한 쟁의행위로서 헌법 제33조의 범위속에 들어간다고 볼 수 있다[823].

5) 검토의견　동정파업은 첫째, 파업근로자가 그 사용자에게 직접적이고 구체적인 요구를 하지 않고 타인의 이익을 침해한다는 입장에서 부당하다는 견해(심태식 교수, 독일의 학자 Brox-Rüthers, 일본의 官野和夫 교수 등), 둘째, 동정파업은 단체협약질서의 형성에 모순되는 것이 아니고 파업의 이유나 동기를 불문하고 정당하다는 견해(Hueck-Nipperdey, Kahn-Freund 등)가 대립되고 있다. 그러나 동정파업의 정당성은 파업의 목적이나 지원에 의하여 정당성을 무제한으로 인정되는 것이 아니라 일정한 조건아래에서 인정되어야 한다. 따라서 동정파업은 자기의 사용자에게 손해를 줌으로써 그를 통하여 간접적으로 1차 파업의 사용자에게 압력을 가하려는 것이므로, 이러한 범위 내에서 정당성이 인정된다고 보아야 한다[824](독일의 학자 Fritz Siebrecht의 견해). 따라서 한정적 적법설이 타당하다.

---

821) 野村平爾, 日本勞働法の形成過と理論, 岩派書房, 1957, 77面.

822) 김형배, 전게서, 826쪽.

823) 임종률, 『쟁의행위와 형사책임』, 경문사, 1982, 80쪽.

824) 이상덕외, 전게서, 397쪽.

(3) 동정파업의 유형과 목적

동정파업은 노동조합의 조직형태에 따라 ㉠ 산업별 노동조합에서 동일 조직내의 다른 기업노조에 동조하거나, ㉡ 직종별 노동조합에서 동일기업내의 노동조합을 동조하는 파업 또는 ㉢ 기업별 노동조합에서 다른 노동조합을 동조하는 동정파업 등 다양하게 나타난다. 이러한 동정파업은 목적에 따라 경제적 이해관계가 있거나, 순수한 연대적 필요성 또는 정치적 · 경제적 문제 등 매두 다양하게 구분된다.

(4) 동정파업의 지원과 정당성

동정파업에 대한 지원의 허용여부는 첫째, 지원을 받는 근로자측의 제1차 파업의 정당성을 갖는 경우에만 인정되며(독일의 학자 Cöwisch의 견해), 둘째, 제1차 파업의 참가자와 동정파업의 참가자 쌍방의 근로조건 내지 경제적 이해에 실질적 관련이 있다고 인정되는 범위안에서 정당성이 인정된다고 판단된다(Alfred Söllner의 견해). 따라서 특정 직업 내지 산업에 있어서 ㉠ 사용자단체가 결성되어 있거나, ㉡ 사용자 상호간에 밀접한 유대관계가 존재하여 실질상 통일적인 근로조건의 설정이 공통의 과제로 되어 있는 경우에는 "근로조건의 실질적 관련성"이 인정된다. 그러나 노동조합의 조직형태가 서로 통일적 조직체를 이루지 아니하고 동정파업의 대상노조도 서로 직접적인 연관성이 없는 이질성을 지닌 경우에는 동정파업에 의한 지원대상이 될 수 없다.

3. 동맹파업

(1) 의 의

a) 동맹파업이란 근로자의 생활이익을 옹호한다는 목적을 쟁취하기 위하여 다수의 노동조합이 연계하여 집단적으로 근로제공을 거부하는 행위를 말하며, 연대파업이라고도 한다. 동맹파업은 각종 유형의 쟁의행위 중에서도 가장 오랫동안 행하여진 전형적인 형태로서 쟁의행위의 대명사라 하여도 과언이 아니다. 동맹파업은 흔히 직장에서 이탈(work-out)하는 형태를 취하지만, 파업 방해를 막고 업무저해의 효과를 높이기 위하여 직장에 체류하

거나(work-in), 연좌(sit-in, sit-down) · 점거파업의 형태를 취하기도 한다.

b) 동맹파업은 ㉠ 목적의 면에서 정치파업 · 동정파업 · 경제파업으로, ㉡ 참가자의 규모에 따라서 총파업 · 전면파업 · 부분파업 · 지명파업 · 순회파업 등으로, ㉢ 시간적인 면에서 무기한파업 · 시한파업 · 파상파업 등으로 나누어지고, ㉣ 태양의 면에서 농성파업 · 납금파업 등 여러 가지 명칭을 가진다.

c) 그러나 여러 가지 형태를 취한다 하더라도 동맹파업 그 자체는 단순부작위의 노무제공의 거부이므로 쟁의권 보장의 법제도하에서는 달리 위법의 요소가 없는 이상 정당성을 상실하지 않는다. 동맹파업은 이와 같이 다양한 형태가 있지만, 여기서는 총파업 · 부분파업 · 지명파업에 대해서만 언급키로 한다[825].

(2) 총파업

동맹파업의 규모가 일정한 지역적 내지 산업적인 범위에 걸쳐 확장되었을 때 이를 보통 총파업(general strike)이라 부르지만, 동맹파업의 규모가 크다는 이유만으로 그 쟁의행위가 정당성을 상실하지 않는다. 노동운동의 역사에서 보면 일정한 정치적 목적을 가지는 경우에 총파업을 단행하는 수가 많다.

(3) 전면파업

a) 독일의 연방노동법원은 파업 중에 생산시설의 부정을 피하기 위하여 필요한 최소한의 존속작업(Erhalfungsarbeit)은 보존되어야 정당성을 인정할 수 있다고 판시하였고, 프랑크푸르트(Frankfurt)주 노동법원은 제3자의 지나친 손해 및 생산시설의 방해나 훼손을 통한 직장의 위험을 방지하기 위한 작업은 긴급작업(Notarbeiten)이라고 전제하면서, 긴급작업의 보장이 없는 쟁의행위는 정당성을 상실한다고 판시하였다. 이러한 견해에 따르면 존속작업이나 긴급작업을 보장하지 않는 전면파업(Vollstreik)은 정당한 쟁의행위로 인정받을 수 없다.

b) 그러나 긴급작업이나 존속작업의 범위는 객관적으로 인정할 한계가 없어 그 범위가 부당하게 확대될 우려가 클 뿐 아니라, 긴급작업보장의 요구는 쟁의권을 제약하고 강제근

825) 이상덕외, 전게서, 402쪽.

로금지의 원칙에 반하기 때문에 정당성의 요건으로 볼 수 없다. 노사당사자 사이에 존속작업의 범위와 그 보장을 협약으로 정하는 경우에는 협약위반의 쟁의행위로서 문제되는데 불과하다.

(4) 부분파업 · 지명파업

특정사업내의 일부의 조합원만이 노동조합의 통일적인 의사에 터 잡아 행하는 파업을 부분파업이라 하고, 특정근로자만이 개별적으로 파업을 행할 것을 노동조합이 지시하는 파업을 지명파업이라 부른다. 부분파업 · 지명파업은 조합측이 이른바 전면파업(완전파업)을 행할 만한 태세가 갖추어져 있지 않을 시기에 그 준비수단으로 사용자에게 심리적인 압박을 가하기 위해 행하는 경우가 많다. 그러나 부분파업 · 지명파업은 보통 급소를 찌름으로서 업무전반의 운영을 저해하기 때문에 최소의 희생으로 최대의 효과를 거둘 수 있다. 동맹파업은 항상 전면파업이어야 한다는 이유가 없으며, 일부조합원만이 행하는 부분파업 · 지명파업이더라도 조합의 통일적인 의사표시에 의하여 조직적 단결활동으로서 이루어진 이상 정당성을 상실하는 것은 아니다.

4. 준법투쟁

(1) 의 의

준법투쟁(Dienst nach Vorschrift)이란 노동조합이 어떠한 요구를 관철하기 위하여 법령 · 취업규칙 · 단체협약 등을 엄격히 준수함으로써 업무의 운영능률을 저하시켜, 태업 내지 파업과 같은 효과를 거두려고 하는 쟁의행위를 말한다. 준법투쟁(Work to rule)은 흔히 법령을 엄격히 준수하거나 단체협약의 평화조항 또는 평화의무에 의하여 쟁의행위가 제약되어 있는 경우에 그러한 금지 · 제한의 적용을 회피하기 위하여 행해진다. 준법투쟁은 안전투쟁, 잔업거부투쟁, 휴가투쟁 등 여러 가지 형태로 행하여지기 때문에 각 형태에 따라 정당성을 판단하여야 한다.

(2) 안전투쟁

a) 안전투쟁은 노동조합이 그 주장을 관철할 것을 목적으로 안전 · 보건에 대한 위험을 방지하기 위한 법령이나 업무규정을 조합원에게 엄격히 준수시키는 쟁의행위이다. 차량운행사항이나 안전보건관리규정, 위험시설의 관리 등 안전 · 보건에 관한 모든 법규는 근로자 및 공중의 안전보건이나 위험방지를 위하여 준수하도록 하고 있음을 전제로 평상시와 달리 엄격히 준수하여 업무에 지장을 주는 것을 말한다. 안전보건에 대한 위법상태는 아무리 관행적으로 행하여지고 있다 하더라도 이들 법규에 우선하는 것은 아니고 근로자는 이들 규정을 준수하는 것이 당연한 의무이므로 근로제공의 거부가 집단적으로 행해지더라도 원칙적으로 쟁의행위라고 할 수 없다.

b) 그러나 노동조합이 주체가 되어 집단적으로 안전투쟁을 하기 위하여 객관적으로 그 법규가 요구하는 한도를 지나치게 준수한 경우에는 쟁의행위에 해당된다. 즉, 그 법규의 취지에서 보아 경미한 위반사항을 들어 전면적으로 근로제공을 거부하거나 자의적인 해석에 의해 과도하게 법규를 준수하고 업무능률을 저하시킨 경우에는 쟁의행위에 해당된다. 또한 통근버스를 운행하는 버스운전기사가 교통체증으로 도착시간이 경과하였음에도 소통이 원활한 구간에서 교통법규에서 정한 40km의 저속으로 운행하여 엄격히 안전운행규칙을 준수하였다면, 이러한 행위도 준법투쟁에 해당된다.

(3) 잔업거부투쟁

a) 잔업거부투쟁이란 노동조합이 조합원으로 하여금 시간외근로의 업무명령을 거부하는 쟁의행위이다. 사용자가 시간외근로(잔업)를 명할 법적 근거가 없는 경우에 근로자는 그 명령에 따를 의무가 없기 때문에, 조합의 지시에 따라 이를 거부하더라도 쟁의행위에 해당되지 않는다.

b) 그러나 노동조합의 지시에 의하여 단체협약 · 취업규칙에 연장근로를 하기로 명시하였음에도 잔업을 거부하면 어떻게 해석할 것인가의 문제가 된다. 단체협약 · 취업규칙 등에 명시된 경우에는 직접 개개의 근로자에게 잔업 의무가 발생한다는 견해와 단체협약이나 취업규칙 등에 잔업을 의무화하는 규정이 존재하는 경우에도 잔업의무의 발생을 다시 개개의 근로자의 동의가 필요하다는 견해이다.

c) 잔업거부가 노동조합의 지시에 의하여 집단적으로 행하여지면 쟁의행위에 해당된다. 그러나 노동조합의 지시가 없거나 별도의 개별 근로자의 동의를 받지 아니한 잔업거부는 대체로 쟁의행위에 해당하지 않는다. 잔업이 아무리 관행화되어 있다 하더라도 단체협약의 규정에 따른 노동조합과 협의를 거치지 아니하면, 근로자가 법률상 잔업의무를 진다고 볼 수 없다. 따라서 노동조합의 지시에 따라 잔업을 거부했다 하더라도 이를 쟁의행위로 볼 수 없다[826].

(4) 휴가투쟁

a) 휴가투쟁이란 조합의 지시에 의하여 조합원의 전부 또는 일부가 사용자의 승인 없이 유급휴가를 신청하는 쟁의행위이다. 연차유급휴가는 근로기준법 제60조 제5항 단서에서 「사업운영에 막대한 지장이 있는 경우」에 해당하지 않는 범위 안에서 사용자의 의사를 배제하고 있으나, 일제히 휴가권을 행사하여 휴가투쟁을 할 때 이를 쟁의행위에 해당한다고 볼 수 있는지 문제가 된다.

b) 유급휴가의 사용은 근로자의 자유이고 사용자는 유급휴가의 목적 내지 동기를 문제삼을 수 없다는 견해에 의하면, 직장 전체로 보아 다소의 능률저하는 있지만 사업이 운영될 수 있는 정도인 경우에는 쟁의행위에 해당하지 않는다고 본다[827]. 그러나 유급휴가는 정신적·육체적인 피로를 회복시켜 건전한 노동력을 확보하고자 하는 취지로 제정된 것이기 때문에 쟁의목적으로 이용되어서는 아니되며, 휴가투쟁은 어떤 경우에도 쟁의행위의 정당성이 없다[828].

c) 대법원판례는 연장근로의 거부, 정시출근, 집단적 휴가의 경우와 같이 일면 근로자들의 권리행사로서의 성격을 갖는 쟁의행위에 관하여도 정당성이 인정되지 않는다고 하여 형사처벌할 수 있다고 판시하고 있다. 이러한 판례의 태도는 지나치게 형사처벌의 범위를 확대하여 근로자들의 단체행동권의 행사를 사실상 위축시키는 결과를 초래하여 헌법이 단체행동권을 보장하는 취지에 부합하지 않으므로 타당성이 없다. 왜냐하면 휴가투쟁에 대

---

826) 대판 1979. 3. 13. 76도3657.

827) 全林野百分會事件, 仙台高判 昭 41. 5. 28. 高民集 19-3-270 등.

828) 國鐵群山工場事件 仙台高判 昭 41. 9. 29. 勞民集 17-5-1240 등.

하여 위법성이 조각되지 않는다 하여 업무방해죄의 성립을 긍정한다면 이는 결국 근로자로 하여금 형사처벌을 감수하면서 쟁의행위를 하도록 만들 것이고 그 결과 단체행동권의 행사는 사실상 제약을 받게되기 때문이다. 이러한 경우까지 위력업무방해죄로 처벌하는 것은 헌법상의 노동3권을 침해하는 결과가 되어 적용상 위헌의 문제가 될 수 있다.

관련 판례 대판 1996.5.10. 96도419

조합원의 정시출근투쟁과 업무방해죄의 구성

단체협약에 따른 공사 사장의 지시로 09:00 이전에 출근하여 업무준비를 한 후 09:00부터 근무를 하도록 되어 있음에도 피고인이 쟁의행위의 적법한 절차를 거치지도 아니한 채 조합원들로 하여금 집단으로 09:00 정각에 출근하도록 지시를 하여 이에 따라 수백, 수천 명의 조합원들이 집단적으로 09:00 정각에 출근함으로써 전화공장수리가 지연되는 등으로 위 공사의 업무수행에 지장을 초래하였다면 이는 실질적으로 피고인 등이 위 공사의 정상적인 업무수행을 저해함으로써 그들의 주장을 관철시키기 위하여 한 쟁의행위라 할 것이나 쟁의행위의 적법한 절차를 거치지 아니하였음은 물론 이로 인하여 공익에 커다란 영향을 미치는 위 공사의 정상적인 업무운영이 방해되었을 뿐만 아니라 전화고장수리 등을 받고자 하는 수요자들에게도 상당한 지장을 초래하게 된 점 등에 비추어 정당한 쟁의행위의 한계를 벗어난 것으로 업무방해죄를 구성하고, 피고인의 이와 같은 행위가 노동3권을 보장받고 있는 근로자의 당연한 권리행사로서 형법 제20조 소정의 정당행위에 해당한다고 볼 수 없다.

관련 판례 대판 1991.12.10. 91누636

택시회사의 준법운행과 운행수입금의 상한선 통제

택시회사의 노동조합의 간부들이 운영위원회의 결의를 거쳐 준법운행(당시까지 관행화되어 있는 과속, 부당요금징수, 합승행위 등 불법적 운행의 중지)을 주도하여 시행하면서 그 준법운행 외에 수입금의 상한선까지 정하여 1일 입금액을 통제함으로써 회사에 큰 손해를 입히고, 일부 조합원들은 이에 맞추기 위하여 파행적인 운행까지 하게 된 경우, 이는 쟁의행위(태업 또는 부분파업)에 해당한다.

관련 판례 헌재 1998.7.16. 97헌바23

준법투쟁과 형사처벌의 위헌성

법률의 위헌성을 판단함에 있어서는 그 법률의 해석 내지 그 법률이 어느 경우에 적용되는가를 확정하는 것이 선행되어야 하므로 이 한도 내에서는 헌법재판소로서도 법률의 해석 내지 그 적용에 관여하지 않으면 안되는 것인바, 정당행위로 인정되지 않는 근로자들의 집단적 노무제공 거부행위를 구 형법 제314조의 위력업무방해죄로 형사처벌하는 것이 헌법에 위배된다면 결국 법원의 해석에 의하여 구체화된 동 조항이 위헌성을 지니고 있는 셈이며, 따라서 집단적 노무제공 거부행위를 위력업무방해죄로 형사처벌하는 것이 헌법에 위반되는지 여부는 동조항의 위헌여부에 관한 문제로서 헌법재판소의 판단대상이 된다. 파업 등의 쟁의행위는 본질적 · 필연적으로 위력에 의한 업무방해의 요소를 포함하고 있어 폭행 · 협박 또는 근로자들에 대한 실력행사 등을 수반하지 아니하여도 그 자체만으로 위력에 해당하므로, 정당성이 인정되어 위법성이 조각되지 않는 한 업무방해죄로 형사처벌할 수 있다는 대법원 판례는 비록 단체행동권의 행사가 본질적으로 위력성을 가져 외형상 업무방해죄의 구성요건에 해당한다고 하더라도 그것이 헌법과 법률이 조장하고 있는 범위 내의 행사로서 정당성이 인정되는 경우에는 위법성이 조각되어 처벌할 수 없다는 것으로 헌법이 보장하는 노동3권의 내재적 한계를 넘어선 행위(헌법의 보호영역 밖에 있는 행위)를 규제하는 것일 뿐 정당한 권리행사까지 처벌함으로써 본인의 의사에 반하여 강제노역을 강요하거나 근로자라는 신분만으로 불합리한 차별을 하는 것이 아니라고 판단되므로, 위 대법원의 해석방법이 헌법상의 강제노역금지원칙, 근로3권 및 평등권 등을 침해하지 않는다.

관련 판례

대판 1991.10.22. 91도600

준법투쟁과 집단적 연장근무거부

연장근로자 당사자 합의에 의하여 이루어지는 것이라고 하더라도 근로자들을 선동하여 근로자들이 통상적으로 해 오던 연장근로를 집단적으로 거부하도록 함으로써 회사업무의 정상운영을 저해하였다면 이는 쟁의행위로 보아야 한다.

관련 판례

대판 1994.2.22. 92누11176

준법투쟁과 집단적 휴일근무거부

근로자들이 주장을 관철시킬 목적으로 종래 통상적으로 실시해 오던 휴일근무를 집단적으로 거부하였다면, 이는 회사업무의 정상적인 운영을 저해하는 것으로서 노동쟁의조정법 제3조 소정의 쟁의행위에 해당한다.

관련 판례

대판 1991.7.9. 91도1051

집단적 휴일근무거부와 쟁의행위 정당성

가. 노사 간에 체결된 단체협약에 작업상 부득이한 사정이 있거나 생산계획상 차질이 있는 등 업무상 필요가 있을 때에는 사용자인 회사가 휴일근로를 시킬 수 있도록 정하여져 있어서, 회사가 이에 따라 관행적으로 휴일근로를 시켜 왔음에도 불구하고, 근로자들이 자신들의 주장을 관철할 목적으로 정당한 이유도 없이 집단적으로 회사가 지시한 휴일근로를 거부한 것은, 회사업무의 정상적인 운영을 저해하는 것으로서 노동쟁의조정법 제3조 소정의 쟁의행위에 해당한다고 할 것이다.

나. 피고인이 노동조합원 70여명과 공모하여 회사 공장의 정문을 실력으로 점거하고 미리 준비한 자물쇠를 채워 봉쇄한 채 회사측 또는 회사의 대리점경영자들이 동원한 수송용 차량의 출입을 부분적으로 또는 전면적으로 통제하거나 막음으로써, 회사나 대리점 경영자들의 제품수송업무를 방해하였다면 그와 같은 행동이 노동조합측이 결정한 파업을 무력화시키려는 회사측의 기도를 통제하기 위한 조치였다고 하더라도, 그 수단이나 방법이 소극적으로 업무의 정상적인 운영을 저해하는 데에 그친 것이 아니라, 다중의 위력이나 물리적 강제력으로써 적극적으로 업무를 방해한 것이어서, 쟁의행위로서의 정당한 한계를 벗어난 것이다.

다. 경찰력의 투입이 어려운 장소로 쟁의행위의 장소를 옮겨 사용자측에 대하여 근로조건에 관한 노동조합측의 주장을 관철하려는 것을 주된 목적으로 하여, 피고인을 비롯한 노동조합원 80여명이 정당의 당사에 들어가 농성한 행위는 쟁의행위의 일환이다.

관련 판례

대판 1991.12.24. 91도2323

준법투쟁과 집단적 월차휴가사용

노동조합의 간부들이 시간외수당의 감소와 태업기간 내의 식대환수조치를 철회시킬 의도로 소속 노조원 총 307명 중 181명으로 하여금 하루 전에 사용자측에 집단적으로 월차휴가를 신청하게 하여 업무수행의 지장을 이유로 한 신청 반려에도 불구하고 하루동안 일제히 월차휴가를 실시하게 하였다면, 위 집단적 월차휴가는 형식적으로는 월차휴가권을 행사하려는 것이었다고 하여도 사용자측 업무의 정상한 운영을 저해하는 행위를 하여 그들의 주장을 관철할 목적으로 하는 것으로서 실질적으로 쟁의행위에 해당한다고 보아야 한다.

관련 판례

헌재 2004.7.15. 2003헌마878

준법투쟁과 집단적 연차휴가사용

가. 교원의 노동조합설립및운영 등에 관한 법률 제8조는“노동조합과 그 조합원은 파업·태업 기타 업무의 정상적인 운영을 저해하는 일체의 쟁의행위를 하여서는 아니된다”고 규정할 뿐, 쟁의행위를 따로 정의하고 있지 않다. 다만 교원노조법은 이 법에 정하지

않은 사항에 대하여는 노동조합및노동관계조정법이 정하는 바에 따른다고 규정하고 있다. 따라서 교원노조법 제8조의'쟁의행위'개념은 노동조합및노동관계조정법의 규정에 따라 정의된다고 할 것이다. 한편, 노동조합및노동관계조정법 제2조 제6호의"쟁의행위"라 함은 파업 · 태업 · 직장폐쇄 기타 노동관계 당사자가 그 주장을 관철할 목적으로 행하는 행위로서 여기에서 그 주장이라 함은 같은 법 제2조 제5호에 규정된 임금 · 근로시간 · 복지 · 해고 기타 대우 등 근로조건의 결정에 관한 노동관계 당사자 간의 주장을 의미한다고 볼 것이므로, 위와 같은 근로조건의 유지 또는 향상된 주된 목적으로 하지 않는 쟁의행위는 노동조합및노동관계조정법의 규제대상인 쟁의행위에 해당하지 않는다고 할 것이다.

나. 전교조 조합원들이 다수 조합원들과 함께 집단 연가서를 제출한 후 수업을 하지 않고 무단결근 내지 조퇴를 한 채 교육인적자원부가 추진하고 있는 교육행정정보시스템(NEIS) 반대집회에 참석하는 등의 쟁의행위는 NEIS의 시행을 저지하기 위한 목적으로 이루어진 것인바, 청구인들의 행위는 직접적으로는 물론 간접적으로도 근로조건의 결정에 관한 주장을 관철할 목적으로 한 쟁의행위라고 볼 수 없어 노동조합및노동관계조정법의 적용대상인 쟁의행위에 해당하지 않는다고 할 것이다.

5. 사보타지(sabotage)

(1) 의 의

1) 개 념 사보타지란 흔히 태업과 동의어로 사용되는 수가 있지만 엄격히 말하자면 태업이 보다 좁은 개념이다. 즉 사보타지는 첫째, 기계 · 제품 등의 손괴 · 은닉 등 적극적인 수단을 강구하는 적극적 내지 폭력적 사보타지(active sabotage) 둘째, 사용자의 비밀을 폭로하거나 험담 따위를 고객에게 알리는 구화사보타지(open-mouthed sabotage) 셋째, 의식적으로 작업능률 내지 기업의 능률을 저하시키는 소극적 사보타지(passive sabotage)를 총칭하는 개념으로 사용되고 있다. 이때 태업은 세가지 중 소극적 사보타지에 해당한다고 볼 수 있다.

2) 성 질 사보타지는 일반적으로 파업파괴를 방지하는 기능을 하지만, 기본적으로 근로자가 주체적으로 「자기에게 지급되는 이상의 노동력을 사용자에게 줄 수는 없다」는 노무지휘권에 대한 간섭의 의미가 잠재되어 있다. 이 점에서 사보타지는 파업이상으로 경영간섭적인 요소를 포함하는 적극적인 쟁의형태라고 할 수 있다.

(2) 적극적 사보타지

1) **적극적 사보타지의 위법성**　적극적 사보타지는 원래 기계·제품 등의 생산수단에 직접적인 유형력을 행사하여 그 물건을 손괴하거나 임의로 처분함으로써 직접적인 업무의 정상운영을 저해하는 것을 말한다. 이러한 쟁의수단은 사용자의 소유권 그 자체를 부정하는 유형력의 행사가 있기 때문에 정당한 쟁의행위로 볼 수 없다[829]. 노동조합의 지시에 따라 고의로 불량품을 생산하는 것도 원재료를 훼손한다는 의미에서 위법한 쟁의행위가 된다. 그러나 의식적으로 작업능률을 저하시키는 행위로서 제조업에서 보통 때보다 불량품을 많이 생산하는 경우에 쟁의행위로서 정당성이 있는가 여부에 대해 의문이 있다. 이 경우에는 생산량의 저하에 그치지 아니하고 사용자의 제지를 무시하여 불량품의 제조를 계속하는 적극적 사보타지는 고의가 인정되며 위법한 쟁의행위로 보아야 한다.

2) **적극적 사보타지의 유형**　생산수단에 직접 유형력을 행사함으로써 물건을 손괴하는 것이 아니라 단순히 기계의 부품을 은닉하거나 기계를 분해하는 등의 쟁의수단도 적극적 사보타지의 일종으로 볼 수 있다. 따라서 ㉠ 쟁의 중에 공장외부와의 연락을 위하여 설치한 전화설비의 단자에서 전화선을 끌어낸 행위, ㉡ 자동차운수회사의 노동조합이 자동차검사증, 엔진키 등을 외부에 가지고 나가 보관한 행위는 위법한 쟁의행위이다. 이와 같은 ㉢ 기계·시설 등의 분해, ㉣ 부품은닉 등의 행위는 조합이 동맹파업을 할 때에 파업파괴를 방지하고 파업의 실효성을 확보하기 위하여 행하는 경우가 대부분이다.

3) **일시적 생산수단의 지배행위**　파업참가자의 노동력과 직접적인 관련이 있는 생산수단이 대체자에 의하여 이용되는 것을 방지하기 위하여 그 생산수단을 일시적으로 조합의 지배하에 두는 행위는 동맹파업과 동질적인 성격을 가지는 것이므로 정당하다. 또한 일시적으로 기계의 부품을 가지고 나가거나 자동차검사증, 엔진키를 보관하는 등의 행위는 쉽게 원상을 회복할 수 있다면 정당성이 인정된다.

(3) 구설 사보타지

a) 구설사보타지는 쟁의당사자인 조합원이 고객 내지 일반 공중에 대하여 사용자의 비밀을 폭로하거나 사용자의 제품 내지 서비스에 대하여 험담을 하여 업무저해의 효과를 거

829) Kahn-Freund, ibid., p. 252.

두려는 쟁의수단이며, 피켓팅이나 보이콧트에 부수적으로 행하는 수가 많다. 쟁의중 제3자에게 쟁의의 지원 내지 협력을 호소하는 행위는 그 과정에서 기업의 실태가 폭로되고 이로써 기업의 사회적 신용이 저하되는 수가 있더라도 정당성이 상실되지 않는다.

b) 그러나 허위의 사실을 과장하여 선전함으로써 회사 내지 특정개인의 권리 · 이익을 부당하게 침해한다든지 모욕적인 언사로서 타인의 인격 · 신용 · 명예를 훼손하거나 실추시키는 경우에는 정당성의 범위를 벗어난 것으로 위법성을 지닌다. 따라서 구설사보타지의 정당성음 험담의 내용이 그 쟁의의 경위, 상대방의 태도 등 제반사정을 고려하여 사회적으로 상당하다고 인정되는 범위내에서 허용되어야 한다[830].

(4) 소극적 사보타지(태업)

1) **능률저하**　노동력을 불완전하게 제공하는 쟁의수단인 소극적 사보타지는 태업이라고 하며, 평소대로 작업하면서 조합의 지시에 따라 작업능률을 의식적으로 저하시키는 것(slow-down ; go-slow)을 말한다. 영국에서 태업(go-slow)은 가능한 한 합리적인 속도로 근무해야 한다는 묵시적 약속을 위반하여 작업속도를 떨어뜨리는 것으로서 계약위반이 되지만, 불법행위책임이나 형사책임을 지는 것은 아니라고 본다. 왜냐하면, 태업은 계약위반이긴 하지만 쟁의수단으로써 당연히 부당한 것은 아니라고 보기 때문이다[831]. 그러나 프랑스에서 태업(greve perlee)은 노동을 충분히 제공하지 않은 채 임금을 지불케 하는 행위이므로 정당한 것이 아니라고 본다. 일반적으로 독일에서 태업(langsamarbeiten)은 엉큼한(verstckt) 쟁의수단이라는 이유로 전면파업이 허용되는 경우에도 위법이라고 본다. 그러나 단순히 작업능률을 저하시키는데 불과한 경우에는 근로자가 아직 사용자의 작업지휘하에 있고 직장에 머물고 있는 것을 사용자가 용인한다는 점에서 정당성이 인정된다[832].

2) **연락차단 파업**　연락차단파업은 ㉠ 사용자의 지휘명령 기타 연락 등의 접수 및 ㉡ 조합원이 작성한 문서나 사용자에 대한 보고 · 회답의 송부를 차단하여 상하에 걸친 업무활동의 연락 · 교류를 단절함으로써 업무의 정상적 운영을 저해하는 쟁의수단을 말한다.

---

830) 岩田屋事件 福岡地判 昭 36. 5. 19. 勞民集 12-3-347.

831) Kahn-Freund, ibid., p. 265.

832) 김형배, 전게서, 834쪽.

연락차단파업은 근무하면서 상사에게 연락하는 직무의 일부를 이행하지 않는 것으로서, 부작위에 그치기 때문에 그 정당성에 대하여는 의문의 여지가 없다[833]. 지각 · 조퇴 · 외출 신청서의 제출거부 · 명찰패용의 거부는 부작위에 불과하므로 이상의 것은 아니기 때문에 쟁의수단으로서 정당성이 상실되지 않는다.

3) 납금파업 납금파업은 제3자(고객)에 대하여는 보통 때와 마찬가지로 수금업무를 취급하면서, 사용자에 대하여는 수금한 금액을 조합이 일시 보관하고 납금을 하지 않음으로서 동맹파업과 같은 경제적 손실을 주는 쟁의수단을 말한다. 납금파업은 수금한 금액을 일시 그 수중에 영치하는 점에서 경영간섭적인 면이 있지만, ㉠ 금액의 보관이 확실하고 안전할 것, ㉡ 조합에서 이를 소비하지 않을 것, ㉢ 쟁의종결 후 즉시 인도할 태세에 있을 것을 조건으로 하여 쟁의행위의 정당성을 인정한다. 납금파업은 불법영득의 의사가 없기 때문에 업무상 횡령죄가 되지 않으며, 택시회사에서 주행요금을 그대로 예금하여 두었다가 쟁의수습 후 원리금을 포함한 금액을 회사에 납금하는 파업은 정당하다[834].

6. 보이콧(boycott)

(1) 의 의

보이콧은 쟁의당사자인 노동조합이 그 요구를 관철하기 위하여 사용자제품의 불매를 호소하거나 그 제품의 취급을 거부케 함으로서 거래를 저해하는 행위를 말한다. 보이콧은 보통 그 상대방이 누구냐에 따라 제1차 보이콧(primary boycott)과 제2차 보이콧(secondary boycott)으로 나누어진다. 제1차 보이콧은 쟁의의 상대방인 사용자의 제품을 사지 않도록 조합원 및 제3자에게 호소하는 것을 말하고, 제2차 보이콧은 쟁의당사자인 사용자에게 경제적 압력을 가할 목적으로 그 사용자와 거래관계에 있는 제3자에 대하여 사회적 · 경제적 압력을 가하는 것을 말한다. 또한 보이콧은 그 대상으로 되어 있는 제품의 불매리스트(we-do-not-patronize list)를 작성하여 배포하는 형태를 취하는 수가 있고, 공정한 사용자 명단(fair list)의 배포 내지는 Union label의 부착이라는 형태를 취하는 수가 있다[835].

---

833) 電産京都事件 京都地判 昭 30.3. 17. 勞民集 6-2-218.

834) ユニウア-サルタクツ-事件 神戸地判 昭 45. 11. 11. 勞民集 21-6-1500.

(2) 제1차 보이콧

제1차 보이콧이란 노동조합이 사용자에 대하여 사회적 · 경제적 압력을 가할 목적으로 그 제품의 불매를 결의하거나, 제3자에게 불매 또는 거래정지를 호소하는 쟁의수단을 말한다. 이 경우 조합원 자신은 특성상품의 구매의사를 가진 시민으로서의 자유를 가지기 때문에 구매의사가 집단적인 결의로 이루어지더라도 위법하다고 볼 수 없다. 그러나 제3자에게 사용자의 제품을 사지 않거나 거래를 정지토록 호소하는 것은 위법으로 본다. 다른 나라에서는 쟁의에 협력할 것을 호소하는데 불과하다는 이유에서 달리 폭행 · 협박 · 허위선전 등의 위법한 요소가 가하여지지 않는 한 정당한 쟁의행위로 본다. 그러나 파업 중에 노동조합이 고객에 대하여 협력을 구하는 취지를 설명하는 정도를 넘어 적극적으로 사용자의 험담을 하는 것은 허용되지 않는다[836].

(3) 제2차 보이콧

1) 거래선의 상품에 대한 불매　제2차 보이콧은 쟁의당사자인 사용자를 상품시장으로부터 고립시키기 위하여 그 거래선(대부분 소매상)에게 사용자와의 거래를 정지하도록 호소하되, 이에 불응하면 그 거래선의 상품에 대하여 보이콧(불매운동)을 행하는 것을 말한다. 영국에서는 사용자의 고객이나 거래선에게 상품의 구매나 공급을 정지하도록 위협하는 2차적 행동(secondary action)은 파업처럼 단순히 고용계약의 위반을 유도하는데 그치지 않고 거래선으로 하여금 사용자에 대한 상품계약의 위반을 유도하는 것으로서, 보통법상 불법행위로 취급되어 왔다. 1979년 노동조합 및 노사관계법(Trade Union and Labor Relations Act Amendment Act) 제3조 제2항은 상사계약위반의 유도로서의 쟁의행위에 대하여도 상당성을 인정하였다. 그러나 이러한 명문규정이 없는 한국은 「제3자가 자발적으로 사용자와의 거래를 중지하는 것은 좋으나, 거기에 강제적인 작용을 미치거나 상품의 유통이 넓은 범위에 걸쳐 차단되어 공중에게 불편과 혼란을 끼치는 경우에는 위법으로 될 위험이 있다」고 본다. 이때 「소매상이 부당한 근로조건하에서 생산된 제품의 거래에 의하여 이익을 받고 있다는 실질적 경제적 이해관계」에 있다면 그 소매상이 사용자의 제품

---

835) 松田保彦, "ホイユット," 新 労働法講座(4), 有斐閣, 1967, 183面.

836) 岩田屋事件 福岡地判 昭 36. 5. 19. 労民集 12-3-347.

(hotgoods)을 취급하는 한도내에서 노동조합과 대항관계에 선다고 볼 수 있다. 이때 소매상의 상품에 대한 구매여부는 각자의 시민적 자유에 속하므로, 달리 위법의 요소가 없는 한 정당성을 상실하지 않는다.

2) 2차 사용자에 대한 노무제공의 거부　2차 보이콧은 1차사용자에게 제품의 불매 · 불사용을 요구하는 이외에 그와 거래관계에 있는 2차 사용자의 근로자가 파업(제2차 파업)에 들어간다든지 1차 사용자의 제품의 취급을 거부하는 것을 말한다. 이 경우 2차 사용자도 1차 사용자의 조합과 대립관계에 있기 때문에, 제품의 취급거부를 둘러싸고 파업 내지 사보타지가 행하여지더라도 다른 위법의 요소가 없는 한, 정당성이 상실되지 않는다[837].

관련 판례　인천지법 1989.8.30. 89고단2276
불매동맹(보이콧)과 정당성

피고인 등 노조원 30여명이 자신들의 회사와 거래관계에 있는 다른 회사 사장을 찾아가 그 회사 정문에서 욕설을 하며 노동가 등 노래를 부르고 구호를 외치며 농성을 하다가 그 회사 사장인 피해자에게 그 회사가 피고인이 근무하는 회사로부터 하청받아 만드는 상품의 입출고를 일체 중단하도록 요구하며 겁을 주어 그로부터 위 취지의 각서를 작성 받은 행위는 다중의 위력으로써 타인의 권리행사를 방해한 것이다.

7. 피켓팅

(1) 의 의

a) 피켓팅이란 파업파괴를 방지하거나 파업의 발생을 다른 근로자 내지 공중에게 알려 파업에 협력하도록 호소하는 행위를 말한다. 이때 피켓팅은 원래 동맹파업이나 보이콧의 효과를 높이기 위하여 부수적으로 행하는 쟁의수단으로서 조합원의 탈락을 방지하고(단결의 강화), 파업방해꾼의 채용을 저지하여(노동시장의 차단) 원자재의 입하 또는 제품의 출하를 저지하거나 고객을 상대하는 것을 저지하는(상품시장의 차단) 기능을 하게 된다.

b) 이때 노동조합이 직종별 또는 산업별로 조직되어 초기업적 노동시장을 통제하고 그 내부의 의사소통이 원만하게 되고 사용자가 파업에 맞서서 대체 근로 내지 파업방해꾼을

---

837) 外尾健一, 前 揭書, 453面.

구하려들지 않게 되면, 피켓팅은 쟁의수단으로서의 중요성을 상실하게 된다[838]. 피켓팅은 평화적 설득만으로 무의미하기 때문에 스크럼을 짜는 등 실력에 의한 저지의 형태를 취하게 된다.

(2) 정당성에 관한 학설

1) **평화적 설득설** 이 설은 피켓팅이 오로지 평화적으로 정보를 수집 · 전달하거나 타인에게 근로를 제공하거나 하지 말 것을 평화적으로 설득하는 경우에 한하여 정당성을 인정하는 견해이다[839]. 따라서 평화적 설득이나 구두 또는 문서에 의한 언어적 설득(Verbal persuasion)의 범위 내에서만 이를 정당하다고 볼 수 있고, 폭행 · 협박 또는 압력에 의한 물리적 강제(physical compulsion)는 위법한 쟁의수단이 된다. 따라서 근로자측의 위력행사의 수단이 제반 사정에서 보아 정당한 범위를 일탈한 것으로 인정되면 형법 제314조에 의한 업무방해죄가 성립된다.

2) **실력저지용인설** 이 설은 피켓팅이 평화적 설득 특히 언어적 설득의 범위를 넘어 실력에 의한 저지행위로 나아간 경우에도 그 정당성이 인정될 수 있다는 견해이다. 이 견해에 따르면 쟁의행위의 태양은 사용자가 펴는 대항책에 따라 상대적이고 유동적이며, 이에 대응하는 쟁의행위 수단 · 방법은 정당성을 지닌다고 본다. 따라서 피켓팅의 정당성은 ㉠ 피켓팅에 도달한 쟁의의 배경, ㉡ 노사의 대항관계, ㉢ 다른 근로자와의 관계, ㉣ 사용자나 제3자에게 준 손해의 정도 등 제반의 사정을 고려하여 판단해야 한다[840]. 그 결과 적극적으로 폭행 · 압박에 이르지 않는 한 어느 정도의 강경한 설득 내지 집단적 시위가 행하여지더라도 이를 위법한 쟁의행위로 볼 수 없다.

3) **검토의견** 태업의 보조적 쟁의수단인 피켓팅은 태업에 가담하지 않고 조업을 계속하려는 자에 대하여 평화적 설득, 구두와 문서에 의한 언어적 설득의 범위내에서 정당성이 인정되는 것이고, 폭행 · 협박 또는 위력에 의한 실력저지나 물리적 강제는 정당화될 수 없다. 따라서 피켓팅은 평화적 설득설이 타당하다.

---

838) Kahn-Freund, ibid., p. 262.

839) Kahn-Freund, ibid., p. 263.

840) 東亞石油事件 東京地判 昭 44. 6. 28. 勞民集 20-3-614.

(3) 피켓팅의 허용범위

a) 쟁의행위가 조업의 정지를 의미하거나, 파업불참가자가 본래의 업무를 수행하기 위하여 작업장에 들어가 근무하는 것을 방해하거나 실력에 의해 저지하는 것은 허용될 수 없다. 그러나 사용자가 대체근로자를 투입하는 것은 단결권을 침해하는 행위이므로 실력에 의한 저지가 허용된다.

b) 이때 사용자는 파업이 개시되었더라도 조업을 중지할 법적의무가 없으며, 이에 대해 노동조합이 출입 내지 조업을 피켓팅으로 저지하는 것은 허용되지 않는다. 다만, 제3자인 고객 등에 대하여 협력을 호소하는 설득은 가능하다. 그러나 노동조합이 파업방해꾼을 판별하기 곤란하여 일시적으로 해명을 구하는 등의 저지행위를 하는 것은 위법이 아니다. 제3자가 업무의 일부를 하도급하여 실질적으로 대체노동을 하려는 경우에 노동조합이 파업참가자와 관련이 있는 업무(Struck work)에 대한 이들의 출입 내지 조업을 실력으로 저지하더라도 정당성을 잃지 않는다[841].

관련 판례 대판 1991.7.12. 91도897
파업감시제한과 정당성

가. 피고인이 노조간부 등 50여명을 인솔하여 회사 임원실 앞 복도를 점거하여 고함을 치고 북과 꽹과리를 치면서 직원들의 업무를 방해한 행위가 피고인이 주장하는 바와 같이 회사측에서 노조측의 단체협약 초안문을 빼내어간 행위를 항의하기 위한 수단으로 행하여졌다고 하여 정당행위가 된다고 볼 수 없다.

나. 시가 노동조합에 대하여 노동조합법 제30조, 동법시행령 제9조의 2 제3호 소정의 노동조합의 회계, 경리 상태나 기타 운영에 대하여 지도할 필요가 있는 때는 해당한다고 판단하여 업무조사를 시행하기로 결정한 이상, 설사 이와 같은 필요가 있는 경우에 해당되지 않는다고 하더라도 노동조합 간부가 이에 대한 적법한 대응조치를 취하지 아니한 채 이를 거부하고 관계서류의 제출요구에 불응한 행위는 같은 법 제30조에 위반된다.

관련 판례 대판 1992.7.14. 91다43800
파업감시제한과 정당성

가. 쟁의행위 중 파업은 그 노무정지의 효율성을 확보, 강화하기 위하여 그 보조수단

841) 이상덕외, 전게서, 411쪽.

으로서 소위'피케팅'을 동반하거나, 직장에 체류하여 연좌, 농성하는 직장점거를 동반하기도 하는 것으로서 그 자체는 위법하다고 할 수 없으나, 이 경우'피케팅'은 파업에 가담하지 않고 조업을 계속하려는 자에 대하여 평화적 설득, 구두와 문서에 의한 언어적 설득의 범위 내에서 정당성이 인정되는 것이 원칙이고, 폭행, 협박 또는 위력에 의한 실력적 저지나 물리적 강제는 정당화될 수 없는 것이며, 직장점거는 사용자측의 점유를 완전히 배제하지 아니하고 그 조업도 방해하지 않는 부분적, 병존적 점거일 경우에 한하여 정당성이 인정되는 것이고, 이를 넘어 사용자의 기업시설을 장기간에 걸쳐 전면적, 배타적으로 점유하는 것은 사용자의 시설관리권능에 대한 침해로서 정당화될 수 없는 것이다.

나. 국민연금관리공단 근로자들의 파업기간 중 국민연금갹출료 고지서 발송업무가 파업에 참가하지 아니한 노조원이나 비노조원에 의하여 수행되고, 일부 출장소에서는 그 작업에 아르바이트 학생까지 동원하여 돕게 한 경우 노동쟁의조정법 제15조에 의하면 사용자는 쟁의기간 중 쟁의에 관계없는 자를 채용 또는 대체할 수 없다고 되어 있어 위 공단이 쟁의에 관계없는 자를 채용 또는 대체하여 고지서 발송 작업을 하게 하거나 도와주도록 한 부분은 정당한 쟁의대항행위라고 할 수는 없다.

다. 파업에 참가한 근로자들이 파업에 동조하지 아니하고 조업을 하는 사람들에게'피케팅'을 하고, 위"2"항과 같은 위 공단의 법규위반행위를 저지하기 위하여 상당한 정도의 실력을 행사하는 것은 동맹파업 등 근로자들에 의한 쟁의행위가 실효를 거둘 수 있도록 하기 위하여 마련된 노동쟁의조정법 제15조의 규정 취지에 비추어 허용된다고 할 것이나 그렇다고 하더라도 모든 사람에 의한 고지서 발송 작업을 전면적으로 저지하기 위하여 그 작업현장에 있던 고지서를 전부 탈취하여 은닉한 행위는 파업의 보조적 쟁의수단인'피케팅'으로서도 정당화될 수 없다 할 것이어서, 위 고지서 발송 업무의 저지행위가 위법하다.

관련 판례 대판 1992.4.10. 91도3044

전보된 노조원의 원직복귀와 철야 점거 농성

전보된 노조원의 원직복귀를 요구하였으나 거절당하고 그 과정에서 노조원이 폭행당하였음을 구실로 노조간부 및 노조원 80여명과 농성에 돌입한 후 병원복도를 점거하여 철야농성하면서 노래와 구호를 부르고 병원직원들의 업무 수행을 방해하고, 출입을 통제하거나 병원장을 방에서 나오지 못하게 한 행위는 다중의 위력을 앞세워 근무중인 병원직원들의 업무를 적극적으로 방해한 것으로서 노동조합활동의 정당성의 범위를 벗어난 것이다.

관련 판례 대판 1990.5.15. 90도357
근무중 직원을 몰아내고 사무실을 점거한 직장점거의 정당성

조합원의 직장점거는 사용자측의 점유를 배제하지 아니하고 그 조업도 방해하지 않는 부분적·병존적 점거일 경우에 한하여 정당하다고 보아야 할 것이므로 피고인들이 조합원 600여명을 동원하여 근무중이던 직원을 몰아내고 지하철공사 사무실을 점거함으로써 사용자의 업무수행을 방해하였다면 정당하다고 볼 수 없다.

관련 판례 대판 1990.10.12. 90도1431
사용자의 의사에 반하여 체류하는 직장점거

태업시 사용자의 의사에 반하여 직장에 체류하는 쟁의수단인 직장점거는 사용자측의 점유를 완전히 배제하지 아니하고 그 조업도 방해하지 않는 부분적·병존적 점거일 경우에 한하여 정당성이 인정되는 것이고, 이를 넘어 사용자의 기업시설을 장기간에 걸쳐 전면적·배타적으로 점유하는 것은 사용자의 시설관리능력에 대한 침해로서 부당하다고 할 것이다.

관련 판례 대판 1991.6.11. 91도383
사업장시설의 전면적 또는 배타적 점거와 소란행위

보험회사와 노조 쟁의대책위원회의 총무가 쟁의대책위원 등과 공동 공모하여, 일요일을 제외한 1주일 동안 매일 약 1,500명 내지 약 2,000명의 노조원들을 동원하여 18:00경에 회사건물 1층 로비에서 정기적으로 당일 참가노조원의 총회를 갖고, 나머지 시간에는 쟁의대책위원회에서 지정한대로 위 건물 1층 로비, 5층 계약부영업장 등의 사무실 앞 복도 등에 플래카드를 걸고 대자보를 붙이고 각 농성장을 점거하여 고객 및 근무사원들의 통행을 방해하고, 구호·노래 등의 제창과 앰프와 꽹과리 등의 사용 등으로 각종 소음을 발생시키고, 영업대 등을 점거하거나 사무실 진입을 시도하면서 관리직 사원들과 몸싸움과 욕설 등을 하고, 복도를 점거하고 출입문을 다중의 힘으로 봉쇄하여 감금하는 등의 방법으로 점거농성을 하였다면, 위의 쟁의행위는 직장 또는 사업장 시설의 전면적 또는 배타적인 점거에 해당할 뿐 아니라 폭력에 의한 업무저해행위까지도 수반한 것이어서 쟁의행위의 정당성의 한계를 벗어난 것이므로 업무방해죄를 구성한다[842].

842) 대판 1990. 5. 15. 90도357; 대판 1990. 10. 12. 90도1431; 대판 1991. 1. 15. 90누6620.

관련 판례 대판 1991.7.9. 91도1051
회사정문의 점거와 제품반출의 저지 및 통제행위

피고인이 노동조합원 70여명과 공모하여 회사공장의 정문을 실력으로 점거하고 미리 준비한 자물쇠를 채워 봉쇄한 채 회사 측 또는 회사의 대리점경영자들이 동원한 수송용 차량의 출입을 부분적으로 또는 전면적으로 통제하거나 막음으로써 회사나 대리점경영자들의 제품 수송 업무를 방해하였다면, 그와 같은 행동이 노동조합측이 결정한 파업을 무력화시키려는 회사 측의 기도를 통제하기 위한 조치였다고 하더라도, 그 수단이나 방법이 소극적으로 업무의 정상적인 운영을 저해하는 데에 그친 것이 아니라, 다중의 위력이나 물리적 강제력으로써 적극적으로 업무를 방해한 것이어서, 쟁의행위로서의 정당한 한계를 벗어난 것이다.

8. 비공인파업

(1) 의 의

쟁의행위는 노동조합이 주도 · 지시 · 승인한 것인지 여부에 따라 조합적 쟁의행위와 비조합적 쟁의행위로 구분된다. 즉, 노동조합이 주도 · 지시 · 승인한 파업은 조합적 파업 또는 공인파업이라고 한다. 또한 일부조합원이 노동조합의 주도 · 지시 · 승인이 없거나 조합의 지시에 반하여 행하는 파업을 비조합적 파업(nichtgewerkschaftlicher Streik), 비공인파업(unofficial strike) 또는 살쾡이파업(wilder Streik, Wildcat Strike)이라 한다.

(2) 법적 성질

1) **위법설** 이 설은 살쾡이 파업을 위법하다고 주장하는 견해이다. 노동조합의 의사에 반하여 일부조합원이 행하는 살쾡이파업은 조합의 사명을 무시하고 다른 조합원의 단결권 내지 생존권을 부정 · 침해하는 것이므로 위법이라고 보아야 한다. 독일의 연방법원은 「파업은 위험한 무기요, 이러한 수단은 책임지고 사용하는 기관에만 맡겨져야 한다」고 하면서, 파업은 현존하는 경제제동의 안정성을 확보하는 질서요소로서 노동조합이 수행하거나 적어도 사후에 노동조합이 이를 떠맡아야 한다고 밝힘으로써 살쾡이파업을 위법으로 판단하여 왔다[843]. 또한 단체교섭에 의한 해결가능성을 쟁의행위의 정당성의 판단기준으로 삼

는 입장에서 살쾡이파업은 단체교섭의 책임주체와 쟁의행위의 책임주체가 다르기 때문에 위법이라고 한다.

2) **적법설** 이 설은 파업의 자유에 기초하여 널리 쟁의행위의 수단을 인정해야 하므로 비조합적 쟁의행위 또는 살쾡이파업을 특별히 구별하여 적법성을 논할 실익이 없다는 견해이다. 따라서 프랑스 · 이태리 · 영국에서는 파업의 자유를 근로자개인의 자유라고 보기 때문에 공인파업(official Strike)과 비공인파업(unofficial strike) 내지 살쾡이파업(wildcat strike)을 구별할 실익이 없다는 입장이다[844]. 이 견해에 의하면 단체협약이라는 노사간의 합의를 위한 수단만이 파업을 정당화하게 되므로, 일시적 단결인 쟁의단(ad-hockoalition)의 파업도 협약에 준한 집단적 규율을 목적으로 하는 한 정당성이 인정된다. 그 결과 쟁의권의 주체는 근로자 개인이 아니라 근로자 단결체이며 일시적이든 계속적이든 불문하는 것이므로, 쟁의단이 쟁의권의 주체에서 제외되어야 할 이유는 없다고 본다.

3) **검토의견** 노조법 제37조 제2항에서 「조합원은 노동조합에 의하여 주도되지 아니한 쟁의행위를 하여서는 아니된다」라고 규정하고 있다. 따라서 현행법의 태도에 의하면 비공인파업은 위법이라고 보아야 한다. 그 결과 조합원이 노동조합의 승인 없이 또는 그 지시에 반하여 쟁의행위를 하는 경우에는 형사책임이 면제될 수 없다. 그러나 비공인파업이 절대적 금지규정이라고 볼 수 없고 불가피하게 파업을 할 수 밖에 없는 상당한 이유가 있는 경우에는 예외적으로 허용되어야 하므로 상대적 금지규정이라고 해석된다. 따라서 조합이 소수조합원에 대한 현저히 부당한 차별취급을 내용으로 하는 협약을 체결하였다든지 비조합원이 사실상의 제약으로 조합결성 내지 가입이 곤란한 사정하에서 살쾡이파업에 들어간 경우에는 이를 정당하다고 보아야 한다[845].

관련 판례 대판 1999.9.17. 99두5740
쟁의행위의 주체와 정당성 – 살쾡이파업

노동조합및노동관계조정법에 의하면 노동조합은 조합원 투표에 의한 과반수의 찬성 등 일정한 절차상의 요건을 갖추어야만 사용자의 업무의 정상적인 운영을 저해하는 쟁의행

843) 加藤俊平, "山猫スト", 新勞動法(4), 1967, 225面.

844) Kahn-Freund, ibid., pp. 227-228.

845) 이상덕외, 전게서, 421쪽.

위를 실행할 수 있고, 조합원은 노동조합에 의하여 주도되지 아니한 쟁의행위는 하여서는 아니되는 것이므로, 조합원 전체가 아닌 소속 부서 조합원만의 의사로 이루어진 작업거부 결의에 따라 다른 근로자의 작업거부를 선동하여 회사의 업무를 방해한 행위는 노동조합의 결의나 구체적인 지시에 따른 노동조합의 조직적인 활동 그 자체가 될 수 없음은 물론 그 행위의 성질상 노동조합의 활동으로 볼 수 있다거나 노동조합의 묵시적인 수권 혹은 승인을 받았다고 볼 수도 없고, 단지 조합원으로서의 자발적인 행동에 불과할 뿐이어서 정당한 노동조합 활동이라고 볼 수 없다.

제3절 쟁의행위의 제한과 금지

1. 서 설

a) 쟁의권은 근로자의 인간다운 생활을 할 권리를 실현하기 위한 구체적 수단으로서 보장된 것이나, 한편으로는 노사 간의 대립을 부정하지 않고 이를 자본주의 경제구조에 부합되는 수단으로서 보장한 것이다. 쟁의행위에 대한 제한 · 금지는 이러한 근본정신을 부정하지 않는 범위 안에 그쳐야 한다[846].

b) 근로자의 쟁의행위를 제한 · 금지하는 법규는 그 위반에 대하여 대체로 벌칙 · 조합임원의 개선 명령 등 일정한 제재를 예정하고 있다. 따라서 어떠한 쟁의행위가 제한법규를 위반한 경우에 소정의 제재를 받는 것은 당연하지만 그렇다고 하여 민 · 형사면책을 받을 수 있는 정당성이 반드시 상실되는 것은 아니다(통설). 따라서 형식적으로 제한금지법규에 위반한 쟁의행위라 하더라도 그 쟁의행위의 목적과 수단에 비추어 정당한지 여부를 판단할 여지는 남는다. 이때 쟁의제한 · 금지법규가 어떤 성격의 것이냐에 따라 그 위반의 효과도 달라진다.

846) 김형배, 전게서, 838쪽; 김치선, 전게서, 430쪽.

2. 기본원칙에 의한 제한

(1) 의 의

a) 노조법 제37조 제1항에서는 「쟁의행위는 그 목적, 방법 및 절차에 있어서 법령 기타 사회질서에 위반하여서는 아니 된다」고 규정하여 기본원칙을 명시하고 있다. 따라서 쟁의행위는 목적 · 방법 · 절차 등에서 정당성이 있어야 한다. 이러한 쟁의행위의 기본원칙은 목적 · 절차 · 사회질서 등에 관한 포괄적인 기준을 제시하고 있다. 이때 쟁의행위가 노조법상의 벌칙대상이 된다고 하여 그것만으로도 바로 쟁의행위의 정당성이 상실된다고 볼 것이 아니라, 그 위반행위로 말미암아 국민생활의 안정이나 사용자의 사업운영에 예기치 않은 손해를 끼치는 것과 같은 부당한 결과를 초래하는지의 여부 등 구체적 사정을 살펴서 그 정당성 여부를 가려야 한다.

b) 근로자의 쟁의권행사가 일응 형법 제314조에 의한 업무방해죄의 구성요건에 해당되더라도 정당성이 있다면 형법 제20조의 규정에 의하여 위법성이 조각되어 처벌되지 않는다. 이와 같은 형사상 정당성의 요건은 첫째, 쟁의행위가 단체교섭과 관련하여 근로조건의 유지 · 개선을 목적으로 하는 정당성이 있어야 하며, 둘째, 쟁의행위의 방법과 태양이 폭력 또는 파괴행위를 수반하거나 기타 고도의 반사회성을 띤 행위가 아닌 정당한 범위 내의 것이어야 한다.

(2) 쟁의행위의 목적

a) 쟁의행위는 헌법상 보장된 단체행동권의 목적에 비추어 정당성을 판단하여야 한다. 또한 쟁의행위는 실정법인 노조법에 의하여 노사관계의 상대방인 사용자에게 손해를 가하는 경우에도 민 · 형사 면책이 인정되는 권리행사이므로 이 법에 의하여 정당성을 판단하여야 한다. 노조법에 의한 쟁의행위는 사용자에게 처분권한이 있고 단체협약을 통해서 개선될 수 있는 근로조건에 관한 사항을 목적으로 한다. 헌법재판소는 쟁의행위는 주로 단체교섭의 대상이 될 수 있는 사항을 목적으로 하는 경우에만 허용된다고 결정하였다.

b)쟁의행위의 목적이 복수인 경우에는 그 중 주된 목적 또는 진정한 목적사항이 정당한가의 여부에 따라 정당성을 판단하여야 한다. 이때 주된 목적 또는 진정한 목적이란 그

목적을 제외하였더라면 쟁의행위를 하지 않았을 것으로 인정되는 것을 말한다. 이에 반하여 목적이 정당한 부분에 한하여 따로 정당성을 인정하고자 하는 견해가 있으나, 노동쟁의란 ㉠ 당사자간의 주장의 불일치로 인한 '하나의 분쟁상태'라는 점과 ㉡ 각각의 주장내용에 따라 분리될 수도 없다는 점에서 따로 구분하여 정당성을 논할 여지가 없다고 본다.

(3) 쟁의행위의 방법

a) 쟁의행위의 방법은 소극적으로 근로계약을 전면적 또는 부분적으로 정지함으로써 사용자의 업무를 저해하는 것이어야 하고, 노사관계상 신의성실의 원칙에 비추어 공정성의 원칙에 따라야 한다. 또한 사용자의 기업시설에 대한 소유권 기타의 재산권과 조화를 기하고, 인신의 자유·안전을 해치는 폭력을 사용해서는 아니된다. 쟁의행위는 조합원의 집단적 의사 및 집단적 실행행위를 통해서 실현되는 이른바 '이면집단성'을 갖고 있으며 상대방을 파멸로 몰아넣는 것이 아니라 기업을 중심으로 한 공존조건의 재정립을 쟁취하는데 그 목적이 있기 때문에 소극적으로 업무의 정상운영을 저해하는데 그쳐야 한다[847].

b) 쟁의행위는 통일적인 조직 활동으로서 전체와 관련하여 조직적·유기적으로 정당성을 판단하여야 한다. 따라서 쟁의행위가 하나의 통일적인 행위로서 정당하게 행하여진 경우에는 소수의 근로자가 폭행·협박 등의 탈선행위를 하였더라도 당연히 전체의 쟁의행위가 위법한 것이 되지 않는다. 그러나 쟁의행위를 주도하는 노동조합의 간부가 계획적으로 위법행위를 권유·자극하고, 근로자들이 이에 동조함으로써 쟁의행위가 폭력화되는 경우에는 쟁의행위의 전체가 위법이 될 수 있다.

(4) 쟁의행위의 절차

a) 쟁의행위는 사용자가 근로자의 구체적인 요구에 대하여 교섭자체를 거부하거나 단체교섭의 자리에서 교섭요구를 거부한다는 회답을 한 뒤에 개시하여야 정당성을 가진다. 쟁의행위는 쟁의행위를 개시하기 전에 조합원에 의한 직접·무기명투표를 거쳐야 한다(노조법 제 41조 제1항). 이때 쟁의행위에 대한 조합원의 찬반투표는 조합내부의 의사형성에 국한되며, 쟁의행위의 대외적 책임의 여부를 판단하는 정당성에 대해서 영향을 미치지 않

847) 김형배, 전게서, 832쪽.

는다는 견해가 있다. 그러나 조합원의 찬·반투표를 거치지 아니한 쟁의행위는 정당성이 없다.

b) 노조법은 쟁의행위의 개시시기와 관련하여 ㉠ 조정의 전치(노조법 제45조 제2항), ㉡ 중재시의 쟁의금지(노조법 제63조), ㉢ 긴급조정시의 쟁의중지(노조법 제77조), ㉣ 조정서 해석기간 중의 쟁의금지(노조법 제60조 제5항) 등의 제한을 가하고 있다. 이러한 제한에 대한 법령의 절차를 위반한 쟁의행위는 정당성이 없다. 그러나 노동위원회가 실질적인 조정을 거친 이후에 행정지도를 한 경우에 대해, 판례는 「노동위원회가 반드시 조정결정을 한 뒤에 쟁의행위를 하여야 하는 것은 아니다」라고 하여 형식적 조정절차를 밟지 않았다는 것만으로 정당성을 상실하는 것은 아니라고 한다.

관련 판례 대판 2002.2.26. 99도5380

구조조정에 반대하는 쟁의행위와 정당성

정리해고나 사업조직의 통폐합 등 기업의 구조조정의 실시 여부는 경영주체에 의한 고도의 경영상 결단에 속하는 사항으로서 이는 원칙적으로 단체교섭의 대상이 될 수 없고, 그것이 긴박한 경영상의 필요나 합리적인 이유 없이 불순한 의도로 추진되는 등의 특별한 사정이 없는 한, 노동조합이 실질적으로 그 실시 자체를 반대하기 위하여 쟁의행위에 나아간다면, 비록 그 실시로 인하여 근로자들의 지위나 근로조건의 변경이 필연적으로 수반된다 하더라도 그 쟁의행위는 목적의 정당성을 인정할 수 없다 할 것이다.

관련 판례 대판 1992.5.12. 91다34523

연구소장의 퇴진과 파면처분을 이유로 한 쟁의행위

비록 원고들이 쟁의행위를 함에 있어 피고 연구소장의 퇴진을 요구하였다 하더라도 이는 부차적인 것이고 주된 목적은 원심이 인정한 바와 같이 위 소외인들에 대한 파면처분이 노동조합의 핵심적 관심사항인 연구자율수호운동을 주동한 것에 대한 보복조치라고 하여 이의 철회를 구하는 것이다. 그 뜻은 조합원의 근로조건의 개선요구에 있다고도 볼 수 있어 이는 단체교섭사항이 될 수 있는 것이라 할 것이므로 이 사건의 쟁의행위는 그 목적에 있어 정당하다고 보아야 할 것임에도 불구하고 원심이 이 사건 쟁의행위의 목적이 정당하지 못하다고 한 판단은 쟁의행위 목적의 정당성에 관한 법리를 오해한 위법이 있다 할 것이다.

관련 판례 대판 1990.5.15. 90도357 : 대판 1992.5.12. 91다34523
진입도로와 출입구의 벽보 및 유인물의 부착에 의한 쟁의행위

근로자들이 연구소장실에 침입하고, 페인트로 연구소 진입도로와 소장실 입구 벽면 및 복도에 연구소장의 명예를 훼손하는 내용을 쓰고, 같은 내용의 벽보를 부착하였으며, 인쇄용 대지를 집에 갖고 감으로써 잡지발행을 10일간 지연시켰고, 연구소장을 비방하는 내용의 유인물을 전국 4,300여 개의 거래선 및 대학교에 발송하였으며, 제3자를 초청하여 함께 정치 투쟁적 언동을 하였고, 사업장 외에서 집단행동을 하였으며, 연구소장의 집 부근에 그의 명예를 훼손하는 내용의 벽보 및 유인물을 부착 · 배포하는 등 그 쟁의행위를 한 방법 내지 태양이 사회적 상당성을 갖추었다고는 도저히 볼 수 없는 것이어서 그 쟁의행위가 부당하다.

관련 판례 대판 1990.5.15. 90도 357 : 대판 1991.6.11. 91도383
사업장 시설의 점거와 사용자의 관리지배의 배제

직장 또는 사업장 시설의 점거는 적극적인 쟁의행위의 한 가지 형태로서 그 점거의 범위가 직장 또는 사업장 시설의 일부분이고 사용자측의 출입이나 관리지배를 배제하지 않는 일부 점거에 지나지 않을 때에는 정당한 쟁의행위로 볼 수 있으나 이와 달리 직장 또는 사업장 시설을 전면적 · 배타적으로 점거하여 조합원 이외의 자의 출입을 제지하거나 사용자측의 관리지배를 배제하여 업무의 중단 또는 혼란을 야기케 하는 것과 같은 행위는 이미 정당성의 한계를 벗어난 것이라고 볼 수 있다.

관련 판례 대판 2001.6.26. 2000도2871
쟁의조정절차의 경위와 쟁의행위의 정당성

노조가 노동위원회에 노동쟁의 조정신청을 하고 조정절차를 마치거나 조정이 종료되지 않은 채 조정기간이 끝나면 노동조합은 쟁의행위를 할 수 있다. 또한 이 사건에서 그 쟁의행위의 목적은 임금협약안의 체결, 고용안정협약안의 체결, 공동단체협약안의 체결 등에 있고, 그 중 정리해고에 관한 사항은 여러 목적 가운데 주된 목적이 아니므로, 이 사건 쟁의행위는 그 목적에 있어 정당성이 인정된다는 원심의 판단은 정당하고, 노동위원회의 조정절차를 거친 뒤에 이루어진 것으로서 그 절차에 있어 정당성이 인정된다는 원심의 판단 역시 정당하다.

3. 비노조쟁의행위의 금지

a) 노조법 제37조 제2항은 「조합원은 노동조합에 의하여 주도되지 아니한 쟁의행위를 하여서는 아니 된다」고 규정하고 있다. 이 조항은 비노조쟁의행위를 "살쾡이 파업 또는 비조합적 파업, 비공인 파업"이라고 부른다. 판례는 조합원 전체가 아닌 소속부서 조합원만의 의사로 이루어진 작업거부결의에 따라 다른 근로자의 작업거부를 선동하여 회사의 업무를 방해한 행위는 노동조합의 결의나 구체적인 지시에 따른 노동조합의 조직적 활동 그 자체가 될 수 없음은 물론 노동조합의 묵시적인 수권 혹은 승인을 받았다고 볼 수 없고 단지 조합원으로서의 자발적 활동으로 보아 정당한 조합활동을 부정한다[848].

b) 그러나 노조법 제37조 제2항의 자체와 쟁의집단의 요구사항, 통제의 관계, 쟁의참가자의 수, 조직적 독립의 정도 등을 구체적으로 고려하여 합리적이고 필요불가결한 경우 비조합쟁의행위는 정당성이 인정되어야 한다. 따라서 비록 법에서 제한하고 있을 지라도 쟁의행위의 정당성 판단에서는 반드시 부정적으로 볼 것이 아니다. 노조법 제37조 제2항에 위반하여 쟁의행위를 한 때에는 3년 이하의 징역 또는 3,000만원 이하의 벌금에 처한다(노조법 제89조 제1호)

관련 판례 대판 1999.9.17. 99두5740
소속부서 조합원의 의사로 이루어진 작업거부결의의 효력

노동조합은 조합원두표에 의한 과반수의 찬성 등 일정한 절차상의 요건을 갖추어야만 사용자의 업무의 정상적인 운영을 저해하는 쟁의행위를 실행할 수 있고, 조합원 전체가 아닌 소속부서 조합원만의 의사로 이루어진 작업거부결의에 따라 다른 근로자의 작업거부를 선동하여 회사의 업무를 방해한 행위는 노동조합의 결의나 구체적인 지시에 따른 노동조합의 조직적인 활동 그 자체가 될 수 없음은 물론 그 행위의 성질상 노동조합의 활동으로 볼 수 있다거나 노동조합의 묵시적인 수권 혹은 승인을 받았다고 볼 수도 없고, 단지 조합원으로서의 자발적인 행동에 불과할 뿐이어서 정당한 노동조합 활동이라고 볼 수 없다.

848) 이병태, 전게서, 325쪽.

관련 판례 대판 1991.5.15. 90도357
노조기획실장이 주도한 집단적 작업거부와 업무방해죄

노동조합의 기획실장이 노동조합 대의원간담회의 결의를 거쳐 1일 1개분과별로 조합원인 근로자 약 1000명 또는 1500명으로 하여금 그 일과시간에 집단적으로 작업에 임하지 아니하고 집회 및 시위에 참가하게 함으로써 회사의 조업에 차질을 가져오게 하였다면, 그와 같은 집단행동이 노동관계법령에 따른 정당한 쟁의행위에 해당하지 아니하는 한, 집단행동을 통한 위력으로써 회사의 업무를 방해한 공동정범으로서의 책임을 면할 수 없고, 근로자들에게 위계 또는 위력을 행사한 결과로 근로자들이 회사의 업무를 방해한 경우에만 업무방해죄의 책임을 진다고 볼 것은 아니다.

4. 노동조합의 지도와 책임

a) 노동조합은 쟁의행위의 목적에 따라 적법하게 이루어지도록 유지 · 관리할 책임이 있는데, 이를 "노동조합의 지도와 책임"이라고 한다. 노동조합은 ㉠ 파업을 감시하는 자의 행동에 대한 지도와 책임, ㉡ 쟁의행위기간 중 원료나 제품의 변질 · 부패방지를 위한 활동, ㉢ 쟁의행위가 적법하게 수행되도록 지도 · 관리 · 통제할 책임이 있다.

b) 노조법은 제38조 제1항에서는 「쟁의행위는 그 쟁의행위와 관계없는 자 또는 근로를 제공하고자 하는 자의 출입 · 조업 기타 정상적인 업무를 방해하는 방법으로 행하여져서는 아니 되며, 쟁의행위의 참가를 호소하거나 설득하는 행위로서 폭행 · 협박을 사용하여서는 아니 된다」고 하고 있다. 이 규정은 조합에 대한 의무사항으로서 이를 위반하면 노조법 제89조에 의한 벌칙이 적용된다. 노동조합이 집단적 노사관계의 당사자로서 노동조합의 탈법행위를 지도 · 통제하도록 강제하는 강행규정이나, 일부 조합원이 개별적으로 일탈행위를 한 경우라도 쟁의행위 전체가 위법으로 되지 않는다.

c) 노조법 제38조 제2항에서는 「작업시설의 손상이나 원료 · 제품의 변질 또는 부패를 방지하기 위한 작업은 쟁의행위 기간중에도 정상적으로 수행되어야 한다」고 규정하고 있다. 이 규정은 노동조합이 쟁의행위를 수행하는 중에 그 쟁의행위가 현행법령이나 사회질서를 준수하고, 적법한 쟁의행위를 하도록 조합원에 대하여 조직 · 지도를 해야 할 책임이 있음을 확인한 것이다[849].

d) 쟁의행위가 종료된 후 근로자들은 다시 그 공장 또는 사업장에 복귀하여 취업할 것

이 예정되어 있으므로, 보안작업의 거부는 경영의 파괴를 초래하는 일종의 자살행위라고 하면서 쟁의 중에도 계속 유지되어야 한다는 견해가 있다. 여기서 보안작업이란 동력실근무, 용광로작업, 탄광에서의 가스 폭발 방지시설작업, 낙반방지시설작업, 통기배수시설작업, 냉난방보일러실작업, 원료와 제품의 보관작업 등을 말한다. 노동조합은 단체협약에 그 수행이 의무화되어 있든 아니든 보안작업이 중단되지 않도록 조합원에 대하여 지도와 통제를 행하여야 할 영향의무를 부담한다. 노조법 제 38조 제3항에서는 「노동조합은 쟁의행위가 적법하게 수행될 수 있도록 지도 · 관리 · 통제할 책임이 있다」고 규정하고 있다.

5. 조합원의 투표와 쟁의행위의 금지

(1) 쟁의행위와 조합원의 찬반투표

노조법 제41조 제1항은 「노동조합의 쟁의행위는 그 조합원의 직접 · 비밀 · 무기명투표에 의한 과반수의 찬성으로 결정하지 아니하면 이를 행할 수 없다」고 규정하고 있다. 이 규정은 노동조합의 자주성과 민주성이 강하게 요구되는 쟁의행위와 같은 중요한 결정을 민주적으로 결정하기 위한 정책적 · 단속적 성격의 규정이다. 이러한 절차위반의 쟁의행위는 벌칙의 제재를 받지만 반드시 정당성을 상실하는 것은 아니다[850].

(2) 방위산업체종사자의 쟁의행위금지

노조법 제41조 제2항에서는 「「방위사업법」에 의하여 지정된 주요방위산업체에 종사하는 근로자중 전력, 용수 및 주로 방산물자를 생산하는 업무에 종사하는 자는 쟁의행위를 할 수 없으며 주로 방산물자를 생산하는 업무에 종사하는 자의 범위는 대통령령으로 정한다」고 규정하고 있다. 이것은 헌법 제37조 제2항에서 정한 국가안전보장을 위한 불가피한 기본권의 제한이라고 규정을 반영한 것이다. 이 경우 "주요방위산업체"란 방위산업에 관한 특별조치법(1973. 2. 17 법률 제2540호) 제4조 제1항에 따라 방산업체로 지정된 업체 가운데 제2항에서 정한 11개 종류의 방산물자를 생산하는 업체를 말한다. 여기에서 "주로

849) 윤광희, 전게서, 359-360쪽.

850) 김형배, 전게서, 841쪽.

방산물자를 생산하는 업무에 종사하는 자"라함은 방산물자의 완성에 필요한 제조 · 가공 · 조립 · 정비 · 재생 · 개량 · 성능검사 · 열처리 · 도장 · 가스취급 등의 업무에 종사하는 자를 말한다(노조법 시행령 제20조).

관련 판례 대판 2000.5.26. 99도4836
쟁의행위 찬반투표와 정당성

가. 근로자의 쟁의행위가 정당성을 갖추기 위해서는 첫째 그 주체가 단체교섭의 주체로 될 수 있는 자이어야 하고, 둘째 그 목적이 근로조건의 향상을 위한 노사간의 자치적 교섭을 조성하는 데에 있어야 하며, 셋째 사용자가 근로자의 근로조건 개선에 관한 구체적인 요구에 대하여 단체교섭을 거부하였을 때 개시하되 특별한 사정이 없는 한 조합원의 찬성결정 및 노동쟁의 발생신고 등 절차를 거쳐야 하는 한편, 넷째 그 수단과 방법이 사용자의 재산권과 조화를 이루어야 할 것은 물론 폭력의 행사에 해당되지 아니하여야 한다는 여러 조건을 모두 구비하여야 한다.

나. 한편 같은 법 제41조 제1항은 노동조합의 쟁의행위는 그 조합원의 직접 · 비밀 · 무기명 투표에 의한 조합원 과반수의 찬성으로 결정하지 아니하면 이를 행할 수 없다고 규정하고 있으나, 위 규정은 노동조합 내부의 민주적 운영을 확보하기 위한 것이므로, 위 규정에서 정하고 있는 절차를 따를 수 없는 정당한 객관적 사정이 있거나 조합원의 민주적 의사결정이 실질적으로 확보된 경우에는 이와 같은 투표절차를 거치지 않았다는 사정만으로 쟁의행위의 절차가 위법하여 정당성을 상실한다고 할 수는 없다.

다. 파업의 시기 및 절차에 있어서 중앙노동위원회의 조정종료 후에 노동조합의 조합원총회를 거쳐서 실시한 것으로서 비록 위 조합원총회에서 쟁의행위에 관한 찬 · 반투표를 실시하지 아니하였더라도 이는 단지 노동조합 내부의 의사형성 과정상의 결함에 지나지 아니하고 위 조합원총회 이후 파업에 참여한 인원 등에 비추어 보면, 그 파업은 조합원 대다수가 찬성한 것으로 보여지므로 그 절차에 있어서도 위법하다고 할 수 없으며, 파업의 내용도 소극적으로 노무의 제공을 거부하면서 집회를 가지고 노동조합원들에 대하여 파업을 독려하였으나 폭력행위를 수반하지 아니한 것으로서 그 수단, 방법에 있어 상당한 범위를 넘어섰다고도 할 수 없으므로, 결국 이 사건 파업은 근로조건의 유지, 개선 기타 근로자의 정당한 이익을 주장하기 위한 상당한 수단으로서 헌법이 보장한 근로자의 단체행동권에 속하는 것으로 사회상규에 반하지 아니하는 정당행위로서 위법성이 조각된다고 판단하고 있다.

관련 판례 대판 2004.9.24. 2004도4641
지부, 분회의 쟁의행위 찬반투표

가. 근로자의 쟁의행위가 형법상 정당행위가 되기 위한 절차적 요건으로서, 쟁의행위를 함에 있어 조합원의 직접 · 비밀 · 무기명투표에 의한 찬성결정이라는 절차를 거치도록 한 노동조합및노동관계조정법 제41조 제1항은 노동조합의 자주적이고 민주적인 운영을 도모함과 아울러 쟁의행위에 참가한 근로자들이 사후에 그 쟁의행위의 정당성 유무와 관련하여 어떠한 불이익을 당하지 않도록 그 개시에 관한 조합의사의 결정에 보다 신중을 기하기 위하여 마련된 규정이다.

나. 지역별 · 산업별 · 업종별 노동조합의 경우에는 총파업이 아닌 이상 쟁의행위를 예정하고 있는 당해 지부나 분회소속 조합원의 과반수의 찬성이 있으면 쟁의행위는 절차적으로 적법하다고 보아야 할 것이고, 쟁의행위와 무관한 지부나 분회의 조합원을 포함한 전체 조합원의 과반수이상의 찬성을 요하는 것은 아니다.

다. 자동차회사 협력업체 노동조합의 쟁의행위가 목적, 수단 및 방법에 있어서 그 정당성을 인정할 수 있다.

6. 사업장시설의 점거금지

(1) 의 의

노조법 제42조 제1항 단서에서 「쟁의행위는 폭력이나 파괴행위 또는 생산 기타 주요업무에 관련되는 시설과 이에 준하는 시설로서 대통령령이 정하는 시설을 점거하는 형태로 이를 행할 수 없다」라고 규정하고 있다. 이 규정은 다시 업무가 재개될 것을 예정하여 허용된 장소나 시설의 범위 내에서만 인정하고, 사업장과 무관한 장소로 까지 확산되어 점거하는 것을 방지하기 위한 취지이다.

(2) 금지대상이 되는 시설

금지대상이 되는 시설은 안전보건시설 이외에 기타 주요업무에 관련되는 시설과 이에 준하는 시설을 말한다. 생산시설은 생산에 직접 필요한 물적 시설을 말하고, 이에 준하는 시설은 ㉠ 전기 · 전산 또는 통신시설, ㉡ 철도(도시철도 포함)의 차량 또는 선로, ㉢ 건조 · 수리 또는 정박 중인 선박(다만, 선원법에 의한 선원이 당해 선박에 승선하는 경우 제외), ㉣ 항공기의 항공보안시설 또는 항공기의 이 · 착륙이나 여객 · 화물의 운송을 위한 시설, ㉤ 화학 · 폭약 등 폭발 위험이 있는 물질 또는 유해화학물질관리법에 의한 유독물을 보관 · 저장하는 장소, ㉥ 점거될 경우 생산 기타 주요업무의 정지 또는 폐지를 가져오거나 공익상 중대한 위해를 초래할 우려가 있는 시설로서 고용노동부장관이 관계중앙행정기관의 장과 협의하여 정하는 시설을 말한다(노조법 시행령 제21조).

(3) 안전보호시설의 유지운영과 저해행위금지

1) 의 의　노조법 제42조의 제2항은 「사업장의 안전보호시설에 대하여 정상적인 유지 · 운영을 정지 · 폐지 또는 방해하는 행위는 쟁의행위로서 이를 행할 수 없다」고 규정하고 있다. 이 규정은 쟁의행위가 일시적으로 사용자에게 생산중단 등에 의하여 경제적 손실을 주는데 그치는 것이므로 사람의 생명 · 신체의 안전이나 기업시설의 안전을 보호하고자 하는 것이다. 안전시설에 대한 작업은 보안작업이라 하며, 쟁의행위 중에 이를 거부 · 방해하는 근로자측의 행위는 위법이 된다. 이 규정을 위반한 쟁의행위는 벌칙의 제재를 받으나 당연히 정당성을 상실하는 것은 아니다. 다만, 조합측이 고의로 위반하는 경우에는 폭력이나 파괴행위에 해당될 것이므로 그 범위 내에서 정당성을 상실한다[851].

2) **안전보호시설**　안전보호시설은 탄광에서 가스폭발방지시설, 낙반방지시설 및 통신시설과 같이 직접 인명에 대한 위해예방 또는 위생상 필요불가결한 물적시설에 한정되며, 병원의 근로자는 이에 해당되지 않는다. 일부 학설은 근로자의 쟁의행위에서도 기업재산의 보호책임이 있다는 것을 근거로 기업의 모든 물적 시설이 포함된다고 하나, 법문에서 명백히 "안전보호시설"이라고 명시하고 있으므로 확대해석할 것은 아니다. 안전보호시설 이외의 시설은 노조법 제38조 제2항에서 정한 필수작업수행의무에 의해 보호되거나 시설물 파괴의 경우 노조법 제42조 제1항에서 정한 파괴행위금지에 해당된다. 이 법에서 "정상적 유지운영"은 당해 시설의 본래적 기능이 정상적인 상태에서 유지 · 운영되는 것을 말하고, "정지 · 폐지 또는 방해하는 행위"는 위 기능의 정상적인 운영에 지장을 가져오게 하거나 가져오기에 충분한 행위로 현실적으로 그와 같은 결과가 발생할 것을 요하지 않는다. 따라서 파업의 경우에는 일정한 보안요원을 두어야 한다. 안전보호시설의 범위는 단체

851) 김형배, 전게서, 844쪽.

협약에서 정하는 것이 바람직하나, 이러한 협정이 없는 경우에는 안전보호에 필요한 최소한도의 범위내에서 구체적인 사안에 따라 정하여져야 한다[852].

3) 위험방지조치 업무의 성질상 근로제공의 거부가 근로자 또는 기타 해당 관계자들에게 생명 · 신체 · 건강에 대한 위협을 발생케 하는 사업장에 있어서는 그와 같은 위협을 방지할 수 있는 조치를 강구한 후에 쟁의행위를 하여야 한다. 사람의 생명 · 신체 · 건강에 직접 영향을 미치는 작업을 중단하거나 게을리 하는 것은 살상의 결과를 야기하게 될 것이므로 정당성이 인정되지 않는다. 또한 같은 이유에서 안전보호시설의 정상가동의무에 위반하는 경우에도 정당성이 인정되지 않는다[853].

4) 유지운영에 대한 행정조치 사용자는 쟁의행위가 노조법 제42조 제2항에 위반하여 안전보호시설의 정상적인 유지 · 운영을 정지 · 폐지 또는 방해하는 행위로 행하여진 경우에는 즉시 그 상황을 행정관청이나 관할노동위원회에 신고하여야 한다(노조법 시행령 제18조 제1항). 신고는 서면 · 구두 또는 전화 기타의 적당한 방법으로 하여야 한다(노조법 시행령 제18조 제2항). 행정관청은 쟁의행위가 노조법 제42조 제2항에 해당된다고 인정되는 경우에는 노동위원회가 의결을 얻어 그 행위의 중지를 명하여야 한다. 다만, 사태가 급박하여 노동위원회의 의결을 얻을 여유가 없을 때에는 그 의결을 얻지 아니하고는 즉시 그 행위의 중지를 명할 수 있다(노조법 제42조 제3항). 이러한 노동위원회의 의결을 얻지 않은 경우에 행정관청은 지체없이 노동위원회의 사후승인을 얻어야 하며, 그 승인을 얻지 못한 때에는 그 명령은 그 때부터 효력을 상실한다(노조법 제42조 제4항). 행정관청이 안전보호시설의 정상적인 유지 운영을 해치는 쟁의행위의 중지명령을 하는 경우에는 이를 서면으로 하여야 하나, 사태가 급박하다고 인정하는 경우에는 구두로 할 수 있다(노조법 시행령 제22조). 지방고용노동관서의 장은 위의 규정에 따라 쟁의행위의 중지를 명한 경우에는 관할노동위원회와 쟁의당사자에게 지체없이 통지하여야 한다(노조법 시행규칙 제12조). 안전보호시설의 정상적인 유지 · 운영을 저해하여 쟁의행위를 한 자는 1년 이하의 징역 또는 1,000만원 이하의 벌금에 처한다(노조법 제91조 제1호). 또한 노조법 제42조 제3항에 따른 행정관청의 중지명령에 위반한 자도 같은 벌칙이 적용된다(노조법 제91조 제2호).

852) 김유성, 노동법2, 253면: 이병태, 전게서, 327쪽.

853) 임종률, 노동법, 박영사, 2009, 231쪽.

관련 판례 대판 2005.9.30. 2002두7425
안전보호시설의 범위

가. 노동조합 및 노동관계조정법 제42조 제2항은"사업장의 안전보호시설에 대하여 정상적인 유지·운영을 정지·폐지 또는 방해하는 행위는 쟁의행위로서 이를 행할 수 없다."고 규정하고 있는바, 여기서 '안전보호시설'이라 함은 사람의 생명이나 신체의 안전을 보호하는 시설을 말하는 것으로, 이에 해당하는지 여부는 당해 사업장의 성질, 당해 시설의 기능 등의 제반 사정을 구체적·종합적으로 고려하여 판단하여야 한다.

나. 가연성·폭발성·유독성이 강한 석유화학제품을 생산 및 유지하기 위하여 전기, 증기 등의 동력을 생산하여 공급하는 동력부문이 정상적으로 가동되지 못하였을 경우에는 위 화학물질에서 발생하는 가연성 가스 등이 누출되거나 전량 소각되지 못하여 대규모 폭발사고를 야기할 수 있고, 소방수의 공급 및 재해 진압 설비의 작동이 곤란하여 대형화재를 초래할 수 있어, 사람의 생명과 신체의 안전이 구체적으로 위협받는다고 할 것이므로, 위 동력부문은 노동조합 및 노동관계조정법 제42조 제2항에서 정한'안전보호시설'에 해당한다.

7. 폭력·파괴행위의 금지

a) 노조법 제42조 제1항에 의하면「쟁의행위는 폭력이나 파괴행위 또는생산 기타 주요업무에 관련된 시설과 이에 준하는 시설로서 대통령령이 정하는 시설을 점거할 수 없다」고 규정하고 있다. 이 규정은 노사간의 대립상태에서 발생하기 쉬운 폭력이나 파괴행위를 근절하고 평화로운 분위기에서 쟁의행위가 이루어 질 것을 천명한 것이다. 폭력이나 파괴행위에 대하여 노조법 제4조에서 벌칙규정을 정하지 않고 있으나 쟁의행위의 정당성이 있는가에 따라 형법이 적용된다. 따라서 그 행위가 폭행죄·상해죄·손괴죄 또는 업무방해죄의 범죄요건을 구성하면 형법의 규정에 의한다.

b) 노조법 제89조 제1항에 의하여 폭력이나 파괴행위를 한 자는 3년 이하의 징역 또는 3,000만원 이하의 벌금에 처한다. 이때 폭력이나 파괴행위는 당시의 정황을 고려하여 구체적으로 판단하여야 한다. 다만, 쟁의행위가 정당성을 상실하는 경우에도 형법상 긴급피난이나 기대가능성을 이유로 형사책임이 면제될 수 있는지를 검토하여야 한다. 또한 쟁의행위중의 폭력행위가 노동조합의 통일적 의사에 반하여 개별조합원에 의해 산발적으로 행하여진 경우에는 쟁의행위 자체에 아무런 영향을 미치지 않는다[854].

관련 판례 대판 1990. 9. 28. 90도602
위법쟁의행위와 공범자의 형사책임

근로자의 단체행동권의 하나인 쟁의권행사는 그것이 정당한 때에 한하여 형법상의 위법성이 부정되어 처벌되지 않는 것이나 지하철공사노동조합원의 공사사무실 점거에 의한 업무방해행위, 무임승차운행에 의한 배임행위, 재물손괴에 의한 폭력행위등처벌에관한법률위반행위 등은 어느 것이나 폭력이나 파괴행위로서 쟁의행위의 정당성의 한계를 벗어난 것이므로 위법한 행위이다. 공동정범의 주관적 요건인 공모는 공범자 상호간에 범죄의 공동실행에 관한 의사의 결합만 있으면 족한 것이고, 공범자 전원이 동일한 일시·장소에서 모의하지 아니하고 순차적으로 그리고 암묵적으로 상통하여 그 의사의 결합이 이루어져도 공범관계는 성립하는 것이며, 이와 같은 공모가 이루어진 이상 실행행위에 관여하지 않았더라도 공범자의 행위에 대하여 행사책임을 지는 것이다.

8. 채용제한과 도급·하도급의 금지

(1) 쟁의행위기간 중 채용 또는 대체금지

1) 의 의　사용자는 쟁의행위기간 중 그 쟁의행위로 중단된 업무의 수행을 위하여 당해 사업과 관계없는 자를 채용 또는 대체할 수 없고(노조법 제43조 제1항), 그 쟁의행위로 중단된 업무를 도급 또는 하도급으로 줄 수 없다(노조법 제43조 제2항). 이 규정은 쟁의행위의 목적인 "업무의 정상적 운영에 저해"를 사용자가 부당하게 면탈하는 것을 방지하려는데 그 취지가 있다. 물론 사용자는 노동조합이 의도하는 업무의 정상적인 운영을 저해하는 행위에 대하여 전면적으로 위험부담을 감수할 의무는 없고, 구태여 조업을 중단할 필요도 없다. 다만 쟁의기간 중 사용자가 쟁의에 관계없는 자를 이용하여 업무의 정상적인 운영을 도모할 경우 이를 허용한다면, 노사가 쌍무적으로 부담하는 위험을 회피하게 되어 쟁의행위의 의의를 상실할 수 있다.

2) 채용대체의 금지　사용자는 쟁의행위기간 중 그 쟁의행위로 중단된 업무의 수행을 위하여 당해 사업과 관계없는 자를 채용 또는 대체할 수 없다(노조법 제43조 제1항). 여기서 사업이란 물적 시설과 노동력을 유기적으로 결합하여 계속적으로 일정한 목적을 추구

854) 김형배, 전게서, 842쪽.

하는 사회적 활동체를 말한다. 사업이 같은 장소에서 행하여지지 않는 경우에도, 먼저 그 장소를 기준으로 동일한 장소에 있는 것은 원칙적으로 1개 사업으로 보고, 분산된 경우에는 각각 별개의 사업으로 보아야 한다. 또한 장소적으로 분산되었더라도 영업소·출장소와 같이 사업의 규모가 적고 사업장마다 독립성을 갖지 않는 경우에는 단일사업으로 보아야 한다. 다만, 업무의 기준으로 동일한 장소에 있더라도 업무의 종류가 병원의 구내식당과 같이 현저히 구별될 때에는 그 사업의 목적이 다르므로 다른 사업으로 보아야 한다. 따라서 하나의 사업일지라도 수 개의 공장이 독립된 경우 별개의 사업으로 보아야 하고, 업종이 다른 경우 다른 사업으로 보아야 한다. 채용이란 새로이 근로자를 고용하는 것으로 임시적 근로자와 시간제 근로자도 포함된다. 대체란 당해 사업과 관련 없는 자를 이동시켜 임시로 작업을 대행케 하는 것을 말한다[855].

(2) 도급·하도급제공의 금지

사용자는 쟁의행위 기간 중 그 쟁의행위로 중단된 업무를 도급 또는 하도급을 줄 수 있다(노조법 제43조 제2항). 도급이란 당사자의 일방(수급인)이 어떤 일을 완성할 것을 약정하고 상대방(도급인)이 그 일의 결과에 대하여 보수를 지급할 것을 약정하는 계약을 말한다(민법 제664조). 하도급은 수급인이 다시 제3자에게 도급을 주는 것을 말한다. 아무튼 사용자는 쟁의행위로 중단된 업무를 다른 사람에게 맡기거나 인력 공급 사업으로부터 근로자를 파견 받아 중단된 업무를 수행할 수 없다. 사용자가 노조법 제43조를 위반하여 당해 사업과 관계없는 자를 채용 또는 대체하거나 쟁의행위로 업무를 도급 또는 하도급으로 준 때에는 1년 이하의 징역 또는 1,000만원 이하의 벌금에 처한다(노조법 제91조).

9. 조정·중재기간 중 쟁의행위의 금지

(1) 조정기간중 쟁의행위금지

노조법 제45조 제2항에 의하면 「쟁의행위는 제5장 제2절 내지 제4절의 규정에 의한 조

855) 이상덕외, 전게서, 437쪽.

정절차를 거치지 아니하면 이를 행할 수 없다. 다만, 제54조의 규정에 의한 기간 내에 조정이 종료되지 아니하거나 제63조의 규정에 의한 기간 내에 중재재정이 이루어지지 아니한 경우에는 그러하지 아니하다」고 규정하고 있다. 이 규정은 조정전치주의를 거쳐 쟁의행위의 남용을 줄이고자 한 것이다. 그러나 이로 인하여 쟁의행위가 억제될 우려가 있기 때문에 조정이나 중재재정이 이루어지지 아니한 경우에도 쟁의행위를 할 수 있도록 하였다. 또한 노조법 제54조에서 「① 조정은 제53조의 규정에 의한 조정의 신청이 있는 날부터 일반사업에 있어서는 10일, 공익사업에 있어서는 15일 이내에 종료하여야 한다. ② 제1항의 규정에 의한 조정기간은 관계당사자간의 합의로 일반 사업에 있어서는 10일, 공익사업에 있어서는 15일 이내에서 연장할 수 있다」고 규정하고 있다. 이 규정은 일반사업과 달리 공익사업에 국가경제에 미치는 영향이 큰 것으로 보아 보다 조정기간과 연장기간을 길게 정한 것이다.

(2) 중재기간 중 쟁의행위금지

노조법 제63조는 「노동쟁의가 중재에 회부된 때에는 그 날부터 15일 간은 쟁의행위를 할 수 없다」고 규정하고 있다. 이러한 조정기간은 쟁의행위에 들어가기에 앞서 다시 한 번 당사자간에 평화적인 분쟁해결을 도모하는데 취지가 있다. 이 규정을 위반한 쟁의행위는 벌칙이 적용되더라도 당연히 쟁의행위자체가 정당성을 상실하는 것은 아니다. 노동조합이 조정기간 중 돌연히 쟁의행위에 돌입함으로써 사용자에게 예기치 않은 손해를 입힌 경우에는 그 범위 안에서 사용자에 대한 손해배상책임이 발생한다.

관련 판례 대판 1991.5.14. 90누4006
조정절차를 위반한 쟁의행위의 정당성-한정긍정

쟁의행위가 정당성을 갖추기 위하여는 우선 단체교섭과 관련하여 근로조건의 유지 · 개선 등을 목적으로 하는 것으로서 그 목적이 정당하여야 하고, 그 시기와 절차가 법령의 규정에 따른 것으로서 정당하여야 하며, 또 그 방법과 태양이 폭력이나 파괴행위를 수반하거나 기타 고도의 반사회성의 띤 행위가 아닌 정당한 범위 내의 것이어야 하지만, 쟁의행위의 시기와 절차에 관한 노동쟁의조정법 제14조, 제16조에 위반함으로써 같은 법 제47조, 제48조의 벌칙적용 대상이 된다고 하여 이것만으로 바로 쟁의행위로서의 정당성이

상실되는 것은 아니고, 그 위반행위로 말미암아 국민생활의 안정이나 사용자의 사업운영에 예기치 않는 혼란이나 손해를 끼치는 것과 같은 부당한 결과를 초래하는지의 여부 등 구체적 사정을 살펴서 그 정당성 유무를 가려야 한다.

10. 조정안의 해석과 쟁의행위의 금지

노조법 제60조 제1항에 따라 조정위원회 또는 단독조정인이 작성한 조정안을 관계당사자 쌍방이 수락한 후 그 해석 또는 그 이행방법에 관하여 관계당사자간에 의견이 불일치가 생긴 때에는 관계당사자는 당해 조정위원회 또는 단독조정인에게 그 해석 또는 이행방법에 관한 명확한 견해의 제시를 요청하여야 한다(노조법 제60조 제3항). 조정위원회 또는 단독조정인은 위의 요청을 받은 날로부터 7일 이내에 명확한 견해를 제시하여야 하며(노조법 제60조 제4항), 이때 관계당사자는 당해 조정안의 해석 또는 이행에 관하여 쟁의행위를 할 수 없다(노조법 제60조 제5항). 조정안의 수락에 의하여 확보된 평화상태를 가능한 유지하려는 데 그 취지가 있다. 다만, 이 규정은 훈시적 의미를 가지므로 벌칙규정이 없다[856].

관련 판례 대판 2001.6.26. 2000도2871
교섭미진으로 행정지도 후 쟁의행위의 정당성

가. 쟁의행위가 형법상 정당행위로 되기 위하여는 그 목적이 근로조건의 유지·개선을 위한 노사간의 자치적 교섭을 조성하는 데에 있어야 하고 그 절차에 있어 특별한 사정이 없는 한 노동위원회의 조정절차를 거쳐야 하는바, 쟁의행위에서 추구되는 목적이 여러 가지이고 그 중 일부가 정당하지 못한 경우에는 주된 목적 내지 진정한 목적의 당부에 의하여 그 쟁의행위 목적의 당부를 판단하여야 하므로 부당한 요구사항을 뺐더라면 쟁의행위를 하지 않았을 것이라고 인정되는 경우에만 그 쟁의행위 전체가 정당성을 가지지 못한다.

나. 노동조합이 노동위원회에 노동쟁의 조정신청을 하여 조정절차가 마쳐지거나 조정이 종료되지 아니한 채 조정기간이 끝나면 노동조합은 쟁의행위를 할 수 있는 것으로 노동위원회가 반드시 조정결정을 한 뒤에 쟁의행위를 하여야지 그 절차가 정당한 것은 아니다.

856) 이을형, 『노동법』, 대왕사, 367쪽.

제4절 위법쟁의행위의 효과

1. 위법쟁의행위에 대한 책임

(1) 손해배상책임

1) 민사책임의 법적 근거 　쟁의행위가 노동조합의 불법행위나 법령에 위반하여 행해진 결과 위법으로 판단되면 민사책임이 발생한다. 최근에 불법파업이나 위법쟁의행위를 이유로 손해배상청구를 하거나 노동조합원의 임금에 대하여 가압류 등을 함으로서 논란이 되고 있다. 이러한 경우에 사용자에 의한 법적 대응으로서 손해배상청구가 과연 적법한가, 손해배상청구가 인정된다면 그 허용범위는 어디까지로 한정되어야 할 것인가 살펴볼 필요가 있다. 집단적 근로제공의 거부행위는 노동조합이 주체가 개입되어 사용자에 대한 노동력의 제공을 일시적으로 정지시키는 행위라는 속성을 지니므로 정당한 사유가 있지않는 한 원칙적으로 개별근로자는 민법 제390조에 의하여 채무불이행책임이 성립되어 손해배상책임이 인정된다. 더욱이 쟁의행위가 위법으로 판단되면 발생경위에 따라 다소 차이가 있으나, 일반적으로 민법 제750조에 의한 불법행위가 성립하게 된다. 따라서 노동조합의 쟁의행위가 고의 또는 과실로 인한 위법행위로 사용자에게 손해를 준 경우에는 손해배상책임을 져야 한다.

2) 손해배상책임의 범위

① 의 의 - 위법한 쟁의행위로 인한 민사책임의 범위를 어디까지 볼 것 인가 하는 논의의 실익은 쟁의행위의 특성에서 살펴볼 필요가 있다. 왜냐하면 쟁의행위로 인한 불법행위책임은 근로자 개인에 의한 단독적 의사결정이 아닌 노동조합원 과반수에 의한 집단적 의사결정이 문제가 되므로 불법행위의 성립여부나 책임주체를 규명하는 것이 쉽지 않기 때문이다. 이 경우에 ㉠ 고의나 과실, ㉡ 손해의 발생, ㉢ 위법성과 인과관계가 성립하는지를 고려하여야 한다. 이때 쟁의행위가 단순한 부작위로 인한 근로제공의 거부가 아닌 한 위법성을 지닌다. 그러나 노동조합의 통일적 의사결정에 의한 쟁의행위가 아니라면 위법성이 있으나, 쟁의행위의 규모나 지역은 문제되지 않는다고 보아야 한다.

② 손해배상의 범위 - 손해배상의 범위는 쟁의행위로 발생한 손해액의 전부를 배상하는 것이 아니라 손해배상과 직접적으로 관련된 손해로 한정하여야 한다. 따라서 쟁의행위로 매출액이 감소하거나 생산성이 낮아졌다는 이유만으로 추상적 기준에 의한 손해배상액을 산정하는 것이 아니라, 매출액의 경우에도 제조 및 유통비 등의 원가를 공제하고 난 순이익을 기준으로 실손해액을 인정하여야 한다. 또한 1차적으로 매출액을 산정할 경우에 1년을 기준으로 월 평균 얼마라는 산술평균치를 적용하는 것은 타당하지 아니하므로 경제적 불황, 판매량의 변동 상황 등을 종합적으로 고려하여야 한다. 또한 사용자가 쟁의행위의 원인을 제공하거나 손해발생에 기여한 경우에는 사용자의 과실이 인정되므로 그 기여도에 상응하는 만큼 과실상계를 하여야 한다.

3) 공동불법행위　손해배상책임은 원칙적으로 불법행위로 손해를 발생케 한 자에게 책임이 있으므로 그 가해자인 조합원에게 배상책임을 물을 수 있다. 그러나 노동조합의 지시를 거부하고 행한 비공인파업의 경우에는 그 행위자에게 직접 민법 제750조에 의한 손해배상책임을 물을 수 있다. 이 때 노동조합이 주체가 되어 집단적 의사결정을 거친 후에 행하여진 쟁의행위가 위법한 쟁의행위에 해당하는 경우에는 조합원 개인에게 손해배상책임을 묻는 것이 과연 타당한가 하는 의문이 제기된다. 대체로 다수인에 의한 불법행위의 경우에는 민법 제760조에 의한 공동불법행위에 의하여 손해배상책임을 물을 수 있다. 그러나 노동조합의 쟁의행위에 대하여 단순히 복수근로자로서 공동불법행위를 구성한다고 보기에는 다소 적절하지 못한 면이 있다.

4) 노조간부의 손해배상책임

① 개인책임설 - 이 설은 위법한 쟁의행위에 대한 손해배상책임을 조합원 개인이 져야 한다는 견해이다. 이 견해에 의하면, 배상책임의 대상자를 명확히 정할 수 있다는 장점이 있으나, 그 책임의 범위와 한계를 정하기 곤란하다. 또한 쟁의행위에 참가한 정도나 불참자에 대하여 단체행동으로서 쟁의행위책임을 공정하게 물을 수 없다는 한계성을 지닌다. 특히 위법한 쟁의행위였다면 쟁의행위에 불참한 조합원에 대하여 공동책임이나 손해배상책임을 면책하는 것이 타당한가 하는 의문이 제기된다. 오히려 개인책임설의 경우에는 민법 제390조에 의한 채무불이행책임을 묻는 것이 타당성이 있다.

② 단체책임설 - 이 설은 위법한 쟁의행위로 인한 손해배상책임을 노동조합이라는 단체

에서 져야 한다는 견해이다. 쟁의행위는 적법성에 불구하고 노동조합의 총회를 통하여 의결한 후 실행하므로 그 위법성에 대한 책임을 노동조합 전체의 책임으로 보아야 하고, 조합원 개인의 명백하고 중대한 귀책사유가 없는 한 개별적 책임을 묻는 것은 타당하지 않다고 보기 때문이다. 그러나 노동조합의 쟁의행위는 첫째, 순수한 상품교환과 다른 특성을 지니므로 민법상 단체법리에 따라 민법 제35조(법인의 불법행위능력)을 적용하는 것이 타당하지 않고 둘째, 노동조합이 실체상 법인격이 있는지에 대하여도 의문이 제기되므로 이에 의한 책임을 묻기가 쉽지 않다는 비판이 제기된다. 따라서 노동조합의 단체책임은 대표기관의 불법행위가 인정되어야 하고, 이 경우 노동조합의 전 재산을 담보로 배상책임을 물을 수 있다고 본다[857].

(2) 형사책임

1)형사책임조각의 법리

① 구성요건부정설 - 이 설에 의하면 쟁의행위는 권리행사로서 당연한 것이며, 민법이나 형법에서 정한 불법행위 또는 범죄의 구성요건에 해당되지 않으므로 위법성 자체가 문제되지 않는다는 견해이다. 따라서 쟁의행위는 시민법에 접목된 하나의 예외적으로 합법적인 사회현상이 아니라, 노동법에 의하여 독자적 성격과 고유한 가치가 승인된 원칙적으로 합법적인 행동유형이라고 본다.[858]

② 위법성 조각설 - 이 설에 의하면 쟁의행위는 민법이나 형법에서 정한 채무불이행이니 불법행위 혹은 범죄를 구성하지만, 근로자단체가 이를 정당하게 행사하는 경우에는 위법성이 조각된다는 견해이다.[859]

③ 검토의견 - 헌법을 정점으로 하는 노동법은 시민법 체계에서 인정된 것이며, 쟁의행위에 대해 형법에서 정면으로 범죄로 정한 규정이 없으므로 위법성조각을 전제로 구성요건의 해당여부를 판단하는 것이 크게 문제되지 않고, 노조법 제3조 및 제4조의 법문에서 보아 위법성조각설이 타당하다고 본다. 따라서 쟁의행의가 정당하지 못하여 민 · 형사책임

857) 이상덕외 전게서, 443쪽.

858) 김유성. 『노동법2』, 법문사, 264쪽 ; 김형배, 전게서, 박영사, 2007, 817쪽.

859) 대판 1990. 73. 10, 90도755 ; 대판 1990. 10. 12, 90도1431 ; 대판 1991. 5. 24, 91도324.

을 면제받지 못하게 된 사유만으로 바로 그 행위가 민사상이나 형사상의 위법성을 갖게 되는 것은 아니다. 그러나 노조법상의 책임을 면제받지 않는 결과 그 행위가 다른 위법행위처럼 구체적으로 범죄 또는 불법행위의 구성요건에 해당되는가가 문제될 수 있다. 따라서 위법한 쟁의행위도 형사면책은 안될지라도 형법의 범죄구성요건에 해당하지 않거나 형법 제20조의 정당방위 또는 형법 제22조의 긴급피난에 해당되어 위법성조각사유가 있으면 위법성이 조각되어 형사책임을 면제받을 수 있다.

2) 업무방해의 구성요건　쟁의행위가 형법 제314조에 의한 업무방해의 범죄를 구성하기 위해서는 위력으로서 업무를 방해하여야 하며, 이 경우 위력은 사용자를 제압 또는 혼란케 할 만한 일체의 세력을 의미한다. 위력에 의하여 업무를 방해한 경우로는 첫째, 업무를 행하지 못하게 폭행이나 협박을 한 경우[860] 둘째, 공장정문을 봉쇄하거나 출입문에 바리케이드를 치고 모든 출입자의 출입을 통제한 경우[861] 셋째, 근로자에게 입갱하지 말 것을 선동하면서 탈의실을 점거 농성하여 광업소의 조업을 방해한 경우[862] 넷째, 다수의 근로자들이 집단적으로 작업장을 이탈하거나 결근하는 등 근로의 제공을 거부함으로써 회사의 생산·판매 등 업무의 정상적 운영을 저해한 경우[863]를 들 수 있다.

3) 쟁의행위의 위법성　쟁의행위가 정당성이 없으면 노조법 제4조에 의한 형사면책이 되지 아니하므로 곧 위법성이 성립되어 범죄로 되는가의 의문이 제기된다. 왜냐하면 쟁의행위는 그 본질상 정상적인 노동력제공을 집단적으로 거부하는 행위에 해당하므로 정당성이 없으면, 위법 또는 부당하게 타인의 거래행위나 업무의 정상적 운영을 방해 내지 지장을 주는 결과로 형법 제314조 제1항에 의하여 업무방해죄에 해당되기 때문이다. 그러나 쟁의행위의 정당성이 없다는 이유만으로 곧바로 위법성을 띤다고 볼 수 없고, 정당방위나 긴급피난 등 위법성조각사유가 없어야 한다. 쟁의행위의 위법성판단은 목적상 정당하여야 하고, 쟁의행위의 시기와 절차가 법령의 규정에 따른 것이어야 하며, 쟁의행위의 방법과 태양이 폭력 또는 파괴행위를 수반하거나 기타 고도의 반사회성을 띤 행위가 아닌 정당한 범위내의 것이어야 한다.[864] 따라서 쟁의행위의 목적이 아닌 다른 목적을 위하여 다수 근

860) 이재상, 『형법각론』, 박영사, 2001, 204쪽.

861) 대판 1991. 6. 11, 91도753 ; 대판 1992. 2. 11, 91도1834.

862) 대판 1990. 7. 10, 90도753.

863) 대판 1991. 4. 23, 90도2771 ; 90도2961.

로자들이 집단적으로 일시에 조퇴하거나 결근하는 등 업무의 정상적 운행을 저해한 경우[865] 또는 쟁의행위가 적법한 절차를 거치지 않거나 방법이 위법한 때[866]에는 위법성이 인정된다.[867]

4) 책임성

① 노조간부의 부작위책임 - 위법한 쟁의행위로 인한 형사책임은 업무방해로 위법성과 범죄구성용건에 해당되며, 책임성이 있으면 성립된다. 따라서 형사책임은 조합원 개인별로 구체적 행위에 따른 범죄의 구성요건의 충족여부를 판단하여야 한다. 그러나 노동조합간부가 위법하게 쟁의행위를 결의하였다거나 지시를 하지 아니한 경우 또는 위법한 쟁의행위에 참가하거나 선동한 사실이 없는 경우에 책임성이 조각된다. 이 때 노조간부는 쟁의행위의 위법한 행위를 방지하여야 할 작위의무를 물을 수 있는가 의문이 제기된다. 노조간부의 부작위에 대한 형사책임은 직접 범죄구성요건을 실현하는 것과 동일한 정도로 평가받을 수 있어야 하고, 개별 조합원의 범죄를 방지할 수 있는 긴밀한 지위에 있는 경우에만 인정된다고 본다.

② 조합원의 책임 - 일반 조합원이 위법한 쟁의행위에 참가한 경우에는 개별적으로 형사책임을 질 수 있다. 그러나 쟁의행위기간 중에는 현행범 이외에 노조법 위반을 이유로 구속되지 아니한다(노조법 제39조).

이때 쟁의기간이라 함은 정당한 쟁의행위기간은 물론 정당성이 없는 쟁의행위를 하는 기간도 포함된다.[868] 또한 형사책임은 자연인인 개인에 대하여 처벌을 하는 이외에 법인의 대표자, 그 대리인, 기타 종업원에 대하여도 그 업무에 관하여 노조법 제88조 내지 제93조의 위반행위를 한 때에는 형사책임을 물을 수 있다(노조법 제89조).

(3) 징계처분

1) 개 념　징계처분은 집단적 질서나 규율을 위반한 자에 대하여 불이익을 가하는 제

864) 이재상, 『형법각론』, 205쪽.

865) 대판 1991. 1.29, 90도2852 ; 대판 1991. 4. 23, 90도2961.

866) 대판 1990. 7. 10, 90도755.

867) 이재상, 전게서, 205쪽.

868) 임종률, 『쟁의행위와 형사책임』, 경문사, 183쪽.

재조치를 의미한다. 이러한 징계처분은 일반적으로 질서벌이라는 본질을 지니므로 징계대상이 되는 행위인가의 여부는 이러한 관점에서 판단하여야 한다. 징계처분은 경영조직체라는 조직체의 효율적 운영을 위하여 용인이 되는 공동규범이라고 할 수 있다. 따라서 조직체의 구성원은 누구든지 경영조직질서를 준수할 필요가 있다. 그럼에도 불구하고 개별적이든 집단적이든지 기업의 질서나 규율을 문란한 경우에는 징계처분을 받을 수밖에 없다.

2) **징계처분의 적정성** 정당성이 없는 쟁의행위로 인하여 기업의 공동질서가 침해된 경우에는 그 책임이 있는 자에게 징계절차에 따라 징계책임을 물을 수 있다.[869] 징계책임은 그 징계사유와 징계종류의 사이에 처분양정의 적정성이 있어야 한다. 따라서 징계사유에 비하여 과중한 징계처분을 행한 경우에는 징계권의 남용이 된다. 이 경우 징계권은 형성권의 성질을 가진다. 그러나 쟁의행위를 주도적으로 이끈 조합간부 등의 책임은 일반조합원에 비해 상대적으로 무겁다고 할 수 있으므로 위법한 쟁의행위를 주도한 노조간부에 대해 보다 중한 정직처분을 한 것은 정당하다.[870] 또한 징계처분의 적법성 판단은 쟁의행위에 이르게 된 경위와 사용자의 귀책사유도 충분히 고려되어야 한다. 따라서 근로자들이 농성에 이르게 된 귀책사유가 사용자 측에게 더 크다면 그 농성행위를 이유로 한 징계해고처분은 징계권의 남용이 된다.[871]

관련 판례 대판 1993.12.10. 93다24735

제조업체에서 불법휴무에 대한 손해의 범위

법리상 제조업체에 있어서 불법휴무로 인하여 조업을 하지 못함으로써 그 업체가 입는 손해로는, 조업중단으로 제품을 생산하지 못함으로써 생산할 수 있었던 제품의 판매로 얻을 수 있는 매출이익을 얻지 못한 손해와 조업중단의 여부와 관계없이 고정적으로 지출되는 비용(차임, 제세공과금, 감가상각비, 보험료 등)을 무용하게 지출함으로써 입은 손해를 들 수 있다. 이 경우 손해의 배상을 구하는 측에서는 불법휴무로 인하여 일정량의 제품을 생산을 하지 못하였다는 점뿐만 아니라, 생산되었을 제품이 판매될 수 있다는 점까지 입증하여야 할 것이지만, 판매가격이 생산원가에 미달하는 소위 적자제품이라거나 조업중단 당시 불황 등과 같은 특별한 사정이 있어서 장기간에 걸쳐 당해제품이 판매될

---

869) 이병태, 『노동법』, 356쪽 ; 1990. 6. 12, 노사32281-8312.

870) 대판 1992. 1. 9, 19다14406.

871) 대판 1991. 7. 12, 90다9353.

가능성이 없다거나, 당해제품에 결함 내지는 하자가 있어서 판매가 제대로 이루어지지 않는다는 등의 특별한 사정의 간접반증이 없는 한, 당해 제품이 생산되었다면 그 후 판매되어 당해업체가 이로 인한 매출이익을 얻고 또 그 생산에 지출된 고정비용을 매출원가의 일부로 회수할 수 있다고 추정함이 상당하므로, 불법 휴무에 따른 손해배상 책임은 불법 휴무 당사자에 있다.

관련 판례 대판 1996.7.12. 94다61885 : 61892

조업중단에 따른 생산 감소와 손해배상액의 산정

원심판결 이유에 의하면 원심은, 피고들의 불법쟁의 행위로 인하여 원고 회사가 입은 손해 중 원고 회사가 구하는 이륜자동차의 생산 및 매출이 감소됨으로 말미암아 불법쟁의행위가 없었더라면 생산되었을 이륜자동차를 판매함으로써 회수할 수 있는 관리직 인건비, 리스료, 감가상각비를 회수하지 못한 손해액을 산정함에 있어서, 관리직 인건비, 리스료감가상각비는 조립 1 · 2라인을 구별하지 아니한 채 각 그 전액을 기준으로 하여 조립1라인과 조립2라인의 각 라인별 총 작업보유시간(일정한 기간에 있어서 휴게시간을 제외한 실제로 작업을 하여야 할 시간의 합계를 뜻한다)이 아닌 조립1 · 2라인 전체의 총 작업보유시간 중 각 라인별 조업중단시간이 차지하는 비율에 해당하는 금액을 손해액으로 산정하여 각 라인별로 배분(즉, 조립1라인의 조업중단으로 인하여 관리직 인건비를 회수하지 못한 손해는, 전체 관리직 인건비X 조립1라인의 조업중단시간 / 조립1 · 2라인 전체의 총 작업보유시간)하였으며, 원고가 손해로서 구하는 리스료나 감가상각비는 모두 이륜자동차 생산이라는 동일한 생산 부분에 지출된 것으로서 지출한 리스료나 감가상각비 그 자체가 아니고 조업중단으로 인한 생산 감소로 말미암아 회수하지 못한 각 라인별 생산감소분에 상응하는 리스료와 감가상각비 상당액으로서 이를 손해로 인정하였음을 알아볼 수 있으므로, 원심이 손해액을 산정함에 있어서 관리직 인건비를 이중으로 계산하였다고 볼 수 없고, 리스료나 감가상각비를 산고이유에서 지적한 바와 같이 조립1라인과 조립2라인으로 구별하여 계산할 이유가 없다. 그리고 원심이 손해액 산정의 기초에 포함시킨 관리직 인건비 중 원고회사 창원 공장 소속 예비군중대 직원이나 기술연구소 직원에 대한 급료가 생산활동과 직접관련이 없거나 조립1 · 2라인의 조업중단과 무관하게 정상적으로 가동이 된 부서에 대한 비용이라고 하더라도 이 또한 원고 회사로서는 생산 부문의 생산활동에 의하여 이익을 얻는다는 기대 하에 원고 회사의 영업을 위하여 지출한 것임에도 불구하고 조립1 · 2라인의 조업중단으로 인하여 이륜자동차 완성품이 생산되지 아니하여 위의 비용을 회수하지 못하였으므로 이는 손해액 산정의 기초에 포함시켜야 할 것이고, 원고 회사의 급여규정에 의하면 관리직 사원에 대한 급여제도는 월급제도로서 그 월급에는 사원이 시간외근무를 하였는지 여부나 시간외 근무시간 수에 관계없이 일정액의 시간외근무수당을 지급하도록 되어 있으므로 원고 회사가 지출한 관리직 사원에 대한 시간외근무수당 명목의 금품은 손해액 산정의 기초로 삼아야 할 것이며 감가상각비는 유형고정자산의 원가 또는 기타의 기초가치에서 잔존가치를 차감한 다음에 이를 추정내용기간에 배분한 것으로, 이 사건에서 원심이 정액법에 의하여 기계장치 등의 유형고정자산에 대한 감가상각비를 산정한 것이 특별히 불합리하다고 보이지 아니하므로 원심의 손해액 산정과정에 상고이유에서 지적하는 바와 같은 잘못이 있다고 할 수 없다.

관련 판례 대판 1994.3.25. 93다32828

불법쟁의행위에 대한 노조간부의 손해배상책임과 범위

노동조합의 간부들이 불법쟁의행위를 기획, 지시, 지도하는 등으로 주도한 경우에 이와 같은 간부들의 행위는 조합의 집행기관으로서의 행위라 할 것이므로 이러한 경우 민법 제35조 제1항의 유추적용에 의하여 노동조합은 그 불법쟁의행위로 인하여 사용자가 입은 손해를 배상할 책임이 있고, 한편 조합간부들의 행위는 일면에 있어서는 노동조합단체로서의 행위라고 할 수 있는 외에 개인의 행위라는 측면도 아울러 지니고 있고, 일반적으로 쟁의행위가 개개 근로자의 노무정지를 조직하고 집단화하여 이루어지는 집단적 투쟁행위라는 그 본질적 특징을 고려하여 볼 때 노동조합의 책임 외에 불법쟁의행위를 기획, 지시, 지도하는 등으로 주도한 조합의 간부들 개인에 대하여도 책임을 지우는 것이 상당하다. 노동조합이나 근로자의 불법쟁의행위로 인하여 의료업무를 수행하는 사용자가 그 영업상의 손실에 해당하는 진료수입의 감소로 입은 손해는 일실이익으로서 불법쟁의행위와 상당인과관계가 있는 손해이고, 그 일실이익의 산정방법은 구체적 사정에 따라 다를 것이나 일응 불법쟁의행위가 없었던 전년도의 같은 기간에 대응하는 진료수입과 대비한 감소분이나 불법쟁의행위가 없었던 전월의 같은 기간에 대응하는 진료수입과 대비한 감소분을 산출한 다음 그 수입을 얻기 위하여 소요되는 제비용을 공제하는 방법으로도 산정할 수 있다.

관련 판례 대판 1994.3.25. 93다32828

노동쟁의행위와 업무방해죄의 구성요건

형법 제314조 소정의 업무방해죄에서 말하는 위력이란 사람의 의사의 자유를 제압, 혼란케 할 세력을 가리키는 것으로서, 노동쟁의의 행위는 본질적으로 위력에 의한 업무방해의 요서를 포함하고 있는데, 다만 근로자의 단체행동권은 단결권, 단체교섭권과 함께 헌법에 의하여 보장된 권리이므로 단체행동권에 속하는 노동쟁의행위가 형식적으로 근로조건의 유지 · 개선 기타 근로자의 정당성 이익을 주장하기 위한 상당한 수단인 경우에는 정당행위로서 위법성이 조각된다고 할 것이다.

관련 판례 대판 2002.4.12. 2000도3485

노조교육을 빙자한 파업결의대회에의 참가와 업무방해죄의 면책

노동조합원에 대한 교육시간의 할애를 하더라도, 진정으로 교육시간으로 할애할 의사에서 나온 것이 아닐 뿐만 아니라 실제로 교육시간으로 사용한 바도 없으므로, 이는 파업에 동참하려는 의사에서 나온 것임이 분명하고 그 결과로 회사의 업무수행이 지장을 받은 이상 그것 역시 업무방해의 죄책을 면할 수 없다.

관련 판례 대판 1994.6.14. 96도2521

위법한 쟁의행위로 철도운행을 중단과 파면처분의 정당성

소론이 지적하는 점에 관한 원심의 인정판단은 원심판결이 설시한 증거관계에 비추어 정당한 것으로 수긍이가고, 거기에 소론과 같은 사실오인이나 이 사건 각 비상대책위원회의 법적 성격과 쟁의행위에 관한 법리를 오해한 위법이 있다 할 수 없다. 기록에 의하면 원고들에 대한 이 사건 징계는 원고들이 임의단체인 전국기관차협의회(아하 '전기협'이라 한다)의 위법한 쟁의행위에 적극 동조한 이 사건 각 비상대책위원회의 활동을 주도하는 등의 행위를 함으로써, 원고들을 포함한 소속 직원들에게 근무중 또는 위장 연·병가를 사용하여 불법적인 각종 노동집회에 참석하거나 왜곡된 주장 등으로 선량한 직원들을 선동하지 말고 부당한 주장 등을 게재한 유인물을 제작·배포하지 말 것 등을 지시한 소속 상관의 직무상의 명령에 불복종한 것 등을 이유로 하는 것이므로 위 각 비상대책위원회의 활동이 쟁의행위에 해당하는지 여부와는 무관하다 할 것이다. 원심판결 이유에 의하면, 원심은 원고 강X길은 전기협의 투쟁활동에 동조하여 결성된 임의단체인 서울지방본부 비상대책위원회의 위원장으로서 선동적인 유인물을 제작·배포하고 직장을 이탈하면서까지 불법집회인 수색지구 투쟁결의대회를 주관하는 등 불법적인 단체행동에 적극 가담하였고, 원고 이X심은 서울객화차사무소 비상대책위원회의 행동대장으로서 위 투쟁결의대회를 주도하면서 감사담당관실 소속 직원에게 폭언을 하고 참가자들을 선동하여 그곳에서 직무수행중이던 간부직원들을 식당으로 밀어내게 하는 등 그 분위기를 적대적인 분위기로 이끈데다가 전기협의 주도하에 파업이 개시되자 정상운행을 꾀하는 기관사에게 폭언을 하고 집단난동을 벌였는 바, 이러한 원고들의 소위는 모두 그 가담 정도가 비교적 무겁다고 할 것이고, 그로 인하여 철도공무원의 성실한 근무 분위기를 해하고 철도운행이 상당기간 중단되기에 이르게 된 점 등에 비추어 가혹하다거나 다른 관련자들에 대한 처분과의 형평에 어긋날 정도로 지나치게 무거워 징계권의 범위를 벗어난 것이라고 볼 수 없다고 판단하였는 바, 원심의 이와 같은 판단은 정당하고 거기에 징계권남용에 관한 법리오해의 위법이 있다 할 수 없다.

관련 판례 대판 1993.5.11. 93다5147
노조위원장의 쟁의행위에 대한 책임과 승무복귀시의 징계면책

단체협약으로 노동조합의 조합장은 노조활동에 전임하도록 승인하고 있는 택시회사에서 조합장인 근로자는 택시에 승무하여야 할 의무가 있다고 볼 수 없는바, 회사가 불법적인 쟁의행위에 따른 책임을 묻지 않는데 대한 전제로 자진승무를 요구한 경우 조합장인 근로자가 자진승무를 하지 아니하였다는 이유만으로 자진승무시 파업 등에 따른 일체의 책임을 묻지 않는다고 한 회사의 공고에 따른 면책의 혜택을 받을 수 없는 것이라고는 볼 수 없을 것이고, 다만 승무의무가 없는 조합장인 근로자의 경우에는 일반 노동조합원의 자진승무에 상응하는 조치로서 조합장의 위치에서 불법파업을 종식시키고 노동조합원들에게 위 공고에 따른 근무복귀시한까지 자진승무하도록 성실히 촉구함으로써 위 공고에 따른 면책의 혜택을 받을 수 있는 것이다.

관련 판례 대판 1996.11.26. 95누17571
불법쟁의행위를 이유로 한 징계면직의 정당성

기록에 의하면 원고들의 이 사건 무계결근은 질병 기타 부득이한 사유에 기인한 것이 아니고 단지 불법파업을 하기 위하여 비롯된 것이고, 원고들은 참가인의 계속된 만류에도 불구하고 불법파업을 자행하였을 뿐만 아니라 이와 같은 불법파업으로 인하여 그 기간 동안 서울의 지하철 운행이 정상적으로 이루어지지 아니하여 이를 이용하는 시민들에게 커다란 불편을 초래하게 되었으며 더욱이 불법파업 도중에도 참가인이 2차례에 걸쳐 서울 지하철의 정상적인 운행을 도모하려고 불법파업에 가담한 근로자에게 일정시한까지 업무에 복귀하는 자에 대하여는 관대한 처분을 하겠다고 독려하면서 아울러 업무 미복귀자에 대하여는 면직 등의 단호한 불이익 조치를 취하겠다는 내용의 업무복귀명령을 하였음에도 원고들은 전혀 이에 따르지 아니한 채 불법파업을 계속하였으며, 원고들이 전혀 반성하는 태도를 나타내지 않는 점 등을 종합하면, 원고들에 대한 이 사건 면직처분은 정당하다 할 것이다.

2. 쟁의행위와 제3자에 대한 책임

(1) 의 의

a) 제3자에 대한 책임이란 노동조합과 사용자가 쟁의행위로 인해 제3자에게 손해를 입게 한 경우 이에 대한 쟁의행위의 책임이 어떻게 되는가 하는 것을 말한다. 원래 쟁의행

위는 노동조합이 사용자의 정상적인 업무운영을 저해하는 행위이므로(노조법 제2조 제6호), 직접적 관계에 있는 해당 사용자에게 경제적 손실을 주는 것이 원칙이다. 그러나 쟁의행위가 발생하면 실제에 있어서 경제적 손실은 쟁의행위로 인해 영향관계에 있거나 거래를 기대하는 일반 공중에게 정상적 거래를 저해하는 불이익을 주게 한다.

b) 이 경우 쟁의행위의 당사자인 노동조합이나 사용자가 제3자에 대하여 어느 범위의 손해배상책임을 부담하는가 하는 것이 문제가 된다. 물론 노조법 제3조에서는 정당한 쟁의행위인 경우 노동조합의 사용자에 대한 민사책임을 면제하고 있다. 그러나 노동조합의 제3자에 대한 책임이나 사용자의 제3자에 대한 책임에 관해서는 노조법에 아무런 정함이 없다. 외국에서는 면책약관으로 이를 해결하고 있으나, 우리나라에서는 해석론으로 이를 해결할 수밖에 없다.

(2) 조합원 · 노동조합의 책임

1) 정당한 쟁의행위　근로자측의 쟁의행위가 정당한 경우, 이로 인한 손해를 입은 제3자는 그 손해를 감수하여야 하며, 근로자나 노동조합은 아무런 책임을 지지 않는다는 것이 통설이다. 왜냐하면 노동조합의 쟁의행위는 근로자의 생존권을 확보하기 위해 헌법에서 보장된 권리의 행사이며, 이 권리의 행사에는 제3자에게 어느 정도 손해나 불이익을 가져올 것을 예정하고 있기 때문이다.

2) 위법한 쟁의행위　노동조합의 쟁의행위가 위법인 경우라도 제3자에 대한 손해가 간접적일 때에는 조합원이나 노동조합은 직접적인 민 · 형사책임을 부담하는가 의문이 제기된다. 즉, 노동조합이 사용자의 기계를 파괴하거나 관리권을 침해한 결과 제3자가 제때에 제품의 납품을 받을 수 없어 생산에 차질이 생겼더라도 이는 간접적 손해에 불과하므로 노동조합이 위법한 쟁의행위를 하였다하여 제3자에게 손해를 배상할 책임이 없다. 그러나 쟁의행위가 직접 제3자의 이익을 침해하는 경우에는 발생한 손해액을 근거로 노동조합이나 조합원에게 손해배상청구를 할 수 있다. 원칙적으로 금지된 제2차적 불매운동에 의해 제3자가 손해를 보거나, 조합원의 피케팅으로 사용자와 거래관계에 있는 자의 물건판매를 방해한 경우에는 민법 제750조에 의한 불법행위책임을 져야한다. 또한 쟁의행위의 제한 · 금지에 의해 보호하려는 법익이 제3자의 이익보호에 관한 것인 때에는 그 손해를 조합이

배상하여야 한다. 병원에 근무하는 근로자가 노조법 제42조 제2항에 위반하여 안전보호시설의 정상적인 유지·운영을 방해함으로써 제3자의 생명·건강 및 안전을 해친 경우에도 불법행위책임을 져야 한다.

(3) 사용자의 책임

1) 의 의 사용자가 노동조합의 쟁의행위로 인하여 제3자에게 손해배상을 해야 할 책임을 부담하는 것을 사용자책임이라 한다. 사용자책임이 인정되는 대상은 대외적으로 제3자가 사용자와 거래관계에 있거나 대내적으로 제3자인 근로자가 사업 또는 사업장내에서 근로계약에 따라 근로를 제공하지 못한 상태에 있는 경우이다. 다만, 쟁의행위로 인해 근로를 제공하지 못한 근로자에 대한 책임은 사용자의 임금지급의무는 임금공제이론에서 설명하였으므로 여기서는 대외적으로 사용자와 거래관계가 있는 제3자에 대해서만 살펴본다.

2) 거래관계에 있는 제3자에 대한 책임

① 채무불이행긍정설 - 이 설은 쟁의행위가 정당한 경우에도 사용자는 거래상대방에 대해 쟁의행위에 따른 채무불이행이 인정되므로 민법상 채무불이행책임을 진다는 견해이다. 그 근거로 쟁의행위는 ㉠ 기업내부의 문제로서 이로 인한 손해를 거래의 상대방이 감수한다는 것은 부당하며, ㉡ 사용자의 지배영역 안에 있는 위험책임이므로 근로자의 행위는 이행보조자의 행위로서 사용자는 이에 대해 책임을 지는 것이 당연하고, ㉢ 사용자가 노동조합의 요구를 수용하지 않는데서 오는 것이므로 경영상의 선택에 기인하는 것으로서 불가항력이라고 항변할 수 없으며, ㉣ 민·형사 책임면제는 쟁의상대방에 대한 노동조합의 책임으로 한정되며, 이를 사용자의 채무불이행책임까지 확대하는 것은 거래의 안전을 해친다는 것을 들 수 있다. 다만, 쟁의행위가 사용자가 처리할 수 없는 기업외적인 사항에 대한 쟁의행위인 경우에는 손해발생에 고의·과실이 없는 한 사용자에게 책임을 물을 수 없다.[872)]

② 채무불이해부정설 - 이 설은 쟁의행위가 정당하면 원칙적으로 사용자는 거래생대방에 대해 쟁의행위에 따른 채무불이행책임을 지지 않는다는 견해이다. 왜냐하면, 쟁의행위

---

872) 이상윤, 『노동법』, 법문사, 2007, 782~784쪽.

는 ㉠ 산업별 단체교섭인 경우 기업내부 문제로 파악할 수 없고, ㉡ 쟁의행위 중에는 사용자의 노무지휘권에서 이탈되어 근로자를 통제할 수 없으므로 이를 불가항력적인 외부적 현상으로 보아 손해배상책임을 면책시키는 것이 타당하고, ㉢ 민 · 형사책임의 면책은 사용자의 거래상대방에게도 적용되어 이에 대한 손해를 감수하며,[873] ㉣ 제3자에 대해 사용자의 채무불이행책임을 인정하게 되면 노동조합의 주장을 수용하도록 사용자에게 압력을 가하는 결과를 가져와 단체교섭의 자유를 상실하게 되는 불합리성이 있기 때문이다. 다만, 쟁의행위가 사용자의 위법행위나 부당노동행위에 의해 야기 · 확대된 경우, 또는 사용자가 쟁의행위를 전후하여 만반의 조치를 강구하였다면 채무내용을 충분히 이행할 수 있었던 경우에 사용자의 귀책사유를 이유로 채무불이행책임을 물을 수 있다.[874]

③ 검토의견 - 이상에서 살펴본 학설은 논리구성에서 첨예한 대립을 보이고 있으나, 결과에서는 별다른 차이가 없다. 긍정설과 부정설은 채무불이행책임의 범위에 대하여 차이를 나타내고 있다. 그러나 논리구성에서 ㉠ 기업별교섭에서는 단체교섭이나 쟁의행위를 기업외적 현상이라고 보기 어렵고, ㉡ 정당한 쟁의행위는 노조법상 민 • 형사책임의 면제(노조법 제3조, 제4조)를 노동조합에게만 인정한 것이므로 거래의 안전이 중시되는 거래관계에서 사용자의 제3자에 대한 채무불이행책임까지 확대하는 것은 타당성이 없다. 그러나 쟁의행위의 발생 또는 확대에 대하여 사용자의 귀책사유가 있는 경우에는 예외적으로 사용자의 책임에 대한 채무불이행책임(민법 제390조)을 인정하는 것이 타당하다. 사용자가 제3자에게 배상책임을 이행한 경우에도 쟁의행위가 정당한 이상 노조법 제3조에 의한 민사면책에 의하여 노동조합에게 구상권을 행사할 수 없다.

3) 거래계약관계가 없는 제3자에 대한 책임

① 배상책임부정설 - 이 설은 사용자와 거래계약관계에 있지 않는 일반 제3자에게 쟁의행위로 손해를 입힌 경우라도 그 배상책임을 부담하지 않는다는 견해이다. 문제가 되는 것은 상대방인 제3자가 거래예약은 없지만 사용자의 제품이나 용역을 일상적으로 이용하고 있으나, 쟁의행위로 인해 대체수단이 없었던 탓으로 손해를 입은 때에 대한 배상책임

---

873) 쟁의행위에 대한 집단법상 정당성의 평가와 개인법상 채무불이행책임을 통일적 · 일원적으로 파악한다는 점에서 거래관계책임부정설을 통합설(단체법설)이라고 부르고 거래관계책임긍정설을 분리설(개인법설)이라고 파악하는 견해도 있다. ; 김형배, 전게서, 박영사, 2007. 889쪽.

874) 김유성, 『노동법2』, 법문사, 278쪽 ; 김형배, 전게서, 박영사, 890~891쪽 ; 박홍규, 『노동법』, 삼영사, 1114쪽 ; 임종률, 『노동법』, 법문사, 2009, 250쪽.

이 인정 되는가 하는 것이다. 그러나 사용자가 상대방과 거래계약을 체결하지 않았으므로 계약불이행에 따른 채무불이행책임이 없다고 보아야 한다. 한편, 상대방인 제3자는 민법상 불법행위책임(민법 제750조)의 요건을 갖추지 못하였으므로 사용자에게 불법행위책임도 물을 수 없다. 왜냐하면 ㉠ 상대방인 제3자가 입은 손해는 단순한 기대이익의 상실에 불과하고 기대이익은 법적 보호의 대상이 되지 못하며, ㉡ 사용자는 영업의 자유에서 일시적으로 영업의 감축 • 휴지를 할 수 있으므로 쟁의행위의 경우에도 이러한 자유권의 행사가 가능하고, ㉢ 헌법 제33조의 반사적 효과로서 단체교섭에서 어떻게 대응할 것인가는 사용자의 자유이므로 쟁의행위에 대한 정당한 대응행위가 곧 불법행위가 된다고는 볼 수 없기 때문이다. 그러나 사용자가 단체교섭에 전념하지 않고 쟁의행위를 회피하기 위한 법률상의 의무를 이행하지 않은 때에는 일반 제3자도 손해배상을 주장할 수 있다.[875]

② 배상책임 긍정설 - 이 설은 사용자와 거래관계가 없더라도 제3자에게 쟁의행위로 인한 채무불이행책임 또는 불법행위책임을 부담해야 한다는 견해이다. 이 설은 쟁의행위에 대한 사용자책임의 권리를 이행보조자의 귀책사유에서 찾는 견해이다.[876] 따라서 ㉠ 채무자(사용자)의 의사에 따른 보조자의 사용, ㉡ 보조자에 대한 사용자의 간섭가능성, ㉢ 보조자의 행위의 유책성, ㉣ 이행보조자의 유책행위와 채무이행과의 관련성 등의 요건을 갖춘 경우에 거래상대방에게 손해배상 책임을 인정하고 있다.

---

875) 임종률, 『노동법』, 법문사, 2009, 251쪽.

876) 정당한 쟁의행위에서는 사용자의 책임을 인정하고 위법인 쟁의행위에서는 인정하지 않는 견해도 있다. 이상윤, 『노동법』, 법문사, 786쪽 ; 김유성, 『노동법』, 법문사, 218쪽 ; 임종률, 『노동법』, 법문사, 251쪽.

제8장 부당노동행위

제1절 서 설

1. 부당노동행위의 의의

(1)부당노동행위와 헌법 제 33조의 관계

a) 헌법 제 33조 제1항에 의한 노동3권의 침해행위를 노조법에서 부당노동행위로 규정하여 그 내용을 확인하고 있다[877]. 따라서 헌법 제 33조 제 1항의 단결권보장에 대해 국가는 입법상 · 행정상 조치에 의해서 제한 · 금지할 수 없고, 그 권리의 행사에도 간섭 내지 개입을 하지 못한다[878]. 부당노동행위라 함은 사용자에 의한 근로자의 노동3권을 침해하는 행위를 말하며, 국가가 정책적으로 설정한 일종의 공법상 권리구제제도이다. 이 규정은 노동3권에 대한 사용자의 부당한 간섭 · 압박으로부터 근로자 개인 및 단결체를 보호하여 노사간의 공정한 관계를 유지하기 위한 것이다.

b) 그러나 미국의 경우와 달리 한국에서는 근로자의 노동단체에 대한 단결권이 헌법에 보장되어 있고, 부당노동행위의 금지는 헌법상의 노동3권 보장규정에 의하여 당연한 것으로 인정된다. 그 결과 노조법상의 부당노동행위를 헌법 제33조와 관련하여 어떻게 이해하여야 할 것인가에 대하여 다음과 같이 학설이 대립되어 있다.

첫째, 노동단체권보장설이다. 이 설읜 헌법 제33조가 보장하는 노동단체권의 침해행위

877) 권영성, 『헌법학원론』, 법문사, 2003, 639쪽.
878) 김치선 · 김유성, 『관계교재 노동법』, 법문사, 1987, 429쪽.

로서, 부당노동행위에 의해 그 보장을 구체화한 것이라고 보는 견해이다. 이 견해는 헌법의 직접적인 효과라고 본다.

둘째, 단체교섭보장설이다. 이 설은 헌법 제33조의 수권적 효과를 기초로 하여 원활한 단체교섭의 실현을 위하여 특별히 정책적으로 부당노동행위를 창설한 것이라고 보는 견해이다. 이 학설에 찬동하는 국내의 견해는 거의 없다.

셋째, 노사관계질서위반설이다. 이 설은 헌법 제33조의 노동단체권을 보장하기 위하여 직접적으로 실현하기 위한 부당노동행위가 아니라 단체교섭에 의하여 형성되어야 할 노사관계의 질서를 보장하기 이한 것이라고 보는 견해이다.

c) 이상과 같은 학설의 대립이 있으나, 우리나라의 부당노동행위는 헌법에서 보장하는 사회적 기본권인 헌법 제33조 제1항의 노동3권을 구체화하기 위한 제도라고 보아야 하므로 노동단체권보장설이 타당하다[879].

(2) 부당노동행위의 입법경위

a) 1948년에는 헌법 제18조 제1항에 의하여 역사상 처음으로 단결권을 비롯한 노동3권이 보장됨으로써 노동조합운동이 헌법상의 보장을 받게 되었으며, 특히 근로자의 이익분배균점권(제18조 제2항)이 생존권의 보장일환으로 되었다. 1953년은 최초의 노동조합법 제10조 및 제34조 제1항과 노동쟁의조정법 제10조에 의하여 미국의 태프트하틀리법(노사관계법)을모방한 사용자의 부당노동행위와 노동조합측의 부당노동행위까지 규정(구노조법 제10조 제34조 참조)하고 이에 대한 처벌규정을 명시하였다[880].

b)그러나 당시 노동조합의 부당노동행위를 규정한 것은 근로자의 생존권보장을 강조한 헌법의 정신에 반한다는 비판을 받게 되었다. 왜냐하면 사용자의 부당노동행위와 함께 노동조합의 부당노동행위도 금지함은 노동조합의 힘이 강대했던 미국이 노사간 세력균형을 유지한다는 정책적 배려에서 도입한 것이므로, 노동조합의 존재가 극히 미미했던 당시의 우리나라 현실에서는 합리성이 결여된 입법이었기 때문이다[881]. 그 후 1963년 노동조합법

879) 이상덕외, 전게서, 479쪽.

880) 박승두, "부당노동행위의 인정기준에 관한 연구", 부산대학교 대학원 박사학위논문, 1993, 43쪽.

881) 박홍규, 『노동법론』, 삼영사, 1995, 1125쪽.

의 개정에 의해 노동조합측의 부당노동행위가 삭제되고 노동조합법 제4장에 부당노동행위를 체계적으로 정리하여 현행법과 같은 구조가 갖추어졌고, 과벌주의도 원상회복주의로 전환하였다. 이는 태프트하틀리법 이전의 와그너법을 모방한 것이라고 할 수 있다.

c) 1974년 1월 14일에 공포 실시된 '국민생활의 안정을 위한 대통령 긴급조치'는 부당노동행위에 대한 처벌을 강화하고, 1986년 노동조합법의 개정시에 부당노동행위에 대해 1년 이하의 징역 또는 1천만원 이하의 벌금에 처하는 규정(노조법 제26조의2)을 신설했다. 그 결과 현행법은 원상회복주의와 과벌주의를 병존시키고 있다. 노조법 제6장은 '부당노동행위'라고 하여 노동조합과 근로자에 대한 사용자의 일정한 행위를 금지하고(노조법 제81조), 그 금지의 위반에 관하여 노동위원회에 의한 특별한 구제절차와 처벌을 규정하고 있다(노조법 제82조 내지 제86조). 따라서 행정적 구제와 과벌주의 및 사법적 구제가 병용되고 있다. 이러한 3중의 구제방식이 부당노동행위를 근절시키는 데에 더욱 효과적인 것인가는 그 제도 자체만으로는 충분히 검토할 수 없고, 실제의 운용에 의해 판단될 수밖에 없다.

제2절 부당노동행위의 유형

1. 부당노동행위규정의 성격

(1) 사설

노조법 제81조는 사용자의 부당노동행위로서 ㉠ 불이익취급, ㉡ 비열계약, ㉢ 단체교섭거부, ㉣지배 · 개입, ㉤노동위원회에의 신고 등을 이유로 한 불이익취급 등 5가지 유형을 규정하고 있다. 여기에서 노조법 제81조 각호의 관계 즉, 각호를 병렬적으로 규정된 것으로 볼 것인가, 아니면 제4호에 포괄규정으로서의 지위를 부여할 것인가에 대하여 견해가 나뉘고 있는데, 이는 부당노동행위의 본질에 관한 견해의 차이에서 유래한다.

1) **병렬규정설** 이 설은 부당노동행위의 각호가 각각 독립한 것으로서 별개의 문제에 대처하기 위하여 병렬적으로 규정되어 있다고 보는 견해이다. 이 견해는 노조법 제81조를

헌법 제33조의 확인규정이라고 보는 입장이며, 부당노동행위의 총괄적 판단기준으로서 헌법 제33조가 있으면 충분하다고 본다. 따라서 노조법 제81조 제4호에 다른 호의 통칙으로서의 의미를 부여하는 것은 법문의 형식상으로도 부자연스럽다.

2) **포괄규정설** 이 설은 노조법 제81조 제4호는 넓은 의미내용을 포함하고 있기 때문에 동조 전체의 일반적·포괄적 규정으로 해석해야 한다는 견해이다. 이 견해에 의하면 부당노동행위가 노조법 제81조에 의해 창설된 것으로 동조 중에 포괄규정을 두고 있다고 본다. 즉, 헌법 제33조에 위반한 행위가 모두 동조 4호에 포함되어 있다고 해석한다. 그 밖의 ㉠ 근거로 모법인 태프트하틀리법 제8조 a항 제1호가 부당노동행위의 포괄규정을 두고 있는 것에 대하여, ㉡ 한국에서는 그와 같은 규정은 없지만 그 차이를 강조할 실질적 이유는 없다는 것, ㉢ 지배·개입이라는 개념이 탄력적·포괄적 내용을 가지고 있다는 것을 들고 있다. 따라서 노조법 제81조 각호에 위반하는 행위는 동시에 제4호에도 위반하는 것이며(중첩성), 또 다른 호에 해당하지 않는 행위일지라도 제4호에 해당할 수 있다(보충성)

3) **포괄적 병렬규정설** 노조법 제81조 제4호를 포괄적 규정으로 취급하면서, 제1호·제2호·제3호·제5호를 제4호의 예시열거라고 보지 않고, 제4호로부터 분리 독립된 행위유형으로서 취급하는 견해이다. 이 설은 제1호·제2호·제3호·제5호와 제4호가 입법형식상 별개의 부당노동행위유형을 정하고 있는 것을 고려하고, 그 결과 제1호·제2조·제3조·제5호에 해당하는 것은 동시에 제4호에 해당되지 않는다고 본다.

4) **검토의견** 포괄규정설은 입법적으로 타당하다고 할지라도 현행법의 해석론으로서는 상당한 무리가 있다. 왜냐하면 노조법 제81조 제4호에 다른 호의 통칙으로서의 의미를 부여하는 것은 법문의 형식상 부자연스럽고 헌법 제33조가 노사관계를 규율하는 부당노동행위의 판단기준으로서의 의미도 갖고 있기 때문이다. 결국 노조법 제81조 각호는 각각 독립되어 병렬적으로 규정된 것이지만, 서로 배척하는 것이 아니고 부분적으로 중첩되므로, 동조 제4호가 각호로부터 빠져나가는 것을 보충하는 기능을 갖고 있다[882].

(2) 부당노동행위의 특색

노조법의 특색은 ㉠ 노동조합 및 사용자단체에 대한 등록제도의 신설, ㉡ 교섭단위제도

882) 이상덕외, 전게서, 495쪽.

에 의한 단체교섭에 대한 법적 구속력의 부여 및 ⓒ 법원의 개입 등 종래의 자주성존중의 법체계를 완전히 부정하여 노사관계에 대한 국가권력의 적극적인 개입을 시도한 것을 들 수 있다. 또한 근로자 자신이 선택하는 노동조합의 조합원이 되는 권리 및 조합활동에 참가하는 권리를 인정하며, 사용자가 이러한 근로자의 권리 및 그 행사를 방해 또는 그것을 이유로 하여 해고·징계 기타의 차별대우하는 것을 금지하였다. 또한 노동조합 또는 노동단체의 구성원이라는 이유로 채용을 거부하는 것을 불공정노동행위라고 하여 사용자의 부당노동행위로 규정하고 이를 금지하였다. 사용자의 금지행위로서 불이익대우는 정직처분, 배치전환, 잔업, 승진의 차별, 보너스 및 연금수당의 미지급, 저임금노동에 의한 취업 등으로 이를 부당노동행위로서 광범위하게 금지하고 있다.

2. 불이익취급

(1) 의 의

a) 불이익취급이란 근로자가 어느 노동조합에 가입한 것을 이유로 하여 다른 근로자보다 불이익하게 차별대우를 하거나 그 근로자의 과거와 비교해서 불이익한 차별적 처우를 하는 것을 말한다. 또한 불이익취급은 경제적 불이익 취급뿐만 아니라 무형의 정신적 불이익취급도 포함한다. 이는 근로자 개인의 구제를 통하여 근로자가 안심하고 조합활동을 할 수 있는 환경을 조성하고자 하는데 그 취지가 있다. 이에 의하여 보호되는 법익은 단지 개인적 법익만이 아니고 노동력의 재생산확보와 노동인격의 보호를 포함하는 사회적 법익이라 할 수 있다[883].

b) 불이익취급의 전형적인 요건은 근로자가 ㉠ 노동조합에 가입 또는 가입하려고 하였거나, ㉡ 노동조합을 조직하려고 하였거나, ㉢ 노동조합의 업무를 위한 정당한 행위를 한 것을 이유로 ㉤그 근로자를 해고하거나 그 근로자에게 불이익을 주는 행위라고 규정하고 있다(노조법 제81조 제1호).

883) 김치선, 『노동법』, 박영사, 1990, 376쪽.

(2) 불이익처우의 요건

1) 노동조합에 가입 또는 가입하려고 한 것 「노동조합에 가입」 또는 「가입하려고 한 것」이라 함은 근로자가 어느 노동조합의 조합원이 되거나 될 것을 말한다. 예컨대, 어느 노동조합에 소속한 것을 이유로 하여(어용조합이 아닌 것을 이유로 하는 차별대우를 포함하여) 근로자를 해고한다거나, 제1조합 · 제2조합의 2개 조합이 대립하고 있을 경우에 사용자가 제1조합의 조합원전원에 대해서 제2조합보다 불이익한 처우를 하는 경우도이에 해당된다.

2) 노동조합을 조직하려고 한 것 근로자가 노동조합을 조직하려고 한 것은, ㉠ 3인의 근로자가 조합조직을 위한 준비행동을 하거나 조합결성의 필요성을 역설하는 것, ㉡ 상부단체나 외부단체를 방문하고 대화한 것, ㉢조합조직을 지원한 행위 등을 가리킨다. 이러한 경우에 보통 조합조직의 준비행위가 보호법익의 범위에 해당되는지 문제가 되나, 조합조직을 지향하는 근로자의 행위를 널리 포함한다고 보아야 한다.

3) 노동조합의 업무를 위한 정당한 행위를 한 것

① 정당한 조합활동 - 조합임원이나 개개의 조합원이 특별한 결의나 지령에 의하지 않고 자발적으로 행하는 조합활동이 노동조합의 업무인가 하는 의문이 제기된다. 우선 조합임원으로서 업무상 요구되는 행위는 정당한 노동조합의 활동의 범위에 속한다. 개개의 평조합원도 물론 조합의 조직강화를 위해서 기대되는 행위를 자발적으로 행한 경우에 조합활동으로서 정당성이 인정된다. 그러나 작업시간 중에 조합업무전담자 이외의 조합임원이나 조합원이 조합업무를 위해서 무단히 직장을 이탈하는 것은 단체협약에서 그에 대한 것을 인정하는 특수조항이 없는 한 원칙적으로 정당한 조합활동 이라고 보기 어렵다.

② 정치운동 - 노동조합의 정치운동은 제1차적으로 근로조건의 개선을 직접목적으로, 제2차적으로 정치적 요구를 들 때에는 제1차 목적이 우선하는 한 정당한 것이나 순수한 정치활동은 부당노동행위제도의 구제대상이 되지 않는다.

③ 조합활동의 범위 - 조합활동의 범위에는 단체교섭, 쟁의행위 등 ㉠조합 본래의 목적행위 뿐 아니라, ㉡ 조합간부의 선거나 조합원의 조합운영상의 행위, ㉢ 조합회의에 출석하여 발언하고 결의에 참가하는 것, ㉣조합용무 때문에 출장가는 것 등 대체로 노동조합의 구성원으로서 행하는 일체의 행위가 포함된다. 따라서 근로자가 정당한 단체행동에 참

가한 것(노조법 제81조 제5호 전문)도 여기에 해당되며, 조합규약이나 조합의 결의 및 지시 혹은 승인에 의하여 행하는 조합간부나 조합원의 활동도 노동조합의 행위에 포함된다. 여기서 조합활동의 정당성은 ㉠ 일반적 기준으로서 전체로서의 조합활동, ㉡사용자의 시설관리권 등의 문제에 있어서 기존의 노사관행, ㉢사용자측에 임금체불 등 비난받을 만한 사정이 있는 경우에는 사용자측과의 동적인 대항관계에서 전개되는 조합활동의 특질을 고려하여 판단하여야 한다.

4) 노동위원회 절차중의 행위　노조법은 "근로자가 노동위원회에 대하여 사용자의 부당노동행위를 신고하거나 그에 관한 증언을 하거나 기타 행정관청에 증거를 제출한 것을 이유로 근로자를 해고하거나 불이익을 주는 행위"를 부당노동행위로 규정하고 있다.(노조법 제81조 제5호 후문). 이 규정은 보복적 차별대우를 방지하고, 행정관청의 원활한 기능수행으로 법의 실효성을 확보하기 위한 것이다. 이러한 불이익취급의 기준은 노조법 제81조 제1호의 경우와 동일하다. 이것은 미국의 「보복적 차별처우(retaliatory discrimination)」를 계승한 것으로 특수한 유형이다.

(3) 불이익취급의 의사와 판단

1) 불이익취급의 의사

① 인사발령 - 불이익취급은 어느 근로자에게 원인행위가 선행된 후에 사용자에 의한 불이익한 행위가 있는 것을 요건으로 한다. 이러한 불이익은 다방면에 걸쳐 분류된다. 그러나 정당한 인사발령에 대하여, 단순히 노동조합원의 신분을 상실하게 된다는 이유만으로 불이익이라 할 수 없다. 따라서 근로자의 승진이 사용자의 부당노동행위의 의사로 행해진 것이 아니고, 업무의 필요성, 능력의 적격성과 인선의 합리성에 의한 것일 때에는 비록 근로자의 거부의사에 반하여 승진을 시켰더라도 부당노동행위가 성립되지 않는다.

② 해고 등 - 불이익취급에 속하는 가장 전형적인 유형이 해고이다. 해고는 비록 징계해고이거나 인원정리, 기업의 위장해산 기타 근로자의 질병 등을 이유로 하여 행하는 해고일지라도 부당노동행위의 일환이면 위법이 된다. 또한 해고가 합의해제의 형식을 취하는 경우 근로자의 노동운동에 연관되어 사용자로부터 가하여진 압박에 기인된 것이면 부당노동행위가 성립된다. 이외에 불이익을 주는 행위로서 승급정지, 전근, 배치전환, 출근정지,

감봉, 계약갱신거부, 휴직, 상여금에 있어서의 차별 등의 유형이 있다.

③ 불이익의 판단 - 불이익의 판단은 경제적 불이익뿐만 아니라, 사생활상의 불이익, 조합활동상의 불이익 등을 널리 포함한다. 예컨대, 다른 근로자에 비해서 ㉠ 임금에 대한 불이익한 처우를 하는 경우, ㉡ 감급 · 승급정지 등이 차별적으로 행하여지는 경우, ㉢ 전근명령이 해당 근로자의 조합활동을 방해할 목적으로 행하여진 경우에는 부당노동행위가 성립한다. 임금상의 불이익을 동반하지 않는 출근정지처분이라 할지라도 근로자에게 주는 정신적 고통이 막대한 경우에도 부당노동행위가 성립된다. 전출명령이나 전근으로 지위가 향상되고, 임금이 상승하는 소위 영전이라도 조합활동상의 이익을 깨는 이상 부당노동행위가 성립된다.

2) 부당노동행위의 의사

① 의 의 - 사용자가 노동조합의 정당한 행위 등을 「이유로」 불이익처우를 하면 부당노동행위가 성립된다. 부당노동행위의 성립은 근로자의 조합활동을 혐오하여 단결권을 침해하는 의도, 즉 부당노동행위의사를 필요로 하는가에 따라 견해가 대립된다.

② 학 설 - 부당노동행위의사는 사용자의 의사를 전제로 인과관계를 규명하고자 하는 견해로서 ㉠ 사용자의 반조합적 의도 내지 동기 혹은 노동조합활동에 대한 반감과 같은 주관적인 요소를 포함한 인과관계의 의미로 이해하는 견해인 주관적 인과관계설, ㉡ 근로자의 노동3권 보장활동과 해고 기타 불이익취급과의 사이에 사용자의 주관적 의도 내지 동기는 문제되지 않고 객관적 인과관계만 있으면 족하다고 하는 객관적 인과관계설이 있다. 부당노동행위의사는 사람의 내적 심리의 문제이기 때문에 적극적 · 직접적인 증거에 의거하지 않는다 하더라도 외부에 나타난 사용자의 행위나 그것이 행하여진 일반적인 정황을 보아서 객관적 · 합리적으로 추인될 수 있는 의사이면 족하다는 것이 통설이다(객관적 인과관계설).

③ 부당노동행위와 징계원인의 경합 - 원인의 경합은 사용자의 근로자에 대한 차별처우가 노조법 제81조 제1호에서 정한 불이익의 원인이 됨과 동시에 차별처우를 할 다른 사유가 있는 경우를 의미한다. 예컨대 사용자가 근로자를 해고할 때 근로자의 조합활동을 이유로 한 불이익취급의 원인이 있고 동시에 근무태만과 같은 취업규칙위반의 징계사유가 있는 경우이다. 이 경우의 입증방법은 ㉠ 인과관계설을 비롯하여 ㉡ 상당인과관계설, ㉢

결정적 이유설, ㉣ 정당한 이유가 있으면 불이익이 있어도 부당노동행위가 되지 않는다는 설 등 다양하게 나누어져 있으나, 상당인과관계설이 통설이다. 그러나 노동조합에 소속되어 있다거나 조합활동을 했다는 사실이 해고의 원인으로 작용한 것으로 판단되면 그것으로 충분하고, 위 사실이 경합되는 다른 이유보다 우월한 것이냐 하는 문제는 따질 필요가 없다고 본다(인과관계설).

④ 불이익취급의사의 주체 - 불이익취급의사를 ㉠ 회사의 대표이사나 회장이 아닌 인사담당자가 가지는 경우, ㉡ 인사담당은 아니더라도 피해고자의 선택 · 처분의 정도를 결정하는 과정에서 중간관리직이 품신한 의견대로 결정된 경우에는 사용자의 책임을 면치 못한다.

3) 불이익취급의사를 추정하는 외형적 사실

a) 추상적인 이론적 수준에서 다루지 않고, 구체적으로 다음과 같은 경우에 불이익취급의사가 있다고 추정된다. 첫째, 사용자의 반조합적 태도이다. 예컨대, 사용자가 조합을 해산하라는 성명을 발표하거나, 조합간부를 불러 조합결성을 비난 또는 허용하지 않겠다는 발언을 하는 행위이다. 사용자가 평소에 이러한 언행을 보였다면 반조합적 의사에서 비롯된 것이라는 추정이 가능하다.

b) 둘째, 불이익처분이 행하여진 시기이다. 불이익처분이 ㉠ 조합의 결성대회 · 총회 등 조합대회 전후, ㉡ 쟁의중 또는 쟁의종료 직후, ㉢ 임금인상 교섭진행중 또는 그 교섭타결 직후에 행하여졌다면, 사용자의 불이익취급의사를 추정할 수 있다. 또한, 오랫동안 아무런 문제없이 잘 근무하던 근로자가 조합활동을 활발히 전개하자, 이력서를 조사하여 경력사칭을 이유로 해고하는 경우에도 마찬가지이다. 조합임원의 선거 직전 또는 선거활동 중에 당선가능성이 높고 활동적인 후보자를 전근시키는 경우에도 불이익취급의사가 추정된다.

c) 셋째, 불이익처분의 불균형성도 고려하여야 한다. 처분의 대상자로서 노조임원, 노조결성의 중심인물, 소위 노조활동가를 중점적으로 선정하였다든지, 동일한 사유에 대하여 조합가입자 또는 조합잔류자만을 징계하였다면 사용자의 불이익취급의사가 추정된다. 또한, 처분대상이 된 행위와 비교하여 처분이 너무 가혹한 경우에도 중한 처분의 이유가 다른데 있는 것은 아닌가 하는 추정을 강하게 한다[884].

884) 신인령, 전게서, 177쪽.

d) 넷째, 처분대상자가 적정한지도 중요한 기준이다. 조합임원, 조합활동가가 포함되었다는 사실 자체가 중요한 기준이 된다. 물론, 조합임원이 평조합원이나 비조합원에 비하여 해고 등의 처분에 있어서 어떤 특권을 가지는 것은 아니나, 일반적인 경험칙상 조합임원의 해고는 사용자의 불이익취급의사에서 비롯된 것으로 추정될 수 있다.

e) 다섯째, 처분이유가 불명확한 경우이다. 이를테면 제시된 해고사유의 근거가 박약하고, 해고사유를 변경시키는 등 유동적인 경우이다. 특히, 해고처분시의 사유와 노동위원회의 절차나 항소에서 내세우는 사유가 다른 때에는 해고사유를 사후에 조작하였다는 추정을 강하게 한다.

f) 여섯째, 처분의 절차나 경위에 합리성이 결여된 경우이다. 조합원에 대해 ㉠ 통상과 달리 사전협의의 관례를 깨고 일방적으로 갑자기 내려진 배치전환명령, ㉡ 통상의 절차를 밟지 않고 조합결성 전일에 취하여진 해고처분, ㉢ 해고결정후 처분을 일단 유보하였다가 조합가입 직후에 한 해고는 불이익취급의 의사가 있는 것으로 추정된다.

g) 마지막으로, 해고처분 후에 조합이 급속히 약체화 되었거나, 해고 직후에 10명의 조합원이 탈퇴하였다든지 또는 조합원이 없어져 조합이 소멸한 경우 등 '처분 후 조합활동 상황'도 사용자의 불이익취급의사를 추정할 수 있다.

4) **무효확인소송과 입증방법** 불이익취급에 의한 해고무효확인을 구하는 소송은 근로기준법 제23조 제1항에 의하여 정당한 이유 없는 해고로서 무효확인을 구하는 것과 소송물을 달리한다. 따라서 원고인 근로자측에서 구하는 대로 법원은 판단하여야 한다. 원고가 불이익취급에 의한 것을 주위적 청구, 근로기준법 제23조에 의한 해고를 예비적 청구로 하는 경우에 법원이 먼저 불이익취급에 관하여 판단하되, 이것이 인정되지 아니하면 예비적 청구를 판단하여야 한다. 이때 예비적 청구에 있어서 원고는 주장책임만 지고, 해고의 정당한 이유에 대하여는 피고인 사용자측이 입증하여야 한다. 그러나 만일, 원고가 사용자의 불이익 취급의사를 추정할 수 있는 외형적 사실을 입증하면, 사용자측은 간접반증으로서 처분의 정당이유를 입증하여야 한다. 따라서 처분이유의 경합에 관한 학설 중 입증책임전환설에 따라 사용자측이 "조합활동이 없었더라도 동일한 처분이 내려졌을 것"이라는 점을 입증하여야 한다. 반대로 근로기준법 제23조에 의한 해고를 주위적 청구, 불이익 취급에 의한 것을 예비적 청구로 하는 경우에 피고인 사용자측이 해고의 정당한 이유를 입

증하기 못하면 불이익취급 여부에 대한 판단을 할 필요없이 바로 피고패소판결을 내리면 되고, 이를 입증하면 원고인 근로자측이 이에 대한 항변으로서 불이익취급의 요건사실을 입증하여야 한다. 이때 처분이유가 경합되면 사용자측에서 "조합활동이 없었더라도 동일한 처분이 내려졌을 것" 이라는 점을 입증하여야 한다.

관련 판례 대판 1991.5.28. 90누6392
노조전임자의 원직복귀명령과 부당노동행위

부당노동행위제도의 목적은 근로자의 단결권 등 노동3권의 보장에 있다 할 것이므로 노동조합업무의 전임자나 노조간부 등의 조합활동상의 불이익도 노동조합법 제39조 제1호 소정의 불이익취급의 한 유형에 해당한다 할 것이고 노조전임자등에 대하여 그들의 쟁의행위 등 정당한 조합활동을 혐오한 나머지 조합활동을 곤란하게 할 목적으로 원직복귀명령을 하였다면 이는 사용자의 고유인사권에 기한 정당한 조치라 볼 수 없고 노동조합법 제39조 제1호,제5호 소정의 부당노동행위에 해당하고, 또한 노조의 조직과 운영에 지배·개입하는 행위로서 같은 조 제4호 소정의 부당노동행위에 해당한다.

관련 판례 대판 2000.4.11.99두2963
불이익취급의 유형 –전직발령

참가인들에 대한 이 사건 전직발령 자체가 권리남용에 해당하여 무효이다. 따라서 이에 대한 항의 내지 시정요구의 일환으로 참가인 조민성이 결근하고 참가인 조대기, 조정진이 대자보를 게시하고 성명서를 발표한 것으로 보여지며, 그 게시 내지 발표한 대자보나 성명서의 전체적인 내용을 고려하며 이러한 행위를 가리켜 근로계약을 지속케 하는 것이 현저히 부당하다고 인정할 정도의 비위라고 볼 수 없다. 그리고 참가인들이 주도적인 역할을 하여 노동조합을 설립하여 조합장 또는 간부로서 활동하였고, 또한 그 해고처분이 있기 전날 원고회사에 대하여 단체교섭까지 요구하였으나 원고회사가 이를 거부한 상태였으며, 이 사건 전직발령 대상자 21명 중 참가인들에 대하여만 해고처분이 내려진 점 등 전직발령이 이루어진 시기와 그 이후의 경과 등을 보면, 원고의 참가인들에 대한 해고처분은 실질적으로 참가인들이 노동조합을 조직하여 활동한 것에 대하여 불이익을 주기 위한 것으로써 부당노동행위에 해당한다고 할 것이다.

3. 비열계약

(1) 의 의

a) 노조법 제81조 제2호는 「근로자가 어느 노동조합에 가입하지 않을 것 또는 탈퇴할 것을 고용조건으로 하거나 특정한 노동조합의 조합원이 될 것을 고용조건으로 하는 행위」를 부당노동행위로 규정하였다. 이러한 비열계약(yellow-dog contract)은 황견계약이라고도 하며, 조합조직을 부인하거나 약체화시키기 위하여 혹은 단체교섭을 회피하기 위한 수단으로 체결되는 계약을 말한다. 따라서 비열계약은 그 계약을 체결한 그 자체로서 부당노동행위가 구성되며, 조합가입을 방해 또는 조합탈퇴를 강제한다는 행위를 별도로 요구하지 않는다

b) 비열계약은 반드시 문서로서 체결될 것을 요건으로 하지 않는다. 비열계약의 조건에는 채용조건 뿐만 아니라 고용계속의 조건도 포함된다. 비열계약은 헌법 제33조 제1항과 노조법 제81조에 위반되며, 민법 제103조에서 정한 반사회적 행위이므로 사법상 당연히 무효이다.[885)]

(2) 비열계약과 Union shop

a) 노조법 제81조 제2호 단서에서 「노동조합이 당해 사업장에 종사하는 근로자의 3분의 2 이상을 대표하고 있을 때에는 근로자가 그 노동조합의 조합원이 될 것을 고용조건으로 하는 단체협약의 체결은 예외로 하며, 이 경우 사용자는 근로자가 그 노동조합을 탈퇴하여 새로 노동조합을 조직하거나 다른 노동조합에 가입한 것을 이유로 근로자에게 신분상 불이익한 행위를 할 수 없다」라고 규정하고 있다. 이 규정은 노동조합이 사용자와 조합가입을 강제하는 협약을 체결한 것을 단결권보장의 일환으로 허용한 것이다. 유니온 샵이 체결되어 있으나 조합원·다수가 탈퇴하여 조합원이 3분의2를 충족하지 못하면 유니온샵 협정의 효력은 상실된다.

b) 보통 유니온샵이라 함은 단결강제의 일종으로서 사용자에 의하여 고용된 근로자가

---

885) 김형배, 전게서, 944쪽.

일정한 기간 내에 노동조합에 가입하여야 할 것을 정한 단체협약의 조항을 말한다. 이것은 단체협약을 통해 미가입 근로자에게 조합가입을 강제하며, 노동조합의 탈퇴. 제명으로 조합원 자격을 상실한 자에 대하여 사용자에게 해고의무를 지움으로써 조직을 강화하고 단결보장을 도모하기 위한 제도로서 인정된다. 따라서 사용자는 어떤 근로자가 조합에 가입하지 않거나 가입 후 조합으로부터 제명 또는 탈퇴하였다면, 당해 근로자를 해고하여야 할 협약상의 의무를 노동조합측에 대하여 부담하게 된다.

c) 그러나 노조법상의 유니온샵은 제명의 경우에 불이익 취급을 할 수 없도록 규정하여 일종의 변형된 형식을 취하고 있다. 또한 사용자에게 바람직하지 않은 조합을 약화시키기 위해 또는 적극적 조합활동자를 배제하기 위하여 유니온샵 협정을 이용하는 경우에도 부당노동행위가 된다. 원래 유니온샵조항은 조합원인 근로자가 노동조합에서 탈퇴하거나 노동조합으로부터 제명되는 경우에 해고하는 것으로서, 「제명된 것을 이유로 불이익한 행위를 할 수 없다」고 한 규정은 단결권을 침해하여 위헌이라는 견해가 있다[886].

관련 판례 대판 1997. 4. 11 96누3005
유니온샵 협정의 유효요건과 단체협약의 시정명령

원심판결이유에 의하면 원심은, 원고의 페인트 등의 제조업 등을 영위하는 소외 고려화학주식회사(이하 고려화학이라 한다) 의 근로자들이 자주적으로 조직한 고려화학의 유일한 노동조합인데, 1994.12.15. 고려화학과의 사이에 단체협약을 체결하면서 "기능직 사원은 입사와 동시에 조합원이 된다. 신입사원 모집시 노조가입 유무를 확인 후 입사시키고 노조탈퇴방지와 관련 비제도적 장치를 마련한다"는 내용의 조항을 둔 사실, 위 단체협약체결시 노동조합에 가입 가능한 고려화학의 근로자수는 939명이고, 노동조합원수는 247명이었던 사실, 피고는 원고가 고려화학에 종사하는 근로자의 2/3 이상을 대표하고 있지 않음에도 불구하고 위와 같이 특정한 노동조합에 가입할 것을 고용조건으로 하는 단체협약을 체결한 것은 구 노동조합법 제29조 제2호에 위한된다는 이유로, 구 노동조합법 제34조 제3항에 의하는 단체협약시정명령을 한 사실을 인정한 다음, 노동조합이 당해 사업장에 종사하는 근로자의 2/3 이상을 대표하고 있지 아니함에도 불구하고 근로자가 그 노동조합의 조합원이 될 것을 고용조건으로 하는 단체협약을 체결하는 것은 허용되지 아니하므로, 위와 같은 피고의 단체협약시정명령은 정당하다.

---

886) 심태식, 전게서, 216쪽.

4. 단체교섭의 거부

(1) 의 의

1) 법적 의의　노조법 제81조 제 3호는 「노동조합의 대표자, 또는 노동조합으로부터 위임을 받은 자와의 단체협약체결 기타의 단체교섭을 정당한 이유 없이 거부하거나 해태하는 행위」를 부당노동행위로 규정하고 있다. 이 규정은 노동조합은 사용자에 대한 단체교섭 내지 쟁의행위를 하는 단결체로서 사용자가 단체교섭에 응하지 않는다면 노동조합의 존재 의의를 반감시키게 되어 사용자의 부당노동행위로 인정한 것이다.

2) 거부 또는 해태　「단체교섭의 거부 또는 해태」라 함은 단체교섭의무에 위반하여 전혀 교섭에 응하지 않거나, 성의 있는 교섭을 하지 않는 것을 말한다[887]. 이 제도는 헌법 제33조에 의하여 보장한 단체교섭권을 국가가 개입하여 확실하게 구현하려는데, 그 취지가 있다. 성실한 단체교섭(bargaining in good faith)이라 함은 「양 당사자가 개방적인 공정한 마음가짐으로, 또한 임금, 근로시간, 기타의 근로조건에 관한 협정 성립의 기초를 모색하려는 성실한 목적을 갖고 협의를 행하는 의무」를 말한다. 이러한 성의있는 단체교섭의 의무는 태프트하틀리법 제8조(a)(5)에서 처음으로 노사 양당사자에게 인정하였다.

3) 성의의 객관적 판단　단체교섭에 대하여 사용자가 성의가 있는지는 구체적인 단체교섭의 정황이나 사용자의 태도 혹은 언동에 전체적. 객관적으로 고려하여 판단한다. 사용자가 ㉠ 조합의 교섭신청에 전혀 응하지 않는 경우,㉡ 조합의 교섭신청을 무시하고 개개의 근로자와 간접적 교섭을 하는 경우, ㉢ 회담은 하지만 조합측의 요구를 부인하고 반대만 하는 위장교섭을 하는 경우는 단체교섭을 거부하는 행위로 볼 수 있다. 또한 단체교섭의 결과 당사자간에 협정이 성립했는데도 불구하고 협정서를 작성하지 않거나, 이에 서명할 것을 거부하는 경우에도 단체교섭의 거부에 해당된다. 부당노동행위는 사용자가 아무런 이유없이 단체 교섭을 거부 또는 해태하는 경우는 물론이고, 사용자가 단체교섭을 거부할 정당한 이유가 있다거나 단체교섭에 성실히 응하였다고 믿었더라도 객관적으로 정당한 이유가 없고 불성실한 단체교섭으로 판정되는 경우에도 성립한다고 할 것이고, 한편 정당한 이유인지의 여부는 노동조합측의 교섭권자 , 노동조합특이 요구하는 교섭시간, 교

887) 이병태, 전게서, 411쪽; 김치선 · 김유성, 전게서, 460쪽.

섭장소, 교섭사항 및 그의 교섭태도 등을 조합하여 사회통념상 사용자에게 단체교섭의무의 이행을 기대하는 것이 어렵다고 인정되는지 여부에 따라 판단하여야 한다.

4) **유일교섭단체조항의 효력** 사용자와 특정조합 사이에 유일교섭단체조항을 이유로 다른조합과의 교섭을 거부하는 것은 부당노동행위가 된다. 왜냐하면 단결권 및 단체교섭권은 모든 노동조합에 대하여 보장하는 것이므로, 유일교섭단체조항을 사용자와의 약관에 의하여 배타적. 독점적으로 인정할 수 없기 때문이다.

5) **단체교섭의 결렬** 사용자는 객관적으로 더 이상 단체교섭을 계속한다고 해도 타결의 희망이 전혀 없는 결렬 상태가 된 경우에는 이를 거부할 수 있다. 그러나 그 후 사정이 변경되어 노동조합측이 다시 수정안을 제출한 경우에는 교섭거부를 할 수 없다. 이때 단체교섭거부는 불이익취급과 같이 부당노동행위의사, 즉 사용자의 단체교섭거부의 의사가 필요한가의 여부가 문제가 되나, 단체교섭거부행위 자체가 중요하므로 사용자의 의사는 논의할 필요가 없다.

(2) 단체교섭거부와 정당한 사유

1) **정당한 이유의 판단** 사용자가 단체교섭을 거부하면 원칙적으로 부당노동행위가 되나, 정당한 이유가 있는 경우에는 부당노동행위가 성립되지 않는다. 이때 정당한 이유가 무엇인가에 대하여 명시적 규정이 없으므로 각각의 상황에 따라 구체적으로 판단하여야 한다.

2) **단체교섭상대를 이유로 하는 거부** 당사가사 ㉠ 단체교섭능력이나 자격이 없는 경우와 ㉡ 교섭권한을 가진 자가 교섭권한의 범위를 명백히 하지 않는 경우, ㉢ 상부단체와 하부조합의 교섭대표자의 교섭태도가 통일되자 않는 경우, ㉣ 조합측의 교섭대표자의 수가 부당하게 다수인 경우 등은 교섭을 거절할 정당한 이유가 있다고 인정된다. 또한 교섭당사자자격의 확정을 요구하고 그 확답이 있을 동안 단체교섭을 연기하는 것은 허용된다.

3) **단체교섭사항을 이유로 하는 거부** 임금.근로시간 등 협의의 근로조건에 그치지 않고, 노동활동의 제이익(인사.안전보건.기숙사 등), 노동조합의 조직적 이익, 기업의 관리 · 운영에 관한 사항 등도 근로조건과 관련성을 갖고 있는 한 단체교섭의 대상이 된다. 따라서 근로조건과 관련이 없는 사항은 단체교섭거부의 정당한 이유가 인정된다. 그러나 순수

한 정치문제, 다른 기업의 문제 등을 교섭사항으로 할 때 이를 거부하더라도 정당성이 인정된다. 또한 노사간에 타결점을 발견하기가 객관적으로 불가능한 사항에 대해서도 교섭거부가 인정된다. 그러나 요구사항이 과다하다는 이유로 거부하는 것은 정당한 이유라고 볼 수 없다.

4) 교섭의 방법에 의한 거부 단체교섭이 극도로 장기간 소요되거나 사용자 개인의 사생활을 위협하거나, 다수의 힘을 빌린 단체교섭을 통하여 사용자에게 압력을 가하는 경우에는 정당하게 거부할 수 있다. 또한 조합측이 폭력적 행동이나 폭언을 하는 경우에도 단체교섭을 거부할 수 있다.

5) 기타의 단체교섭거부 사용자가 위법·부당한 조건을 붙이고 그것의 관철을 고집하는 경우에도 단체교섭을 거부할 수 있다. 따라서 동맹파업을 중단하지 않으면 안 된다, 부당노동행위의 구제신청을 취하하지 않으면 아니된다는 조건은 여기에 해당된다. 또한 노동조합이 단체협약에 규정된 교섭절차나 노사관행을 무시하고 단체교섭을 요구해 오는 경우에도 사용자는 이를 거부할 수 있다.

관련 판례 대판 1998. 1. 20. 97도588

단체교섭의 결정권한이 없는 대표자에 대한 단체교섭거부와 정당성

구 노동조합법(1996. 12. 31. 법률 제 5244호 노동조합 및 노동관계조정법에 의하여 폐지된 법률) 제33조 제1항 본문은 "노동조합의 대표자 또는 노동조합으로 인하여 사용자나 사용자단체와 단체협약의 체결 기타의 사항에 관하여 교섭할 권한이 있다"고 규정하고 있었는바, 여기서 교섭할 권한이라 함은 사실행위로서의 단체교섭의 권한 외에 교섭한 결과에 따라 단체협약을 체결할 권한을 포함하는 것이지만, 그럼에도 불구하고 노동조합의 대표자 또는 수임자가 단체교섭의 결과에 따라 사용자와 단체협약의 내용을 합의한 후 다시 협약안의 가부에 관여 조합원 총회의 의결을 거친 후에만 단체협약을 체결할 것임을 명백히 하였다면 노사 쌍방간의 타협과 양보의 결과로 임금이나 그 밖의 근로조건 등에 대하여 합의를 도출하더라도 노동조합의 조합원 총회에서 그 단체협약안을 받아들이기를 거부하여 단체교섭의 성과를 무로 돌릴 위험성이 있으므로 사용자측으로서는 최종적인 결정권한이 없는 교섭대표와의 교섭 내지 형상을 회피하거나 설령 교섭에 임한다 하더라도 성실한 자세로 최후의 양보안을 제출하는 것을 꺼리게 될 것이고, 그와 같은 사용자측의 단체교섭 회피 또는 해태를 정당한 이유가 없는 것이라고 비난하기도 어렵다 할 것이다.

관련 판례 대판 1998.5.22. 97누8076
단체교섭거부의 판단기준

구 노동조합(1996.12.31.법률 제3244호로 폐지되기 전의 것, 이하 법이라고 한다) 제39조 제3호가 정하는 부당노동행위는 사용자가 아무런 이유 없이 단체교섭을 거부 또는 해태하는 경우는 물론이고, 사용자가 단체교섭을 거부할 정당한 이유가 있다거나 단체교섭에 성실히 응하였다고 믿었더라도 객관적으로 정당한 이유가 없고 불성실한 단체교섭으로 판정되는 경우에는 성립한다고 할 것이고, 한편 정당한 이유인지의 여부는 노동조합측의 교섭권자, 노동조합측이 요구하는 교섭시간, 교섭장소, 교섭사항 및 그의 교섭태도 등을 종합하여 사회통념상 사용자에게 단체교섭의무의 이행을 기대하는 것이 어렵다고 인정되는지 여부에 따라 판단할 것이다.

관련 판례 대판 2006.10.26. 2004다11070
단체교섭과 불법행위 책임

사용자가 노동조합과의 단체교섭을 정당한 이유 없이 거부하였다고 하여 그 단체교섭 거부행위가 바로 위법한 행위로 평가되어 불법행위의 요건을 충족하게 되는 것은 아니지만, 그 단체교섭거부행위가 그 원인과 목적, 그 과정 행위태양, 그로 인한 결과 등에 비추어 건전한 사회통념이나 사회상규상 용인될 수 없는 정도에 이른 것으로 인정되는 경우에는 그 단체교섭 거부행위는 부당노동행위로서 단체교섭권을 침해하는 위법한 행위로 평가되어 불법행위의 요건을 충족하게 되는바, 사용자가 노동조합과의 단체교섭을 정당한 이유 없이 거부하다가 법원으로부터 노동조합과의 단체교섭을 거부하여서는 아니된다는 취지의 집행력 있는 판단이나 가처분결정을 받고서도 이를 위반하여 노동조합과의 단체교섭을 거부하였다면, 그 단체교섭 거부행위는 건전한 사회통념이나 사회상규상 용인될 수 없는 정도에 이른 행위로서 헌법이 보장하고 있는 노동조합의 단체교섭권을 침해하는 위법한 행위라고 할 것이므로, 그 단체교섭 거부행위는 노동조합에 대하여 불법행위를 구성한다.

5. 지배 · 개입

(1) 의 의

1) 법적 의의　노조법 제81조 제4호에서는 「근로자가 노동조합을 조직 또는 운영하는 것을 지배하거나 이에 개입하는 행위」를 지배.개입으로 규정하고, 동시에 「노동조합의 운

영비를 원조하는 행위」를 부당노동행위로 규정하고 있다. 이 규정은 자주적인 단결, 단체행동에 대한 사용자의 간섭 · 방해행위를 포괄적으로 금지하여 노동조합의 자주적인 결성 · 운영을 보호하기 위한 것이다[888].

2) **지배와 개입** 지배(Domination)는 사용자가 노동조합의 결성 및 운영에 관하여 주도권을 가지고 조합의 의사결정을 완전히 좌우하게 되는 경우를 말하고, 개입(Interference)은 이 정도에는 이르지 않았지만 노동조합의 결성 및 운영에 관해 간섭하고 조합의 의사결정에 영향력을 미치는 경우를 의미한다. 그러나 지배 · 개입은 상대적이고 유동적이기 때문에 명확히 구별할 실익이 없다. 따라서 노동조합에 부당하게 관여하는 일체의 행위를 뜻하므로 노조법 제81조 제1호에서 정한 불이익취급을 근로자개인에 대해서는 불이익하지만, 노동조합에 대해서는 지배 · 개입이 되므로 어느 면에 의하거나 구제받을 수 있다[889].

(2) 지배 · 개입의 의의

1) **친회사의 지배** 오늘날 친회사가 영업 · 자금 · 인사 · 노무 등의 면에서 자회사의 경영을 완전히 지배하거나 영향력을 행사하기도 한다. 이러한 경향은 자금면에서 막강한 영향력을 행사하는 금융기관, 원재료 등을 공급하는 거래선, 제품 등을 구입해서 판매하는 상사, 배후에서 경영의 실권을 장악하고 있는 개인에까지 다양하다. 이러한 배경하에서 과연 이들을 사용자개념에 포함시킬 수 있는가가 문제가 된다. 근로자의 자주적인 단결권과 단결활동에 대하여 직접 · 간접을 불문하고 스스로의 판단으로 방해 · 간섭행위를 배제할 수 없는 한 친회사가 실질적 영향력을 행사하고 있다면 지배개입의 주체로서 사용자의 범위에 포함된다고 보아야 한다.

2) **기업의 승계자** 사용자가 조합활동을 혐오하여 구회사를 해산하고 신회사를 설립하여 비조합원을 채용한 경우(이를 통상"위장해산"이라고 한다)에는 신회사도 사용자성을 갖는다. 그러나 회사의 해산이 조합을 혐오하여 행하여 졌다는 비진정해산의 사실을 입증할 수 있다면 지배 · 개입에 대한 피신청인의 자격은 인정된다.

---

888) 萬井隆令 · 西谷敏, 勞働法, 法律文化社, 1995, 193面.
889) 이병태, 전게서, 415쪽.

(3) 지배 · 개입의 성립요건

1) **부당노동행위의 의사** 부당노동행위는 단결권에 대한 침해행위 그 자체를 배제하려고 하는 취지이므로 객관적인 간섭행위가 존재하면 지배 · 개입이 인정된다. 이때 지배 · 개입은 사용자의 반조합적 의사의 유무를 그 요건으로 할 필요가 없다.

2) **손해의 발생** 사용자의 지배 · 개입이 성립하기 위해서는 노동조합조직의 실패, 노동조합의 해산 또는 약화라는 구체적이고 현실적인 결과 또는 손해가 발생해야 하는가 의문이 제기된다. 그러나 노조법 제81조 제4호의 입법취지는 사용자의 개입행위만으로도 부당노동행위의 성립을 인정하려는 것이며, 민사법에서와 같이 구체적인 결과나 손해의 발생을 요건으로 하지 않는다. 즉, 노동조합의 조직이나 운영이 현실적으로 지배 또는 개입되었다는 결과의 발생 (예컨대, 탈퇴자의 속출, 조합의 분열, 파업의 실패 등)을 그 요건으로 하지 않는다. 따라서 지배 · 개입의 객관적 사실이 존재하면 그 자체만으로 지배 · 개입은 성립하므로, 따로 결과의 발생을 요하지 않는다[890]. 다만, 결과의 발생은 지배 · 개입의 사실을 보다 명확히 입증하기 위한 증거에 지나지 않는다.

(4) 지배 · 개입의 태양

1) **조합결성 및 탈퇴에 대한 지배개입** 지배개입의 태양은 조합의 결성이나 가입에 간섭하는 경우와 반대로 그의 결성에 경비원조나 편의를 제공함으로써 조합을 어용화하는 경우로 분류될 수 있다. 첫째의 경우는 조합지도자에 대한 해고[891], 배치전환, 징계처분 등의 차별대우를 예고하여 협박하거나 조합결성행위 자체를 비난하든가, 조합을 해산 내지 탈퇴할 것을 권유하는 행위를 말하며, 둘째의 경우는 자주적인 조합의 결성에 대항하여 어용조합을 결성하는 행위를 말한다. 따라서 근로자가 조합결성대회에 참석하는 것을 방해 · 저지하거나 휴일에 결성대회가 예정되어 있을 때 사용자가 특히 휴일근무를 명해야 할 중대하고도 타당한 이유가 없는 한 휴일근무는 허용되지 아니한다. 또한 조합결성의 중심적 인물을 해고하거나 전근 또는 그 밖의 불이익취급을 하여 조합결성을 좌절시키는 것도 조합결성에 대한 지배 · 개입이 된다. 이 경우 노조법 제81조 제1호에 의해 구제받을

---

890) 김형배, 전게서, 953쪽.

891) 대판 1990. 10. 23. 86누7729.

수 있으므로 제4호의 지배 · 개입규정을 적용할 필요가 없다고 할 수 있으나 제4호가 포괄규정이냐의 여부와 상관없이 제1호의 구제는 근로자 개인을 대상으로 하는 것이므로 구제를 받을 수 있다[892].

2) **노조임원선거에 대한 지배 · 개입** 노동조합의 임원선거에 사용자가 간섭하는 것은 지배 · 개입에 해당한다. 노동조합이 어떠한 범위의 근로자를 노동조합원으로 할 것이냐 하는 것은 조합이 스스로 결정해야 할 문제이므로, 이에 대하여 사용자가 간섭하는 것도 지배 · 개입으로서 허용되지 아니한다. 노동조합의 대표자 혹은 임원에 관한 선거출마 · 선출 등의 문제도 노동조합이 자주적으로 결정해야 할 것이고, 이에 대하여 사용자가 간섭할 수 없다. 따라서 사용자가 ㉠ 노동조합의 임원인사나 임원선거에 간섭하는 것, ㉡ 노동조합이 연합체를 조직 또는 가입하는 것, ㉢ 상부단체에 가입해서 그 활동을 하는 것이 금지된다. 사용자가 조합의 결성을 비난하거나, 직장폐쇄 · 휴업 · 감원 · 임금인하의 사태가 발생할 것이라며 위협적 요소를 포괄하는 위협적 발언을 하는 것도 지배 · 개입이 된다.

3) **반조합단체의 결성이나 지원** 노동조합의 결성을 알아차린 사용자가 이를 방해하기 위하여 친목단체를 결정하든지 근로자로 하여금 이에 대항하는 어용단체를 지원 하는 것도 지배 · 개입이 된다. 또한 사용자가 노동조합의 결성에 대항하거나, 그 결성을 사전에 방해하기 위하여 협조적, 영합적인 제2조합의 결성에 재정적인 원조나 편의를 제공하는 것도 지배 · 개입이 된다[893]. 일본판례는 제1조합에 대하여 제2조합이 대항적으로 결성되는 상황하에서 사용자가 제1조합은 비민주적인 조합이라는 뜻을 표명함과 동시에 제2조합을 환영하는 뜻을 표명하는 경우, 제1조합의 결성 후 사용자가 이에 가입하지 않는 제2조합의 간부 등에게 9주간에 걸쳐 급료 이외의 수당을 지급한 경우 등에 있어 이를 지배 · 개입으로 판시하였다.

4) **조합운영에 대한 지배 · 개입** 노동조합의 운영과 활동은 자주성이 요구되므로 어떠한 형태로든지 사용자의 간섭은 당연히 지배 · 개입이 된다. 조합활동의 핵심이 되는 조합활동가에 대한 각종의 불이익처분은 당사자 본인에게 차별대우가 됨과 동시에, 노동조합에 대한 지배 · 개입이 된다. 일반적으로 사용자의 기배 · 개입행위의 대상이 되는 근로자

---

892) 대판 1991. 5. 28. 90누 6392.

893) 東京地裁, 1973. 6. 19(判タ 29.8. 302).

의 활동은 노동조합의 「조직」과 「운영」이다. 그러나 부당노동행위제도에 의한 보호는 이러한 행위에 한정되는 취지가 아니다. 왜냐하면, 부당노동행위제도는 노조법 제81조의 법문상 헌법 제33조가 보장하는 근로자의 단결권 행사의 활동을 다른 말로 표현한 것에 지나지 않고, 일체의 반조합적 행위를 금지하는 것이기 때문이다[894]. 따라서 노동조합의 운영에는 ㉠ 단체교섭,㉡ 쟁의행위,㉢ 단체협약,㉣ 노동법규의 이행점검활동 등의 대사용자활동, ㉤ 복리후생 및 공제활동, ㉥ 선전, 계몽, 교육활동, ㉦ 각종의 정치 · 문화활동 등 대외적인 사회적 활동의 일체가 포함된다[895].

(5) 사용자의 언론과 지배 · 개입

1) 언론의 자유와 지배 · 개입의 경합

① 언론자유중시설 - 이 설은 언론의 자유를 중시하고 지배 · 개입의 성립은 여기에 소위 추가요소(Plus Factor)의 존재가 필요하다는 견해이다. 이 견해는 미국의 태프트하틀리법의 사고를 그대로 도입한 것으로서, 우리나라에는 이론적, 현실적으로 부적합하다는 점에서 비판을 받게 된다. 미국의 부당노동행위제도는 「노사교섭력의 평등화를 통한 자유로운 통상의 촉진」이라는 연방의회의 정책적 소산이고, 단결권도 일반의 시민적 자유와 동등한 것으로 본다. 따라서 부당노동행위제도도 노사의 역학관계의 변천에 대응하여 규제의 중점이 이동할 가능성이 본래적으로 내포되어 있다. 이것은 정책적 목적에 따라 언론의 자유와 부당노동행위를 규제하는 속성이 변경될 수 있음을 의미한다. 그러나 우리나라에서의 단결권은 헌법에 근거를 두고 입법적으로 규정함으로써 쉽사리 변경할 수 없다.

② 단결권 중시설 - 이 설은 단결권의 우월적 지위를 전제로 하여 사용자의 사소한 언론도 지배 · 개입을 구성한다고 보는 견해이다. 그러나 단결권이 ㉠ 생존권적 기본권으로서 헌법상 보장되고, ㉡ 본래 고전적 · 시민적 자유를 일정범위에서 제약하는 것이라는 점으로부터 곧바로 언론의 자유를 제약하거나 금지하는 결론이 도출되지 않는다. 단결권중시설은 단결권에 의한 언론의 제약에만 중점이 놓여진 일방통행적 주장이라는 비판을 받게된다.

---

894) 한용석, 부당노동행위해설, 138쪽.

895) 岸井貞男, 「不當勞働行,爲としての支配介入」, 『新勞働法講座VI』, 183-184쪽.

③ 단결권침해설 - 이 설은 사용자의 언론에 대하여 그 시기, 장소, 대상, 방법 등 제반의 사정과 관련하여 지배 · 개입의 성립을 판단한다는 견해이다. 이 견해에 의하면 지배 · 개입의 판단기준이 극히 불명확하게 되고, 실제상으로 노사관계에 있어서의 언론 그 자체를 완전히 억압하여 버리는 결과를 초래 할 수있다.

④ 검토의견 - 단결권이나 언론의 자유는 모두 헌법상의 기본권으로서 최대한 존중되어야 하며, 어느 일방의 희생에 의해서가 아니라 양자를 동시에 만족시킬 수 있는 방안이 모색되어야 한다. 그러나 사용자의 언론에 대한 자유와 지배 · 개입이 서로 충돌하는 경우에는 단결권침해설이 타당하다. 따라서 사용자는 원칙적으로 자유롭게 의견을 표명할 수 있다. 그러나 사용자의 발언이 언론에 영향을 미치는 요인으로 인정되는 경우에는 지배 · 개입이 성립된다[896].

2) 조합의 내부운영에 관한 언론

① 조합인사에 관한 언론 - 조합원의 범위를 어떻게 하며, 누구를 조합임원으로 택하는가 하는 것은 노동조합이 자주적으로 결정해야할 사랑이므로, 이에 대한 사용자의 발언은 지배 · 개입으로서 허용되지 않는다. 따라서 임시공, 견습공, 해고된 근로자 등 누구를 노동조합에 가입시켜도 사용자는 이를 비난할 수 없다. 단체협약상 조합원의 범위에 관한 규정이 있어도 이는 협약의 적용을 받는 자의 범위를 명확히 하는 효력을 지니는데 불과하다. 한편, 조합임원의 선거에 대하여 사용자가 선거규정. 선거방법. 선거운동에 간섭하는 언동은 지배 · 개입을 성립시킨다. 또한, 사용자는 특정후보자에 대한 비판을 할 수 없다. 따라서 조합임원의 선거시 혹은 평상시라도 당선될 가능성이 있는 자의 선거활동에 대한 불리한 언동은 행할 수 없다.

② 조합의 조직, 운동방침 등에 관한 언론 - 조직의 방향은 조합규약의 내용이라든가, 조직형태, 상부단체와의 관계 등 모두 조합자치의 문제이며, 사용자가 이에 개입할 여지는 없다. 특히, 조합규약의 내용이나 법외 노조에 대하여도 사용자는 이를 비난할 수 없다. 노동조합의 운동방침도 조합원이 스스로 비판하고 판단해야 할 사항이므로, 사용자는 이에 간섭할 수 없다. 그러나 조합의 성향에 대한 언급은 조합의 상태에 대한 평가나 가치판단에 속하는 것이기 때문에 단결권침해와 무관하고, 지배 · 개입이 성립되지 않는다. 사

896) 이상덕, 전게서, 522쪽.

용자가 조합의 결성자체를 비난하거나, 그 중지를 설득 · 요구하는 것은 지배 · 개입이 된다.

③ 조합활동에 관한 언론 - 사용자는 직접적으로 대항하는 조합활동에 관하여 원칙적으로 반론 · 비판의 언론활동이 허용된다. 따라서 단체교섭에 대해 사용자가 회사의 경영상태를 설명하고 조합의 요구를 비판하거나 반론을 제기할 수 있고, 자신의 설명을 전근로자에게 선전하기 위하여 문서를 배포할 수 있다. 또한 협약위반 등의 행위가 있을 때, 이를 비난하는 행위도 사용자의 적법한 대항행위로 인정된다. 그러나 사용자의 언론이 정당한 비판 · 반론의 범위를 넘어서, 일방적으로 조합을 비난하는 것이면 사정이 달라진다. 한편, 사용자는 쟁의행위를 유리하게 전개시키기 위하여 모든 수단 · 방법을 강구하고, 노동조합도 이에 대항하여 자기의 주장을 관철시키기 위해 노력하게 된다. 따라서 쟁의권의 행사는 서로 상대방을 공격하는 긴장관계를 형성하므로 대항수단으로서 평시보다 확대된 언론의 자유가 사용자에게 허용되어야 한다. 그러나, 쟁의중이라 하여도 단결권의 존중의무는 해제되지 않고 존재하게 되므로, 사용자는 평상시보다도 언론의 자유가 확대되는데 불과하다. 따라서 조합의 내부운영에 비판을 의도하거나, 쟁의로부터의 탈퇴를 종용하는 언론은 노동조합의 존립자체를 파괴하는 것으로서 단결권침해로 인한 지배 · 개입을 구성한다.

④ 조합간부에 대한 비판 - 사용자는 조합간부에 대한 비판, 특히 그 정치적 편향성에 대하여 비판하는 경우가 많다. 이때 순수한 조합간부의 정치적 언동에 대한 비판이라면 본래 언론의 자유이므로 부당노동행위가 성립되지 않는다. 그러나 조합활동과 관련된 비판이라면 그 한도에서 부당노동행위가 인정될 수 있다. 과거에 미국에서는 조합간부를 공산주의자(Communist),급진분자(radicals), 선동자(agitators), 강탈전문가(Proffessional Racketeers)라고 비판하여 부당노동행위가 인정된 예가 있다.

관련 판례 대판 1991.5.28. 90누6392

경영악화를 이유로 한 노조간부의 해고와 전임자급여의 미지급

쟁의행위기간 동안에 발생한 제반문제에 대하여는 노사가 그 책임을 묻지 않기로 합의가 이루어진 직후 갑자기 경영상태 악화를 내세워 보조참가인이 소외 조합의 부위원장을 조합전임에게 원직인 운전기사로 복귀명령하고, 소외 조합의 총무부장을 해고하고 해고기간중의 임금을 지급하지 아니한 것은 조합활동에 대한 보복조치인 동시에 조합의 운영

에 지배 또는 개입하는 부당노동행위인데도, 중앙노동위원회가 이를 부당노동행위가 아니라고 한 것은(총무부장의 해고부분을 부당노동행위라고 하고, 임금지급부분을 부당노동행위가 아니라고 하였음) 잘못이므로, 원심의 취소판결은 정당하다.

관련 판례 대판 2000.4.7. 99두3256

총무과장에 의한 노조탈퇴를 원하는 자에 대한 조합비공제안내문의 게재와 지배 개입

원고 병원의 총무과장이 조합탈퇴와 관련된 안내문을 게시한 동기가 조합탈퇴를 원하는 조합원들의 조합비 공제와 관련된 문의에 대하여 동일한 답변을 하는 번거로움을 피하기 위한 것이었고 그 내용도 조합탈퇴에 관한 절차만을 안내하는 것이었고, 안내문 게시 사실만으로는 원고 병원측에서 조합원들에게 조합탈퇴를 강요하거나 종용하였다고 보기 어려우며, 당시 참가인들의 주동으로 불법농성 등이 계속되어 병원의 진료업무에 막대한 지장을 초래하고 있었으므로, 원고가 그들의 동태를 파악하여 이에 대한 적절한 대응조치를 취하는 것은 병원의 진료업무가 환자의 생명과 신체를 다루는 고도의 공익적 성격을 지닌 업무라는 점에 비추어 정당하다 할 것이므로 이에 관하여 원고에게 부당노동행위가 있었다고 보기 어렵고, 한편 조합의 조합원수가 불과 몇 달만에 격감한 것은 조합원들에게 대한 원고의 조합탈퇴 종용이나 강요에 의한 것이라기보다는 조합의 과격한 단체행동때문인 것으로 보이므로, 원고가 조합의 운영에 대한 지배·개입을 하였음을 전제로 하는 중앙노동위원회의 이 사건 재심판정은 위법하다고 한 원심의 사실인정 및 판단은 정당하다.

관련 판례 서울행판 2003.1.7. 2002구합32001

노동조합과 협의 없는 근로자의 동의와 연봉제의 도입

참가인 회사는 1998년부터 계속된 만성적인 경영적자와 각종부채로 인하여 재정상태가 악화되었고, 이를 개선하기 위하여 각종 회사자산을 매각하는 등 여러 가지 조치를 취하였으나 여전히 호전되지 아니하자, 연봉제 대상 운전기사들에게 수차례에 걸쳐 회사의 어려운 경영여건을 설명하면서 회사가 살아남기 위하여는 인건비 절감을 위한 연봉제를 실시할 수밖에 없음을 충분히 설명하고 그들로부터 동의를 얻은 후 임금체계를 시급제에서 연봉제로 전환한 것이므로, 참가인 회사가 연봉제를 도입한 것에 원고조합을 지배하거나 원고 조합의 조직·운영에 개입할 별도의 협의 없이 연봉제를 실시하였다고 하여 원고 조합을 지배하거나 원고 조합의 운영에 개입할 의사가 있었다고 할 수도 없다.

관련 판례 대판 1991. 12. 10. 91누636
노조결의에 대한 불만자의 규합과 근무를 강요하는 행위와 지배개입의 인정

회사의 대표이사나 전무가 원고 조합의 일부 조합원들을 개별적으로 만나거나 원고 조합의 결의에 불만을 품은 일부 조합원들을 모아서, 원고 조합 운영위원회의 결의에 의하여 시행하고 있는 준법운행에 참여하게 된 경위를 묻고, 준법운행에 반대하여 종전과 같은 방식으로 근무할 것을 종용하는 등의 행위를 하고, 그 결과로 조합원들 중의 일부가 원고 조합의 준법운행을 반대하고 종전과 같은 방식으로 근무할 것을 결의하는 등의 행위를 하게 되었다면, 회사가 위와 같이 원고조합의 준법운행에 대항하여 한 행위는 위 법 소정의 부당노동행위에 해당된다.

관련 판례 대판 1997.5.7. 96누2057
해고를 다투는 조합장의 조합대표성 부정

회사가 해고를 다투는 조합장의 복귀 통지문을 반려하고 조합장이 아닌 다른 조합원 명의로 조합비 등의 일괄공제 요구를 할 것을 요청한 것은 조합장의 노동조합활동을 방해하려는 의도에서 이루어진 것으로서 비록 이로 인하여 근로자의 단결권을 침해하는 결과가 발생하지 아니하였다고 하더라도 지배 · 개입으로서의 부당노동행위에 해당한다.

6. 경비원조

(1) 의 의

a)노조법 제81조 제4호는 「노동조합의 운영비를 원조하는 행위」를 경비원조라고 하여 입법형식상 지배 · 개입과 별도의 부당노동행위로 규정하고 있다. 이 규정은 사용자에 의한 경비지원으로부터 독립하여 노동조합의 자주성을 확보하고 어용화를 방지하기 위한 것이다. 어떤 행위가 경비원조로서 지배 · 개입이 되느냐는 그 행위의 외형에 의할 것이 아니라 그 입법취지와 관련하여 실질적으로 판단하여야 한다. 그러나 「근로자가 근무시간 중에 사용자와 협의 또는 교섭하는 것을 사용자가 허용함은 무방하며, 근로자의 후생자금 또는 경제상의 불행 기타 재액의 방지와 구제 등을 위한 기금의 기부와 최소한 규모의 노동조합사무소의 제공」은 경비원조로부터 제외한다[897].

897) 김형배, 전게서, 958쪽.

b) 여기서 문제가 되는 것은 조합전임자의 급여를 사용자가 부담하는 것과 쟁의중 임금을 지불하는 것이 경비원조에 해당되느냐의 여부이다. 전임자에 대한 급여는 부당노동행위가 된다는 견해[898]도 있으나 조합이 사용자와의 투쟁결과로 얻은 것일 때 경비원조에 해당하지 않는다고 한다. 쟁의중의 임금을 받는 것이 파업을 철회 또는 종결하면서 투쟁의 일환으로 합의하여 취득한 것이므로 경비원조에 해당되지 않으나, 여비나 출장비의 지급은 경비원조에 해당된다.

(2) 경비원조의 유형

a) 경비원조로서 부당노동행위의 성립은 노동조합으로서의 자주성을 잃었는가 또는 잃을 가능성이 있는가의 여부에 따라 실질적으로 판단하여야 한다. 금전적 · 경제적 이익을 받고 있다고 하여 바로 부당노동행위가 성립된다고 형식적으로 결정할 것은 아니라 노동조합의 자주성을 잃을 염려가 없는 때에 경비원조에 해당되지 않는다고 보아야 한다.

b) 또한 ㉠ 근로시간 중에 사용자와 협의 또는 단체교섭을 하는 건, ㉡ 후생자금이나 복리자금에 대한 사용자의 기부 및㉢ 최소한의 규모의 사무소의 제공 등 세가지는 예외로서 경비원조에 해당되지 않는다. 이와 같은 단서 규정 외의 ㉣ 체크오프, ㉤ 교섭 · 협의 이외의 시간 중 조합활동에 대한 임금의 지급, ㉥ 조합활동을 위한 기업시설의 이용 등 노동조합의 자주성을 잃을 위험성이 적으므로 경비원조에 해당되지 않는다. 그러나 조합활동에 대하여 사용자가 여비와 숙박비 등의 수당을 지급하는 것은 경비원조에 해당된다.

관련 판례 대판 1991.5.28. 90누6392
노조전임자에 대한 급여지급과 지배개입의 성립여부

노조전임자나 노조간부가 사용자로부터 급여를 지급받는 것이 형식적으로 보면 부당노동행위의 하나인 노동조합법 제39조 제4호 본문에 해당하는 것 같지만, 위 법조 소정의 부당노동행위의 성립 여부는 형식적으로만 볼 것은 아니고 그 급여지급으로 인하여 조합의 자주성을 잃을 위험성이 현저하게 없는 한 부당노동행위가 성립되지 않는다고 봄이 상당하고, 특히 그 급여지급으로 인하여 조합의 자주성이 저해될 위험은 거의 없다고 보아야 할 것이므로 이는 위 법정의 부당노동행위에 해당하지 않는다고 보아야 할 것이다.

---

898) 김치선, 전게서, 183쪽.

제3절 부당노동행위의 구제

1. 서 설

a) 부당노동행위의 구제는 시민법질서에서의 손해의 배상과 같은 사후적구제에 그 목적이 있는 것이 아니고, 정상적인 노사관계의 회복에 그 주안점이 있다. 따라서 부당노동행위는 기존의 개별적 권리. 의무관계에 구속되는 사법적 구제와 달리 , 사용자의 반조합적 침해행위를 배제하고 그 재발을 방지하는 원상회복적 행정구제를 그 특질로 한다.

b) 이러한 구체적 목적과 특질을 살리기 위하여 일종의 행정위원회로서 노동위원회가 부당노동행위를 신속하고 공정하게 해결하고자 노력하고 있다.

관련 판례 대판 1996. 4. 23. 95누6151
해고등무효확인청구소송의 기각판결과 불이익처분의 구제실익

근로자가 자신에 대한 해고 등의 불이익처분이 부당노동행위에 해당한다고 주장하여 부당노동행위 구제신청을 하여 그 구제절차가 진행 중에 자신이 별도로 사용자를 상대로 제기한 해고등무효확인청구의 소에서 청구기각 판결이 선고되어 확정된 경우에 있어서의 사용자의 근로자에 대한 해고 등 불이익처분이 정당한 것으로 인정되었다 할 것이어서 노동위원회로서의 그 불이익처분이 부당노동행위에 해당한다고 하여 구제명령을 발할 수 없게 되므로 구세이익은 소멸한다고 보아야 하고, 이와 같은 경우 근로지의 부당노동행위 구제신청을 기각한 지방노동위원회의 결정을 유지하여 재심신청을 기각하거나 구제명령을 발한 지방노동위원회의 결정을 취소하여 구제신청을 기각하는 내용의 중앙노동위원회의 재심판정의 취소를 구하는 소송은 그 소의 이익이 없어 부적법하다.

2. 노동위원회에 의한 구제

(1) 서 설

부당노동행위에 대한 구제기관의 유형은 노동위원회형과 법원형으로 구분되는데 ㉠ 한국의 노동위원회를 비롯하여 미국의 전국노동관계위원회(National Labor Realations Board), 캐나다 노동관계위원회(Canada Labor Realations Board), 일본의 노동위원회는 전자의 예에 속하고, ㉡ 영국의 전국산업관계법원(National Industrial Realarions Court, 1971년 산업관계법에 의하여 설치)이나 산업심판소(Industrial Tribunal, 1964년 산업훈련법에 의하여 설치), 독일 및 인도의 노동법원은 후자의 예에 속한다. 구제방법은 우리나라나 일본의 경우에 노동위원회에 의한 행정적 구제와 법원에 의한 사법적 구제를 모두 인정하고 있다. 미국과 캐나다는 노동위원회가 제1차적 관할권을 가진다. 미국은 NLRB의 구제명령에 대하여 법원이 사법적 심사권을 가지며, 캐나다는 CLRB의 구제명령이 종국적이다. 영국의 1971년 산업관계법은 ㉠ 부당해고(unfair dismissal)와 차별대우에 대하여는 산업심판소→전국산업관계법원이, ㉡ 기타의 부당노동행위는 전국산업관계법원만이 관할권을 가진다.

(2) 구제신청의 당사자와 적격성

1) 구제신청권자 부당노동행위의 심사는 신청주의에 의하므로 직권으로 개시되지 않는다. 대법원 판결은「노동조합이 근로자 본인의 동의나 고지도 없이 구제신청을 임의로 취하한 것은 유효하다 」고 판시하고 있다[899]. 그러나 ㉠ 노동조합이 조합원 개인의 독자적인 구제신청을 막고 노동조합에 위임하라는 지시를 한 점, ㉡ 근로자 개인은 제척기간의 경과로 기회를 잃게 되었다는 점에서 과연 노동조합이 구제신청취하까지 인정하는 것은 타당성이 없다고 본다. 따라서 조합원이 개별적으로 구제신청을 할 경우에는 노동조합이 간여할 수 없다고 보아야 한다.

2) 피신청인 적격자 사용자의 개념은 노조법 제2조 제2호에서「사업주, 사업의 경영담당자 또는 그 사업의 근로자에 관한 사항에 대하여 사업주를 위하여 행동하는 자」라고 정의하고 있으나, 피신청인 적격자로서의 사용자는 구제명령의 내용을 실현할 수 있는 권한과 능력을 가지는 자를 의미한다. 따라서 개인 기업의 경우에는 개인, 법인기업의 경우에는 법인이 사용자로서 피신청인 적격을 가진다. 외국회사, 외국법인 및 외국인이 국내에서 경영활동을 하는 경우에 국내에서 행한 부당노동행위에 대하여는 피신청인이 된다[900]. 영

899) 신인령, 전게서, 226쪽.

900) 배병우, "부당노동행위의 심사상 제문제와 동절차", 김진웅박사 회갑기념, 『노동법과 노동정책』, 일신사, 1985, 190쪽.

업양도의 경우에도 비록 양도인에 의하여 자행된 불이익취급이라 할지라도 결과의 회복은 양수인이 행하는 방법 밖에 없기 때문에 양수인도 피신청인 적격이 있다. 위장해산의 경우에는 실질적 동일성이 존속하는 한 근로관계는 신기업에 계승되어 신기업의 사업주에게 피신청인 적격이 인정된다.

(3) 구제절차

1) **제소기간** 부당노동행위 구제절차는 당사자 개인이나 노동조합의 신청에 의하여 개시되고, 직권에 의하여 개시되지 않는다(신청주의). 구제신청의 제척기간은 불이익취급이 있은 날로부터 3월이다(노조법 제82조 제2항). 구제신청은 요건을 갖추었는지의 여부에 따라 각하되거나 심사절차가 개시된다. 노동위원회가 구제신청을 받은 때에는 지체없이 필요한 조사와 관계당사자의 심문을 하여야 한다(노조법 제83조 제1항)

2) **조사와 심문** 조사는 심문을 원활하게 진행하기 위하여 쟁점을 정리하고 증거의 제출을 요구하는 등 심문의 사전준비를 행하는 절차로서, 민사소송에 있어서의 준비절차에 가까운 성격을 지닌다[901]. 심문은 당사자쌍방의 출석 하에 당사자에게 주장 및 입증을 시키고, 노동위원회가 직권으로 수집한 증거를 조사하여 사실인정의 기초가 되는 자료를 얻는 절차로서 민사소송상 구두변론과 유사하다. 심문은 노동위원회가 당사자의 신청 또는 직권으로 증인을 출석하게 하여 필요한 사항을 질문할 수 있고 (노조법 제83조 제2항), 관계당사자에 대하여 증거의 제출과 증인에 대한 반대심문을 할 수 있는 충분한 기회를 주어야 한다(동조 제3항). 심문절차에 당사자나 증인으로 출석하는 것은 근로기준법 제10조(공민권행사의 보장)에서 말하는 '공의 직무수행'에 해당하는 것으로 본다.

3) **구제명령 및 기각결정** 노동위원회가 심문을 종료하고 합의를 거쳐 ㉠ 부당노동행위가 성립한다고 판정한 때에는 사용자에게 구제명령을 발하여야 하고, ㉡ 부당노동행위가 성립하기 않는다고 판정할 때에는 그 구제신청을 기각하는 결정을 내려야 한다(노조법 제 84조 제1항). 지방노동위원회의 구제명령이나 기각결정에 대하여 불복이 있는 관계당사자는 그 명령서 또는 결정서의 송달을 받은 날부터 10일 이내에 중앙노동위원회에 재심을 신청할 수 있다(노조법 제85조 제1항).

---

901) 배병우, 전게논문, 200쪽.

4) 부당노동행위와 구제명령의 효력　노동위원회는 공익위원만으로 행하는 부당노동행위의 판정에 대하여 구제명령을 한다. 이때 노동위원회의 구제명령은 사용자에게 복종하여야 할 공법상의 의무를 부담시킬 뿐 직접 근로자와 사용자간의 사법상 법률관계를 발생 또는 변경시키는 것이 아니다. 따라서 부당노동행위 자체가 사법상 무효일지라도 노동위원회의 구제명령은 사법상 무효를 확인하기 위한 것은 아니다.

5) 입증책임　입증책임이란 요건사실이 존재하지 않거나 불분명한 경우 일방 당사자가 입게 되는 불이익을 말한다[902]. 캐나다의 경우에는 사용자로 하여금 부당노동행위를 하지 않았다는 사실을 적극적으로 입증하게 하고, 이를 입증하지 못할 때에는 부당노동행위의 성립을 추정하고 있다. 그러나 한국의 현행법은 부당노동행위의 구제를 구하는 근로자측에서 주장 · 입증책임을 인정하고 있다(통설). 첫째, 간접사실의 입증단계에서 그 직접반증을 제출하여 본증의 간접사실을 존부불명의 상태에 빠뜨려 추정을 사전에 저지하는 방법이다. 예컨대, 근로자측이 사용자의 반조합적 언행을 입증한 경우에 사용자측이 그러한 반조합적 언행을 한 사실이 없다면 반증을 함으로써 판단자의 심증을 흩트리는 방법이다. 둘째, 간접사실이 입증되어 경험칙이 작용하여 사실상 추정이 되려고 하는 단계에서 실제의 사건은 경험칙과 다른 경과를 거쳤을 가능성 즉, 경험칙의 예외사유가 있음을 나타내는 별개의 사실을 입증함으로써 추정효를 깨뜨리는(복멸) 방법이다[903]. 예컨대, 근로자측이 간접사실을 증명한 경우에 사용자측이 정당한 해고사유를 입증함으로써 불이익취급의사가 있었다는 추정을 뒤집는 것이다. 이 후자의 방법을 실무상 간접반증 이라 하는데, 이는 주요사실인 불이익취급의사라는 측면에서는 반증으로서의 성격을 가진다. 그러나, 사용자가 입증하여야 할 '상당 이유' 라는 관점에서 보면 판단자(위원 · 법원)로 하여금 확신을 가지게 하는 정도의 본증이라는 점에 유의하여야 한다(상당이유설). 즉, 근로자측이 입증한 간접사실에 의하여 사용자의 불이익 취급의사가 추정되려고 하는 단계에서 사용자측이 내세우는 증거들에 의하여 처분의 정당사유가 있는지도 모르겠다는 식으로 판단자의 심증을 흩트리는 정도로는 부족하고, 처분의 정당사유가 있다는 확신을 가질 수 있도록 하는 본증을 하여야 한다. 만일, 사용자측이 "조합활동이 없었더라면 동일한 처분이 내려졌을

902) 노석락, 『입증책임론』, 일신사, 1977, 1쪽.

903) 정재훈, "법률상의 추정과 사실상의 추정", 『재판자료』 제25집, 법원행정처, 1985, 333쪽.

것"이라는 점을 입증하지 못하면 구제절차 또는 소송절차상 불이익을 면치 못하는 점에서 이 견해는 "입증책임전환설"이라고 한다. 상당이유설에 의하면, "조합활동이 없었더라면 처분이 없었을 것"이라는 근로자측의 입증은 사용자측이 입증책임을 지는 사실에 대한 반증으로서 평가되며, 판단자가 조합활동이 없었더라면 처분이 없었을 지도 모르겠다는 정도의 심증만 형성되도록 하면 그 반증은 성공이 된다. 이로써 입증책임을 다하지 못한 사용자는 불이익취급의사가 추정되는 구제절차상 불이익을 면치 못하게 된다.

(4) 구제명령

1) **원상회복명령** 원상회복이란 원래 민법상의 용어로서 계약해제의 효과로서의 원상회복(민법 제548조 제1항)을 말한다. 사법상의 원상회복은 당사자간의 공평관계(계약해제의 경우)나 침해된 사권의 기능회복(손해배상의 경우)을 목적으로 하기 때문에 항상 그 시각이 개인적이거나 정적이다. 부당노동행위구제로서의 원상회복은 근로자 개인의 피해뿐만 아니라 단결체의 피해까지도 원상회복을 해야 하므로, 동적인 노사관계의 장에서 장래의 침해에 대한 예방적인 면까지 고려하여야 한다. 이상의 구제명령 외에 사용자로 하여금 사과공고문을 붙이거나 구제명령서의 전문을 게시하도록 하는 사과공고(post notice)는 불이익취급의 재발방지에 효과가 있으며, 사용자로 하여금 노동위원회의 구제명령을 어떻게 이행하였는가 보고하도록 하는 명령은 효과적인 제도라고 할 수 있다.

2) **일실임금과 중간 수입의 공제** 일실임금이란 해고되지 않았더라면 받을 수 있었던 임금상당액의 지급을 의미하고, 이는 해고기간 중 다른 직장에 종사하여 얻은 중간수입의 공제와 관련하여 논란이 있다. 원래 일실임금(back pay)이라는 개념은 미국에서 사용된 것으로서, 중간수입을 공제하는 것이 관례화되어 있다. 이 설은 미국에서 보통법(common law)상의 손해경감의무(duty to mitigate damages)를 일실임금에 도입하여 중간수입 상당액을 공제하고자 하는 이론이다[904]. 중간수입의 공제에 관한 학설은 ㉠ 공제필요설, ㉡ 공제불요설, ㉢ 자유재량설이 있는데, 일본 최고재판소는 자유재량설을, 학계는 공제불요설을 다수설로 취하고 있다. 중간수입의 공제는 위법한 해고를 당한 근로자가 해고기간 중

904) 윤성천, "Back Pay 명령과 중간수입공제문제", 가산 김치선 박사 회갑기념, 『노동법의 제문제』, 박영사, 1983, 105쪽.

다른 직장에서 열심히 일하였음에도 아무 일도 하지 않은 근로자가 더 많은 back pay를 받게 되는 등 불합리한 결과를 낳기 쉽다[905]. 따라서 채무면탈과 중간수입과의 인과관계를 부정하여 중간수입의 공제불요설을 취하는 견해도 있다. 이에 대한 논거로서 민법 제538조(채권자귀책사유로 인한 이행불능)에 의한 임금청구권과 근로기준법 제46조에 의한 휴업수당은 별개독립의 청구권으로서 경합관계에 있는 것으로 보아 중간수입공제를 요하지 않는다고 한다. 민법 제538조 제2항에서 말하는 자기의 채무를 면함으로써 얻은 이익으로써 공제하기 위해서는 채무면탈과 중간수입 사이에 상당인과관계가 있어야 한다. 따라서 근로자 등의 채무자가 이행비용 등을 면한 때에는 그 이익은 공제되는 통상의 이익이라 할 것이나, 다른 계약으로 받은 노임 등은 공제이익에서 제외된다고 보아야 한다. 그러나 대법원의 판결은 부당해고를 원인으로 하는 이중소득의 인정은 불합리하므로 중간소득을 공제하나, 휴업수당과 같은 범위내에서 보장하여야 한다는 입장을 취하고 있다.

(5) 긴급이행명령

1) 의의 및 취지　긴급이행명령은 중앙노동위원회의 재심판정에 대하여 사용자가 행정소송을 제기한 경우에 관할법원이 중노위의 신청에 의하여 결정으로서, 판결이 확정될 때까지 중앙노동위원회 구제명령의 전부 또는 일부를 이행하도록 하는 것을 말한다(노조법 제85조 제5항). 이 규정은 잠정적으로 부당노동행위 구제명령의 이행을 강제하는 일종의 가구제제도이다. 중노위의 구제명령에 사용자가 불복하여 행정소송을 제기한 경우 구제명령을 바로 이행하지 아니하면 회복하기 어려운 손해발생이 우려되거나, 긴급한 필요성이 있을 때 직접적인 피해자인 근로자측의 요청으로 중앙노동위원회위원장이 법원에 이행명령을 신청하게 된다. 당해 사건의 근로자 또는 노동조합이 중앙노동위원회에 이행명령요청을 하게 되면, 당해 부당노동행위 재심판정을 행한 심판위원회에서 의결을 거쳐 구제명령이행의 신청여부를 결정한다. 다만 위원의 사퇴, 임기만료 등으로 당해 심판위원회의 구성이 불가능하거나 심판위원회를 개최하는 것이 부적당하다고 인정되는 경우에는 위원장이 상임위원의 의견을 들어 구제명령이행의 신청여부를 결정할 수 있다(노동위규칙 제96조).

2) 구제명령의 사전 조치[906]　초심 지방노동위원회에서 부당노동행위의 심사가 진행되

905) 윤성천, 전게논문, 119쪽.

고 있는 동안 근로자나 노동조합이 부당노동행위로 입는 피해를 그대로 방치되고 있거나, 사용자의 부당노동행위가 계속 진행되고 있는 경우 부당노동행위의 실효성을 확보하기 위하여 필요한 조치를 사전에 취할 필요가 있다. 일본의 경우 노동위원회가 당사자에게 심사의 실효성을 확보하기 위한 필요한 조치를 권고할 수 있도록 하고 있다(심사의 실효확보의 조치 권고). 즉, 노동위원회는 당사자로부터 신청이 있을 때 또는 노동위원회위원장이 필요가 있다고 인정할 때는 공익위원회의의 결정에 따라 당사자에 대해 심사 중이라도 심사의 실효를 확보하기 위하여 필요한 조치를 취할 것을 권고할 수 있다(노동위규칙 제37조의2). 미국의 경우 부당노동행위의 구제신청을 받은 지방지국이 이를 조사하고, 정식절차를 청구하는 경우 연방노동관계위원회(NLRB)의 최종적인 명령이 내려지기까지의 장기간 동안에 잠정적인 구제로서 적절한 금지명령(injunction)을 법원에 구하는 절차인 연방노동관계법(NLRA) 제10조(j)의 금지명령이 인정된다. 즉, 연방노동관계위원회(NLRA) 제10조 (j)에서는 「누군가가 부당노동행위를 하였거나 하고 있다고 신청되어 이 조(b)항에 따라 정식절차가 청구된 경우, 위원회는 부당노동행위가 발생하였다고 주장되는 곳 또는 그 행위자가 거주하거나 사업을 영위하는 곳 등을 관할하는 미국 지방법원에 적절한 잠정적인 구제 또는 제한명령을(appropriate temporary relief or restraining order) 신청하는 권한을 갖는다. 그러한 신청이 제기되면 법원은 그 행위자에게 이를 통지하고 그에 관하여 적절(just and proper)하다고 생각되는 잠정적인 구제 또는 제한명령을 위원회에게 부여하는 재판권한을 갖는다」고 규정하고 있다.

3) 미확정 단계의 구제명령에 관한 조치　중앙노동위원회로부터 구제명령을 받은 사용자가 이에 불복하여 취소소송을 제기한 경우, 법원은 구제명령의 전부 또는 일부를 판결이 확정될 때까지 잠정적으로 이행하도록 긴급이행명령을 내릴 수 있다. 이러한 긴급이행명령은 그 위반에 대해 과태료가 부과되므로 이행이 확보될 수 있다(노조법 제85조 제5항 및 제95조). 한국의 긴급이행명령제도는 일본의 긴급명령제도를 계수하여 1997년에 도입된 것이다. 일본의 경우 ㉠재심사절차가 진행되는 동안 중앙노동위원회 회장은 초심구제명령의 이행을 권고할 수 있고(노위칙 제51조의2), ㉡취소소송절차가 진행되는 동안 법원은 취소소송 계속중에 구제명령을 이행하도록 긴급명령을 내릴 수 있다(노동조합법 제27

906) 김홍영, "부당노동행위 구제의 실효성확보", 『노동법학』(제14호, 2002. 6.), 한국노동법학회, 116쪽.

조 제8항).

미국의 경우 ㉠ 정식절차가 청구되어 행정심판관이 부당노동행위사건에 대해 심문(hearing)등의 심사를 한 후 내린 결정에 대해 이의가 제기되어 본 위원회(board)가 그 사건을 직접 재심사하는 경우, 행정심판관의 결정은 어떠한 효력도 없으며, 아직 연방노동관계위원회(NLRB)에서는 명령이 내려지지 않은 것이 된다. 이의가 제기된 행정심판관의 결정을 잠정적으로 집행하려는 절차는 별도로 존재하지 않는다. 그렇지만 ㉡ 연방항소법원에서 연방노동관계위원회의 구제명령에 대해 이행강제를 위한 소송(NIRA 제10조(e)) 또는 취소소송(NLRA 제10 (f))이 제기되어 그 소송이 계속중인 경우, 연방노동관계위원회는 당해 법원에 대해 잠정적 구제(temporary relief)를 신청할 수 있으며, 법원은 적절한 잠정적 구제나 제한명령을 허용하는 권한(power to grant such temporary relief or restraining order as it deems just and proper)을 갖는다. 한국은 현행법상 긴급이행명령이 부당해고 구제절차에서 부인되고 있다(근기법 제33조 제2항). 긴급이행명령과 관련된 개선방안으로서 부당해고 구제절차에 긴급이행명령제도의 도입이 필요하다[907].

4) 긴급이행명령의 신청절차 긴급이행명령의 신청인은 중앙노동위원회이다. 중앙노동위원회가 취소소송의 피고 당사자이므로 중앙노동위원회에게 긴급이행명령의 신청권한을 인정하는 것이 소송체계상 부합된다. 그러나 신청권한을 굳이 중앙노동위원회로 국한할 필연적인 이유는 없다. 중앙노동위원회가 긴급이행명령의 신청을 소홀히 하는 경우 구제명령에 의해 실질적으로 보호를 받게 될 노동조합 또는 근로자의 권리보호에 어긋날 우려가 있다. 따라서 근로자측에게도 신청권한을 인정하도록 할 필요가 있다. 중앙노동위원회가 신청여부를 결정함에 있어서, 긴급이행명령의 신청은 예외적으로 필요성이 있어야 인정되는 것이 아니다. 원칙적으로는 긴급이행명령의 필요성이 인정되면, 특별한 사정이 없더라도 신청을 할 수 있다. 이때 특별한 사정은 신청이 부인될 수 있는 예외적인 사유로서, 첫째, 사용자가 이미 구제명령의 전부 또는 일부를 이행하고 있는 경우, 둘째, 근로자측이 구제명령의 긴급한 이행을 바라지 않는 특별한 사정이 있는 경우 등을 들 수 있다. 그러나 긴급이행명령의 신청은 현재 중앙노동위원회 내부에서 당해 사건의 재심판정을 한 심판위원회의 의결을 거치는 것을 원칙으로 한다. 다만 예외적으로 "위원의 사퇴, 임기만

---

907) 김홍영, 전게논문, 118쪽.

료 등으로 인해 당해 심판위원회의 구성이 불가능하거나 심판위원회를 개최하는 것이 부적당하다고 인정되는 경우" 노동위원회위원장이 상임위원의 의견을 들어 신청 여부를 결정할 수 있음을 정하고 있다(노동위규칙 제96조).

5) 긴급이행명령의 요건과 법원의 심사　긴급이행명령의 요건은 첫째, 구제명령을 판결 확정시까지 잠정적으로 이행하도록 하여야 할 필요성이 있는지 여부를 중심으로 판단해야 한다. 둘째, 원칙적으로 그 필요성이 인정되면 법원은 긴급이행명령을 내려야 하나, 소명자료에 의해 그 필요성이 부인되는 예외적인 경우에는 긴급이행명령을 내릴 수 없다. 긴급이행명령의 요건으로 '필요성'외에 '구제명령의 적법성'을 요구하는 견해도 있다[908]. 즉, 제출된 소명자료로부터 구제명령에 중대하고 명백한 하자가 없는 한 긴급이행명령은 내려야 한다거나[909], 법운은 노동위원회의 구제명령서를 심사하고 거기에 중대하고 명백한 하자가 있는 등의 특단의 사정이 없으면 구제명령은 일단 적법한 것으로 추정된다고 하여 구제명령의 적법성을 요구하고 있다. 그러나 구제명령의 적법성은 긴급이행명령의 인정여부에 관한 판당에서 고려해야 할 사항이 아니다. 긴급이행명령제도는 취소소송에 관한 판결을 내리기에 앞서서 취소소송이 제기되었다는 점을 포착하여 명령이 내려지는 제도이다. 그러므로 법원이 긴급이행명령을 내리기 위해 구제명령의 적법 여부를 심사하는 것은 긴급이행명령의 취지에 어긋난다고 본다. 구제명령의 일부분에 국한되는 중대하고 명백한 하자가 있는 경우 법원은 아직 취소소송에 관한 종국판결을 내릴 수 없으므로 긴급이행명령의 신청을 기각하는 결정을 하겠지만, 이는 긴급이행명령의 필요성이 부정된다. 현행 긴급이행명령제도는 그 인정요건에 대해 명문의 규정을 두고 있지 않아 운영상 많은 논란이 발생할 수 있다. 오히려 이 때문에 긴급이행명령제도가 제대로 활용되지 않을 우려도 없지 않다. 따라서 노조법 제85조 제5항의 규정에서 긴급이행명령의 인정요건에 대해 명확히 규정할 필요가 있다.

6) 긴급이행명령의 확보　노조법은 긴급이행명령의 위반에 대한 과태료 부과를 규정하고 있다. 다만, 과태료 부과 · 징수의 절차에 관하여는 특별히 규정하고 있지 않다. 따라서 과태료 부과절차에 관해 비송사건절차법 제248조 이하의 규정이 보충적으로 적용되며, 이

---

908) 김형배, 전게서, 807쪽.
909) 김유성, 전게서, 977쪽.

의가 있으면 관할법원에서 과태료 재판을 할 수 있다. 이러한 현행 과태료부과체계는 다음과 같은 문제점이 있다. 첫째, 노조법 및 노동위원회규칙에 과태료 재판의 개시에 관하여는 노동위원회의 관여절차가 규정되지 않아 과태료 재판이 실제로 거의 이루어지지 않을 우려가 있다[910]. 일반적으로 법원이 스스로 인지하여 과태료 재판을 개시하는 경우는 드물다. 대개 행정기관의 통지를 받아 과태료 재판이 개시하게 된다. 따라서 노동위원회규칙에 긴급이행명령의 위반에 대해 노동위원회(위원장)가 관할법원에 통지하도록 명문의 규정을 두어야 한다. 둘째, 현행법상으로는 과태료의 부과절차에서 중앙노동위원회가 단지 관할법원에 재판절차의 개시를 촉구할 수 있을 뿐이며, 직접 과태료를 부과할 수 없기 때문에 과태료 부과절차가 지연되거나 적절히 활용되지 않을 우려가 있다. 따라서 노동위원회가 1차적으로 과태료를 부과하고, 이의가 있는 경우 관할법원에서 재판하도록 관련 규정을 정비하는 것이 바람직하다.

7) **구제명령의 이행확보와 행정처분의 효과** 긴급이행명령제도는 취소소송 계속 중에 구제명령의 전부 또는 일부를 잠정적으로 이행하도록 강제하려는 제도이다. 불복절차에서 구제명령의 잠정적인 이행확보가 필요하게 되는 이유는 구제명령이 확정되지 않아 처벌의 대상이 되지 않으면 구제명령이행을 강제할 수 없기 때문이다(노조법 제89조 제2호 참조). 불복절차의 진행 중에는 긴급이행명령이 내려져야 사용자에게 비로소 구제명령의 이행이 강제된다. 구제명령이 내려지면 사용자는 이에 따라 이행하여야 할 의무가 있다(노조법 제84조 제4항). 중앙노동위원회에 재심신청이나 행정소송의 제기를 했다 하더라도 구제명령의 효력은 정지되지 않는다(노조법 제86조). 따라서 사용자는 불복절차가 진행중이라 하더라도 구제명령을 이행하여야 하는 것이 원칙이다. 구제명령의 효력은 구제명령이 내려진 시점부터 효력이 발휘된다고 보아야 노동위원회가 구제명령의 이행을 위한 행정감독을 적극적으로 할 수 있는 근거를 갖게 되며, 신속한 구제가 이루어질 수 있다. 구제명령을 받는 사용자가 일종의 행정처분으로 인해 부당하게 자신의 권리를 침해받는 것에 대하여는 구제명령의 효력을 잠정적으로 정지할 필요가 있는 예외적인 경우에 대해 행정처분의 집행정지를 신청할 수 있다(행소법 제23조 제2항 참조)[911]. 이와 같이 예외적으로 집행정

---

910) 김홍영, 전게논문, 120쪽.

911) 중앙노동위원회의 구제명령에 대하여 행정소송법에 따라 집행정지를 구할 수 있다는 것이 판례의 태도이다. 대판 1985. 5. 22. 85프1.

지의 신청이 가능하도록 하는 것은 현행 행정소송법이 집행부정지원칙(행소법 제23조 제1항)을 채택하고 있는 것에도 부합된다. 행정소송의 제기가 당해 행정처분의 효력 또는 집행에 어떠한 영향을 미칠 것인가에 대한 문제는 기본적으로 입법정책적인 문제라고 볼 수 있다[912].

관련 판례 대판 1996.8.23. 95누 11238

구제신청의 가산점과 경과의 효과

부당노동행위에 대한 행정적 구제절차에 있어서 그 심사대상은 구제신청의 대상이 된 부당노동행위를 구성하는 구체적 사실에 한정되므로 부당노동행위 등에 대한 구제신청기간은 근로자가 부당노동행위라고 주장하는 구체적 사실이 발생한 날이나 해고 등 사용자의 불이익처분이 있은 날(다만 계속하는 행위인 경우에는 그 종료일)로부터 기산되고, 해고 등 불이익처분에 대하여 근로자가 취업규칙 등의 규정에 따른 재심절차를 밟고 있다고 하더라도 그 결론을 달리할 수 없으며, 구제신청기간은 이와 같이 신속·간이한 행정적 구제절차로서의 기능을 확보하기 위한 것이므로 그 기간이 경과하면 그로써 행정적 권리구제를 신청할 권리는 소멸한다.

관련 판례 대판 1995. 4.7. 94누1579

복수의 부당노동행위와 행정처분의 개수

부당노동행위의 구제제도는 근로자가 부당노동행위라고 주장하는 구체적 사실에 대하여 부당노동행위에 해당하는지 여부를 심리하고 그것이 부당노동행위인 경우에 적절한 구제방법을 결정·명령하는 제도이므로, 부당노동행위라고 주장되는 구체적 사실이 심사의 대상이 되는 것이다. 따라서 부당노동행위라고 주장된 구체적 사실이 1개인 이상 그에 대하여 노동위원회가 발한 구제방법이 수개이고 또 각 구제방법이 독립하여 이행될 수 있는 것 이라고 하더라도 행정처분으로서의 구제명령은 1개라고 할 것이나, 부당노동행위라고 주장된 구체적 사실이 복수인 경우에는 그에 대한 행정처분으로서의 노동위원회의 구제명령 또는 기각결정은 복수라고 보는 것이 타당하다.

관련 판례 대판 1999.5.11. 98두9233

구제신청의 불특정과 노동위원회의 구제명령

---

912) 김동희, 『행정법1』, 신정판, 박영사, 2003, 630쪽.

노동위원회규칙에 의하면 사용자로부터 부당노동행위로 인하여 권리를 침해당한 근로자 또는 노동조합, 그리고 사용자로부터 정당한 이유없이 해고, 휴직, 정직, 전직, 감봉 기타 징벌을 당한 근로자가 지방노동위원회에 그 구제를 신청하기 위하여 제출하는 구제신청서에는'부당노동행위 또는 정당한 이유가 없는 해고 등을 구성하는 구체적인 사실'과 '청구할 구제의 내용'등을 기재하도록 되어 있으나, '청구할 구제의 내용'은 민사소송의 청구취지처럼 엄격하게 해석할 것은 아니고 신청의 전취지로 보아 어떠한 구제를 구하고 있는지를 알 수 있을 정도면 되는 것으로서, 노동위원회는 재량에 의하여 신청하고 있는 구체적 사실에 대응하여 적절·타당하다고 인정하는 구제를 명할 수 있는 것이므로, 구제신청서에 구제의 내용이 구체적으로 특정되어 있지 않다고 하더라도 해당법규에 정하여진 부당노동행위 또는 정당한 이유가 없는 해고, 휴직, 정직, 전직, 감봉 기타 징벌 등을 구성하는 구체적인 사실을 주장하고 있다면 그에 대한 구제도 신청하고 있는 것으로 보아야 한다.

3. 사법적 구제

(1) 민사소송

사용자의 부당노동행위는 사법상 무효라는 점에 이론이 없다. 노조법 제81조를 강행법규로 보아 부당노동행위로서 해고는 사법상 당연히 무효이고, 동시에 헌법 제33조 및 민법 제103조의 공서위반으로서 무효라는 견해가 있다. 노조법 제81조를 강행법규라고 보는 것이 가장 간명하며, 현행법상 처벌주의를 병과하고 있는 점에 비추어 보아도 이 견해가 타당하다. 사법적 구제라는 용어는 넓은 의미로 법원에 의한 행정소송도 포함한다. 노동법원이 마련되어 있지 않은 현행법제하에서 부당노동행위에 대한 사법적 구제는 일반법원에 의한 민사소송일 수밖에 없다.

(2) 행정소송

a) 중앙노동위원회의 구제명령·기각명령 또는 재심판정에 대하여 관계당사자는 15일 이내에 행정소송을 제기할 수 있다(노조법 제85조 제2항). 이 규정은 노동위원회의 구제명령에 대한 사법심사로서의 성격을 가진다. 중앙노동위원회의 구제명령·기각결정 또는 재심판정의 효력은 행정소송의 제기에 의하여 정지되지 아니하며, 지방노동위원회의 초심판

정에 대한 불복의 경우에도 마찬가지이다(노조법 제86조).

b) 노동조합설립신고서를 반려받은 단체가 행정소송을 제기할 수 있는 당사자능력이 있는지 여부에 관하여, 대법원은 「한국일보사 기자 31명이 그 대표자를 선정하고 규약에 의하여 전국출판노동조합 한국일보사지부의 명칭으로 조직된 인적 집합체는 사회적 활동을 하고 있는 사회적 실체라 할 것이므로 원고가 노동조합으로 설립되지 못했다고 하여 곧 당사자적격이 없다고 할 수는 없다」라고 판시하였다[913]. 또한 대법원은 「부당노동행위에 대하여는 비록 구제신청 또는 재심을 신청하지 아니한 관계당사자라 할지라도 다른 관계당사자가 그와 같은 절차를 이행한 바 있다면 각각 재심을 신청하거나 행정소송을 제시할 수 있다」라고 판시하였다[914].

c) 행정소송의 절차에 있어서 법원이 중앙노동위원회의 사실인정을 존중해 주는 것[915]은 별론으로 하더라도, 중앙노동위원회의 사실인정상 위법(예컨대, 채증법칙위반 등)이나 자유재량권의 일탈·남용에 대하여 법원이 사법심사하는 것은 당연하다. 또한 판결의 기준시에 관하여 처분시설과 판결시설이 있으나, 중노위의 행정처분에 대한 행정소송의 성격을 사법적인 사후심사로 보는 한 처분시설이 타당하다[916].

관련 판례 대판 1993. 12. 21, 93다11463
부당해고의 위법성과 불법행위의 구성

사용자가 강행규정인 노동조합법 제39조 소정의 불이익취급금지규정을 위반하여 근로자를 부당하게 해고하거나 불이익처분을 함으로써 당해 해고 등이 무효인 경우에 사용자가 그러한 불이익처분을 함에 있어서 내세우는 사유가 표면상의 사유에 불과하고 실질적으로는 근로자가 정당한 노동조합활동을 한 것을 이유로 근로자를 사업장에서 배제하려는 의도 하에 일부러 어떤 표면상의 해고사유 등을 내세워 징계라는 수단을 동원하여 해고 등의 불이익처분이 이루어진 경우처럼 그러한 징계권의 남용이 우리의 건전한 사회통념이나 사회상규상 도저히 용인될 수 없음이 분명한 경우에 있어서는 그 해고 등 불이익처분의 효력이 부정되는 데 그치는 것이 아니라 위법하게 상대방에게 정신적 고통을 가하는 것이 되어 근로자에 대한 관계에서 불법행위를 구성할 수 있다.

913) 대판 1979. 12.11. 76주189.
914) 대판 1984. 3. 13. 83주487.
915) 운성천, 전게논문, 253쪽.
916) 윤성천, 전게논문, 255쪽.

제 4 편

노사협의회와 노동위원회

제1장 노사협의회

제1절 서 설

1. 의 의

a) 현행 근로참여및협력증진에 관한법률(이하 "근참법"이라 한다)은 1980년에 제정된 노사협의회법을 수정 · 보완한 것이다. 다만, 노사협의회법의 제정 이전에도 1963년 노동조합법에서 노사협의회의 설치근거를 마련한 바가 있었고, 1973년과 1974년 개정 노동조합법에서 그 설치규정, 목적, 구성 및 단체교섭과의 관계 등을 정하였다. 그러나 노사협의회에 관한 포괄적인 규정을 둔 것은 1980년 노사협의회법의 제정에서 비롯된다.

b) 이 법은 수차례의 일부개정을 거쳐 오다, 1996년 노사협의회의 기능을 강화하고 참여와 협력적 노사관계의 기반을 구축함으로써 기업의 경쟁력 강화와 근로자의 삶의 질 향상을 도모하기 위해 전면적으로 개정되었다[917]. 그러나 이 개정 법률은 국회 의결절차에서 날치기 통과를 한 이유로 유 · 무효의 논란이 되어 폐지됨에 따라 1997년 새로운 근로자참여및협력증진에관한 법률 (1997.3.13 법률 제5312호)이 제정되었다.

c) 현행 근참법은 노사협의회의 구성과 운영 및 그 의무를 정한 법을 말한다. 노사협의회는 근로자와 사용자가 참여와 협력을 통하여 근로자의 복지증진과 기업의 건전한 발전을 도모함을 목적으로 구성하는 협의기구의 성격을 지닌다.

917) 이병태, 전게서, 494쪽.

2. 선진국의 노사협의회

(1) 서 설

노사협의회는 널리 기업경영에 대한 근로자의 참가를 말한다. 노사협의회는 나라마다 또는 시대에 따라 상당한 차이를 보이므로 통일적으로 설명하기 곤란하다. 그러나 일반적으로 근로자의 경영참가방식에는 단체교섭, 노사협의회, 근로자 임원제(공동결정) 및 작업장참가제 등이 있으며 이 가운데 단체교섭을 제외한 모든 근로자의 기업참가제를 통틀어 노사협의회라고 말한다[918].

(2) 경영참가적 노사협의회

연혁적으로 노사협의회는 서구의 경우 기업경영에서 단체교섭사항 이외의 사항에 대한 근로자의 의견제시의 형태로 하는 이른바, 경영참가적 노사협의회로부터 성립 · 발전하였다. 노사협의회의 효시는 1920년대 독일 노사협의회로서 사업별 단체교섭에서 개별기업의 특수성을 기업 내에서 처리하기 위하여 성립되었다. 독일의 경우에는 단체교섭사항 이외의 사항에 대해 사업장 내에서 근로자의 협조를 구하기 위해 보고나 설명 등의 의견교환단계로 시작되어 자문 - 협의 -합의의 단계를 거쳐 공동결정의 단계로까지 발전하였다. 또한 협의의 안건 역시 초기에는 고용 · 인사를 비롯한 노무관리가 중심이 되었으나, 그 뒤 ㉠ 임원의 선임, ㉡ 기업의 투자와 자금계획, ㉢ 생산기술개발, ㉣ 공장이전, ㉤ 기업합병, ㉥ 영업양도, ㉦ 회사의 계속 · 정리 등으로 확대 발전하였다[919].

(3) 노무관리적 노사협의회

노무관리적 노사협의회는 국가에 따라 다소 차이는 있다. 일반적으로는 국가의 긴급한 비상사태에서 단체교섭과 단체행동을 억제하고, 사업장마다 발생하는 노사분규 특히 불법쟁의 행위를 예방 내지 무마하기 위하여 노사대화의 창구로 노사협의회가 활용되었다. 제

---

918) 이병태, 전게서, 492쪽.
919) 이병태, 전게서, 492쪽.

1차 세계대전중의 미국의 종업원대표제, 제2차 세계대전 중 영국의 공장위원회나 합동생산위원회 또는 제2차 세계대전 직후 일본의 경영협의회가 이에 속한다. 국가나 기업의 위기에서 일시적으로 기존 노동조합의 단체교섭과 단체행동을 실질적으로 제한하고 종업원에게 생산성의 향상을 위한 일방적 협조만을 요구하는 과정에서 노무관리적 노사협의회가 이용되었다. 또한 개발도상국에서는 경제발전을 위해 단체교섭과 단체행동을 제약한 가운데 단체교섭의 대행기구로 노사협의회가 활용되었다.

제2절 노사협의회의 설치와 구성

1. 서 설

노사협의회는 근로조건의 결정권이 있는 사업 또는 사업장 단위로 30인 이상의 근로자를 사용하는 경우 의무적으로 설치하여야 한다(근참법 제4조 제1항). 다만, 하나의 사업에 지역을 달리하는 사업장이 있는 경우에는 그 사업장에 대하여도 설치할 수 있다(근참법 제4조 제2항). 하나의 사업에 전체 근로자수가 30인 이상일 경우에는 당해 근로자가 지역별로 분산되어 있더라도 그 주된 사무소에 노사협의회를 설치하여야 한다(근참법 시행령 제2조).

2. 설치단위

a) 노사협의회는 근로조건의 결정권이 있는 사업 또는 사업장 단위로 설치하여야 한다(근참법 제4조 제1항). "근로조건의 결정권이 있는 사업 또는 사업장"이란 하나의 사업주에 의해 고유한 경영조직과 방침에 의해 운영되는 개별기업을 말한다. 여기에서 "근로조건의 결정권"이라 함은 당해 사업 또는 사업장의 고유한 경영조직과 방침에 의하여 관계규정 또는 제도상으로 정당하게 부여되고 공신력을 인정할 수 있는 노조법 제10조에 의한

노동조합과 구별된다. 노사협의회의 기능은 협의사항(근참법 제20조)과 의결사항(근참법 제21조), 보고사항(근참법 제22조)에 비추어 경영관리적 내지 경영참가적인 성격을 가진다.

b) 사용자가 정당한 이유 없이 협의회의 설치를 거부 방해하는 때에는 벌칙이 적용된다(근참법 제30조 제1항). 하나의 사업에 지역을 달리하는 사업장이 있는 경우에는 그 사업장에 대하여 별도로 설치할 수 있다(근참법 제4조 제2항). 노사협의회는 고충처리위원회로 대신할 수 없으며, 노사협의회를 의무적으로 설치할 사유가 발생되면 그 대표자가 설치신고서를 관할 고용노동부 지방사무소에 제출하고, 임의적으로 노사협의회를 설치하고자 할 때에는 노사간의 합의로 설치하면 된다[920].

c) 구법에서는 노사협의회 설치대상 사업장이 아니더라도 노동조합이 조직되어 있으면 반드시 노사협의회를 설치하여야 한다고 규정하였다(노협법 제4조 제1항). 그러나 현행법 제4조에서는 업종 및 노동조합의 설립여부와 관계없이 근로조건의 결정권이 있는 모든 사업 또는 사업장 단위로 일률적으로 노사협의회를 설치하도록 하였고 경영내의 실질적인 근로자 대표기구로서의 노사협의회의 성격을 명백히 하고 있다.

행정 해석 노조1454-4034, 1982.2.11.

근로조건의 결정권과 그룹노사협의회

그룹산하계열회사의 경우 기업이 독립된 경영주체로서 정당한 근로조건의 결정권한이 부여되고 있는 이상 노사협의회는 반드시 계열기업체별로 설치하여야 한다. 다만 기업군의 계열기업(법인)이 근로조건의 결정권을 행사함에 있어 모기업의 기본방침이나 지시에 따르거나 승인을 받는 경우, 노사간의 합의에 의해 자율적으로 그룹 노사협의회를 구성할 수 있다고 보며 또한 그룹의 기업단위조직 대표자들이 편의상 연락협의회를 구성, 운영하는 것도 가능하다.

행정 해석 노사32271-17493, 1985.9.23

흡수 합병된 건설회사 산하의 도소매업과 노사협의회

X건설(주)은 상시 근로자 150명을 고용하여 종합건설업으로 노사협의회를 설치, 운영

920) 1986.2.8, 노사32271-2449.

하던 중 85년 3월 경영부실로 (주)Y의 일개부서로서 별도의 근로조건 결정권을 인정할 수 없는 경우에는 (주)Y의 주된 사업은 근로자수를 기준으로 볼 때 도·소매업이므로, 노사협의회법 시행령 제2조 제1항의 규정에 따라 노사협의회를 반드시 설치할 필요는 없다. 그러나 건설업부서가 별도의 사업장에 소재하고, 근로조건의 결정권이 있다고 인정되는 때에는 노사협의회를 설치하여야 한다.

3. 30인 이상의 근로자를 사용하는 사업장

노사협의회(이하 "협의회"라 한다)는 근로조건에 대한 결정권이 있는 사업이나 사업장 단위로 설치하여야 한다. 다만, 상시(常時) 30명 미만의 근로자를 사용하는 사업이나 사업장은 그러하지 아니하다(근참법 제4조 제1항). 여기서 "상시"란 근로자수가 변동이 있더라도 일정한 기간동안 상태적으로 보아 산술적으로 일정 인원수가 되는 것을 말한다. 구체적으로 일정한 사업기간 내의 근로자 연인원수를 가동일수로 나눈 경우 상시 근로자수를 계산한다[921]. 일시적으로 30인 미만이 되더라도 상태적으로 30인 이상의 경우 이에 해당한다. 동일한 근로자를 계속 사용하지 않고, 일용근로자를 사용하는 경우가 있더라도 이러한 근로자를 포함하여 상태적으로 30인 이상이 되는 경우에도 이에 해당된다[922].

제3절 노사협의회의 운영과 임무

1. 노사협의회규정

(1) 노사협의회규정의 작성·제출

협의회는 그 조직과 운영에 관한 규정을 제정하고, 이를 협의회의 설치로부터 15일 이내에 고용노동부장관에게 제출하여야 한다(근참법 제18조). 노사협의회운영규정을 제정하

921) 1965.8.30, 노정근 1455-3398.
922) 대판 1987.4.14, 87도153.

거나 변경할 때에는 협의회의 의결을 거쳐야 한다(근참법 시행령 제5조 제2항). 이 규정은 협의회의 조직 및 운영 등에 관하여 노사협의회법에 규정되어 있지 않는 사항들은 자율적으로 정할 수 있도록 하여 공정성과 민주성을 확보하기 위한 것으로 본다[923].

(2) 노사협의회규정의 기재사항

노사협의회규정에는 ㉠ 협의회의 위원의 수, ㉡ 근로자위원의 선출 절차와 후보 등록에 관한 사항, ㉢ 사용자위원의 자격에 관한 사항, ㉣ 법 제9조제3항에 따라 협의회 위원이 근로한 것으로 보는 시간에 관한 사항, ㉤ 협의회의 회의 소집, 회기(會期), 그 밖에 협의회의 운영에 관한 사항, ㉥ 법 제25조에 따른 임의 중재의 방법 · 절차 등에 관한 사항, ㉦ 고충처리위원의 수 및 고충처리에 관한 사항이 포함되어야 한다 (근참법 시행령 제5조 제1항).

2. 회의의 개최

노사협의회는 3개월마다 정기적으로 회의를 개최하여야 하며 필요에 따라 수시로 임시회의를 개최할 수 있다(근참법 제12조). 노사협의회는 의장이 이를 소집하고 회의를 주재한다(근참법 제13조 제1항). 노사 일방의 대표자가 회의의 목적사항을 문서로 명시하여 회의의 소집을 요구한 때에는 의장은 이에 응하여야 한다(근참법 제13조 제2항). 의장은 회의개최 7일 전에 회의 실시, 장소, 의제 등을 각 위원에게 통보하여야 한다(동조 제3항).

3. 의사

(1) 정족수와 공개원칙

1) 출석 · 의결의 정족수 노사협의회의 회의는 근로자위원과 사용자위원의 각 과반수 이상의 출석으로 개최하고, 출석위원 3분의 2 이상의 찬성으로 의결한다(근참법 제15조). 협의회 출석정족수를 전체위원의 과반수가 아닌 노사의 쌍방이 각각 2분의 1 이상으로,

---

923) 이병태, 전게서, 504쪽.

의결정족수를 3분의 2 이상의 정한 것은 양 당사자간의 대등한 관계를 확보하여 노사 어느 한 편에 의해 전횡적으로 협의회가 운영되는 것을 저지하려는 것이다[924].

2) **공개의 원칙** 협의회의 회의는 공개한다(근참법 제16조). 이 규정은 회의의 운영에 관한 의혹을 제거하고, 노사 당사자의 의견과 주장을 널리 알림으로써 노사협조의 기반을 조성하려는 데 그 취지가 있다. 다만, 특별한 사정이 있는 경우에는 협의회의 의결을 거쳐서 비공개로 할 수 있다. 또한 회사의 기밀에 해당하는 경영 방침이나 영업비밀이 누설될 우려가 있으므로 위원의 비밀유지 의무를 정하고 있다(근참법 제17조).

(2) 의사록의 작성 · 비치의무

노사협의회는 ㉠회의의 개최일시 및 장소, ㉡ 출석위원, ㉢ 협의내용 및 의결된 사항, ㉣ 그 밖의 토의사항 등을 기록한 회의록을 작성 · 비치하여야 한다(근참법 제19조 제1항). 회의록은 출석위원 전원이 서명하거나 날인하여야 하고, 작성일로부터 3년간 보존하여야 한다(근참법 제19조 제2항 시행령 제6조). 이와 같이 작성 · 비치 의무를 법으로 규정한 것은 노사 쌍방이 합의한 사항을 충실히 이행하도록 하기 위한 것이다.

(3) 비밀유지의무

노사협의회의 위원은 협의회에서 알게 된 비밀을 누설하여서는 아니 된다(근참법 제17조). 여기서 비밀이란 일반적으로 알려지지 않는 사실로서 이를 타인에게 알리지 않음으로써 일정한 이익이 있는 사항을 말한다.

(4) 의결사항의 공시

협의회는 의결된 사항을 신속히 근로자에게 공지시켜야 한다(근참법 제23조). 공지의 방법은 의결된 사항을 사내방송 · 사보게재 · 게시 기타 적절한 방법으로 전체 근로자에게 신속하게 알려야 한다(근참법 시행규칙 제6조).

---

924) 이병태, 전게서, 500쪽.

4. 임무

(1) 협의사항

1) **협의사항과 단체교섭사항** 노사협의회는 노사간 상호 협조할 수 있는 사항을 협의하는 기구이므로 주로 생산·노무·인사관리 및 복지에 관한 사항을 정하고 노사간 이해가 대립되는 단체교섭사항은 배제하고 있다. 따라서 단체협약에서 정하여진 임금 기타 근로조건의 내용을 노사협의에서 임의로 변경 할 수 없다. 노사협의회가 단체협약에서 정하여진 근로조건을 근로자에게 불리하게 변경하는 것은 금지되나, 유리한 근로조건으로 변경하는 것은 허용된다[925]. 따라서 단체협약에서 정한 근로조건보다 유리한 근로조건을 노사협의회에서 정하는 것은 무방하다. 그러나 유리한 조건이 일부 근로자(특히, 조합임원)에 미치고, 노동운동의 자주성과 민주성을 저해하는 경우에는 부당노동행위에 해당되어 무효이다.

2) **협의사항의 구체적 내용** 근참법에서 정하고 있는 협의하여야 할 사항은 ㉠ 생산성 향상과 성과 배분, ㉡ 근로자의 채용·배치 및 교육훈련, ㉢ 근로자의 고충처리, ㉣ 안전, 보건, 그 밖의 작업환경 개선과 근로자의 건강증진, ㉤ 인사·노무관리의 제도 개선, ㉥ 경영상 또는 기술상의 사정으로 인한 인력의 배치전환·재훈련·해고 등 고용조정의 일반원칙, ㉦ 작업과 휴게 시간의 운용, ㉧ 임금의 지불방법·체계·구조 등의 제도 개선, ㉨ 신기계·기술의 도입 또는 작업 공정의 개선, ㉩ 작업 수칙의 제정 또는 개정, ㉪ 종업원지주제(從業員持株制)와 그 밖에 근로자의 재산형성에 관한 지원, ㉫ 직무 발명 등과 관련하여 해당 근로자에 대한 보상에 관한 사항, ㉬ 근로자의 복지증진, ㉭ 사업장 내 근로자 감시 설비의 설치, ㉮ 여성근로자의 모성보호 및 일과 가정생활의 양립을 지원하기 위한

---

925) 노사협의회에서 근로조건의 개선결정 ; 노사협의는 노사간에 상호 협조할 수 있는 사항을 대상으로 하는 것이므로 노사간에 이해가 대립되는 임금 기타 근로조건의 내용, 즉 단체교섭을 그 협의대상으로 삼을 수는 없고, 단체협약에서 정하여진 임금 기타 근로조건의 내용을 노사협의로써 임의로 변경하는 것은 허용되어질 수 없다. 그러나 노사협의회가 단체협약사항을 협의대상으로 할 수 없다는 것의 의미는 단체협약에서 정하여진 근로조건의 내용을 노사협의로써 불이익하게 변경하는 것이 금지된다는 의미이고, 그와 달리 단체협약에서 정한 근로조건을 보다 유리하게 변경하거나 또는 단체협약이 정한 사항의 시행에 관한 구체적인 기준을 정하는 등의 노사협의까지 금지되는 것은 아니다(서울민지판 1994. 9. 16, 944가합40258).

사항, ㉯ 그 밖의 노사협조에 관한 사항이다(근참법 제20조). 또한 노동조합이 있는 사업장에서 임금이나 그 밖의 근로조건 등 노사의 이해가 대립되는 단체교섭사항은 원칙적으로 협의사항이 아니지만, 노동조합이 없는 사업 또는 사업장에서는 사업장내 근로자의 동의를 전제로 노사협의를 통해 임금이나 그 밖의 근로조건을 결정하는 것은 무방하다.

3) 협의사항의 의결 협의사항에 관하여는 근로자위원과 사용자위원이 단순한 의견교환에 그치지 않고 의결할 수 있다. 협의사항에 대한 의결은 근로자위원과 사용자위원 각 과반수의 출석과 출석위원 3분의 2 이상의 찬성을 필요로 한다(근참법 제15조 및 제20조 제2항). 근참법 제20조 제1항에 규정된 협의사항이라 할지라도 협의회에서 의결된 이상 근로자에게 신속하게 공지시켜야 하고, 성실히 이행되어야 한다(근참법 제23조 및 제24조).

(2) 의결사항

1) 의결사항의 내용 노사협의회의 의결사항은 ㉠ 근로자의 교육훈련 및 능력개발기본계획의 수립, ㉡ 복지시설의 설치와 관리, ㉢ 사내근로복지기금의 설치, ㉣ 고충처리위원회에서 의결되지 아니한 사항, ㉤ 각종 노사공동위원회의 설치 등이다. 이러한 의결사항은 노사협의회의 의결을 거쳐 결정하도록 하고 있다(근참법 제21조). 그러나 이러한 사항의 의결을 거치지 않고 근로자위원의 의사와 달리 시행하는 경우 아무런 벌칙규정이 없다. 따라서 이 규정의 실효성을 크게 기대할 수 없다.

2) 의결사항의 중재 노사협의회는 근로자위원 및 사용자위원의 합의에 의하여 중재기구를 두거나 노동위원회 기타 제3자에 의한 중재를 받을 수 있다(근참법 제25조 제1항). 근참법 제21조에서 정한 의결사항에 관해 노사간 합의가 이루어지지 못하거나 의결된 사항에 대한 해석 또는 이행방법에 의견이 일치되지 않는 경우 제3자의 중재를 통해 문제를 해결하려는 데 그 취지가 있다.

3) 임의중재 협의회는 근참법 제21조에 규정된 의결사항에 대하여 협의회가 의결하지 못한 경우, 의결된 사항의 해석 및 이행방법 등에 관하여 의견의 불일치가 있는 경우에 대하여 중재를 받을 수 있다(근참법 제25조 제1항).

4) 중재신청 주체와 절차 및 요건 노동위원회에 임의중재를 신청할 수 있는 주체는 노사협의회이다. 노사협의회가 임의중재를 신청할 때에는 근로자위원 및 사용자위원의 합

의가 있어야 한다. 여기에서 합의의 의미를 살펴보면, 근참법 시행령 제5조 제1항은 노사협의회규정에 임의중재의 방법·절차 등에 관한 사항을 포함하도록 하고, 제2항은 노사협의회규정에 노동위원회에 임의중재를 신청할 때 별도로 근로자위원과 사용자위원의 합의절차에 대하여 규정하고 있다면 그에 따라야 한다. 그러나 노사협의회규정에 단순히 노동위원회에 의한 임의중재를 규정하고 있는 경우에는 임의중재를 신청할 때 별도로 근로자위원과 사용자위원의 합의는 필요하지 않고 규정에서 정한 바에 따라 신청하면 된다.

5) 중재의 효력과 불복 중재기관의 결정은 노사협의회의 의결과 동일한 효력을 갖는다(근참법 제25조 제2항). 노동위원회의 임의중재결정은 당사자에게 이행의무를 부과하고 있으므로 처분성이 인정되어 재심신청 또는 행정소송제기가 가능하다.

6) 의결사항의 문서작성과 공지 협의회에서 의결된 사항은 의결내용, 이행방법 및 시기 등을 회의록을 작성하여 보관하여야 한다(근참법 시행 규칙 제4조). 협의회는 의결된 사항을 신속히 근로자에게 공지시켜야 한다(근참법 제23조).

7) 의결사항의 이행 의결사항이 제대로 이행되지 않는다면 노사협의는 무의미하게 된다. 따라서 근로자와 사용자는 협의회에서 의결된 사항을 성실히 이행하도록 의무를 부과하고 있다(근참법 제24조). 협의회의 쌍방 대표가 정당한 사유 없이 의결사항을 이행하지 않은 때에는 1,000만원 이하의 벌금에 처한다(근참법 제30조 제2호).

(3) 보고사항

1) 사용자의 보고·설명의무 사용사는 정기회의에서 ㉠ 경영계획 진반 및 실적에 관한 사항, ㉡ 분기별 생산계획 및 실적에 관한 사항, ㉢ 인력계획에 관한 사항, ㉣ 기업의 경제적·재정적 상황을 성실히 보고·설명하여야 한다(근참법 제22조). ㉠의 경영계획 전반 및 실적에 관한 사항에 관한 사항으로는 1) 단기 및 중장기 경영계획, 2) 경영실적과 전망, 3) 기구개편, 4) 사업확장, 합병, 공장이전 및 휴·폐업 등 경영상 중요한 결정사항을 들 수 있고, ㉡의 분기별 생산계획 및 실적에 관한 사항으로1) 분기별 생산계획 및 실적, 2) 사업부서별 목표 및 실적, 3) 신제품개발 및 기술·기법의 도입 등을 들었으며 ㉢의 인력계획에 관한 사항에 관한 사항으로는 1) 인사방침, 2) 증원 또는 감원 등 인력 수급계획, 3) 모집 및 훈련을 들었고, ㉣ 기업의 경제적 재정적 상황에 관해서는 1) 재무구

조에 관한 일반 현황, 2) 자산현황과 운용 상황, 3) 부채 현황과 상환 상황, 4) 경영수지 현황 등을 들수 있으며, 기타사항으로 1) 협의회에서 보고하도록 의결된 사항, 2) 근로자가 정당하게 보고를 요구한 사항 등을 들 수 있다(근참법 시행규칙 제5조). 사용자가 이러한 사항들을 정기적으로 보고 설명함으로써 노사간의 불신감을 해소하고 상호 협조풍토를 조성할 수 있다. 이 규정은 근로자가 회사의 경영에 참가할 수 있는 기반을 조성하려는 데 그 의의가 있으며 경영참가의 첫걸음이라 볼 수 있다.

2) **근로자위원의 보고 · 설명사항** 근로자위원은 근로자의 요구사항을 협의에서 보고 · 설명할 수 있다(근참법 제22조 제2항). 이를 위하여 근로자위원은 근로자들의 의견을 수시로 청취 · 수집하여 요구사항을 사용자측에 전달함으로써 노사간의 협조관계를 유지하도록 하여야 한다. 사용자가 이러한 보고 · 설명을 이행하지 아니하는 경우에는 근로자위원은 관련자료의 제출을 요구할 수 있으며, 사용자는 이에 성실히 응하여야 한다(근참법 제22조 제3항). 사용자가 정당한 사유없이 자료 제출의무를 이행하지 아니한 때에는 500만원 이하의 벌금에 처한다(근참법 제31조).

관련 판례 대판 1994.1.11.93다37540

수당지급기준변경과 관련한 노사협의회의 이의제기와 기준변경의 묵시적 동의

노사대표가 격일제 근무자들에 대해 연장 · 휴일근무수당을 지급하지 않는 대신 실근무시간에 의한 1일 7시간의 야근근무수당을 지급한다는 기존 제수당지급기준변경과 관련 단체교섭을 한 결과 야간근무시간을 1시간 추가해 1일 8시간으로 산정한 야간근무수당을 지급키로 합의했더라도 이후 노사협의회에서 노조측 위원들이 격일제 근무의 문제점을 제기하고 회사측의 방침대로 3교대 근무를 시행할 때까지라도 연장근무수당을 지급하고 야간근무수당에 대한 할증률을 상향조정해 줄 것을 요청했다면 노사대표의 단체교섭에 의한 합의내용만으로 묵시적으로 동의했다거나 이 같은 제수당지급기준이 무효임을 알고 이를 추인했다고 볼 수 없다.

관련 판례 대판 1994.6.24.92다28556

노사협의회에서 근로조건의 결정

노사협의회는 근로자와 사용자 쌍방이 이해와 협조를 통하여 노사공동의 이익을 증진함으로써 산업평화를 도모할 것을 목적으로 하는 제도로서 노동조합과는 그 제도와 취지가 다르므로 비록 피고회사가 근로조건에 관한 사항을 그 협의사항으로 규정하고 있다 하더라도 근로자들이 노사협의회를 구성하는 근로자위원들을 선출함에 있어 그들에게 근로조건을 불이익하게 변경함에 있어서 근로자들을 대신하여 동의를 할 권한까지 포괄적으로 위임한 것이라고 볼 수 없으며 근로자 위원들의 동의를 얻는 것을 근로자들 과반수의 동의를 얻은 것과 동일시 할 수 없다고 본다.

관련 판례 서울고판 2000.3.29.99누5216

노사협의회에 의한 인원감축의 규모와 원칙적인 기준

건설업의 전반적인 불황으로 인하여 적자규모가 누적되고 수주의 감소·채권회수의 어려움 등으로 극도의 자금난을 겪다가 결국 부도처리 되어 회사정리절차가 진행되게 된 상태에 이르게 되어 인력감축 등의 구조조정이 불가피할 정도의 긴박한 경영상의 필요가 있었다고 인정되고, 소외 회사는 경영악화상황을 타개하기 위하여, 인력감축에 앞서 각종 비용절감, 장비매각, 급여 감축 등의 조치를 다하였고, 연월차 휴가의 사용을 권장하고 예정된 신규사원의 채용을 중단하였던 점 등에 비추어 보면, 원고들을 해고하기에 앞서 해고회피를 위한 상당한 노력을 하였다고 봄이 상당하며, 또한 소외 회사가 근로자 대표와 노사협의회를 개최하여 유휴인력을 위주로 하여 인원을 감축할 것을 결정하고, 위와 같은 6가지의 기준에 따라 해고 대상자를 선정한 것은 , 회사의 경영상태와 근무성적 및 업무능력 등을 종합적으로 고려한 것으로서 해고대상자 선정기준에 있어서도 공정하고 합리적인 것으로 판단되며, 원고들을 해고하기 이전에 노사협의회를 개최하여 인원감축의 규모와 원칙적인 기준을 합의하여 결정하였고, 노사협의회에 참석한 근로자 대표들도 회사의 경영상태 악화를 인식하여 전원이 인원감축방안에 찬성한 점에 비추어 보면, 가사 소외 회사가 원고들과의 개별적인 사전 협의를 거치지 아니하였고 원고들이 사전에 그러한 노사협의회 개최사실을 알지 못하였다고 하더라도, 근로자측과의 성실한 사전협의를 거쳤다는 요건은 충족된 것으로 봄이 상당하다 할 것이다.

관련 판례 대판 2003.6.13. 2003다1212

노사협의회 보고서상 교통보조비와 평균임금에의 포함

노동조합이 조합원들에게 노사협의회에서 교통보조비를 평균임금에 포함시키기로 결의하였음을 보고하면서 그 보고서에 '평균임금 대상제외- 가족수당, 자녀학비보조수당'이라고 기재한 사실은 인정되나, 이는 당시 노사협의회에서 교통보조비를 평균임금의 산정의 기초가 되는 임금의 범위에 포함하기로 하면서 당시까지 피고가 퇴직금을 계산함에 있어 가족수당을 평균임금에 포함해오지 않은 관행을 확인한 것에 불과한 것이지 이를 묵시적으로 가족 수당을 평균임금 산정에 기초가 되는 임금의 범위에서 제외하기로 합의하였다고 보기는 어렵다.

제4절 고충처리

1. 고충처리의 의의와 문제점

(1) 고충처리의 의의

고충처리라 함은 근로자의 직장생활과 관련하여 발생하는 불만 등을 처리하여 주는 것을 말한다. 고충처리는 근로자 개인의 불만이라는 데서 집단성을 가지는 노동쟁의와 구별된다. 여기서 고충이라 함은 근로자의 근무환경이나 근로조건에 관한 개별적인 불만 또는 애로를 말한다. 기업내 근로자 개인의 고충에 대하여는 원래 노사간의 개별적인 협의를 거쳐 해결하는 것이 일반적이다. 다만, 근참법은 고충처리를 활성화하기 위해 사업 또는 사업장에 고충처리위원을 두고 그 처리절차에 관한 규정을 마련하고 있다. 이러한 고충처리는 근로자들의 애로사항이나 불만사항을 신속하고 공정하게 해결함으로써 그 불만이 쌓여 노동쟁의의 요인이 되는 것을 사전에 예방하려는 데 그 취지가 있다.

(2) 고충처리의 문제점과 활성화

노사간 합의에 의한 고충처리는 노사간의 협력관계를 증진시키려는 데 그 중요성이 있다. 그러나 실제 사업장에서 근로자의 고충처리는 제대로 해결되지 못하고 있다. 이는 고충처리의 절차나 기능을 알지 못하는 이유도 있지만, 법구조에도 문제가 있기 때문이다. 기업별 노동조합의 경우 노사관계가 원만하지 못할 때에는 노동조합에서 선임 또는 위촉한 노사협의회위원을 통한 고충처리는 거의 기대하기 어렵다. 또 노동조합이 없는 사업장에서 사용자가 위촉한 고충처리위원에 의해서는 전문적이고 공정한 처리를 기대하기 어렵다. 이러한 점에서 전문적인 지식을 가진 자를 자격요건으로 하여 고충처리위원에 위촉케 하고, 사업장 근로자에게 이를 활용할 수 있는 여러 가지 장치를 마련하는 것이 바람직하다[926].

---

926) 이병태, 전게서, 502쪽.

2. 고충처리위원

(1) 고충처리위원의 구성

상시 30인 이상의 근로자를 사용하는 모든 사업 또는 사업장에는 근로자의 고충을 듣고 이를 처리하기 위하여 고충처리위원을 두어야 한다(근참법 제26조 본문). 다만, 상시 30인 미만의 근로자를 사용하는 사업 또는 사업장에서는 고충처리위원을 두지 않을 수 있다(근참법 제26조 제1항 단서, 동법 시행령 제7조). 고충처리위원을 두어야 할 사업 또는 사업장에서 고충처리위원을 두지 않은 사용자는 200만원 이하의 벌금이 과해진다(근참법 제32조).

(2) 고충처리위원의 수와 선임 및 지위

고충처리위원은 노사를 대표하는 3인 이내의 위원으로 구성한다. 노사협의회가 설치되어 있는 사업 또는 사업장의 경우에는 협의회가 그 위원 중에서 선임하고, 노사협의회가 설치되어 있지 않은 사업 또는 사업장의 경우에는 사용자가 위촉한다(근참법 제27조 제1항). 다만, 후자의 경우에 고충처리위원을 사용자가 위촉하도록 한 것은 고충처리의 객관성과 실효성을 결할 수 있는 것으로 보여진다. 고충처리위원의 임기, 신분 및 처우는 노사협의회위원의 경우와 같다(근참법 제27조 제2항). 고충처리위원은 비상임, 무보수로 한다(근참법 시행령 제8조 제1항). 사용자는 고충처리위원으로서의 직무수행과 관련하여 고충처리위원에게 불이익한 처분을 하여서는 아니 된다(근참법시행령 제8조 제2항). 고충처리위원의 협의 및 고충처리에 소요되는 시간에 대하여는 이를 근로한 것으로 본다(근참법 시행령 제8조 제3항).

3. 고충처리의 절차

(1) 고충처리의 신고 · 처리 · 통보

근로자가 고충사항이 있을 때에는 고충처리위원에게 구두 또는 서면으로 신고할 수 있다. 이 경우 신고를 접수한 고충처리위원은 이를 지체없이 처리하여야 한다(근참법 시행령 제7조). 고충처리위원은 근로자로부터 고충사항을 청취한 때에는 10일 이내에 조치사항 기타 처리결과를 당해 근로자에게 통보하여야 한다(근참법 제28조 제1항). 고충처리위원이 처리하기 곤란한 사항에 대하여는 협의회에 부의하여 협의하여 처리한다(근참법 제28조 제2항).

(2) 고충사항 접수 및 처리대장의 작성 · 비치

고충처리위원은 고충사항의 접수 및 그 처리에 관한 대장을 작성 · 비치하고 이를 1년간 보존하여야 한다(근참법 시행령 제9조). 대장은 별도로 정한 서식에 따라 고충사항접수 및 처리대장으로 작성 비치하여야 한다(근참법 시행규칙 제7조).

제2장 노동위원회

제1절 서　설

1. 서 설

(1) 노동위원회법의 의의

a) 노동위원회는 근로자와 사용자 및 공익을 대표하는 3자로 구성되어 노동관계의 중요한 사항을 판정하거나 조정하는 행정위원회이다. 노동위원회는 조직과 구성 · 운영 및 권한에 대하여 독립된 법률로 정하고 있다. 원래 노동관계의 분쟁에서 노동관계법의 해석과 적용 및 집행은 국가기관인 행정기관이나 사법기관이 담당하여야 할 업무이다. 그러나 노사간 분쟁은 유동적이고 계속적이며 집단적인 성격을 띠므로, 노사간 분쟁해결을 일반 행정기관이나 사법기관에 맡길 경우 그 국가기관이 가진 관료주의성 · 경직성 · 비전문성 등으로 인해 공정하고 신속하며 합리적인 해결을 기대하기 어렵다.

b) 따라서 노동관계의 분쟁을 신속하고 공정하게 해결케 함으로써 노동행정의 민주화를 기하고, 노동관계의 안정과 발전을 도모하기 위하여 독립된 행정기구로서 노동위원회를 설치하게 되었다.[927] 노동위원회법은 노동관계에 있어서 판정 및 조정업무의 신속 · 공정한 수행을 위하여 노동위원회를 설치하고 그 운영에 관한 사항을 규정함으로써 노동관계의 안정과 발전에 이바지함을 목적으로 한다(노위법 제1조).

927) 이병태, 『노동법』, 중앙경제사, 2008, 460쪽.

(2) 입법경위

노동위원회는 1953년에 노동위원회법이 제정 · 시행되었으나, 1963년에 그 법을 폐지하고 새로이 노동위원회법(1963. 3. 8, 법률 제281호)이 제정되었고, 그 후 여러 차례의 개정을 거쳐 시행되어오다가 1996년 12월에는 전면개정이 되었다. 그러나 이 노동위원회법의 개정절차에 대한 유 · 무효의 논란이 거듭하게 되어오다. 1997년 3월 13일 새로운 노동위원회법(1997. 3. 13, 법률 제5311호)의 제정형식으로 다시 제정되었다.

(3) 노동위원회법의 구성체계

노동위원회법은 그 시행을 보완하기 위해 노위법시행령과 노위법시행규칙을 두고 있다. 노동위원회법은 전문 6개장 32개조와 부칙 5개조로 이루어져 있다. 제1장 총칙에서는 이 법의 목적과 노동위원회의 종류, 그 관할 및 지위 등을 정하고 있다. 제2장 조직에서는 ㉠ 노동위원회의 구성과 노동위원의 임기 · 자격, ㉡ 위원장, ㉢ 상임위원, ㉣ 위원의 신분보장 및 사무국 등에 관한 규정을 두고 있다. 제3장 회의에서는 ㉠ 회의의 구성, ㉡ 소집, ㉢ 의결, ㉣ 보고와 의견청취 및 위원의 제척 · 기피에 관한 규정을 두고 있다. 제4장 권한에서는 ㉠ 노동위원회의 일반적 권한과 ㉡ 중노위의 특별한 권한 및 ㉢ 중노위의 처분에 대한 소 등을 정하고 있다. 제5장 보칙에서는 비밀엄수 의무와 벌칙적용에서 공무원의 의제를, 제6장 벌칙에서는 노동위원회법의 위반에 대한 벌칙과 양벌에 관한 규정을 두고 있다.

2. 노동위원회의 특성

(1) 위원회의 성격

노동위원회는 노동관계분쟁의 공정 · 신속 · 합리적인 처리와 노동행정의 민주화에 그 목적이 있다. 이에 노동위원회는 독립성, 공정성 및 전문성이라는 특성을 갖고 있다. 따라서 노동위원회는 일반 행정기관으로부터 독립된 행정위원회의 지위를 가진다. 그리고 업무수행에서는 근로자대표와 사용자대표를 참여시켜 그들의 주장을 반영함과 동시에 그들의 주장을 조정하여, 공정하고 신속하며 합리적인 해결을 위해 공익을 대표하는 제3자도 참여케 하는 3자구성의 방식에 따르고 있다.

(2) 노동위원회의 행정위원회로서의 지위

노동위원회는 독립된 행정위원회로서의 지위를 가진다. 원래 행정위원회는 행정의 활동분야가 확대되고 복잡 다양해짐에 따라 행정의 특수 분야에 전문적·기술적인 행정을 담당시킬 특별한 행정기관으로 발전하게 된 것이다. 노동위원회는 독립된 지위를 가지며 입법적·사법적 및 행정적 기능을 담당하고 있는 특징을 가진다. 노동위원회는 가장 전형적인 행정위원회의 일종이다. 이것은 노사분쟁의 처리에서 정당이나 행정관청의 간섭을 배제하고, 노사관계에 정통한 전문가의 판단에 맡겨 공정하고 합리적인 해결을 기하려는 정책적 배려의 산물이다.[928] 노동위원회의 운영은 행정 업무적 차원에서 고용노동부장관이 관리한다는 데 지나지 않고, 고용노동부장관의 지휘·감독을 받지 아니하게 독립적으로 수행한다.[929]

(3) 노동위원회의 3자 구성

노동위원회는 근로자와 사용자 및 공익을 대표하는 3자로 구성되어 있다. 임금이나 근로시간 등의 이익분쟁은 당사자간 자주적 해결이 원칙이나, 자주적 해결이 어렵거나 부적절한 경우 예외적으로 제3자의 개입이 불가피하다. 이 경우 공권력의 개입을 차단하고, 분쟁 당사자가 가장 공정하다고 신뢰할 수 있는 제3자기관이 관리하는 것이 자주적 해결에 도움이 된다. 이러한 취지에 따라 노동위원회법은 노사를 대표하는 자와 제3자로서 전문적 지식을 가지고 공익을 대표하는 3자로 구성케 하였다. 그러나 권리분쟁은 당사자의 양보에 따른 분쟁의 해결을 시도하는 것이 불합리하므로 이를 준사법적 권한으로 보아 그 권한의 행사를 심판공익위원에게 맡기고(노위법 제15조 제3항), 노사를 대표하는 위원으로 하여금 각 1인 이상의 의견을 제시하게 하였다(노위법 제18조 제2항).

---

928) 이병태, 전게서, 461쪽.

929) 이상윤, 『노동법』, 법문사, 2007, 914쪽.

(4) 노동위원회의 행정적 · 준사법적 권한

a) 노동위원회는 조정적 권한과 판정적 권한을 가진다. 중노위는 여기에 노동위원회의 운영 기타 필요한 사항에 관해 규칙을 제정할 수 있는 입법적 권한까지도 가진다. 조정적 권한은 원칙적으로 3자위원이 행사하고(중재는 예외), 판정적 권한은 공익위원만이 담당한다. 조정적 권한은 당해 노동쟁의의 적법성 또는 정당성을 심사 · 판정하는 것이 아니고, 당사자간 노동관계에 관한 "주장의 불일치"에서 당사자간 양보를 촉구하여, "주장의 일치"를 이끌어 가는 노동쟁의의 자주적 해결에 조력한다. 또한 자주적 해결이 불가능하여 중재를 신청한 경우에도 당사자의 주장을 법령에 비추어 심사하는 것이 아니고 노동위원회가 사회적으로 상당하다고 볼 수 있는 내용에서 분쟁을 자주적으로 해결하려는 데 지나지 않는다.

b) 판정적 권한은 권리분쟁에 대한 심사 판정이므로 그 권한의 행사에서 사법절차에 준하는 엄격한 절차를 정하고 있다. 노동위원회법도 노동위원회가 행정위원회로서의 특수한 권한을 가짐을 전제로 그 권한을 공정하고 합리적이며 신중하게 행사하도록 여러 가지 규제를 하고 있다. 조정적 권한은 원칙적으로 노 · 사 공익을 대표하는 3자회의에서 해결하며, 판정적 권한은 공익위원만이 행사할 수 있다.

제2절 노동위원회의 종류와 구성

1. 노동위원회의 종류

(1) 서 언

노동위원회는 지역에 따라 중노위와 지노위, 관할사항에 따라 특별노동위원회가 있다. 중노위와 지노위는 고용노동부장관의 소속하에 두며, 특별노동위원회는 당해 중앙행정기관의 장 소속하에 둔다.

(2) 중앙노동위원회

1) **중앙노동위원회의 업무관장**　중노위는 고용노동부장관의 소속하에 두며, ㉠지노위 및 특별노동위원회의 처분에 대한 재심사건, ㉡ 2 이상의 지노위 관할 구역에 걸친 노동쟁의의 조정사건, ㉢ 다른 법률에 의하여 그 권한에 속하는 것으로 규정한 사건을 관장한다(노위법 제3조 제1항).

2) **제심처분권 및 처분에 대한 소**　중앙노동위원회는 당사자의 신청이 있는 경우 지방노동위원회 또는 특별노동위원회의 처분을 재심하여 이를 인정 · 취소 또는 변경할 수 있다(노위법 제26조 제1항). 재심신청은 관계법령에 특별한 규정이 있는 경우를 제외하고는 지방노동위원회 또는 특별노동위원회가 행한 처분을 통지받은 날로부터 10일 이내에 하여야 한다(노위법 제26조 제2항). 중앙노동위원회는 그 처분에 관하여 당사자에게 서면으로 통지하여야 한다(노위법 제26조 제3항). 중앙노동위원회의 처분에 대한 소는 중앙노동위원회위원장을 피고로 하여 처분의 통지를 받은 날로부터 15일 이내에 이를 제기하여야 한다(노위법 제27조 제1항). 소의 제기로 처분의 효력은 정지하지 아니한다(노위법 제27조 제2항). 상기 15일의 기간은 불변기간으로 한다(노위법 제27조 제3항).

3) **쟁의조정권**　지방노동위원회는 당해 관할구역에서 발생하는 사건을 관장하되, 2이상의 관할구역에 걸친 사건은 주된 사업장의 소재지를 관할하는 지방노동위원회에서 관장한다(노위법 제3조 제2항). 다만, 중앙노동위원회위원장은 효율적인 노동쟁의의 조정을 위하여 필요하다고 인정되는 경우에는 지방노동위원회를 지정하여 당해 사건을 처리하게 할 수 있다(노위법 제3조 제4항).

4) **지시권 및 규칙제정권**　중앙노동위원회는 지방노동위원회 또는 특별노동위원회에 대하여 노동위원회의 사무처리에 관한 기본방침 및 법령의 해석에 관하여 필요한 지시를 할 수 있다(노위법 제24조). 중앙노동위원회는 중앙노동위원회 · 지방노동위원회 또는 특별노동위원회의 운영 기타 필요한 사항에 관한 규칙을 제정할 수 있다(노위법 제25조).

5) **긴급조정 및 중재권**　다른 법률에 의하여 그 권한에 속하는 것으로 규정한 사건은 노조법 제76조 제2항에서 정한 고용노동부장관의 긴급조정 결정에 대한 의견제시와 노조법 제78조와 제80조에서 정한 긴급조정 및 긴급중재의 권한이 있다.

(3) 지방노동위원회

지방노동위원회는 고용노동부장관 소속하에 둔다(노위법 제2조 제2항). 관장사항은 ㉠ 당해 관할구역에서 발생한 사건과 ㉡ 2 이상의 관할구역에 걸친 사건으로서 주된 사업장의 소재지가 당해 관할구역에 있는 경우에는 지방노동위원회가 관장한다(노위법 제3조 제2항).

(4) 특별노동위원회(선원노동위원회)

특별노동위원회는 특정한 사항을 관장하기 위하여 필요한 경우에 특정한 사항에 관한 사건을 관장하기 위하여 당해 특정사항을 관장하는 중앙행정기관의 장 소속하에 둔다(노위법 제2조 제3항). 특별노동위원회는 관계법률이 정하는 바에 따라 그 설치목적으로 규정된 특정사항에 관한 사건을 관장한다(노위법 제3조 제3항). 특별노동위원회로 선원노동위원회가 있다. 선원법(1984. 8. 7 법률 제3751호)의 적용을 받는 선원의 노동관계에 대해서는 노동위원회법 제2조 제3항과 제3조 제3항 및 선원법 제4조에 의해 해양수산부장관 소속하의 선원노동위원회가 관장한다. 선원노동위원회도 노동위원회이므로 중앙노동위원회의 지시권(노위법 제24조), 규칙제정권(노위법 제25조) 및 재심권(노위법 제26조)의 행사에 따라야 한다.

2. 노동위원회의 구성

(1) 위원의 수

노동위원회에는 근로자를 대표하는 자(근로자위원)와 사용자를 대표하는 자(사용자위원) 및 공익을 대표하는 자(공익위원)로 구성한다(노위법 제6조 제1항). 노동위원회에 두는 위원의 수는 근로자위원·사용자위원은 각 10인 이상 50인 이하, 공익위원은 10인 이상 70인 이하의 범위 안에서 업무량을 감안하여 노동위원회법시행령 제3조, (별표2)에서 정한 바에 따른다. 이 경우 근로자위원과 사용자위원의 수는 동수로 하여야한다. 다만, 특별노동위원회에 두는 위원의 수는 당해 특별노동위원회의 설치근거가 되는 법률에서 달리 정할 수 있다(노위법 제5조 제2항). 또한 공익사업의 노동쟁의의 조정을 위하여 노동위원회에 특별조정위원회를 둔다(노조법 제72조 제1항).

(2) 노동위원회 위원의 위촉

1) 근로자위원과 사용자위원

① 위원의 추천 - 노동위원회의 위원 가운데 근로자위원은 노동조합이, 사용자위원은 사용자단체가 추천한다(노위법 제6조 제3항). 노동조합 및 사용자단체가 법 제6조 제3항 및 제6항의 규정에 의하여 근로자를 대표하는 위원(이하 "근로자위원"이라 한다)과 사용자를 대표하는 위원(이하 "사용자위원"이라 한다)을 추천할 경우에는 당해 노동위원회의 관할구역안의 산업 및 기업규모별 근로자수 · 노동조합수 등을 고려하여야 한다(노위법 시행령 제4조 제1항). 노동조합과 사용자단체가 추천하는 위원의 수는 각각 위촉될 근로자위원 및 사용자위원수의 100분의 150이상으로 한다(노위법 시행령 제4조 제2항).

② 위원의 위촉 - 이와 같이 추천된 근로자위원과 사용자위원 후보 가운데 ㉠ 지노위의 경우에는 중노위원장이, ㉡ 중노위의 경우에는 대통령이 각각 위촉한다(노위법 제6조 제3항). 노위법 제6조 제3항 및 제6항의 규정에 의하여 ㉠ 중앙노동위원회의 사용자위원은 전국규모의 사용자단체가 추천한 자중에서 고용노동부장관의 제청에 의하여 위촉하며, ㉡ 지방노동위원회의 사용자위원은 당해 지방노동위원회의 관할구역안에 조직되어 있는 사용자단체가 추천한 자중에서 지방노동위원회위원장의 제청에 의하여 위촉한다(노위법 시행령 제5조 제2항).

2) 공익위원

① 공익위원의 추천 - 공익위원은 당해 노동위원회 위원장 · 노동조합 및 사용자단체가 각각 추천한 자 중에서 근로자위원과 사용자위원의 투표로 선출하되, ㉠ 중노위의 공익위원은 대통령이, ㉡ 지노위의 공익위원은 중노위위원장이 각각 위촉한다(노위법 제6조 제4항). 노동위원회 위원장 · 노동조합 및 사용자단체는 노위법 제6조 제4항 및 제6항의 규정에 의하여 공익을 대표하는 위원(이하 "공익위원"이라 한다)을 추천할 경우에는 심판담당공익위원과 조정담당공익위원으로 구분하여 추천하되, 위촉될 공익위원수의 범위안에서 각각 추천하여야 한다(노위법 시행령 제6조 제1항). 이때 노동조합 및 사용자단체가 공익위원을 추천할 경우 중앙노동위원회의 공익위원은 총연합단체인 노동조합 및 전국규모의

사용자단체가 각각 추천하며, 지방노동위원회의 공익위원은 당해 지방노동위원회 관할 구역안에 조직되어 있는 총연합단체인 노동조합의 지역대표기구 및 사용자단체가 각각 추천한다. 다만, 총연합단체인 노동조합에 소속되지 아니한 노동조합이 있는 경우에는 당해 노동조합으로부터 직접 추천을 받을 수 있다(노위법 시행령 제6조 제2항).

② 공익위원의 선출 - 노동위원회위원장 · 노동조합 및 사용자단체는 법 제6조제4항에 따라 공익을 대표하는 위원(이하 "공익위원"이라 한다)을 추천할 경우에는 심판담당공익위원, 차별시정담당공익위원 및 조정담당공익위원으로 구분하여 추천하되, 위촉될 공익위원 수의 범위안에서 각각 추천하여야 한다. 다만, 노동위원회위원장은 위촉될 공익위원수만큼 추천하여야 한다. 노동조합 및 사용자단체가 공익위원을 추천할 경우 중앙노동위원회의 공익위원은 총연합단체인 노동조합 및 전국규모의 사용자단체가 각각 추천하며, 지방노동위원회의 공익위원은 당해 지방노동위원회의 관할구역 안에 조직되어 있는 총연합단체인 노동조합의 지역대표기구 및 사용자단체가 각각 추천한다. 다만, 총연합단체인 노동조합에 소속되지 아니한 노동조합이 있는 경우에는 당해 노동조합으로부터 직접 추천을 받을 수 있다. 공익위원을 추천하는 노동조합이 복수인 경우 당해 노동위원회위원장은 노동조합의 조합원수를 고려하여 각 노동조합이 추천할 수 있는 자의 수를 조정할 수 있다(노위법 시행령 제6조 제3항). 노동조합과 사용자단체가 공익위원으로 추천된 자를 법 제6조제4항에 따라 순차적으로 배제하는 경우에는 위촉될 공익위원수가 남을 때까지 배제한다. 이 경우 순차배제의 절차에 참여하는 노동조합이 복수인 경우 노동위원회위원장은 당해 노동조합의 조합원수를 고려하여 각 노동조합이 배제할 수 있는 자의 수를 조정할 수 있다(노위법 시행령 제6조 제4항). 노동위원회위원장은 공익위원으로 추천된 자가 노동위원회법 제8조의 규정에 의한 자격을 갖추지 못하거나, 노동위원회법 제12조의 결격사유에 해당될 경우에는 그 사유를 명시하여 공익위원의 선출투표에서 제외하여야 한다(노위법 시행령 제6조 제6항).

③ 위원의 임기 - 노동위원회 위원의 임기는 3년으로 하되, 연임할 수 있다(노위법 제7조 제1항). 위원이 궐위된 경우 보궐위원의 임기는 전임자의 잔임기간으로 한다(동법 제2항). 위원은 그 임기가 만료된 경우 후임자가 위촉될 때까지 계속 그 직무를 집행한다(동법 제3항). 위원의 처우에 관하여는 대통령령으로 정한다(동법 제4항).

④ 위원의 자격기준

a) 중앙노동위원회의 공익위원은 다음의 구분에 따라 다음 각목의 1에 해당하는 자로서 노동문제에 관한 지식과 경험이 있는 자중에서 위촉한다(노위법 제8조 제1항).

㉠ 심판담당공익위원 및 차별시정담당공익위원

가. 노동문제와 관련된 학문을 전공한 자로서 공인된 대학에서 부교수 이상으로 재직한 자

나. 판사 · 검사 · 군법무관 · 변호사 또는 공인노무사의 직에 7년 이상 재직한 자

다. 노동관계업무에 7년 이상 종사한 자로서 2급 또는 2급상당 이상의 공무원이나 고위공무원단에 속하는 공무원으로 재직한 자

라. 기타 노동관계업무에 15년 이상 종사하여 전문적 지식과 경험을 갖춘자로서 심판담당 공익위원 또는 차별시정담당공익위원으로 적합하다고 인정되는 자

㉡ 조정담당공익위원

가. 공인된 대학에서 부교수 이상으로 재직한 자

나. 판사 · 검사 · 군법무관 · 변호사 또는 공인노무사의 직에 7년 이상 재직한 자

다. 노동관계업무에 7년 이상 종사한 자로서 2급 또는 2급상당이상의 공무원이나 고위공무원단에 속하는 공무원으로 재직한 자

라. 기타 노동관계업무에 15년이상 종사한 자 또는 사회적 덕망이 있는 자로서 조정담당공익위원으로 적합하다고 인정되는 자

b) 지방노동위원회의 공익위원은 다음의 구분에 따라 다음 각목의 1에 해당하는 자로서 노동문제에 관한 지식과 경험이 있는 자중에서 위촉한다(노위법 제8조 제2항).

㉠ 심판담당공익위원 및 차별시정담당공익위원

가. 노동문제와 관련된 학문을 전공한 자로서 공인된 대학에서 조교수 이상으로 재직한 자

나. 판사 · 검사 · 군법무관 · 변호사 또는 공인노무사의 직에 3년 이상 재직한 자

다. 노동관계업무에 3년 이상 종사한 자로서 3급 또는 3급상당이상의 공무원이나 고위공무원단에 속하는 공무원으로 재직한 자

라. 노동관계업무에 10년 이상 종사한 자로서 4급 또는 4급상당이상의 공무원으로 재직한 자

마. 기타 노동관계업무에 10년이상 종사하여 전문적 지식과 경험을 갖춘 자로서 심판담당 공익위원 또는 차별시정담당공익위원으로 적합하다고 인정되는 자

ⓛ 조정담당공익위원

가. 공인된 대학에서 조교수 이상으로 재직한 자

나. 판사 · 검사 · 군법무관 · 변호사 또는 공인노무사의 직에 3년 이상 재직한 자

다. 노동관계업무에 3년 이상 종사한 자로서 3급 또는 3급상당이상의 공무원이나 고위공무원단에 속하는 공무원으로 재직한 자

라. 노동관계업무에 10년 이상 종사한 자로서 4급 또는 4급상당이상의 공무원으로 재직한 자

마. 기타 노동관계업무에 10년이상 종사한 자 또는 사회적 덕망이 있는 자로서 조정담당공익위원으로 적합하다고 인정되는 자

c) 노동위원회의 위원은 법과 양심에 따라 공정하고 성실하게 업무를 수행하여야 한다(노위법 제11조의 2 제1항). 국가공무원법 제33조의 규정에 해당하는 자는 노동위원회 위원에 위촉될 수 없다(노위법 제12조).

3) **특별조정위원** - 특별노동위원회에서는 3인의 특별조정위원을 둔다(노조법 제72조 제2항). 특별조정위원은 그 노동위원회의 공익을 대표하는 위원 중에서 노동조합과 사용자가 순차적으로 배제하고 남은 4인 내지 6인 중에서 노동위원회의 위원장이 지명한다. 다만, 관계 당사자가 합의로 당해 노동위원회의 위원이 아닌 자를 추천하는 경우에는 그 추천된 자를 지명한다(노조법 제 72조 제3항).

4) **상임위원** - 노동위원회에 상임위원을 두며, 상임위원은 당해 노동위원회의 공익위원의 자격을 가진 자 중에서 중앙노동위원회위원장의 추천과 고용노동부장관의 제청으로 대통령이 임명한다(노위법 제11조 제1항). 상임위원은 공익위원이 되며, 심판사건 · 차별시정사건과 조정사건을 담당할 수 있다(노위법 제 11조 제2항). 각 노동위원회에 두는 상임위원의 수 및 계급 등은 대통령령으로 정한다(노위법 제11조 제3항).

(3) 노동위원회 위원의 처우

노동위원회의 위원에 대하여는 그 직무수행을 위하여 필요한 수당과 여비를 지급할 수

있다. 다만, 공무원인 위원이 그 소관업무와 직접 관련하여 출석하는 경우에는 그러하지 아니하다(노위법 제7조 제4항, 노위법 시행령 제8조 제1항). 노동위원회의 상임위원이 아닌 위원에 대한 수당은 출석한 일수에 의하여 지급하고, 여비는 공무원국내여비규정을 준용하여 지급한다(노위법 시행령 제8조 제2항).

(4) 신분보장 및 공무원의제

① 노동위원회위원의 신분보장 - 노동위원회 위원은 ㉠「국가공무원법」 제33조의 규정에 해당하게 된 경우, ㉡ 장기간의 심신쇠약으로 직무를 수행할 수 없게 된 경우, ㉢ 직무와 관련된 비위사실이 있거나 노동위원회 위원직을 유지하기에 적합하지 아니하다고 인정되는 비위사실이 있는 경우, ㉣ 제11조의2의 규정에 따른 행위규범을 위반하여 위원으로서 직무를 수행하기 곤란한 경우를 제외하고는 그 의사에 반하여 면직 또는 해촉되지 아니한다(노위법 제13조 제1항). 노동위원회 위원이 ㉠에 해당하게 된 경우에는 당연히 면직 또는 해촉된다(노위법 제13조 제2항).

② 공무원의제 - 노동위원회의 위원중 공무원이 아닌 위원은 형법 기타 법률에 의한 벌칙의 적용에 있어서 공무원으로 본다(노위법 제29조).

3. 노동위원회의 위원장과 부위원장

(1) 위원장

노동위원회에 위원장 1인을 둔다(노위법 제9조 제1항). 중앙노동위원회위원장은 중앙노동위원회의 공익위원의 자격을 가진 자중에서 고용노동부장관의 제청으로, 지방노동위원회위원장은 지방노동위원회의 공익위원자격을 가진 자 중에서 중앙노동위원회위원장의 추천과 고용노동부장관의 제청으로 대통령이 각각 임명한다(동조 제2항). 중앙노동위원회위원장은 정무직으로 한다(동조 제3항). 노동위원회위원장(이하 "위원장"이라 한다)은 공익위원이 되며, 심판사건 · 차별시정사건과 조정사건을 담당할 수 있다(동조 제4항). 그리고 특별노동위원회의 위원장은 공익을 대표하는 노동위원회의 위원인 특별조정위원중에서 호선하고, 당해 노동위원회의 위원이 아닌 자만으로 구성된 경우에는 그 중에서 호선한다. 다만, 공익을 대표하는 위원이 특별조정위원이 1인인 경우에는 당해 위원장이 된다(노조법 제73조 제2항).

(2) 위원장의 직무

위원장은 당해 노동위원회를 대표하며 회무를 통리한다(노위법 제10조 제1항). 위원장이 부득이한 사유로 직무를 수행할 수 없는 때에는 공익위원중에서 대통령령이 정하는 바에 의하여 선임된 자가 그 직무를 대행한다(노위법 제10조 제2항). 노동위원회법 제10조 제2항의 규정에 의하여 위원장이 부득이한 사유로 직무를 수행할 수없는 때에는 상임위원(상임위원이 2이상인 경우에는 위원장이 정하는 자), 상임위원이 없는 경우에는 공익위원중 연장자순으로 그 직무를 대행한다(노위법 시행령 제9조).

제3절 노동위원회의 권한과 의무

1. 학 설

(1) 의 의

노동위원회의 권한에 관한 규정은 노동위원회법 이외에도 노조법, 근로기준법(이하 "근기법"이라 한다) 등에 산재하고 있다. 노동위원회법 제15조 제3항에서는 심판위원회가 노조법 · 근기법 · 근참법 기타 법령의 규정에 의하여 노동위원회의 판정 · 의결 · 승인 · 인정 등을 받도록 규정된 사항을 처리한다고 정하여 그 권한이 여러 법에 근거하고 있음을 밝히고 있다. 노동위원회법 제23조에서는 노동위원회가 그 권한행사에 필요한 조사권을 정하고 있다. 노동위원회의 권한은 성질에 따라 크게 판정적 권한, 의결적 권한, 조정적 권한, 중노위의 특별한 권한 그리고 행정적 · 정책적 권한으로 나눌 수 있다[930].

930) 이상덕외, 전게서, 685쪽.

(2) 협조요청 등

노동위원회는 그 사무집행을 위하여 필요하다고 인정할 때에는 관계행정기관에 협조를 요청할 수 있으며, 협조를 요청받은 관계행정기관은 특별한 사유가 없는 한 이에 응하여야 한다(노위법 제22조 제1항). 노동위원회는 관계행정기관으로 하여금 근로조건의 개선에 관하여 필요한 조치를 하도록 권고할 수 있다(노위법 제22조 제2항).

(3) 위원회의 조사권

a) 노동위원회는 그 사무집행을 위하여 필요한 경우 조사권을 가진다. 이 경우에 사용자나 그 단체 또는 노동조합 기타 관계인에 대하여 출석·보고 또는 필요한 서류의 제출을 요구하거나, 위원장 또는 부문별위원회위원장이 지명한 위원 또는 직원으로 하여금 사업 또는 사업장의 업무상황·서류 기타 물건을 조사하게 할 수 있다(노위법 제23조 제1항). 이러한 규정에 의하여 조사하는 위원 또는 직원은 그 권한을 표시하는 증표를 관계인에게 제시하여야 한다(노위법 제23조 제2항).

b) 노동위원회는 관계당사자 외에 필요하다고 인정되어 출석한 자에 대하여는 대통령령이 정하는 바에 의하여 비용을 변상한다(노위법 제23조 제3항). 따라서 노동위원회에 출석한자에 대하여는 공무원여비규정을 준용하여 그 비용을 변상한다(노위법 시행령 제11조). 사용자 또는 근로자는 근로기준법의 시행에 관하여 노동위원회의 요구가 있는 경우에는 지체 없이 필요한 사항에 대하여 보고 또는 출석하여야 한다(근기법 제13조).

관련 헌재 헌재 2001. 11. 29, 23
허위서류의 제출로 인한 노동위원회법위반과 불기소처분의 효력

청구인들이 경기지방노동위원회에 제기한 부당해고구제심판절차에서 해고대상자 선정기준에 관한 노사합의와 관련된 일부 문서를 작성하고 제출하는데 각 관여한 사실이 인정된다. 여기서 이 사건 노사합의에 관하여 허위서류를 제출하였는가에 대하여 살피건대, 먼저 해고대상자 선정기준에 관한 각 시기별 제출문서를 상호 비교하여 볼 그 시기별로 해고대상자 선정기준, 적용범위 및 합의일시 등이 서로 일치하지 않고 있어, 적어도 위 관련문서 중 일부는 사실과 다른 내용을 담고 있는 것으로 판단되며, 이에 대하여는 위 피고소인들도 자인하고 있다. 또한 위 피고소인들은 이 사건 구조조정 무렵 직접 그 실

무를 담당하였거나 그 이후 청구인들의 부당해고구제신청사건과 관련하여 노동문제전담반에서 근무하는 등 관련업무에 정통한 자들인 정황에 비추어 볼 때, 위 피고소인들이 범의를 부인한다 하여 이를 선뜻 믿기도 어렵다. 더욱이 위와 같이 관련 서류들이 노사합의에 관한 중요내용에 있어서 일관성이 없고 해고기준에 대한 사항은 중요한 합의내용임에도 불구하고 그에 관한 서면도 작성하지 않은 점 등에 비추어 볼 때, 위 피고소인들이 혐의사실을 부인하고, 그 진술을 선뜻 믿기 어려운 청구인들이 그 변명에 부합하는 진술을 하였다 하여 피고소인들의 범죄혐의가 없다고 단정할 수 없다. 따라서 이 부분에 관하여 피청구인이 문제된 위 서류들의 진위여부에 대하여 더 이상 수사를 하지 않고 혐의없음의 불기소처분을 한 것은 청구인들의 평등권과 재판절차진술권을 침해한 것이다.

2. 판정에 관한 권한

(1) 의 의

판정에 관한 권한이란 일정한 사항에 관하여 노동위원회가 심리·판단하는 것으로 준사법적 권한이라고도 말한다. 이러한 권한은 노조법·근기법에서 널리 정하고 있다. 이러한 판정사항들은 심판담당공익위원으로 구성된 심판위원회에서 처리한다(노위법 제15조 제3항).

(2) 전원회의 처리 사항

① 노동위원회의 운영 등 일반적인 사항의 결정

② 관련행정기관에 대한 근로조건의 개선에 관한 권고(노위법 제22조 제2항)

③ 지방노동위원회 또는 특별노동위원회에 대하여 노동위원회의 사무처리에 관한 기본방침 및 법령의 해석에 관하여 필요한 지시(노위법 제24조)

④ 중앙노동위원회·지방노동위원회 또는 특별노동위원회의 운영 기타 필요한 사항에 관한 규칙제정(노위법 제25조)

⑤ 위원장 또는 위원 3분의 1 이상이 처리를 요구하는 사항

(3) 심판위원회의 처리사항

1) 구성과 업무 심판위원회는 노조법, 근기법, 근참법 기타 법령의 규정에 의하여 노

동위원회의 판정 · 의결 · 승인 · 인정 등을 받도록 규정된 사항을 처리한다(노위법 제15조 제3항). 이러한 심판위원회의 업무는 크게 행정관청의 행정처분을 위한 사전절차로서 의결권한과 노동위원회의 준사법적 기능인 판정권한으로 나눌 수 있다.[931] 노동위원회의 의결권한은 행정관청이 행정처분을 내리기 전에 그 사전절차로서 위원회의 의결을 먼저 거치도록 하는 절차적 권한을 말한다. 의결은 내용적으로 판정이지만 행정처분은 아니다. 따라서 의결에 대해서 당사자들은 행정소송을 제기할 수 없다. 노동위원회의 의결기능은 행정관청의 행정처분을 내리기 위한 기초자료로서 일종의 자문적 견해를 제시하는 것으로 본다. 그러나 노동위원회 판정권한은 일종의 행정처분으로서 행정소송의 대상이 된다. 행정관청이 노동위원회의 의결절차를 거치지 아니하고 행정처분을 내리는 경우 이는 행정행위의 절차적 요건을 결여하는 것으로 무효인 행정처분이 된다. 행정관청은 노동위원회가 의결한 사항에 대하여 그 결정이 위법하거나 재량권을 남용 · 일탈하지 않는 한 구속되는 것이 원칙이다.[932]

2) 의결권한

① 고용노동부장관의 노동조합 임시회의 소집권자의 지명에 대한 의결 - 노동조합 대표자가 총회(대의원회)의 소집을 고의로 기피 · 해태하여 조합원 또는 대의원의 1/3이상이 행정관청에게 회의소집권자의 지명을 요구한 경우, 행정관청은 요구일로부터 15일 이내에 노동위원회의 의결을 요청하고 노동위원회의 의결이 있는 때에는 지체 없이 회의의 소집권자를 지명하여야 한다(노조법 제18조 제3항).

② 고용노동부장관의 노동관계법령에 위반한 조합규약의 시정명령에 대한 의결 - 행정관청이 노동조합에 대하여 위법한 규약의 시정명령을 하고자 하는 경우 규약이 노동관계법령에 위반되는지의 여부에 대해 의결한다(노조법 제21조 제1항).

③ 고용노동부장관의 노동관계법령 또는 규약에 위반한 노동조합 결의 · 처분의 시정명령 의결 - 행정관청은 노동조합의 결의 또는 처분이 노동관계법령 또는 규약에 위반된다

931) 이상윤, 전게서, 925쪽.

932) 노동위원회의 의결권한은 행정관청이 행정처분을 내리기 전에 노동위원회의 견해인 「의결」을 먼저 구하는 것을 말하는 바, 이러한 의결을 법원으로부터 구할 수는 없다. 그 이유는 법원은 법률상의 쟁송에 대한 구체적인 심판을 내리는 것을 임무로 하고 있으며 특정 사건에 대한 단순한 견해나 의견을 제시할 수 없기 때문이다. 따라서 노동위원회의 의결권한은 법원과 그 관할권이 경합되지 아니한다(이상윤, 전게서, 925쪽).

고 인정할 경우에는 노동위원회의 의결을 얻어 그 시정을 명할 수 있다. 단 규약위반 시의 시정명령은 이해관계인의 신청이 있는 경우에 한한다(노조법 제21조 제2항).

④ 휴면노조의 해산 의결 - 행정관청의 의결요청이 있는 경우 노동조합의 임원이 없고 노동조합으로서의 활동을 1년 이상 하지 아니한 경우에 해당하는지 여부에 대해 의결한다(노조법 제28조 제1항 제4호). 의결함에 있어서는 해산사유 발생일 이후의 당해 노동조합의 활동을 고려하여서는 아니 되고, 노동조합은 노동위원회의 의결을 얻은 때에 해산된 것으로 본다(노조법 시행령 제13조).

⑤ 고용노동부장관의 위법한 단체협약의 시정명령 의결 - 행정관청이 단체협약 중 위법한 내용에 대하여 시정명령을 하고자 하는 경우 시정명령하고자 하는 단체협약의 내용이 위법한지의 여부에 대해 의결한다(노조법 제31조 제3항).

⑥ 고용노동부장관의 단체협약의 지역적 구속력확장에 대한 의결 - 단체협약은 당사자간에만 적용되는 것이 원칙이나, 하나의 지역에 동종의 근로자 3분의 2이상이 하나의 단체협약의 적용을 받게 된 경우, 행정관청이 당해지역의 동종근로자와 사용자에게 당해 단체협약을 적용하기 위한 결정을 하기 이전에 그 결정의 사유 및 타당성 등에 대해 의결한다(노조법 제36조 제1항).

⑦ 고용노동부장관의 안전보호시설의 정상적 유지·운영의 정지·폐지 또는 방해하는 쟁의행위의 중지명령에 대한 사전의결 또는 사후승인 - 행정관청이 사업장의 안전보호시설의 정상적인 유지·운영을 정지·폐지 또는 방해하는 쟁의행위의 중지를 명령하기 이전에 명령의 타당성에 대해 지방노동위원회의 의결 또는 사후승인을 받아야 한다. 행정관청은 사태가 급박할 경우 지방노동위원회 의결 없이 즉시 그 행위의 중지를 명할 수 있다. 다만 지체없이 지방노동위원회 사후승인을 얻어야 한다(노조법 제42조 제2항 제3항).

⑧ 재해보상에 관한 심사·중재의 권한 - 업무상부상, 질병 또는 사망의 인정, 요양의 방법, 보상금약의 결정, 기타 보상실시에 관하여 이의가 있는 자는 고용노동부장관(지방고용노동관서의 장)에게 심사 또는 중재를 청구할 수 있다(근기법 제88조 제1항). 지방고용노동관서의 장이 1월 이내에 심사 또는 중재를 하지 아니하거나 지방고용노동관서장의 심사 또는 중재결과에 불복하는 경우 지방노동위원회에 심사 또는 중재를 청구할 수 있다(근기법 제89조, 지노위에 한함). 신청인은 사용자 또는 근로자이며, 처리기간은 1개월이

다. 심사 또는 중재의 법률적 성격은 재해보상의 심사 또는 중재는 권고적 성격을 갖는다. 행정처분이 아니므로 행정소송의 대상이 되지 아니한다.

3) 판정권한[933)]

① 근로계약상의 근로조건 위반에 대한 손해배상 신청 - 임금, 근로시간, 기타 근로조건이 근로계약 체결시에 명시한 사실과 다를 경우 근로자는 근로조건 위반에 대한 손해배상을 노동위원회에 신청할 수 있다. 노동위원회는 근로조건 위반여부 및 손해배상액을 결정한다(근기법 제19조 제2항).

② 부당해고 등의 구제신청 - 근로기준법 제23조에 위반하여 근로자에 대하여 정당한 이유 없이 해고 · 휴직 · 정직 · 전직 · 감봉 · 기타 징벌을 하는 경우 노동위원회에 구제신청을 할 수 있다. 부당해고 등을 당한 근로자는 부당해고 등이 있었던 날로부터 3개월 이내에 구제신청을 해야 하고, 노동위원회에서는 신청사건이 부당해고 등에 해당되는가의 여부에 대한 판정(인정, 기각, 각하)을 하여 원상회복이 되도록 구제명령을 한다(근기법 제28조).

③ 기준미달의 휴업수당 지급에 대한 예외를 인정하는 부득이한 사유에 관한 승인 - 사용자의 귀책사유로 인하여 휴업하는 경우 사용자는 휴업기간 주어 평균임금의 100분의 70 이상의 수당을 근로자에게 지급하여야 하나, 사용자가 부득이한 사유로 사업계속이 불가능하여 휴업기간 중 근로자에 대하여 기준미달의 휴업수당을 지급하고자 할 경우 노동위원회에 승인을 신청할 수 있다. 노동위원회는 부득이한 사유로 사업계속이 불가능한지에 대하여 판단하고 승인여부를 결정한다(근기법 제46조 제2항).

④ 휴업보상 또는 장해보상의 면제사유로서 근로자의 중대한 과실여부에 관한 인정 - 근로자가 업무상 부상 또는 질병에 걸린 경우, 사용자가 휴업보상 또는 장해보상을 하지 않아도 되는 근로자의 중대한 과실이 있는지의 여부에 대하여 노동위원회가 판단한다(근기법 제81조).

⑤ 단체협약의 해석 또는 이행방법에 관한 당사자간의 의견불일치에 대한 견해의 제시 - 단체협약의 해석 · 적용(이행방법)과 관련하여 노사간 분쟁이 있을 경우 최종적으로는 사법부의 판단에 의존할 수밖에 없으나 이는 과다한 소송비용, 기간의 장기화 등으로 인해

933) 대판 1982. 12. 14. 82누448 ; 대판 1995. 3. 28. 94누10443.

노사갈등의 신속한 해소가 어렵다. 따라서 노조법은 단체협약의 해석 또는 이행방법에 대하여 당사자간 의견의 불일치가 있을 경우 노동위원회에 견해의 제시를 요청할 수 있도록 하여 단체협약으로 인한 노사갈등요인을 신속하게 해결할 수 이도록 하고 있다(노조법 제34조 제1항).

⑥ 부당노동행위에 관한 판정 및 구제명령을 하는 권한의 구제신청 - 근로자의 단결권, 단체교섭권 및 단체행동권을 침해하는 사용자의 행위(노조법 제81조 제1호 내지 제5호에 구체적으로 규정)에 대하여 부당노동행위의 성립여부를 판정하고, 노동위원회가 부당노동행위의 유형, 권리침해상태, 회복되어야 할 정상적 노사관계질서에 적합하도록 다양한 형태의 구제명령을 할 수 있다(노조법 제82조, 제86조). 예컨대, ㉠ 원상복귀명령, ㉡ 임금상당액의 소급지급, ㉢ 성실교섭명령, ㉣ 단체교섭거부 또는 해태의 중지·금지명령, ㉤ 지배 또는 개입의 중지·금지 명령, ㉥ 공고문게시명령, ㉦ 고용명령 등이 있다.

⑦ 노사협의회 의결사항에 관하여 의결하지 못한 경우 ㅁ치 의결된 사항의 해석 또는 이행방법 등에 관하여 의결이 불일치가 있는 경우에 중재 - 근참법 제21조의 규정에 의한 의결사항에 대해 노사협의회가 의결하지 못하거나 노사협의회에서 의결된 사항의 해석 또는 이행방법 등에 관하여 의견의 불일치가 있는 경우 노동위원회는 당해 노사협의회의 신청에 의하여 중재를 할 수 있다. 노동위원회의 중재결정은 노사협의회의 의결을 거친 것으로 보며 근로자와 사용자는 이에 따라야 한다(근참법 제25조 제1항).

관련 판례 서울행판 2002. 6. 20, 2002구합 2390
2회 불출석을 이유로 노동위원회 규칙에 의한 재심신청의 각하

노동위원규칙 제37조, 제29조 제1항 제5호에 의하면, 재심신청인이 2회 이상 출석통지를 받고도 이에 응하지 아니하는 경우, 재심신청인이 그의 책임 없는 사유로 인하여 심문기일에 출석하지 못한 경우가 아닌 한, 중앙노동위원회는 재심신청인이 그 신청의 의사를 명백히 포기한 것으로 인정되는지를 묻지 아니하고 재심신청을 각하할 수 있다고 할 것이고, 재심신청인이 심문기일 연기 신청에 중앙노동위원회가 응하여야 하는 것은 아니므로 불출석한 신청인이 미리 서면으로 심문기일 연기신청을 하였다고 하여 이를 달리 볼 것은 아니다. 원고들은 노동위원회 규칙 제28조 제1항 제5호는 불출석, 통지서 반송, 그 밖의 사유로 신청의 의사를 명백히 포기한 것으로 인정될 경우에 신청을 각하 할 수 있다는 취지의 규정이므로, 증인신청의사를 밝히면서 연기신청을 한 경우에는 재심신청의 의사를 포기하지 아니하였음이 명백하여 재심신청을 각하하여서는 안된다고 주장하고 있으나, 위 규정은 2회 이상 불출석이나 출석통지서의 2회 이상 반송 그 자체를 재심신청의 포기 의사와는 별개의 독립한 각하 요건으로 규정한 것이라고 해석되므로, 원고들의 위 주장은 받아들일 수 없다. 그렇다면, 원고들이 중앙노동위원회로부터 각 심문기일 약1주일 전에 심문통지서를 받고도, 증인신청 등을 위한 시간이 필요하다면서 심문기일 연기신청서만 제출하였을 뿐 각 심문기일 에 출석하지 아니한 이 사건에서, 중앙노동위원회가 신청인의 2회 불출석을 이유로 노동위원회 규칙에 따라 원고들의 재심신청을 각하한 이 사건 재심판정은 정당하다.

관련 판례 대판 1993. 11. 9, 93누1671

노동위원회의 휴업지불예외승인결정과 노동조합의 원고적격상 하자

지방노동위원회의 휴업지불예외 승인결정은 당해 근로자들의 수당지급채권의 발생여부에 직접 영향을 미치는 것으로서 위 승인결정에 대한 재심신청 당사자는 근로기준법상 임금청구권자인 근로자들이고 이들과 별개의 인격체인 노동조합은 위 승인결정이나 재심판정에 사실상 이해관계가 있거나, 노동위원회법 제16조 제1항 소정의 관계인에 해당한다 하더라도 재심신청인으로서의 적격이 인정되지 아니하며, 비록 중앙노동위원회가 노동조합의 재심신청을 각하하지 아니하고 본안에 들어가 재심신청을 기각하였다 할지라도 노동조합에 재심신청자격이나 재심판정 취소의 소를 제기할 수 있는 원고적격이 인정되지 않는다.

3. 조정에 관한 권한

(1) 의 의

노동위원회의 조정적 권한이란 노동위원회가 노사 당사자의 주장을 조정하는 권한을 말한다. 주로 노조법에서 규정하고 있는 노사간의 노동쟁의에 대한 조정(調停), 중재, 긴급조정 등의 권한을 말한다. 이 밖에도 근기법 제89조에 따라 업무상의 부상 · 질병 · 신체장해 또는 사망의 인정, 요양의 방법, 보상금의 결정 기타 보상실시에 관한 중재신청을 심사 중재하는 권한을 갖는다. 노동쟁의에 대한 조정안은 양 당사자를 구속하지 아니한다. 조정은 양당사자의 권리와 이익을 구속하지 아니하므로 행정처분에 해당되지 아니한다. 조정안에 불복하는 경우에도 행정소송을 제기할 수 없다. 중재결정은 그 절차가 위법이거나 월권적인 경우에만 중앙노동위원회에 대한 재심신청 또는 법원에 대한 행정소송을 제기할 수 있다.

(2) 조정위원회 등의 처리사항

조정위원회는 일반사업의 노동쟁의 조정 및 조정안의 해석 또는 이행방법에 관한 견해의 제시에 관한 사항(노조법 제5장 제2절)을 처리한다. 특별조정위원회는 공익사업의 노동쟁의 조정, 공익사업에 대한 조정안의 해석 또는 이행방법에 관한 견해의 제시에 관한 사항(노조법 제5장 제4절)을 처리한다. 중재위원회는 중재 및 중재재정의 해석 또는 이행 방법에 대한 해석에 관한 사항(노조법 제5장 제3절)을 처리한다. 교원노동관계조정위원회는 교원의노동조합설립및운영등에관한법률이 정하는 바에 따라 설치 · 구성하며, 동법의 규정에 의한 조정 · 중재 기타 이와 관련된 사항을 처리한다. 공무원노동관계조정위원회는 공무원의노동조합설립및운영등에관한법률이 정하는 바에 따라 설치 · 구성하며, 동법의 규정에 의한 조정 · 중재 그 밖에 이와 관련된 사항을 처리한다(노위법 제15조 제8항 제9항).

관련 판례 대판 1995. 9. 15. 95누6724
지방노동위원회의 중재회부결정에 대한 불복방법

지방노동위원회가 노동쟁의에 대하여 한 중재회부결정은, 중재에 회부된 날로부터 15일 간 쟁의행위를 금지시키고 이를 위반하여 쟁의행위를 한 자에 대한 형사처벌을 할 수 있으며, 그 금지기간 중의 쟁의행위를 부당한 쟁의행위로 보는 결과로 인하여 발생한 사용자의 손해에 대하여 노동조합 또는 조합원에게 배상책임을 부담시키는 등의 법률상 효과를 발생하게 하는 행정처분이라 할 것이고, 또한 위 중재회부결정이 중재재정을 위한 선행처분에 해당한다고 보더라도 중재회부결정은 위와 같은 자체의 독립한 법률효과를 가지고 노동조합은 지방노동위원회의 중재회부결정 자체에 대하여도 불복할 수 있다.

4. 의 무

(1) 비밀엄수의 의무

노동위원회의 위원이나 직원 또는 그 위원이나 직원이었던 자는 그 직무에 관하여 지득한 비밀을 누설하여서는 아니 된다(노위법 제28조). 이를 위반한 자는 1년 이하의 징역 또는 300만원 이하의 벌금에 처한다(노위법 제30조).

(2) 성실의무

노동위원회의 위원은 법과 양심에 따라 공정하고 성실하게 업무를 수행하여야 한다(노위법 제11조의 2 제1항).

노동위원의 직무는 노사간의 이해관계와 밀접한 관련성이 있고, 이로 인하여 양당사자에게 미치는 영향이 크므로 성실하게 업무를 수행하여야 한다.

약 어 례

1. 한국 노동부

예　규 : 노동부예규

법　무 : 법규 및 행정규칙의 해석 및 질의에 대한 노동부 기획 관리실장의 응답(규칙 또는 중요사항) 또는 노동부법무 담당관의 응답(선례에 의한 사항)

법무법 : 법무부 유권해석

사　노 : 사회부 노동국

보　노 : 보건사회부 노동국

노정근 : 노동청 근로기준국 근로기준과

기　준 : 노동부령의 질의에 대한 노동부 근로기준국장의 해석(규칙 또는 중요사항) 또는 노동부 근로기준국 근로기준가장의 해석(선례에 의한 사항)

근　지 : 노동청 근로기준국 근로기준과

근　기 : 노동부 근로기준국 근로기준과

보　상 : 노동부 근로기준국 산재보상과

부　소 : 노동부 근로기준국 부녀소년과

사　훈 : 노동부 직업훈련국 사업내훈련과

해　지 : 노동부 직어안정국 해외지도과

징　수 : 노동부 노동보험국 보험징수과

관　리 : 노동부 노동보험국 보험관리과

실　업 : 노동부 고용정책실 실업급여과

중노위 : 중앙노동위원회

지노위 : 지방노동위원회

2. 日本 勞動省

基　發 ; 勞動省 勞動基準局長名으로 發하는 通達

基　收 ; 勞動省 勞動基準局長의 照會 · 質疑에 대하여 發하는 回答

發　基 ; 勞動省 勞動基準局 關係의 勞動事務次官通牒

婦　發 ; 勞動省 婦人青少年局長名으로 發하는 通達

基監發 ; 勞動省 勞動基準監督課長名으로 發하는 通達

基災收 ; 勞動省 勞動基準局 産災補償部長의 照會 · 質疑에 대하여 發하는 回答

3. 법령

근로기준법 : 근기법

최저임금법 : 최임법

임금채권보장법 : 임채법

정부관리기업체직원퇴직금및해고수당에관한특별조치법 : 정직특법

근로자의날제정에관한법률 : 근제법

산업안전보건법 : 산안법

진폐의예방과진폐근로자의보호등에관한법률 : 진폐법

고용보험법 : 고보법

고용정책기본법 : 고정법

건설근로자의고용개선등에관한법률 : 건고법

근로자직업훈련촉진법 : 근직법

기능장려법 : 기장법

직업안정및고용촉진에관한법률 : 직안법

고령자고용촉진법 : 고령법

장애인고용촉진및직업재활법 : 장직법

파견근로자보호등에관한법률 : 파견법

근로자의생활향상과고용안정지원에관한법률 : 근쟁법

사내근로자복지기금법 : 사내복지법

중소기업근로자복지진흥법 : 복지진흥법

남녀고용평등법 : 남평법

남녀차별금지및구제에관한법률 : 남차법

노동조합및노동관계조정법 : 노조법

교원의노동조합설립및운영등에관한법률 : 교원노조법

공무원의노동조합설립및운영등에관한법률 : 공무원노조법

노동위원회법 : 노위법

노사정위원회의설치및처우등에관한법률 : 노사정법

선원법 : 선원법

참 고 문 헌

1. 한국서적

(1) 참고서적

강경근, 헌법학강론, 일신사, 1993

강대성, 민사집행법, 삼영사, 2002,

곽윤직, 채권각론, 박영사, 2000,

곽윤직, 채권총론, 박영사, 2003

구병삭, 헌법학원론, 1995,

권녕성, 헌법학원론, 법문사, 2003

김동희, 행정법Ⅰ, 신정판, 박영사, 2003

김수복, 산업재해보상보험법, 중앙경제사, 2008

김유성, 노동법II, 법문사, 1997

김유성 · 이홍재, 노동법II, 방송통신대, 1994,

김유성, 노동법II, 법문사, 1997

김윤환 · 김낙중, 한국노동운동사, 일조각, 1988

김준호, 민법총칙, 법문사, 2001

김재기, 공무원직장협의회의 발전과제, 노동법연구 제12호(2002 상반기),

김철수, 헌법학개론, 박영사, 2003,

김치선, 전정판 노동법문제연구소, 박영사, 1984,

김치선 · 김유성, 판례교재, 법문사, 1987,

김치선, 노동법, 박영사, 1988,

김치선, 노동법강의, 박영사, 1990

김형배, 노동법, 박영사, 2007,

김태기 · 이영희, 노동쟁의조정제도연구, 한국노동연구원, 1989,

김헌수, 노동조합 및 노동관계조정법, 법원사, 2002

노동부, 알기 쉬운 새 노동법 해설, (1997. 6)
박덕제 · 박기성, 한국의 노동조합(Ⅰ), 한국노동연구원, 1989,
박상필, 한국노동법, 대왕사, 1983
박상필, 한국노동법, 대왕사, 1991
박상필, 적박덕제 ·박기성, 한국의 노동조합(Ⅰ), 한국노동연구원, 1989, 정판 한국노동법, 대왕사, 1988.
박승두, 노동법개론, 중앙경제사, 1995
박홍규, 노동단체법, 삼영사, 2002,
박홍규, 노동법론, 삼영사, 1995
신인령, 노동인권과 노동법, 녹두, 1999
심태식, 노동법개론, 법문사, 1989
이영희, 노동법. 법문사, 2001
이병태, 최신노동법, 중앙경제사, 2008.
이상국, 징계권행사의 법률지식, 청림출판사. 2002
이상덕, 한국과 미국의 노동분쟁처리제도에 관한 비교법적 연구, 노동법학. 한국노동법학회, 제9호
이상윤, 노동법. 법문사, 2007
이상윤, 근노기준법, 법문사 . 1999
이상윤, 교원노동조합의 단체교섭 대상, 노동법학(제10호)
이일권, 교원노조법의 문제점과 개선방안, 한국노총중앙연구원. 2000.
이을형, 노동법, 대왕사, 1993.
이주정, 미국경제사 개설, 건대출판부, 1988
이재상, 형법각론, 박영사, 1993
이철수 · 강성태, 공공부문의 노사관계법, 한국노동연구원, 1997
임원택, 속제2자본론, 한국경제신문사, 1992
임종율, 쟁의행위와 형사책임, 경문사, 1982
임종률, 노동법, 박영사, 2009

유원석, 노동사건에 있어서의 근로자측의 가처분, 근로관계소송상의 제문제(하) (재판자료 제40집), 법원행정처, 1987,

윤광희, 노동조합및노동관계조정법실무, 한국노동교육원, 2003

정종진 · 이덕노, 노사관계론, 법문사, 1994

칼 마르크스, 자본, 김영민 역, 이론과 실천, 1987

하갑협, 근로기준법, 중앙경제사, 2011

홍영표, 노동법론, 법문사, 1962.

(2) 참고논문

고시로 가쓰도시, 요꼬하마 國立大學校 名譽敎授, " 日本에서의 集團的 · 個別的 勞使分爭의 解決," 勞使分爭解決制度의 發展方向, 韓國勞動硏究院, 1999

볼프강 라이네만, 독일연연방원 부장판사 "독일의 노동법원제도," 노사분쟁해결제도의 전방향, 중앙노동위원회, 1999.

고태관, "노동분쟁의 조정절차", 노동법연구(서울대노동법연구회 편), 도서출판 진원. 1997.

김선수, "노사갈등의 패황과 쟁점", 노사법학 제8호, 한국노동법학회, 1998

김승년, "노동법발달에 관한 비교법제사적 고찰," 단국대 법학박사학위논문, 1997.

김유성, "미국의 노동중재제도", "국제화시대의 노동법의 과제" 박영사, 1997,

김을형 · 이수패, 「부당노동행위에 관한 연구」, 숭실대학교 중소기업대학원 논문집 제2집M 1988,

김인제, "노동조합의 통제권과 조합민주주의", 「노동법연구」, 서울대학교노동연구회편, 1991.

김철수, "기본권의 보장과 제한", 고시연구, 17호, (1975. 8).

김치선, "노동기본권의 보장체계," 고시계, 제262호 (1978. 12),

김형배, "사용자의 쟁의행위와 임금지불의무", 법조, 1971

김형배, 단체협약의 규범적 부분과 해고조항, 새법정, 46, 1974

김형배, "파업과 개별적 근로관계", 고려대학교 노동문제연구소, 노동문제론집 제1집,

1962.

김홍영, 부당노동행위 구제의 실효성확보, 노동법학(제14호, 2002. 6), 한국노동법회,

박상필, "부당노동행위판례연구(I), (부산대학교 법학 연구 제 24집 제 1호), 부산대학교 법연구소, 1981,

박승두, "부당노동행위의 인정기준에 관한 연구", 부산대학교 대학원 박사학위논문, 1993

박원석, 노사협의제의 노동법적 의의, 중원연구논문집, 제1지1(건국대, 1982)

박종희, "노동조합의 통제권의 법적 기초와 사법심사의 범위" 노동법학 제9호, 한국노동법학회, 1991,

배병우, 부당노동행위의 심사상 제문제와 동절차", 탄은 김진웅박사 화갑기념 노동법과 노동정책, 일신사, 1985

배병우, "부당노동행위제도에 관한 비교연구, 단국대학교대학원 박사학위논문, 1986

배호득, 부당노동행위 이론과 사례, 중앙경제사, 1993

안용교, 노동3권의 구조, 건국대학술지 제10집(인문사회과학 편), 1969

안용교, 노동삼권의 구조, 건국대학술지, 제10집, 1969,

윤성천, "Back Pay 명령과 중간수입강제문제", 가산 금치선박사 화갑기념 「노동법의 문제점」박영사, 1983

윤성천, "부당노동행위의 구제제도에 관한 연구", 경희대학교 법학박사학위논문(서울:1984)

윤세창, "복리국가의 정치이념", 헌법연구 제 2집, 1972

이병태, 「1980년 개정노동조합법의 법리와 노동관계에 미친 영향」, 산업노동관계연구 No.14, (서강대 산업문제연구소, 1987)

이봉의, "독점규제법상의 적용제외", 경쟁법 연구 제 3권, 요한사, 1991,

이상윤, "단체교섭대상의 정립방안", 노동법연구 제3호, 서울대학교 노동법 연구회, 1993,

이승욱, "일본의 노동기본권 보장시스템", 노사정위원회 발표자료, 2001

이영희, "단결권에 관한 소고," 법학(제22권2호), 서울대학교 법학연구소, (1981. 6),

이학춘, “독일의 조정위원회의 구성과 기능에 관한 연구” 노동법논총 창간호, 한국비교 노동법학회, 1998.

정인섭, “파업주도행위와 업무방해죄”, 민주사회를 위한 변호사모임 노동위원회, 『1996 노동판례 비평』, 1997,

정재훈, “법률상의 추정과 사실상의 추정” 재판자료 제25집, 법원행정처, 1985

정진경, “부당해고와 위자료”, 노동법연구, 도서출판진원, 1998

조휴옥, “쟁의행위에 대한 가처분”, 서울대학교노동법연구회편, 『노동법연구』제1호, 까치, 1991,

최영호, “공무원 노동조합설립을 둘러싼 노동법상문제”, 노동법학 제13호, 한국노동법학회, 2001

2. 일본서적

(1) 서 적

演習法律學大系, 第17卷, 青林書院新社, 1979,

東京大學勞動法學硏究會, 註釋 勞動法(上), 有斐閣, 1980,

青本宗也 · 橫井芳弘, 判例ノ-ト勞働法, 法學書院, 1987.

青木宗也 · 金子征史, 勞働關係法, 日本評論社, 1990.

吾妻光俊, 改正勞動法註解, 如水書房, 1953

吾妻光俊, 條解勞動組合法, 弘文堂, 1954.

吾妻光俊, 勞動法概論(改訂版), 青林書院, 1959.

石井照久, 新版 勞働法, 1972

石井照久, 新版勞動法, 弘文社, 1971

石井照久, 團體交涉 勞使協議制, 勞動法實務大系 4, 總合勞動硏究所, 1980.

石井照久, 新版勞動法, 弘文堂, 1971.

石井, 照久, 勞動法總論, (法律學全集45), 有斐閣, 1985.

片岡昇, “バックペイと中間收入の控除, 勞動法の爭點(東京: 有斐閣, 1979)

鈴木安藏, 「社會國家의 理念과 實態」, 公法研究, 日本公法學會, 第28號, 有斐閣, 1966.
外尾健一, 團體交涉と紛爭議, 日本勞動協會, 1980.
外尾健一, 勞動團體法, 1975.
外尾健一, 團體交涉と紛爭議, 日本勞動協會, 1969.
外尾健一 編, 團結權侵害とその救濟, 有斐閣, 1985.
小西國友 · 管野和夫, 演習勞動法, 有斐閣, 1986.
小西國友, "ロックアウト", 現代勞動法講座(5), 總合勞動法研究所, 1980
小林者輔, 判例教室 憲法, 法院書院, 1987.
角田邦重, 西谷敏, 菊池高志, 勞動法講義II, 有斐閣, 1985,
佐藤昭未, "ロックアウトの法理の向方", 李刊勞動法, 1965.
高本右門, 勞動事仟たおける 勞動者側 假處分, 保全處分の 體系(下卷), 法律 文化史, 1979.
高橋保, 演習イート勞動法, 法學書皖, 1986.
塚本重賴 · 萩澤清彦 著, 勞使交涉, ダイヤモソド社, 1971.
中村睦男, 社會權の 解釋, 有斐閣, 1983.
安枝英神, "諸外國の不當勞動行爲(2)イキリス" 「現代勞動法講座7,
不當勞動行爲制度II」, 1982.
藤本英雄, "爭議行爲の正當性の限界", 刑法講座(2), 有斐閣, 1963.
本多淳亮, "ロックアウトの態様", 勞動法大系3, 石井, 有泉編, 有斐閣, 1963.
本多淳亮, "操業の斷續", 勞動判例百選(신판), ジユリスト, 有斐閣, 1967.
本多淳亮, 不當勞動行爲論, 法律文化史, 1969.
松田保彦, "ホイユット", 新勞動法講座(4), 有斐閣, 1967
官崎鎭雄, "不當勞動行爲の私法上の效力", 勞動法の爭點(東京: 有斐閣, 1979.
官島尙史, "ロックアウトと賃金", 勞動法大系(3), 石井, 有泉編, 有斐閣, 1963.
山本吉人, 勞動時間制の法理論, 總合勞動研究所, 1975.
楢崎二部, 謙一譯, ヅンツハイマー 勞動法原理(第二版), 東京大學出版社, 1977.
沼田稻次限, 勞動基本權論, 勁草書房, 1979.
三宅正男, 勞動法講座, 第一券, 有斐閣, 1965.

萩澤清彦, 勞動法, 學文社, 1981.

慶谷淑夫, 勞動法教室(1), 有斐閣, 1967

清水宗也, 勞動關係法, 日本評論社, 1990

萬井隆令 · 西谷敏, 勞動法, 法律文化社, 1995

下井隆史, "使用者の 爭議行爲", 勞動法の基本問題(下), 總合勞動硏究所, 1974

莊子邦雄, 勞動刑法(總論), 有斐閣, 1975

和田郎一, 勞動法と 爭議對策, 酒井書店, 1964

淺井淸信, 勞動法の 現代的 課題, 勞動旬, 1975

(2) 論 文

片岡昇. "爭議 · 組合活動における勞使對等原則", 季刊勞動法, 總合勞動硏究所, 1977.

山中康雄, "操業の斷續", 勞動判例百選(임시증간), ジュリスト, 有斐閣, 1962.

高田敏, "生存權保障規定の法的 性格," 公法硏究(第26號), 有斐閣, 1964.

高島良一, "團體交涉の當事者", 日本勞動法學會 編, 新勞動法講座(3), 有斐閣, 1968.

小西國友, "政治ストの 違法性", 東京大學校勞動法硏究會編, 勞動判例評釋集(6), "爭議行爲 · 官公勞" 有斐閣, 1983

內野正辛, "勞動權の歷史的 展開", 國家學會雜誌(東京大學法學部), 1981, 宮里邦雄, "勞動委員會による不當勞動行爲救濟と課題", 『季刊勞動法』, 184号, 1997.

淸水洋一, "支配 · 介入", 「現代勞動法講座7 不當勞動行爲」, 日本勞動法學會, 1982.

塚本重賴, "諸外國の不當勞動行爲制度", (1) アメリ · カヤタ, 「現代勞動法講座7, 不當勞動行爲 I」,日本勞動法學會, 1982, 野澤浩, "不完全勞務提供と使用者の對應", -市民的勸衡論을 中心으로, 季刊勞動法, 1977

蓼沼謙一, 「職場占據, ロックアウトと占有解除ないし入內禁止の仮處分」, 季刊勞動法 第41號(1961)

久保敬治, "組合規的によろ制限" 「賤井淸信選曆記念 勞動爭議法論」, 1965 不井隆史, "爭議行爲と物權の關係についての一考察", 北大法學論集 (28.1), 1977.

左藤昭未, "政治スト · 同盟スト", 松岡三郎編, 勞動法-重要問題と 解說-, 法學演習講座,

第15卷, 法學書院, 1977, 17左藤昭未, "政治スト・同盟スト", 片岡昇, 横井芳弘(共編), 演習勞動法,

3. 歐美書籍

(1) 書籍

Cox. A., Derek Curtis Box, Robert A. Gorman. Cases and Materials on Labor Law, The Foundation Press Inc., 1988.

D. Bell. Exploring Factory Life, in Commentary New York 1947.

Dangherty, C. R. Labor Problems in American Industry, Houghter Mifflin Co. 1936

Gorman. R. A., Basic Test on Labor Law Unionization and Collective Bargaining, West Publishing Co., 1989.

Hueck, Alfred., Nipperdey, Hans Carl., Grundriβ des Arbeitsrechts, (Verlag Franz Vaheln GmbH, 1965)

Hanau Peter Adomet, Klaus., Arbeitsrecht, Alfred Mestzer Verlag, 1986

Karl Marx, Capital Ⅰ: A Critique of Political Economy, Lawrence & Wishart, 1984

Karl Marx, Capital Ⅱ: A Critique of Political Economy, Lawrence & Wishart, 1984

Karl Marx, Capital Ⅲ: A Critique of Political Economy, Lawrence & Wishart, 1984

Karl Marx and Freidrich Engels, The Communit Menifesto, Signet Classic, 1998

Law-Case and Materials, The Bobbs-Merrill Company, INC., 1968,

Lester, R. A., Laber and Industrial Relations, Macmillan Co., 1951.

Lowisch, Munchner-Handbuch Arbeitsrecht Bd. Ⅲ, 1993

M. Dobb, P. Sweezy, 「Transition from Feudalsim to Capitalism」, london. 1954

McGuiness, K. C. & Norris. J. A., How To Take a Case Before the NLRB. The Bureau of National Affairs. Inc., 1986

Milis. H. A. & Brown, E. C., From the Wagner Act to Taft-Hartley, University of Chicago Press, 1950.

Robert A. Gorman, Basic Text on Labor Law(Minesota: West Publishing Company. 1976

Russell A. Smith Leroy S. Merrifield and Theodore J. St. Antoine, Labor Relations

Söllner, Grundriβ des Arbeitsrechts, 10. Aufl., 1990.

Zöllner, Wolfgang., Arbeitsrecht, C.H.Beck'sche Verlagsbuchhandlung, 1983

Zöllner · Loritz, Arbeitsrecht, 5. Aufl., 1988,

(2) 論 文

A. Jacobs, "collective Self-Regulation". B. Hepple ed., The Making of labor Law in Europe, Mansell Publishing Ltd., 1986,

A. Menger, Das Recht auf den vollen Arbeitsertrag in geschichtlicher Darstellung, 4te Auf, Getman, J. G. & Blackburn, J. D., Labor Relations Law; Practice and Policy, The Foundation Press, Inc., 1983

H. Sinzheimer, Das Problem des Menschen im Recht, 1933

Hugo Zinzheimer, Grundzuge des Arbeitsrecht, 2Aufl, 1927

Jhon Locke, An Esssay Concerning the True Original, Extent and End of Civil Government(Chicago ; Henry Regnery Company, 1966)

Robert L. Quinn, "Partial Closing : The Scope of an Employer's Duty to Bargain", 61 Boston Univ. L. Rev. (May 1981)

Schelb Egan, Human Rights Encyclopedia of Social Science, vol.5-6, The Macmillan Company&The Free Press, New York. 1972

Sylvester Petro, The Labor Policy of the Free Society, N.Y, The Ronald Press, 1975

W. R. Gradl, "Job Security, Managerial Prerogatives, and First National Maintenance" 31 Bufflalo L. Rev. (Spr. 1982)

William B. Gould, "The Unfair Labor Practice System in the Unoted States", 佳山 金致善 博士 華甲紀念論文集, 1983, ; "Labor Law Cource", Commerce Clearing House, INC. publishers of Topical Law Reports, 1983.

[저자약력]

서울대학교 법과대학 졸업

서울대학교 대학원 졸업(법학석사)

서울대학교 대학원 졸업(법학박사)

서울시립대학교, 한국외국어대학교, 인하대학교 강사

대구대학교 사회과학대학 조교수

한국노동연구원 초빙연구위원

독일 프랑트프르트 법과대학 객원교수

미국 Washington University Law School 객원교수

사법시험위원

5급, 7급공무원 시험위원

공인노무사 시험위원

한국노사관계학회 회장역임

한국노동법학회 회장역임

(현) 계명대학교 법경대학 교수

경북지방노동위원회 공익위원

산재심사위원회 심사위원

[저 서]

산업안전보건법(대명출판사)

근로기준법, 산재예방보상법(화학사, 공저)

공공부문의 노사관계(한국노동연구원)

노동법 I · II(대명출판사, 공저)

교섭과 조정의 기술(계명대학교 출판부)

노사분쟁의 조정(계명대학교 출판부)

성격유형과 노사교섭(계명대학교 출판부) 외 다수

노동법의 기본이론

2012년 8월 31일 초판1쇄 발행
2012년 10월 23일 초판2쇄 발행

지은이 **이 상 덕**

펴낸이 **신 일 희**
펴낸곳 계명대학교 출판부
(704-701) 대구광역시 달서구 달구벌대로 1095
TEL: (053)580-6233
FAX: (053)580-6235
홈페이지: www.kmupress.com
출판등록: 1970. 9. 1(제347-1998-1호)

ISBN 978-89-7585-601-3 93360 정가 39,000원
*잘못된 책은 교환하여 드립니다.
